독자의 1초를
아껴주는 정성을
만나보세요!

세상이 아무리 바쁘게 돌아가더라도 책까지 아무렇게나 빨리 만들 수는 없습니다.

인스턴트 식품 같은 책보다 오래 익힌 술이나 장맛이 밴 책을 만들고 싶습니다.

땀 흘리며 일하는 당신을 위해 한 권 한 권 마음을 다해 만들겠습니다.

마지막 페이지에서 만날 새로운 당신을 위해 더 나은 길을 준비하겠습니다.

실무에서 알아야 할 기술은 따로 있다!

오라클 SQL과 PL/SQL을 다루는 기술

홍형경 지음

길벗

실무에서 알아야 할 기술은 따로 있다
오라클 SQL과 PL/SQL을 다루는 기술
The Art Of Oracle SQL&PL/SQL

초판 발행 · 2015년 6월 5일
12쇄 발행 · 2022년 12월 5일

지은이 · 홍형경
발행인 · 이종원
발행처 · (주)도서출판 길벗
출판사 등록일 · 1990년 12월 24일
주소 · 서울시 마포구 월드컵로 10길 56(서교동)
대표 전화 · 02)332-0931 | **팩스** · 02)323-0586
홈페이지 · www.gilbut.co.kr | **이메일** · gilbut@gilbut.co.kr

기획 및 책임편집 · 서형철(hachi74@gilbut.co.kr) | **디자인** · 박상희 | **제작** · 이준호, 손일순, 이진혁
영업마케팅 · 전선하, 차명환, 박민영 | **영업관리** · 김명자 | **독자지원** · 윤정아, 정금주

편집진행 · 조서희 | **표지 삽화** · 민효인 | **전산편집** · 박진희
출력 · 인쇄 · 제본 · 예림인쇄

▶ 잘못된 책은 구입한 서점에서 바꿔 드립니다.
▶ 이 책에 실린 모든 내용, 디자인, 이미지, 편집 구성의 저작권은 (주)도서출판 길벗과 지은이에게 있습니다.
   허락 없이 복제하거나 다른 매체에 옮겨 실을 수 없습니다.

ISBN 978-89-6618-998-4 93560
(길벗 도서번호 006696)

정가 28,000원

독자의 1초를 아껴주는 정성 길벗출판사

(주)도서출판 길벗 | IT교육서, IT단행본, 경제경영서, 어학&실용서, 인문교양서, 자녀교육서 www.gilbut.co.kr
길벗스쿨 | 국어학습, 수학학습, 어린이교양, 주니어 어학학습, 학습단행본 www.gilbutschool.co.kr

페이스북 · https://www.facebook.com/gbitbook

머리말

몇 해 전부터 NOSQL의 바람이 일고 있다. 하지만 아직까지 전 세계적으로 가장 많이 사용되는 것은 관계형 데이터베이스 시스템이며 그 선두주자는 오라클이다. 세계 개발자들이 가장 애용하는 데이터베이스 시스템이 오라클이라 해도 과언은 아니다. 이 책은 오라클 데이터베이스로 프로그래밍을 할 때 사용하는 SQL과 PL/SQL에 초점을 두었다. 시중에는 SQL만을 다룬 책들이 대부분이고 PL/SQL 부분을 깊이 있게 들어간 책은 적은 편이라 이 책은 SQL과 더불어 PL/SQL을 집중적으로 다루었다.

SQL이 데이터베이스에 있는 테이블에 저장된 데이터를 조작하는 용도로 사용된다면 PL/SQL은 일반 프로그래밍 언어의 특징이 있어 SQL 보다 확장된 기능을 구현할 수 있다. 복잡한 비즈니스 로직이 담긴 프로그램을 개발할 때 화면 상에서 그 로직을 처리할 수도 있으나 PL/SQL로 함수나 프로시저 혹은 패키지 형태로 구현하고 개발할 때가 많다. 따라서 DB 프로그래밍을 한다는 것은 PL/SQL을 사용해 프로그램을 개발한다고 말할 수 있다. 오라클 데이터베이스를 사용하는 개발자라면 SQL과 PL/SQL, 두 가지 모두를 잘 활용해 프로그램을 개발할 수 있어야 할 것이다. 이 책은 그 목표를 실현시키도록 구성했다.

이 책의 첫째 마당은 오라클 DB 설치와 더불어 데이터베이스에 대한 기본적인 내용과 SQL에 대한 전반적인 내용을 기초부터 중·고급 수준까지 담았다. 둘째 마당부터는 PL/SQL에 대한 내용을 다뤘고, 뒤로 갈수록 점진적으로 더 높은 수준으로 풀어 가고 있다. 특히 셋째 마당과 마지막 넷째 마당에서는 프로젝트 현장에서 적용할 수 있는 내용들을 수록했으니 조금만 연습하면 현장에서 통할 수 있는 지식이 될 것이다.

다양한 코드로 쉽고 빠르게 이해되는 개념

프로그래밍을 다룬 책들이 그렇듯이 이 책도 상당히 많은 양의 예제가 포함되어 있다. SQL과 PL/SQL에 대해 배워야 할 개념을 간략히 설명하고 이러한 내용을 독자들이 자기 것으로 만들 수 있도록 많은 예제를 수록했다. 따라서 새로운 개념에 대한 설명을 충분히 읽고 이해한 다음, 예제로 나온 코드를 실행해 그 결과를 확인해 보는 방식으로 학습할 것을 권장한다. 내용 설명 만으로 부족하다고 느낄 수 있는 부분도 예제코드를 이해하고 실행한 뒤 왜 이런 결과가 나왔는지 고민해 본다면 내용과 예제코드 모두 쉽게 이해할 수 있을 것이다. 또한 실무 프로젝트에서도 바로 활용할 수 있는 수준으로 예제를 만들어 수록했으니 예제코드를 잘 활용하길 바란다.

현장에서 생긴 문제에 바로 통할 알짜 팁이 담긴 '현장의 노하우'

본문 중 '현장의 노하우'에서는 프로젝트 현장에서 접할 수 있는 문제나 쉽게 빠질 수 있는 오류와 그 해결 방법, 그리고 유용하게 써먹을 수 있는 코드를 수록하였다. 따라서 이 책을 읽다가 지루해지거나 진도가 잘 나가지 않을 때는 마음 편하게 이 부분의 내용을 읽어보길 바란다. 물론 일반 예제보다 더 깊이 있는 수준의 내용과 예제코드가 수록된 '노하우'도 있다는 점은 염두에 두자.

Thanks to

이 책이 나오기까지 곁에서 큰 힘이 되어 준 사랑하는 아내에게 깊은 감사의 마음을 전하고 싶습니다. 바쁘다는 핑계로 자주 찾아 뵙지 못했던 어머니와 장인어른, 장모님께도 감사 드립니다. 기획부터 이 책이 나오기까지 심혈을 기울여 준 길벗출판사 서형철 팀장님께 고맙다는 인사를 전합니다. 더불어 세심하고 꼼꼼하게 편집해준 조서희님, 코드 편집 때문에 고생한 박진희 님께도 감사 드립니다.

2015년 5월
홍형경

목차

머리말 003

첫째마당 : 오라클 프로그래밍의 시작, SQL

1장 ▸ 오라클과의 첫 만남 015

01 오라클 설치 및 삭제하기 016
  오라클의 개요 016
  오라클 설치 017
  오라클 삭제 029

02 개발 도구와 샘플 스키마 설치하기 032
  개발 도구 소개 032
  SQL Developer 설치하기 035
  샘플 스키마 039

03 SQL과 PL/SQL 알아 보기 042
  SQL의 개요 042
  🧑 현장의 노하우 개발 현장에서의 DDL 사용 043
  PL/SQL의 개요 044
  핵심정리 045

2장 ▸ 데이터베이스를 구성하는 객체 살펴 보기 047

01 데이터베이스 객체의 개요 048
  데이터베이스 객체의 종류 048

02 테이블 048
  테이블 생성 049
  데이터 타입 051
  🧑 현장의 노하우 FLOAT형으로 인한 오류 057
  NULL 059
  제약조건 060
  🧑 현장의 노하우 현장에서의 외래키 생성 시점 065
  테이블 삭제 068
  테이블 변경 068
  테이블 복사 072

03 뷰 073
　　뷰 생성 073
　　뷰 삭제 074
04 인덱스 075
　　인덱스 생성 075
　　🧑 현장의 노하우 인덱스와 성능에 관한 고찰 078
　　인덱스 삭제 079
05 시노님 079
　　시노님 생성 079
　　시노님 삭제 082
06 시퀀스 083
　　시퀀스 생성 083
　　시퀀스 삭제 086
07 파티션 테이블 087
　　핵심정리 088
　　Self-Check 090

3장 ▶ SQL 문장 살펴 보기 091

01 SELECT문 092
02 INSERT문 095
　　기본 형태 096
　　컬럼명 기술 생략 형태 097
　　INSERT ~ SELECT 형태 098
　　🧑 현장의 노하우 묵시적 형변환 099
03 UPDATE문 099
04 MERGE문 101
05 DELETE문 105
06 COMMIT과 ROLLBACK, TRUNCATE 107
07 의사컬럼 110
08 연산자 112
09 표현식 113
10 조건식 114
　　핵심정리 121
　　Self-Check 122

4장 ▶ SQL 함수 살펴 보기 125

- 01 숫자 함수 126
- 02 문자 함수 130
  - 👤 현장의 노하우 TRANSLATE 함수는 어떤 경우에 사용할까? 136
- 03 날짜 함수 138
- 04 변환 함수 140
- 05 NULL 관련 함수 143
- 06 기타 함수 147
  - 핵심정리 149
  - Self-Check 150

5장 ▶ 그룹 쿼리와 집합 연산자 알아 보기 151

- 01 기본 집계 함수 152
- 02 GROUP BY 절과 HAVING 절 156
- 03 ROLLUP 절과 CUBE 절 158
  - ROLLUP(expr1, expr2, …) 159
  - CUBE(expr1, expr2, …) 161
- 04 집합 연산자 163
  - UNION 163
  - UNION ALL 166
  - INTERSECT 166
  - MINUS 167
  - 집합 연산자의 제한사항 168
  - GROUPING SETS 절 171
  - 👤 현장의 노하우 이 책으로 SQL 실력이 향상되는 지름길 172
  - 핵심정리 173
  - Self-Check 174

6장 ▶ 테이블 사이를 연결해 주는 조인과 서브 쿼리 알아 보기 175

- 01 조인의 종류 176
  - 👤 현장의 노하우 조인 종류를 다 알아야 할까? 176
- 02 내부 조인과 외부 조인 176
  - 동등 조인 176
  - 세미 조인 177

안티 조인   179
셀프 조인   180
외부 조인   181
카타시안 조인   184

03 **ANSI 조인**   184
ANSI 내부 조인   185
ANSI 외부 조인   186
CROSS 조인   188
FULL OUTER 조인   189

🧑 **현장의 노하우** 현장에서는 기존 오라클 문법과 ANSI 문법 중, 어떤 것을 많이 사용할까?   191

04 **서브 쿼리**   191
연관성 없는 서브 쿼리   192
연관성 있는 서브 쿼리   194

🧑 **현장의 노하우** UPDATE문? MERGE문?   198

인라인 뷰   198

🧑 **현장의 노하우** 복잡한 쿼리를 작성해야 할 때, 어떻게 해야 할까?   200

핵심정리   204

Self-Check   205

7장 ▶ 복잡한 연산 결과를 추출해 내는 고급 쿼리 다루기   207

01 **계층형 쿼리**   208
계층형 구조   208
계층형 쿼리   211
계층형 쿼리 심화학습   214
계층형 쿼리 응용   220

02 **WITH절**   226
개선된 서브 쿼리   226
순환 서브 쿼리   229

03 **분석 함수와 window 함수**   231
분석 함수   232
window 절   239
window 함수   241
기타 분석 함수   244

04 **다중 테이블 INSERT**   247
여러 개의 INSERT문을 한 번에 처리   248
조건에 따른 다중 INSERT   250

핵심정리   255

Self-Check   256

둘째마당 복잡한 비즈니스 로직을 처리하는 PL/SQL

8장 ▸ PL/SQL의 구조와 구성요소 살펴 보기 259

- 01 **PL/SQL 기본 구조** 260
  - 블록 260
  - 익명 블록 261
- 02 **PL/SQL 구성요소** 263
  - 변수 263
  - 상수 264
  - 연산자 265
  - 주석 266
  - DML문 267
  - PRAGMA 키워드 268
  - 라벨 269
  - 현장의 노하우 SQL과 PL/SQL 데이터 타입별 길이 269
  - 핵심정리 272
  - Self-Check 272

9장 ▸ PL/SQL 제어문과 함수, 프로시저 알아 보기 273

- 01 **PL/SQL 제어문** 274
  - IF문 274
  - CASE문 277
  - LOOP문 278
  - WHILE문 279
  - FOR문 281
  - CONTINUE문 282
  - GOTO문 283
  - NULL문 284
- 02 **PL/SQL의 사용자 정의 함수** 285
  - 함수 생성 285
  - 함수 호출 286
- 03 **프로시저** 289
  - 프로시저 생성 290
  - 프로시저 실행 291
  - 매개변수 디폴트 값 설정 294
  - OUT, IN OUT 매개변수 295
  - RETURN문 298

　　　　🧑 현장의 노하우 변수, 상수, 매개변수, 함수, 프로시저의 명명법   300

　　　　핵심정리   302

　　　　Self-Check   303

10장 ▶ 예외처리와 트랜잭션 알아 보기   305

　　01   **예외처리**   306
　　　　예외처리 구문   306
　　　　SQLCODE, SQLERRM을 이용한 예외정보 참조   309
　　　　시스템 예외   311
　　　　사용자 정의 예외   315
　　　　시스템 예외에 이름 부여하기   317
　　　　RAISE와 RAISE_APPLICATION_ERROR   319

　　　　🧑 현장의 노하우 효율적인 예외 처리 방법   321

　　02   **트랜잭션**   328
　　　　COMMIT과 ROLLBACK   329
　　　　SAVEPOINT   335

　　　　핵심정리   338

　　　　Self-Check   340

11장 ▶ 커서, 레코드, 컬렉션 살펴 보기   341

　　01   **커서**   342
　　　　묵시적 커서와 커서 속성   342
　　　　명시적 커서   343
　　　　커서와 FOR문   346
　　　　커서 변수   348
　　　　커서 표현식   354

　　02   **레코드**   356
　　　　사용자 정의형 레코드   357
　　　　테이블형 레코드   361
　　　　커서형 레코드   363
　　　　중첩 레코드   364

　　03   **컬렉션**   366
　　　　컬렉션의 종류   366
　　　　컬렉션 메소드   371
　　　　사용자 정의 데이터 타입   377
　　　　컬렉션 타입별 차이점과 그 활용법   379
　　　　컬렉션 타입별 비교   393

핵심정리 393

Self-Check 395

셋째마당 | 업무 효율을 높이는 실전 PL/SQL 프로그래밍

12장 ▶ 함수와 프로시저 관리의 효율을 높이는 패키지 397

- 01 패키지 398
- 02 패키지 해부 399
  - 패키지 구조 399
  - 패키지 사용 401
  - 타 프로그램에서 패키지 호출 405
- 03 패키지 데이터 407
  - 상수와 변수 선언 408
  - 커서 412
  - 레코드와 컬렉션 417
- 04 기타 패키지 특징 419
  - PRAGMA SERIALLY_REUSABLE 옵션 419
  - 오버로딩 422
  - 현장의 노하우 유용한 시스템 패키지 423

핵심정리 429

Self-Check 430

13장 ▶ 실행 시점에 생성되어 수행되는 동적 SQL 431

- 01 동적 SQL이 필요한 이유 432
- 02 NDS 433
  - EXECUTE IMMEDIATE문 433
  - OPEN FOR문 447
  - 성능 향상을 위한 다중 로우 처리 449
- 03 DBMS_SQL 452
  - DBMS_SQL 처리 순서 452
  - DBMS_SQL 기본 활용 456
  - DBMS_SQL 응용 활용 462
  - 현장의 노하우 NDS와 DBMS_SQL 중 무엇을 선택할 것인가? 468

현장의 노하우 DBMS_SQL 패키지를 이용해 컬럼 값을 세로로 출력하기   469

핵심정리   474

Self-Check   475

14장 ▸ 임시 테이블과 TABLE 함수   477

01 오라클도 지원 가능한 임시 테이블   478

02 임시 테이블   479
트랜잭션 GTT   480
세션 GTT   481
기타 GTT의 특징   483

03 TABLE 함수   484
사용자 정의 테이블 함수   484
파이프라인 테이블 함수   489

현장의 노하우 로우를 컬럼으로 전환하기   494

핵심정리   504

Self-Check   505

15장 ▸ 오라클 잡과 스케줄러   507

01 DBMS_JOB   508
DMBS_JOB 패키지의 개념   508
DBMS_JOB의 서브 프로그램   508
DBMS_JOB의 단점과 한계   517

02 DBMS_SCHEDULER 패키지   518
오라클 스케줄러   518
오라클 스케줄러의 구성요소   519
DBMS_SCHEDULER의 서브 프로그램   520

03 DBMS_SCHEDULER를 이용한 스케줄링 처리   530
잡 객체만을 이용한 스케줄링   530
프로그램, 스케줄 객체를 이용한 스케줄링   533
외부 프로그램 수행   536
체인   541

핵심정리   550

Self-Check   551

넷째마당 : 실무 능력을 높이는 오라클 프로그래밍 기법

16장 ▶ PL/SQL 성능 향상 기법 553

- **01 일괄 처리** 554
  - BULK COLLECT 554
  - FORALL문 558
- **02 함수 성능 향상** 561
  - RESULT CACHE 기능의 개요 563
  - RESULT CACHE 함수 사용 564
- **03 병렬 처리** 566
  - 병렬 쿼리 567
  - 병렬 DML 569
  - 병렬 처리 시 주의사항 571
  - 핵심정리 572
  - Self-Check 572

17장 ▶ 소스 관리와 디버깅 573

- **01 소스 관리** 574
  - 데이터 딕셔너리 574
  - 소스 백업 579
- **02 디버깅 기법** 583
  - DBMS_OUTPUT.PUT_LINE 프로시저 586
  - 소요 시간 출력 589
  - 로그 테이블 594
  - 기타 599
- **03 동적 쿼리 디버깅** 600
- **04 DML문을 실행한 데이터 추적** 605
  - 변경되거나 삭제된 데이터 추적 605
  - RETURNING INTO 절을 이용한 디버깅 607

  - 핵심정리 612
  - Self-Check 613

18장 ▶ 프로시저를 통한 이메일 전송 615

01 SMTP 메일 전송 616
SMTP의 개념 616
SMTP 명령어를 이용한 메일 전송 617

02 UTL_SMTP를 이용한 메일 전송 621
메일 전송을 위한 사전준비 사항 621
UTL_SMTP 패키지의 타입과 서브 프로그램 625
UTL_SMTP를 이용한 메일 전송 629
HTML 메일 보내기 635
첨부파일 보내기 639

03 UTL_MAIL을 이용한 메일 전송 649
UTL_MAIL 패키지의 서브 프로그램 649
UTL_MAIL 패키지를 사용한 메일 전송 652

핵심정리 658
Self-Check 658

19장 ▶ 데이터 암호화와 나만의 유틸리티 프로그램 659

01 데이터 암호화 660
암호화의 개념 660
DBMS_CRYPTO 패키지 해부 662
암호화 실습 668

현장의 노하우 암호화 키 관리 방법 671

02 나만의 유틸리티 프로그램 674
소스 검색 675
참조 객체 검색 676
테이블 레이아웃 출력 678
컬럼 값을 세로로 출력 679
이메일 전송 681
비밀번호 관리 687
데이터 암호화 691

핵심정리 703

찾아보기 704

첫째 마당

오라클 프로그래밍의 시작, SQL

오라클과의 첫 만남

이번 장에서는 오라클 데이터베이스 11g를 설치하면서 간단한 실습까지 진행해 볼 것이다. 또한 오라클 데이터베이스를 사용하기 전에 필요한 여러 가지 사항을 준비하고 SQL과 PL/SQL이란 무엇인지 간략히 알아 보자.

01 오라클 설치 및 삭제하기
02 개발 도구와 샘플 스키마 설치하기
03 SQL과 PL/SQL 알아 보기

01 | 오라클 설치 및 삭제하기

오라클의 개요

문자의 발명과 더불어 이를 이용해 인류는 수많은 정보를 기록하기 시작했고, 이렇게 쌓인 자산은 인류 문명 발달에 크게 이바지했다. 20세기 중반 컴퓨터가 출현하면서 기존의 직접적인 기록 방식(활자, 인쇄술 등)을 뛰어 넘어 모든 정보가 0과 1의 조합으로 묶여 컴퓨터에 저장되기 시작했고, 이로 인해 기록되는 정보의 양이 급격하게 증가했다.

21세기 현재는 인터넷, 스마트폰의 보급으로 과거에는 상상할 수조차 없었던 엄청난 양의 데이터가 매일 만들어지고 있다. 정보가 발생하면 이를 기록하고 관리할 필요성이 커지는데, 이런 일을 처리하는 소프트웨어가 바로 데이터베이스 관리 시스템DBMS, DataBase Management System이다. DBMS는 데이터베이스 객체 중 하나인 테이블에 데이터를 저장한다. 용도에 맞게 최소한의 데이터를 여러 테이블에 저장해 놓고 필요한 경우에 테이블들을 연결하고 관계를 맺어 데이터를 추출하는 것이 관계형 데이터베이스, 즉 RDBMS이다. 이중 관계형 DBMS의 선두주자가 바로 오라클이다.

1970년대 초반 IBM 연구소에서 E. F. Codd가 관계형 데이터베이스 이론을 발표한 후, 오라클에서 첫 상용 RDBMS 제품을 출시했다. 오라클은 지금까지 버전을 올리며 계속 기능을 보완하는 등 시장을 선도해 현재까지도 시장 점유율에서 최상위권을 유지하고 있다. 1999년 인터넷 기반 환경에 맞춰 Oracle 8i를 시작으로 9i, 10g, 11g 그리고 2013년에는 12c 버전까지 출시됐다.

2013년 12c가 선보이긴 했지만 이 책을 집필하는 시점에는 아직 많이 보급되지 않았다. 또한 11g 이전 버전을 사용하고 있는 사이트에서도 11g로 업그레이드하는 사례가 많고 신규 도입 시에는 11g를 탑재하고 있어, 이 책은 오라클 11g를 기준으로 작성하였다.

8i, 9i에서 'i'는 인터넷(Internet)을, 10g와 11g에서 'g'는 그리드(Grid)를, 12c에서 'c'는 클라우드(Cloud)를 의미한다. SQL과 PL/SQL 관점에서 버전별 특징을 한마디로 정리하면, 버전이 올라갈수록 더 많은 기능이 탑재되어 있다고 말할 수 있다. 또한 높은 버전에서도 하위 버전 호환성을 지원하고 있으므로, 낮은 버전에서 사용하던 SQL 문장들을 상위 버전에서도 사용할 수 있다. 물론 신규 기능은 해당 버전에서만 사용 가능하다.

오라클 에디션별 특징

오라클 데이터베이스를 설치하기 전 각 에디션별 특징을 살펴 보면 다음과 같다.

- **엔터프라이즈 에디션(EE)**: 오라클 데이터베이스의 모든 기능을 사용할 수 있는 에디션
- **스탠다드 에디션(SE)**: 데이터베이스의 기본 기능이 모두 지원되며 중소기업용으로 사용하기 적당함
- **스탠다드 에디션 원(SEO)**: 스탠다드 에디션과 비슷하나 단일 CPU 환경에서 사용 가능
- **익스프레스 에디션(XE)**: 무료로 사용할 수 있는 버전으로 상용으로 사용하려면 기능상 제한이 있음
- **퍼스널 에디션(PE)**: 개인용으로 엔터프라이즈 에디션의 대부분의 기능이 지원되지만 단일 사용자만 사용 가능

오라클 설치

지금부터 11g를 기준으로 오라클을 설치해 보자. 오라클 역시 소프트웨어이기 때문에 오라클 공식 홈페이지에서 내려 받을 수 있는데, 이를 위해서는 먼저 오라클 회원(OracleTechnologyNetwork)에 가입해야 한다.

OTN 가입

1 홈페이지 회원 가입하기 오라클 공식 홈페이지(http://www.oracle.com/kr)에서 [로그인/회원가입]을 클릭한다. 새 페이지 오른쪽에 [계정 생성]버튼을 클릭하고 '*'이 표시된 항목을 모두 입력한 후 맨 아래 쪽의 [생성]을 클릭한다.

▼ 그림 1-1 오라클 계정 생성하기

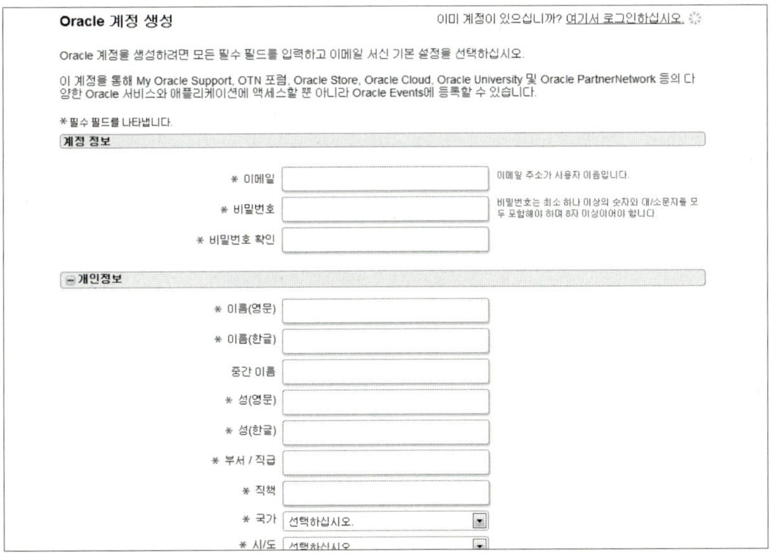

2 계정 확인 후 로그인하기 성공적으로 가입되면 다음과 같은 화면이 나온다. 〈계속〉을 클릭하여 로그인한다.

▼ 그림 1-2 OTN 회원 가입 완료하기

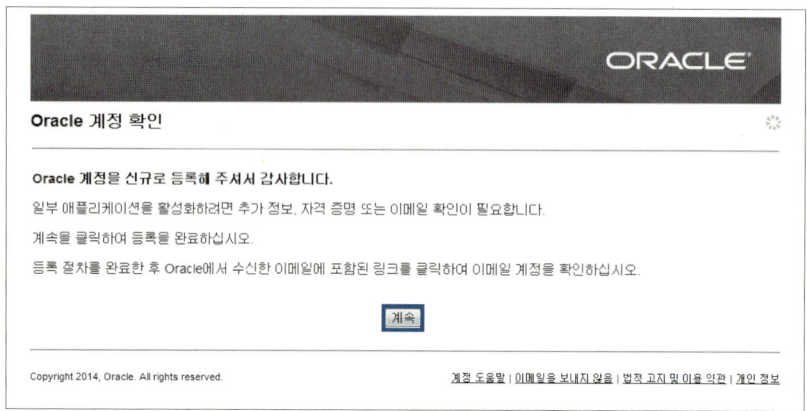

오라클 11g 다운로드

1 다운로드 메뉴로 이동하기 ❶ [다운로드] 메뉴를 누르고 목록에서 ❷ [Oracle Database]를 클릭하면 다운로드 화면이 나온다. ❸ 맨 위의 [Accept License Agreement] 항목을 선택한다.

▼ 그림 1-3 [다운로드]항목 - [Oracle Database]

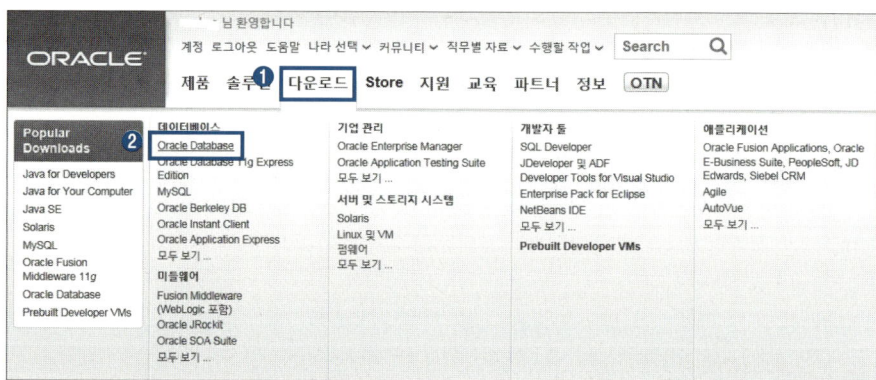

▼ 그림 1-4 소프트웨어 저작권 방침 동의하기

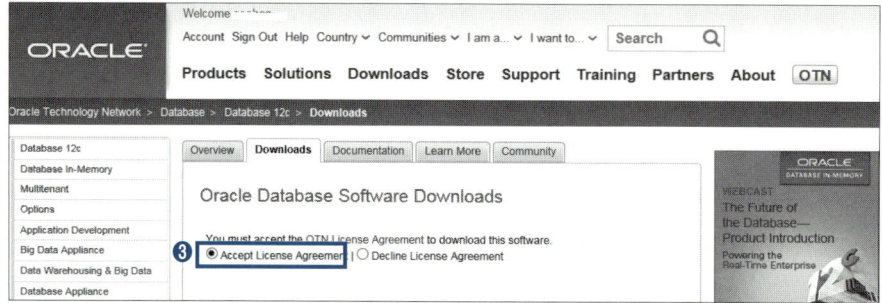

2 운영체제에 맞는 설치 파일 선택하기 다운로드 목록 중 [Oracle Database 11g Release2]를 찾는다. OS 버전별로 설치 파일이 다른데, 이 책은 윈도우 환경에서 설치한다. 자신의 컴퓨터가 32비트인지 64비트인지 확인한 후 해당 파일을 클릭한다. 32비트면 [Microsoft Windows (32bit)], 64비트면 [Microsoft Windows (x64)] 항목으로 이동한다.

▼ 그림 1-5 사양에 맞는 설치 파일 내려 받기

3 다운로드한 파일 정리하기 64비트를 내려 받아 보자. 파일 크기가 커서 2개의 압축파일을 받아야 한다. File1, File2를 선택해서 차례대로 파일을 내려 받는다. 모두 받았으면 특정 폴더에 압축을 푼다. 압축을 모두 풀면 압축파일명으로 2개의 폴더가 만들어 진다(예:win64_11gR2_database_1of2와 win64_11gR2_database_2of2). 두 번째 폴더의 database\stage\Components 폴더 하위에 있는 모든 폴더와 파일을 복사하고 이를 첫 번째 폴더에 붙여 넣는다. 즉 win64_11gR2_database_1of2\database\stage\Components 폴더에 복사한 파일을 붙여 넣는 것이다. 이 과정을 건너 뛰고 설치하면 **설치 중 오류가 발생**하므로 반드시 처리하고 넘어가야 한다. 여기까지 완료됐다면 오라클 설치 준비는 모두 끝났다.

▼ 그림 1-6 win64_11gR2_database_2of2\database\stage\Components 내용 복사하기

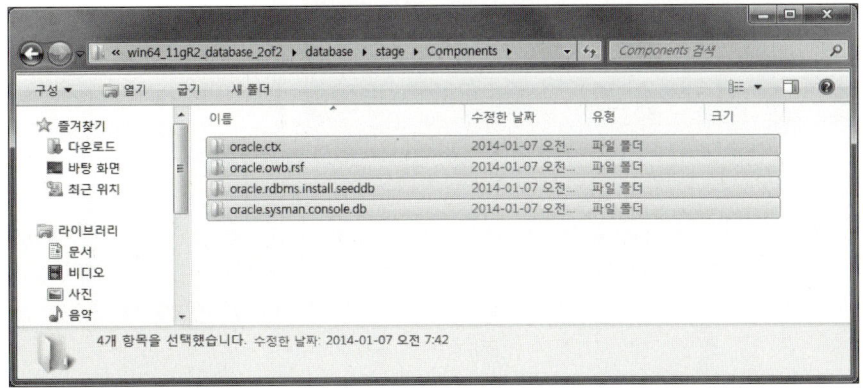

▼ 그림 1-7 win64_11gR2_database_1of2\database\stage\Components에 붙여 넣기

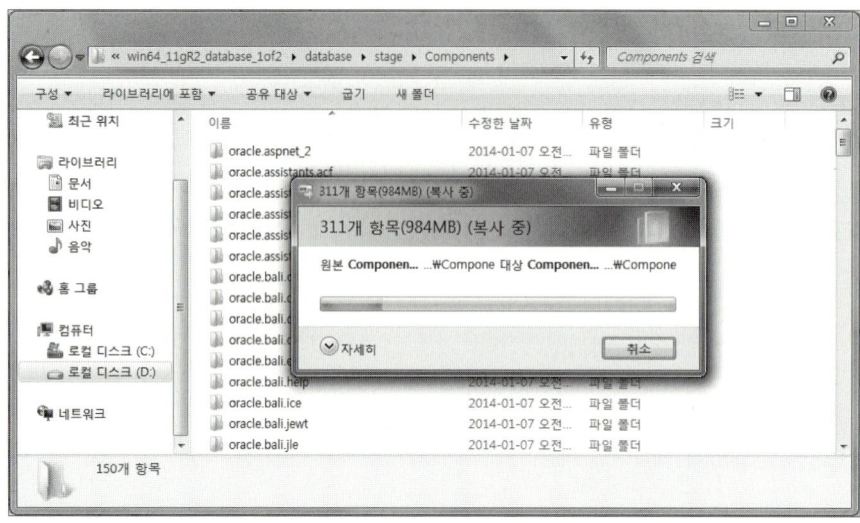

오라클 11g 설치

1 설치 시작하기 ❶ 첫 번째 폴더인 win32_11gR2_database_1of2\database에서 setup.exe 파일을 실행하면 다음과 같이 설치가 시작된다. ❷ 보안 갱신 수신할 필요가 없으므로 체크를 풀고 ❸ 〈다음〉을 클릭한다. ❹ 알림 창이 뜨면 〈예〉를 클릭한다.

▼ 그림 1-8 설치 준비 화면

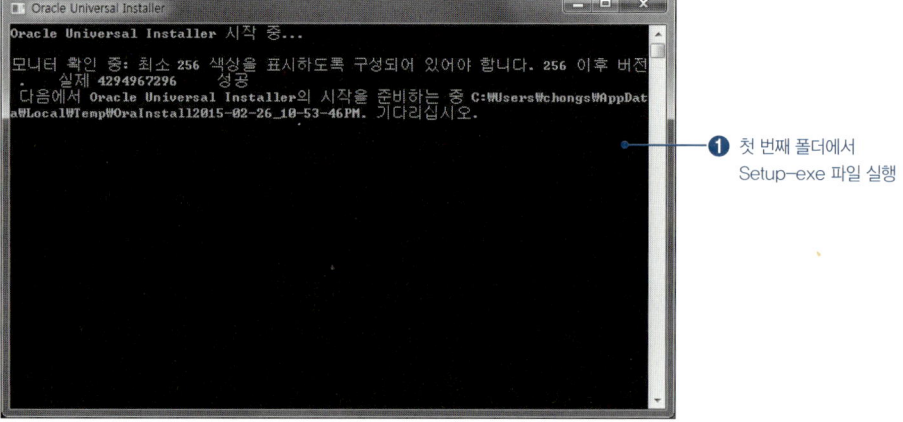

❶ 첫 번째 폴더에서 Setup-exe 파일 실행

▼ 그림 1-9 설치 초기 화면

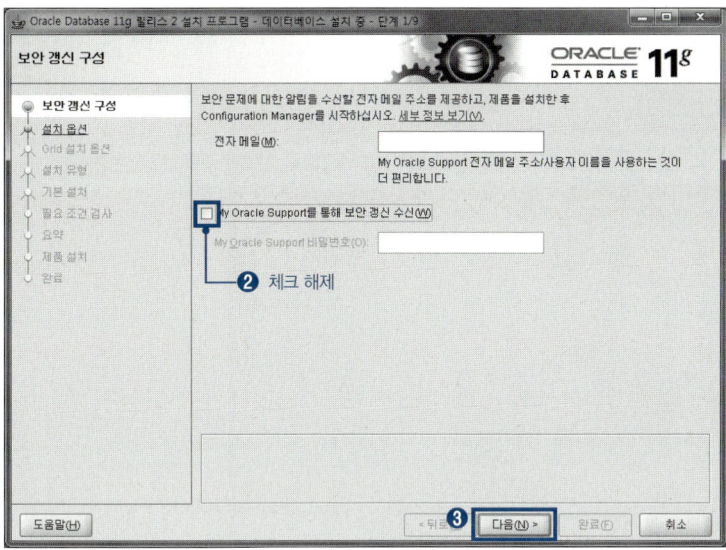

▼ 그림 1-10 알림 창

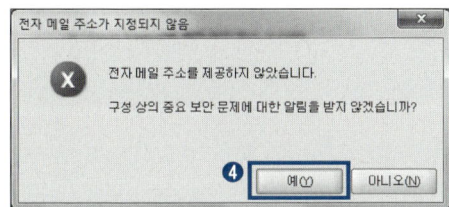

2 **설치 옵션 설정하기** ❶ [데이터베이스 생성 및 구성] 항목을 선택하고 ❷ 〈다음〉을 클릭한다. ❸ [데스크톱 클래스]를 선택하고 ❹ 〈다음〉을 클릭한다.

▼ 그림 1-11 설치 옵션

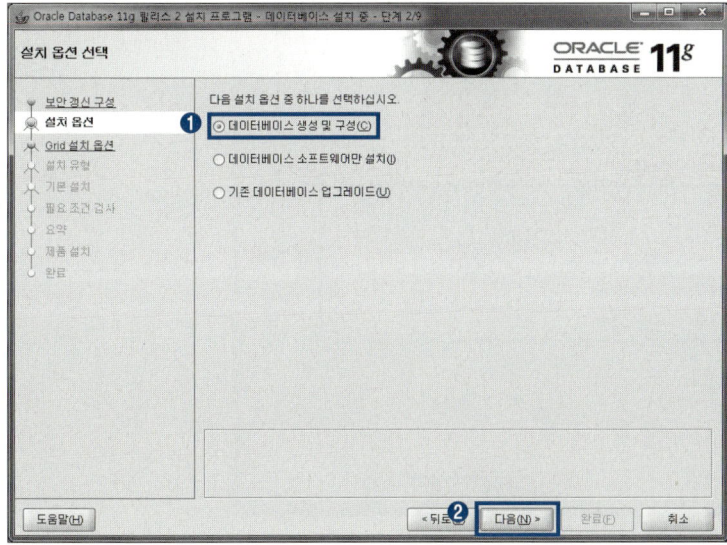

▼ 그림 1-12 시스템 클래스

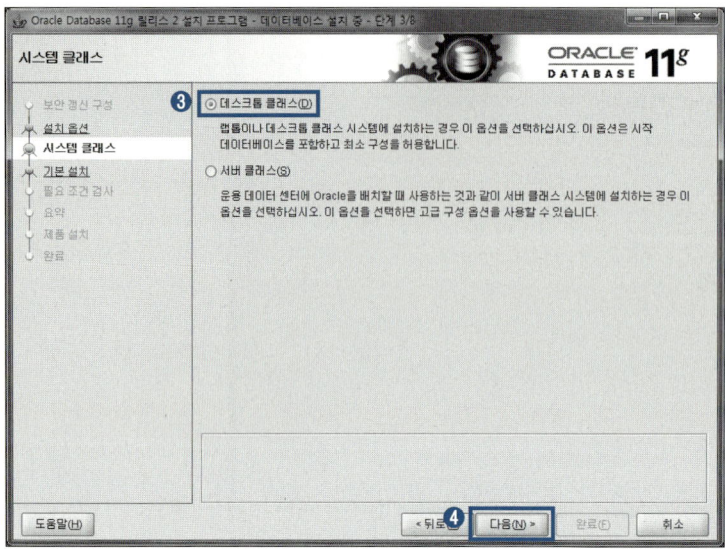

3 **기본 구성 설치하기** 기본 설치 화면에서는 설치 위치 및 데이터베이스 버전, 문자 집합 등이 디폴트 값으로 세팅된다. PC 환경에 따라 설치 위치는 달라질 수 있음을 기억하고, ❶ 다음 사항을 입력 및 확인한 후 ❷ 〈다음〉을 클릭한다.

- ❶ 데이터베이스 버전(E): Enterprise Edition(3.34GB)
- ❷ 전역 데이터베이스 이름(G): myoracle(DB 이름은 아무 것이나 사용해도 되지만, 'myoracle'이라고 입력)
- ❸ 관리 비밀번호와 비밀번호 확인: 비밀번호를 입력할 때 조합이 간단하면 메시지 항목에 경고 메시지가 나타나지만 무시해도 상관없음

▼ 그림 1-13 기본 설치

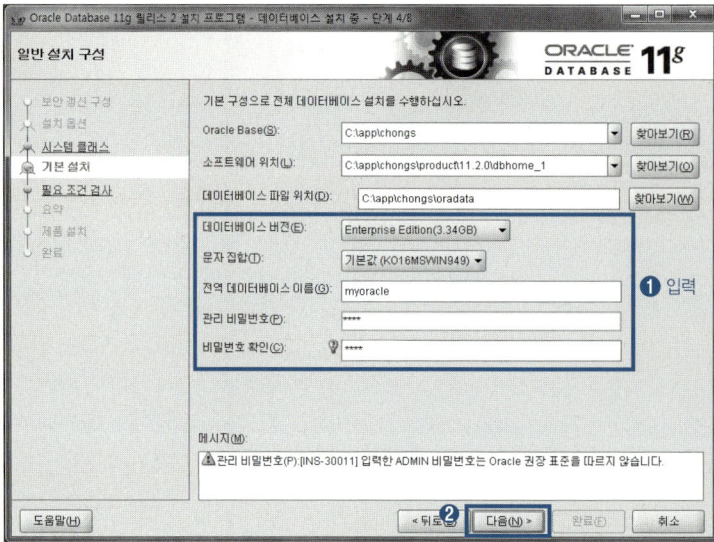

❸ 비밀번호에 관해 메시지 창이 뜨는데 〈예〉를 클릭하면 다음 화면으로 이동한다.

▼ **그림 1-14** 비밀번호 메시지 창

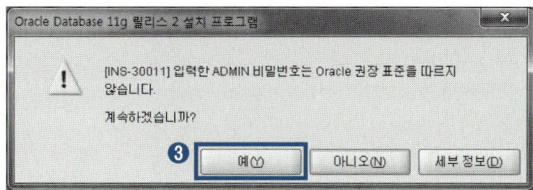

4 **제품 설치 진행하기** 필요 조건 검사가 끝나고 요약 화면이 나타나면 〈완료〉를 클릭해 제품 설치를 진행한다.

▼ **그림 1-15** 필요 조건 검사

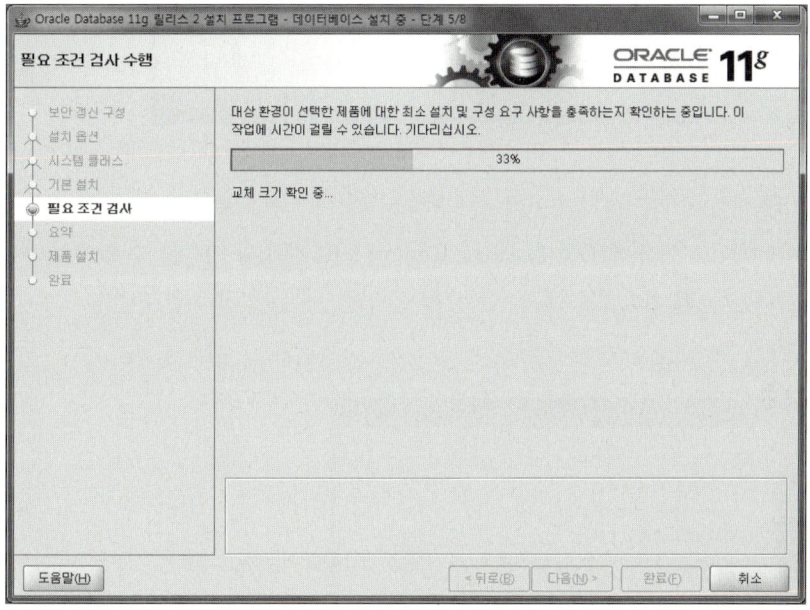

▼ 그림 1-16 요약

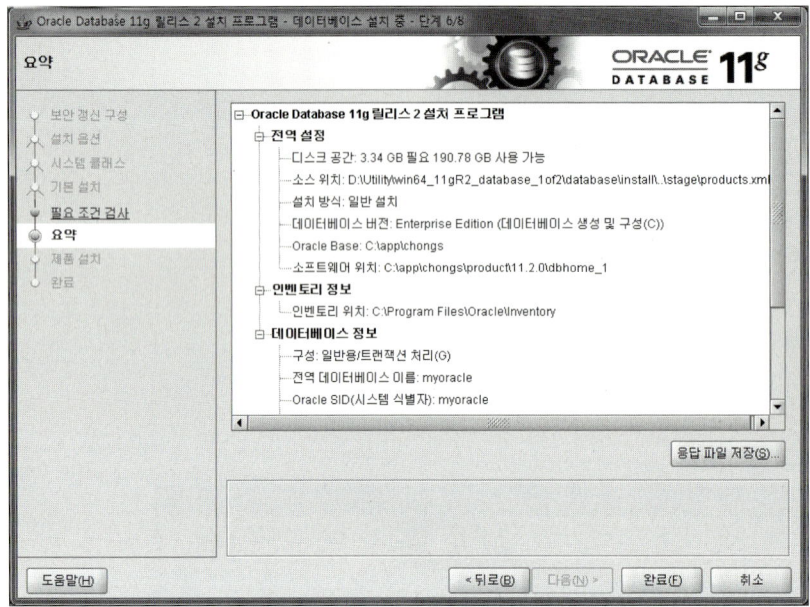

5 **설치 완료하기** ❶ 제품이 모두 설치되면 데이터베이스 구성이 자동으로 시작된다. ❷ 구성 완료 화면에서 전역 데이터베이스 이름, SID와 Database Control URL 주소를 기억할 수 있게 한번 더 확인하고 〈확인〉을 클릭한다. ❸ 완료 화면에서 〈닫기〉를 클릭하면 모든 설치가 완료된다.

▼ 그림 1-17 Oracle Database 구성

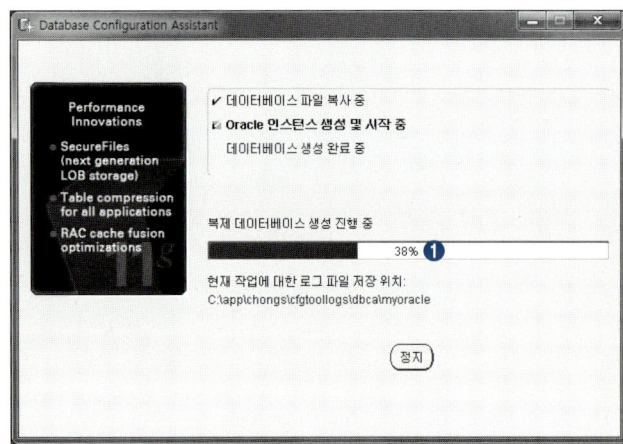

▼ 그림 1-18 Oracle Database 구성 완료

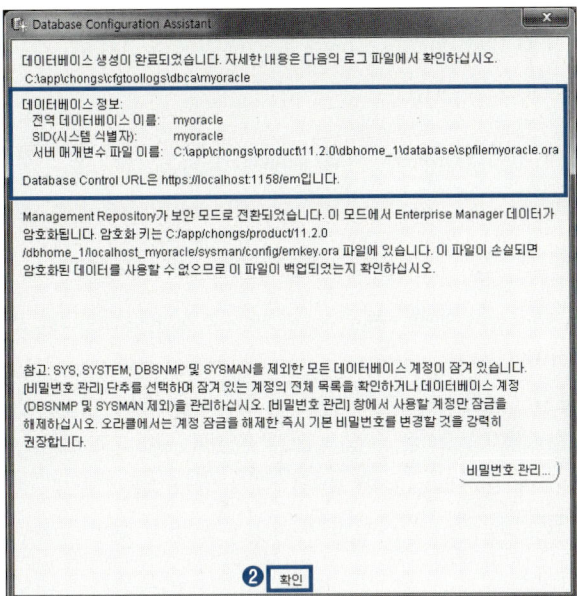

▼ 그림 1-19 설치 완료

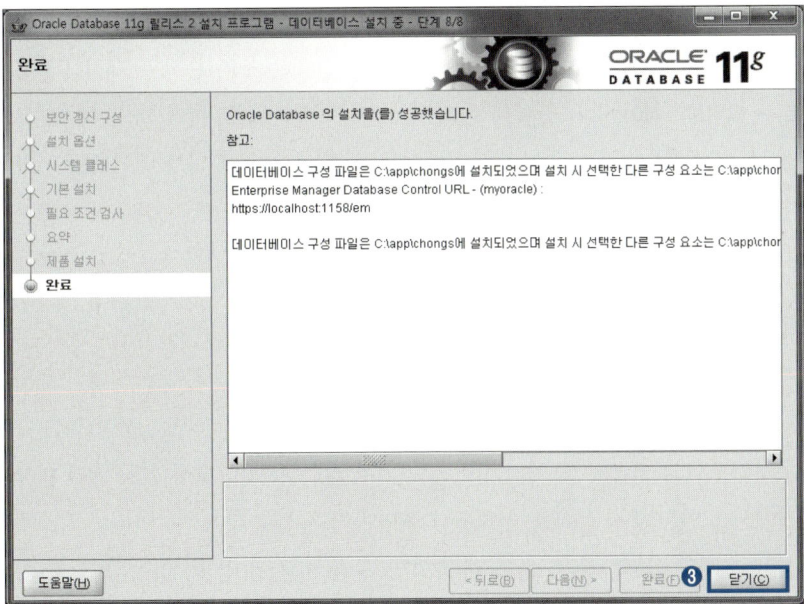

주요 오라클 서비스

성공적으로 설치되면 PC는 'myoracle'이라는 데이터베이스를 서비스하는 오라클 서버로 탈바꿈한다. 그럼 오라클과 관련된 서비스를 살펴 보자.

[제어판]-[시스템 및 보안]-[관리도구]-[서비스] 메뉴로 가면 'Oracle'이라는 이름으로 시작되는 서비스를 볼 수 있는데, 모두 오라클과 관련된 서비스다. 이중 반드시 알아 두어야 할 서비스는 다음과 같다.

❶ **OracleServiceMYORACLE:** OracleService + SID명 형태로 구성된 서비스로 설치한 오라클 기본 서비스이며 오라클 사용 시 반드시 맨 먼저 시작되어야 한다.
❷ **OracleOraDb11g_home1TNSListener:** 리스너 서비스로 이것 역시 반드시 시작되어야 한다. 리스너란 네트워크를 통해 클라이언트(오라클을 사용하려는 사용자)와 오라클 서버와의 연결을 담당하는 관리 프로그램이다.
❸ **OracleDBConsolemyoracle:** EM(Enterpirse Manager)을 사용할 경우 시작해야 하는데, EM은 설치한 오라클을 관리하는 프로그램이라고 이해하면 된다.

테이블스페이스 생성

오라클은 데이터를 관리하는 시스템이다. 따라서 데이터를 어딘가에 저장해 놓고 사용해야 하는데, 데이터 저장 단위 중 가장 상위 개념이 바로 테이블스페이스다. 데이터 저장 단위는 물리적, 논리적 단위로 나눌 수 있다. 물리적 단위는 물론 파일이며, 논리적 단위는 크기 순으로 '데이터 블록 → 익스텐트 → 세그먼트 → 테이블스페이스'다. 블록이 여러 개 모여 익스텐트를, 여러 개의 익스텐트가 모여 세그먼트를 구성하는 식이다. 저장 단위는 4개지만, 실제로 SQL을 이용해서 데이터를 조작하는 대상은 테이블이다. 테이블들을 담을 커다란 공간이 바로 테이블스페이스며, 지금부터 새로운 테이블스페이스를 만들어 보자.

테이블스페이스를 만드는 방법은 2가지다. 스크립트로 만들 수도 있고, EM(엔터프라이즈 매니저)를 사용해서도 가능하다. EM은 GUI 방식으로 우리가 늘 사용하는 브라우저를 통해 구동되므로 스크립트 구문을 모르더라도 쉽게 만들 수 있다. 따라서 초보자는 EM을 사용하는 것이 훨씬 수월할 수도 있지만 브라우저와 EM의 궁합이 잘 맞지 않아 구동되지 않는 현상이 발생한다. 좀더 자세히 설명하면 윈도우 환경에서 보안 인증서 문제로 인해 EM 화면이 뜨지 않는다. 이는 인터넷 익스플로러 뿐만 아니라 크롬을 사용해도 마찬가지다. 물론 해결 방법(Certutil 사용 등)이 없는 것은 아니지만, 이를 설명하기에는 지면이 부족하므로 이 책에서는 스크립트로 생성하는 방법을 설명하겠다. 스크립트를 이용해 작업을 하려면 sqlplus를 이용해야 한다.

1 sqlplus 실행하기 윈도우에서 명령창을 열고 'sqlplus'를 입력한다. 사용자명과 비밀번호를 입력해야 하는데 사용자는 'system', 비밀번호는 오라클을 설치할 때 입력했던 비밀번호를 입력하면 로그인이 된다.

▼ 그림 1-20 sqlplus 로그인 화면

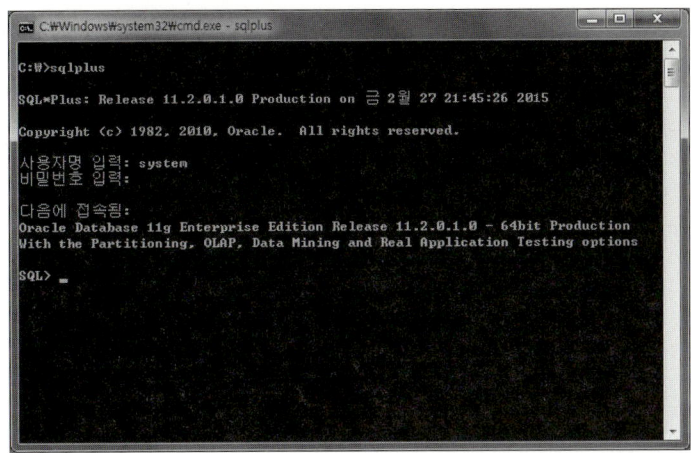

2 테이블스페이스 생성하기 테이블스페이스는 'myts'라는 이름으로 100MB 크기로 생성할 텐데, 논리적 개념인 테이블스페이스도 물리적으로는 파일로 존재하므로 실제 저장될 파일 이름과 위치가 필요하다. 여기서는 오라클이 설치된 C:\app\chongs\oradata\myoracle 폴더에 'myts.dbf'라는 이름으로 생성할 것이다. 그리고 데이터가 늘어나 테이블스페이스가 꽉 찰 것을 대비해 '5MB'씩 자동 증가 옵션도 추가할 것이다. 생성 구문은 다음과 같다.

```
CREATE TABLESPACE myts DATAFILE
'C:\app\chongs\oradata\myoracle\myts.dbf' SIZE 100M AUTOEXTEND ON NEXT 5M;
```

sqlplus에서 위 구문을 직접 입력하거나 복사한 다음 붙여 넣고 [Enter]를 누르면 myts라는 테이블스페이스가 생성된다.

▼ 그림 1-21 myts 테이블스페이스 생성

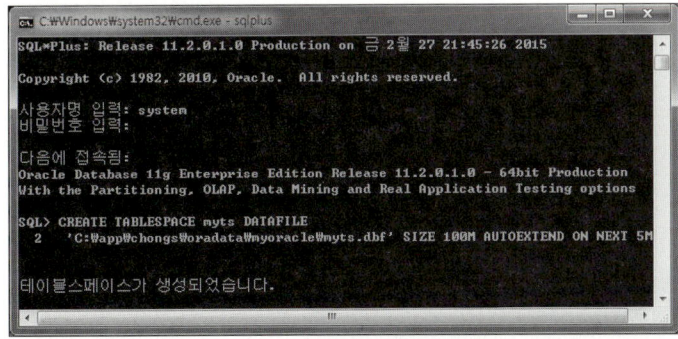

사용자 생성

1 사용자 생성하기 이번에는 사용자를 생성해 볼 텐데 이를 위해서는 기본적으로 사용자명(사용자 아이디), 비밀번호가 필요하다. 그리고 추가 옵션으로 기본(디폴트) 테이블스페이스, 임시(temp) 테이블스페이스를 명시해 줄 수 있다. 기본 테이블스페이스란 해당 사용자로 로그인한 뒤 테이블과 같은 각종 데이터베이스 객체가 저장되는 테이블스페이스를, 임시 테이블스페이스는 해당 사용자가 사용하는 디폴트 임시 테이블스페이스를 말한다. 기본 테이블스페이스는 이전에 만들었던 'MYTS', 임시 테이블스페이스는 'TEMP'를 사용하는 'ora_user'라는 사용자를 생성해 보자(여기에서 비밀번호는 편의상 'hong'으로 설정했다).

```
CREATE USER ora_user IDENTIFIED BY hong
DEFAULT TABLESPACE MYTS
TEMPORARY TABLESPACE TEMP;
```

▼ 그림 1-22 ora_user 사용자 생성

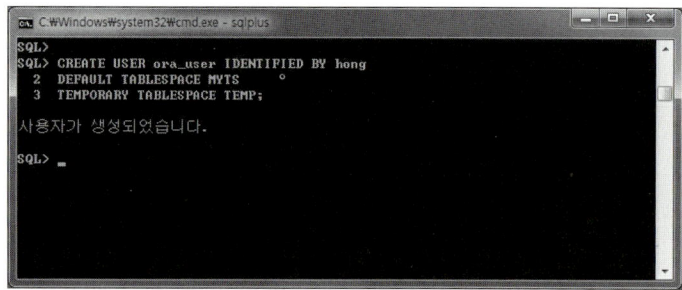

2 롤 부여하기 사용자 생성을 완료한 뒤에는 해당 사용자에게 롤(Role, 권한)을 부여해야 한다. 현 시점에서는 'ora_user'란 사용자로는 데이터베이스에 접속할 수조차 없고 'CONNECT'라는 롤을 부여받아야 오라클 데이터베이스에 접속할 수 있다. 오라클에는 미리 정의된 매우 많은 롤이 존재하는데 이 책의 실습을 위해 'DBA'라는 롤을 부여해 보자. 이 롤을 부여 받으면 오라클에서 제공하는 웬만한 기능은 모두 사용할 수 있다.

```
GRANT DBA TO ora_user;
```

▼ 그림 1-23 롤 부여

3 사용자 계정으로 DB에 접속하기 이제 ora_user로 접속해 보자. 접속 후 'select user from dual;'을 입력하면 다음과 같이 현재 로그인한 사용자 이름이 출력된다. 여기까지 이상 없이 완료되면 테이블스페이스와 사용자가 제대로 만들어진 것이다.

▼ 그림 1-24 ora_user 로그인 화면

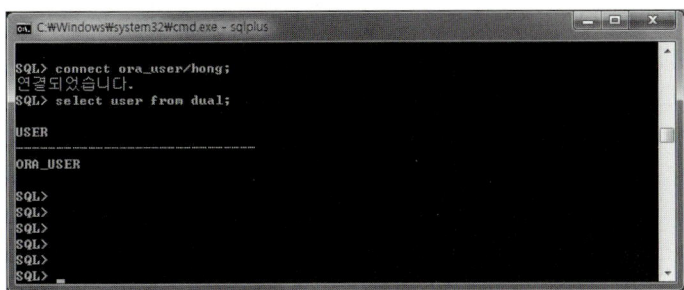

오라클 삭제

지금까지 소개한 오라클 설치 과정을 잘 따라 했다면 문제가 없지만 제대로 설치가 안 될 때가 빈번하다. 가령 DB 설치는 잘 됐는데 EM 설치가 제대로 되지 않았거나 설치 과정에 오류가 발생하는 경우가 흔하다. 특히 버전이 바뀔수록 이전 버전과 설치 화면이 약간 달라서 혼동하기 쉽다. 제대로 설치가 안 되었다면 제일 좋은 해결책은 삭제하고 다시 설치하는 것이다. 그럼 오라클 삭제 방법을 알아 보자.

1 오라클 서비스 중지시키기 [제어판]-[시스템 및 보안]-[관리 도구]-[서비스] 메뉴를 실행해 Oracle로 시작되는 모든 서비스를 중지시킨다.

▼ 그림 1-25 오라클 서비스 중지시키기

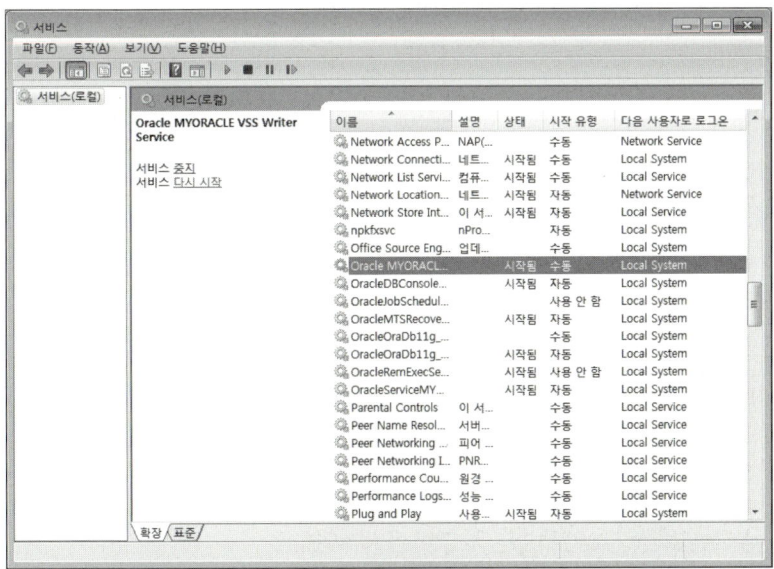

2 삭제 시동 파일 실행하기 그리고 나서 오라클 메인 폴더로 가보자. 필자의 오라클 홈 디렉터리는 ❶ C:\app\chongs\product\11.2.0\dbhome_1이다. ❷ [deinstall] 폴더의 deinstall.bat 파일을 관리자 권한으로 실행한다. ❸ 관리자 권한으로 실행하면 명령창이 나타나는데 Enter를 누른다.

▼ 그림 1-26 삭제 준비

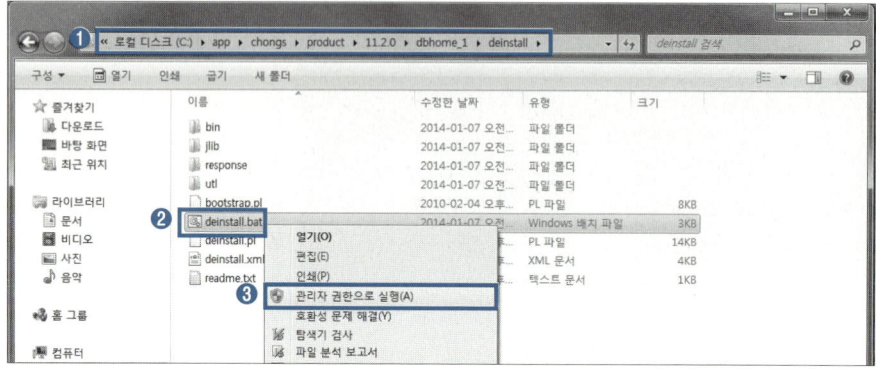

▼ 그림 1-27 삭제 화면 1

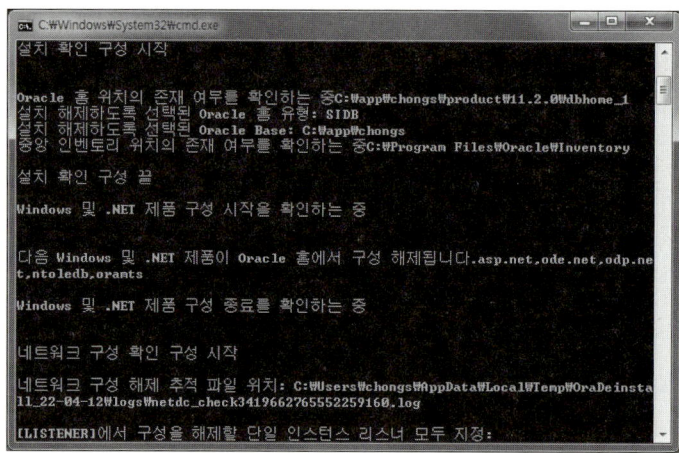

3 삭제 진행하기 ❶ 이름 목록 지정 화면인데 [ ]안의 내용을 입력하고 Enter를 누른다. MYORACLE로 설치했다면 [MYORACLE]이라고 나타나므로 이때는 MYORACLE을 입력하고 Enter를 누른다. ❷ '계속하겠습니까'라고 물을 때 'y'를 입력하면 오라클이 삭제된다.

▼ 그림 1-28 삭제 화면 2

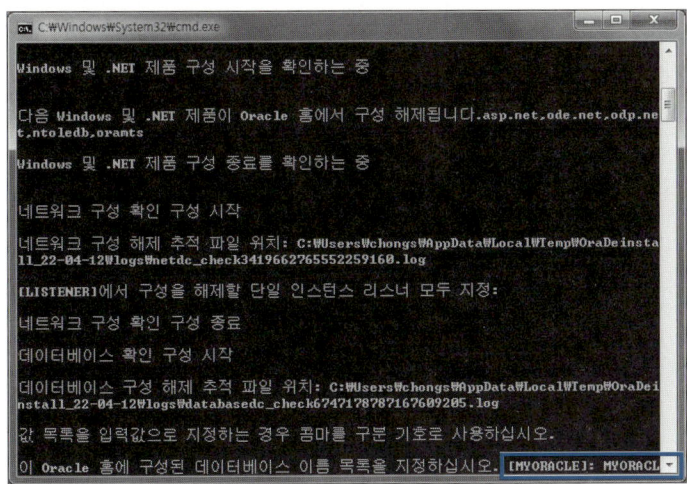

▼ 그림 1-29 삭제 화면 3

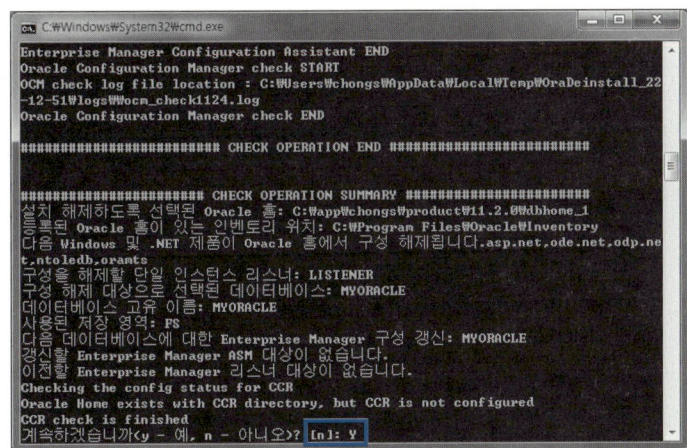

4 삭제 확인하기 여기서 끝이 아니다. 제대로 삭제됐는지 확인해야 한다. 보통은 설치된 폴더의 모든 파일이 삭제되기는 하지만 오라클 홈 디렉터리(필자의 오라클 홈 디렉터리는 C:\app\chongs\product\11.2.0\dbhome_1)에 파일이 남아 있는지 확인하고, 그렇다면 모두 삭제한다. 파일 일부가 사용 중이어서 삭제가 안 될 때는 재부팅한 후 삭제한다.

재부팅을 하기 전에 먼저 레지스트리도 확인해 보자. 윈도에서 [시작]을 클릭하고 프로그램 및 파일 검색 창에 regedit를 입력한 후 Enter 를 누른다. 레지스트리 편집기를 실행되면 다음과 같이 처리한다.

❶ HKEY_LOCAL_MACHINE-SOFTWARE로 이동 → ORACLE로 시작하는 항목 확인 → 있다면 모두 삭제
❷ HKEY_LOCAL_MACHINE-SYSTEM-ControlSet001-services로 이동 → Oracle로 시작하는 항목 모두 삭제
❸ HKEY_LOCAL_MACHINE-SYSTEM-ControlSet002-services로 이동 → Oracle로 시작하는 항목 모두 삭제
❹ HKEY_LOCAL_MACHINE-SYSTEM-CurrentControlSet-services로 이동 → Oracle로 시작하는 항목 모두 삭제

이제 컴퓨터를 재부팅한다. 재부팅 후 오라클 홈 디렉토리에 파일이 남아 있다면 모두 삭제한다. 여기까지 모두 완료하면 성공이다. 이제 오라클을 다시 설치하면 된다.

02 개발 도구와 샘플 스키마 설치하기

개발 도구 소개

오라클 설치를 끝냈으니, 개발 도구에 대해 알아 보자. 개발 도구란 오라클에 접속해 SQL 문장을 실행하고 그 결과를 보는 프로그램을 말한다. 1절에서 사용자 생성 후 제대로 생성됐는지 확인하려고 sqlplus를 실행했는데, 이것 역시 개발 도구 중 하나다. 그럼 대표적인 개발 툴을 간략히 살펴 보자.

sqlplus

오라클 설치 시 자동 지원되는 프로그램으로, [시작]-[프로그램]-[Oracle-OraDb11g_home1]-[응용 프로그램 개발]-[SQL plus] 메뉴를 클릭하면 실행된다. 또한 명령 프롬프트에서도 실행할 수 있는데, 'sqlplus'를 입력해 실행하고 사용자 이름과 비밀번호를 입력하면 로그인을 할 수 있다. SQL 프롬프트에서 SQL문을 입력하면 해당 결과가 출력되며 'exit'를 입력하면 종료된다.

명령 실행과 동시에 로그인까지 하려면 명령 프롬프트를 띄운 후 **sqlplus 사용자명/비밀번호@db명**을 입력한다.

▼ 그림 1-30 sqlplus 실행 화면

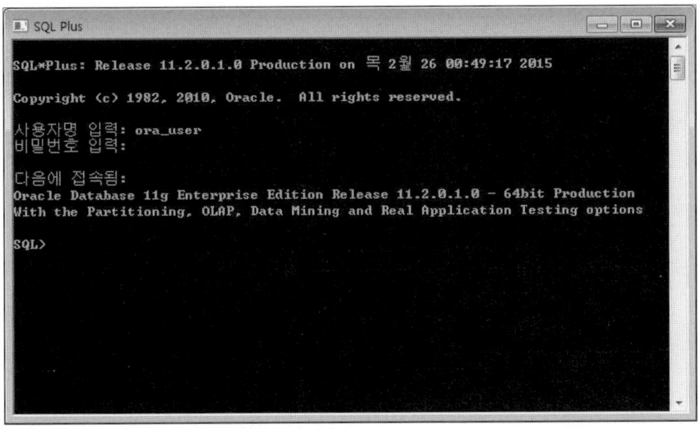

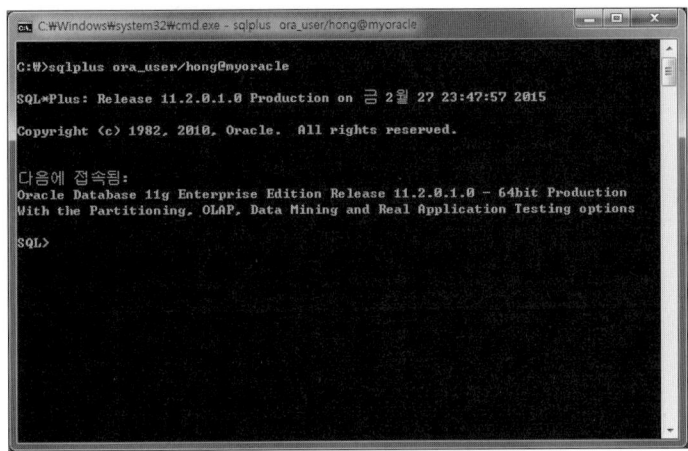

▼ 그림 1-31 sqlplus 실행 및 로그인

sqlplus는 일반 SQL문뿐만 아니라 다른 오라클 명령어도 실행 가능하다. 예를 들어, 'show sga' 명령어를 입력하면 오라클 메모리인 SGA(System Global Area, 시스템 글로벌 영역)의 현황을 볼 수 있다. 하지만 sqlplus는 SQL문을 실행하고 결과를 보는 입장에서 사용하기 불편하다. 그래서 개발자 대부분은 다른 툴을 사용한다.

토드

가장 널리 사용되는 툴 중 하나가 바로 토드Toad다. 예전에는 오라클에서 제공하는 툴의 기능이 미비하고 사용하기 수월치 않아 외산 서드파티 제품인 토드를 많이 사용했다. 토드는 상용 제품이긴 하지만 프리웨어 버전도 존재한다. 물론 프리웨어 버전은 기능상 제약이 있다. http://www.toadworld.com 사이트에서 다운로드할 수 있다.

▼ 그림 1-32 토드

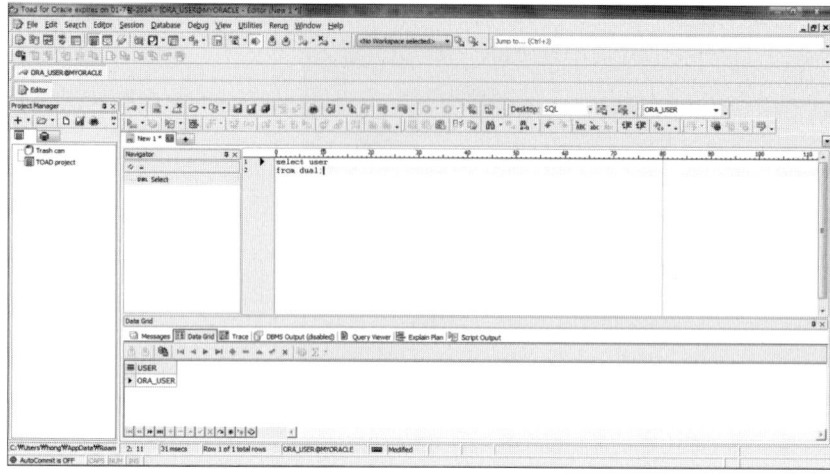

오렌지

오렌지Orange는 국산 제품으로 GUI 환경이 토드와 비슷하다. 토드보다 나중에 나왔지만 현장에서 토드보다 사용자들이 늘어나는 추세다. 상용 제품이고 프리웨어 버전은 없으나, 기간 제약이 있는 트라이얼 버전은 사용할 수 있다. 오렌지 홈페이지는 http://www.warevalley.com/이다.

▼ 그림 1-33 오렌지

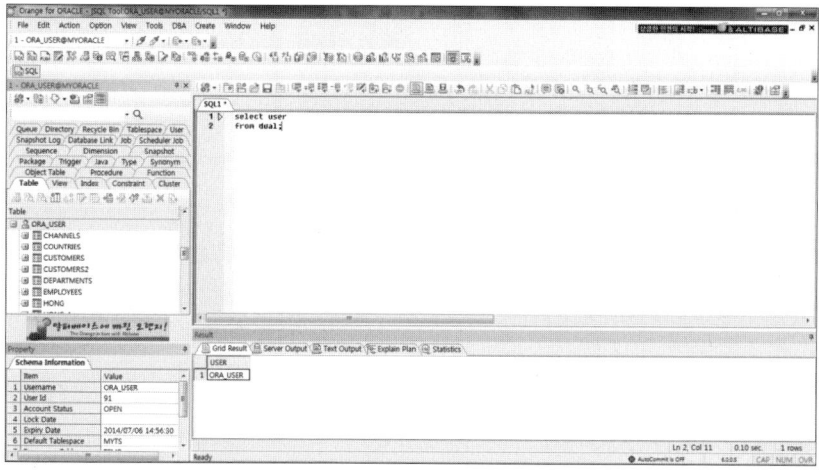

PL/SQL Developer

외산 제품이고 토드나 오렌지와 GUI 면에서는 차이가 있지만, 나름 개발하기에 편리한 툴이다. 이 역시 상용 제품으로 트라이얼 버전은 사용할 수 있다. 다운로드 사이트는 http://www.allroundautomations.com이다.

▼ 그림 1-34 PL/SQL Developer

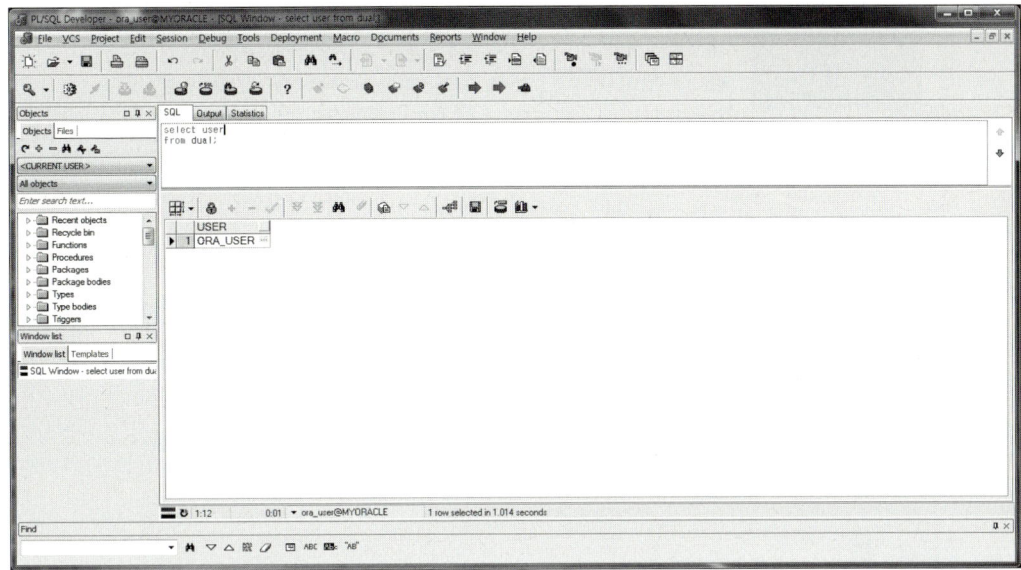

SQL Developer

마지막으로 오라클에서 제공하는 SQL Developer라는 툴이 있다. SQL과 PL/SQL 코드 작성을 위해 다양한 기능을 제공하며 프리웨어 소프트웨어로 어디서든, 누구든지 무료로 사용할 수 있다. 11g부터는 오라클을 설치할 때 자동으로 설치되기는 하나 최신 버전을 사용하려면 오라클 홈페이지에서 내려 받아 설치하는 것이 좋다. 이 책에서는 SQL Developer를 사용할 것이다. 그럼 설치해 보자.

SQL Developer 설치하기

SQL Developer 다운로드 및 설치하기

1 오라클 홈페이지에 로그인하기 오라클 홈페이지(http://www.oracle.com/kr)로 이동한다. 1절에서 OTN 회원가입을 했으므로 해당 아이디와 비밀번호를 입력해 로그인한다.

2 설치 파일 다운로드하기 페이지 상단의 [다운로드-개발자 툴]을 클릭하고 이동한 화면에서 [SQL Developer] 항목을 클릭하면 다시 새 화면으로 이동한다. 여기서 [Accept License Agreement] 항목을 선택하고 OS 버전에 맞는 항목 우측의 [Download]를 클릭해 설치 파일을 내려 받는다.

▼ 그림 1-35 [다운로드]-[개발자 툴]-[SQL Developer]

▼ 그림 1-36 SQL Developer 다운로드

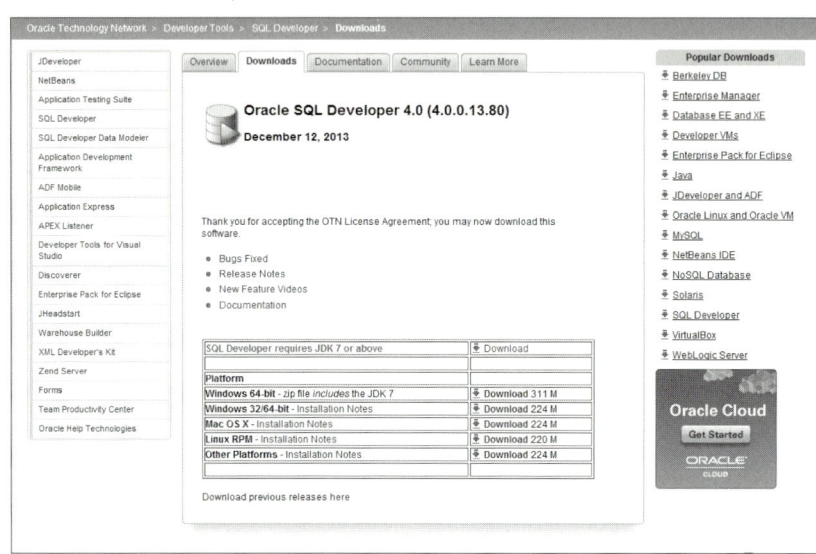

3 **압축 풀기** C 드라이브에 바로 압축을 풀면 sqldeveloper 폴더가 생기며 별도의 설치 과정이 없다. 이 폴더에 있는 sqldeveloper.exe를 클릭하면 프로그램이 실행된다. 최초 실행 시 jdk 경로를 묻는 화면이 나오므로 해당 폴더를 선택한다.

SQL Developer 실행 및 설정하기

1 **SQL Developer 접속하기** SQL Developer를 실행하고 좌측에 보이는 [**접속**]을 마우스 오른쪽 버튼으로 클릭한 후 [**새 접속**]을 선택한다.

▼ 그림 1-37 Sql Developer 실행 화면

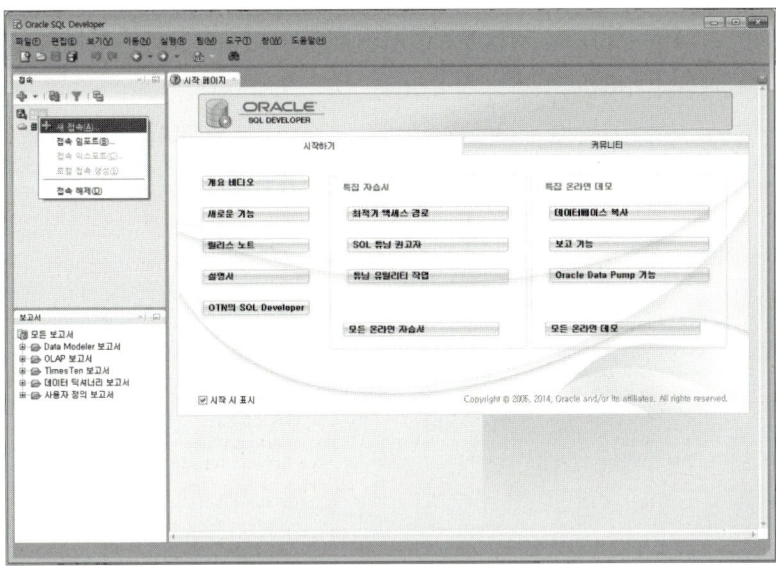

2 **새로운 연결 정보 생성하기** 새 접속 화면이 나타나면 접속 이름, 사용자 이름을 ora_user로 입력, 비밀번호는 알아서 입력, SID 항목에 설치한 DB이름인 **myoracle**을 입력하고 〈**테스트**〉를 클릭한다. 접속 테스트가 성공했으면 〈**접속**〉을 클릭한다.

▼ 그림 1-38 새 접속 화면

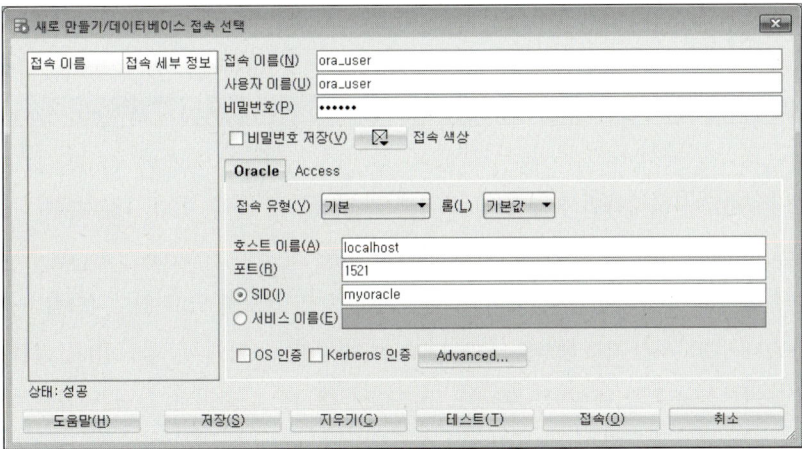

SQL Developer 사용법

간단히 사용법을 알아 보자. 먼저 워크시트 창에 SQL문을 입력하고 ➕를 클릭하거나 F5, F9를 누르면 해당 SQL문이 실행된다. F5는 스크립트 형태, F9는 그리드(표) 형태로 결과가 출력된다. 그리고 왼쪽 사용자 이름(ora_user)에서는 트리 구조로 ora_user에 해당하는 데이터베이스 객체들의 목록과 내용을 볼 수 있다. 데이터베이스 객체에 대해서는 **2장**부터 자세히 다룰 것이다.

▼ 그림 1-39 SQL Developer

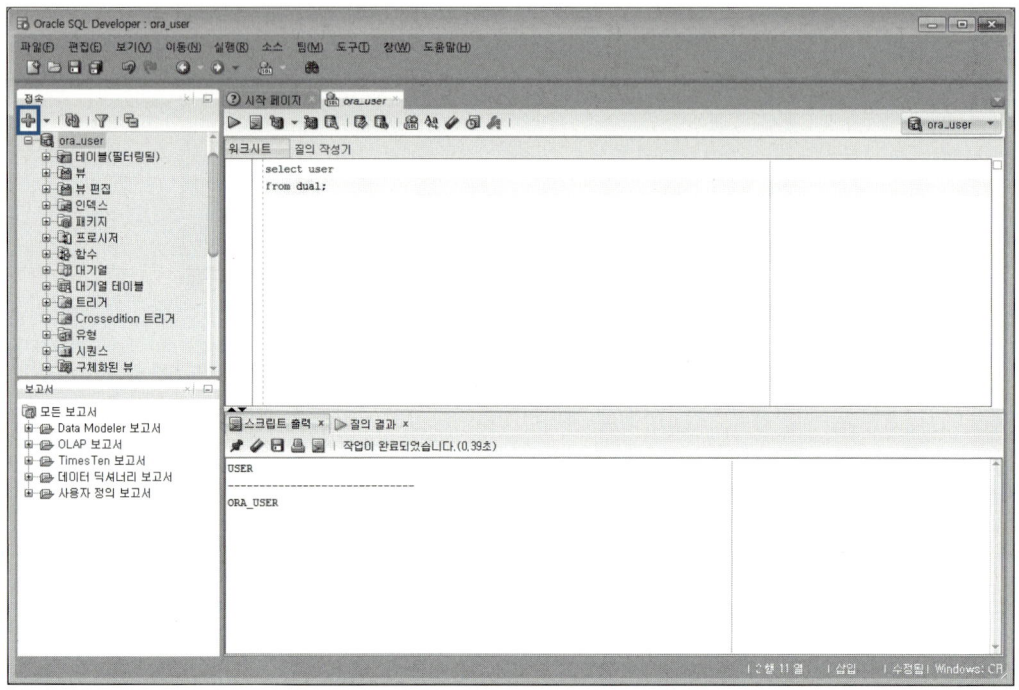

[도구]-[환경 설정] 메뉴를 클릭하면 현재 설정된 기본 설정 값들을 볼 수 있다. 대부분은 디폴트 값으로 그대로 놓고, [데이터베이스]-[NLS] 항목을 선택해 보자. NLS는 'National Language Support'의 약자로 오라클 설치 사용자 환경에 따른 언어, 날짜 형식 등의 정보를 담고 있다. **[그림 1-40]**처럼 날짜형식을 YYYY/MM/DD, **시간 기록 형식**을 HH24:MI:SS로 변경하고 〈확인〉을 클릭한다. 이렇게 설정하면 날짜 형식 데이터를 조회할 때 '2013/01/01 13:32:29' 형식으로 출력된다. 물론 다른 형식으로 설정해 사용할 수도 있다.

▼ 그림 1-40 NLS 설정

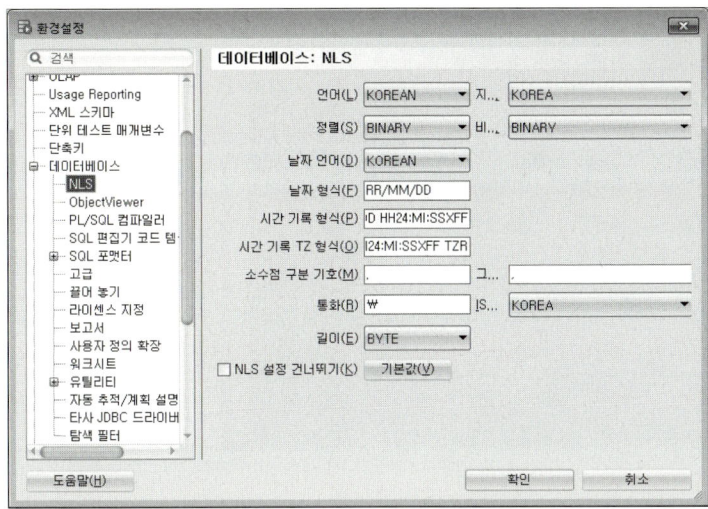

이 외에도 SQL Developer에는 많은 기능이 숨어 있다. 이런 기능들은 사용해 가면서 터득해 나가자.

샘플 스키마

샘플 스키마 설치

이 책의 내용을 학습하기 위해서는 샘플 스키마가 필요하다. 스키마란 한마디로 사용자와 데이터베이스를 구성하는 객체들 그리고 데이터를 포괄하는 개념이다. 사용자는 이미 생성해 놨으니, 실습을 위한 테이블 등의 객체와 데이터를 만들어 보자.

사실 오라클을 설치하면 기본 샘플 스키마가 제공된다. HR, OE, SH, BI 등의 스키마가 자동 설치되는데 이 책에서는 이들 스키마를 기준으로 학습 목적에 맞춰 약간 수정한 스키마를 설치하겠다.

❶ http://github.com/gilbutitbook/006696에서 expall.dmp과 expcust.dmp 파일을 내려 받는다.
❷ C 드라이브에 backup 폴더를 생성해 내려 받은 파일을 위치시킨다.
❸ 명령창을 열어 C:\backup 폴더로 이동한다.
❹ imp ora_user/hong file=expall.dmp log=empall.log ignore=y grants=y rows=y indexes=y full=y를 입력하고 Enter 를 누른다(ora_user/hong에서 hong은 비밀번호이므로, 각자 설정한 비밀번호로 바꿔야 한다).

▼ 그림 1-41 데이터 임포트

❺ 마찬가지로 expcust.dmp 파일을 임포트한다. imp ora_user/hong file=expcust.dmp log=expcust.log ignore=y grants=y rows=y indexes=y full=y를 입력하고 Enter를 누른다

[그림 1-41]처럼 경고 없이 정상적으로 종료됐다면 성공한 것이다. SQL Developer에서 다음의 SQL 을 실행해 제대로 생성됐는지는 확인해 보자.

입력
```sql
SELECT table_name
  FROM user_tables;
```

결과
```
TABLE_NAME
------------------------------
CUSTOMERS
SALES2
SALES
PRODUCTS
CHANNELS
COUNTRIES
JOB_HISTORY
...
```

여기까지 이상 없다면 이제 모든 학습 준비를 마친 것이다. 샘플 테이블 외에 다른 객체는 학습하면 서 생성하고 수정해 볼 것이다.

샘플 스키마의 개념 알아보기

샘플 스키마에는 기본적으로 테이블 9개가 있다. 오라클 샘플 스키마 중 HR, SH 스키마에 속하는 테이블을 옮겨왔고, 일부 테이블은 추가하거나 삭제한 컬럼이 있다. 이 테이블들의 목록은 다음과 같다.

- **employees**: 사원 테이블(사원번호, 사원명, 부서번호 등)
- **departments**: 부서 테이블(부서번호, 부서명 등)
- **jobs**: job 테이블(job번호, 명칭 등)
- **job_history**: job_history 테이블 (job번호, 사원번호, 부서번호 등)
- **countries**: 국가 테이블(국가번호, 국가코드, 국가명 등)
- **customers**: 고객 테이블(고객번호, 고객명, 국가번호 등)
- **channels**: 판매채널 테이블(채널번호, 채널명 등)
- **products**: 제품 테이블 (제품번호, 제품명 등)
- **sales**: 판매 테이블(제품번호, 고객번호, 채널번호, 사원번호 등)

RDBMS는 최소한의 데이터를 테이블에 담은 후 연결고리를 이용해서 테이블을 연결하고 데이터를 추출해 낸다. 9개의 테이블도 마찬가지다. 예를 들어, 사원과 부서 테이블은 부서번호로 연결되어 해당 사원이 어느 부서에 소속됐는지 알 수 있고, 국가와 고객은 국가번호로 연결되어 해당 고객이 어느 나라에 속한 고객인지 알 수 있다. 이런 관계를 한 눈에 볼 수 있는데, 이를 도식적으로 표현한 것을 **ERD**Entity Relationship Diagram라고 한다.

▼ 그림 1-42 ERD

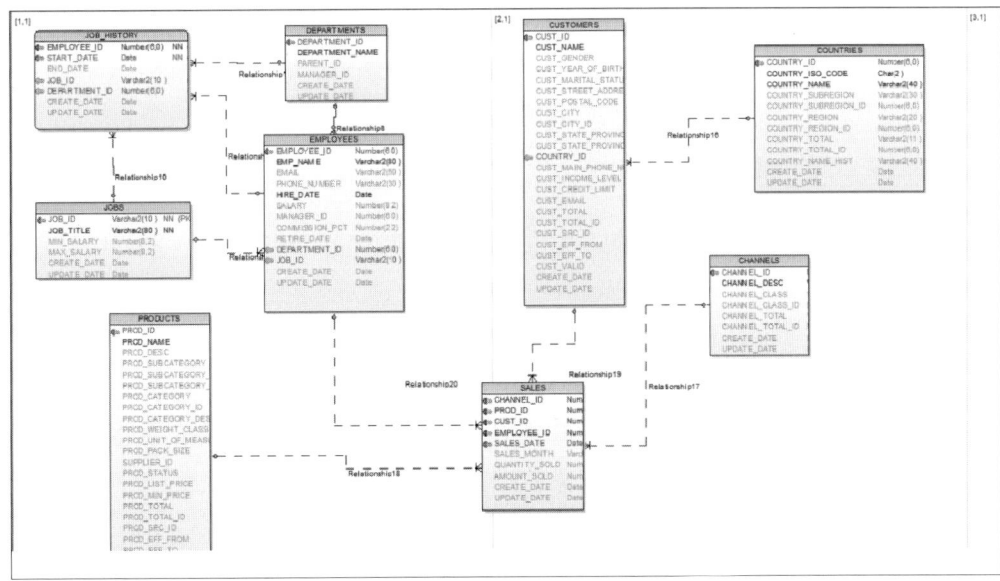

[그림 1-42]를 간략히 살펴보면, 사원 테이블인 employees는 부서 테이블인 departments와 department_id(부서번호)로 연결되어 있다. 또한 jobs 테이블은 job_id로 employees 테이블과 연결되어 있다. jobs와 employees 간의 선을 보면 jobs쪽은 ○로 employees 쪽은 옆으로 뉘인 삼지창 형태로 되어 있는데, 이는 jobs 테이블의 job_id 한 건이 employees에 여러 건 올 수 있다는 의미다.

사실 시스템을 개발할 때 맨 처음에 하는 작업이 업무를 분석해 테이블을 정의하는 단계이며, 이는 논리적 설계와 물리적 설계로 나눌 수 있다. 논리적 설계와 물리적 설계는 ERD 툴로 작업을 진행하고 검증이 끝나면 마지막에 물리적 설계 내용을 스크립트로 변환해 DB상에 테이블을 생성한다. 논리적, 물리적 설계와 ERD에 대해서는 이 책의 범위를 넘어서는 내용이므로 다른 자료나 서적을 참조하기 바란다.

03 | SQL과 PL/SQL 알아 보기

SQL의 개요

SQL은 구조화된 질의 언어Structured Query Language의 약자로 DBMS 상에서 데이터를 읽고 쓰고 삭제하는 등 데이터를 관리하기 위한 일종의 프로그램 언어다. C나 자바와 같은 일반 프로그래밍 언어는 절차적 언어라고 할 수 있는데 반해, SQL은 집합적 언어다. 절차적 언어의 특징은 프로그래밍 순서대로 로직이 처리되는 것인데(자바와 같은 객체지향형 언어도 절차적 언어에 그 뿌리를 두고 있다), 집합적 언어는 데이터를 특정 집합 단위로 분류해 이 단위별로 한 번에 처리하는 언어라고 할 수 있다.

E. F. Codd에 의해 관계형 데이터베이스 이론이 발표된 후, IBM 연구소에서 최초로 SEQUELStructured English Query Lanaguage란 언어를 개발했는데 이것이 SQL의 효시다. SEQUEL은 SQL이라는 명칭으로 변경되었고 관계형 데이터베이스에서 SQL이 표준 언어로 채택되어 사용되고 있다.

1980년대 후반 국제표준화기구(ISO)와 미국국립표준협회(ANSI)에서 RDBMS의 표준 언어로 SQL을 채택하였다. 표준이란 의미는 '표준' SQL 구문만 학습하면 오라클은 물론 MSSQL, DB2 등 여러 DBMS에서 동일하게 사용할 수 있다는 뜻이다. 현대적인 일반 프로그래밍 언어도 대부분 그 뿌리가 C 언어라서 문법과 구문이 비슷하지만 각 언어별로 서로 다른 점이 많다. 하지만 SQL은 언어 자체가 간단하므로 한 번만 학습하면 DBMS에 구애되지 않고 자유자재로 사용할 수 있다. 물론 DBMS 별로 독특한 기능이 존재하는 것은 사실이지만, 다른 프로그래밍 언어에 비해 그 차이는 미미한 수준이다.

SQL은 크게 DDL과 DML로 나눌 수 있다. DDL은 데이터 정의어 Data Definition Language로 데이터베이스 객체를 관리하는 언어고, DML은 데이터 조작어 Data Manipulation Lanaguage로 데이터 삽입, 조회, 삭제, 갱신 등 실제로 데이터를 조작하는 언어다. 개발자 입장에서는 DDL보다는 DML을 사용하는 빈도가 압도적이며 그 종류 역시 DML이 많다.

DDL

DDL은 데이터베이스 객체를 생성, 삭제, 변경하는 언어로 대략 4가지 정도로 구분할 수 있다.

- ❶ **CREATE**: 테이블이나 인덱스, 뷰 등 데이터베이스 객체를 생성
- ❷ **DROP**: 생성된 데이터베이스 객체를 영구히 삭제
- ❸ **ALTER**: 이미 생성된 데이터베이스 객체를 수정
- ❹ **TRUNCATE**: 테이블이나 클러스터의 데이터를 통째로 삭제

개발 현장에서의 DDL 사용

실제 프로젝트에 나가보면 개발자 입장에서는 DDL을 사용하는 경우가 그리 많지 않다. 보통 데이터베이스 객체 관리는 DBA(데이터베이스 관리자)나 별도 관리 인원이 담당한다. 각 개발자가 공통으로 사용하고 있는 테이블을 마음대로 삭제하고 생성하게 되면 프로젝트를 원활히 진행할 수 없는 것은 불을 보듯 뻔하기 때문이다.

프로젝트 규모에 따라 다르긴 하지만, 일반적인 SI(시스템 통합)나 SM(시스템 관리) 프로젝트들은 개발 DB와 운영 DB를 별도로 분리한 후, 개발자들에게는 개발 DB만 접속할 수 있는 권한을 주고, 데이터베이스 객체의 관리는 별도 인원이 처리한다. 참여 인원이 극도로 적은 소규모 프로젝트들은 개발자들이 데이터베이스 객체를 관리하기도 하지만, 이때에도 어느 한 사람이 관리하도록 하는 것이 보통이다. 물론 이런 경우에도 별도의 권한을 설정해 일반 개발자는 DDL 명령어를 실행할 수 없게 할 때가 많다.

DML

DML은 실제 데이터를 조작하는 언어로 6가지 정도로 나눌 수 있다.

- ❶ **SELECT**: 테이블이나 뷰에 있는 데이터를 조회
- ❷ **INSERT**: 데이터를 신규로 생성
- ❸ **UPDATE**: 이미 생성된 데이터를 수정
- ❹ **DELETE**: 데이터를 삭제
- ❺ **COMMIT**: 트랜잭션 처리. 변경된 데이터를 최종 적용
- ❻ **ROLLBACK**: 트랜잭션 처리. 변경된 데이터를 적용하지 않고 이전으로 되돌림

이 책을 통해 여러분이 숱하게 학습할 내용은 모두 DML이다. 간단히 몇 줄 정도인 것부터 몇 십 줄, 혹은 몇 백,몇 천 줄까지 작성할 SQL문은 거의 대부분 이 6가지에 속한다. 참으로 간단하지 않은가?! 물론 세부적으로 들어가면 각 문장별 사용법은 더 복잡하긴 하지만 기본은 데이터를 조회, 삭제, 수정하는 것 뿐이므로 다른 프로그래밍 언어에 비해 SQL은 배우고 사용하기 쉽다고 할 수 있다.

DDL, DML 외에도 데이터 제어 언어라고 하는 DCL(Data Control Lanaguage)이 있는데, 사용자에게 특정 권한을 주는 GRANT와 회수하는 REVOKE문이 있다. 특정 사용자에게 DDL 권한을 주거나 회수하는 것도 DCL로 처리한다. 이 책에서는 DML 위주로 전개할 것이며, DDL이나 DCL은 필요한 경우에 설명하겠다.

PL/SQL의 개요

SQL이 집합적 언어인데 반해 PL/SQL은 다른 프로그래밍 언어처럼 절차적 언어다. 하지만 그 뿌리는 모두 SQL이다. PL/SQL이라서 특정 코드를 별도로 사용하는 것이 아니라 SQL을 절차적으로 사용한다고 할 수 있다(PL/SQL에서 P는 Procedural의 약자). 즉 SQL을 이용해 집합적으로 데이터를 필요에 맞게 처리하기는 하는데, 이렇게 처리한 SQL을 절차적으로 사용한다고 이해하면 된다. 물론 PL/SQL에서만 사용할 수 있는 코드와 문법이 존재하지만 데이터 처리 중심은 SQL에 있다고 할 수 있다.

절차적 언어이므로 PL/SQL도 일반 프로그래밍 언어의 특징이다. 예를 들어, 변수에 값을 할당하고 예외처리도 할 수 있으며, 특정 기능을 처리하는 함수나 프로시저를 생성할 수 있다. 또한 PL/SQL은 DB 서버에 코드가 올라가 컴파일되어 수행되는 것이 특징이다. 사실 DB 프로그래밍이라는 것은 PL/SQL을 이용해 함수나 프로시저를 만들어 여러 작업을 처리하는 것을 일컫는다.

지금까지 SQL과 PL/SQL에 대해 간단히 알아보았다. 앞으로 기본적인 SQL을 학습하고 이를 바탕으로 PL/SQL에 대해서 자세히 공부한다.

핵심정리

1 SQL과 PL/SQL 코드를 작성하기 위한 개발 도구로는 SQL PLUS, SQL Developer, 토드, 오렌지, PL/SQL Developer 등이 있다.

2 SQL Developer는 오라클에서 제공하는 툴로 무료로 사용 가능하다.

3 스키마란 스키마 객체Schema Object의 줄임말로 테이블, 뷰, 인덱스와 같은 구조를 포함하는 논리적인 데이터 저장 구조를 가진 객체를 말한다.

4 관계형 데이터베이스에서 테이블 간의 관계를 도식화한 것을 ERD라고 한다.

5 SQL은 DBMS상의 데이터를 처리하는 집합적 언어이다.

6 SQL은 표준이 존재하며 따라서 다양한 종류의 DBMS에서 사용할 수 있다.

7 SQL은 크게 데이터베이스 객체를 관리하는 DDL과 데이터를 조작하는 DML로 나눌 수 있다.

8 집합적 언어인 SQL을 확장한 절차적 언어가 PL/SQL이며, DB 프로그래밍을 한다는 것은 PL/SQL을 이용해 코드를 작성한다는 의미다.

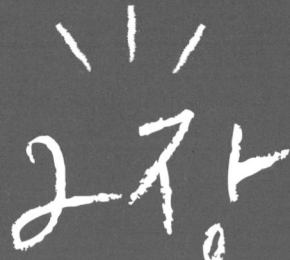

데이터베이스를 구성하는 객체 살펴 보기

SQL 중 DDL을 사용해서 생성하는 대상이 바로 데이터베이스 객체다. 이 장에서는 기본적인 데이터베이스 객체에 대해 하나씩 살펴볼 것이다. 후반부에서는 DDL과 DML도 다룰텐데, 이들에 대해서는 다음 장부터 자세히 다루므로, 이 장에서는 데이터베이스 객체와 그 의미에 집중해서 알아 두자.

01 데이터베이스 객체의 개요
02 테이블
03 뷰
04 인덱스
05 시노님
06 시퀀스
07 파티션 테이블

01 데이터베이스 객체의 개요

데이터베이스 객체란 데이터베이스 내에 존재하는 논리적인 저장 구조를 말한다. 오라클과 같은 DBMS가 데이터를 관리하려면 데이터를 어딘가에 저장해 관리해야 하는데, 이런 목적을 달성하기 위해 필요한 모든 논리적인 저장 구조가 데이터베이스 객체다.

데이터베이스 객체의 종류

데이터베이스 객체로는 데이터를 저장해 놓고 꺼내 쓰는 가장 기본적인 객체인 테이블부터 뷰, 인덱스, 시노님, 시퀀스 등이 있는데, 대표적인 데이터베이스 객체들을 정리하면 다음과 같다.

▼ 표 2-1 대표적인 데이터베이스 객체

데이터베이스 객체	설명
테이블	데이터를 담고 있는 객체
뷰	하나 이상의 테이블을 연결해 마치 테이블인 것처럼 사용하는 객체
인덱스	테이블에 있는 데이터를 빠르게 찾기 위한 객체
시노님	데이터베이스 객체에 대한 별칭을 부여한 객체
시퀀스	일련번호 채번을 할 때 사용되는 객체
함수	특정 연산을 하고 값을 반환하는 객체
프로시저	함수와 비슷하지만 값을 반환하지는 않는 객체
패키지	용도에 맞게 함수나 프로시저를 하나로 묶어 놓은 객체

이 외에도 오라클에는 여러 가지 다른 종류의 객체가 존재한다. 이 책에서는 현장에서 자주 사용되는 객체 중심으로 설명을 이어나갈 것이다. 그럼 가장 기본적인 데이터베이스 객체인 테이블부터 하나씩 살펴 보자.

02 테이블

데이터를 넣고 수정하고 삭제하는, 즉 데이터를 담고 있는 객체가 테이블이다. 테이블은 DBMS상에서 가장 기본적인 객체로 로우(행)와 컬럼(열)으로 구성된 2차원 형태(표)의 객체로 우리가 자주 사용하는 엑셀과 구조가 같다고 보면 이해하기 쉬울 것이다. SQL을 이용해 데이터를 조회, 삭제, 입력,

수정할 대상이며 그 결과를 담고 있는 것이 바로 테이블이다. 데이터가 저장되는 객체이므로 테이블을 어떤 형태로 구성해 만들 것인지 정하는 것, 즉 테이블 설계 작업은 데이터베이스를 사용할 때 가장 기초적이고 중요한 단계에 속한다.

▼ 그림 2-1 사원(EMPLOYEES) 테이블

	EMPLOYEE_ID	EMP_NAME	EMAIL	PHONE_NUMBER	HIRE_DATE	SALARY	MANAGER_ID	COMMISSION_PCT	RETIRE_DATE	DEPARTMENT_ID	JOB_ID
1	100	Steven King	SKING	515.123.4567	2003-06-17 00:00:00	24000	(null)	(null)	(null)	90	AD_PRES
2	101	Neena Kochhar	NKOCHHAR	515.123.4568	2005-09-21 00:00:00	17000	100	(null)	(null)	90	AD_VP
3	102	Lex De Haan	LDEHAAN	515.123.4569	2001-01-13 00:00:00	17000	100	(null)	(null)	90	AD_VP
4	103	Alexander Hunold	AHUNOLD	590.423.4567	2006-01-03 00:00:00	9000	102	(null)	(null)	60	IT_PROG
5	104	Bruce Ernst	BERNST	590.423.4568	2007-05-21 00:00:00	6000	103	(null)	(null)	60	IT_PROG
6	105	David Austin	DAUSTIN	590.423.4569	2005-06-25 00:00:00	4800	103	(null)	(null)	60	IT_PROG
7	106	Valli Pataballa	VPATABAL	590.423.4560	2006-02-05 00:00:00	4800	103	(null)	(null)	60	IT_PROG
8	107	Diana Lorentz	DLORENTZ	590.423.5567	2007-02-07 00:00:00	4200	103	(null)	(null)	60	IT_PROG
9	108	Nancy Greenberg	NGREENBE	515.124.4569	2002-08-17 00:00:00	12008	101	(null)	(null)	100	FI_MGR
10	109	Daniel Faviet	DFAVIET	515.124.4169	2002-08-16 00:00:00	9000	108	(null)	(null)	100	FI_ACCOUNT
11	110	John Chen	JCHEN	515.124.4269	2005-09-28 00:00:00	8200	108	(null)	(null)	100	FI_ACCOUNT
12	111	Ismael Sciarra	ISCIARRA	515.124.4369	2005-09-30 00:00:00	7700	108	(null)	(null)	100	FI_ACCOUNT
13	112	Jose Manuel Urman	JMURMAN	515.124.4469	2006-03-07 00:00:00	7800	108	(null)	(null)	100	FI_ACCOUNT
14	113	Luis Popp	LPOPP	515.124.4567	2007-12-07 00:00:00	6900	108	(null)	(null)	100	FI_ACCOUNT
15	114	Den Raphaely	DRAPHEAL	515.127.4561	2002-12-07 00:00:00	11000	100	(null)	(null)	30	PU_MAN
16	115	Alexander Khoo	AKHOO	515.127.4562	2003-05-18 00:00:00	3100	114	(null)	(null)	30	PU_CLERK
17	116	Shelli Baida	SBAIDA	515.127.4563	2005-12-24 00:00:00	2900	114	(null)	(null)	30	PU_CLERK

테이블 생성

테이블은 CREATE 문으로 생성할 수 있는데, 기본 구문은 다음과 같다.

```
CREATE TABLE [스키마.]테이블명(
    컬럼1      컬럼1_데이터타입    [NULL, NOT NULL],
    컬럼2      컬럼2_데이터타입    [NULL, NOT NULL],
    ...
) [TABLESPACE 테이블스페이스명];
```

테이블은 로우와 컬럼으로 구성되므로, 테이블 생성은 컬럼 단위로 정의한다. 스키마명은 생략이 가능하며 생략하게 되면 현재 자신이 로그인한 스키마 이름으로 생성된다. 또한 TABLESPACE 구문도 생략이 가능한데, 생략하면 해당 사용자의 디폴트 TABLESPACE에 생성된다.

그럼 간단한 테이블을 하나 생성해 보자.

1 스크립트 입력하기 다음의 문장을 SQL Developer에서 입력한 후 F5를 눌러 실행해 보자.

▼ 그림 2-2 스크립트 입력하기

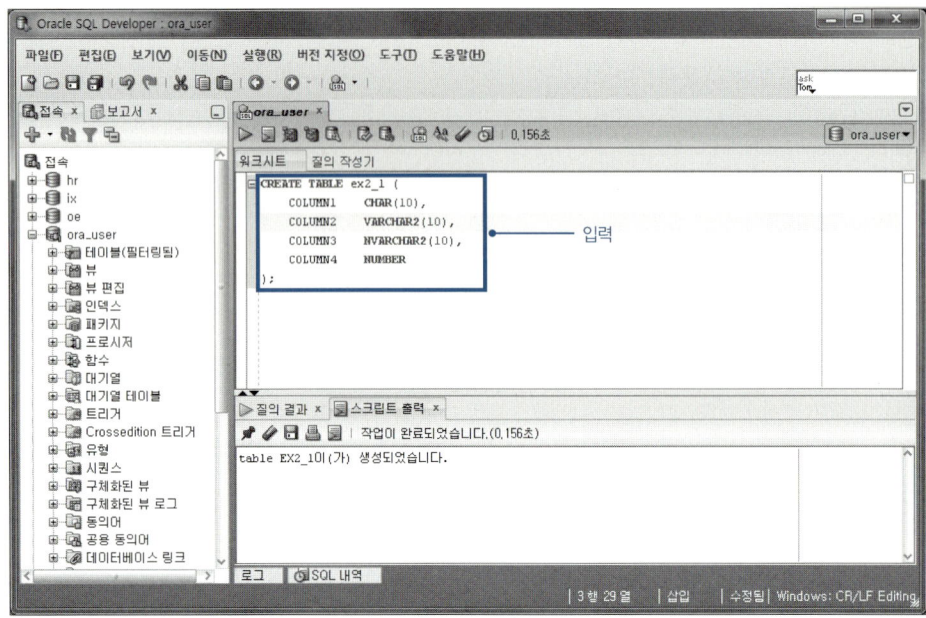

2 생성된 테이블 확인하기 ❶ SQL Developer 상에서 왼쪽 ora_user 밑의 테이블을 선택하고 ❷ [새로고침]을 하면 방금 생성한 테이블 목록이 보일 것이다. ❸ 이 테이블을 클릭하면 새 창이 뜨고 여러 가지 정보가 탭으로 나뉘어 표시된다. ❹ 이중 [SQL]탭을 클릭하면 다음과 같은 테이블 생성 구문 (DDL)을 볼 수 있다.

▼ 그림 2-3 생성된 테이블 확인하기

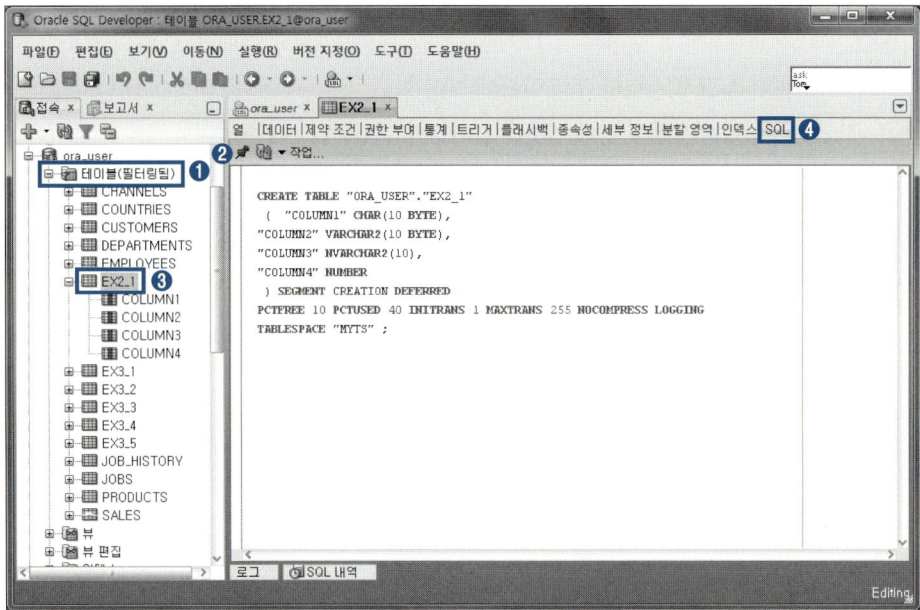

스키마명(ORA_USER)과 테이블스페이스명(MYTS)을 명시하지 않았는데도 스키마명은 "ORA_USER", 테이블스페이스명은 "MYTS"로 ORA_USER의 디폴트 값이 적용되었다. 나머지 SEGMENT, PCTFREE 등의 항목은 테이블에 관한 다른 설정 값으로 이 역시 디폴트 값이 적용되었으며, 이 부분에 대한 내용은 이 책의 범위를 넘어서므로 일단 기억하고 넘어가자.

테이블 생성은 컬럼 명칭과 컬럼의 데이터 타입을 명시함으로써 정의했다. 즉 해당 컬럼이 어떤 데이터 유형에 속하는지를 명시해야 한다. 예를 들어, employees 테이블에서 사원명(emp_name)은 문자형, 급여(salary)는 숫자형, 입사일자(hire_date) 컬럼은 날짜형 데이터다.

입력

```
CREATE TABLE employees (
    EMPLOYEE_ID   NUMBER(6,0)    NOT NULL,
    EMP_NAME      VARCHAR2(80)   NOT NULL,
    ...
    SALARY        NUMBER(8,2)    ,
    HIRE_DATE     DATE           NOT NULL,
    ...
    ... );
```

이처럼 컬럼의 특성에 맞게 데이터 타입을 명시해 줘야 한다. 또한 테이블명과 컬럼명은 몇 가지 규칙에만 벗어나지 않는다면 자유롭게 만들 수 있는데, 그 규칙은 다음과 같다.

❶ 테이블명, 컬럼명의 최대 크기는 30바이트다.
❷ 테이블명, 컬럼명으로 예약어는 사용할 수 없다.
  (예약어(키워드)란 오라클에서 미리 선점한 단어로 SELECT, UPDATE과 같은 구문, COUNT, ASC와 같은 SQL 함수 등이 있으며, 예약어 목록은 V$RESERVED_WORDS 시스템 뷰에서 조회할 수 있다)
❸ 테이블명, 컬럼명으로 문자, 숫자, '_', '$', '#'을 사용할 수 있지만, 첫 글자는 문자만 올 수 있다.
❹ 한 테이블에 사용 가능한 컬럼은 최대 255개까지다.

❶, ❷, ❸번 내용은 테이블과 컬럼뿐만 아니라 오라클에 있는 모든 데이터베이스 객체 이름을 생성할 때도 적용된다.

각 컬럼은 컬럼명과 데이터 타입으로 구성하는데 오라클에서 제공하는 기본 데이터 타입은 크게 문자, 숫자, 날짜형으로 나눌 수 있다. 먼저 컬럼이 가질 수 있는 기본 데이터 타입에 대해 알아보자.

데이터 타입

데이터 타입Datatype이란 컬럼이 저장되는 데이터 유형을 말하며, 오라클에서는 기본으로 제공되는 기본 데이터 타입(원시 데이터 타입이라고도 함)과 사용자 정의 데이터 타입으로 구분할 수 있다. 사용자 정의 타입이란 여러분과 같은 사용자가 직접 기본 데이터 타입을 혼합해 만들 수 있는 타입인데 이 책에서는 기본 데이터 타입에 대해서만 다루도록 하겠다.

문자 데이터 타입

문자나 문자열 데이터는 문자형 데이터에 속하며, 오라클에서 제공하는 문자형은 다음과 같다.

▼ 표 2-2 문자 데이터 타입

데이터 타입	설명
CHAR (크기[BYTE | CHAR])	고정길이 문자, 최대 2000byte, 디폴트 값은 1byte
VARCARCHAR2 (크기[BYTE | CHAR])	가변길이 문자, 최대 4000byte, 디폴트 값은 1byte
NCHAR (크기)	고정길이 유니코드 문자(다국어 입력 가능), 최대 2000byte, 디폴트 값은 1
NVARCARCHAR2 (크기)	가변길이 유니코드 문자(다국어 입력 가능), 최대 4000byte, 디폴트 값은 1
LONG	최대 2GB 크기의 가변길이 문자형, 잘 사용하지 않음

[표 2-2]에서 가변길이라 함은 실제 입력된 데이터 길이에 따라 크기가 변해 정해지는 것을 말한다. 예를 들어, 특정 컬럼을 VARCHAR2(10)으로 선언하면, 10byte까지 데이터를 입력할 수 있다. 그런데 이 컬럼에 'bac'라고 세 글자만 입력하면 실제 컬럼 길이는 3byte가 된다. 반면 고정길이 CHAR(10)으로 만든 후 'bac'라고 입력하면 세 문자만 입력됐더라도 이 컬럼 길이는 10byte가 된다. 실제로 확인해 보자.

입력
```
INSERT INTO ex2_1 (column1, column2) VALUES ('abc', 'abc');

SELECT column1, LENGTH(column1) as len1,
       column2, LENGTH(column2) as len2
  FROM ex2_1;
```

결과
```
COLUMN1        LEN1      COLUMN2          LEN2
-------------- --------- ---------------- ----------
abc            10        abc              3
```

뒤에서 자세히 다루겠지만 LENGTH란 컬럼 길이를 반환하는 SQL 함수다. 결과를 보면 같은 값을 입력했지만 CHAR 타입은 길이가 3이 아닌 10임을 알 수 있다. SQL을 작성하고 사용하는 측면에서 CHAR와 VARCHAR2 타입은 실질적 차이가 없으므로 문자형 컬럼은 저장 공간 효율화를 위해 CHAR보다는 VARCHAR2를 사용하자.

그리고 NCHAR와 NVARCHAR2는 유니코드 문자형으로 다국어 입력이 가능하다. LONG형은 숫자가 아닌 문자 데이터 타입으로, 오라클에서는 LONG 타입을 더는 사용하지 않도록 권고하고 있다. 이 타입은 CLOB나 BLOB로 대체할 수 있으며, 하위 버전 호환성을 이유로 11g에서도 지원하고 있는 것이다.

컬럼 타입을 선언할 때 크기(숫자)만 명시하면 디폴트 값인 byte가 적용된다. 여기서 한 가지 주의해야 할 내용이 있는데, 영어에서 한 문자는 1byte를, 한글은 2byte를 차지한다.

입력
```
CREATE TABLE ex2_2(
       COLUMN1    VARCHAR2(3),      → 디폴트 값인 byte 적용
       COLUMN2    VARCHAR2(3 byte),
       COLUMN3    VARCHAR2(3 char)
    );
```

결과
```
table EX2_2이(가) 생성되었습니다.
```

입력
```
INSERT INTO ex2_2 VALUES('abc', 'abc', 'abc');

SELECT column1, LENGTH(column1) AS len1,
       column2, LENGTH(column2) AS len2,
       column3, LENGTH(column3) AS len3
  FROM ex2_2;
```

결과
```
COLUMN1  LEN1  COLUMN2  LEN2  COLUMN3  LEN3
-------  ----  -------  ----  -------  ----
abc         3  abc         3  abc         3
```

영문자는 크기가 모두 3byte다. 이제 한글을 입력해 보자.

입력
```
INSERT INTO ex2_2 VALUES ('홍길동', '홍길동', '홍길동');
```

결과
```
SQL 오류: ORA-12899: "ORA_USER"."EX4_2"."COLUMN1" 열에 대한 값이 너무 큼(실제: 6, 최대값: 3)
```

한글은 한 글자가 2byte이므로 column1에 입력할 때 오류가 발생했다. 하지만 column3에서는 byte가 아닌 char를 명시했기 때문에 입력할 수 있다.

입력
```sql
INSERT INTO ex2_2 (column3) VALUES ('홍길동');
```

결과
1개 행 이(가) 삽입되었습니다.

입력
```sql
SELECT column3, LENGTH(column3) AS len3, LENGTHB(column3) AS bytelen
  FROM ex2_2;
```

결과
```
COLUMN3      LEN3       BYTELEN
---------    --------   ---------
abc          3          3
홍길동        3          6
```

LENGTHB는 해당 컬럼의 byte 수를 반환하는 함수로, 위 결과를 보면 한글은 2byte이므로 총 6byte를 차지했음을 알 수 있다. 사실 한글 한 문자가 무조건 2byte인 것은 아니며 DB설정에 따라 3byte를 차지하기도 한다.

숫자 데이터 타입

오라클에서 제공하는 숫자형 데이터는 다음과 같다.

▼ 표 2-3 숫자 데이터 타입

데이터 타입	설명
NUMBER [(p, [s])]	가변숫자, p(1~38, 디폴트 값은 38)와 s(-84~127, 디폴트 값은 0)는 십진수 기준, 최대 22byte
FLOAT[(p)]	NUMBER의 하위 타입, p는 1~128, 디폴트 값은 128, 이진수 기준, 최대 22byte
BINARY_FLOAT	32비트 부동소수점 수, 최대 4byte
BINARY_DOUBLE	64비트 부동소수점 수, 최대 8byte

숫자 타입은 총 4가지가 있긴 하지만 NUMBER형만 사용할 때가 많다. 다른 DBMS는 INTEGER와 같은 정수형, DECIMAL과 같은 실수형을 제공한다. 오라클도 이런 타입으로 컬럼을 생성할 수 있지만 내부적으로는 모두 NUMBER형으로 변환되어 생성된다.

입력
```
CREATE TABLE ex2_3(
       COL_INT    INTEGER,
       COL_DEC    DECIMAL,
       COL_NUM    NUMBER
);
```

결과
```
table EX2_3이(가) 생성되었습니다.
```

생성된 테이블 컬럼의 타입과 길이는 user_tab_cols라는 시스템 뷰를 조회하면 알 수 있다.

입력
```
SELECT column_id, column_name, data_type, data_length
  FROM user_tab_cols
 WHERE table_name = 'EX2_3'
 ORDER BY column_id;
```

결과
```
COLUMN_ID COLUMN_NAME DATA_TYPE DATA_LENGTH
--------- ----------- --------- -----------
        1 COL_INT     NUMBER    22
        2 COL_DEC     NUMBER    22
        3 COL_NUM     NUMBER    22
```

모두 NUMBER형으로 생성됐고 길이는 22byte임을 알 수 있다. NUMBER형은 크기를 명시하지 않거나 "*"를 명시하면, 즉 "컬럼명 NUMER" 혹은 "컬럼명 NUMBER(*)"를 명시하면 디폴트 값인 38이 적용되어 최대 크기인 22byte를 차지하는 것이다. 그리고 NUMBER (p, s) 형식으로 크기를 지정할 수도 있는데, p(precision, 정밀도)는 최대 유효숫자 자릿수를 s(scale)는 소수점 기준 자릿수를 의미한다. 이 내용을 정리하면 다음과 같다.

❶ p는 소수점 기준 모든 유효숫자 자릿수를 의미한다. 만약 p에 명시한 것보다 큰 숫자값을 입력하면 오류가 발생한다.
❷ s가 양수면 소수점 이하, 음수이면 소수점 이상(소수점 기준 왼쪽) 유효숫자 자릿수를 나타낸다.
❸ s에 명시한 숫자 이상의 숫자를 입력하면, s에 명시한 숫자로 반올림 처리한다.
❹ s가 음수이면 소수점 기준 왼쪽 자릿수만큼 반올림한다.
❺ s가 p보다 크면 p는 소수점 이하 유효숫자 자릿수를 의미한다.

다양한 값에 따라 NUMBER형의 정의와 그 결과를 표로 나타내면 다음과 같다.

▼ 표 2-4 NUMBER형 예제

숫자 값	타입	결과	설명
123.54	NUMBER	123.54	정상
123.54	NUMBER(3)	124	s는 명시하지 않아 0, p가 3이므로 소수점 첫 자리에서 반올림됨
123.54	NUMBER(3, 2)	오류	p가 3인데 입력값인 123.54는 유효숫자가 다섯 자리여서 오류. 유효숫자가 p보다 크면 오류 발생
123.54	NUMBER(5, 2)	123.54	정상
123.54	NUMBER(7, 1)	123.5	s가 1이므로 .54가 반올림되어 .5
123.54	NUMBER(7, -1)	120	s가 -1이어서 소수점 왼쪽 첫 자리 3이 반올림되어 120
125.54	NUMBER(7, -1)	130	s가 -1이어서 소수점 왼쪽 첫 자리 5가 반올림되어 130
0.1234	NUMBER(4,5)	오류	유효숫자는 4개 맞지만 s가 5인데 네 자리수이므로 오류 발생
0.01234	NUMBER(4,5)	0.01234	소수점 이하 다섯 째까지 유효숫자 4개, 정상
0.0001234	NUMBER(4,7)	0.0001234	소수점 이하 일곱 째 자리까지 유효숫자 4개, 정상
0.0001234	NUMBER(3,7)	오류	소수점 이하 일곱 째 자리까지 유효숫자는 1234, 4개인데 p가 3이므로 오류 발생
0.0000123	NUMBER(3,7)	0.0000123	소수점 이하 일곱 째 자리까지 유효숫자는 123, 3개이고 p가 3이므로 정상
0.00001234	NUMBER(3,7)	0.0000123	소수점 이하 일곱 째 자리까지 유효숫자는 123, 4는 제외됨

나머지 FLOAT형, BINARY_FLOAT형, BINARY_DOUBLE형은 NUMBER보다 그 범위가 제한된 타입이다. FLOAT은 scale을, BINARY_FLOAT과 BINARY_DOUBLE은 precision과 scale 모두 지정할 수 없다. 다만 NUMBER로 설정하기에는 실제 입력되는 값의 크기가 훨씬 작을 때는 보다 적절한 타입을 골라 사용하면 저장 공간을 절약할 수 있다.

정리하자면 숫자형 데이터는 "오라클에서는 NUMBER형만 사용해도 되며, 그 크기 설정에 있어 p와 s를 적절히 조정하면 된다." 라고 알아두면 되겠다.

Knowhow | FLOAT형으로 인한 오류

이런 적이 있었다. 다른 기종의 DBMS에서 사용하던 테이블을 오라클에 생성한 뒤 데이터를 옮기는 작업을 하는데 숫자형 데이터를 입력하니 데이터가 잘려 들어간다며 원인을 파악해 달라는 요청을 받았다. 처음에는 데이터를 적재하는 프로시저에서 로직을 잘못 구현한 줄 알았는데, 알고 보니 FLOAT형이 문제였다. 예를 들어 보자.

입력
```
CREATE TABLE ex2_4 (
    COL_FLOT1   FLOAT(32),
    COL_FLOT2   FLOAT
);
```

결과
table EX2_4이(가) 생성되었습니다.

입력
```
INSERT INTO ex2_4 (col_flot1, col_flot2) VALUES (1234567891234, 1234567891234);
```

결과
1개 행 이(가) 삽입되었습니다.

두 컬럼에 1,234,567,891,234란 값을 입력했는데, col_flot1에는 1,234,567,891,000, col_flot2에는 1,234,567,891,234가 들어갔다. 왜 첫 번째 컬럼에는 값이 잘려서 들어갔을까? [표 2-3]에 나와 있듯이 FLOAT(p)에서는 p에 들어가는 자릿수는 이진수가 기준이다. 즉 FLOAT(32)라고 해서 십진수 기준으로 32자리 숫자가 들어가는 것이 아니라 이진수 기준 32자리(10110100010… 식으로 32자리)가 들어간다. 이진수 기준 32자리를 십진수로 변환하려면 0.30103을 곱하면 된다. 따라서 32 * 0.30103 = 9.63296이고 1,234,567,891,234에서 열 번째 자리까지만 제대로 들어가고 나머지는 0으로 들어간 것이다. FLOAT 타입에서 p의 디폴트 값은 126이며, 126 * 0.30103 = 37.92978 이고 반올림하면 38, 즉 NUMBER 타입 p의 디폴트 값인 38이 나온다.

날짜 데이터 타입

오라클에서 제공하는 대표적인 날짜형 데이터는 다음과 같다.

▼ 표 2-5 날짜 데이터 타입

데이터 타입	설명
DATE	BC 4712년 1월 1일부터 9999년 12월 31일, 연,월,일,시,분,초까지 입력 가능하다.
TIMESTAMP [(fractional_seconds_precision)]	연도, 월, 일, 시, 분, 초는 물론 밀리초까지 입력 가능하다. fractional_seconds_precision은 0~9까지 입력할 수 있고 디폴트 값은 6이다.

가장 일반적이고 많이 사용하는 날짜 데이터 타입은 DATE이며 연,월,일과 시,분,초까지 입력 가능하다. TIMESTAMP는 초 단위를 더 세부적으로 입력할 수 있다.

입력
```
CREATE TABLE ex2_5 (
      COL_DATE        DATE,
      COL_TIMESTAMP   TIMESTAMP
);
```

결과
```
table EX2_5이(가) 생성되었습니다.
```

입력
```
INSERT INTO ex2_5 VALUES (SYSDATE, SYSTIMESTAMP);

SELECT *
  FROM ex2_5;
```

결과
```
COL_DATE      COL_TIMESTAMP
----------    ------------------------------------
15/03/04      15/03/04 00:26:28.576000000
```

SYSDATE와 SYSTIMESTAMP는 현재 일자와 시간을 반환하는 오라클 내부 함수로, 위 결과를 보면 DATE보다 TIMESTAMP의 날짜 정확도가 더 높다는 것을 확인할 수 있다.

[표 2-5]에 있는 타입 이외에도 INTERVAL_DAY TO SECOND, TIMESTAMP WITH TIME ZONE, TIMESTAMP WITH LOCAL TIME ZONE 타입도 지원하는데, 대부분 DATE와 TIMESTAMP를 사용한다.

LOB 데이터 타입

LOB는 'Large OBject'의 약자로 대용량 데이터를 저장할 수 있는 데이터 타입이다.

▼ **표 2-6** LOB 데이터 타입

데이터 타입	설명
CLOB	문자형 대용량 객체. 고정길이와 가변길이 문자 집합 지원. 최대 크기는 (4GB-1) * (데이터베이스 블록 사이즈)
NCLOB	유니코드(다국어 지원)를 포함한 문자형 대용량 객체. 최대 크기는 (4GB-1) * (데이터베이스 블록 사이즈)
BLOB	이진형 대용량 객체. 최대 크기는(4GB-1) * (데이터베이스 블록 사이즈)
BFILE	대용량 이진 파일에 대한 로케이터(위치, 이름)저장. 최대 크기는 4GB

일반적인 정형 데이터(문자, 숫자, 날짜 등 구조화된 데이터)에 비해 텍스트, 그래픽, 이미지, 사운드 등 비정형 데이터는 그 크기가 매우 큰데, 이런 데이터를 저장하는 데 LOB 타입을 사용한다.

문자형 대용량 데이터는 CLOB나 NCLOB, 나머지 그래픽, 이미지, 동영상 등의 데이터는 BLOB를 사용한다. BFILE은 실제 이진 파일이 아닌 데이터베이스 외부에 있는 파일에 대한 로케이터(해당 파일을 가리키는 포인터)를 저장하며, 실제 파일을 수정할 수는 없고 읽기만 가능하다.

지금까지 오라클에서 제공하는 기본적이면서도 주로 사용하는 데이터 타입에 대해 알아봤다. 여기서 소개한 타입 외에도 RAW, LONG RAW, ROWID, UROWID 등이 있으며, 사용자가 직접 정의하는 사용자 정의 타입도 지원한다.

NULL

NULL은 '값이 없음'을 의미하며 테이블을 생성할 때 컬럼 속성에 기술한다. 디폴트 값이 NULL이므로 별도로 지정하지 않으면 해당 컬럼은 NULL을 허용하게 된다. NULL을 허용하지 않으려면 NOT NULL 구문을 명시해야 한다. NULL 허용이란 해당 컬럼에 값을 넣지 않아도 된다는 의미이며, NOT NULL로 명시한 컬럼에 데이터를 넣지 않으면 해당 로우 INSERT 자체가 불가능하다.

SQL문이나 PL/SQL 코드를 작성할 때 개발자가 가장 하기 쉬운 실수 중의 하나가 NULL 처리다. DBMS 종류에 따라 NULL 처리가 조금씩 달라 여러 DBMS를 사용하는 개발자라면 혼동하기 쉽다. NULL과 관련된 다양한 처리와 예제는 이후에 다룰 것이다.

제약조건

제약조건Constraints은 컬럼에 대한 속성 형태로 정의하지만 엄연히 오라클 데이터베이스 객체 중 하나이며 데이터 무결성을 보장하기 위한 용도로 사용된다. 제약조건에는 NOT NULL, UNIQUE, 기본키, 외래키, CHECK 등이 있다.

① NOT NULL

> 컬럼명 데이터타입 **NOT NULL**

앞의 NULL에서 설명했듯이, 컬럼을 정의할 때 NOT NULL 제약조건을 명시하면 해당 컬럼에는 반드시 데이터를 입력해야 한다. 즉 반드시 값이 들어 있어야 하는 컬럼에는 NOT NULL 제약조건을 만들어 사용한다. 다음 예제를 보면 NOT NULL 컬럼에 데이터를 넣지 않을 때 발생하는 오류를 확인할 수 있다.

입력
```sql
CREATE TABLE ex2_6 (
      COL_NULL        VARCHAR2(10),
      COL_NOT_NULL    VARCHAR2(10) NOT NULL
);
```

결과
```
table EX2_6이(가) 생성되었습니다.
```

입력
```sql
INSERT INTO ex2_6 VALUES ('AA', '');
```

결과
```
SQL 오류: ORA-01400: NULL을 ("ORA_USER"."EX2_6"."COL_NOT_NULL") 안에 삽입할 수 없습니다.
```

입력
```sql
INSERT INTO ex2_6 VALUES ('AA', 'BB');
```

결과
```
1개 행 이(가) 삽입되었습니다.
```

제약조건은 컬럼 속성처럼 보이지만 하나의 데이터베이스 객체이므로 고유의 이름이 있는데 별도로 이름을 명시하지 않으면 오라클에서 자동으로 생성해 준다. 사용자가 생성한 제약조건은 USER_CONSTRAINTS 시스템 뷰에서 확인할 수 있다.

입력

```sql
SELECT constraint_name, constraint_type, table_name, search_condition
  FROM user_constraints
 WHERE table_name = 'EX2_6';
```

결과

```
CONSTRAINT_NAME   CONSTRAINT_TYPE   TABLE_NAME     SEARCH_CONDITION
---------------   ---------------   -----------    ----------------
SYS_C0011298C     EX2_6             "COL_NOT_NULL" IS NOT NULL
```

ex2_6 테이블의 col_not_null 컬럼에 부여한 NOT NULL 제약조건이 SYS_C0011298란 이름으로 생성됐음을 확인할 수 있다.

② UNIQUE

UNIQUE 제약조건은 말 그대로 해당 컬럼에 들어가는 값이 유일해야 한다는 의미다. 즉 중복 값을 허용하지 않는다.

> 컬럼명 데이터타입 **UNIQUE**
> 혹은
> **CONSTRAINTS** 제약조건명 **UNIQUE**(컬럼명, ...)

UNIQUE 제약조건 역시 데이터베이스 객체이므로, 컬럼 정의 부분에 UNIQUE를 명시하거나 별도로 CONSTRAINTS 키워드를 사용해 정의할 수 있다. UNIQUE와 NOT NULL을 같이 명시하면 해당 컬럼에 들어오는 값은 유일함은 물론 반드시 입력해야 한다. 또한 NULL 허용 컬럼에도 UNIQUE 제약조건을 붙일 수 있다.

입력

```sql
CREATE TABLE ex2_7 (
       COL_UNIQUE_NULL    VARCHAR2(10) UNIQUE,
       COL_UNIQUE_NNULL   VARCHAR2(10) UNIQUE NOT NULL,
       COL_UNIQUE         VARCHAR2(10),
       CONSTRAINTS unique_nm1 UNIQUE (COL_UNIQUE)
);
```

결과

table EX2_7이(가) 생성되었습니다.

입력

```sql
SELECT constraint_name, constraint_type, table_name, search_condition
  FROM user_constraints
 WHERE table_name = 'EX2_7';
```

결과

```
CONSTRAINT_NAME   CONSTRAINT_TYPE   TABLE_NAME   SEARCH_CONDITION
---------------   ---------------   ----------   ----------------------------
SYS_C0011299      C                 EX2_7        "COL_UNIQUE_NNULL" IS NOT NULL
SYS_C0011300      U                 EX2_7
SYS_C0011301      U                 EX2_7
UNIQUE_NM1        U                 EX2_7
```

UNIQUE 제약조건 3개가 만들어졌다. UNIQUE_NM1제약조건은 **CONSTRAINTS** 키워드를 사용해 제약조건명을 명시해서 만들었으므로 UNIQUE_NM1이란 이름으로 생성됐음을 확인할 수 있다. 그럼 데이터를 입력해 보자.

입력

```sql
INSERT INTO ex2_7 VALUES ('AA', 'AA', 'AA');
```

결과

1개 행 이(가) 삽입되었습니다.

입력

```sql
INSERT INTO ex2_7 VALUES ('AA', 'AA', 'AA');
```

결과

SQL 오류: ORA-00001: 무결성 제약 조건(ORA_USER.SYS_C0011300)에 위배됩니다.

입력

```sql
INSERT INTO ex2_7 VALUES ('', 'BB', 'BB');
```

결과

1개 행 이(가) 삽입되었습니다.

COL_UNIQUE_NULL 컬럼에 NULL이 성공적으로 입력되었다.

입력
```
INSERT INTO ex2_7 VALUES ('', 'CC', 'CC');
```

결과
1개 행 이(가) 삽입되었습니다.

좀 이상하다. COL_UNIQUE_NULL은 NULL 허용 컬럼이기는 하지만 UNIQUE 제약조건이 붙었으므로 중복 입력되지 않아야 하는데 입력되었다. 왜 입력된 것일까? NULL은 값이 없음을 의미하므로, **UNIQUE 비교 대상에서 NULL은 제외**된다는 점을 기억해 두자.

③ 기본키

기본키Primary key라고도 하고 영어 그대로 'Primary key'라고 한다. 보통 테이블에 키를 생성했다라고 할 때, 이는 기본키를 의미한다. 기본키는 UNIQUE와 NOT NULL 속성을 동시에 가진 제약조건으로, 테이블 당 1개의 기본키만 생성할 수 있다.

```
컬럼명    데이터타입    PRIMARY KEY
혹은
CONSTRAINTS 제약조건명 PRIMARY KEY(컬럼명, ...)
```

오라클을 비롯한 여러 DBMS는 데이터 무결성을 보장하고 있는데, 데이터 무결성Data Integrity이란 데이터의 정확성과 일관성을 유지한다는 뜻이다. 예를 들어, 사원 테이블(employees)에는 사번(employee_id)과 사원명(emp_name) 컬럼이 있는데 특정한 사람을 식별하려면 사번은 반드시 한 개이어야 한다. 만약 홍길동이란 사원의 사번이 두 개이거나 사번 자체가 들어가지 않고 데이터가 생성됐다면, 이 홍길동이란 사람을 정확히 식별할 수 있는 방법은 없다(물론 퇴사했다가 다시 입사한 경우 사번이 2개가 생길 수도 있는데, 이 경우에는 예전 사번이 있는 로우의 퇴사일자(retire_date) 컬럼에 데이터가 입력될 것이다). 이런 식으로 데이터 무결성을 DBMS에서 실질적으로 구현한 것이 바로 **기본키**(NOT NULL + UNIQUE)다.

입력
```
CREATE TABLE ex2_8 (
    COL1    VARCHAR2(10) PRIMARY KEY,
    COL2    VARCHAR2(10)
);
```

결과
table EX2_8이(가) 생성되었습니다.

입력
```
SELECT constraint_name, constraint_type, table_name, search_condition
  FROM user_constraints
 WHERE table_name = 'EX2_8';
```

결과
```
CONSTRAINT_NAME    CONSTRAINT_TYPE   TABLE_NAME    SEARCH_CONDITION
---------------    ---------------   ----------    ----------------
SYS_C0011180       P                 EX2_8
```

기본키는 constraint_type이 P(Primary key)로 생성된다.

입력
```
INSERT INTO ex2_8 VALUES ('', 'AA');
```

결과
```
SQL 오류: ORA-01400: NULL을 ("ORA_USER"."EX2_8"."COL1") 안에 삽입할 수 없습니다.
```

기본키는 NOT NULL 속성이므로 NULL 입력이 불가능하다.

입력
```
INSERT INTO ex2_8 VALUES ('AA', 'AA');
```

결과
```
1개 행 이(가) 삽입되었습니다.
```

입력
```
INSERT INTO ex2_8VALUES ('AA', 'AA');
```

결과
```
SQL 오류: ORA-00001: 무결성 제약 조건(ORA_USER.SYS_C0011180)에 위배됩니다.
```

값이 같은 데이터 역시 입력할 수 없다.

예제에서는 COL1 컬럼을 기본키로 잡았는데, 여러 컬럼을 하나의 기본키로 만들 수도 있다. 이 경우에는 CONSTRAINTS 키워드를 사용해서 생성해야 한다. 예를 들어, 샘플 스키마에 있는 job_history 테이블의 기본키는 employee_id와 start_date며, 테이블 DDL을 보면 CONSTRAINT PK_JOB_HISTORY PRIMARY KEY (EMPLOYEE_ID, START_DATE)로 생성했음을 확인할 수 있다. 이 때

employee_id + start_date의 조합이 유일(UNIQUE)해야 하고, 두 컬럼에 NULL은 들어갈 수 없다. 기본키로 사용할 수 있는 컬럼 개수는 최대 32개다.

보통, 테이블을 만들 때 특수한 경우를 제외하고 기본키는 반드시 생성하는 것이 원칙이다.

④ 외래키

외래키Foreign key는 테이블 간의 참조 데이터 무결성을 위한 제약조건이다.

```
CONSTRAINT 외래키명 FOREIGN KEY(컬럼명, ...)
REFERENCES 참조 테이블(참조 테이블 컬럼명, ...)
```

사원 테이블에는 부서번호(department_id) 컬럼이 있고, 부서정보는 부서 테이블(departments)에 있다. 만약 신규 사원이 입사해 데이터를 입력하는 와중에 부서 테이블에 없는 부서번호를 입력한다면 어떻게 될까? 논리적으로 봐도 합당하지 않고 이 신입사원에 대한 부서정보를 제대로 찾을 수 없다. 즉 참조 무결성이 깨진다. 하지만 외래키를 생성해 놓으면 부서정보에 없는 부서번호를 입력할 때 오라클은 오류를 발생시켜 잘못된 데이터가 입력되는 것을 방지한다. 참조 무결성을 보장하는 것이다.

삭제도 마찬가지다. 사원 테이블에서 사용하고 있는 부서 정보를 부서 테이블에서 삭제하면 무결성이 깨진다. 하지만 외래키를 생성해 놓으면 부서 테이블에서 해당 부서정보를 삭제할 때 오류가 발생해 데이터 삭제를 막아 참조 무결성이 보장된다. 부서 테이블에서 부서번호를 변경하는 것 역시 해당 부서가 참조되고 있다면 수정할 수 없다.

외래키에 대한 제약사항은 다음과 같다.

- 반드시 참조하는 테이블이 먼저 생성되어야 하며, 참조키가 참조 테이블의 기본키로 만들어져 있어야 한다.
- 외래키에 사용할 수 있는 컬럼 개수는 최대 32개다.
- 여러 컬럼을 외래키로 만들려면, 참조하는 컬럼과 외래키 컬럼의 순서와 개수는 같아야 한다.

Knowhow | 현장에서의 외래키 생성 시점

시스템 개발 현장에서는 보통 초창기에는 외래키를 생성하지 않는다. 개발 중에는 수시로 데이터를 입력하고 삭제하는 경우가 빈번한데, 외래키를 생성하면 여러 모로 불편한 것이 사실이다. 그래서 개발 후 테스트 기간을 거쳐 어느 정도 시스템이 안정화된 이후 외래키를 생성할 때가 많다.

⑤ CHECK

마지막으로 알아볼 제약조건으로 CHECK가 있다. 컬럼에 입력되는 데이터를 체크해 특정 조건에 맞는 데이터만 입력 받고 그렇지 않으면 오류를 뱉어 낸다.

CONSTRAINT 체크명 **CHECK**(체크조건)

입력
```
CREATE TABLE ex2_9 (
      num1      NUMBER
      CONSTRAINTS check1 CHECK ( num1 BETWEEN 1 AND 9),
      gender    VARCHAR2(10)
      CONSTRAINTS check2 CHECK ( gender IN ('MALE', 'FEMALE'))
);
```

결과
```
table EX2_9이(가) 생성되었습니다.
```

입력
```
SELECT constraint_name, constraint_type, table_name, search_condition
  FROM user_constraints
 WHERE table_name = 'EX2_9';
```

결과
```
CONSTRAINT_NAME   CONSTRAINT_TYPE   TABLE_NAME   SEARCH_CONDITION
---------------   ---------------   ----------   -----------------------------
CHECK1            C                 EX2_9        num1 BETWEEN 1 AND 9
CHECK2            C                 EX2_9        gender IN ('MALE', 'FEMALE')
```

ex2_9 테이블에서 num1 컬럼은 1에서 9까지의 숫자만, gender 컬럼은 'MALE', 'FEMALE' 두 값만 넣을 수 있도록 제약조건을 만들었다. 제약조건에 위배되는 데이터를 넣어 보자.

입력
```
INSERT INTO ex2_9 VALUES (10, 'MAN');
```

결과
```
SQL 오류: ORA-02290: 체크 제약조건(ORA_USER.CHECK2)이 위배되었습니다.
```

예상했듯이, 오류가 발생한다. 조건에 맞는 데이터를 넣어 보자.

입력
```
INSERT INTO ex2_9 VALUES (5, 'FEMALE');
```

결과
1개 행 이(가) 삽입되었습니다.

제약조건에는 포함되지 않지만, 컬럼 속성 중 하나로 **DEFAULT**라는 것이 있다. 이는 컬럼의 디폴트 값을 명시하는데 사용된다. 예를 들어, 테이블에 CREATE_DATE란 컬럼이 있다고 가정해 보자. 이 컬럼은 해당 로우가 입력된 날짜와 시간 정보를 입력할 용도로 만들었는데, 데이터를 입력할 때마다 CREATE_DATE에 값을 넣는 것은 여간 귀찮은 일이 아니다. 이때 테이블 DDL문에서 컬럼 속성에 **DEFAULT 디폴트 값** 형식으로 기술하면 자동으로 디폴트 값이 들어 간다.

입력
```
CREATE TABLE ex2_10 (
      Col1   VARCHAR2(10) NOT NULL,
      Col2   VARCHAR2(10) NULL,
      Create_date DATE DEFAULT SYSDATE);
```

결과
table EX2_10이(가) 생성되었습니다.

입력
```
INSERT INTO ex2_10 (col1, col2) VALUES ('AA', 'BB');
```

결과
1개 행 이(가) 삽입되었습니다.

입력
```
SELECT *
  FROM ex2_10;
```

결과
```
COL1   COL2   CREATE_DATE
-----  -----  -------------------
AA     BB     2015/01/22 15:49:09
```

구문에서 CREATE_DATE에 디폴트 값으로 SYSDATE를 명시했기 때문에, test 테이블에 데이터를 입력할 때 CREATE_DATE에 별도로 값을 넣지 않아도 자동으로 현재 일자와 시간이 입력된다.

테이블 삭제

지금까지 학습한 내용만 숙지하면 웬만한 테이블을 생성하는 데 큰 무리가 없을 것이다. 그럼 생성된 테이블을 삭제해 보자.

```
DROP TABLE [스키마.]테이블명 [CASCADE CONSTRAINTS]
```

ex2_10 테이블을 삭제해 보자.

입력
```
DROP TABLE ex2_10;
```

결과
```
table EX2_10이(가) 삭제되었습니다.
```

해당 테이블은 물론 모든 데이터가 삭제되었다. CASCADE CONSTRAINTS를 붙이면 삭제할 테이블의 기본키와 UNIQUE 키를 참조하는 참조 무결성 제약조건도 자동으로 삭제된다. 테이블을 삭제하면 다시 복구할 수 없으므로 테이블을 삭제할 때는 항상 여러 번 확인하는 습관을 들이도록 하자.

테이블 변경

CREATE문으로 테이블을 생성한 후 불가피하게 수정해야 할 상황이 발생할 때가 많다. 최초 설계를 잘못한 원인도 있고 요구사항이 변경되기 때문이기도 하다. 사람이 하는 일이라 처음부터 완벽하게 테이블을 만드는 것은 거의 불가능하다. 이런 원인으로 기존에 생성했던 컬럼의 데이터 타입을 수정하거나 삭제, 새로운 컬럼을 넣어야 하는 경우가 발생하는데, 이때마다 테이블을 삭제하고 다시 생성하는 것은 여러 문제를 만들 수 있다. 이럴 때 ALTER TABLE문을 사용해 테이블을 수정할 수 있다. 그럼 ex2_10 테이블을 다시 생성한 후 하나씩 처리해 보자.

입력
```
CREATE TABLE ex2_10 (
      Col1   VARCHAR2(10) NOT NULL,
      Col2   VARCHAR2(10) NULL,
      Create_date DATE DEFAULT SYSDATE);
```

결과
```
table EX2_10이(가) 생성되었습니다.
```

① 컬럼명 변경: col1 컬럼 이름을 col11으로 변경

ALTER TABLE [스키마.]테이블명 **RENAME COLUMN** 변경전컬럼명 **TO** 변경후컬럼명;

입력
```
ALTER TABLE ex2_10 RENAME COLUMN Col1 TO Col11;
```

결과
```
table EX2_10이(가) 변경되었습니다.
```

DESC 테이블명 명령어로 테이블에 있는 컬럼 내역을 확인해 보자.

입력
```
DESC ex2_10;
```

결과
```
이름                    널          유형
---------------      ----------   ------------
COL11                NOT NULL     VARCHAR2(10)
COL2                              VARCHAR2(10)
CREATE_DATE                       DATE
```

col1 컬럼이 col11로 변경됐음을 확인할 수 있다.

② 컬럼 타입 변경: col2 컬럼을 VARCHAR2(10)에서 VARCHAR2(30)으로 변경

ALTER TABLE [스키마.]테이블명 **MODIFY** 컬럼명 데이터타입;

입력
```
ALTER TABLE ex2_10 MODIFY Col2 VARCHAR2(30);
```

결과
```
table EX2_10이(가) 변경되었습니다.
```

입력
```
DESC ex2_10;
```

결과

```
이름              널           유형
-----------   --------   ------------
COL11         NOT NULL   VARCHAR2(10)
COL2                     VARCHAR2(30)
CREATE_DATE              DATE
```

③ 컬럼 추가: col3 NUMBER 타입으로 신규 생성

> **ALTER TABLE** [스키마.]테이블명 **ADD** 컬럼명 데이터타입;

입력
```
ALTER TABLE ex2_10 ADD Col3 NUMBER;
```

결과
table EX2_10이(가) 변경되었습니다.

입력
```
DESC ex2_10;
```

결과
```
이름              널           유형
-----------   --------   ------------
COL11         NOT NULL   VARCHAR2(10)
COL2                     VARCHAR2(30)
CREATE_DATE              DATE
COL3                     NUMBER
```

④ 컬럼 삭제: col3 컬럼을 삭제

> **ALTER TABLE** [스키마.]테이블명 **DROP COLUMN** 컬럼명;

입력
```
ALTER TABLE ex2_10 DROP COLUMN Col3 ;]
```

결과
table EX2_10이(가) 변경되었습니다.

입력
```
DESC ex2_10;
```

결과
```
이름            널          유형
-----------  --------  ------------
COL11        NOT NULL  VARCHAR2(10)
COL2                   VARCHAR2(30)
CREATE_DATE            DATE
```

⑤ 제약조건 추가: col11에 기본키 추가

ALTER TABLE [스키마.]테이블명 **ADD CONSTRAINTS** 제약조건명 **PRIMARY KEY** (컬럼명, ..);

입력
```
ALTER TABLE ex2_10 ADD CONSTRAINTS pk_ex2_10 PRIMARY KEY (col11);
```

결과
```
table EX2_10이(가) 변경되었습니다.
```

입력
```
SELECT constraint_name, constraint_type, table_name, search_condition
  FROM user_constraints
 WHERE table_name = 'EX2_10';
```

결과
```
CONSTRAINT_NAME  CONSTRAINT_TYPE  TABLE_NAME           SEARCH_CONDITION
---------------  ---------------  -------------------  -----------------
SYS_C0011184C    EX2_10                                "COL11" IS NOT NULL
PK_EX2_10        P                EX2_10
```

⑥ 제약조건 삭제: col11에서 기본키 삭제

ALTER TABLE [스키마.]테이블명 **DROP CONSTRAINTS** 제약조건명;

입력
```
ALTER TABLE ex2_10 DROP CONSTRAINTS pk_ex2_10;
```

결과
table EX2_10이(가) 변경되었습니다.

입력
```
SELECT constraint_name, constraint_type, table_name, search_condition
  FROM user_constraints
 WHERE table_name = 'EX2_10';
```

결과
```
CONSTRAINT_NAME   CONSTRAINT_TYPE   TABLE_NAME   SEARCH_CONDITION
---------------   ---------------   ----------   ----------------
SYS_C0011184C     EX2_10            "COL11"      IS NOT NULL
```

기본키 뿐만 아니라 다른 제약조건도 고유의 제약조건명이 존재하므로 추가나 삭제가 가능하다.

테이블 복사

프로젝트를 하다 보면 기존에 있는 테이블을 복사해서 사용할 경우가 발생한다. 예를 들어, 사용하고 있는 기존 테이블의 테이블의 구조를 자주 변경한다면 미리 복사해 만들어 테스트해보거나, 테이블 데이터 자체를 백업용으로 만들어 놓을 수도 있다.

```
CREATE TABLE [스키마.]테이블명 AS
SELECT 컬럼1, 컬럼2, ...
  FROM 복사할 테이블명;
```

이렇게 처리하는 것을 CREATE TABLE …AS의 앞 글자를 따서 'CTAS(씨타스라고 읽음)'라고 부르기도 하는데 정식 명칭은 아니다. 여하간 이 구문을 사용하면 테이블 구조와 데이터가 모두 신규 테이블로 복사된다.

입력
```
CREATE TABLE ex2_9_1 AS
SELECT *
  FROM ex2_9;
```

결과
table EX2_9_1이(가) 생성되었습니다.

03 뷰

뷰View는 하나 이상의 테이블이나 다른 뷰의 데이터를 볼 수 있게 하는 데이터베이스 객체다. 실제 데이터는 뷰를 구성하는 테이블에 담겨 있지만 마치 테이블처럼 사용할 수 있다. 또한 테이블 뿐만 아니라 다른 뷰를 참조해 새로운 뷰를 만들어 사용할 수 있다. 데이터를 본다는 의미가 있으므로 뷰의 정의는 데이터를 조회하는 SELECT문으로 구성된다.

뷰 생성

CREATE OR REPLACE VIEW [스키마.]뷰명 **AS**
SELECT 문장;

뷰는 테이블이나 또 다른 뷰를 참조하는 객체이므로 뷰 생성 스크립트는 다른 테이블이나 뷰를 SELECT 하는 구문으로 구성된다. 사원 테이블에는 부서번호만 존재하고 부서명은 없다. 따라서 해당 사원이 속한 부서명을 보려면 다음과 같이 부서 테이블을 참조해야 한다.

입력
```
SELECT a.employee_id, a.emp_name, a.department_id,
       b.department_name                    → 부서명 컬럼
  FROM employees a,
       departments b
 WHERE a.department_id = b.department_id;
```

그런데 위 정보를 여러 사람이 자주 사용해야 한다면, 사용할 때마다 이 SQL문을 매번 작성해야 하는데 너무 비효율적이지 않을까? 이럴 때는 사원번호, 사원명, 부서번호, 부서명을 볼 수 있는 뷰를 만들어 놓고 이 뷰를 참조하면 매우 편리하다.

입력
```
CREATE OR REPLACE VIEW emp_dept_v1 AS
SELECT a.employee_id, a.emp_name, a.department_id,
       b.department_name
  FROM employees a,
       departments b
 WHERE a.department_id = b.department_id;
```

결과
```
view EMP_DEPT_V1이(가) 생성되었습니다.
```

뷰 객체가 만들어졌으니 이젠 EMP_DEPT_V1 뷰만 참조하면 원하는 결과를 얻을 수 있다.

입력
```
SELECT *
  FROM emp_dept_v1;
```

결과
```
EMPLOYEE_ID  EMP_NAME            DEPARTMENT_ID  DEPARTMENT_NAME
-----------  ------------------  -------------  ---------------
        200  Jennifer Whalen                10  총무기획부
        201  Michael Hartstein              20  마케팅
        202  Pat Fay                        20  마케팅
   ...
106개의 행이 선택됨
```

이렇게 단순한 뷰도 있지만 현장에서는 여러 개의 테이블에서 필요한 정보를 뽑아 사용할 때가 많은데 이때 선택할 수 있는 최선책이 바로 뷰다. 또한 뷰는 데이터 보안 측면에서 유리하다. 즉 뷰를 보면 컬럼과 데이터만 공개되므로(뷰 생성시 컬럼명도 변경 가능), 원천 테이블을 감출 수 있다. 특히 뷰가 참조하는 테이블 소유자가 아닌 다른 사용자가 해당 뷰를 사용해야 할 경우, 그 사용자는 원천 테이블에 대한 정보를 전혀 볼 수 없다.

뷰 삭제

```
DROP VIEW [스키마.]뷰명;
```

구문에서 볼 수 있듯이 뷰 삭제는 간단하다. 뷰는 다른 테이블을 참조하고 있으므로 뷰를 삭제하더라도 실제 데이터는 삭제되지 않는다. 또한 기존에 만들어진 뷰를 수정하는 구문은 생성 구문과 동일하다. CREATE OR REPLACE가 생성하거나 대체라는 뜻이므로 이 구문을 이용해 뷰의 정의 부분을 수정, 즉 뷰가 가져오는 원천 테이블이나 컬럼을 변경할 수 있다.

뷰의 또 다른 특징 중 하나는 뷰를 통해 원천 테이블에 있는 데이터를 조작하는 것이 가능하다는 점이다. 이런 뷰를 Updatable 뷰라고 하는데, 이 책에서는 별도로 소개하지 않겠다. Updatable 뷰는 사용법도 복잡하고 혼란스러울 뿐만 아니라 뷰의 원래 목적인 보안 측면에서도 바람직하지 않다고 판단하기 때문이다. 읽기 전용 뷰와 데이터 수정 가능한 뷰가 존재한다는 점만 기억하고 넘어가도록 하자.

04 인덱스

인덱스Index는 테이블에 있는 데이터를 빨리 찾기 위한 용도의 데이터베이스 객체다. 책을 볼 때 특정 내용을 빨리 찾기 위해 맨 뒤에 있는 찾아보기 항목을 사용해 본 적이 있을 텐데, 이 찾아보기 부분이 인덱스라고 생각하면 된다. 그 특성에 따라 대표적인 인덱스를 분류하면 대략 다음과 같다.

- ❶ **인덱스 구성 컬럼 개수에 따른 분류:** 단일 인덱스와 결합 인덱스
- ❷ **유일성 여부에 따른 분류:** UNIQUE 인덱스, NON-UNIQUE 인덱스
- ❸ **인덱스 내부 구조에 따른 분류:** B-tree 인덱스, 비트맵 인덱스, 함수 기반 인덱스

❶과 ❷는 인덱스 형태와 속성에 따른 분류이며, ❸은 구조와 내부 알고리즘에 따른 분류로 보면 된다. 이 외에도 해시 클러스터 인덱스, 리버스 키 인덱스, 비트맵 조인 인덱스, 도메인 인덱스, 파티션 인덱스가 있다. 앞으로 소개하는 인덱스에 관한 특성과 지침은 가장 일반적인 B-tree 인덱스를 위주로 설명할 것이다.

인덱스는 테이블에 있는 한 개 이상의 컬럼으로 만들 수 있다. 인덱스는 테이블에 있는 한 개 이상의 컬럼으로 만들 수 있다. 표준인 B-tree 인덱스는 인덱스 키(인덱스로 만들 테이블의 컬럼 값)와 이 키에 해당하는 컬럼 값을 가진 테이블의 로우가 저장된 주소 값으로 구성된다.

인덱스 생성

```
CREATE [UNIQUE] INDEX [스키마명.]인덱스명
ON [스키마명.]테이블명(컬럼1, 컬럼2, ...);
```

ex2_10 테이블의 col11 컬럼에 인덱스를 만들어 보자.

입력
```
CREATE UNIQUE INDEX ex2_10_ix01
ON ex2_10 (col11);
```

결과
unique index EX2_10_IX01이(가) 생성되었습니다.

UNIQUE 키워드를 붙여 UNIQUE 인덱스가 만들어 졌는데, 이는 col11값에 중복 값을 허용하지 않는다는 뜻이다. 인덱스가 생성되면 user_indexes 시스템 뷰에서 내역을 확인해 볼 수 있다.

입력
```
SELECT index_name, index_type, table_name, uniqueness
  FROM user_indexes
 WHERE table_name = 'EX2_10';
```

결과
```
INDEX_NAME     INDEX_TYPE  TABLE_NAME  UNIQUENESS
-----------    ----------  ----------  ----------
EX2_10_IX01    NORMAL      EX2_10      UNIQUE
```

앞에서 제약조건을 설명하면서 UNIQUE에 대해서도 간단히 언급했었는데, 중복 값을 허용하지 않는다는 측면에서 이 제약조건과 UNIQUE 인덱스는 같은 역할을 한다. 따라서 별도로 UNIQUE 인덱스를 생성하지 않아도 UNIQUE 제약조건을 만들면 오라클은 자동으로 UNIQUE 인덱스를 생성해 준다. 더불어 기본키를 생성해도 오라클은 자동으로 UNIQUE 인덱스를 생성해 준다. 이때 생성되는 인덱스명은 UNIQUE나 기본키 객체명과 동일하게 생성된다.

입력
```
SELECT constraint_name, constraint_type, table_name, index_name
  FROM user_constraints
 WHERE table_name = 'JOB_HISTORY';
```

결과
```
CONSTRAINT_NAME   CONSTRAINT_TYPE  TABLE_NAME    INDEX_NAME
---------------   ---------------  -----------   ---------------
SYS_C0011070      C                JOB_HISTORY
SYS_C0011071      C                JOB_HISTORY
PK_JOB_HISTORY    P                JOB_HISTORY   PK_JOB_HISTORY
```

입력
```
SELECT index_name, index_type, table_name, uniqueness
  FROM user_indexes
 WHERE table_name = 'JOB_HISTORY';
```

결과
```
INDEX_NAME       INDEX_TYPE  TABLE_NAME   UNIQUENESS
--------------   ----------  -----------  ----------
PK_JOB_HISTORY   NORMAL      JOB_HISTORY  UNIQUE
```

또한, 한 개 이상의 컬럼으로 인덱스를 만들 수 있는데, 이를 결합 인덱스라고 한다.

입력
```
CREATE INDEX ex2_10_ix02
ON ex2_10 (col11, col2);
```

결과
```
index EX2_10_IX02이(가) 생성되었습니다.
```

입력
```
SELECT index_name, index_type, table_name, uniqueness
  FROM user_indexes
 WHERE TABLE_NAME = 'EX2_10';
```

결과
```
INDEX_NAME     INDEX_TYPE   TABLE_NAME   UNIQUENESS
------------   ----------   ----------   -----------
EX2_10_IX02    NORMAL       EX2_10       NONUNIQUE
EX2_10_IX01    NORMAL       EX2_10       UNIQUE
```

col11과 col2 컬럼으로 NON-UNIQUE 인덱스가 만들어졌음을 확인할 수 있다. 인덱스는 테이블에 있는 데이터를 빨리 찾기 위한, 즉 조회 성능을 높이려는 목적에서 만들어 졌고 인덱스 자체에 키와 매핑 주소 값을 별도로 저장한다. 따라서 테이블에 데이터를 입력하거나 삭제, 수정할 때 인덱스에 저장된 정보도 이에 따라 생성, 수정이 이루어진다. 그러므로 인덱스를 너무 많이 만들면 SELECT 외에 INSERT, DELETE, UPDATE 시 성능에 부하가 뒤따른다. 인덱스를 생성할 때 고려해야 할 사항을 정리하면 다음과 같다.

❶ **일반적으로 테이블 전체 로우 수의 15%이하의 데이터를 조회할 때 인덱스를 생성한다**
   물론 15%는 정해진 것은 아니며 테이블 건수, 데이터 분포 정도에 따라 달라진다.

❷ **테이블 건수가 적다면(코드성 테이블) 굳이 인덱스를 만들 필요가 없다**
   데이터 추출을 위해 테이블이나 인덱스를 탐색하는 것을 스캔(scan)이라고 하는데, 테이블 건수가 적으면 인덱스를 경유하기보다 테이블 전체를 스캔하는 것이 빠르다.

❸ **데이터의 유일성 정도가 좋거나 범위가 넓은 값을 가진 컬럼을 인덱스로 만드는 것이 좋다**

❹ **NULL이 많이 포함된 컬럼은 인덱스 컬럼으로 만들기 적당치 않다**

❺ **결합 인덱스를 만들 때는, 컬럼의 순서가 중요하다**
   보통, 자주 사용되는 컬럼을 순서상 앞에 두는 것이 좋다.

❻ **테이블에 만들 수 있는 인덱스 수의 제한은 없으나, 너무 많이 만들면 오히려 성능 부하가 발생한다**

인덱스는 스캔 성능을 극대화하기 위해 만든 객체인데, 너무 많이 만들면 INSERT, DELETE, UPDATE 시에 부하가 발생해 배보다 배꼽이 더 큰 결과를 초래한다.

 **인덱스와 성능에 관한 고찰**

시스템 하나를 구축할 때 운영 측면에서 보면 시스템 개발(SI)과 운영(SM), 두 단계로 나눌 수 있고 SI와 SM을 담당하는 개발자는 상이한 것이 보통이다. SI 단계에서 개발자나 프로젝트 관리자들은 주로 데이터 정합성과 정확성을 위주로 코드를 검증하는데, 사실 이 단계에서 테이블에 있는 데이터는 테스트 데이터다. 즉, 데이터 건수가 그리 많지 않다. 하지만 SM 단계에 접어들면 데이터는 점점 쌓이고 본격적으로 성능 이슈가 발생한다. 이때, SM 담당자들은 개발된 코드를 보면서 불평을 늘어 놓고 SI 개발자들은 공공의 적이 되는 경우가 적지 않은 것이 현실이다.

성능 문제가 발생하면 누구나 제일 처음 생각해내는 해결책이 인덱스 추가 생성이다. SI 단계에서 향후 성능까지 고려해 개발하는 것은 현실적으로 쉽지 않으며, 추가적인 인덱스 생성이 필요한 것이 사실이다. 그래서 새로운 인덱스를 추가로 만드는 것이 보통이지만, 이렇게 처리하면 당장의 문제는 해결될 수 있지만(꼭 해결된다고 장담할 수는 없다), 또 다시 다른 SQL문에서 느려지는 현상이 발생한다. 그럼 또 새 인덱스를 만들어야 할까? 앞서 말했듯이 인덱스를 많이 만드는 것은 다른 성능 부하를 초래한다. 그렇다면 어떻게 해야 할까?

"이럴 때는 이렇게 하라"라는 정답이 존재하는 건 아니다. 사실 성능 문제는 논리적, 물리적 DB 설계 때부터 고민해야 하는 사항이며, 관련된 업무와 이에 따라 작성해 놓은, 그리고 작성할 SQL문의 구조, 데이터 분포도 등의 사항도 고려 대상에 포함된다. 개발자 입장에서 이런 제반 사항을 고려해 필자 나름대로 정의한 성능 문제 해결 5원칙은 다음과 같다.

❶ 어떤 컬럼을 인덱스로 만들 것인지, 인덱스는 몇 개나 만들 것인지(최대 5개를 넘어가지 않도록 한다) 결정한다.
❷ 효율적인 SQL문을 제대로 작성한다.
❸ 효율적인 SQL문을 제대로 작성한다.
❹ 효율적인 SQL문을 제대로 작성한다.
❺ 효율적인 SQL문을 제대로 작성한다.

오타인가? 전혀 그렇지 않다!!! 그만큼 효율적인 SQL문 작성이 중요하며, 아무리 강조해도 지나치지 않다. 인덱스만 만들었다고 끝이 아니며, 인덱스를 제대로 사용하도록 SQL문을 작성하는 것이 중요하다.

데이터 정합성과 정확성이 보장된 후, 효율적인 SQL문을 작성하는 것은 바로 SQL 튜닝 영역에 속하는데 SQL 튜닝은 내용도 방대하며 어렵고 복잡해 이 책에서 다루기는 힘들지만, 필요한 부분이 나오면 기본적인 내용에 한해 그때마다 간단하게 다루도록 하겠다.

인덱스 삭제

`DROP INDEX [스키마명.]인덱스명;`

ex2_10_ix02인덱스를 삭제해 보자.

입력
```
DROP INDEX ex2_10_ix02;
```

결과
```
index EX2_10_IX02이(가) 삭제되었습니다.
```

05 시노님

시노님Synonym은 '동의어'란 뜻이다. 데이터베이스 객체는 각자 고유한 이름이 있는데, 이 객체들에 대한 동의어를 만드는 것이 바로 시노님이며 이 또한 데이터베이스 객체에 속한다. 예를 들어, 이순신이란 작가가 있는데 이 사람의 인생모토가 "나를 알리지 마라!"여서 홍길동이란 필명을 사용한다고 한다. 따라서 이 작가의 가족을 제외한 일반 독자들은 이 사람을 홍길동이라고 알고 있다. 여기서 '이순신'이 원래 객체명이라면 '시노님'은 바로 홍길동이 되는 것이다.

시노님에는 PUBLIC과 PRIVATE 시노님이 있다. PUBLIC은 '공동'이란 의미가 있듯이 PUBLIC 시노님은 데이터베이스의 모든 사용자가 접근할 수 있다. 이에 반해 PRIVATE 시노님은 특정 사용자에게만 참조되는 시노님이다.

시노님 생성

`CREATE OR REPLACE [PUBLIC] SYNONYM [스키마명.]시노님명`
`FOR [스키마명.]객체명;`

PUBLIC을 생략하면 PRIVATE 시노님이 만들어 진다. 참고로 PUBLIC 시노님은 DBA 권한이 있는 사용자만 생성 및 삭제가 가능하다. FOR절 이하의 객체에는 테이블, 뷰, 프로시저, 함수, 패키지, 시퀀스 등이 올 수 있다.

입력
```
CREATE OR REPLACE SYNONYM syn_channel
FOR channels;
```

결과
synonym SYN_CHANNEL이(가) 생성되었습니다.

channels 테이블에 대한 시노님이 만들어 졌으므로 어느 사용자나 'syn_channel'이라는 이름으로 channels 테이블 조회가 가능하다.

입력
```
SELECT COUNT(*)
  FROM syn_channel;
```

결과
```
COUNT(*)
----------
         5
```

다른 사용자로 로그인해서 앞서 만든 시노님을 참조해 보자. 오라클을 설치할 때 자동으로 생성되는 사용자 중 HR 사용자가 있는데 디폴트로 계정이 잠겨 있으므로, 먼저 잠긴 계정을 풀고 비밀번호도 HR로 설정해 보자.

입력
```
ALTER USER HR IDENTIFIED BY HR ACCOUNT UNLOCK;
```

결과
user HR이(가) 변경되었습니다.

이제 HR 사용자로 로그인해서, syn_channel을 조회해 보자.

입력
```
SELECT COUNT(*)
FROM ora_user.syn_channel;
```

결과
SQL 오류: ORA-00942: 테이블 또는 뷰가 존재하지 않습니다.

왜 오류가 난 것일까? 권한이 없어서 그렇다. HR 사용자에게 SELECT 권한을 주면 된다. 다시 ora_user로 접속해 권한을 주고, 다시 조회해 보자.

입력
```
GRANT SELECT ON syn_channel TO HR;
```

결과
```
GRANT을(를) 성공했습니다.
```

입력
```
SELECT COUNT(*)
FROM ora_user.syn_channel;
```

결과
```
COUNT(*)
----------
         5
```

이번엔 PUBLIC 시노님을 생성해 보자.

입력
```
CREATE OR REPLACE PUBLIC SYNONYM syn_channel2
FOR channels;
```

결과
```
public synonym SYN_CHANNEL2이(가) 생성되었습니다.
```

만들어진 시노님의 조회 권한을 PUBLIC에 준다.

입력
```
GRANT SELECT ON syn_channel2 TO PUBLIC;
```

결과
```
GRANT을(를) 성공했습니다.
```

HR 사용자로 로그인해 조회해 보자.

입력
```
SELECT COUNT(*)
  FROM syn_channel2;
```

결과
```
COUNT(*)
----------
         5
```

PUBLIC 시노님은 소유자명을 붙이지 않아도 참조가 가능한데, 그 이유는 해당 시노님의 소유자가 시노님을 만든 ora_user가 아닌 PUBLIC이 되기 때문이다. 생성된 시노님 정보는 PRIVATE은 USER_SYNONYMS, PUBLIC까지 보려면 ALL_SYNONYMS를 참조하면 된다.

시노님을 사용하는 이유를 정리해 보면 다음과 같다.

❶ 데이터베이스의 투명성을 제공하기 위해서 사용한다. 다른 사용자의 객체를 참조할 때 많이 사용한다.
❷ 일단 시노님을 생성해 놓으면 나중에 이 시노님이 참조하고 있는 객체의 이름이 바뀌더라도 이전에 작성해 놨던 SQL문을 수정할 필요가 없다.
❸ 시노님은 별칭이므로 원 객체를 숨길 수 있어 보안 측면에서 유리하다. PRIVATE 시노님은 다른 사용자가 참조할 때 소유자명.시노님명 형태로 사용하지만, PUBLIC은 소유자명까지 숨길 수 있다.

시노님 삭제

시노님을 삭제할 때는 다른 객체와 마찬가지로 DROP문을 사용하여 제거한다.

```
DROP [PUBLIC] SYNONYM [스키마명.]시노님명;
```

입력
```
DROP SYNONYM syn_channel;
```

결과
```
synonym SYN_CHANNEL이(가) 삭제되었습니다.
```

또는 다음과 같이 사용한다.

입력
```
DROP PUBLIC SYNONYM syn_channel2;
```

결과
```
public synonym SYN_CHANNEL2이(가) 삭제되었습니다.
```

PRIVATE 시노님을 제거할 때 DROP SYNONYM이나 DROP ANY SYNONYM 권한이 있어야 하며, PUBLIC 시노님을 제거할 때는 DROP PUBLIC SYNONYM 권한이 있어야 한다. PUBLIC 시노님을 제거할 때는 PUBLIC이라는 키워드를 명시해야 한다.

06 시퀀스

시퀀스Sequence는 자동 순번을 반환하는 데이터베이스 객체다. 예를 들어, 현재 사원 테이블의 사번(employee_id) 값은 100부터 206까지 인데 숫자형으로 되어 있다. 만약 신입사원이 들어온다면 206 다음인 207번으로 생성될 것이다. 그런데 207이란 숫자를 얻으려면 기존 사원번호 중 최댓값을 구해 1을 더해야 하고, 이 로직을 어딘가에 심어놔야 하는데, 특정한 로직을 통해 사번을 추출하는 것이 아니라 단순히 증감 연산을 이용해 유일한 숫자를 구할 때는 시퀀스를 사용하면 매우 편리하다.

시퀀스 생성

```
CREATE SEQUENCE [스키마명.]시퀀스명
INCREMENT BY 증감숫자
START WITH 시작숫자
NOMINVALUE | MINVALUE 최솟값
NOMAXVALUE | MAXVALUE 최댓값
NOCYCLE | CYCLE
NOCACHE | CACHE;
```

- **INCREMENT BY 증감숫자**: 증감숫자는 0이 아닌 정수. 양수이면 증가, 음수이면 감소. 디폴트 값은 1
- **START WITH 시작숫자**: 시작숫자의 디폴트 값은 증가일 때는 MINVALUE, 감소일 경우 MAXVALUE.
- **NOMINVALUE**: 디폴트 값으로 증가일 때 1, 감소의 경우 –(1027 –1).
- **MINVALUE 최솟값**: 최솟값은 시작숫자와 작거나 같아야 하고 MANVALUE보다 작아야 한다.
- **NOMAXVALUE**: 디폴트 값으로 증가일 때 1028-1, 감소의 경우 -1.
- **MAXVALUE 최댓값**: 최댓값은 시작숫자와 같거나 커야 하고 MINVALUE보다 커야 한다.
- **NOCYCLE**: 디폴트 값으로 최대나 최솟값에 도달하면 생성 중지.
- **CYCLE**: 증가는 최댓값에 도달하면 다시 최솟값부터 시작, 감소는 최솟값에 도달하면 다시 최댓값에서 시작.
- **NOCACHE**: 디폴트로 메모리에 시퀀스 값을 미리 할당해 놓지 않으며 디폴트 값은 20.
- **CACHE**: 메모리에 시퀀스 값을 미리 할당해 놓음.

시퀀스를 만들어 보자.

입력

```
CREATE SEQUENCE my_seq1
INCREMENT BY 1
START WITH1
MINVALUE 1
MAXVALUE 1000
NOCYCLE
NOCACHE;
```

결과

sequence MY_SEQ1이(가) 생성되었습니다.

이 시퀀스는 1부터 시작해 1씩 증가하며 최솟값 1부터 최댓값 1000까지 순번을 자동 생성한다. 그럼 이 시퀀스로 ex2_8테이블의 col1 컬럼에 값을 입력해 보자.

입력

```
DELETE ex2_8;        → 기존 데이터를 지운다.

INSERT INTO ex2_8 (col1) VALUES ( my_seq1.NEXTVAL);
```

결과

1개 행 이(가) 삽입되었습니다.

입력

```
INSERT INTO ex2_8 (col1) VALUES ( my_seq1.NEXTVAL);
```

결과

1개 행 이(가) 삽입되었습니다.

입력

```
SELECT *
  FROM ex2_8;
```

결과

```
COL1       COL2
---------- ----------
1
2
```

INSERT를 두 번 실행했으므로 col1 컬럼에 1, 2 값이 순차적으로 들어 갔다. **시퀀스명.NEXTVAL**을 사용하면 해당 시퀀스에서 다음 순번 값을 자동으로 가져온다. 또한 **시퀀스명.CURRVAL**을 사용하면 해당 시퀀스의 현재 값을 알 수 있다.

입력
```
SELECT my_seq1.CURRVAL
  FROM DUAL;
```

결과
```
CURRVAL
----------
        2
```

다시 한번 NEXTVAL로 값을 가져오면 3이 입력될 것이다.

입력
```
INSERT INTO ex2_8 (col1) VALUES ( my_seq1.NEXTVAL);
```

결과
```
1개 행 이(가) 삽입되었습니다.
```

입력
```
SELECT *
  FROM ex2_8;
```

결과
```
COL1       COL2
---------- ----------
1
2
3
```

주의할 사항은 NEXTVAL을 사용하면 값이 계속 증가된다는 점이다. 즉 INSERT문이 아닌 SELECT문에서 사용하더라도 값이 증가된다.

입력
```
SELECT my_seq1.NEXTVAL
  FROM DUAL;
```

결과

```
NEXTVAL
----------
         4
```

입력

```
INSERT INTO ex2_8 (col1) VALUES ( my_seq1.NEXTVAL);
```

결과

1개 행 이(가) 삽입되었습니다.

입력

```
SELECT *
  FROM ex2_8;
```

결과

```
COL1        COL2
----------  ----------
1
2
3
5
```

시퀀스 삭제

> **DROP SEQUENCE** [스키마명.] 시퀀스명;

입력

DROP SEQUENCE my_seq1;

결과

sequence MY_SEQ1이(가) 삭제되었습니다.

07 | 파티션 테이블

테이블을 생성할 때 파티션으로 테이블을 만들 수 있다. 파티션이라 함은 테이블에 있는 특정 컬럼 값을 기준으로 데이터를 분할해 저장해 놓는 것이다. 이때 논리적인 테이블은 1개지만, 물리적으로는 분할한 만큼 파티션이 만들어져 입력되는 컬럼 값에 따라 분할된 파티션별로 데이터가 저장된다. 파티션 테이블을 만드는 목적은 대용량 테이블의 경우 데이터 조회 시 효율성과 성능을 높이기 위한 것이다.

예를 들어, 샘플 스키마에 매출정보가 있는 sales 테이블은 총 91만여 건의 데이터가 담겨 있다. 이 테이블에서 특정 데이터를 찾으려면 91만 건을 모두 뒤져봐야 한다. 물론 인덱스를 사용하면 좀더 낫겠지만 그렇더라도 91만여 건을 읽는다는 것은 변함없다. 이때 테이블에 있는 판매일자(sales_date)와 판매월(sales_month) 컬럼을 이용해 조회할 때의 성능을 높여 보자. 판매월별로 데이터를 분할해 놓고 데이터 조회 시 특정 월을 조건으로 걸면 전체 데이터를 뒤져보지 않아도 된다.

만약 2000년 11월에 판매된 특정 상품 판매데이터를 검색한다고 하면,

- ❶ **파티션이 없는 경우**: 91만여 건을 모두 뒤져 조건에 맞는 데이터를 걸러낸다.
- ❷ **파티션이 있는 경우**: 2000년 11월 데이터(19,000여건)만 뒤져 조건에 맞는 데이터를 걸러낸다.

이처럼 대용량 테이블은 파티션을 만들어 놓는 것이 훨씬 유리하다. 파티션 테이블 생성도 CRATE TABLE문을 사용한다. sales 테이블 생성 구문을 살펴 보자.

```
CREATE TABLE SALES(
    PROD_ID        Number(6,0) NOT NULL,
    CUST_ID        Number(6,0) NOT NULL,
    CHANNEL_ID     Number(6,0) NOT NULL,
    EMPLOYEE_ID    Number(6,0) NOT NULL,
    SALES_DATE     Date DEFAULT SYSDATE NOT NULL,
    SALES_MONTH    Varchar2(6 ),
    QUANTITY_SOLD  Number(10,2),
    AMOUNT_SOLD    Number(10,2),
    CREATE_DATE    Date DEFAULT SYSDATE,
    UPDATE_DATE    Date DEFAULT SYSDATE
)
PARTITION BY RANGE(SALES_MONTH)
(
...
    PARTITION SALES_Q1_1998 VALUES LESS THAN ('199804') TABLESPACE MYTS,
    PARTITION SALES_Q2_1998 VALUES LESS THAN ('199807') TABLESPACE MYTS,
```

```
  PARTITION SALES_Q3_1998 VALUES LESS THAN ('199810') TABLESPACE MYTS,
  PARTITION SALES_Q4_1998 VALUES LESS THAN ('199901') TABLESPACE MYTS,
...
  PARTITION SALES_Q4_2003 VALUES LESS THAN ('200401') TABLESPACE MYTS
);
```

판매월을 기준으로 RANGE 파티션을 사용했는데, 1998년 1분기는 SALES_Q1_1998, 2분기는 SALES_Q2_1998, 3분기는 SALES_Q3_1998, 4분기는 SALES_Q1_1998란 이름의 파티션을 만들었다. 이렇게 테이블을 생성한 뒤 INSERT를 하면 들어오는 데이터 값에 따라 자동으로 파티션별로 데이터가 적재된다. 이때는 한 파티션에 세 달치 데이터가 들어가게 될 것이다. 파티션 종류에는 RANGE 파티션 외에도, LIST 파티션, 해시 파티션, 그리고 여러 파티션을 조합한 복합 파티션이 있다.

파티션 테이블이든 일반 테이블이든 개발자 입장에서 DML문을 작성할 때 차이점은 전혀 없으나, 대용량 테이블은 파티션으로 분할해 놓으면 성능 향상에 큰 도움이 된다.

지금까지 오라클에서 제공하는 주요 데이터베이스 객체에 대해 알아 보았다. 여기서 소개한 내용 이외에도 데이터베이스 링크, 클러스터, 트리거, IOT, M-View, 함수, 프로시저, 패키지 등이 있다. 함수, 프로시저, 패키지에 대해서는 PL/SQL 학습 시 자세히 설명할 것이며, 나머지 객체들은 사용 빈도가 그리 높지 않으므로 필요할 때만 간략히 다루겠다.

핵심정리

1 대표적인 데이터베이스 객체로는 테이블, 뷰, 인덱스, 시노님, 시퀀스, 각종 제약조건이 있다.

2 테이블은 데이터를 담고 있는 2차원 형태의 객체로, 로우와 컬럼으로 구성되어 있다.

3 제약조건에는 NOT NULL, UNIQUE, 기본키, 참조키, CHECK 등이 있으며 데이터 무결성을 보장하는 역할을 수행한다.

4 기본키를 생성하면 UNIQUE와 NOT NULL 제약조건과 인덱스가 자동으로 생성된다.

5 뷰는 한 개 이상의 테이블이나 다른 뷰를 참조하는 객체로 테이블과 매우 흡사하다.

6 인덱스는 테이블 데이터를 빨리 찾기 위한 용도의 객체로, 대표적인 B-tree 인덱스는 키와 테이블 로우를 가리키는 주소 정보를 저장하고 있다.

7 한 테이블에 인덱스를 너무 많이 만들게 되면, 오히려 성능 부하를 초래한다.

8 시노님은 다른 데이터베이스 객체에 대한 동의어를 지칭하는 객체다.

9 일련번호를 생성하기 위해서는 시퀀스를 사용하면 매우 편리하다.

10 대용량 테이블은 파티션 테이블을 생성하도록 하자.

Self-Check

1. 다음과 같은 구조의 테이블을 생성해 보자.

- 테이블 : ORDERS
- 컬럼 :
  - ORDER_ID   NUMBER(12,0)
  - ORDER_DATE   DATE
  - ORDER_MODE   VARCHAR2(8 BYTE)
  - CUSTOMER_ID   NUMBER(6,0)
  - ORDER_STATUS   NUMBER(2,0)
  - ORDER_TOTAL   NUMBER(8,2)
  - SALES_REP_ID   NUMBER(6,0)
  - PROMOTION_ID   NUMBER(6,0)
- 제약사항 : 기본키는 ORDER_ID
  - ORDER_MODE에는 'direct', 'online'만 입력 가능
  - ORDER_TOTAL의 디폴트 값은 0

2. 다음과 같은 구조의 테이블을 생성해 보자.

- 테이블 : ORDER_ITEMS
- 컬럼 :
  - ORDER_ID   NUMBER(12,0)
  - LINE_ITEM_ID NUMBER(3,0)
  - PRODUCT_ID   NUMBER(3,0)
  - UNIT_PRICE   NUMBER(8,2)
  - QUANTITY   NUMBER(8,0)
- 제약사항 : 기본키는 ORDER_ID와 LINE_ITEM_ID
  - UNIT_PRICE, QUANTITY의 디폴트 값은 0

3. 다음과 같은 구조의 테이블을 생성해 보자.

- 테이블 : PROMOTIONS
- 컬럼 :
  - PROMO_ID   NUMBER(6,0)
  - PROMO_NAME   VARCHAR2(20)
- 제약사항 : 기본키는 PROMO_ID

4. FLOAT형은 괄호 안에 지정하는 수는 이진수 기준 자릿수라고 했다. FLOAT(126)의 경우 126 * 0.30103 = 37.92978이 되어 NUMBER 타입의 38자리와 같다. 그런데 왜 0.30103을 곱하는지 설명해 보자.

5. 최솟값 1, 최댓값 99999999, 1000부터 시작해서 1씩 증가하는 ORDERS_SEQ라는 시퀀스를 만들어 보자.

3장

SQL 문장 살펴 보기

지난 장에서는 DDL을 사용해 오라클에서 제공하는 대표적인 데이터베이스 객체를 생성하는 방법을 살펴 보았다. 이번 장부터는 본격적으로 DML을 학습해 본다. DDL문도 그 형태와 종류로 보면 CREATE, ALTER, DROP 세 가지 문장이 전부였다. 어떻게 보면 매우 간단하지만 이 세 문장에 여러 옵션을 붙여 다양한 형태로 사용했다. 마찬가지로 DML 역시 기본 골격은 매우 간단하며 용도에 따라 다양한 옵션이 붙는 형태를 취한다. 이 장에서는 대표적 DML인 SELECT, INSERT, UPDATE, DELETE, MERGE문과 기타 SQL 문장을 구성하는 요소에 대해 알아 본다.

01 SELECT문
02 INSERT문
03 UPDATE문
04 MERGE문
05 DELETE문
06 COMMIT과 ROLLBACK, TRUNCATE
07 의사컬럼
08 연산자
09 표현식
10 조건식

01 SELECT문

가장 기본적인 SQL문으로 테이블이나 뷰에 있는 데이터를 조회할 때 사용하는 문장이다. SQL문 중 사용빈도로 볼 때 가장 많이 사용하는 것이 SELECT문이며, 기본 구문은 다음과 같다.

```
SELECT   * 혹은 컬럼
  FROM   [스키마.]테이블명 혹은 [스키마.]뷰명
 WHERE   조건
ORDER BY 컬럼;
```

SQL에 대한 사전지식이 없다고 가정하고 데이터를 조회한다는 것이 어떤 식으로 이루어질지 생각해보자. 어딘가에 있는 데이터를 추출해야 한다고 할 때 필요한 것은, **어디에서(WHERE)**, **어떤 데이터(WHAT)**를 가져올 것인지로 구분할 수 있다. 이때, '어디에서'(테이블 혹은 뷰에서)에 해당하는 내용을 FROM절에서, '어떤 데이터'에 해당하는 내용을 SELECT절에 기술해 준다. 그리고 '어떤 데이터'는 다시 어떠한 조건에 맞는 데이터인지를 식별해야 하는데, 이 조건을 기술하는 부분이 바로 WHERE절이다.

사원 테이블에서 급여가 5000이 넘는 사원번호와 사원명을 조회한다고 할 때 앞서 설명한 방식을 적용하면,

```
SELECT 사원번호, 사원명
  FROM 사원 테이블
 WHERE 급여 > 50000;
```

이를 다시 SQL문으로 변환하면 다음과 같다.

입력
```
SELECT employee_id, emp_name
  FROM employees
 WHERE salary > 5000;
```

결과
```
EMPLOYEE_ID EMP_NAME
----------- ------------------
        201 Michael Hartstein
        202 Pat Fay
        203 Susan Mavris
        204 Hermann Baer
        205 Shelley Higgins
        206 William Gietz
```

....
58개의 행이 선택됨

사번과 사원명뿐 아니라 사원 테이블에 있는 모든 데이터(컬럼)를 보려면 컬럼명을 일일이 나열하는 대신 '*'를 붙인다. 가장 기본적인 형태의 SELECT문의 구조는 이것이 전부다! 의외로 정말 간단하다고 생각할 수도 있을 텐데, 이 정도로 SQL문은 다른 컴퓨터 언어에 비해 배우기 쉽다. 추가로 알아야 할 내용은 용도에 따라 기본 형태에 추가되는 구문이다. 예를 들어, 위 문장에서 조회 결과를 사번으로 정렬해서 보고 싶다면 WHERE 다음에 ORDER BY절을 붙인다.

입력
```
SELECT  employee_id, emp_name
  FROM  employees
 WHERE  salary > 5000
 ORDER  BY employee_id;
```

결과
```
EMPLOYEE_ID EMP_NAME
----------- ----------------
        100 Steven King
        101 Neena Kochhar
        102 Lex De Haan
        103 Alexander Hunold
        104 Bruce Ernst
```
....
58개의 행이 선택됨

조건을 추가로 붙일 수도 있다. 급여가 5000 이상이고 job_id가 'IT_PROG'인 사원을 조회한다면, AND 연산자와 job_id를 검색하는 조건을 추가한다.

입력
```
SELECT  employee_id, emp_name
  FROM  employees
 WHERE  salary > 5000
   AND  job_id = 'IT_PROG'
 ORDER  BY employee_id;
```

결과
```
EMPLOYEE_ID EMP_NAME
----------- ----------------
        103 Alexander Hunold
        104 Bruce Ernst
```

한 가지 주의할 점은 오라클은 디폴트로 대소문자를 구분한다는 것이다. 따라서 job_id = 'it_prog'라고 하면 데이터가 조회되지 않는다.

입력
```sql
SELECT employee_id, emp_name
  FROM employees
 WHERE salary > 5000
   AND job_id = 'it_prog'
 ORDER BY employee_id;
```

결과
선택된 행 없음

급여가 5000 이상**이거나** job_id가 'IT_PROG'인 사원, 즉 급여가 5000 이상인 사원 혹은 job_id 값이 'IT_PROG'인 사원을 조회한다면, AND 대신 **OR** 연산자와 조건을 추가로 붙이면 된다.

입력
```sql
SELECT employee_id, emp_name
  FROM employees
 WHERE salary > 5000
    OR job_id = 'IT_PROG'
 ORDER BY employee_id;
```

결과
```
EMPLOYEE_ID EMP_NAME
----------- ------------------
        100 Steven King
        101 Neena Kochhar
        102 Lex De Haan
        103 Alexander Hunold
        104 Bruce Ernst
....
61개의 행이 선택됨
```

2장에서 소개했던 emp_dept_v1 뷰처럼 한 개 이상의 테이블에서 데이터를 조회해 올 수 있다.

입력
```sql
SELECT a.employee_id, a.emp_name, a.department_id,
       b.department_name
  FROM employees a,
       departments b
 WHERE a.department_id = b.department_id;
```

FROM 절을 보면 테이블명 다음에 a, b라고 명시해 놓고 SELECT와 WHERE절에서 'a.'컬럼 그리고 'b.'컬럼 형태로 사용하는데, 이 a와 b를 별칭alias이라고 한다. 즉 employees란 이름 대신 a, departments 대신 b를 사용한다고 기술한 것이다. 테이블명 뿐만 아니라 컬럼명에도 별칭을 붙일 수 있는데, 그 형태는 "**원컬럼명 AS 컬럼별칭**"이며 이때 'AS'는 생략 가능하다.

입력

```
SELECT a.employee_id, a.emp_name, a.department_id,
       b.department_name AS dep_name
  FROM employees a,
       departments b
 WHERE a.department_id = b.department_id;
```

결과

```
EMPLOYEE_ID EMP_NAME              DEPARTMENT_ID DEP_NAME
----------- --------------------- ------------- -------------
        200 Jennifer Whalen                  10 총무기획부
        201 Michael Hartstein                20 마케팅
        202 Pat Fay                          20 마케팅
        114 Den Raphaely                     30 구매/생산부
...
106개의 행이 선택됨
```

SELECT나 WHERE 절에서 컬럼을 명시하려면 "테이블명.컬럼명" 형태로 써야 하는데 테이블명이 길면 SQL문장도 길어져 가독성이 떨어지므로 이때 별칭을 만들어 사용하면 여러 모로 편리하다. 이러한 별칭은 SELECT는 물론 INSERT, UPDATE, DELETE, MERGE 등 다른 DML에서도 모두 사용할 수 있다. 이 외에도 원하는 데이터를 추출하기 위해 기본 구문에 추가되는 형태는 매우 다양하다. 예를 들어, 특정 값을 집계해서 보려면 GROUP BY를, 다른 테이블과 연결해 데이터를 추출하려면 조인을 사용한다. 이런 추가적인 내용은 뒤에서 차례대로 다룰 것이다.

02 | INSERT문

신규로 데이터를 입력할 때는 INSERT문을 사용하는데, 크게 기본 형태, **컬럼명 생략 형태**, INSERT ~SELECT 형태로 나눌 수 있다.

기본 형태

```
INSERT INTO [스키마.]테이블명 (컬럼1, 컬럼2, ...)
VALUES (값1, 값2, ...);
```

가장 기본 형태로 데이터를 입력할 테이블과 해당 컬럼, 그리고 그 컬럼에 들어갈 값을 기술한다. 주의할 사항은 반드시 나열하는 컬럼과 값의 수와 순서, 그리고 데이터 타입이 일치해야만 한다. 일치하지 않으면 오류가 발생하여 데이터가 입력되지 않는다.

입력
```
CREATE TABLE ex3_1(
      col1    VARCHAR2(10),
      col2    NUMBER,
      col3    DATE);
```

결과
table EX3_1이(가) 생성되었습니다.

입력
```
INSERT INTO ex3_1(col1, col2, col3)
VALUES ('ABC', 10, SYSDATE);
```

결과
1개 행 이(가) 삽입되었습니다.

컬럼 순서를 바꾸더라도 VALUES절에 있는 값을 바꾼 순서와 맞추기만 하면 문제가 없다.

입력
```
INSERT INTO ex3_1(col3, col1, col2 )
VALUES (SYSDATE, 'DEF', 20 );
```

결과
1개 행 이(가) 삽입되었습니다.

하지만 다음과 같이 데이터 타입을 맞추지 않으면 오류가 발생한다.

입력
```
INSERT INTO ex3_1(col1, col2, col3)
VALUES ('ABC', 10, 30);
```

결과
SQL 오류: ORA-00932: 일관성 없는 데이터 유형: DATE이(가) 필요하지만 NUMBER임.

컬럼명 기술 생략 형태

INSERT INTO [스키마.]테이블명
VALUES (값1, 값2, ...);

컬럼명은 기술하지 않지만 VALUES절에는 테이블의 컬럼 순서대로 해당 컬럼 값을 기술해야 하는 형태다. VALUES 절에 나열하는 컬럼 값의 순서는 "SELECT * FROM 입력할 테이블"을 실행했을 때 조회되는 컬럼 순서다. 즉 테이블을 생성할 때 기술했던 컬럼 순서대로 값을 나열하면 된다. 물론 입력할 값의 데이터 타입과 해당 컬럼의 데이터 타입을 맞춰야 한다.

입력
```
INSERT INTO ex3_1
VALUES ('GHI', 10, SYSDATE);
```

결과
1개 행 이(가) 삽입되었습니다.

컬럼명을 기술하지 않는다는 것은 테이블에 있는 모든 컬럼에 값을 입력한다는 의미다. ex3_1 테이블을 보면 col1, col2, col3 순으로 컬럼을 만들었으므로 VALUES절에 이 순서대로 입력될 값을 나열했고 데이터 타입도 맞춰준 것이다.

입력
```
INSERT INTO ex3_1 (col1, col2 )
VALUES ('GHI', 20);
```

결과
1개 행 이(가) 삽입되었습니다.

입력
```
INSERT INTO ex3_1
VALUES ('GHI', 30);
```

결과
SQL 오류: ORA-00947: 값의 수가 충분하지 않습니다.

ex3_1 테이블에는 총 3개의 컬럼이 있고 입력할 컬럼을 명시하지 않았으므로 VALUES 절에는 3개의 값을 나열해야 하는데 2개만 나열했기 때문에 오류가 발생한 것이다.

INSERT ~ SELECT 형태

```
INSERT INTO [스키마.]테이블명 (컬럼1, 컬럼2, ...)
SELECT 문;
```

마지막으로 알아 볼 INSERT문의 형태는 다른 테이블이나 뷰의 조회 결과로 나온 데이터를 또 다른 테이블에 넣는 형식이다. 실제 현장에서 가장 많이 사용하는 INSERT 구문이다. 먼저 실습용 테이블을 만들어 보자.

입력
```
CREATE TABLE ex3_2 (
       emp_id     NUMBER,
       emp_name   VARCHAR2(100));
```

결과
table EX3_2이(가) 생성되었습니다.

사원 테이블에서 월급이 5000 이상인 사원의 사원번호와 사원명을 조회한 결과를 ex3_2 테이블에 넣어 보자.

입력
```
INSERT INTO ex3_2( emp_id, emp_name )
SELECT employee_id, emp_name
  FROM employees
 WHERE salary > 5000;
```

결과
58개 행 이(가) 삽입되었습니다.

INSERT~SELECT 형태 역시 컬럼 순서와 데이터 타입을 맞추어야 한다. 그런데 데이터 타입을 맞추지 않아도 INSERT가 성공하는 경우가 있다. 다음 예제를 보자.

입력
```
INSERT INTO ex3_1 (col1, col2, col3)
VALUES (10, '10', '2014-01-01');
```

결과
1개 행 이(가) 삽입되었습니다.

이상하다. 데이터 타입이 다른 데이터를 넣었는데도 오류가 나지 않고 제대로 입력되었다. col1은 문자 타입인데 숫자를, col2는 숫자 타입인데 문자를, col3는 날짜 타입인데 문자를 넣었는데 오류가 나지 않았다. 어떻게 된 일일까? 오류가 나지 않은 것은 바로 '묵시적 형변환' 때문이다. 묵시적 형변환이란 자동으로 데이터 타입이 변환되는 것을 의미한다. col1에 숫자 10을 입력했지만, 내부적으로 숫자가 아닌 문자 '10'으로 자동 형변환이 일어나 데이터가 입력된 것이다. 이에 반해 사용자가 직접 데이터 타입을 변환하는 것을 '명시적 형변환'이라고 한다.

Knowhow | 묵시적 형변환

오라클에서 제공하는 묵시적 형변환에는 나름 규칙이 존재하긴 하지만, 이 규칙을 굳이 외울 필요는 없다. 왜냐하면, 아무리 내부적으로 형변환을 자동으로 해준다 하더라도, 묵시적 형변환에 의존하지 말고 명시적으로 데이터 타입을 맞춰주는 것이 원칙적으로 맞고 무엇보다도 오류를 방지할 수 있기 때문이다. 많은 개발자들이 프로젝트 일정에 쫓기다 보면 꼼꼼하게 코드를 작성하지 않을 때가 많고 특히 데이터 타입에 관해서는 더 그러하다. 마지막 INSERT문장처럼 묵시적 형변환으로 데이터가 제대로 들어간다고 해서 명시적 형변환을 하지 않고 넘어가면 언제 어떤 오류가 발생할지 알 수 없다. 따라서 반드시 데이터 타입이 서로 다르다면 명시적으로 형변환을 해주는 습관을 꼭 들이자. 명시적 형변환은 형변환 함수로 구현할 수 있는데, 이에 대해서는 다음 장에서 알아볼 것이다.

03 UPDATE문

테이블에 있는 기존 데이터를 수정할 때 사용하는 문장이 UPDATE문이다.

```
UPDATE   [스키마.]테이블명
SET  컬럼1 = 변경값1,
     컬럼2 = 변경값2,
     ...
WHERE 조건;
```

이미 입력된 데이터를 변경해야 하므로, 변경할 테이블, 컬럼 그리고 변경할 값이 필요하다. UPDATE 다음에 변경할 테이블, SET절에 변경할 컬럼과 값, WHERE절에는 변경할 조건을 기술한다.

입력
```sql
SELECT *
  FROM ex3_1;
```

결과
```
COL1    COL2  COL3
------  ----  ---------------------------
ABC       10  2014/01/27 11:57:38
DEF       20  2014/01/27 11:57:39
GHI       10  2014/01/27 12:00:57
GHI       20
10        10  2014/01/01 00:00:00
```

ex3_1 테이블의 col2 값을 모두 50으로 변경해 보자.

입력
```sql
UPDATE ex3_1
   SET col2 = 50;
```

결과

5개 행 이(가) 업데이트되었습니다.

입력
```sql
SELECT *
  FROM ex5_1;
```

결과
```
COL1    COL2  COL3
------  ----  ---------------------------
ABC       50  2014/01/27 11:57:38
DEF       50  2014/01/27 11:57:39
GHI       50  2014/01/27 12:00:57
GHI       50
10        50  2014/01/01 00:00:00
```

WHERE 절에 특정 조건을 넣지 않아서 col2 컬럼 값이 모두 50으로 갱신되었다.

네 번째 로우의 col3 값이 비어 있는데, 이 값을 현재 날짜로 갱신해 보자. 이를 위해서는 네 번째 로우를 검색하는 조건이 필요한데, col3 값이 NULL인 것을 찾으면 된다. 참고로 NULL인 데이터를 찾을 때, 검색 조건에는 반드시 IS NULL(NULL이 아닌 것은 IS NOT NULL)로 비교해야 한다. 오라클이 아닌 다른 DBMS는 IS NULL이 아닌 col3 = ' ' 조건도 사용할 수 있지만 오라클에서는 반드시 IS NULL로 비교해야 한다.

입력
```
UPDATE ex3_1
   SET col3 = SYSDATE
 WHERE col3 = '';
```

결과
0개 행 이(가) 업데이트되었습니다.

입력
```
UPDATE ex3_1
   SET col3 = SYSDATE
 WHERE col3 IS NULL;
```

결과
1개 행 이(가) 업데이트되었습니다.

04 MERGE문

MERGE문은 조건을 비교해서 테이블에 해당 조건에 맞는 데이터가 없으면 INSERT, 있으면 UPDATE를 수행하는 문장이다. 특정 조건에 따라 어떤 때는 INSERT를, 또 다른 경우에는 UPDATE문을 수행해야 할 때, 과거에는 해당 조건을 처리하는 로직을 별도로 작성해야 했지만, MERGE문이 나온 덕분에 이제 한 문장으로 처리할 수 있게 되었다.

```
MERGE INTO [스키마.]테이블명
    USING (update나 insert될 데이터 원천)
        ON (update될 조건)
WHEN MATCHED THEN
       SET 컬럼1 = 값1, 컬럼2 = 값2, ...
   WHERE update 조건
       DELETE WHERE update_delete 조건
```

```
WHEN NOT MATCHED THEN
    INSERT (컬럼1, 컬럼2, ...) VALUES (값1, 값2,...)
    WHERE insert 조건;
```

MERGE문은 INSERT나 UPDATE에 비해 다소 복잡한데, 예제를 통해 동작 원리를 알아 보자.

입력
```
CREATE TABLE ex3_3 (
    employee_id NUMBER,
    bonus_amt   NUMBER DEFAULT 0);
```

결과

table EX3_3이(가) 생성되었습니다.

입력
```
INSERT INTO ex3_3 (employee_id)
SELECT e.employee_id
  FROM employees e, sales s
 WHERE e.employee_id = s.employee_id
   AND s.SALES_MONTH BETWEEN '200010' AND '200012'
 GROUP BY e.employee_id;
```

결과

5개 행 이(가) 삽입되었습니다.

입력
```
SELECT *
  FROM ex3_3
 ORDER BY employee_id;
```

결과

EMPLOYEE_ID	BONUS_AMT
148	0
153	0
154	0
155	0
161	0

ex3_3이라는 신규 테이블을 생성한 뒤, sales 테이블에서 2000년 10월부터 2000년 12월까지 매출을 달성한 사원번호를 입력했다(INSERT 구문에 GROUP BY절을 추가해 사원번호의 중복을 제거했다. GROUP BY에 대해서는 이후 장에서 자세히 설명한다).

이제 사원 테이블을 검색해 ① 관리자 사번(manager_id)이 146번인 사원을 찾아 ② ex3_3 테이블에 있는 사원의 사번과 일치하면 보너스 금액(bonus_amt)에 자신의 급여(salary)의 1%를 보너스로 갱신하고, ③ ex3_3 테이블에 있는 사원의 사번과 일치하지 않으면 ①의 결과의 사원을 신규로 입력(이때 보너스 금액은 급여의 0.1%로 한다)하는데, 이때 급여가 8000 미만인 사원만 처리해 보자. 로직이 좀 복잡하니 일단 최종 답을 직접 계산해 보고 MERGE문을 작성한 후 실행해 두 결과를 비교해 보자.

입력
```
SELECT employee_id, manager_id, salary, salary * 0.01
  FROM employees
 WHERE employee_id IN (SELECT employee_id
                         FROM ex3_3);
```

결과
```
EMPLOYEE_ID MANAGER_ID    SALARY   SALARY*0.01
----------- ----------  --------   -----------
        153        145      8000            80
        155        145      7000            70
        148        100     11000           110
        161        146      7000            70
        154        145      7500            75
```

이 문장은 ex3_3 테이블에 있는 사원의 사번, 관리자 사번, 급여, 그리고 급여*0.01을 사원 테이블에서 조회한 것이다.

관리자 사번이 146인 사원은 161번 사원 한 명이므로 ex3_3 테이블에서 사번이 161인 건의 보너스 금액은 7,000 * 0.01, 즉 70으로 갱신될 것이다.

입력
```
SELECT employee_id, manager_id, salary, salary * 0.001
  FROM employees
 WHERE employee_id NOT IN (SELECT employee_id
                             FROM ex3_3 )
   AND manager_id = 146;
```

결과
```
EMPLOYEE_ID MANAGER_ID    SALARY   SALARY*0.001
----------- ----------  --------   ------------
        159        146      8000              8
        156        146     10000             10
        157        146      9500            9.5
        160        146      7500            7.5
        158        146      9000              9
```

이번 쿼리 결과는 사원 테이블에서 관리자 사번이 146인 것 중 ex3_3 테이블에 없는 사원의 사번, 관리자 사번, 급여, 급여*0.001(0.1%)을 조회한 것이다. 이중 급여가 8000 미만은 160번 사원 한 명이므로 ex3_3 테이블의 160번 사원의 보너스 금액은 7.5로 신규 입력될 것이다. 그럼 이 내용을 처리하는 MERGE문을 작성해 실행해 보자.

입력
```
MERGE INTO ex3_3 d
    USING (SELECT employee_id, salary, manager_id
             FROM employees
            WHERE manager_id = 146) b         ①
       ON (d.employee_id = b.employee_id)
 WHEN MATCHED THEN
      UPDATE SET d.bonus_amt = d.bonus_amt + b.salary * 0.01    ②
 WHEN NOT MATCHED THEN
      INSERT (d.employee_id, d.bonus_amt) VALUES (b.employee_id, b.salary *.001)   ③
      WHERE (b.salary < 8000);
```

결과
2개 행 이(가) 병합되었습니다.

입력
```
SELECT *
  FROM ex3_3
 ORDER BY employee_id;
```

결과
```
EMPLOYEE_ID  BONUS_AMT
-----------  ---------
        148          0
        153          0
        154          0
        155          0
        160        7.5
        161         70
```

160번 사원은 7.5로 신규 입력되었고 관리자 사번이 146번이었던 161번 사원은 70으로 보너스 금액이 갱신되었음을 확인할 수 있다. 가장 기본적인 MERGE문에 대해 알아봤는데, 이런 유형 외에도 UPDATE절에 'DELETE WHERE' 구문을 추가할 수 있다. 이 구문은 **UPDATE될 값을 평가해서 조건에 맞는 데이터를 삭제**하는 역할을 한다. 위 MERGE문에서는 161번 사원의 보너스 금액을 UPDATE 했는데, 만약 'DELETE WHERE d.employee_id = 161' 이라고 명시하면 161 사원은 삭제된다.

입력
```
MERGE INTO ex3_3 d
    USING (SELECT employee_id, salary, manager_id
             FROM employees
            WHERE manager_id = 146) b
       ON (d.employee_id = b.employee_id)
 WHEN MATCHED THEN
     UPDATE SET d.bonus_amt = d.bonus_amt + b.salary * 0.01
     DELETE WHERE (B.employee_id = 161)
 WHEN NOT MATCHED THEN
     INSERT (d.employee_id, d.bonus_amt) VALUES (b.employee_id, b.salary *.001)
     WHERE b.salary < 8000;
```

결과
2개 행 이(가) 병합되었습니다.

입력
```
SELECT *
  FROM ex5_3
 ORDER BY employee_id;
```

결과
```
EMPLOYEE_ID  BONUS_AMT
-----------  ---------
        148          0
        153          0
        154          0
        155          0
        160        7.5
```

05 DELETE문

테이블에 있는 데이터를 삭제할 때 DELETE문을 사용한다.

① 일반 구문
DELETE [FROM] [스키마.]테이블명
WHERE delete 조건;

② 특정 파티션만 삭제할 경우의 구문
DELETE [FROM] [스키마.]테이블명 **PARTITION** (파티션명)
WHERE delete 조건;

다른 DML 문장에 비해 DELETE 구문은 간단하다. ex3_3 테이블을 삭제해 보자.

입력

```
DELETE ex3_3;
```

결과

5개 행 이(가) 삭제되었습니다.

입력

```
SELECT *
  FROM ex3_3
 ORDER BY employee_id;
```

결과

선택된 행 없음.

2장 마지막 부분에서 파티션 테이블에 대해 설명했었는데 파티션 테이블은 특정 파티션만 삭제할 수 있으며, 이때 'PARTITION (파티션명)'을 추가로 기술해 준다. 파티션명은 USER_TAB_PARTITIONS 시스템 뷰를 조회하면 찾아낼 수 있다.

입력

```
SELECT partition_name
  FROM user_tab_partitions
 WHERE table_name = 'SALES';
```

결과

```
PARTITION_NAME
------------------------------
SALES_1995
SALES_1996
SALES_H1_1997
SALES_H2_1997
SALES_Q1_1998
...
28개의 행이 선택됨
```

06 | COMMIT과 ROLLBACK, TRUNCATE

COMMIT과 ROLLBACK

COMMIT은 변경한 데이터를 데이터베이스에 마지막으로 반영하는 역할을, ROLLBACK은 그 반대로 변경한 데이터를 변경하기 이전 상태로 되돌리는 역할을 한다.

COMMIT [WORK] [TO SAVEPOINT 세이브포인트명] ;

ROLLBACK [WORK] [TO SAVEPOINT 세이브포인트명] ;

UPDATE, INSERT, MERGE, DELETE문을 실행하면 데이터에 변화가 생긴다. 하지만 영구적으로 변경되는 것은 아니다. SQL Developer에서 다음 문장을 실행해 보자.

입력
```
CREATE TABLE ex3_4 (
       employee_id NUMBER);
```

결과
```
table EX3_4이(가) 생성되었습니다.
```

입력
```
INSERT INTO ex3_4 VALUES (100);
```

결과
```
1개 행 이(가) 삽입되었습니다.
```

입력
```
SELECT *
  FROM ex3_4;
```

결과
```
EMPLOYEE_ID
-----------
        100
```

이제 SQL*Plus나 다른 툴로 로그인을 해 테이블을 다시 조회해 보자.

▼ 그림 3-1 COMMIT 전

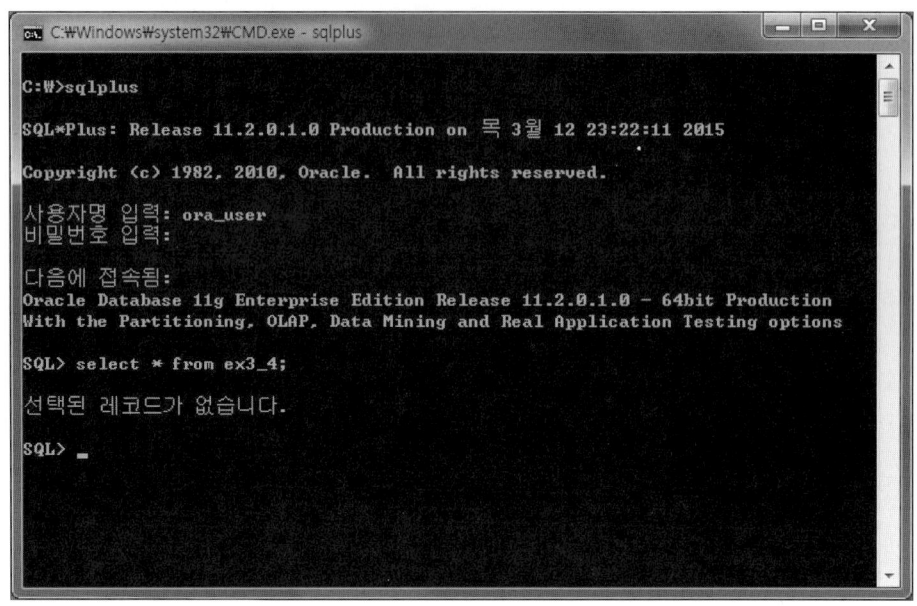

조회된 데이터가 하나도 없다. 왜 이런 것일까? 오라클을 비롯한 RDBMS 시스템은 트랜잭션 기능을(트랜잭션에 대해서는 10장에서 자세히 다룰 것이다) 지원하는데, COMMIT이나 ROLLBACK문을 실행하기 전까지 변경된 데이터는 현재 세션에만 볼 수 있고 최종적으로 데이터베이스에 반영된 상태가 아니다. 따라서 다른 세션에서 보면 ex3_4 테이블에 데이터가 없는 것이다. COMMIT을 실행하면 데이터가 반영되고 ROLLBACK을 실행하면 변경 이전 상태로 복귀한다. 그럼 COMMIT 문을 실행해 보자.

입력
```
COMMIT;
```

결과
커밋되었습니다.

▼ 그림 3-2 COMMIT 후

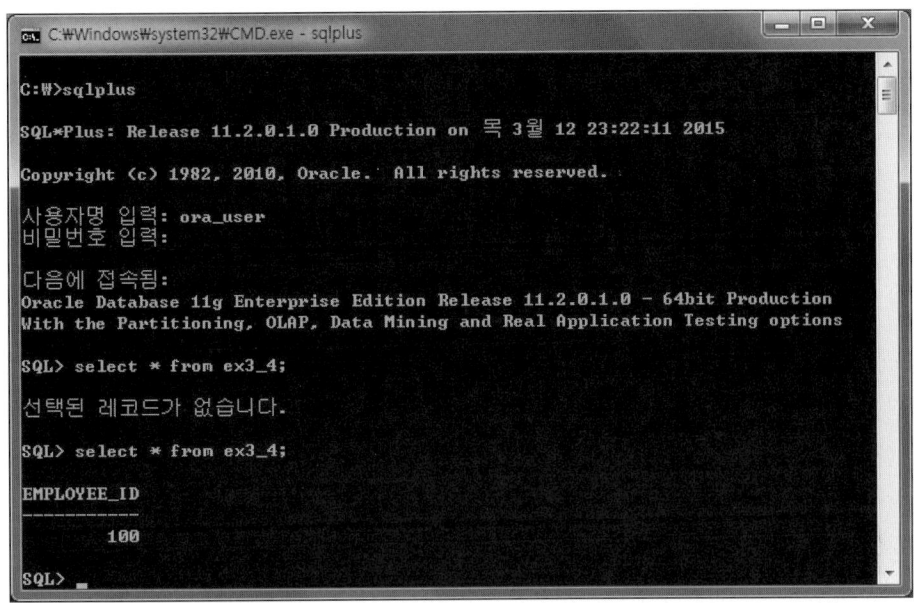

TRUNCATE문

데이터를 삭제할 때는 DELETE문을 사용하는데 이와 같은 기능을 수행하는 문장이 바로 TRUNCATE문이다. DELETE문은 데이터를 삭제한 후에 COMMIT을 실행해야 데이터가 완전히 삭제되고, 반대로 ROLLBACK을 실행하면 데이터가 삭제되기 전으로 복귀된다. 하지만 DDL문에 속하는 TRUNCATE문은 한번 실행하면 데이터가 바로 삭제되고 ROLLABCK을 실행하더라도 삭제 전 상태로 복귀되지 않는다. 또한 TRUNCATE문에는 WHERE 조건을 붙일 수 없다. 즉 테이블 데이터 전체가 바로 삭제된다. 복구할 방법이 없으므로 TRUNCATE문을 사용할 때는 항상 주의를 기울여야 한다.

TRUNCATE TABLE [스키마명.]테이블명;

또한 TRUNCATE문은 DELETE문처럼 WHERE 절을 붙여 특정 조건에 해당되는 데이터만 삭제할 수는 없으며 테이블에 있는 데이터 전체를 삭제하므로, TRUNCATE 문을 실행할 때는 항상 신경을 써야 한다.

입력
```
TRUNCATE TABLE ex3_4;
```

결과
```
table EX3_4이(가) 잘렸습니다.
```

지금까지 SQL 문장에 대해 알아 보았다. 데이터를 다룰 때 SELECT, INSERT, UPDATE, MERGE, DELETE문이 전부라고 해도 과언이 아니다. 기본 구조는 그리 복잡하지 않으므로 많은 연습을 통해서 몸에 익혀 두자. 그리고 이제 앞에서도 조금씩 언급했던 SQL 문장을 구성하는 요소에 대해 살펴 보자.

07 의사컬럼

의사컬럼Pseudo-column이란 테이블의 컬럼처럼 동작하지만 실제로 테이블에 저장되지는 않는 컬럼을 말한다. SELECT 문에서는 의사컬럼을 사용할 수 있지만, 의사컬럼 값을 INSERT, UPDATE, DELETE 할 수는 없다. 2장의 '06.시퀀스' 절에서 학습했던 NEXTVAL, CURRVAL도 의사컬럼의 일종이다. 대표적인 의사컬럼의 종류를 열거하면 다음과 같다.

CONNECT_BY_ISCYCLE, CONNECT_BY_ISLEAF, LEVEL

계층형 쿼리에서 사용하는 의사컬럼이다. 계층형 쿼리는 7장에서 상세히 다룬다.

NEXTVAL, CURRVAL

시퀀스에서 사용하는 의사컬럼이다.

ROWNUM, ROWID

ROWNM은 쿼리에서 반환되는 각 로우들에 대한 순서 값을 나타내는 의사컬럼이다.

입력
```
SELECT ROWNUM, employee_id
  FROM employees;
```

결과
```
ROWNUM    EMPLOYEE_ID
-------   -----------
      1           100
      2           101
      3           102
...
107개의 행이 선택됨
```

테이블에 데이터가 많으면 SELECT만 하더라도 결과가 나올 때까지 시간이 많이 소요된다. 예를 들어, sales 테이블에 어떤 컬럼이 있는지 보고 싶어 'SELECT * FROM sales;' 문을 실행하면 전체 로우가 반환되며 결과를 보기까지 시간이 오래 걸린다(물론 여러 가지 툴에서는 한 번에 몇 건만 화면에 출력되도록 하는 옵션이 있다. SQL Developer는 디폴트로 화면에 50건씩 뿌려진다). 이때 다음과 같이 ROWNUM이라는 의사컬럼을 사용하면 매우 편리하다.

입력

```
SELECT ROWNUM, employee_id
  FROM employees
 WHERE ROWNUM < 5;
```

결과

```
ROWNUM EMPLOYEE_ID
------ -----------
     1         100
     2         101
     3         102
     4         103
```

ROWID는 테이블에 저장된 각 로우가 저장된 주소 값을 가리키는 의사컬럼이다. 각 로우를 식별하는 값이므로 ROWID는 유일한 값을 가진다.

입력

```
SELECT ROWNUM, employee_id, ROWID
  FROM employees
 WHERE ROWNUM < 5;
```

결과

```
ROWNUM EMPLOYEE_ID ROWID
------ ----------- ------------------
     1         100 AAASNVAAGAAAACDAAJ
     2         101 AAASNVAAGAAAACDAAK
     3         102 AAASNVAAGAAAACDAAL
     4         103 AAASNVAAGAAAACDAAM
```

2장에서 설명한 B-tree 인덱스는 테이블에서 인덱스 키로 잡혀 있는 컬럼과 해당 테이블 로우를 찾아가기 위한 주소 정보가 있다고 설명했는데, 이 주소 정보가 바로 ROWID다. 이 외에도 COLUMN_VALUE, OBJECT_ID, OBJECT_VALUE, XMLDATA란 의사컬럼 있는데, 현장에서 자주 사용하지 않아 이 장에서는 다루지 않겠다.

08 연산자

연산자Operator는 연산을 수행한다. 오라클은 다양한 연산자를 제공하고 있는데, 이들을 정리하면 다음과 같다.

수식 연산자: +, −, *, /

'+'와 '−'는 연산 대상이 1개인 단항 연산자로 쓰일 때 각각 양수와 음수를 나타낸다. 또한 두 수의 연산, 즉 이항 연산자로 사용될 때는 각각 덧셈과 뺄셈 연산을 한다. 그리고 '*'는 곱셈, '/'는 나눗셈 연산을 한다.

문자 연산자: ||

'||'는 두 문자를 붙이는(연결하는) 연산을 수행한다. 다음 쿼리는 사원 테이블에서 "사번-사원명" 형태로 추출하는 SELECT 문이다.

입력
```
SELECT employee_id || '-' || emp_name AS employee_info
  FROM employees
 WHERE ROWNUM < 5;
```

결과
```
EMPLOYEE_INFO
---------------------
198-Donald OConnell
199-Douglas Grant
200-Jennifer Whalen
201-Michael Hartstein
```

논리 연산자: >, <, >=, <=, =, <>, !=, ^=

논리 연산을 수행하는 연산자로 수학에서 사용하는 부등호와 쓰임새는 같다. 단, 두 값이 같은지를 판단하는 등호 연산자(=)의 반대인 비동등 연산자로는 '<>', '!=', '^='가 있는데, 이 세 연산자의 사용법과 반환 결과는 모두 같다. 또한 값을 비교할 때 숫자 뿐만 아니라 문자와 날짜형도 비교 가능하다.

집합 연산자: UNION, UNION ALL, INTERSECT, MINUS

집합Set 연산자는 5장에서 자세히 다룬다.

계층형 쿼리 연산자: PRIOR, CONNECT_BY_ROOT

계층형 쿼리 연산자는 7장에서 자세히 다룬다.

09 표현식

표현식Expression이란 한 개 이상의 값과 연산자, SQL 함수 등이 결합된 식이다. 이 절에서는 특정 조건에 따라 값을 변경해서 보이는 CASE 표현식(흔히 CASE문이라고도 한다)에 대해 알아 보자.

```
CASE WHEN 조건1 THEN 값1
     WHEN 조건2 THEN 값2
...
     ELSE 기타 값
END
```

사원 테이블에서 각 사원의 급여에 따라 5000 이하로 급여를 받는 사원은 C, 5000~15000은 B, 15000 이상은 A등급을 반환하는 쿼리를 작성해 보자.

입력
```sql
SELECT employee_id, salary,
       CASE WHEN salary <= 5000 THEN 'C등급'
            WHEN salary > 5000 AND salary <= 15000 THEN 'B등급'
            ELSE 'A등급'
       END AS salary_grade
  FROM employees
```

결과
```
EMPLOYEE_ID    SALARY    SALARY_GRADE
-----------    ------    ------------
        198      2600    C등급
        199      2600    C등급
        200      4400    C등급
        201     13000    B등급
        202      6000    B등급
        203      6500    B등급
        204     10000    B등급
        205     12008    B등급
        206      8300    B등급
        100     24000    A등급
...
107개의 행이 선택됨.
```

WHEN 다음에 조건을 기술하고 THEN 다음에는 앞에서 기술한 조건에 만족하면 실제 출력되는 값을 명시하고 있는데, 주의할 점은 THEN 이하 출력 값들의 데이터 타입은 반드시 일치시켜야 한다. 즉 앞의 문장은 THEN 다음에 있는 'C 등급', 'B 등급'은 데이터 타입이 모두 문자 형태로 동일하게 명시했는데, 만약 'C 등급', '3', '4'처럼 문자형과 숫자형을 혼합해 기술하면 오류가 발생한다. CASE 표현식은 다른 프로그래밍 언어에서도 제공하는 기능으로 그 쓰임새는 비슷하나 프로그래밍 언어나 DBMS 종류에 따라 구문 형식이 약간씩 다르다는 점은 염두에 두자.

10 | 조건식

조건 혹은 조건식Condition은 한 개 이상의 표현식과 논리 연산자가 결합된 식으로 TRUE, FALSE, UNKNOWN 세 가지 타입을 반환한다. 지금까지 SQL문을 학습하면서 WHERE절에서 사용했던 모든 조건이 바로 조건식에 포함된다. 대표적인 조건식은 다음과 같다.

비교 조건식

비교 조건식은 논리 연산자나 ANY, SOME, ALL 키워드로 비교하는 조건식을 말한다. 여기서는 ANY, SOME, ALL 비교에 대해서 알아 볼텐데 먼저 ANY를 살펴 보자.

입력
```
SELECT employee_id, salary
  FROM employees
 WHERE salary = ANY (2000, 3000, 4000)
 ORDER BY employee_id;
```

결과
```
EMPLOYEE_ID    SALARY
-----------   --------
        187      3000
        192      4000
        197      3000
```

이 쿼리는 급여가 2000이거나 3000, 4000인 사원을 추출하는 것이다. ANY가 '아무것'이나 '하나'란 뜻이 있으므로 위 문장은 세 가지 값, 즉 급여가 2000이나 3000이나 4000 중 하나라도 일치하는 모든 사원을 추출한 것이다. 따라서 ANY는 OR 조건으로 변환이 가능하며 다음 문장도 같은 결과를 반환한다.

입력

```
SELECT employee_id, salary
  FROM employees
 WHERE salary = 2000
    OR salary = 3000
    OR salary = 4000
 ORDER BY employee_id;
```

결과

```
EMPLOYEE_ID    SALARY
-----------  --------
        187      3000
        192      4000
        197      3000
```

반면 ALL은 모든 조건을 동시에 만족해야 한다. 다음 쿼리를 보자.

입력

```
SELECT employee_id, salary
  FROM employees
 WHERE salary = ALL(2000, 3000, 4000)
 ORDER BY employee_id;
```

결과

선택된 행 없음

이 문장은 급여가 2000, 3000, 4000 모두에 해당되는 사원을 조회하므로 조회되는 데이터가 없다. 한 사원의 급여는 한 가지 값만 가지고 있으므로 논리적으로 봐도 잘못된 쿼리다. ANY와는 반대로 ALL 조건식은 AND 조건으로 변환할 수 있다.

마지막으로 알아 볼 SOME은 ANY와 동일하게 사용되며 동작한다.

입력

```
SELECT employee_id, salary
  FROM employees
 WHERE salary = SOME(2000, 3000, 4000)
 ORDER BY employee_id;
```

결과

```
EMPLOYEE_ID    SALARY
-----------  --------
        187      3000
        192      4000
        197      3000
```

논리 조건식

논리 조건식은 조건절에서 AND, OR, NOT을 사용하는 조건식을 말한다. AND는 모든 조건을 만족해야 하고 OR는 여러 조건 중 하나만 만족해도 TRUE를 반환된다. NOT은 조건식 평가 결과가 **거짓(FALSE)**일 때 원하는 결과, 즉 TRUE를 반환한다.

입력
```
SELECT employee_id, salary
  FROM employees
 WHERE NOT(salary >= 2500)
ORDER BY employee_id;
```

결과
```
EMPLOYEE_ID    SALARY
-----------    ------
        127      2400
        128      2200
        132      2100
        135      2400
        136      2200
```

이 쿼리는 NOT으로 급여가 2500보다 크거나 같지 않은 사원, 즉 급여가 2500 이하인 사원을 반환하고 있다.

NULL 조건식

NULL 조건식은 특정 값이 NULL인지 여부를 체크하는 조건식이다. 앞서 UPDATE문을 알아 보면서 NULL인지 여부는 IS NULL과 IS NOT NULL로 체크한다는 내용을 학습했다. 다시 강조하지만 특정 컬럼 값이 NULL인지의 여부를 체크할 때 등호 연산자(=, 〈〉)를 사용하면 제대로 비교하지 못한다. 예를 들어, 급여가 NULL인지 혹은 아닌지 여부를 체크하려면 "salary = NULL" 혹은 "salary 〈〉 NULL" 형태로 비교하면 안 되고 "salary IS NULL" 혹은 "salary IS NOT NULLL" 형태로 비교해야 한다.

BETWEEN AND 조건식

BETWEEN은 범위에 해당되는 값을 찾을 때 사용하는데 크거나 같고 작거나 같은 값을 찾는다. 따라서 '>='와 '<=' 논리 연산자로 변환이 가능하다. 다음은 급여가 2000에서 2500 사이에 해당하는 사원을 조회하는 쿼리다.

입력
```
SELECT employee_id, salary
  FROM employees
 WHERE salary BETWEEN 2000 AND 2500
 ORDER BY employee_id;
```

결과
```
EMPLOYEE_ID    SALARY
-------------  --------
         119      2500
         127      2400
         128      2200
         131      2500
         132      2100
         135      2400
         136      2200
         140      2500
         144      2500
         182      2500
         191      2500
```

11개의 행이 선택됨.

IN 조건식

IN 조건식은 조건절에 명시한 값이 포함된 건을 반환하는데 앞에서 배웠던 ANY와 비슷하다.

입력
```
SELECT employee_id, salary
  FROM employees
 WHERE salary IN (2000, 3000, 4000)
 ORDER BY employee_id;
```

결과
```
EMPLOYEE_ID    SALARY
-------------  -----------
         187      3000
         192      4000
         197      3000
```

이 쿼리는 급여가 2000, 3000, 4000에 포함되는 사원을 추출한 결과로, IN 역시 OR 조건으로 변환이 가능하며 '=ANY' 형태로 바꿔 쓸 수 있다. 다만 ANY는 등호 연산자 뿐만 아니라 '>', '>=', '<', '<=', '<>', '!=' 등의 비교 연산자도 사용할 수 있다는 점이 다르다.

입력
```
SELECT employee_id, salary
  FROM employees
 WHERE salary NOT IN (2000, 3000, 4000)
 ORDER BY employee_id;
```

결과
```
EMPLOYEE_ID     SALARY
-----------  ---------
        100      24000
        101      17000
        102      17000
        103       9000
...
104개의 행이 선택됨.
```

이 쿼리는 NOT IN을 사용해서 급여가 2000, 3000, 4000이 아닌 건을 조회하고 있다. 조건을 풀어 쓰면 "salary 〈 〉 2000 AND salary 〈 〉 3000 AND salary 〈 〉 4000"이며, "〈 〉ALL"로도 바꿔 쓸 수 있다.

EXISTS 조건식

EXISTS 조건식 역시 IN과 비슷하지만 후행 조건절로 값의 리스트가 아닌 서브 쿼리만 올 수 있다. 또한 서브 쿼리 내에서 조인 조건(a.department_id = b.department_id)이 있어야 한다. 서브 쿼리에 대해서는 6장에서 자세히 다룰 것이다.

입력
```
SELECT department_id, department_name
  FROM departments a
 WHERE EXISTS ( SELECT *
                  FROM employees b
                 WHERE a.department_id = b.department_id
                   AND b.salary > 3000)
 ORDER BY a.department_name;
```

결과
```
DEPARTMENT_ID DEPARTMENT_NAME
------------- ----------------
           60 IT
          110 경리부
           30 구매/생산부
           90 기획부
           20 마케팅
           50 배송부
```

```
        80  영업부
        40  인사부
       100  자금부
        10  총무기획부
        70  홍보부
```

11개의 행이 선택됨.

LIKE 조건식

LIKE 조건식은 문자열의 패턴을 검색할 때 사용하는 조건식이다. 예를 들어, 사원 테이블에서 사원 이름이 'A'로 시작되는 사원을 조회하는 쿼리를 작성한다면 다음과 같이 LIKE 조건식을 사용한다.

입력
```
SELECT emp_name
  FROM employees
 WHERE emp_name LIKE 'A%'
 ORDER BY emp_name;
```

결과
```
EMP_NAME
-----------------------------
Adam Fripp
Alana Walsh
Alberto Errazuriz
Alexander Hunold
Alexander Khoo
Alexis Bull
Allan McEwen
Alyssa Hutton
Amit Banda
Anthony Cabrio
```

10개의 행이 선택됨

LIKE 'A%'의 의미는 사원명 첫 글자는 'A'로 시작하되 나머지는 어떤 글자가 와도 상관없이 모두 조회하라는 의미다.

입력
```
SELECT emp_name
  FROM employees
 WHERE emp_name LIKE 'Al%'
 ORDER BY emp_name;
```

결과

```
EMP_NAME
--------------------------------
Alana Walsh
Alberto Errazuriz
Alexander Hunold
Alexander Khoo
Alexis Bull
Allan McEwen
Alyssa Hutton

7개의 행이 선택됨.
```

Al로 시작되는 모든 사원을 조회한 쿼리다. '%'는 앞, 뒤, 중간 어디나 올 수 있으며 조건식을 검색할 때 대소문자를 구분한다는 점을 주의하자. '%'와는 다르게 '_'(밑줄, 언더스코어)는 나머지 글자 전체가 아닌 한 글자만 비교한다.

입력

```sql
CREATE TABLE ex3_5 (
    names VARCHAR2(30));
```

결과

table EX3_5이(가) 생성되었습니다.

입력

```sql
INSERT INTO ex3_5 VALUES ('홍길동');

INSERT INTO ex3_5 VALUES ('홍길용');

INSERT INTO ex3_5 VALUES ('홍길상');

INSERT INTO ex3_5 VALUES ('홍길상동');

SELECT *
  FROM ex3_5
 WHERE names LIKE '홍길%';
```

결과

```
NAMES
--------
홍길동
홍길용
홍길상
홍길상동
```

입력
```
SELECT *
  FROM ex3_5
 WHERE names LIKE '홍길_';
```

결과
```
NAMES
--------
홍길동
홍길용
홍길상
```

결과를 보면 알 수 있듯이, '홍길상동'의 경우 '%'를 사용했을 때는 조회되었으나, '_'를 사용했을 때는 한 글자만 비교하므로 검색되지 않았다.

핵심정리

1 데이터를 조작하는 대표적인 DML문에는 SELECT, INSERT, UPDATE, DELETE, MERGE가 있다.

2 MERGE문은 INSERT와 UPDATE가 혼합된 형태로, 특정 조건에 따라 INSERT와 UPDATE를 수행한다.

3 데이터 조작 후에는 트랜잭션 처리를 위해 반드시 COMMIT이나 ROLLBACK을 해야 한다.

4 DML, DDL문 외에도 SQL 문장은 의사컬럼, 연산자, 표현식, 조건식으로 구성된다.

5 연산자는 다양한 연산을 수행하며, 수식, 문자, 논리, 집합, 계층형 쿼리 연산자가 있다.

6 조건식은 하나 이상의 표현식과 논리 연산자가 결합된 식으로 TRUE, FALSE, UNKNOWN 세 가지 타입을 반환하며, 비교, 논리, NULL, BETWEEN, IN, EXISTS 조건식이 있다.

Self-Check

1. ex3_6이라는 테이블을 만들고, 사원 테이블(employees)에서 관리자 사번이 124번이고 급여가 2000에서 3000 사이에 있는 사원의 사번, 사원명, 급여, 관리자 사번을 입력하는 INSERT문을 작성해 보자.

2. 다음 문장을 실행해 보자.

   입력
   ```
   DELETE ex3_3;

   INSERT INTO ex3_3 (employee_id)
   SELECT e.employee_id
     FROM employees e, sales s
    WHERE e.employee_id = s.employee_id
      AND s.SALES_MONTH BETWEEN '200010' AND '200012'
    GROUP BY e.employee_id;

   COMMIT;
   ```

   (manager_id)이 145번인 사원을 찾아 위 테이블에 있는 사원의 사번과 일치하면 보너스 금액(bonus_amt)에 자신의 급여의 1%를 보너스로 갱신하고, ex3_3 테이블에 있는 사원의 사번과 일치하지 않는 사원을 신규 입력(이때 보너스 금액은 급여의 0.5%로 한다)하는 MERGE문을 작성해 보자.

3. 사원 테이블(employees)에서 커미션(commission_pct) 값이 없는 사원의 사번과 사원명을 추출하는 쿼리를 작성해 보자.

4. 아래의 쿼리를 논리 연산자로 변환해 보자.

   입력
   ```
   SELECT employee_id, salary
     FROM employees
   WHERE salary BETWEEN 2000 AND 2500
   ORDER BY employee_id;
   ```

5. 다음의 두 쿼리를 ANY, ALL을 사용해서 동일한 결과를 추출하도록 변경해 보자.

입력
```sql
SELECT employee_id, salary
  FROM employees
WHERE salary IN (2000, 3000, 4000)
ORDER BY employee_id;

SELECT employee_id, salary
  FROM employees
WHERE salary NOT IN (2000, 3000, 4000)
ORDER BY employee_id;
```

4장

SQL 함수 살펴 보기

함수는 매개변수를 받아 특정 연산을 실행한 결과를 돌려주는 기능을 하며 학창시절 수학시간에 배웠던 수학 함수가 대표적이다. 일반 프로그래밍 언어에서도 다양한 함수를 제공하고 있는데, 이런 함수의 공통점은 자주 사용하는 특정 연산을 프로그래밍 언어 차원에서 제공하고 사용자는 해당 연산을 직접 구현하지 않고 필요한 매개변수만 전달해 그 결과를 반환받는 것이다. 오라클에서도 역시 이러한 함수를 제공하고 있고 사용자가 직접 로직을 구현해 사용자 정의 함수를 만드는 것도 가능하다. 사용자 정의 함수는 PL/SQL 부분에서 상세히 다루도록 하고, 이 장에서는 오라클에서 제공하는 SQL 함수에 대해 자세히 파헤쳐 보자.

01 숫자 함수
02 문자 함수
03 날짜 함수
04 변환 함수
05 NULL 관련 함수
06 기타 함수

01 숫자 함수

숫자 함수란 수식 연산을 하는 함수로 연산 대상 즉, 매개변수나 반환 값이 대부분 숫자 형태다.

① ABS(n)

ABS 함수는 매개변수로 숫자를 받아 그 절대값을 반환하는 함수다.

입력
```
SELECT ABS(10), ABS(-10), ABS(-10.123)
  FROM DUAL;
```

결과
```
ABS(10)     ABS(-10)     ABS(-10.123)
---------   ----------   ------------
      10           10           10.123
```

② CEIL(n)과 FLOOR(n)

CEIL 함수는 매개변수 n과 같거나 가장 큰 정수를 반환한다.

입력
```
SELECT CEIL(10.123), CEIL(10.541), CEIL(11.001)
  FROM DUAL;
```

결과
```
CEIL(10.123)   CEIL(10.541)   CEIL(11.001)
------------   ------------   ------------
          11             11             12
```

10.123과 같거나 큰 가장 큰 정수는 11, 10.541은 11이다. 11.001은 11보다 크지만 12보다 작으므로 같거나 가장 큰 정수는 12가 된다.

FLOOR 함수는 CEIL 함수와는 반대로 매개변수 n보다 작거나 가장 큰 정수를 반환한다.

입력
```
SELECT FLOOR(10.123), FLOOR(10.541), FLOOR(11.001)
  FROM DUAL;
```

결과
```
FLOOR(10.123)   FLOOR(10.541)   FLOOR(11.001)
-------------   -------------   -------------
           10              10              11
```

③ ROUND(n, i)와 TRUNC(n1, n2)

ROUND 함수는 매개변수 n을 소수점 기준 (i+1)번 째에서 반올림한 결과를 반환한다. i는 생략할 수 있고 디폴트 값은 0, 즉 소수점 첫 번째 자리에서 반올림이 일어나 정수 부분의 일의 자리에 결과가 반영된다.

입력
```
SELECT ROUND(10.154), ROUND(10.541), ROUND(11.001)
  FROM DUAL;
```

결과
```
ROUND(10.154)  ROUND(10.541)  ROUND(11.001)
-------------  -------------  -------------
           10             11             11
```

입력
```
SELECT ROUND(10.154, 1), ROUND(10.154, 2), ROUND(10.154, 3)
  FROM DUAL;
```

결과
```
ROUND(10.154,1)  ROUND(10.154,2)  ROUND(10.154,3)
---------------  ---------------  ---------------
           10.2            10.15           10.154
```

ROUND(10.154, 3)는 3+1, 즉 네 번째 자리가 0이므로 결과는 10.154가 반환되었다. n이 0일 때는 i에 입력된 숫자에 상관없이 무조건 0을 반환하며, i가 음수이면 소수점을 기준으로 왼쪽 i번째에서 반올림이 일어난다.

입력
```
SELECT ROUND(0, 3), ROUND(115.155, -1), ROUND(115.155, -2)
  FROM DUAL;
```

결과

```
ROUND(0,3) ROUND(115.155,-1) ROUND(115.155,-2)
---------- ----------------- -----------------
         0               120               100
```

첫 번째는 n이 0이므로 무조건 0이 반환됐고 두 번째는 i가 -1이므로 115에서 5가 반올림되어 120이, 세 번째 컬럼에는 -2가 입력되어 115에서 백의 자리 1이 반올림되어 결과는 100이 되었다.

TRUNC 함수는 반올림을 하지 않고 n1을 소수점 기준 n2자리에서 무조건 잘라낸 결과를 반환한다. n2 역시 생략할 수 있으며 디폴트 값은 0이고, 양수일 때는 소수점 기준으로 오른쪽, 음수일 때는 소수점 기준 왼쪽 자리에서 잘라낸다.

입력

```sql
SELECT TRUNC(115.155), TRUNC(115.155, 1), TRUNC(115.155, 2), TRUNC(115.155, -2)
  FROM DUAL;
```

결과

```
TRUNC(115.155)  TRUNC(115.155,1)  TRUNC(115.155,2)  TRUNC(115.155,-2)
--------------  ----------------  ----------------  -----------------
           115             115.1            115.15                100
```

④ POWER(n2, n1)와 SQRT(n)

POWER 함수는 n2를 n1 제곱한 결과를 반환한다. n1은 정수와 실수 모두 올 수 있는데, n2가 음수일 때 n1은 정수만 올 수 있다.

입력

```sql
SELECT POWER(3, 2), POWER(3, 3), POWER(3, 3.0001)
  FROM DUAL;
```

결과

```
POWER(3,2) POWER(3,3) POWER(3,3.0001)
---------- ---------- ---------------
         9         27       27.0029664
```

입력

```sql
SELECT POWER(-3, 3.0001)
  FROM DUAL;
```

결과
```
SQL. 오류: ORA-01428: '-3' 인수가 범위를 벗어났습니다.
```

SQRT 함수는 n의 제곱근을 반환한다.

입력
```sql
SELECT SQRT(2), SQRT(5)
  FROM DUAL;
```

결과
```
  SQRT(2)       SQRT(5)
---------- ----------
1.41421356 2.23606798
```

⑤ MOD(n2, n1)와 REMAINDER(n2, n1)

MOD 함수는 n2를 n1으로 나눈 나머지 값을 반환한다.

입력
```sql
SELECT MOD(19,4), MOD(19.123, 4.2)
  FROM DUAL;
```

결과
```
MOD(19,4) MOD(19.123,4.2)
--------- ---------------
        3           2.323
```

REMAINDER 함수 역시 n2를 n1으로 나눈 나머지 값을 반환하는데, 나머지를 구하는 내부적 연산 방법이 MOD 함수와는 약간 다르다.

- MOD → n2 − n1 * FLOOR (n2/n1)
- REMAINDER → n2 − n1 * ROUND (n2/n1)

입력
```sql
SELECT REMAINDER(19,4), REMAINDER(19.123, 4.2)
  FROM DUAL;
```

결과

```
REMAINDER(19,4) REMAINDER(19.123,4.2)
--------------- ----------------------
             -1                 -1.877
```

⑥ EXP(n), LN(n) 그리고 LOG(n2, n1)

EXP는 지수 함수로 e(e=2.71828183…)의 n제곱 값을 반환하고, LN 함수는 자연 로그 함수로 밑수가 e인 로그 함수다. 반면 LOG는 n2를 밑수로 하는 n1의 로그 값을 반환한다.

입력

```
SELECT EXP(2), LN(2.713), LOG(10, 100)
  FROM DUAL;
```

결과

```
EXP(2)     LN(2.713)   LOG(10,100)
---------- ----------- -----------
7.3890561  0.998055034           2
```

02 문자 함수

문자 함수는 연산 대상이 문자이며 반환 값은 함수에 따라 문자나 숫자를 반환한다.

① INITCAP(char), LOWER(char), UPPER(char)

INITCAP 함수는 매개변수로 들어오는 char의 첫 문자는 대문자로, 나머지는 소문자로 반환하는 함수다. 이때 첫 문자를 인식하는 기준은 공백과 알파벳(숫자 포함)을 제외한 문자다. 즉 공백이나 알파벳이 아닌 문자를 만난 후 다음 첫 알파벳 문자를 대문자로 변환한다.

입력

```
SELECT INITCAP('never say goodbye'), INITCAP('never6say*good가bye')
  FROM DUAL;
```

결과

```
INITCAP('NEVERSAYGOODBYE')   INITCAP('NEVER6SAY*GOOD가BYE')
--------------------------   ------------------------------
Never Say Goodbye            Never6say*Good가Bye
```

LOWER 함수는 매개변수로 들어오는 문자를 모두 소문자로, UPPDER 함수는 대문자로 변환해 반환한다.

입력
```sql
SELECT LOWER('NEVER SAY GOODBYE'), UPPER('never say goodbye')
  FROM DUAL;
```

결과
```
LOWER('NEVERSAYGOODBYE')   UPPER('NEVERSAYGOODBYE')
------------------------   ------------------------
never say goodbye          NEVER SAY GOODBYE
```

② CONCAT(char1, char2), SUBSTR(char, pos, len), SUBSTRB(char, pos, len)

CONCAT 함수는 '||' 연산자처럼 매개변수로 들어오는 두 문자를 붙여 반환한다.

입력
```sql
SELECT CONCAT('I Have', ' A Dream'), 'I Have' || ' A Dream'
  FROM DUAL;
```

결과
```
CONCAT('IHAVE','ADREAM')   'IHAVE'||'ADREAM'
------------------------   -----------------
I Have A Dream             I Have A Dream
```

SUBSTR는 문자 함수 중 가장 많이 사용되는 함수로, 잘라올 대사 문자열인 char의 pos번째 문자부터 len길이만큼 잘라낸 결과를 반환하는 함수다. pos 값으로 0이 오면 디폴트 값인 1, 즉 첫 번째 문자를 가리키며, 음수가 오면 char 문자열 맨 끝에서 시작한 상대적 위치를 의미한다. 또한 len 값이 생략되면 pos번째 문자부터 나머지 모든 문자를 반환한다.

입력
```sql
SELECT SUBSTR('ABCDEFG', 1, 4), SUBSTR('ABCDEFG', -1, 4)
  FROM DUAL;
```

결과
```
SUBSTR('ABCDEFG',1,4)      SUBSTR('ABCDEFG',-1,4)
---------------------      ----------------------
ABCD                       G
```

SUBSTR 함수는 문자 개수 단위로 문자열을 자르는 반면 SUBSTRB는 문자 개수가 아닌 문자열의 바이트(BYTE) 수만큼 잘라낸 결과를 반환한다(SUBSTRB의 맨 끝 글자인 'B'는 BYTE를 의미함). 나머지 처리 로직은 SUBSTR과 같다.

입력
```sql
SELECT SUBSTRB('ABCDEFG', 1, 4), SUBSTRB('가나다라마바사', 1, 4)
  FROM DUAL;
```

결과
```
SUBSTRB('ABCDEFG',1,4)      SUBSTRB('가나다라마바사',1,4)
------------------------    ------------------------------
ABCD                        가나
```

위 예제에서 보듯이 한글에서는 잘라올 길이로 4를 명시했지만 한 글자가 2바이트를 차지하므로 '가나' 두 글자만 반환되었음을 확인할 수 있다.

③ LTRIM(char, set), RTRIM(char, set)

LTRIM 함수는 매개변수로 들어온 char 문자열에서 set으로 지정된 문자열을 왼쪽 끝에서 제거한 후 나머지 문자열을 반환한다. 두 번째 매개변수인 set은 생략할 수 있으며, 디폴트로 공백 문자 한 글자가 사용된다. RTRIM 함수는 LTRIM 함수와 반대로 오른쪽 끝에서 제거한 뒤 나머지 문자열을 반환한다.

입력
```sql
SELECT LTRIM('ABCDEFGABC', 'ABC'),
       LTRIM('가나다라', '가'),
       RTRIM('ABCDEFGABC', 'ABC'),
       RTRIM('가나다라', '라')
  FROM DUAL;
```

결과
```
LTRIM('ABCDEFGABC','ABC')   LTRIM('가나다라','가')   RTRIM('ABCDEFGABC','ABC')
-------------------------   --------------------    -------------------------
DEFGABC                     나다라                   ABCDEFG

RTRIM('가나다라','라')
--------------------
가나다
```

LTRIM이나 RTRIM 모두 왼쪽과 오른쪽 기준으로 set에 명시된 문자를 **한 번씩만 제거**한다는 점에 주의하자. 또한 다음과 같이 set 문자로 명시한 문자가 맨 왼쪽이나 맨 오른쪽에 없을 때, 즉 문자열 중간에 있다면 문자열 전체를 반환한다.

입력
```
SELECT LTRIM('가나다라', '나'), RTRIM('가나다라', '나')
  FROM DUAL;
```

결과
```
LTRIM('가나다라','나')   RTRIM('가나다라','나')
------------------   ------------------------
가나다라가나다라
```

보통 LTRIM과 RTRIM은 주어진 문자열에서 좌측 혹은 우측의 공백을 제거할 때 많이 사용한다.

④ LPAD(expr1, n, expr2), RPAD(expr1, n, expr2)

LPAD 함수는 매개변수로 들어온 expr2 문자열(생략할 때 디폴트는 공백 한 문자)을 n자리만큼 왼쪽부터 채워 expr1을 반환하는 함수다. 매개변수 n은 expr2와 expr1이 합쳐져 반환되는 총 자릿수를 의미한다. 예를 들어, 서울의 지역 전화번호는 '02'인데 전화번호 컬럼에 지역번호가 없으면 LPAD 함수로 번호 02를 자동으로 채워 넣을 수 있다.

입력
```
CREATE TABLE ex4_1 (
      phone_num VARCHAR2(30));
```

결과
```
table EX4_1이(가) 생성되었습니다.
```

입력
```
INSERT INTO ex4_1 VALUES ('111-1111');

INSERT INTO ex4_1 VALUES ('111-2222');

INSERT INTO ex4_1 VALUES ('111-3333');

SELECT *
  FROM ex4_1;
```

결과
```
PHONE_NUM
-----------------------------
111-1111
111-2222
111-3333
```

전화번호 총 자릿 수는 8자리이고, 각 번호 앞에 '(02)'를 붙인다면 총 12자리가 된다.

입력

```
SELECT LPAD(phone_num, 12, '(02)')
  FROM ex4_1;
```

결과

```
LPAD(PHONE_NUM,12,'(02)')
-------------------------
(02)111-1111
(02)111-2222
(02)111-3333
```

RPAD는 LPAD와는 반대로 오른쪽에 해당 문자열을 채워 반환한다.

입력

```
SELECT RPAD(phone_num, 12, '(02)')
  FROM ex4_1;
```

결과

```
RPAD(PHONE_NUM,12,'(02)')
-------------------------
111-1111(02)
111-2222(02)
111-3333(02)
```

⑤ REPLACE(char, search_str, replace_str), TRANSLATE(expr, from_str, to_str)

REPLACE 함수는 char 문자열에서 search_str 문자열을 찾아 이를 replace_str 문자열로 대체한 결과를 반환하는 함수다.

입력

```
SELECT REPLACE('나는 너를 모르는데 너는 나를 알겠는가?', '나', '너')
  FROM DUAL;
```

결과

```
REPLACE('나는너를모르는데너는나를알겠는가?','나','너')
----------------------------------------------------
너는 너를 모르는데 너는 너를 알겠는가?
```

보통 문자열에서 공백을 제거할 때, LTRIM이나 RTRIM을 사용하지만 이 두 함수는 문자열 중간에 있는 공백은 제거하지 못한다. 하지만 REPLACE 함수를 사용하면 문자열 전체에 있는 공백을 모두 제거할 수 있다.

입력

```
SELECT LTRIM(' ABC DEF '),
       RTRIM(' ABC DEF '),
       REPLACE(' ABC DEF ', ' ', '')
  FROM DUAL;
```

결과

```
LTRIM('ABCDEF') RTRIM('ABCDEF') REPLACE('ABCDEF','','')
--------------- --------------- ------------------------
ABC DEF          ABC DEF         ABCDEF
```

TRANSLATE 함수는 REPLACE와 유사하다. expr 문자열에서 from_str에 해당하는 문자를 찾아 to_str로 바꾼 결과를 반환하는데, REPLACE와 다른 점은 문자열 자체가 아닌 문자 한 글자씩 매핑해 바꾼 결과를 반환한다.

입력

```
SELECT REPLACE('나는 너를 모르는데 너는 나를 알겠는가?', '나는', '너를') AS rep,
       TRANSLATE('나는 너를 모르는데 너는 나를 알겠는가?', '나는', '너를') AS trn
  FROM DUAL;
```

결과

```
REP                              TRN
-------------------------------- --------------------------------
너를 너를 모르는데 너는 나를 알겠는가?  너를 너를 모르믈데 너를너를 알겠를가?
```

두 함수의 차이가 눈에 보이는가? REPLACE 함수는 '나는'을 '너를' 로 바꾸므로 "나를 알겠는가?"에서 '나를'은 바뀌지 않았지만 TRANSLATE 함수는 글자 한 자씩, 즉 '나'→'너', '는'→'를'로 변환해서 원래 문장에 있던 '는'이 모두 '를'로 바뀌어 맞춤법에 맞지 않는 문장이 되었다.

Knowhow : TRANSLATE 함수는 어떤 경우에 사용할까?

특정 문자열을 다른 문자열로 대체할 때나 공백을 제거할 때 대부분 REPLACE 함수를 사용한다. 문자열 대체라는 의미에서 본다면 굳이 TRANSLATE 함수를 사용할 필요 없이 REPLACE 함수만으로 충분하다. 그런데 이와 비슷한 용도의 TRANSLATE 함수는 언제 사용할까?

꼭 이럴 때 사용하라는 지침은 없다. 사실 필자도 현장에서 거의 사용해 본 경험은 없다. TRANSLATE 함수를 사용하는 것이 좋을 때를 굳이 찾아내라고 한다면, 단순한 암호화와 복호화 처리할 때를 들 수 있다. 예를 들어, 사원 테이블에서 사원명을 암호화해서 보여줘야 한다면….

입력
```sql
SELECT employee_id,
       TRANSLATE(EMP_NAME,'ABCDEFGHIJKLMNOPQRSTUVWXYZ','thehillsarealivewiththesou')
       AS TRANS_NAME
  FROM employees;
```

결과
```
EMPLOYEE_ID TRANS_NAME
----------- --------------------
        198 honaldveonnell
        199 houglaslrant
        200 renniferehalen
        201 lichaelsartstein
        202 eat lay
...
107개의 행이 선택됨.
```

26개의 알파벳 문자를 특정 문자로 대체해서 마치 암호를 건 것처럼 사원 이름이 이상하게 표시됐다. 또한 주민번호와 같은 민감한 정보도 0~9까지의 숫자를 다른 문자로 대체하여 TRANSLATE 함수를 사용하면 원래 정보를 숨길 수 있다.

그렇다고 위의 예제처럼 현장에서 암호화나 주민번호를 숨기는데 TRANSLATE 함수를 사용해서는 안 된다. 다만 TRANSLATE 함수를 이런 식으로도 사용할 수 있다는 내용을 소개한 것이므로 참조하기 바란다.

⑥ INSTR(str, substr, pos, occur), LENGTH(chr), LENGTHB(chr)

INSTR 함수는 str 문자열에서 substr과 일치하는 위치를 반환하는데, pos는 시작 위치로 디폴트 값은 1, occur은 몇 번째 일치하는지를 명시하며 디폴트 값은 1이다.

입력
```sql
SELECT INSTR('내가 만약 외로울 때면, 내가 만약 괴로울 때면, 내가 만약 즐거울 때면', '만약') AS INSTR1,
       INSTR('내가 만약 외로울 때면, 내가 만약 괴로울 때면, 내가 만약 즐거울 때면', '만약', 5) AS INSTR2,
       INSTR('내가 만약 외로울 때면, 내가 만약 괴로울 때면, 내가 만약 즐거울 때면', '만약', 5, 2) AS INSTR3
  FROM DUAL;
```

결과
```
INSTR1     INSTR2     INSTR3
---------- ---------- ----------
4          18         32
```

첫 번째는 pos, occur 모두 생략해 디폴트 값이 1이 적용되어 첫 번째 '만약'이 있는 위치인 4를 반환했다. 두 번째 컬럼은 pos에 5를 명시해서 다섯 번째 글자부터 탐색하게 되므로 두 번째 '만약'이 있는 18을 반환했고, 마지막은 occur 값이 2이므로 18이 반환되었다.

LENGTH 함수는 매개변수로 들어온 문자열의 개수를 반환하며, LENGTHB 함수는 해당 문자열의 바이트 수를 반환한다.

입력
```sql
SELECT LENGTH('대한민국'),
       LENGTHB('대한민국')
  FROM DUAL;
```

결과
```
LENGTH('대한민국')  LENGTHB('대한민국')
---------------- -----------------
               4                 8
```

한글 한 글자가 2바이트를 차지하므로, LENGTHB는 8을 반환했음을 확인할 수 있다.

03 날짜 함수

날짜 함수는 DATE 함수나 TIMESTAMP 함수와 같은 날짜형을 대상으로 연산을 수행해 결과를 반환하는 함수다. 날짜 함수 역시 대부분 반환 결과는 날짜형이나 함수에 따라 숫자를 반환할 때도 있다.

① SYSDATE, SYSTIMESTAMP

SYSDATE와 SYSTIMESTAMP는 현재일자와 시간을 각각 DATE, TIMESTAMP 형으로 반환한다.

입력
```
SELECT SYSDATE, SYSTIMESTAMP
  FROM DUAL;
```

결과
```
SYSDATE              SYSTIMESTAMP
-------------------  -------------------------------------
2015-03-16 22:10:56  2015-03-16 22:10:56.998000000 +09:00
```

② ADD_MONTHS (date, integer)

ADD_MONTHS 함수는 매개변수로 들어온 날짜에 interger 만큼의 월을 더한 날짜를 반환한다.

입력
```
SELECT ADD_MONTHS(SYSDATE, 1), ADD_MONTHS(SYSDATE, -1)
  FROM DUAL;
```

결과
```
ADD_MONTHS(SYSDATE,1)  ADD_MONTHS(SYSDATE,-1)
---------------------  ----------------------
2015-04-16 22:10:33    2015-02-16 22:10:33
```

③ MONTHS_BETWEEN(date1, date2)

MONTHS_BETWEEN 함수는 두 날짜 사이의 개월 수를 반환하는데, date2가 date1보다 빠른 날짜가 온다.

입력
```
SELECT MONTHS_BETWEEN(SYSDATE, ADD_MONTHS(SYSDATE, 1)) mon1,
       MONTHS_BETWEEN(ADD_MONTHS(SYSDATE, 1), SYSDATE) mon2
  FROM DUAL;
```

결과
```
MON1       MON2
--------   -------
  -1          1
```

④ LAST_DAY(date)

LAST_DAY는 date 날짜를 기준으로 해당 월의 마지막 일자를 반환한다.

입력
```
SELECT LAST_DAY(SYSDATE)
  FROM DUAL;
```

결과
```
LAST_DAY(SYSDATE)
-----------------------
2015-03-31 22:11:24
```

⑤ ROUND(date, format), TRUNC(date, format)

ROUND와 TRUNC는 숫자 함수이면서 날짜 함수로도 쓰이는데, ROUND는 format에 따라 반올림한 날짜를, TRUNC는 잘라낸 날짜를 반환한다.

입력
```
SELECT SYSDATE, ROUND(SYSDATE, 'month'), TRUNC(SYSDATE, 'month')
  FROM DUAL;
```

결과
```
SYSDATE               ROUND(SYSDATE,'MONTH')   TRUNC(SYSDATE,'MONTH')
-------------------   ----------------------   ----------------------
2015-03-16 22:11:51   2015-04-01 00:00:00      2015-03-01 00:00:00
```

ROUND 함수에서 보면 현재가 16일이므로 월(MONTH) 기준으로 반올림하면 다음 달로 넘어가 4월 1일이 되었다. 반면 TRUNC에서는 무조건 월을 기준으로 잘라내므로 3월 1일이 된 것이다. ROUND나 TRUNC나 숫자 함수에서 배웠던 것처럼 반올림과 잘라내기 기능을 하는데 매개변수가 날짜이면 해당 날짜를 반올림하고 잘라낸 결과를 반환한다.

⑥ NEXT_DAY (date, char)

NEXT_DAY는 date를 char에 명시한 날짜로 다음 주 주중 일자를 반환한다.

입력
```
SELECT NEXT_DAY(SYSDATE, '금요일')
  FROM DUAL;
```

결과
```
NEXT_DAY(SYSDATE,'금요일')
-------------------------------
2015-03-20 22:16:20
```

char로 올 수 있는 값은 '일요일'에서 '토요일'까지인데, 이 값은 NLS_LANG이란 오라클 환경 변수에 따라 한글이 올 수도, 'SUNDAY', 'MONDAY' 처럼 영문이 올 수도 있다.

04 변환 함수

변환 함수란 서로 다른 유형의 데이터 타입으로 변환해 결과를 반환하는 함수를 말한다. 3장에서 언급했듯이 오라클이 자동으로 형변환을 해주는 것을 묵시적 형변환이라 하는데 이 절에서 학습하는 변환 함수를 통해 형변환을 직접 처리하는 것을 **명시적 형변환**이라고 한다.

① TO_CHAR (숫자 혹은 날짜, format)

숫자나 날짜를 문자로 변환해 주는 함수가 바로 TO_CHAR로, 매개변수로는 숫자나 날짜가 올 수 있고 반환 결과를 특정 형식에 맞게 출력할 수 있다.

입력
```
SELECT TO_CHAR(123456789, '999,999,999')
  FROM DUAL;
```

결과
```
TO_CHAR(123456789,'999,999,999')
----------------------------------------
123,456,789
```

입력
```
SELECT TO_CHAR(SYSDATE, 'YYYY-MM-DD')
  FROM DUAL;
```

결과
```
TO_CHAR(SYSDATE,'YYYY-MM-DD')
----------------------------------------
2015-03-16
```

매개변수로 오는 숫자나 날짜에 따라 자주 사용하는 포맷을 정리하면 다음과 같다.

▼ 표 4-1 날짜 변환 형식

포맷	설명	사용 예
AM, A.M.	오전	TO_CHAR(SYSDATE, 'AM') → 오전
PM, P.M.	오후	TO_CHAR(SYSDATE, 'PM') → 오후
YYYY, YYY, YY, Y	연도	TO_CHAR(SYSDATE, 'YYYY') → 2014
MONTH, MON	월	TO_CHAR(SYSDATE, 'MONTH') → 2월
MM	01~12 형태의 월	TO_CHAR(SYSDATE, 'MM') → 02
D	주중의 일을 1~7로 표시(일요일이 1)	TO_CHAR(SYSDATE, 'D') → 2
DAY	주중 일을 요일로 표시	TO_CHAR(SYSDATE, 'DAY') → 월요일
DD	일을 01~31 형태로 표시	TO_CHAR(SYSDATE, 'DD') → 01
DDD	일을 001~365 형태로 표시	TO_CHAR(SYSDATE, 'DDD') → 041
DL	현재 일을 요일까지 표시	TO_CHAR(SYSDATE, 'DL') → 2014년 2월 10일 월요일
HH, HH12	시간을 01~12시 형태로 표시	TO_CHAR(SYSDATE, 'HH') → 04
HH24	시간을 01~23시 형태로 표시	TO_CHAR(SYSDATE, 'HH24') → 16
MI	분을 00~59분 형태로 표시	TO_CHAR(SYSDATE, 'MI') → 56
SS	초를 01~59초 형태로 표시	TO_CHAR(SYSDATE, 'SS') → 33
WW	주를 01~53주 형태로 표시	TO_CHAR(SYSDATE, 'WW') → 06

▼ 표 4-2 숫자 변환 형식

포맷	설명	사용 예
, (콤마)	콤마로 표시	TO_CHAR(123456, '999,999') → 123,456
. (소수점)	소수점 표시	TO_CHAR(123456.4, '999,999.9') → 123,456.4
9	한 자리 숫자, 실제 값보다 크거나 같게 명시	TO_CHAR(123456, '999,999') → 123,456
PR	음수일 때 〈 〉로 표시	TO_CHAR(-123, '999PR') → 〈123〉
RN, rn	로마 숫자로 표시	TO_CHAR(123, 'RN') → CXXIII
S	양수이면 +, 음수이면 - 표시	TO_CHAR(123, 'S999') → +123

② TO_NUMBER(expr, format)

문자나 다른 유형의 숫자를 NUMBER 형으로 변환하는 함수다.

입력
```
SELECT TO_NUMBER('123456')
  FROM DUAL;
```

결과
```
TO_NUMBER('123456')
-------------------
             123456
```

③ TO_DATE(char, format), TO_TIMESTAMP(char, format)

문자를 날짜형으로 변환하는 함수다. 형식 매개변수로는 [표 4-1]에 있는 항목이 올 수 있으며, TO_DATE는 DATE 형으로 TO_TIMESTAMP는 TIMESTAMP 형으로 변환해 값을 반환한다.

입력
```
SELECT TO_DATE('20140101', 'YYYY-MM-DD')
  FROM DUAL;
```

결과
```
TO_DATE('20140101','YYYY-MM-DD')
--------------------------------
2014/01/01 00:00:00
```

입력
```
SELECT TO_DATE('20140101 13:44:50', 'YYYY-MM-DD HH24:MI:SS')
  FROM DUAL;
```

결과
```
TO_DATE('2014010113:44:50','YYYY-MM-DDHH24:MI:SS')
--------------------------------------------------
2014/01/01 13:44:50
```

05 | NULL 관련 함수

3장에서 알아봤듯이 NULL을 비교할 때는 IS NULL이나 IS NOT NULL 구문을 사용하였는데, 오라클에서는 NULL을 연산 대상으로 처리하는 SQL 함수를 제공하고 있다.

NVL(expr1, expr2), NVL2((expr1, expr2, expr3)

NVL 함수는 expr1이 NULL일 때 expr2를 반환한다.

입력
```
SELECT NVL(manager_id, employee_id)
  FROM employees
 WHERE manager_id IS NULL;
```

결과
```
NVL(MANAGER_ID,EMPLOYEE_ID)
---------------------------
                        100
```

위 문장은 manager_id가 NULL인 사원을 조회했는데, manager_id가 NULL일 때 manager_id 대신 사번(employee_id)을 조회하는 쿼리다.

NVL2는 NVL을 확장한 함수로 expr1이 NULL이 아니면 expr2를, NULL이면 expr3를 반환하는 함수다.

입력
```
SELECT employee_id,
       NVL2(commission_pct, salary + (salary * commission_pct), salary) AS salary2
  FROM employees;
```

결과
```
EMPLOYEE_ID      SALARY2
--------------- --------
            198     2600
            199     2600
            200     4400
            201    13000
            202     6000
            203     6500
...
```
107개의 행이 선택됨.

앞의 쿼리는 커미션(commission_pct)이 NULL인 사원은 그냥 급여를, NULL이 아니면 '급여 + (급여 * 커미션)'을 조회하고 있다.

② COALESCE (expr1, expr2, …)

COALESCE 함수는 매개변수로 들어오는 표현식에서 NULL이 아닌 첫 번째 표현식을 반환하는 함수다.

입력
```
SELECT employee_id, salary, commission_pct,
       COALESCE (salary * commission_pct, salary) AS salary2
  FROM employees;
```

결과
```
EMPLOYEE_ID    SALARY  COMMISSION_PCT   SALARY2
------------- -------- ---------------- ----------
          143     2600                       2600
          144     2500                       2500
          145    14000              0.4      5600
          146    13500              0.3      4050
...
```
107개의 행이 선택됨.

위 쿼리는 '급여*커미션' 값이 NULL이면 salary를, NULL이 아니면 '급여*커미션' 값을 반환하고 있다. NULL과 수식 연산자를 사용해 NULL과 연산을 하면 상대값이 무엇이든 무조건 NULL이 반환된다는 점에 유의하자.

③ LNNVL(조건식)

LNNVL은 매개변수로 들어오는 조건식의 결과가 FALSE나 UNKNOWN이면 TRUE를, TRUE이면 FALSE를 반환한다. 예를 들어, 커미션이 0.2 이하인 사원을 조회한다고 해보자.

입력
```sql
SELECT employee_id, commission_pct
  FROM employees
 WHERE commission_pct< 0.2;
```

결과
```
EMPLOYEE_ID     COMMISSION_PCT
-----------     --------------
        155               0.15
        163               0.15
        164                0.1
        165                0.1
        166                0.1
        167                0.1
        171               0.15
        172               0.15
        173                0.1
        178               0.15
        179                0.1
```

11개의 행이 선택됨.

총 11명의 사원이 조회되었다. 그런데 커미션이 NULL인 사원도 0.2이하라고 봐야 하는데 위 쿼리 결과에는 조회되지 않았다. NULL인 사원까지 조회하려면 어떻게 해야 할까? 앞에서 학습한 NVL 함수를 써서 커미션이 NULL인 사원은 0을 반환하도록 하면 구할 수 있다.

입력
```sql
SELECT COUNT(*)
  FROM employees
 WHERE NVL(commission_pct, 0) < 0.2;
```

결과
```
  COUNT(*)
----------
        83
```

또한 LNNVL 함수를 써서도 동일한 결과가 출력되도록 구현할 수 있다.

입력
```
SELECT COUNT(*)
  FROM employees
 WHERE LNNVL(commission_pct>= 0.2) ;
```

결과
```
  COUNT(*)
----------
        83
```

주의할 점은 LNNVL 함수는 매개변수로 들어오는 조건의 결과가 TRUE이면 FALSE를, FALSE나 UNKNOWN이면 TRUE를 반환하므로, 조건식을 'commission_pct< 0.2'가 아닌 'commission_pct>= 0.2'로 바꿨음을 유념하자.

④ NULLIF (expr1, expr2)

NULLIF 함수는 expr1과 expr2를 비교해 같으면 NULL을, 같지 않으면 expr1을 반환한다.

입력
```
SELECT employee_id,
       TO_CHAR(start_date, 'YYYY') start_year,
       TO_CHAR(end_date, 'YYYY') end_year,
       NULLIF(TO_CHAR(end_date, 'YYYY'), TO_CHAR(start_date, 'YYYY') ) nullif_year
  FROM job_history;
```

결과
```
EMPLOYEE_ID    START_YEAR   END_YEAR NULLIF_YEAR
-----------    ----------   -------- -----------
    1022001          2006       2006
    1011997          2001       2001
    1012001          2005       2005
    2012004          2007       2007
    1142006          2007       2007
    1222007          2007
    2001995          2001       2001
    1762006          2006
    1762007          2007
    2002002          2006       2006

10개의 행이 선택됨.
```

위 문장은 job_history 테이블에서 start_date와 end_date의 연도만 추출해 두 연도가 같으면 NULL을, 같지 않으면 종료년도를 출력하는 쿼리다.

06 기타 함수

① GREATEST(expr1, expr2, ⋯), LEAST(expr1, expr2, ⋯)

GREATEST는 매개변수로 들어오는 표현식에서 가장 큰 값을, LEAST는 가장 작은 값을 반환하는 함수다.

입력
```sql
SELECT GREATEST(1, 2, 3, 2),
       LEAST(1, 2, 3, 2)
  FROM DUAL;
```

결과
```
GREATEST(1,2,3,2)    LEAST(1,2,3,2)
-------------------  -------------------
                3                    1
```

숫자 뿐만 아니라 문자도 비교할 수 있다.

입력
```sql
SELECT GREATEST('이순신', '강감찬', '세종대왕'),
       LEAST('이순신', '강감찬', '세종대왕')
  FROM DUAL;
```

결과
```
GREATEST('이순신','강감찬','세종대왕')        LEAST('이순신','강감찬','세종대왕')
-------------------------------------        -------------------------------------
이순신                                       강감찬
```

② DECODE (expr, search1, result1, search2, result2, ⋯, default)

DECODE는 expr과 search1을 비교해 두 값이 같으면 result1을, 같지 않으면 다시 search2와 비교해 값이 같으면 result2를 반환하고, 이런 식으로 계속 비교한 뒤 최종적으로 같은 값이 없으면 default 값을 반환한다.

입력

```
SELECT prod_id,
       DECODE(channel_id, 3, 'Direct',
                          9, 'Direct',
                          5, 'Indirect',
                          4, 'Indirect',
                          'Others')  decodes
  FROM sales
 WHERE rownum< 10;
```

결과

```
PROD_ID   DECODES
--------- ---------
     18   Others
     18   Indirect
     18   Indirect
     18   Indirect
     18   Indirect
     18   Indirect
     18   Indirect
     18   Indirect
     18   Others
```

9개의 행이 선택됨.

앞의 쿼리는 매출 테이블에서 무작위로 9건을 추출해 channel_id가 3, 9인 건은 'Direct', 4, 5인 건은 'Indirect', 나머지는 'Others'로 보여주는 쿼리다. 눈치챘겠지만 DECODE 함수는 일반 프로그래밍 언어에 있는 IF~ELSE 문과 그 처리 방식이 같고 3장에서 배웠던 CASE와도 처리 방식이 비슷하다. 다만 DECODE 함수는 비교 값과 결과 값을 일일이 나열해야 하므로 DECODE보다는 CASE 표현식을 사용하는 것이 코드가 깔끔해진다.

지금까지 오라클에서 제공하는 대표적인 SQL 함수에 대해 알아 보았다. 필자 판단으로 자주 사용하는 함수 위주로 내용을 전개했는데, 여기서 소개한 내용 외에도 다른 SQL 함수가 많다. 추가로 알아야 할 다른 함수에 대해서는 필요할 때 소개하겠다. 이러한 함수에 대한 내용을 알고 있으면 개발자가 직접 구현할 필요 없이 가져와서 사용하기만 하면 된다. 개발자가 직접 함수를 구현하는 사용자 정의 함수에 대해서는 PL/SQL 부분에서 설명할 것이다.

핵심정리

1 자주 사용하는 기능을 구현해 값을 반환하는 것을 함수라 하는데, 오라클에서도 SQL 함수를 제공하고 있다.

2 함수는 연산 대상과 그 특성에 따라 크게 숫자 함수, 문자 함수, 날짜 함수, NULL 관련함수, 변환 함수로 나눌 수 있다.

3 오라클에서는 두 값이나 표현식의 데이터 타입이 다르면 연산을 수행할 때 일정 규칙에 따라 자동으로 형변환을 처리해주는데 이를 묵시적 형변환이라고 한다. 반면 사용자가 직접 형변환을 하는 것을 명시적 형변환이라고 하는데, 변환 함수로 명시적 형변환을 처리할 수 있다.

4 SQL 함수는 특정 연산을 수행 후 결과를 반환하므로, SELECT 리스트, WHERE 절, INSERT문의 VALUES 절, UPDATE 문의 SET 절 등에서 사용 가능하다.

1. 사원 테이블(employees)에는 phone_number라는 컬럼에 사원의 전화번호가 '###.###.####' 형태로 저장되어 있다. 여기서 처음 세 자리 숫자 대신 서울 지역 번호인 '(02)'를 붙여 전화번호를 출력하도록 쿼리를 작성해 보자.

2. 현재일자를 기준으로 사원 테이블의 입사일자(hire_date)를 참조해서 근속년수가 10년 이상인 사원을 다음과 같은 형태의 결과를 출력하도록 쿼리를 작성해 보자(근속년수가 높은 사원 순서대로 결과가 나오도록 하자).

사원번호 사원명 입사일자 근속년수

3. 고객 테이블(CUSTOMERS)에는 고객 전화번호(cust_main_phone_number)컬럼이 있다. 이 컬럼 값은 '###-###-####' 형태인데, '-' 대신 '/'로 바꿔 출력하는 쿼리를 작성해 보자.

4. 고객 테이블(CUSTOMERS)의 고객 전화번호(cust_main_phone_number)컬럼을 다른 문자로 대체(일종의 암호화)하도록 쿼리를 작성해 보자.

5. 고객 테이블(CUSTOMERS)에는 고객의 출생년도(cust_year_of_birth)컬럼이 있다. 현재일자 기준으로 이 컬럼을 활용해 30대, 40대, 50대를 구분해 출력하고, 나머지 연령대는 '기타'로 출력하는 쿼리를 작성해 보자.

6. 4번 문제는 30~50대까지만 표시했다. 모든 연령대를 표시하도록 쿼리를 작성하는데, 이번에는 DECODE 대신 CASE 표현식을 사용해 보자.

그룹 쿼리와 집합 연산자 알아 보기

SQL을 작성하다 보면 테이블에 저장된 데이터를 원하는 목적에 맞게 집계해서 데이터를 추출해야 할 때가 매우 많다. 예를 들어, 부서별 사원의 평균 급여, 월별 부서별 총 매출액을 구하는 문제처럼 특정 항목별로 그룹을 지어 정보를 추출할 때 사용하는 SQL 구문을 그룹 쿼리라고 한다. 그룹 쿼리는 집계 함수와 GROUP BY 절로 구성되며 이 둘을 결합해 다양한 형태로 원하는 정보를 집계해 낼 수 있다. 이번 장에서는 기존에 사용했던 테이블 외에 2011~2013년까지 지역별 가계 대출잔액 정보가 들어 있는 KOR_LOAN_STATUS란 테이블도 사용할 것이다.

(이 테이블의 데이터는 한국은행 홈페이지의 보도자료-[최신 발표 통계-2013년 11월 중 예금취급기관 가계대출항목]에서 자료를 내려받아 필자 나름대로 테이블을 구성해 데이터를 입력했음을 밝힌다).

01 　기본 집계 함수
02 　GROUP BY 절과 HAVING 절
03 　ROLLUP 절과 CUBE 절
04 　집합 연산자

01 기본 집계 함수

4장에서 SQL 함수에 대해 알아봤는데 이번 절에서 살펴볼 집계 함수도 SQL 함수의 일종이다. 집계 함수란 대상 데이터를 특정 그룹으로 묶은 다음 이 그룹에 대해 총합, 평균, 최댓값, 최솟값 등을 구하는 함수를 말한다. 그럼 대표적인 집계 함수에 대해 하나씩 살펴 보자.

① COUNT (expr)

COUNT는 쿼리 결과 건수, 즉 전체 로우 수를 반환하는 집계 함수다. 테이블 전체 로우는 물론 WHERE 조건으로 걸러진 로우 수를 반환한다.

입력
```sql
SELECT COUNT(*)
  FROM employees;
```

결과
```
COUNT(*)
--------
     107
```

사원 테이블의 전체 로우 수가 107건임을 알 수 있다. 대부분은 COUNT(*) 형태로 사용하는데, '*' 대신 **컬럼명**을 넣기도 한다.

입력
```sql
SELECT COUNT(employee_id)
  FROM employees;
```

결과
```
COUNT(*)
--------
     107
```

입력
```sql
SELECT COUNT(department_id)
  FROM employees;
```

결과
```
COUNT(*)
--------
     106
```

부서번호를 넣었더니 한 건이 줄어든 106건이 조회되었는데 그 이유는 사원 테이블에 부서번호가 없는, 즉 NULL인 로우가 한 건 존재하기 때문이다. COUNT 함수는 매개변수로 들어오는 expr이 **NULL이 아닌** 건에 대해서만 로우의 수를 반환한다. 또 다른 형태를 살펴 보자.

입력
```sql
SELECT COUNT(DISTINCT department_id)
  FROM employees;
```

결과
```
COUNT(DISTINCTDEPARTMENT_ID)
----------------------------
                          11
```

이번에는 11건만 조회되었는데, 바로 **DISTINCT**를 붙였기 때문이다. DISTINCT를 붙이면 뒤따라 나오는 컬럼에 있는 유일한 값만 조회된다. 즉 사원 테이블에 있는 부서번호는 종류별로 총 11건이 있다는 뜻이다.

입력
```sql
SELECT DISTINCT department_id
  FROM employees
 ORDER BY 1;
```

결과
```
DEPARTMENT_ID
-------------
           10
           20
           30
           40
           50
           60
           70
           80
           90
          100
          110
```
12개의 행이 선택됨.

위 쿼리의 결과가 12건이 나온 이유는 NULL 값까지 포함되었기 때문이고 COUNT(DISTINCT department_id)는 NULL을 제외하므로 11건만 반환된다.

② SUM(expr)

SUM은 expr의 전체 합계를 반환하는 함수로 매개변수 expr에는 숫자형만 올 수 있다. 사원 테이블에서 급여가 숫자형이므로 전 사원의 급여 총액을 구해 보자.

입력
```sql
SELECT SUM(salary)
  FROM employees;
```

결과
```
SUM(SALARY)
-----------
     691416
```

SUM 함수 역시 expr 앞에 DISTINCT가 올 수 있는데, 이때 역시 중복된 급여는 1번만 셈해진 전체 합계를 반환한다.

입력
```sql
SELECT SUM(salary), SUM(DISTINCT salary)
  FROM employees;
```

결과
```
SUM(SALARY)   SUM(DISTINCTSALARY)
-----------   -------------------
     691416                409908
```

③ AVG(expr)

AVG는 매개변수 형태나 쓰임새는 COUNT, SUM과 동일하며 **평균값**을 반환한다.

입력
```sql
SELECT AVG(salary), AVG(DISTINCT salary)
  FROM employees;
```

결과
```
AVG(SALARY)  AVG(DISTINCTSALARY)
-----------  -------------------
 6461.83178           7067.37931
```

④ MIN(expr), MAX(expr)

MIN과 MAX는 각각 **최솟값**과 **최댓값**을 반환한다.

입력
```
SELECT MIN(salary), MAX( salary)
  FROM employees;
```

결과
```
MIN(SALARY) MAX(SALARY)
----------- -----------
       2100       24000
```

MIN, MAX 함수에서도 DISTINCT를 사용할 수는 있지만, 각각 최솟값과 최댓값을 반환하므로 굳이 DISTINCT를 사용할 필요는 없다.

입력
```
SELECT MIN(DISTINCT salary), MAX(DISTINCT salary)
  FROM employees;
```

결과
```
MIN(DISTINCTSALARY) MAX(DISTINCTSALARY)
------------------- -------------------
               2100               24000
```

⑤ VARIANCE(expr), STDDEV(expr)

VARIANCE는 **분산**을, STDDEV는 **표준편차**를 구해 반환한다. 분산이란 주어진 범위의 개별 값과 평균값과의 차이인 편차를 구해 이를 제곱해서 평균한 값을 말하며, 표준편차는 분산 값의 제곱근이다. 분산은 제곱한 평균이므로, 실제로 통계에서는 평균을 중심으로 값들이 어느 정도 분포하는지를 나타내는 수치인 표준편차를 지표로 사용한다.

입력
```
SELECT VARIANCE(salary), STDDEV(salary)
  FROM employees;
```

결과
```
VARIANCE(SALARY) STDDEV(SALARY)
---------------- --------------
      15284813.7     3909.57973
```

사원 급여의 평균값이 대략 6461이므로, 사원들의 급여는 평균을 기준으로 대략 3909 정도 분포되어 있다고 할 수 있다.

02. GROUP BY 절과 HAVING 절

지금까지 알아본 집계 함수의 예제는 모두 사원 전체를 기준으로 데이터를 추출했는데, 전체가 아닌 특정 그룹으로 묶어 데이터를 집계할 수도 있다. 이때 사용되는 구문이 바로 **GROUP BY** 절이다. 그룹으로 묶을 컬럼명이나 표현식을 GROUP BY 절에 명시해서 사용하며 GROUP BY 구문은 WHERE와 ORDER BY절 사이에 위치한다.

입력

```
SELECT department_id, SUM(salary)
  FROM employees
 GROUP BY department_id
 ORDER BY department_id;
```

결과

```
DEPARTMENT_ID  SUM(SALARY)
-------------  -----------
           10         4400
           20        19000
           30        24900
           40         6500
           50       156400
           60        28800
           70        10000
           80       304500
           90        58000
          100        51608
          110        20308
                      7000
```

12개의 행이 선택됨.

사원 테이블에서 각 부서별 급여의 총액을 구했다. 위 결과를 보면 30번 부서에 속한 사원들의 급여를 모두 합하면 24900 임을 알 수 있다. 또 다른 쿼리를 수행해 보자.

입력

```
SELECT *
  FROM kor_loan_status;
```

결과

PERIOD	REGION	GUBUN	LOAN_JAN_AMT
201111	서울	주택담보대출	1.3E+14
201112	서울	주택담보대출	1.3E+14
201210	인천	주택담보대출	3.0E+13
201211	인천	주택담보대출	3.0E+13
201212	인천	주택담보대출	3.0E+13
201111	광주	주택담보대출	8.7E+12
201112	광주	주택담보대출	9.0E+12
201210	광주	주택담보대출	9.5E+12

...

238개의 행이 선택됨

kor_loan_status 테이블에는 월별, 지역별 가계대출 잔액(단위는 십억)이 들어 있고, 대출유형(gubun)은 '주택담보대출'과 '기타대출' 두 종류만 존재한다. 그럼 2013년 지역별 가계대출 총 잔액을 구해 보자.

입력

```sql
SELECT period, region, SUM(loan_jan_amt) totl_jan
  FROM kor_loan_status
 WHERE period LIKE '2013%'
 GROUP BY period, region
 ORDER BY period, region;
```

결과

PERIOD	REGION	TOTL_JAN
201310	강원	18190.5
201310	경기	281475.5
201310	경남	55814.4

....

34개의 행이 선택됨.

이번엔 2013년 11월 총 잔액만 구해 보자.

입력

```sql
SELECT period, region, SUM(loan_jan_amt) totl_jan
  FROM kor_loan_status
 WHERE period = '201311'
 GROUP BY region
 ORDER BY region;
```

결과

SQL 오류: ORA-00979: GROUP BY 표현식이 아닙니다.

왜 오류가 발생한 것일까? 그룹 쿼리를 사용하면 SELECT 리스트에 있는 컬럼명이나 표현식 중 집계 함수를 제외하고는 모두 GROUP BY절에 명시해야 하는데, 앞의 쿼리는 period 컬럼을 명시하지 않아 오류가 난 것이다. 2013년 데이터는 2013년 10월과 11월만 존재하며 WHERE 절에서 기간을 201311로 주었으므로 굳이 period를 그룹에 포함시킬 필요는 없지만, 구문 문법상 GROUP BY 절에 포함시켜야 한다.

HAVING 절은 GROUP BY절 다음에 위치해 GROUP BY한 결과를 대상으로 다시 필터를 거는 역할을 수행한다. 즉 HAVING 필터 조건 형태로 사용한다. 예를 들어, 위 쿼리 결과에서 대출잔액이 100조 이상인 건만 추출한다면 다음과 같이 쿼리를 작성하면 된다.

입력
```sql
SELECT period, region, SUM(loan_jan_amt) totl_jan
  FROM kor_loan_status
 WHERE period = '201311'
 GROUP BY period, region
HAVING SUM(loan_jan_amt)>100000
 ORDER BY region;
```

결과
```
PERIOD   REGION      TOTL_JAN
-------  ----------  ----------
201311   경기        282816.4
201311   서울        334062.7
```

경기도와 서울의 대출잔액이 100조 이상인 것을 보면, 대한민국에서는 수도권 인구가 타 지역에 비해 많고 집값도 높다는 점을 유추해 볼 수 있다. 주의할 점은 WHERE 절은 쿼리 전체에 대한 필터 역할을 하고, HAVING 절은 WHERE 조건을 처리한 결과에 대해 GROUP BY를 수행 후 산출된 결과에 대해 다시 조건을 걸어 데이터를 걸러낸다는 점을 잊지 말자.

03 ROLLUP 절과 CUBE 절

ROLLUP과 CUBE는 GROUP BY절에서 사용되어 그룹별 소계를 추가로 보여 주는 역할을 한다.

ROLLUP(expr1, expr2, ···)

ROLLUP은 expr로 명시한 표현식을 기준으로 집계한 결과, 즉 추가적인 집계 정보를 보여 준다. ROLLUP 절에 명시할 수 있는 표현식에는 그룹핑 대상, 즉 SELECT 리스트에서 집계 함수를 제외한 컬럼 등의 표현식이 올 수 있으며, 명시한 표현식 수와 순서(오른쪽에서 왼쪽 순으로)에 따라 레벨별로 집계한 결과가 반환된다. 표현식 개수가 n개이면 n+1 레벨까지, 하위 레벨에서 상위 레벨 순으로 데이터가 집계된다.

입력

```
SELECT period, gubun, SUM(loan_jan_amt) totl_jan
  FROM kor_loan_status
 WHERE period LIKE '2013%'
 GROUP BY period, gubun
 ORDER BY period;
```

결과

```
PERIOD    GUBUN                    TOTL_JAN
--------  --------------------     ------------------------
201310    기타대출                  676078
201310    주택담보대출               411415.9
201311    기타대출                  681121.3
201311    주택담보대출               414236.9
```

위 쿼리는 2013년도 대출 종류별 총 잔액을 구한 것이다. 이제 ROLLUP을 사용해 보자.

입력

```
SELECT period, gubun, SUM(loan_jan_amt) totl_jan
  FROM kor_loan_status
 WHERE period LIKE '2013%'
 GROUP BY ROLLUP(period, gubun);
```

결과

```
PERIOD    GUBUN                    TOTL_JAN
--------  --------------------     ------------------------
201310    기타대출                  676078       →③
201310    주택담보대출               411415.9     →③
201310                             1087493.9    →②
201311    기타대출                  681121.3     →③
201311    주택담보대출               414236.9     →③
201311                             1095358.2    →②
                                   2182852.1    →①
```

ROLLUP 절에 period와 gubun을 명시했으므로, 총 레벨 수는 3이다. 순서대로 풀어 보면, ③ 레벨은 월과 대출종류(period, gubun), ② 레벨은 월(period), ① 레벨은 전체 합계가 집계된 것을 확인할 수 있다.

ROLLUP은 또 다른 유형으로 사용할 수 있는데 예를 들어, GROUP BY expr1, ROLLUP(expr2, expr3)로 명시했다면, 레벨은 '2+1=3'레벨이 되지만 결과는 (expr1, expr2, expr3), (expr1, expr2), (expr1) 별로 집계가 되고 전체 합계는 집계되지 않는다. 이런 유형을 **분할**(partial) ROLLUP이라고 한다.

입력
```
SELECT period, gubun, SUM(loan_jan_amt) totl_jan
  FROM kor_loan_status
 WHERE period LIKE '2013%'
 GROUP BY period, ROLLUP(gubun );
```

결과
```
PERIOD    GUBUN              TOTL_JAN
--------  -----------------  -----------------------
201310    기타대출            676078       →②
201310    주택담보대출         411415.9     →②
201310                        1087493.9    →①
201311    기타대출            681121.3     →②
201311    주택담보대출         414236.9     →②
201311                        1095358.2    →①
```

위 쿼리에서는 GROUP BY 절에 period, ROLLUP(gubun)을 명시했으므로 전체 레벨은 '1+1=2'가 되는데, (period, gubun)이 ② 레벨, (period)가 ① 레벨로 집계되었다.

입력
```
SELECT period, gubun, SUM(loan_jan_amt) totl_jan
  FROM kor_loan_status
 WHERE period LIKE '2013%'
 GROUP BY ROLLUP(period), gubun;
```

결과
```
PERIOD    GUBUN              TOTL_JAN
--------  -----------------  -----------------------
201310    기타대출            676078       →②
201311    기타대출            681121.3     →②
          기타대출            1357199.3    →①
201310    주택담보대출         411415.9     →②
201311    주택담보대출         414236.9     →②
          주택담보대출         825652.8     →①
```

이 쿼리는 ROLLUP(period), gubun 형태이므로 (gubun, period)가 2레벨, (gubun)이 1레벨이 되어 집계되었다. ROLLUP이 "말아 올린다"라는 의미이므로, ROLLUP에 명시한 표현식 개수에 따라 레벨이 정해지고 하위 레벨부터 상위 레벨로 "말아 올려진" 집계 결과가 계산된다고 생각하면 이해하기 쉬울 것이다.

CUBE(expr1, expr2, …)

CUBE는 ROLLUP과 비슷하나 개념이 약간 다르다. ROLLUP이 레벨별로 순차적 집계를 했다면, CUBE는 명시한 표현식 개수에 따라 가능한 모든 조합별로 집계한 결과를 반환한다. CUBE는 2의 (expr 수)제곱 만큼 종류별로 집계 된다. 예를 들어, expr 수가 3이면, 집계 결과의 유형은 총 $2^3 = 8$개가 된다.

입력

```
SELECT period, gubun, SUM(loan_jan_amt) totl_jan
  FROM kor_loan_status
 WHERE period LIKE '2013%'
 GROUP BY CUBE(period, gubun) ;
```

결과

PERIOD	GUBUN	TOTL_JAN	
		2182852.1	→①
	기타대출	1357199.3	→②
	주택담보대출	825652.8	→②
201310		1087493.9	→③
201310	기타대출	676078	→④
201310	주택담보대출	411415.9	→④
201311		1095358.2	→③
201311	기타대출	681121.3	→④
201311	주택담보대출	414236.9	→④

expr 수가 2이므로 $2^2 = 4$가 되어 총 네 가지 유형으로 집계가 되는데, 위 결과를 보면 전체(①), 대출 종류별(②), 월별 (③), 월별 대출 종류별(④)로 잔액이 집계되었다.

ROLLUP과 마찬가지로 부분 CUBE 유형도 사용할 수 있다. 예를 들어 GROUP BY expr1, CUBE(expr2, expr3)로 명시했을 때, (expr1, expr2, expr3), (expr1, expr2), (expr1, expr3), (expr1) 총 4가지(2^2) 유형으로 집계된다.

입력

```
SELECT period, gubun, SUM(loan_jan_amt) totl_jan
  FROM kor_loan_status
```

```
WHERE period LIKE '2013%'
GROUP BY period, CUBE(gubun );
```

결과

```
PERIOD    GUBUN         TOTL_JAN
--------  ------------  ----------------
201310                  1087493.9
201310    기타대출       676078
201310    주택담보대출   411415.9
201311                  1095358.2
201311    기타대출       681121.3
201311    주택담보대출   414236.9
```

위 공식에 따라 분할해보면, (period, gubun), (period)별로 집계된 것을 확인할 수 있다.

ROLLUP과 CUBE 개념은 알 듯 하면서도 좀 혼동되는 측면이 있다. 간단히 정리해 보면 표현식 개수에 따라 ROLLUP은 레벨별로, CUBE는 가능한 조합별로 집계를 수행한다고 이해하자. 다음의 표는 ROLLUP과 CUBE 표현식 개수별 집계 유형을 표현한 것이다.

▼ 표 5-1 ROLLUP과 CUBE 집계

표현식	집계 종류
ROLLUP(expr1, expr2)	expr1 + expr2
	expr1
	전체
GROUP BY expr1, ROLLUP (expr2, expr3)	expr1 + (expr2 + expr3)
	expr1 + (expr2)
	expr1
GROUP BY ROLLUP(expr1), expr2	expr2 + expr1
	expr2
CUBE (expr1, expr2)	expr1 + expr2
	expr1
	expr2
	전체
GROUP BY expr1, CUBE (expr2, expr3)	expr1 + (expr2 + expr3)
	expr1 + (expr2)
	expr1 + (expr3)
	expr1

04 집합 연산자

SELECT문을 실행하면 해당 조건에 맞는 데이터가 조회된다. 예를 들어, 사원 테이블에서 부서번호가 30인 건을 조회하는 쿼리를 작성하면 이 조건에 맞는 일련의 데이터가 조회되는데, 이 결과를 30번 부서에 속한 사원정보 데이터 집합(Set)이라고 부르기도 한다. 집합(Set) 연산자는 이러한 데이터 집합을 대상으로 연산을 수행하는 연산자를 말하며, 그 종류로는 UNION, UNION ALL, INTERSECT, MINUS가 있다.

데이터 집합이 대상이므로 집합 연산자를 사용할 때 데이터 집합의 수는 한 개 이상을 사용할 수 있다. 즉 여러 개의 SELECT문을 연결해 또 다른 하나의 쿼리를 만드는 역할을 하는 것이 집합 연산자다. 집합 연산자는 학창 시절 배웠던 집합, 즉 합집합, 교집합, 차집합, 여집합과 개념이 같다. 그럼 이들에 대해 하나씩 살펴보자.

UNION

UNON은 **합집합**을 의미한다. 예를 들어, 두 개의 데이터 집합이 있으면 각 집합 원소(SELECT 결과)를 모두 포함한 결과가 반환된다. 예제를 통해 알아 보자.

입력

```sql
CREATE TABLE exp_goods_asia (
       country VARCHAR2(10),
       seq     NUMBER,
       goods   VARCHAR2(80));

INSERT INTO exp_goods_asia VALUES ('한국', 1, '원유제외 석유류');
INSERT INTO exp_goods_asia VALUES ('한국', 2, '자동차');
INSERT INTO exp_goods_asia VALUES ('한국', 3, '전자집적회로');
INSERT INTO exp_goods_asia VALUES ('한국', 4, '선박');
INSERT INTO exp_goods_asia VALUES ('한국', 5, 'LCD');
INSERT INTO exp_goods_asia VALUES ('한국', 6, '자동차부품');
INSERT INTO exp_goods_asia VALUES ('한국', 7, '휴대전화');
INSERT INTO exp_goods_asia VALUES ('한국', 8, '환식탄화수소');
INSERT INTO exp_goods_asia VALUES ('한국', 9, '무선송신기 디스플레이 부속품');
INSERT INTO exp_goods_asia VALUES ('한국', 10,'철 또는 비합금강');

INSERT INTO exp_goods_asia VALUES ('일본', 1, '자동차');
INSERT INTO exp_goods_asia VALUES ('일본', 2, '자동차부품');
INSERT INTO exp_goods_asia VALUES ('일본', 3, '전자집적회로');
INSERT INTO exp_goods_asia VALUES ('일본', 4, '선박');
INSERT INTO exp_goods_asia VALUES ('일본', 5, '반도체웨이퍼');
INSERT INTO exp_goods_asia VALUES ('일본', 6, '화물차');
INSERT INTO exp_goods_asia VALUES ('일본', 7, '원유제외 석유류');
INSERT INTO exp_goods_asia VALUES ('일본', 8, '건설기계');
```

```
INSERT INTO exp_goods_asia VALUES ('일본', 9, '다이오드, 트랜지스터');
INSERT INTO exp_goods_asia VALUES ('일본', 10, '기계류');

COMMIT;
```

exp_goods_asia 테이블을 생성해 한국과 일본의 주요 10대 수출품을 입력했다. 다음 쿼리를 실행해 보자.

입력
```
SELECT goods
  FROM exp_goods_asia
 WHERE country = '한국'
 ORDER BY seq;
```

결과
```
GOODS
------------------------------------------
원유제외 석유류
자동차
전자집적회로
선박
LCD
자동차부품
휴대전화
환식탄화수소
무선송신기 디스플레이 부속품
철 또는 비합금강
```

10개의 행이 선택됨.

입력
```
SELECT goods
  FROM exp_goods_asia
 WHERE country = '일본'
 ORDER BY seq;
```

결과
```
GOODS
------------------------------
자동차
자동차부품
전자집적회로
선박
반도체웨이퍼
화물차
원유제외 석유류
```

건설기계
다이오드, 트랜지스터
기계류

10개의 행이 선택됨.

위는 한국과 일본의 수출품을 조회한 쿼리다. 그 결과로 각각 하나의 데이터 집합을 반환했다. 국가에 상관없이 모든 수출품을 조회하는데, 단 자동차나 선박과 같이 두 국가가 겹치는 수출품목은 한 번만 조회되도록 하려면 UNION(합집합 개념)을 사용한다.

입력
```
SELECT goods
  FROM exp_goods_asia
 WHERE country = '한국'
 UNION
SELECT goods
  FROM exp_goods_asia
 WHERE country = '일본' ;
```

결과
```
GOODS
-----------------------------------
LCD
건설기계
기계류
다이오드, 트랜지스터
무선송신기 디스플레이 부속품
반도체웨이퍼
선박
원유제외 석유류
자동차
자동차부품
전자집적회로
철 또는 비합금강
화물차
환식탄화수소
휴대전화

15개의 행이 선택됨
```

---

exp_goods_asia 테이블에는 한국, 일본별로 수출품이 10개씩 총 20건이 등록되어 있는데, 자동차나 선박 등 겹쳐 있는 5개 품목은 단 한 번만 조회되었다. 즉 합집합 개념이 적용되어 데이터가 추출되었다.

UNION ALL

UNION ALL은 UNION과 비슷한데 한 가지 다른 것은 중복된 항목도 모두 조회된다는 점이다.

입력
```
SELECT goods
  FROM exp_goods_asia
 WHERE country = '한국'
 UNION ALL
SELECT goods
  FROM exp_goods_asia
 WHERE country = '일본';
```

결과
```
GOODS
--------------------------------------------
원유제외 석유류
자동차
전자집적회로
선박
LCD
자동차부품
휴대전화
환식탄화수소
무선송신기 디스플레이 부속품
철 또는 비합금강
자동차
자동차부품
전자집적회로
선박
반도체웨이퍼
화물차
원유제외 석유류
건설기계
다이오드, 트랜지스터
기계류

20개의 행이 선택됨
```

굵게 표시된 항목이 중복 데이터인데 모두 추출됐음을 확인할 수 있다.

INTERSECT

INTERSECT는 합집합이 아닌 **교집합**을 의미한다. 즉 데이터 집합에서 공통된 항목만 추출해 낸다.

입력

```
SELECT goods
  FROM exp_goods_asia
 WHERE country = '한국'
INTERSECT
SELECT goods
  FROM exp_goods_asia
 WHERE country = '일본';
```

결과

```
GOODS
------------------------
선박
원유제외 석유류
자동차
자동차부품
전자집적회로
```

MINUS

MINUS는 **차집합**을 의미한다. 즉 한 데이터 집합을 기준으로 다른 데이터 집합과 공통된 항목을 제외한 결과만 추출해 낸다.

입력

```
SELECT goods
  FROM exp_goods_asia
 WHERE country = '한국'
 MINUS
SELECT goods
  FROM exp_goods_asia
 WHERE country = '일본';
```

결과

```
GOODS
------------------------
LCD
무선송신기 디스플레이 부속품
철 또는 비합금강
환식탄화수소
휴대전화
```

위 쿼리는 한국에는 있지만 일본에는 없는 수출품 목록을 조회한 것이다. 반대로 일본에만 있는 수출품을 뽑아 내려면 데이터 집합 순서를 바꿔주면 된다. MINUS는 먼저 위치한 SELECT문이 기준이 된다.

입력
```
SELECT goods
  FROM exp_goods_asia
 WHERE country = '일본'
 MINUS
SELECT goods
  FROM exp_goods_asia
 WHERE country = '한국';
```

결과
```
GOODS
---------------------
건설기계
기계류
다이오드, 트랜지스터
반도체웨이퍼
화물차
```

집합 연산자의 제한사항

수학의 집합 개념만 알면 집합 연산자의 기본 개념을 이해하는 데 별 어려움이 없을 것이다. 하지만 집합 연산자를 사용할 때 주의해야 할 내용이 있는데, 정리하면 다음과 같다.

① 집합 연산자로 연결되는 각 SELECT문의 SELECT 리스트의 개수와 데이터 타입은 일치해야 한다

입력
```
SELECT goods
  FROM exp_goods_asia
 WHERE country = '한국'
 UNION
SELECT seq, goods
  FROM exp_goods_asia
 WHERE country = '일본';
```

결과
```
SQL 오류: ORA-01789: 질의 블록은 부정확한 수의 결과 열을 가지고 있습니다.
```

위 쿼리에서는 두 번째 SELECT 문에서 seq 항목을 추가해서 오류가 발생했다. 이런 경우 두 번째 문장에서 이 컬럼을 빼야 한다. 여기서 질문 하나! 두 번째 문장에서 seq를 빼는 대신 첫 번째 문장에서 seq를 추가해도 되지 않을까? 이렇게 하면 오류는 나지 않지만 다음과 같이 결과가 달라진다.

입력

```
SELECT seq, goods
  FROM exp_goods_asia
 WHERE country = '한국'
 UNION
SELECT seq, goods
  FROM exp_goods_asia
 WHERE country = '일본';
```

결과

```
SEQ        GOODS
---------- ------------------------------
         1 원유제외 석유류
         1 자동차
         2 자동차
         2 자동차부품
         3 전자집적회로
         4 선박
         5 LCD
         5 반도체웨이퍼
         6 자동차부품
         6 화물차
         7 원유제외 석유류
         7 휴대전화
         8 건설기계
         8 환식탄화수소
         9 다이오드, 트랜지스터
         9 무선송신기 디스플레이 부속품
        10 기계류
        10 철 또는 비합금강
```

18개의 행이 선택됨

항목 자체가 seq와 goods, 두 개로 늘어나서 집합 연산 대상도 seq와 goods가 합쳐져 연산을 수행한다. 따라서 중복 건을 제외할 때 goods 뿐만 아니라 seq도 반영되어 총 18건이 조회된 것이다. 제외된 두 건의 중복 데이터는 INTERSECT를 사용해 확인할 수 있다.

입력

```
SELECT seq, goods
  FROM exp_goods_asia
 WHERE country = '한국'
INTERSECT
SELECT seq, goods
  FROM exp_goods_asia
 WHERE country = '일본';
```

결과
```
SEQ        GOODS
---------- ------------------
         3 전자집적회로
         4 선박
```

위 두 건은 한국이나 일본 모두 seq와 goods 컬럼 값이 같은 것이다. 또한 각 SELECT 항목의 데이터 타입도 일치시켜야 한다.

입력
```
SELECT seq
  FROM exp_goods_asia
 WHERE country = '한국'
 UNION
SELECT goods
  FROM exp_goods_asia
 WHERE country = '일본';
```

결과
```
SQL 오류: ORA-01790: 대응하는 식과 같은 데이터 유형이어야 합니다.
```

첫 번째 문장의 seq는 NUMBER, 두 번째는 VARCHAR2 타입이므로 오류가 발생한 것을 확인할 수 있다.

② 집합 연산자로 SELECT 문을 연결할 때 ORDER BY절은 맨 마지막 문장에서만 사용할 수 있다

입력
```
SELECT goods
  FROM exp_goods_asia
 WHERE country = '한국'
 ORDER BY goods
 UNION
SELECT goods
  FROM exp_goods_asia
 WHERE country = '일본';
```

결과
```
SQL 오류: ORA-00933: SQL 명령어가 올바르게 종료되지 않았습니다.
```

입력
```
SELECT goods
  FROM exp_goods_asia
 WHERE country = '한국'
 UNION
SELECT goods
  FROM exp_goods_asia
 WHERE country = '일본'
 ORDER BY goods;
```

결과
```
GOODS
------------------------------
LCD
건설기계
기계류
...

15개의 행이 선택됨.
```

③ BLOB, CLOB, BFILE 타입의 컬럼에 대해서는 집합 연산자를 사용할 수 없다

④ UNION, INTERSECT, MINUS 연산자는 LONG형 컬럼에는 사용할 수 없다

GROUPING SETS 절

GROUPING SETS은 ROLLUP이나 CUBE처럼 GROUP BY 절에 명시해서 그룹 쿼리에 사용되는 절이다. 이 장 맨 마지막에 소개하는 이유는 GROUPING SETS 절이 그룹 쿼리이긴 하나 UNION ALL 개념이 섞여 있기 때문이다. 예를 들어, GROUPING SETS (expr1, expr2, expr3)를 GROUP BY 절에 명시했을 때, 괄호 안에 있는 세 표현식별로 각각 집계가 이루어진다. 즉 쿼리 결과는 ((GROUP BY expr1) UNION ALL (GROUP BY expr2) UNION ALL (GROUP BY expr3)) 형태가 된다.

입력
```
SELECT period, gubun, SUM(loan_jan_amt) totl_jan
  FROM kor_loan_status
 WHERE period LIKE '2013%'
 GROUP BY GROUPING SETS(period, gubun);
```

결과
```
PERIOD   GUBUN                 TOTL_JAN
-------- --------------------- ------------------------
201310                         1087493.9
201311                         1095358.2
         기타대출               1357199.3
         주택담보대출           825652.8
```

위 쿼리는 GROPUPING SETS 절에 period, gubun을 명시해서 월별 합계, 대출 종류별 합계만 집계되어 조회되었다. 또 다른 예를 살펴 보자.

입력
```sql
SELECT period, gubun, region, SUM(loan_jan_amt) totl_jan
  FROM kor_loan_status
 WHERE period LIKE '2013%'
   AND region IN ('서울', '경기')
 GROUP BY GROUPING SETS(period, (gubun, region));
```

결과
```
PERIOD   GUBUN          REGION    TOTL_JAN
-------- -------------- --------- ----------
         기타대출        서울       410563.1
         주택담보대출    서울       256484.5
         주택담보대출    경기       218357.4
         기타대출        경기       345934.5
201310                             614460.4
201311                             616879.1
```

위 쿼리는 GROUPING SETS(period, (gubun, region))이라고 명시했는데 좀더 쉽게 풀어 쓰면, GROUP BY period UNION ALL GROUP BY (gubun, region)별로 집계가 되었다. 즉 월별 집계와 (대출종류, 지역) 집계가 UNION ALL로 연결되어 결과가 조회된 것이다.

> **Knowhow** | 이 책으로 SQL 실력이 향상되는 지름길

이 장에서 다룬 그룹 쿼리와 집합 연산자는 이전 장까지 학습한 내용에 비해 이해하기가 좀 어려운 측면이 있다. 앞으로 전개되는 장에서는 복잡한 개념을 좀더 많이 다룰 텐데 SQL을 처음 학습하는 독자 입장에서는 이런 내용을 이해하기가 쉽지만은 않다. 또한 그룹 쿼리 절에서 소개한 집계 함수도 이 장에서 소개한 내용 외에 훨씬 더 많은 집계 함수가 존재한다. 이러한 내용을 모두 숙지하고 이해해서 자유자재로 사용할 수 있으면 좋겠지만, 그 정도 실력을 가진 개발자는 흔치 않다.

이 책에서는 현장에서 자주 사용하는 내용 위주로 설명을 전개해 나가고 있으므로, 우선은 기본 개념을 확실히 습득하도록 하자. 내용을 완벽히 소화하고 자유자재로 SQL문을 작성하기 위한 지름길은 수많은 연습뿐이다. 책 본문에 나온 예제를 직접 실행해 결과를 확인하고 나름대로 쿼리를 변경해 가며 오류를 파악해 수정하고, 수정된 쿼리 결과를 확인해 차이점을 되새기는 과정을 반복한다면 어느 순간에 체득된 것을 느낄 수 있을 것이다. 이미 작성한 쿼리라도 다른 방식으로 혹은 좀더 효율적으로 작성할 수는 없을까? 라고 끊임없이 스스로 질문하면서 연습해 본다면 어느새 성장한 자신을 발견할 수 있을 것이다.

핵심정리

1. 특정 항목을 그룹으로 묶어 집계한 결과를 반환하도록 하는 쿼리를 그룹 쿼리라 한다.

2. 그룹 쿼리는 집계 함수와 GROUP BY 절로 구성된다.

3. 집계 함수에는 COUNT, SUM, MIN, MAX, AVG, VARIANCE, STDDEV 등이 있다.

4. GROUP BY 절에서 그룹으로 묶을 항목을 정의하며, SELECT 리스트에서 집계 함수를 제외한 모든 컬럼이나 표현식은 GROUP BY 절에 위치해야 한다.

5. GROUP BY를 수행한 결과에서 추가로 특정 조건을 걸 때는 HAVING 절을 사용한다.

6. GROUP BY 절에 ROLLUP과 CUBE를 명시하면 추가적인 소계를 집계할 수 있다. ROLLUP 절은 레벨별로, CUBE는 가능한 모든 조합별 소계를 집계한다.

7. SELECT 문으로 반환된 결과를 데이터 집합이라 하는데, 이러한 데이터 집합을 연결하는 역할을 하는 것이 집합 연산자다.

8. 집합 연산자는 수학의 집합 개념과 같으며, 합집합은 UNION, 교집합은 INTERSECT, 차집합은 MINUS이고 UNION ALL은 대상 집합에서 중복된 건까지 모두 추출한다.

Self-Check

1. 사원 테이블에서 입사년도별 사원 수를 구하는 쿼리를 작성해 보자.

2. kor_loan_status 테이블에서 2012년도 월별, 지역별 대출 총 잔액을 구하는 쿼리를 작성해 보자.

3. 다음의 쿼리는 분할 ROLLUP을 적용한 쿼리다.

   입력
   ```
   SELECT period, gubun, SUM(loan_jan_amt) totl_jan
     FROM kor_loan_status
    WHERE period LIKE '2013%'
    GROUP BY period, ROLLUP(gubun );
   ```

   이 쿼리를 ROLLUP을 사용하지 않고, 집합 연산자로 동일한 결과가 나오도록 쿼리를 작성해 보자.

4. 다음 쿼리를 실행해서 결과를 확인하고 집합 연산자로 동일한 결과를 추출하도록 쿼리를 작성해 보자.

   입력
   ```
   SELECT period,
          CASE WHEN gubun = '주택담보대출' THEN SUM(loan_jan_amt) ELSE 0 END 주택담보대출액,
          CASE WHEN gubun = '기타대출'     THEN SUM(loan_jan_amt) ELSE 0 END 기타대출액
     FROM kor_loan_status
    WHERE period = '201311'
    GROUP BY period, gubun;
   ```

5. 다음과 같은 형태, 즉 지역과 각 월별 대출 총 잔액을 구하는 쿼리를 작성해 보자.

지역	201111	201112	201210	201211	201212	203110	201311
서울							
부산							
...							
...							

6장

테이블 사이를 연결해 주는 조인과 서브 쿼리 알아 보기

관계형 데이터베이스에서 SQL을 이용해 '관계'를 맺는 방법이 바로 조인이다. 앞에서도 설명했듯이 관계형 데이터베이스는 최소한의 데이터를 테이블에 담고 있는데, 원하는 정보를 테이블에서 추출하려면 대부분 한 개 이상의 테이블이나 뷰에서 데이터를 읽어 와야 한다. 이때 무작정 데이터를 가져올 것이 아니라 테이블 간의 연결고리로 관계를 맺고 데이터를 추출해야 하는데, 바로 '조인'을 통해 이를 구현할 수 있다. 그럼 조인에 대해 자세히 알아 보자.

01 조인의 종류
02 내부 조인과 외부 조인
03 ANSI 조인
04 서브 쿼리

01 조인의 종류

조인의 종류를 열거해 보면 내부 조인, 외부 조인, 동등 조인, 안티 조인, 셀프 조인, 세미 조인, 카타시안 조인(CATASIAN PRODUCT), ANSI 조인이 있는데, 이 8가지 조인 방법이 상대적으로 독립적인 개념은 아니다. 즉 내부 조인의 상대 개념이 외부 조인이며, 외부 조인을 제외한 셀프 조인, 안티 조인 등은 모두 내부 조인에 포함된다. 또한 ANSI 조인은 7가지 조인을 모두 포함한 개념으로 ANSI SQL을 사용한 점만 다를 뿐이며(일반적으로 ANSI 조인이라고 굳이 구분하지는 않는다) 이 책에서는 이해를 돕기 위해 별도로 구분하였다. 이 내용을 정리하면 다음과 같다.

- **조인 연산자에 따른 구분**: 동등 조인, 안티 조인
- **조인 대상에 따른 구분**: 셀프 조인
- **조인 조건에 따른 구분**: 내부 조인, 외부 조인, 세미 조인, 카타시안 조인
- **기타**: ANSI 조인

> **Knowhow | 조인 종류를 다 알아야 할까?**

조인 종류가 많긴 하나, 각 명칭을 모두 암기할 필요는 없다. 개발자는 수능시험을 보는 학생이 아니므로, 명칭보다는 각 조인 방법을 이해하는 것이 중요하다. 현장에서 선배나 상사가 "이건 무슨 조인이야?"라고 질문했는데 대답을 못했다고 해서 탓할 사람은 아무도 없다!!!(혹시 4차원인 상사나 선배이면 모를까?) 일반적으로 내부 조인과 외부 조인만 구분할 수 있으면 충분하다.

---

02 내부 조인과 외부 조인

지금부터 각각의 조인 방법과 그 내용에 대해 자세히 알아 보자.

동등 조인

가장 기본이 되며 일반적인 조인 방법이 바로 동등 조인(EQUI-JOIN)이다. 동등 조인은 WHERE절에서 등호('=')연산자를 사용해 2개 이상의 테이블이나 뷰를 연결한 조인이다. 즉 등호 연산자를 사용한 WHERE절 조건에 만족하는 데이터를 추출하는 조인이다. 이때 WHERE절에 기술한 조건을 **조인 조건**이라고 한다.

조인 조건은 컬럼 단위로 기술한다. 예를 들어, A와 B 테이블이 있다고 한다면 두 테이블에서 공통된 값을 가진 컬럼을 등호 연산자로 연결해 조인 조건에 일치하는, 즉 조인 조건 결과가 참(TRUE)에 해당하는, 다시 말해 두 컬럼 값이 같은 행을 추출하는 것이다. 실제 어떤 식으로 구현하는지 예제를 통해 살펴 보자.

입력

```sql
SELECT a.employee_id, a.emp_name, a.department_id, b.department_name
  FROM employees a,
       departments b
 WHERE a.department_id = b.department_id;
```

결과

```
EMPLOYEE_ID EMP_NAME           DEPARTMENT_ID DEPARTMENT_NAME
----------- ------------------ ------------- ---------------
198         Donald OConnell    50            배송부
199         Douglas Grant      50            배송부
200         Jennifer Whalen    10            총무기획부
201         Michael Hartstein  20            마케팅
...
106 개의 행이 선택됨
```

사원과 부서 테이블에 공통적으로 존재하는 부서번호(department_id)를 등호 연산자를 사용해 조회 조건에 명시했다. 부서번호 컬럼은 부서 테이블에서 키(Primary Key)에 해당해 필수 값이지만 사원 테이블에서는 필수 값이 아니므로 위 쿼리 결과는 사원 테이블에서 부서번호 컬럼 값이 있는 건만 추출된다. 즉 사원 테이블의 전체 건수가 107건이지만 부서번호가 없는 사원이 한 건 존재하므로 106건이 조회된 것이다.

세미 조인

세미 조인(SEMI-JOIN)은 서브 쿼리를 사용해 서브 쿼리에 존재하는 데이터만 메인 쿼리에서 추출하는 조인 방법으로 **IN**과 **EXISTS** 연산자를 사용한 조인이다. 서브 쿼리에 있는 테이블을 B, 메인 쿼리에 사용된 테이블을 A라고 한다면 세미 조인은 B 테이블에 존재하는 A 테이블의 데이터를 추출하는 조인이다.

① EXISTS 사용

입력

```sql
SELECT department_id, department_name
  FROM departments a
 WHERE EXISTS(SELECT *
                FROM employees b
```

```
            WHERE a.department_id = b.department_id
              AND b.salary> 3000)
ORDER BY a.department_name;
```

결과

```
DEPARTMENT_ID  DEPARTMENT_NAME
-------------  -------------------------------
60             IT
110            경리부
30             구매/생산부
90             기획부
...
11 개의 행이 선택됨.
```

② IN 사용

입력

```
SELECT department_id, department_name
  FROM departments a
 WHERE a.department_id IN (SELECT b.department_id
                             FROM employees b
                            WHERE b.salary> 3000)
 ORDER BY department_name;
```

결과

```
DEPARTMENT_ID  DEPARTMENT_NAME
-------------  -------------------
60             IT
110            경리부
30             구매/생산부
....
11개의 행이 선택됨.
```

①의 경우는 WHERE 절에 EXISTS 연산자를 사용하고 부서 테이블과의 조인 조건은 서브 쿼리에서 명시하였다. 반면 IN 연산자를 사용한 ②는 서브 쿼리 내에 두 테이블의 조인 조건이 없다는 점에 주의하자. 이는 IN과 EXISTS 연산자의 거동 방식의 차이점 때문이다. IN 연산자는 OR 조건으로 변환할 수 있는데, 즉 "이것이거나 저것이거나"로 풀어쓸 수 있다. EXISTS 연산자는 조건에 만족하는 데이터가 한 건이라도 있으면(존재하면) 결과를 즉시 반환한다.

세미 조인은 서브 쿼리에 존재하는 메인 쿼리 데이터가 여러 건 존재하더라도 최종 반환되는 메인 쿼리 데이터에는 중복되는 건이 없다는 점이 일반 조인과의 차이점이다. 반면 일반 조인을 하면 SELECT 절에 B 테이블 컬럼을 전혀 명시하지 않더라도 중복되는 건이 발생한다. 위 쿼리를 일반 조인문으로 변환해 보면 다음과 같은데, 결과 건수는 당연히 아래처럼 일반 조인 결과가 많아진다.

입력
```
SELECT a.department_id, a.department_name
  FROM departments a, employees b
 WHERE a.department_id = b.department_id
   AND b.salary> 3000
 ORDER BY a.department_name;
```

결과
```
DEPARTMENT_ID DEPARTMENT_NAME
------------- -----------------
60            IT
60            IT
60            IT
60            IT
60            IT
110           경리부
110           경리부
....
80개의 행이 선택됨.
```

안티 조인

안티란 말에서 유추할 수 있듯이 안티 조인(ANTI-JOIN)은 서브 쿼리의 B 테이블에는 없는 메인 쿼리의 A 테이블의 데이터만 추출하는 조인 방법이다. 한쪽 테이블에만 있는 데이터를 추출하는 것이므로 조회 조건에서 **NOT IN**이나 **NOT EXISTS** 연산자를 사용한다. 즉 세미 조인과 반대 개념이다.

입력
```
SELECT a.employee_id, a.emp_name, a.department_id, b.department_name
  FROM employees a,
       departments b
 WHERE a.department_id = b.department_id
   AND a.department_id NOT IN( SELECT department_id
                                 FROM departments
                                WHERE manager_id IS NULL) ;
```

결과
```
EMPLOYEE_ID EMP_NAME           DEPARTMENT_ID DEPARTMENT_NAME
----------- ------------------ ------------- -----------------------------
198         Donald OConnell    50            배송부
199         Douglas Grant      50            배송부
200         Jennifer Whalen    10            총무기획부
201         Michael Hartstein  20            마케팅
...
106개의 행이 선택됨.
```

앞의 쿼리는 manager_id 값이 있는 부서에 속한 사원 테이블을 조회한 것이다. 여기서 주의할 점은 "departments b"를 조인한 부분은 해당 사원에 대한 부서명을 가져오기 위한 조인이고, 안티 조인은 NOT IN 절 이하의 서브 쿼리에 명시했다.

위 쿼리를 다음과 같이 NOT EXISTS로도 변환할 수 있다.

입력
```
SELECT count(*)
  FROM employees a
 WHERE NOT EXISTS( SELECT 1
                     FROM departments c
                    WHERE a.department_id = c.department_id
                      AND manager_id IS NULL) ;
```

결과
```
COUNT(*)
----------
107
```

그런데 좀 이상하다. 왜 106건이 아닌 107건일까? 이유는 사원 테이블에서 부서번호가 NULL인 사원이 1명 존재(178번 사원)하기 때문이다. 사실 이 한 건을 제외하고 사원 테이블에는 부서 테이블에서 manager_id 값이 있는 부서만 들어가 있다. 따라서 manager_id 값이 NULL인 부서에 속하는 사원은 단 한 명도 존재하지 않으며 IN이나 EXISTS를 사용했다면 위의 두 쿼리 결과 건수는 모두 0건이다. 이 논리대로 한다면 IN 대신 NOT IN을 사용한다면 모든 사원이 조회되어야 한다. 하지만 조인 조건에 참여하는 사원 테이블의 department_id 값이 NULL이면 NOT IN과의 연산 결과가 FALSE가 되어 106건이 된 것이다. 반면 NOT EXISTS는 조인 조건이 서브 쿼리 내에 존재하고 178번 사원도 조인 결과가 FALSE가 되며 NOT으로 인해 쿼리 전체는 TRUE가 되므로 107건이 조회된 것이다.

셀프 조인

셀프란 말에서 알 수 있듯이, 셀프 조인(SELF-JOIN)은 서로 다른 두 테이블이 아닌 동일한 한 테이블을 사용해 조인하는 방법을 말한다.

입력
```
SELECT a.employee_id, a.emp_name, b.employee_id, b.emp_name, a.department_id
  FROM employees a,
       employees b
 WHERE a.employee_id < b.employee_id......①
   AND a.department_id = b.department_id
   AND a.department_id = 20;
```

결과
```
EMPLOYEE_ID  EMP_NAME          EMPLOYEE_ID  EMP_NAME  DEPARTMENT_ID
-----------  ----------------  -----------  --------  -------------
201          Michael Hartstein 202          Pat Fay              20
```

사원 테이블을 A, B로 나누어 조인을 하는데, 같은 부서번호를 가진 사원 중 A 사원번호가 B 사원번호보다 작은 건을 조회하는 쿼리다. 사원 테이블에서 부서번호가 20인 건은 단 2건 뿐인데(201과 202), ①조건에 의해 결과는 1건만 추출된 점에 유념하자.

지금까지 설명한 조인 방법은 모두 내부 조인에 포함된다. 이제 외부 조인에 대해 알아 보자.

외부 조인

외부 조인(OUTER JOIN)은 일반 조인을 확장한 개념으로, 조인 조건에 만족하는 데이터 뿐만 아니라, 어느 한 쪽 테이블에 조인 조건에 명시된 컬럼에 값이 없거나(NULL 이더라도) 해당 로우가 아예 없더라도 데이터를 모두 추출한다. 예제를 통해 일반 조인과 외부 조인의 차이를 살펴 보자.

① 일반 조인

입력
```sql
SELECT a.department_id, a.department_name, b.job_id, b.department_id
  FROM departments a,
       job_history b
 WHERE a.department_id = b.department_id;
```

결과
```
DEPARTMENT_ID  DEPARTMENT_NAME  JOB_ID       DEPARTMENT_ID
-------------  ---------------  -----------  -------------
20             마케팅            MK_REP                  20
50             배송부            ST_CLERK                50
50             배송부            ST_CLERK                50
60             IT               IT_PROG                 60
80             영업부            SA_MAN                  80
80             영업부            SA_REP                  80
90             기획부            AC_ACCOUNT              90
90             기획부            AD_ASST                 90
110            경리부            AC_MGR                 110
110            경리부            AC_ACCOUNT             110
```

10개의 행이 선택됨.

이 쿼리는 부서와 job_history 테이블을 부서번호 값을 조건으로 조인한 결과다. 따라서 job_hisotry에 없는 부서는 조회되지 않았다. 그런데 job_hisotry 테이블에는 없더라도 부서 테이블에 있는 모든 부서를 같이 보고 싶다면 어떻게 해야 할까? 바로 이때 다음과 같이 외부 조인을 사용한다.

② 외부 조인

입력

```
SELECT a.department_id, a.department_name, b.job_id, b.department_id
  FROM departments a,
       job_history b
 WHERE a.department_id = b.department_id(+) ;
```

결과

```
DEPARTMENT_ID   DEPARTMENT_NAME      JOB_ID       DEPARTMENT_ID
-------------   -----------------   ----------   -------------
10              총무기획부
20              마케팅              MK_REP       20
30              구매/생산부
40              인사부
50              배송부               ST_CLERK     50
50              배송부               ST_CLERK     50
60              IT                  IT_PROG      60
...
31개의 행이 선택됨.
```

10개가 아닌 31개의 결과가 조회되었고 job_history에 없는 부서(10, 30, 40 등)도 모두 조회되었다. 쿼리를 자세히 보면 조인 조건에 (+) 기호가 붙어 있는데, **조인 조건에서 데이터가 없는 테이블의 컬럼에 (+) 기호를 붙이는 것이 바로 외부 조인이다.** 당연히 10, 30, 40번 부서는 job_history에 데이터가 없으므로 NULL로 출력되었다. 또 다른 예를 살펴 보자.

입력

```
SELECT a.employee_id, a.emp_name, b.job_id, b.department_id
  FROM employees a,
       job_history b
 WHERE a.employee_id   = b.employee_id(+)
   AND a.department_id = b.department_id;
```

결과

```
EMPLOYEE_ID   EMP_NAME            JOB_ID       DEPARTMENT_ID
-----------   -----------------   ----------   -------------
201           Michael Hartstein   MK_REP       20
122           PayamKaufling       ST_CLERK     50
176           Taylor              SA_MAN       80
```

```
176         Jonathon Taylor      SA_REP      80
```
4개의 행이 선택됨.

데이터는 조회되었는데 뭔가 좀 이상하다. 분명히 (+)를 붙였는데도 모두 조회되어야 하는데 4건만 조회되었다. 왜 그런 것일까? 여기서 또 알아 두어야 할 내용이 있다. 다음과 같이 외부 조인은 조건에 해당하는 **조인 조건 모두에 (+)를 붙여야 한다**.

입력
```
select a.employee_id, a.emp_name, b.job_id, b.department_id
  from employees a,
       job_history b
 where a.employee_id    = b.employee_id(+)
   and a.department_id = b.department_id(+);
```

결과
```
EMPLOYEE_ID EMP_NAME              JOB_ID      DEPARTMENT_ID
----------- --------------------- ----------- -------------
201         MichaelHartstein      MK_REP      20
122         PayamKaufling         ST_CLERK    50
176         Jonathon Taylor       SA_REP      80
176         Jonathon Taylor       SA_MAN      80
170         Tayler Fox
150         Peter Tucker
192         Sarah Bell
106         ValliPataballa
134         Michael Rogers
...
```
108개의 행이 선택됨

원하는 대로 결과가 나왔다. 외부 조인 시 알아야 할 내용을 정리해 보자.

- ❶ 조인 대상 테이블 중 데이터가 없는 테이블 조인 조건에 (+)를 붙인다
- ❷ 외부 조인의 조인 조건이 여러 개일 때 모든 조건에 (+)를 붙인다
- ❸ 한 번에 한 테이블에만 외부 조인을 할 수 있다. 예를 들어, 조인 대상 테이블이 A, B, C 3개이고, A를 기준으로 B 테이블을 외부 조인으로 연결했다면, 동시에 C를 기준으로 B 테이블에 외부 조인을 걸 수는 없다
- ❹ (+)연산자가 붙은 조건과 OR를 같이 사용할 수 없다
- ❺ (+)연산자가 붙은 조건에는 IN 연산자를 같이 사용할 수 없다(단 IN절에 포함되는 값이 1개인 때는 사용 가능)

카타시안 조인

카타시안 조인(CATASIAN PRODUCT)은 WHERE 절에 조인 조건이 없는 조인을 말한다. 즉 FROM 절에 테이블을 명시했으나, 두 테이블 간 조인 조건이 없는 조인이다. 조인 조건이 없으므로 엄밀히 말해 조인이라 말할 수 없을 수도 있지만, FROM 절에 2개 이상 테이블을 명시했으므로 일종의 조인이다. 조인 조건이 없으므로 그 결과는 두 테이블 건수의 곱이다. 즉 A 테이블 건수가 n1, B 테이블 건수가 n2라고 한다면, 결과 건수는 'n1 * n2'가 된다.

입력
```
SELECT a.employee_id, a.emp_name, b.department_id, b.department_name
  FROM employees a,
       departments b;
```

결과
```
EMPLOYEE_ID  EMP_NAME            DEPARTMENT_ID  DEPARTMENT_NAME
-----------  ------------------  -------------  ---------------
198          Donald OConnell     10             총무기획부
199          Douglas Grant       10             총무기획부
200          Jennifer Whalen     10             총무기획부
201          Michael Hartstein   10             총무기획부
...
2,889개의 행이 선택됨.
```

사원 테이블의 총 건수는 107건이고 부서 테이블의 총 건수는 27건이므로, 107 * 27 = 2,889건이 조회되었다.

03 ANSI 조인

ANSI 조인은 ANSI SQL 문법을 사용한 조인을 말하며, 지금까지 설명했던 모든 조인을 ANSI SQL을 사용해 변환이 가능하다. 기존 문법과 ANSI 조인의 차이점은 조인 조건이 WHERE절이 아닌 FROM 절에 들어 간다는 점이다. 각 조인 방법에 대해서는 앞에서 설명했으므로, 이 절에서는 몇 가지 조인 방법에 대해 기존 문법과 ANSI 문법을 비교해 보자.

ANSI 내부 조인

기존 문법과 ANSI 내부 조인 문법의 차이는 다음과 같다.

〈기존 문법〉

```
SELECT A.컬럼1, A.컬럼2, B.컬럼1, B.컬럼2 ...
  FROM 테이블 A, 테이블 B
 WHERE A.컬럼1 = B.컬럼1  → 조인 조건
 ...;
```

〈ANSI 문법〉

```
SELECT A.컬럼1, A.컬럼2, B.컬럼1, B.컬럼2 ...
  FROM 테이블 A
 INNER JOIN 테이블 B
    ON ( A.컬럼1 = B.컬럼1 )  → 조인 조건
 WHERE ...;
```

2013년 1월 1일 이후에 입사한 사원번호, 사원명, 부서번호, 부서명을 조회하는 쿼리를 비교해 보자.

〈기존 문법〉

입력

```
SELECT a.employee_id, a.emp_name, b.department_id, b.department_name
  FROM employees a,
       departments b
 WHERE a.department_id = b.department_id
   AND a.hire_date>= TO_DATE('2003-01-01','YYYY-MM-DD');
```

〈ANSI 문법〉

입력

```
SELECT a.employee_id, a.emp_name, b.department_id, b.department_name
  FROM employees a
 INNER JOIN departments b
    ON (a.department_id = b.department_id )
 WHERE a.hire_date>= TO_DATE('2003-01-01','YYYY-MM-DD');
```

ANSI 내부 조인은 FROM절에서 INNER JOIN 구문을 쓴다. 조인 조건은 ON 절에 명시하고, 조인 조건 외의 조건은 기존대로 WHERE 절에 명시한다. 만약 조인 조건 컬럼이 두 테이블 모두 동일하다면 ON 대신 USING 절을 사용할 수 있는데, 이때는 SELECT절에서 조인 조건에 포함된 컬럼명을 **테이블명.컬럼명형**태가 아닌 **컬럼명**만 기술해야 한다.

〈잘못된 경우〉

입력

```
SELECT a.employee_id, a.emp_name, b.department_id, b.department_name
  FROM employees a
INNER JOIN departments b
USING (department_id)
WHERE a.hire_date>= TO_DATE('2003-01-01','YYYY-MM-DD');
```

결과

SQL 오류: ORA-25154: USING 절의 열 부분은 식별자를 가질 수 없음.

〈잘 된 경우〉

입력

```
SELECT a.employee_id, a.emp_name, department_id, b.department_name
  FROM employees a
INNER JOIN departments b
USING (department_id)
WHERE a.hire_date >= TO_DATE('2003-01-01','YYYY-MM-DD');
```

두 테이블 간 조인 조건에 사용되는 컬럼명이 동일한 경우가 많긴 하지만 다를 때도 있으므로, USING 대신 ON 절을 사용하는 것이 일반적이다.

ANSI 외부 조인

ANSI 외부 조인도 그 형식은 내부 조인과 비슷하다. 기존 문법과 비교해 보자.

〈기존 문법〉

```
SELECT A.컬럼1, A.컬럼2, B.컬럼1, B.컬럼2 ...
  FROM 테이블 A, 테이블 B
 WHERE A.컬럼1 = B.컬럼1(+)
 ...;
```

〈ANSI 문법〉

```
SELECT A.컬럼1, A.컬럼2, B.컬럼1, B.컬럼2 ...
  FROM 테이블 A
  LEFT(RIGHT) [OUTER] JOIN 테이블 B
    ON ( A.컬럼1 = B.컬럼1)
 WHERE ...;
```

기존 문법에서는 기준 테이블과 대상 테이블(데이터가 없는 테이블)에서 대상 테이블쪽 조인 조건에 (+)를 붙였지만, ANSI 외부 조인은 FROM 절에 명시된 테이블 순서에 입각해 먼저 명시된 테이블 기준으로 LEFT 혹은 RIGHT를 붙이는 점이 다르다.

〈기존 문법〉

입력
```
select a.employee_id, a.emp_name, b.job_id, b.department_id
  from employees a,
       job_history b
 where a.employee_id   = b.employee_id(+)
   and a.department_id = b.department_id(+);
```

결과
....
108개의 행이 선택됨.

〈ANSI 문법〉

입력
```
SELECT a.employee_id, a.emp_name, b.job_id, b.department_id
  FROM employees a
  LEFT OUTER JOIN job_history b
    ON (a.employee_id   = b.employee_id
        and a.department_id = b.department_id) ;
```

결과
...
108개의 행이 선택됨.

위 쿼리는 사원 테이블이 기준이 되어 job_history 테이블을 LEFT OUTER JOIN으로 연결했는데, 다음과 같이 테이블 순서를 바꾸면 RIGHT OUTER JOIN으로 변경이 가능하다.

입력
```
SELECT a.employee_id, a.emp_name, b.job_id, b.department_id
  FROM job_history b
 RIGHT OUTER JOIN employees a
    ON ( a.employee_id       = b.employee_id
        and a.department_id = b.department_id) ;
```

결과
....
108개의 행이 선택됨.

또한 외부 조인은 OUTER라는 키워드를 붙이는데, 이는 **생략이 가능**하다. 즉 LEFT JOIN 혹은 RIGHT JOIN이라고 명시해도 이는 외부 조인을 의미한다.

입력

```
SELECT a.employee_id, a.emp_name, b.job_id, b.department_id
  FROM employees a
  LEFT JOIN job_history b
    ON (a.employee_id   = b.employee_id
        and a.department_id = b.department_id) ;
```

결과

....
108개의 행이 선택됨.

CROSS 조인

앞에서 WHERE 절에 조인 조건을 명시하지 않은 카타시안 조인이 있었다. 이를 ANSI 조인에서는 CROSS 조인이라고 하며, 다음과 같이 작성한다.

〈기존 문법〉

입력

```
SELECT a.employee_id, a.emp_name, b.department_id, b.department_name
  FROM employees a,
       departments b;
```

결과

...
2,889개의 행이 선택됨.

〈ANSI 문법〉

입력

```
SELECT a.employee_id, a.emp_name, b.department_id, b.department_name
  FROM employees a
 CROSS JOIN departments b;
```

결과

...
2,889개의 행이 선택됨.

FULL OUTER 조인

FULL OUTER 조인은 외부 조인의 하나로 ANIS 조인에서만 제공하는 기능이다. 즉 기존 문법으로는 사용할 수 없다. 지금까지 알아 본 외부 조인은 두 테이블 중 어느 한 테이블에 조인 조건에 만족하는 데이터가 없더라도 조회되는, 즉 한쪽 이빨이 빠진 형태로 데이터가 조회되었다. 그런데 한쪽 테이블이 아닌 두 테이블 모두 이 빠진 형태로 데이터를 조회해야 한다면 어떻게 해야 할까?

다음과 같이 테이블 2개를 생성하고 데이터를 넣어 보자.

입력

```
CREATE TABLE HONG_A  (EMP_ID INT);

CREATE TABLE HONG_B  (EMP_ID INT);

INSERT INTO HONG_A VALUES ( 10);

INSERT INTO HONG_A VALUES ( 20);

INSERT INTO HONG_A VALUES ( 40);

INSERT INTO HONG_B VALUES ( 10);

INSERT INTO HONG_B VALUES ( 20);

INSERT INTO HONG_B VALUES ( 30);

COMMIT;
```

두 테이블에 들어있는 데이터는 다음과 같다.

HONG_A	HONG_B
10	10
20	20
40	30

30은 B 테이블에만 있고, 40은 A 테이블에만 있다. 그런데 아래와 같이 조회해야 한다면?

EMP_ID_A	EMP_ID_B
10	10
20	20
	30
40	

외부 조인을 해야 하는데, 지금까지 배운 내용으로는 한 문장으로 처리할 수 없다(이전 장에서 배우는 집합 연산자를 사용하면 가능하다). 외부 조인을 할 때, A 테이블을 기준으로 하면 30이, B 테이블을 기준으로 하면 40이 빠진다. 그렇다고 해서 다음과 같이 하면 오류가 발생한다.

입력
```sql
SELECT a.emp_id, b.emp_id
  FROM hong_a a,
       hong_b b
 WHERE a.emp_id(+) = b.emp_id(+);
```

결과
```
SQL 오류: ORA-01468: outer-join된 테이블은 1개만 지정할 수 있습니다.
```

즉 외부 조인 조건에서는 한 쪽에만 (+)를 붙일 수 있다. 그렇다면 어떻게 해야 할까? 바로 이럴 때 FULL OUTER 조인을 사용한다. 'FULL'이란 말 그대로 두 테이블 모두를 외부 조인 대상에 넣을 수 있다.

입력
```sql
SELECT a.emp_id, b.emp_id
  FROM hong_a a
  FULL OUTER JOIN hong_b b
    ON ( a.emp_id = b.emp_id);
```

결과
```
EMP_ID     EMP_ID
---------- ----------
10         10
20         20
           30
40
```

4개의 행이 선택됨.

정리해 보면, 모든 조인은 기존 오라클 문법과 ANSI 문법을 사용해 모두 구현할 수 있으며, FULL OUTER JOIN은 ANSI 문법을 사용해야 한다.

| Knowhow | 현장에서는 기존 오라클 문법과 ANSI 문법 중, 어떤 것을 많이 사용할까? |

둘 중 어떤 것을 많이 사용한다고 딱 잘라 말하기는 어려우며 개발자에 따라 다르다. 필자의 경험에 따르면, 경력이 많을수록 기존 문법을, 경력이 적을수록 ANSI 문법을 사용하는 것을 보았다. 경력이 많고 적음을 정확히 몇 년차로 끊기도 애매하고, ANSI 문법을 사용하는 개발자가 경력이 적다고 해서 실력이 떨어진다고도 할 수 없고 경력이 많다고 해서 실력이 좋다고도 할 수 없다. 다만, 언제부터인지는 모르지만 신규 개발자들 대부분 ANSI 문법을 배워 현장에 입문하는 것 같다는 느낌이 들었다.

여하간, FULL OUTER JOIN은 ANSI 문법을 사용해야겠지만(사실 FULL OUTER JOIN을 사용하는 경우는 매우 드물다), 자신이 편하게 느끼고 익숙한 문법을 사용하면 된다.

04 서브 쿼리

서브 쿼리Sub-Query란 SQL 문장 안에서 보조로 사용되는 또 다른 SELECT문을 의미한다. 최종 결과를 출력하는 쿼리를 메인 쿼리라고 한다면, 이를 위한 중간 단계 혹은 보조 역할을 하는 SELECT 문을 서브 쿼리라 한다. 조인 절에서 소개했던 SQL문 중 괄호 안에 들어있는 SELECT문이 바로 서브 쿼리에 속한다. 하나의 SQL문을 기준으로 메인 쿼리를 제외한 나머지 모든 SELECT문을 서브 쿼리로 보면 되며, 따라서 서브 쿼리는 여러 개를 사용할 수 있다.

서브 쿼리는 다양한 형태로 사용된다. 즉 SELECT, FROM, WHERE 절 모두에서 사용할 수 있을 뿐만 아니라, INSERT, UPDATE, MERGE, DELETE 문에서도 사용할 수 있다. 서브 쿼리는 그 특성과 형태에 따라 다음과 같이 구분할 수 있다.

- 메인 쿼리와의 연관성에 따라
  - 연관성 없는(Noncorrelated) 서브 쿼리
  - 연관성 있는 서브 쿼리

- 형태에 따라
  - 일반 서브 쿼리(SELECT 절)
  - 인라인 뷰(FROM 절)
  - 중첩 쿼리(WHERE 절)

연관성 없는 서브 쿼리

메인 쿼리와의 연관성이 없는 서브 쿼리를 말한다. 즉 메인 테이블과 조인 조건이 걸리지 않는 서브 쿼리를 가리킨다.

유형 1

입력
```
SELECT count(*)
  FROM employees
 WHERE salary >=  (SELECT AVG(salary)
  FROM employees );
```

결과
```
COUNT(*)
----------
        51
```

위 쿼리는 전 사원의 평균 급여 이상을 받는 사원 수를 조회하는 쿼리다. 메인 쿼리와 서브 쿼리 모두 사원 테이블을 조회하고 있지만, 메인 쿼리와 서브 쿼리 사이의 연관성은 없다. 즉 먼저 서브 쿼리에서 평균 급여를 구한 뒤 메인 쿼리에서는 이 평균값보다 큰 사원을 조회한 것이다.

유형 2

입력
```
SELECT count(*)
  FROM employees
 WHERE department_id IN ( SELECT department_id
                            FROM departments
                           WHERE parent_id IS NULL);
```

결과
```
COUNT(*)
----------
         1
```

위 쿼리는 부서 테이블에서 parent_id가 NULL인 부서번호를 가진 사원의 총 건수를 반환하는 쿼리다. 여기서 메인 테이블은 사원 테이블이며, 괄호 안에 있는 서브 쿼리는 사원 테이블과 아무런 연관성이 없다. 그리고 유형1과 유형2 쿼리의 차이점을 살펴보면, 유형1은 서브 쿼리에서 단일 행을 반환한 반면 유형2는 여러 행을 반환했다는 점이다. 그럼 또 다른 유형을 살펴 보자.

유형 3

입력
```
SELECT employee_id, emp_name, job_id
  FROM employees
 WHERE (employee_id, job_id ) IN ( SELECT employee_id, job_id
                                     FROM job_history);
```

결과
```
EMPLOYEE_ID EMP_NAME           JOB_ID
----------- ------------------ ------------
200         Jennifer Whalen    AD_ASST
176         Jonathon Taylor    SA_REP
```

2개의 행이 선택됨.

위 쿼리는 job_history 테이블에 있는 employee_id, job_id 두 값과 같은 건을 사원 테이블에서 찾는 쿼리로 서브 쿼리는 메인 쿼리와 연관성이 없다. 그리고 **동시에 2개 이상의 컬럼 값이 같은 건을 찾고** 있다. 물론 IN 앞에 있는 컬럼 개수와 서브 쿼리에서 반환하는 컬럼 개수 그리고 유형은 같아야 한다.

서브 쿼리는 SELECT문 뿐만 아니라 다음과 같이 UPDATE문, DELETE문에서도 사용할 수 있다.

〈전 사원의 급여를 평균 금액으로 갱신〉

입력
```
UPDATE employees
   SET salary = ( SELECT AVG(salary)
                    FROM employees );
```

결과

107개 행 이(가) 업데이트되었습니다.

〈평균 급여보다 많이 받는 사원 삭제〉

입력
```
DELETE employees
 WHERE salary >= ( SELECT AVG(salary)
                     FROM employees );
```

결과

51개 행 이(가) 삭제되었습니다.

사원 테이블을 원 상태로 되돌려 놓도록 ROLLBACK 문을 실행하자.

입력

```
ROLLBACK;
```

연관성 있는 서브 쿼리

메인 쿼리와의 연관성이 있는 서브 쿼리, 즉 메인 테이블과 조인 조건이 걸린 서브 쿼리를 말한다.

입력

```
SELECT a.department_id, a.department_name
  FROM departments a
 WHERE EXISTS( SELECT 1
                 FROM job_history b
                WHERE a.department_id = b.department_id );
```

결과

```
DEPARTMENT_ID DEPARTMENT_NAME
------------- ---------------
20            마케팅
50            배송부
60            IT
80            영업부
90            기획부
110           경리부
```

6개의 행이 선택됨

이 쿼리는 연관성 있는 서브 쿼리로 서브 쿼리 안에서 메인 쿼리에서 사용된 부서 테이블의 부서번호와 job_history 테이블의 부서번호가 같은 건을 조회하고 있다. 또한 EXISTS 연산자를 사용해서 서브 쿼리 내에 조인 조건이 포함되어 있다. 따라서 결과는 job_history 테이블에 있는 부서만 조회되었다. 또 다른 형태를 살펴 보자.

입력

```
SELECT a.employee_id,
       ( SELECT b.emp_name
           FROM employees b
          WHERE a.employee_id = b.employee_id) AS emp_name,
       a.department_id,
       ( SELECT b.department_name
           FROM departments b
          WHERE a.department_id = b.department_id) AS dep_name
  FROM job_history a;
```

결과

```
EMPLOYEE_ID  EMP_NAME              DEPARTMENT_ID  DEP_NAME
-----------  --------------------  -------------  --------
102          Lex De Haan           60             IT
101          NeenaKochhar          110            경리부
101          NeenaKochhar          110            경리부
201          Michael Hartstein     20             마케팅
114          Den Raphaely          50             배송부
122          PayamKaufling         50             배송부
200          Jennifer Whalen       90             기획부
176          Jonathon Taylor       80             영업부
176          Jonathon Taylor       80             영업부
200          Jennifer Whalen       90             기획부
```

10개의 행이 선택됨

이 쿼리는 job_history 테이블을 조회하고 있는데 job_history에는 사번, 부서번호만 존재하므로 사원명과 부서명을 가져오려고 서브 쿼리를 SELECT 절에서 사용하였고 서브 쿼리 안의 WHERE 절에 조건을 추가했다. 이처럼 SELECT 절 자체에도 여러 개의 서브 쿼리를 넣을 수 있다. 또한 각 서브 쿼리가 독립적이므로 두 개의 서브 쿼리에서 사용된 사원, 부서 테이블의 별칭을 모두 b로 사용해도 무방하다. 또 다른 예를 살펴 보자.

입력

```
SELECT a.department_id, a.department_name
  FROM departments a
 WHERE EXISTS ( SELECT 1
                  FROM employees b
                 WHERE a.department_id = b.department_id    → ①
                   AND b.salary > ( SELECT AVG(salary)       → ②
                                      FROM employees )
              );
```

결과

```
DEPARTMENT_ID  DEPARTMENT_NAME
-------------  ---------------
20             마케팅
30             구매/생산부
40             인사부
50             배송부
60             IT
70             홍보부
80             영업부
90             기획부
100            자금부
```

```
110          경리부

10개의 행이 선택됨
```

이 쿼리에서는 2개의 서브 쿼리가 사용되었다. 먼저 ②에서 평균급여를 구하고 이 값보다 큰 급여의 사원을 걸러낸 다음(연관성 없는 서브 쿼리), ①에서 평균급여 이상을 받는 사원이 속한 부서를 추출한 것(연관성 있는 서브 쿼리)이다. 이처럼 서브 쿼리는 여러 단계에 걸쳐 사용이 가능하다.

연관성 있는 서브 쿼리 역시 UPDATE, MERGE, DELETE 문에서 사용할 수 있다. 부서 테이블에서 상위 부서가 기획부(부서번호가 90)에 속하는 사원들의 부서별 평균 급여를 조회해 보자.

입력
```sql
SELECT department_id , AVG(salary)
  FROM employees a
 WHERE department_id IN ( SELECT department_id
                            FROM departments
                           WHERE parent_id = 90)
 GROUP BY department_id;
```

결과
```
DEPARTMENT_ID  AVG(SALARY)
-------------  -------------------
60             5760
70             10000
100            8601.33333
110            10154
```

이 결과 값을 이용해 상위 부서가 기획부에 속하는 모든 사원의 급여를 자신의 부서별 평균급여로 갱신하는 쿼리는 다음과 같다.

입력
```sql
UPDATE employees a
   SET a.salary = ( SELECT sal
                      FROM ( SELECT b.department_id, AVG(c.salary) as sal
                               FROM departments b,
                                    employees c
                              WHERE b.parent_id = 90
                                AND b.department_id = c.department_id
                              GROUP BY b.department_id ) d
                     WHERE a.department_id = d.department_id )
 WHERE a.department_id IN ( SELECT department_id
                              FROM departments
                             WHERE parent_id = 90 ) ;
```

결과
14개 행 이(가) 업데이트되었습니다.

제대로 갱신됐는지 확인해 보자.

입력
```sql
SELECT department_id , MIN(salary), MAX(salary)
  FROM employees a
 WHERE department_id  IN ( SELECT department_id
                             FROM departments
                            WHERE parent_id = 90)
 GROUP BY department_id ;
```

결과
```
DEPARTMENT_ID MIN(SALARY) MAX(SALARY)
------------- ----------- -----------
60            5760        5760
70            10000       10000
100           8601.33     8601.33
110           10154       10154
```

부서별 최소와 최대 금액이 모두 같고, 위에서 구한 부서별 평균값으로 갱신되었으므로 제대로 처리되었다. UPDATE문에서 연관성 있는 서브 쿼리를 사용하면 위 쿼리처럼 좀 복잡해지는 단점이 있다. 하지만 이를 MERGE문으로 변경하면 훨씬 적은 코드로 깔끔하게 작성할 수 있다.

입력
```sql
MERGE INTO employees a
  USING ( SELECT b.department_id, AVG(c.salary) as sal
            FROM departments b,
                 employees c
           WHERE b.parent_id = 90
             AND b.department_id = c.department_id
           GROUP BY b.department_id ) d
     ON ( a.department_id = d.department_id )
 WHEN MATCHED THEN
      UPDATE SET a.salary = d.sal;
```
결과
14개 행 이(가) 병합되었습니다.

다시 변경한 데이터를 원 상태로 되돌려 놓도록 ROLLBACK 문을 실행하자.

입력
```sql
ROLLBACK;
```

> **Knowhow | UPDATE문? MERGE문?**

오라클의 UPDATE문은 사용하기 수월치 않은 것이 사실이다. 특히 연관성 있는 서브 쿼리로 특정 컬럼을 갱신할 때, SET 절과 WHERE 절에서 서브 쿼리를 사용해야 한다. 즉 아래와 같은 형태로는 사용할 수 없다.

```
UPDATE Job_history
   SET department_id = b.department_id
  FROM Job_history a,
       employeesb
 WHERE a.employee_id = b.employee_id;
```

이 쿼리의 원래 용도는 job_history의 부서번호를 사원 테이블에 있는 부서번호로 갱신하는 것이다. 이런 유형을 조인 UPDATE라고도 하는데, 오라클에서는 이런 유형을 지원하지 않는다. 따라서 다른 테이블과 조인을 해서 특정 조건을 걸어 UPDATE를 하면 오라클에서는 코드도 길어지고 매우 불편한 것이 사실이다. 그래서 많은 경우 현장에서는 UPDATE 대신 MERGE문을 사용하고 있다. 물론 UPDATE와 MERGE문 중 어떤 것을 사용할 것인지는 선택의 몫이지만, 필자는 간단한 UPDATE를 제외하고 연관성 있는 서브 쿼리를 이용할 때는 대부분 MERGE문을 사용하고 있다.

인라인 뷰

FROM 절에 사용하는 서브 쿼리를 인라인 뷰Inline View라고 한다. 원래 FROM 절에는 테이블이나 뷰가 오는데, 서브 쿼리를 FROM 절에 사용해 하나의 테이블이나 뷰처럼 사용할 수 있다. 뷰를 해체하면 하나의 독립적인 SELECT문이므로 FROM 절에 사용하는 서브 쿼리도 하나의 뷰로 볼 수 있어서 인라인 뷰라는 이름이 붙은 것이다.

입력

```
SELECT a.employee_id, a.emp_name, b.department_id, b.department_name
  FROM employees a,
       departments b,
     ( SELECT AVG(c.salary) AS avg_salary
         FROM departments b,
              employees c
        WHERE b.parent_id = 90   -- 기획부
          AND b.department_id = c.department_id ) d
 WHERE a.department_id = b.department_id
   AND a.salary > d.avg_salary;
```

결과

```
EMPLOYEE_ID  EMP_NAME              DEPARTMENT_ID  DEPARTMENT_NAME
-----------  --------------------  -------------  ----------------
201          Michael Hartstein     20             마케팅
114          Den Raphaely          30             구매/생산부
121          Adam Fripp            50             배송부
120          Matthew Weiss         50             배송부
103          Alexander Hunold      60             IT
204          Hermann Baer          70             홍보부
177          Jack Livingston       80             영업부
176          Jonathon Taylor       80             영업부
175          Alyssa Hutton         80             영업부
174          Ellen Abel            80             영업부
170          Tayler Fox            80             영업부
```

36개의 행이 선택됨

위 쿼리는 기획부(90) 산하에 있는 부서에 속한 사원의 평균급여보다 많은 급여를 받는 사원 목록을 추출한 것인데, 기획부 산하 평균급여를 구하는 부분을 서브 쿼리로 작성했고 이를 FROM 절에 위치시켰다. 또 다른 예를 살펴 보자.

입력

```sql
SELECT a.*
  FROM ( SELECT a.sales_month, ROUND(AVG(a.amount_sold)) AS month_avg
           FROM sales a,
                customers b,
                countries c
          WHERE a.sales_month BETWEEN '200001' AND '200012'
            AND a.cust_id = b.CUST_ID
            AND b.COUNTRY_ID = c.COUNTRY_ID
            AND c.COUNTRY_NAME = 'Italy'    -- 이탈리아
          GROUP BY a.sales_month
       ) a,
       ( SELECT ROUND(AVG(a.amount_sold)) AS year_avg
           FROM sales a,
                customers b,
                countries c
          WHERE a.sales_month BETWEEN '200001' AND '200012'
            AND a.cust_id = b.CUST_ID
            AND b.COUNTRY_ID = c.COUNTRY_ID
            AND c.COUNTRY_NAME = 'Italy'    -- 이탈리아
       ) b
 WHERE a.month_avg>b.year_avg ;
```

결과

```
SALES_MONTH  MONTH_AVG
-----------  ---------
200002       137
200007       122
200009       110
200012       184
```

4개의 행이 선택됨.

이 쿼리는 좀 복잡한데, 두 개의 서브 쿼리를 FROM 절에 위치시켰다. 쿼리의 내용은 2000년 이탈리아 평균 매출액(연평균)보다 큰 월의 평균 매출액을 구한 것이다. 즉 첫 번째 서브 쿼리에서는 월별 평균 매출액을, 두 번째 서브 쿼리에서는 연평균 매출액을 구해서, '월 평균매출액 > 연평균 매출액' 조건을 만족하는 월의 평균매출액을 구한 것이다.

지금까지 조인과 서브 쿼리에 대해 알아보았다. 기본 개념을 이해한다면 원하는 목적에 맞게 다양한 형태로 쿼리를 작성할 수 있을 것이다. 조인이나 서브 쿼리는 개별 단위로 구분해 보면 그리 복잡하지 않으니, 복잡한 SQL문을 작성하게 되더라도 차근차근 작성한다면 큰 어려움 없이 작성할 수 있다.

 Knowhow : 복잡한 쿼리를 작성해야 할 때, 어떻게 해야 할까?

정답은 없다. 오히려 정답이 있는 것이 이상하다. 조회 대상 테이블과 컬럼, 원하는 결과가 때에 따라 모두 다르기 때문이다. 하지만 마음을 가다듬고 차근차근 작성한다면 불가능한 일은 없다. 예로부터 전해오는 복잡한 문제를 풀 때 사용하는 방법이 있는데, 바로 "분할해서 정복하라(Divide & Conquer)"이다. 복잡한 쿼리를 작성할 때에도 작은 단위로 분할한 뒤, 다시 합치면 의외로 간단히 해결할 수 있다. 이런 맥락에서 필자 나름대로 정리한 쿼리 작성 절차는 다음과 같다.

(1) 최종적으로 조회되는 결과 항목을 정의한다.
(2) 필요한 테이블과 컬럼을 파악한다.
(3) 작은 단위로 분할해서 쿼리를 작성한다.
(4) 분할한 단위의 쿼리를 하나로 합쳐 최종 결과를 산출한다.
(5) 결과를 검증한다.

그럼 한 가지 예를 들어 보자. 연도별로 이탈리아 매출 데이터를 살펴 매출실적이 가장 많은 사원의 목록과 매출액을 구하는 쿼리를 작성해 본다면,

(1) 출력항목

연도 최대매출사원명 최대매출액
---

(2) 필요한 테이블

- 이탈리아 찾기: countries
- 이탈리아 고객 찾기: customers
- 매출: sales
- 사원정보: employees

(3) 단위 분할

① 연도, 사원별 이탈리아 매출액 구하기

- 이탈리아 고객 찾기: customers, countries를 country_id로 조인, country_name이 'Italy'인 것 찾기
- 이탈리아 매출 찾기: 위 결과와 sales 테이블을 cust_id로 조인
- 최대 매출액을 구하려면 MAX 함수를 쓰고, 연도별로 GROUP BY 필요.

입력

```
SELECT SUBSTR(a.sales_month, 1, 4) as years,
       a.employee_id,
       SUM(a.amount_sold) AS amount_sold
  FROM sales a,
       customers b,
       countries c
 WHERE a.cust_id = b.CUST_ID
   AND b.country_id = c.COUNTRY_ID
   AND c.country_name = 'Italy'
 GROUP BY SUBSTR(a.sales_month, 1, 4), a.employee_id;
```

② ①에서 구한 결과에서 연도별 최대, 최소 매출액 구하기

입력

```
SELECT  years,
        MAX(amount_sold) AS max_sold
  FROM (SELECT SUBSTR(a.sales_month, 1, 4) as years,
               a.employee_id,
               SUM(a.amount_sold) AS amount_sold
          FROM sales a,
               customers b,
               countries c
```

```
            WHERE a.cust_id = b.CUST_ID
              AND b.country_id = c.COUNTRY_ID
              AND c.country_name = 'Italy'
            GROUP BY SUBSTR(a.sales_month, 1, 4), a.employee_id
          ) K
   GROUP BY years
   ORDER BY years;
```

③ ①의 결과와 ②의 결과를 조인해서 최대매출, 최소매출액을 일으킨 사원을 찾아야 하므로, ①과 ② 결과를 인라인 뷰로 만든다.

입력

```
SELECT emp.years,
       emp.employee_id,
       emp.amount_sold
  FROM ( SELECT SUBSTR(a.sales_month, 1, 4) as years,
                a.employee_id,
                SUM(a.amount_sold) AS amount_sold
           FROM sales a,
                customers b,
                countries c
          WHERE a.cust_id = b.CUST_ID
            AND b.country_id = c.COUNTRY_ID
            AND c.country_name = 'Italy'
          GROUP BY SUBSTR(a.sales_month, 1, 4), a.employee_id
       ) emp,
       ( SELECT  years,
                MAX(amount_sold) AS max_sold
           FROM ( SELECT SUBSTR(a.sales_month, 1, 4) as years,
                         a.employee_id,
                         SUM(a.amount_sold) AS amount_sold
                    FROM sales a,
                         customers b,
                         countries c
                   WHERE a.cust_id = b.CUST_ID
                     AND b.country_id = c.COUNTRY_ID
                     AND c.country_name = 'Italy'
                   GROUP BY SUBSTR(a.sales_month, 1, 4), a.employee_id
                ) K
          GROUP BY years
       ) sale
 WHERE emp.years = sale.years
   AND emp.amount_sold = sale.max_sold
 ORDER BY years]
```

④ 마지막으로 ③ 결과와 사원 테이블을 조인해서 사원 이름을 가져온다.

입력

```sql
SELECT emp.years,
       emp.employee_id,
       emp2.emp_name,
       emp.amount_sold
  FROM ( SELECT SUBSTR(a.sales_month, 1, 4) as years,
                a.employee_id,
                SUM(a.amount_sold) AS amount_sold
           FROM sales a,
                customers b,
                countries c
          WHERE a.cust_id = b.CUST_ID
            AND b.country_id = c.COUNTRY_ID
            AND c.country_name = 'Italy'
          GROUP BY SUBSTR(a.sales_month, 1, 4), a.employee_id
       ) emp,
       ( SELECT years,
                MAX(amount_sold) AS max_sold
           FROM ( SELECT SUBSTR(a.sales_month, 1, 4) as years,
                         a.employee_id,
                         SUM(a.amount_sold) AS amount_sold
                    FROM sales a,
                         customers b,
                         countries c
                   WHERE a.cust_id = b.CUST_ID
                     AND b.country_id = c.COUNTRY_ID
                     AND c.country_name = 'Italy'
                   GROUP BY SUBSTR(a.sales_month, 1, 4), a.employee_id
                ) K
          GROUP BY years
       ) sale,
       employees emp2
 WHERE emp.years = sale.years
   AND emp.amount_sold = sale.max_sold
   AND emp.employee_id = emp2.employee_id
 ORDER BY years;
```

결과

```
YEARS    EMPLOYEE_ID   EMP_NAME              AMOUNT_SOLD
-------- ------------- --------------------- -----------
1998     145           John Russell            311761.02
1999     147           Alberto Errazuriz       193319.44
2000     153           Christopher Olsen       142987.82
2001     173           Sundita Kumar            426018.7
```

4개의 행이 선택됨

예상 외로 쿼리가 복잡해졌지만, 지금까지 배운 내용을 기반으로 '분할 정복' 개념을 적용하면 충분히 작성할 수 있다. 독자 여러분도 개발 현장에서 이런 방법을 사용해 보길 바란다. 그리고 다음 장에서 배우는 고급 SQL을 학습하면 훨씬 적은 코드로 작성할 수 있을 것이다.

핵심정리

1. 연결고리를 이용해 2개 이상의 테이블이나 뷰를 연결해서 데이터를 추출하는 방법을 조인이라고 한다.

2. 조인은 조인 조건을 통해 이루어지며, 조인에는 크게 내부 조인, 외부 조인으로 나눌 수 있다.

3. 외부 조인은 조인에 참여하는 어느 한 테이블의 데이터가 NULL이거나 없는 건도 추출할 수 있다.

4. ANSI SQL을 이용해 조인하는 것을 ANSI 조인이라하며, FULL OUTER 조인은 ANSI 조인에서만 가능하다.

5. 한 SQL 문장에서 메인 쿼리 이외의 SELECT 절을 서브 쿼리라 하며 한 개 이상의 서브 쿼리를 사용할 수 있다.

6. 서브 쿼리는 크게 연관성 없는 서브 쿼리, 메인 쿼리와 조인 조건을 이루는 연관성 있는 서브 쿼리, 그리고 FROM 절에 위치한 인라인 뷰로 나눌 수 있다.

7. 복잡한 SQL을 작성해야 할 경우 '분할해서 정복하라'라는 개념을 이용해 단위별로 쿼리를 작성한 뒤, 작성된 단위별 쿼리를 통합하면 쉽게 작성할 수 있다.

Self-Check

1. 101번 사원에 대해 아래의 결과를 산출하는 쿼리를 작성해 보자.

   사번   사원명   job명칭   job시작일자   job종료일자   job수행부서명

2. 아래의 쿼리를 수행하면 오류가 발생한다. 오류의 원인은 무엇인지 설명해 보자.

   입력
   ```
   select a.employee_id, a.emp_name, b.job_id, b.department_id
   from employees a,
   job_history b
   where a.employee_id    = b.employee_id(+)
   and a.department_id(+) = b.department_id;
   ```

3. 외부 조인을 할 때 (+)연산자를 같이 사용할 수 없는데, IN 절에 사용하는 값이 한 개이면 사용할 수 있다. 그 이유는 무엇인지 설명해 보자.

4. 다음의 쿼리를 ANSI 문법으로 변경해 보자.

   입력
   ```
   SELECT a.department_id, a.department_name
     FROM departments a, employees b
    WHERE a.department_id = b.department_id
      AND b.salary> 3000
   ORDER BY a.department_name;
   ```

5. 다음은 연관성 있는 서브 쿼리다. 이를 연관성 없는 서브 쿼리로 변환해 보자.

   입력
   ```
   SELECT a.department_id, a.department_name
     FROM departments a
    WHERE EXISTS ( SELECT 1
                     FROM job_history b
                    WHERE a.department_id = b.department_id );
   ```

6. 연도별 이탈리아 최대매출액과 사원을 작성하는 쿼리를 학습했다. 이 쿼리를 기준으로 최대매출액 뿐만 아니라 최소매출액과 해당 사원을 조회하는 쿼리를 작성해 보자.

9장

복잡한 연산 결과를 추출해 내는 고급 쿼리 다루기

지금까지 배운 내용을 모두 자기 것으로 소화했다면 단일 테이블에서 데이터를 조회하는 가장 단순한 쿼리부터 여러 개의 테이블을 조인하고 서브 쿼리를 사용해 복잡한 연산을 수행하는 형태의 쿼리까지 모두 작성할 수 있을 것이다. 하지만 점점 더 복잡해지는 연산 결과를 추출해 내기 위해서는 지금까지 배운 내용만으로는 부족한 것이 사실이다. 하지만 이번 장에서 소개하는 일명 고급 쿼리 기법을 익혀 자유롭게 활용할 수 있다면, 몇 줄 되지 않는 쿼리로 매우 복잡한 결과를 추출해 낼 수 있는 경지에 이를 수 있을 것이다.

01 계층형 쿼리
02 WITH절
03 분석 함수와 window 함수
04 다중 테이블 INSERT

01 계층형 쿼리

계층형 구조

계층형 쿼리Hierarchical Query는 2차원 형태의 테이블에 저장된 데이터를 계층형 구조로 결과를 반환하는 쿼리를 말한다. 계층형 구조란 상하 수직 관계의 구조로 사원–대리–과장–부장과 같은 직급, 판매부–영업부 같은 부서 구조, 대학의 학과, 정부 부처 등이 계층형 구조에 속한다. 또한 엑셀과 같은 프로그램의 메뉴 구조, 답변형 게시판뿐만 아니라 이 책의 목차도 이에 포함된다. 예를 들어, 부서 테이블에 있는 부서 정보는 다음과 같이 상위–하위 부서로 나눌 수 있다.

▼ 그림 7-1 계층별 부서 정보

부서번호	부서명
10	총무기획부
20	마케팅
30	구매/생산부
170	생산팀
180	건설팀
200	운영팀
210	IT 지원
220	NOC
40	인사부
260	채용팀
50	배송부
80	영업부
190	계약팀

위와 같은 형태로 데이터를 추출하기 위해서 부서 테이블은 부서번호(department_id)와 각 부서에 대한 상위부서번호(parent_id) 컬럼을 갖는 구조로 되어 있다. 그렇다면 이 두 가지 정보를 이용해 [그림 7-1]의 형태로 데이터를 추출하려면 쿼리를 어떤 식으로 작성해야 할까?

그리 쉽지는 않지만 그렇다고 너무 어렵지도 않을 것이라고 생각할 수도 있다. 하지만 실제로 쿼리를 작성해 본다면 만만치 않다는 점을 알게 될 것이다. 그럼, 어떤 식으로 쿼리를 작성할 것인지 차근차근 생각해 보자. 위와 같은 형태로 출력하기 위해 필요한 정보는, ① 부서번호, 부서명, 상위 부서번호, ② 각 부서별 레벨, ③ 계층적 구조로 조회되도록 하기 위한 정렬 순서가 필요하다. 이를 바탕으로 필자가 작성한 쿼리는 다음과 같다.

입력

```sql
SELECT department_id,
       department_name,
       0 AS PARENT_ID,
       1 as levels,
       parent_id || department_id AS sort
  FROM departments
 WHERE parent_id IS NULL
UNION ALL
SELECT t2.department_id,
       LPAD(' ' , 3 * (2-1)) || t2.department_name AS department_name,
       t2.parent_id,
       2 AS levels,
       t2.parent_id || t2.department_id AS sort
  FROM departments t1,
       departments t2
 WHERE t1.parent_id is null
   AND t2.parent_id = t1.department_id
UNION ALL
SELECT t3.department_id,
       LPAD(' ' , 3 * (3-1)) || t3.department_name AS department_name,
       t3.parent_id,
       3 as levels,
       t2.parent_id || t3.parent_id || t3.department_id as sort
  FROM departments t1,
       departments t2,
       departments t3
 WHERE t1.parent_id IS NULL
   AND t2.parent_id = t1.department_id
   AND t3.parent_id = t2.department_id
UNION ALL
SELECT t4.department_id,
       LPAD(' ' , 3 * (4-1)) || t4.department_name as department_name,
       t4.parent_id,
       4 as levels,
       t2.parent_id || t3.parent_id || t4.parent_id || t4.department_id AS sort
  FROM departments t1,
       departments t2,
       departments t3,
       departments t4
 WHERE t1.parent_id IS NULL
   AND t2.parent_id = t1.department_id
   AND t3.parent_id = t2.department_id
   AND t4.parent_id = t3.department_id
ORDER BY sort;
```

▼ 그림 7-2 부서 계층 정보

DEPARTMENT_ID	DEPARTMENT_NAME	PARENT_ID	LEVELS	SORT
10	총무기획부	0	1	10
20	마케팅	10	2	1020
30	구매/생산부	10	2	1030
170	생산팀	30	3	1030170
180	건설팀	30	3	1030180
200	운영팀	30	3	1030200
210	IT 지원	30	3	1030210
220	NOC	30	3	1030220
40	인사부	10	2	1040
260	채용팀	40	3	1040260
50	배송부	10	2	1050
80	영업부	10	2	1080
190	계약팀	80	3	1080190
240	공공 판매사업팀	80	3	1080240
250	판매팀	80	3	1080250
90	기획부	10	2	1090
100	자금부	90	3	1090100

쿼리가 꽤 복잡한데 차근차근 살펴 보자. 위 쿼리는 총 4개의 SELECT문이 UNION ALL로 연결되어 있다. 첫 번째 SELECT문은 가장 상위 부서인 총무기획부(parent_id 값이 NULL), 두 번째 SELECT문은 총무기획부 부서번호(10)을 parent_id 값으로 가지고 있는 부서, 세 번째는 두 번째 쿼리 결과로 나온 각 부서를 parent_id 값으로 가진 부서, 마지막은 세 번째 쿼리 결과로 나온 각 부서를 parent_id 값으로 가진 부서를 추출하고 있다. 각 쿼리에 순차적으로 레벨을 1에서 4까지 주었고, 이를 바탕으로 SORT(상위 부서에서 자신의 부서까지 부서번호를 연결)란 가상의 컬럼을 만들어 이를 기준으로 정렬하였다. 원하는 결과는 나왔지만 위 쿼리에는 몇 가지 문제점이 있다.

- **첫째,** 현 부서 테이블의 계층 구조는 총 4레벨이지만, 레벨이 더 많아질 때마다 SELECT 문을 만들어 레벨 수 만큼 UNION ALL로 연결해야 한다.
- **둘째,** 레벨 수 자체를 단순하게 직접 코딩했다(하드코딩).
- **셋째,** 쿼리가 너무 복잡해 작성한 사람조차도 이해하기가 힘들다. 특히 정렬 기준인 SORT 컬럼은, 레벨 순으로 상위 부서ID를 '||' 연산자로 연결해 만들었는데, 이 역시 계층 구조가 깊어질수록 점점 늘어나게 된다.

계층 구조가 4레벨로 고정되면 모르겠지만 시간이 지날수록 부서가 추가되거나 삭제되고 기존 부서의 계층 구조가 변동된다면 위 쿼리를 매번 바꿔야 하는데 이는 너무 비효율적이다. 이를 개선하고 개발자가 좀더 쉽게 계층형 구조를 표현할 수 있는 방법이 바로 계층형 쿼리이며, 이는 오라클만이 가진 독특한 기능 중에 하나다.

계층형 쿼리

계층형 쿼리의 구문은 다음과 같다.

```
SELECT expr1, expr2, ...
   FROM 테이블
  WHERE 조건
  START WITH [최상위 조건]
  CONNECT BY [NOCYCLE][PRIOR 계층형 구조 조건];
```

❶ **START WITH 조건**: 계층형 구조에서 최상위 계층의 로우를 식별하는 조건을 명시한다. START WITH가 시작한다는 의미이므로, 이 조건에 맞는 로우부터 시작해 계층형 구조를 풀어 나간다.

❷ **CONNECT BY 조건**: 계층형 구조가 어떤 식으로 연결되는지를 기술하는 부분이다. 부서 테이블은 parent_id에 상위 부서 정보를 갖고 있는데, 이를 표현하려면 'CONNECT BY PRIOR department_id = parent_id'로 기술해야 한다. PRIOR는 계층형 쿼리에서만 사용할 수 있는 연산자로 '앞의, 직전의'란 뜻이 있으므로, "이전 department_id = parent_id"라고 알아두면 이해하기 쉬울 것이다. 또한 'CONNECT BY parent_id = PRIOR department_id'처럼 PRIOR의 위치를 바꿀 수 있다.

[그림 7-1]의 결과처럼 나오는 계층형 쿼리를 작성해 보면 다음과 같다.

입력
```
SELECT department_id, LPAD(' ' , 3 * (LEVEL-1)) || department_name, LEVEL
  FROM departments
 START WITH parent_id IS NULL
 CONNECT BY PRIOR department_id  =parent_id;
```

▼ **그림 7-3** 계층형 부서 정보와 레벨

DEPARTMENT_ID	LPAD(' ',3*(LEVEL-1))||DEPARTMENT_NAME	LEVEL
10	총무기획부	1
20	마케팅	2
30	구매/생산부	2
170	생산팀	3
180	건설팀	3
200	운영팀	3
210	IT 지원	3
220	NOC	3
40	인사부	2
260	채용팀	3
50	배송부	2
80	영업부	2
190	계약팀	3
240	공공 판매사업팀	3
250	판매팀	3
90	기획부	2
60	IT	3

부서 테이블에서 가장 상위 부서는 parent_id 값이 NULL이므로 이를 START WITH 절에 명시했고, CONNECT BY 절에 계층 구조 조건을 넣었다. 세 번째 컬럼으로는 **LEVEL**을 명시했는데, 이는 계층형 쿼리에서만 사용할 수 있는 의사 컬럼으로 계층형 구조에 따른 레벨 값을 자동으로 반환한다. 또한 각 부서별 계층 구조가 한 눈에 들어오도록 LPAD 함수를 사용해서 LEVEL 값에 따라 공백 한 문자를 왼쪽에 붙여 레벨에 따른 부서 명칭을 들여 쓰기한 효과를 주었다.

계층형 쿼리에서도 다양한 조건을 줄 수 있고 조인도 가능하다. 사원 테이블에 있는 manager_id는 해당 사원의 매니저 사번이 들어 있다. 이를 이용해 사원별 계층 구조를 표현하고, 더불어 부서 테이블과 조인을 해서 부서명까지 조회해 보자.

입력

```sql
SELECT a.employee_id, LPAD(' ' , 3 * (LEVEL-1)) || a.emp_name,
       LEVEL,
       b.department_name
  FROM employees a,
       departments b
 WHERE a.department_id = b.department_id
 START WITH a.manager_id IS NULL
 CONNECT BY PRIOR a.employee_id = a.manager_id;
```

▼ 그림 7-4 조인 조건을 포함한 계층형 쿼리

EMPLOYEE_ID	LPAD('',3*(LEVEL-1))||A.EMP_NAME	LEVEL	DEPARTMENT_NAME
100	Steven King	1	기획부
101	Neena Kochhar	2	기획부
108	Nancy Greenberg	3	자금부
109	Daniel Faviet	4	자금부
110	John Chen	4	자금부
111	Ismael Sciarra	4	자금부
112	Jose Manuel Urman	4	자금부
113	Luis Popp	4	자금부
200	Jennifer Whalen	3	총무기획부
203	Susan Mavris	3	인사부
204	Hermann Baer	3	홍보부
205	Shelley Higgins	3	경리부
206	William Gietz	4	경리부
102	Lex De Haan	2	기획부
103	Alexander Hunold	3	IT
104	Bruce Ernst	4	IT
105	David Austin	4	IT

사원 테이블에 있는 매니저와 사원 간의 계층 구조가 [그림 7-4]에 펼쳐져 있다. 그룹 쿼리에서 일반 조건은 WHERE 절에, 그룹핑한 결과에 대한 필터는 HAVING 절에 기술했듯이 계층형 쿼리에서도 일반 조건은 WHERE 절에, 계층형 쿼리에 대한 필터 조건은 CONNECT BY 절에 기술한다. 또 다른 두 개의 문장을 살펴 보자.

입력
```
SELECT a.employee_id, LPAD(' ' , 3 * (LEVEL-1)) || a.emp_name as empname,
       LEVEL,
b.department_name, a.DEPARTMENT_ID
  FROM employees a,
departments b
 WHERE a.department_id = b.department_id
   AND a.department_id = 30
 START WITH a.manager_id IS NULL
 CONNECT BY NOCYCLE PRIOR a.employee_id = a.manager_id;
```

▼ 그림 7-5 WHERE 조건

EMPLOYEE_ID	EMPNAME	LEVEL	DEPARTMENT_NAME	DEPARTMENT_ID
114	Den Raphaely	2	구매/생산부	30
115	Alexander Khoo	3	구매/생산부	30
116	Shelli Baida	3	구매/생산부	30
117	Sigal Tobias	3	구매/생산부	30
118	Guy Himuro	3	구매/생산부	30
119	Karen Colmenares	3	구매/생산부	30

입력
```
SELECT a.employee_id, LPAD(' ' , 3 * (LEVEL-1)) || a.emp_name,
       LEVEL,
       b.department_name, a.DEPARTMENT_ID
  FROM employees a,
       departments b
 WHERE a.department_id = b.department_id
 START WITH a.manager_id IS NULL
 CONNECT BY NOCYCLE PRIOR a.employee_id = a.manager_id
       AND a.department_id = 30;
```

▼ 그림 7-6 CONNECT BY 조건

EMPLOYEE_ID	LPAD('',3*(LEVEL-1))||A.EMP_NAME	LEVEL	DEPARTMENT_NAME	DEPARTMENT_ID
100	Steven King	1	기획부	90
114	Den Raphaely	2	구매/생산부	30
115	Alexander Khoo	3	구매/생산부	30
116	Shelli Baida	3	구매/생산부	30
117	Sigal Tobias	3	구매/생산부	30
118	Guy Himuro	3	구매/생산부	30
119	Karen Colmenares	3	구매/생산부	30

두 쿼리 모두 부서 번호가 30인 건을 조회하고 있는데 첫 번째는 WHERE 절에, 두 번째는 CONNECT BY 절에 조건을 주었다. 첫 번째 쿼리와는 다르게 두 번째 쿼리에서는 부서번호가 90인 최상위 부서도 조회된 것을 알 수 있는데, 이 결과를 바탕으로 계층형 쿼리의 내부적 처리 절차를 정리해 보면 다음과 같다.

❶ 조인이 있으면 조인을 먼저 처리한다.
❷ START WITH 절을 참조해 최상위 계층 로우를 선택한다.
❸ CONNECT BY 절에 명시된 구문에 따라 계층형 관계(부모-자식 관계)를 파악해 자식 로우를 차례로 선택한다. 최상위 로우를 기준으로 자식 로우를 선택하고, 이 자식 로우에 대한 또 다른 자식 로우가 있으면 선택하는 식으로 계속 조건에 맞는 로우를 찾는다.
❹ 자식 로우 찾기가 끝나면 조인을 제외한 WHERE 조건에 해당하는 로우를 걸러내는데, 로우별로 조건에 맞지 않는 건을 걸러낸다.

CONNECT BY 절은 계층 간 구조, 즉 부모-자식 관계를 식별해서 자식 로우를 찾아내는 역할을 하므로 두 번째 쿼리에서는 최상위 로우까지 조회됐지만, 첫 번째 쿼리처럼 WHERE 절에 조건을 명시하면 부모-자식 관계를 모두 풀어 헤친 다음 모든 로우에 대해 개별적으로 조건 검색을 해서 부서 번호가 30인 건만 걸러내므로 최상위 로우가 제외된 것이다.

계층형 쿼리 심화학습

① 계층형 쿼리 정렬

계층형 쿼리는 계층형 구조에 맞게 순서대로 출력되는데 ORDER BY 절로 그 순서를 변경할 수 있다.

입력
```
SELECT department_id, LPAD(' ', 3 * (LEVEL-1)) || department_name, LEVEL
  FROM departments
 START WITH parent_id IS NULL
 CONNECT BY PRIOR department_id  =parent_id
 ORDER BY department_name;
```

▼ 그림 7-7 계층형 쿼리 정렬 1

DEPARTMENT_ID	LPAD(' ',3*(LEVEL-1))||DEPARTMENT_NAME	LEVEL
60	IT	3
210	IT 지원	3
230	IT 헬프데스크	4
220	NOC	3
180	건설팀	3
110	경리부	3
190	계약팀	3
240	공공 판매사업팀	3
30	구매/생산부	2
270	급여팀	4
90	기획부	2
20	마케팅	2
50	배송부	2
170	생산팀	3
130	세무팀	4
160	수익관리팀	4
140	신용관리팀	4

부서명으로 정렬을 하니 계층형 구조가 모두 깨져 버렸다. 사실 계층형 쿼리에서는 굳이 ORDER BY 절로 정렬할 필요가 없다. 왜냐하면 계층 구조별로 자동으로 정렬되기 때문인데, 앞의 쿼리처럼 부서명으로 정렬됨과 동시에 계층형 구조까지 보존하려면 ORDER SIBLINGS BY 절을 사용해야 한다.

입력

```
SELECT department_id, LPAD(' ' , 3 * (LEVEL-1)) || department_name, LEVEL
  FROM departments
  START WITH parent_id IS NULL
  CONNECT BY PRIOR department_id  = parent_id
ORDER SIBLINGS BY department_name;
```

▼ 그림 7-8 계층형 쿼리 정렬 2

DEPARTMENT_ID	LPAD('',3*(LEVEL-1))||DEPARTMENT_NAME	LEVEL
10	총무기획부	1
30	구매/생산부	2
210	IT 지원	3
220	NOC	3
180	건설팀	3
170	생산팀	3
200	운영팀	3
90	기획부	2
60	IT	3
230	IT 헬프데스크	4
110	경리부	3
270	급여팀	4
120	재무팀	4
100	자금부	3
130	세무팀	4
160	수익관리팀	4
140	신용관리팀	4

ORDER SIBLING BY 절의 역할은 계층형 구조를 깨지 않고 정렬을 수행한다. 결과를 보면 같은 부모를 가진 로우, 즉 **레벨이 같은 형제 로우에 한해서 정렬**이 수행됐음을 알 수 있다. 예를 들어 [그림 7-8]을 보면 '구매/생산부'를 부모로 가진 5개 부서에 한해 부서명으로 정렬되었지, 부모가 다른 기획부와 운영팀은 부서명으로 정렬되지 않았음을 확인할 수 있다.

② CONNECT_BY_ROOT

CONNECT_BY_ROOT는 계층형 쿼리에서 최상위 로우를 반환하는 연산자다. 연산자이므로 CONNECT_BY_ROOT 다음에는 표현식이 온다.

입력
```
SELECT department_id, LPAD(' ' , 3 * (LEVEL-1)) || department_name, LEVEL,
       CONNECT_BY_ROOT department_name AS root_name
  FROM departments
  START WITH parent_id IS NULL
 CONNECT BY PRIOR department_id  =parent_id;
```

▼ 그림 7-9 CONNECT_BY_ROOT

DEPARTMENT_ID	LPAD('',3*(LEVEL-1))||DEPARTMENT_NAME	LEVEL	ROOT_NAME
10	총무기획부	1	총무기획부
20	마케팅	2	총무기획부
30	구매/생산부	2	총무기획부
170	생산팀	3	총무기획부
180	건설팀	3	총무기획부
200	운영팀	3	총무기획부
210	IT 지원	3	총무기획부
220	NOC	3	총무기획부
40	인사부	2	총무기획부
260	채용팀	3	총무기획부
50	배송부	2	총무기획부
80	영업부	2	총무기획부
190	계약팀	3	총무기획부
240	공공 판매사업팀	3	총무기획부
250	판매팀	3	총무기획부
90	기획부	2	총무기획부
60	IT	3	총무기획부

③ CONNECT_BY_ISLEAF

CONNECT_BY_ISLEAF는 CONNECT BY 조건에 정의된 관계에 따라 해당 로우가 최하위 자식 로우이면 1을, 그렇지 않으면 0을 반환하는 의사 컬럼이다.

입력
```
SELECT department_id, LPAD(' ' , 3 * (LEVEL-1)) || department_name, LEVEL,
       CONNECT_BY_ISLEAF
  FROM departments
  START WITH parent_id IS NULL
  CONNECT BY PRIOR department_id  = parent_id;
```

▼ 그림 7-10 CONNECT_BY_ISLEAF

DEPARTMENT_ID	LPAD(' ',3*(LEVEL-1))||DEPARTMENT_NAME	LEVEL	CONNECT_BY_ISLEAF
10	총무기획부	1	0
20	마케팅	2	1
30	구매/생산부	2	0
170	생산팀	3	1
180	건설팀	3	1
200	운영팀	3	1
210	IT 지원	3	1
220	NOC	3	1
40	인사부	2	0
260	채용팀	3	1
50	배송부	2	1
80	영업부	2	0
190	계약팀	3	1
240	공공 판매사업팀	3	1
250	판매팀	3	1
90	기획부	2	0
60	IT	3	0

계층형 쿼리는 그 구조 형태가 트리 구조다. 따라서 각 로우를 노드라고도 하는데 최상위 노드를 루트 노드, 자식 노드가 없는 최하위 노드를 리프 노드라고 한다. CONNECT_BY_ISLEAF는 바로 해당 로우가 리프 노드에 해당하는지 여부를 반환하는 것이다. [그림 7-10]을 보면 마케팅 부서는 하위 노드가 더는 없으므로 리프 노드에 속하지만, 구매/생산부에서는 총무기획부의 하위 노드이긴 하나 하위 부서가 존재하므로 리프 노드가 아니며 0을 반환했다.

④ SYS_CONNECT_BY_PATH (colm, char)

SYS_CONNECT_BY_PATH는 계층형 쿼리에서만 사용할 수 있는 함수로, 루트 노드에서 시작해 자신의 행까지 연결된 경로 정보를 반환한다. 이 함수의 첫 번째 파라미터로는 컬럼이, 두 번째 파라미터인 char은 컬럼 간 구분자를 의미한다. 그림 부서에 대한 경로 정보를 추출해 보자.

입력
```
SELECT department_id, LPAD(' ' , 3 * (LEVEL-1)) || department_name, LEVEL,
       SYS_CONNECT_BY_PATH(department_name, '|')
  FROM departments
  START WITH parent_id IS NULL
  CONNECT BY PRIOR department_id  =parent_id;
```

▼ 그림 7-11 SYS_CONNECT_BY_PATH

DEPARTMENT_ID	LPAD('',3*(LEVEL-1))||DEPARTMENT_NAME	LEVEL	SYS_CONNECT_BY_PATH(DEPARTMENT_NAME,'|')
10	총무기획부	1	|총무기획부
20	마케팅	2	|총무기획부|마케팅
30	구매/생산부	2	|총무기획부|구매/생산부
170	생산팀	3	|총무기획부|구매/생산부|생산팀
180	건설팀	3	|총무기획부|구매/생산부|건설팀
200	운영팀	3	|총무기획부|구매/생산부|운영팀
210	IT 지원	3	|총무기획부|구매/생산부|IT 지원
220	NOC	3	|총무기획부|구매/생산부|NOC
40	인사부	2	|총무기획부|인사부
260	채용팀	3	|총무기획부|인사부|채용팀
50	배송부	2	|총무기획부|배송부
80	영업부	2	|총무기획부|영업부
190	계약팀	3	|총무기획부|영업부|계약팀
240	공공 판매사업팀	3	|총무기획부|영업부|공공 판매사업팀
250	판매팀	3	|총무기획부|영업부|판매팀
90	기획부	2	|총무기획부|기획부
60	IT	3	|총무기획부|기획부|IT

각 로우별로 어떤 계층 경로를 타고 있는지 알 수 있다. 두 번째 매개변수인 구분자로 해당 **컬럼 값에 포함된 문자는 사용할 수 없다**는 점을 주의해야 한다. 위 쿼리에서 구매/생산부는 '/'문자가 속해 있는데, 구분자로 '/'를 사용하면 다음과 같은 오류가 발생한다.

입력
```
SELECT department_id, LPAD(' ' , 3 * (LEVEL-1)) || department_name, LEVEL,
       SYS_CONNECT_BY_PATH(department_name, '/')
  FROM departments
  START WITH parent_id IS NULL
  CONNECT BY PRIOR department_id  =parent_id;
```

결과
SQL 오류: ORA-30004: SYS_CONNECT_BY_PATH 함수를 사용할 때 열 값의 일부로 분리자를 사용할 수 없습니다.

⑤ CONNECT_BY_ISCYCLE

눈치챘는지는 모르겠지만 오라클의 계층형 쿼리는 루프(반복) 알고리즘을 사용한다. 계층형 구조나 레벨은 테이블에 있는 데이터에 따라 동적으로 변경되므로, 내부적으로는 루프를 돌며 자식 노드를 찾아간다. 루프 알고리즘에서 주의할 점은 조건을 잘못 주면 무한루프를 타게 된다는 점인데, 계층형 쿼리에서도 부모-자식 간의 관계를 정의하는 값이 잘못 입력되면 무한루프를 타고 오류가 발생한다.

예를 들어, 생산팀(170)의 부모 부서는 구매/생산부(30)인데, 구매/생산부의 parent_id 값을 생산부로 바꾸면 두 부서가 상호 참조가 되어 무한루프가 발생할 것이다. 직접 확인해 보자.

입력
```
UPDATE departments
   SET parent_id = 170
 WHERE department_id = 30;

SELECT department_id, LPAD(' ' , 3 * (LEVEL-1)) || department_name, LEVEL,
       parent_id
  FROM departments
  START WITH department_id = 30
CONNECT BY PRIOR department_id  =parent_id;
```

결과
SQL 오류: ORA-01436: CONNECT BY의 루프가 발생되었습니다.

"CONNECT BY의 루프가 발생"되었다는 것은 무한루프가 일어났다는 의미다. 이때는 루프가 발생된 원인을 찾아 잘못된 데이터를 수정해야 하는데, 이를 위해서는 먼저 CONNECT BY 절에 **NOCYCLE**을 추가하고 SELECT 절에 CONNECT_BY_ISCYCLE 의사 컬럼을 사용해 찾을 수 있다. CONNECT_BY_ISCYCLE은 다음과 같이 현재 로우가 자식을 갖고 있는데 동시에 그 자식 로우가 부모 로우이면 1을, 그렇지 않으면 0을 반환한다.

입력
```
SELECT department_id, LPAD(' ' , 3 * (LEVEL-1)) || department_name, LEVEL,
       CONNECT_BY_ISCYCLE IsLoop,
       parent_id
  FROM departments
  START WITH department_id = 30
CONNECT BY NOCYCLE PRIOR department_id  = parent_id;
```

▼ **그림 7-12** CONNECT_BY_ISCYCLE

DEPARTMENT_ID	DEPNAME	LEVEL	ISLOOP	PARENT_ID
30	구매/생산부	1	0	170
170	생산팀	2	1	30
180	건설팀	2	0	30
200	운영팀	2	0	30
210	IT 지원	2	0	30
220	NOC	2	0	30

생산팀의 부모는 구매/생산부고, 구매/생산부의 부모가 다시 생산팀이 되어 IsLOOP 컬럼 값이 1이 된 것이다. 이런 식으로 오류의 원인이 되는 데이터를 찾아 내어 수정하면 된다.

계층형 쿼리 응용

지금까지 계층형 쿼리에 대한 전반적인 내용을 살펴 봤다. 다소 생소한 내용이지만 계층형 구조 표현에는 다른 DBMS 보다 오라클이 막강한 기능을 제공하고 있음을 알 수 있었다. 이제 지금까지 배운 내용을 토대로 계층형 쿼리를 응용해 보자.

① 샘플 데이터 생성

오라클 튜닝 서적을 보면 예제 데이터를 생성하는데 CONNECT BY 구문을 자주 사용하는 것을 볼 수 있다. 튜닝 효과를 보려면 테이블에 데이터가 아주 많이 담겨 있어야 하는데 다량의 데이터를 만들어 내는 작업이 그리 쉽지만은 않다. 하지만 계층형 쿼리와 오라클에서 제공하는 DBMS_RANDOM이란 패키지(난수를 생성하는 패키지로 패키지에 대해선 PL/SQL 부분에서 상세히 설명할 것이다)를 사용하면 몇 만 건의 데이터도 쉽게 생성할 수 있다. 예제 테이블을 만들어 데이터를 생성해 보자.

입력
```
CREATE TABLE ex7_1 AS
SELECT ROWNUM seq,
       '2014' || LPAD(CEIL(ROWNUM/1000) , 2, '0' ) month,
       ROUND(DBMS_RANDOM.VALUE (100, 1000)) amt
  FROM DUAL
CONNECT BY LEVEL <= 12000;
```

결과
table EX7_1이(가) 생성되었습니다.

입력
```
SELECT *
  FROM ex7_1;
```

결과
```
SEQ MONTH   AMT
--- ------- ------------
1   201401  748
2   201401  972
3   201401  627
4   201401  609
5   201401  211
...
```

입력
```
SELECT month, SUM(amt)
  FROM ex7_1
 GROUP BY month
 ORDER BY month;
```

결과
```
MONTH    SUM(AMT)
-------- ----------
201401   538702
201402   535529
201403   550541
201404   550948
201405   555712
201406   555138
201407   549140
201408   540903
201409   561034
201410   556503
201411   559535
201412   552660
```

12개의 행이 선택됨.

위 쿼리에서 사용된 주요 항목을 설명하면 다음과 같다.

CONNECT BY LEVEL <= 12000

"CONNECT BY LEVEL <= 숫자"를 사용하면 명시한 숫자만큼의 로우를 반환하는데, 내부적으로 보면 등비수열의 합만큼 로우를 생성한다. 예를 들어, DUAL 테이블은 기본 로우 개수는 1개인데 "SELECT … FROM DUAL CONNECT BY LEVEL <= 3"이라고 명시할 때, 이는 첫째 항($a = 1$), 공비($r = 1$), 항의 수($n = 3$)인 등비수열에 해당된다.

등비수열 합(S) 공식
- 공비 $r = 1$이면, $S = a*n$
- 공비 $r \ne 1$이면, $S = \dfrac{a(1-r^n)}{(1-r)}$

따라서 "LEVEL <=3"일 때는 총합이 3이 되어 3개의 로우가 생성 및 반환된다. 그리고 다음과 같이 서브 쿼리로 DUAL 테이블을 조회하는 쿼리를 UNION ALL로 연결하면, 맨 바깥에 있는 쿼리의 기본 로우 수는 1이 아닌 2가 된다.

입력
```
SELECT ROWNUM
FROM (
        SELECT 1 AS row_num
          FROM DUAL
         UNION ALL
        SELECT 1 AS row_num
          FROM DUAL
)
CONNECT BY LEVEL <= 4;
```

결과
```
ROWNUM
----------
1
2
3
4
5
...
30개의 행이 선택됨.
```

따라서 이때는 a = 2, r = 2, n = 4가 되어, 등비수열 공식에 대입하면(r 값이 1이 아닐 때) 30이 나오고 쿼리 결과도 30개의 로우가 생성된다.

LPAD(CEIL(ROWNUM/1000) , 2, '0')

"CONNECT BY LEVEL <= 12000"로 인해 총 12,000개의 로우가 반환되며 ROWNUM도 1부터 12,000이고, 이 수를 1,000으로 나눈 뒤 CEIL 함수로 정수 형태로 변환해 두 자리 숫자 형태로 만들면 ROWNUM이 999까지는 01을, 1000부터 2000까지는 02, 이런 식으로 01~12까지 값을 반환한다.

DBMS_RANDOM.VALUE (100, 1000)

이 구문은 100에서 1000 사이의 난수를 발생시킨다.

따라서 month 컬럼 값으로 201401 ~ 201412, amt컬럼은 100에서 1000 사이 값으로 총 12,000건의 데이터가 ex7_1 테이블에 생성된 것이다.

② 로우를 컬럼으로 변환하기

5장 그룹 함수 부분에서 설명하지 않은 집계 함수 중에 **LISTAGG**란 함수가 있다. 이는 11g 버전부터 새로 등장한 함수로 구문은 다음과 같다.

LISTAGG(expr, delimiter) **WITHIN GROUP**(**ORDER BY** 절)

이 함수는 expr을 delimiter로 구분해서, 로우를 컬럼으로 변환해 조회하는 함수다. 예제를 살펴 보자.

입력
```
CREATE TABLE ex7_2 AS
SELECT department_id,
       LISTAGG(emp_name, ',') WITHIN GROUP (ORDER BYemp_name) as empnames
  FROM employees
 WHERE department_id IS NOT NULL
 GROUP BY department_id;
```

결과
table EX7_2이(가) 생성되었습니다.

입력
```
SELECT *
  FROM ex7_2;
```

결과
```
DEPARTMENT_ID  EMPNAMES
-------------  ----------------------------------------
10             Jennifer Whalen
20             Michael Hartstein,Pat Fay
90             Lex De Haan,NeenaKochhar,Steven King
...
11개의 행이 선택됨.
```

쿼리 결과를 보면 부서번호별로 해당 사원이름(expr)이 '콤마(,)'(delimiter)로 구분되어 조회되었다. 사원 테이블에는 사원 개인별로 부서번호가 들어있는데 LISTAGG 함수를 사용해 부서별 사원 개개인을 한 줄로 쭉 늘어뜨린 형태로, 즉 로우를 컬럼 형태로 만든 것이다. 만약 SELECT 리스트의 department_id와 "GROUP BY department_id" 부분을 없애면 ','를 구분자로 해서 전체 사원 이름이 한 컬럼으로 조회된다. 이전에는 위와 같은 형태로 결과를 뽑기 위해서는 쿼리를 복잡하게 작성해야 했지만, 이제는 이 함수 덕분에 로우를 컬럼으로 쉽게 변환할 수 있다.

③ 컬럼을 로우로 변환하기

이젠 반대로 ex7_2 테이블을 조회해 컬럼을 로우로 바꿔볼 텐데, 계층형 쿼리를 사용하면 쉽게 변환할 수 있다. 예를 들어 90번 부서에는 3명의 사원이 속해 있으므로 로우로 변환하면 3개의 로우가 만들어져야 한다. 그럼 어떻게 3개의 로우로 만들 수 있을까?

3명의 사원 이름이 구분자인 콤마(,)로 구분되어 있고 구분자 개수가 2인데, 맨 끝에 콤마를 한 개 더 붙여 3개로 만든 다음 이를 레벨로 활용하면 CONNECT BY LEVEL 구문으로 3개의 로우를 만들어 낼 수 있다.

입력
```
SELECT empnames,
       LEVEL as lvl
  FROM ( SELECT empnames || ',' as empnames,
                LENGTH(empnames) ori_len,
                LENGTH(REPLACE(empnames, ',', '')) new_len
           FROM ex7_2
          WHERE department_id = 90
       )
 CONNECT BY LEVEL <= ori_len - new_len + 1;
```

결과
```
EMPNAMES                                  LVL
----------------------------------------  --------
Lex De Haan,NeenaKochhar,Steven King,     1
Lex De Haan,NeenaKochhar,Steven King,     2
Lex De Haan,NeenaKochhar,Steven King,     3
```

먼저 서브 쿼리를 살펴보면 ori_len은 3명의 원래 문자열 길이, new_len은 원 문자열에서 콤마를 제외한 문자열 길이를 반환한다. 따라서 (ori_len-new_len) 값에 1을 더하면 총 사원 수(3)가 되고 CONNECT BY LEVEL에 명시하면 위와 같이 3개의 로우를 만들어 낼 수 있다. 이제 할 일은 각 레벨별로 사원 이름을 분리해 내기만 하면 된다. 즉 1레벨은 맨 처음 사원, 2레벨은 두 번째, 3레벨은 세 번째 사원명을 분리해 내야 한다.

입력
```
SELECT empnames,
       DECODE(level, 1, 1, INSTR(empnames, ',', 1, LEVEL-1)) start_pos,
       INSTR(empnames, ',', 1, LEVEL) end_pos,
       LEVEL as lvl
  FROM ( SELECT empnames || ',' as empnames,
                LENGTH(empnames) ori_len,
                LENGTH(REPLACE(empnames, ',', '')) new_len
           FROM ex7_2
          WHERE department_id = 90
       )
 CONNECT BY LEVEL <= ori_len - new_len + 1;
```

결과

EMPNAMES	START_POS	END_POS	LVL
Lex De Haan,NeenaKochhar,Steven King,	1	12	1
Lex De Haan,NeenaKochhar,Steven King,	12	26	2
Lex De Haan,NeenaKochhar,Steven King,	26	38	3

콤마를 기준으로 레벨별로 start_pos는 시작 위치, end_pos는 끝 위치이며 이를 이용하면 다음과 같이 사원명을 분리해 낼 수 있다.

입력

```
SELECT REPLACE(SUBSTR(empnames, start_pos, end_pos - start_pos), ',', '') AS emp
  FROM ( SELECT empnames,
                DECODE (level, 1, 1, INSTR(empnames, ',', 1, level-1)) start_pos,
                INSTR(empnames, ',', 1, LEVEL) end_pos,
                LEVEL as lvl
           FROM (  SELECT empnames || ',' as empnames,
                          LENGTH(empnames) ori_len,
                          LENGTH(REPLACE(empnames, ',', '')) new_len
                    FROM ex7_2
                   WHERE department_id = 90
                )
        CONNECT BY LEVEL <= ori_len - new_len + 1
       ) ;
```

결과

```
EMP
-----------------
Lex De Haan
NeenaKochhar
Steven King
```

start_pos와 end_pos 값을 활용해 문자열을 잘랐고 최종적으로 REPLACE 함수를 써서 콤마를 제거해 각 사원 이름을 추출해 냈다. 콤마로 구분된 문자열에서 각 사원명을 분리해 내는 로직이 약간 복잡하지만 차근차근 살펴보면 이해하는데 그리 어렵지 않을 것이다. 여기에서 중요한 점은 계층형 쿼리로 사원 수에 맞게 콤마를 한 개 추가하고 이 콤마 수를 레벨로 활용해 컬럼을 로우 형태로 만들어낸 것이다.

02 WITH 절

개선된 서브 쿼리

6장에서 여러 형태의 서브 쿼리를 학습했었는데 서브 쿼리에는 한 가지 제약 사항이 있다. 예를 들어, kor_loan_status 테이블에서 연도별 최종월 기준 가장 대출이 많은 도시와 잔액을 구해야 한다고 해보자. 간단히 쿼리를 작성할 수 있을 것 같지만 생각 외로 복잡한 측면이 있으므로 앞에서 배운 "분할해서 정복하라" 기법을 사용해 보자.

ⓐ **연도별 최종**: 2011년의 최종년도는 12월이지만 2013년은 11월이므로 연도별 최종월을 알아야 한다.
  구현 방안: 그룹 쿼리로 연도별로 가장 큰 월을 구한다. → MAX(period)

ⓑ 연도별 최종월을 대상으로 대출잔액이 가장 큰 금액을 추출해야 한다.
  구현 방안: ⓐ와 조인을 해서 연도별로 가장 큰 잔액을 구한다. → MAX(loan_jan_amt)

ⓒ 월별, 지역별 대출잔액과 ⓑ 결과를 비교해 금액이 같은 건을 추출한다.
  구현 방안: ⓑ와 조인을 해서 두 금액이 같은 건을 구한다.

위 시나리오대로 작성한 쿼리는 다음과 같다.

입력

```
SELECT b2.*
FROM ( SELECT period, region, sum(loan_jan_amt) jan_amt
         FROM kor_loan_status
        GROUP BY period, region
      ) b2,
      ( SELECT b.period,  MAX(b.jan_amt) max_jan_amt
         FROM ( SELECT period, region, sum(loan_jan_amt) jan_amt
                  FROM kor_loan_status
                 GROUP BY period, region
              ) b,ⓑ
              ( SELECT MAX(PERIOD) max_monthⓒ
                  FROM kor_loan_statusⓐ
                 GROUP BY SUBSTR(PERIOD, 1, 4)
              ) a
        WHERE b.period = a.max_month
        GROUP BY b.period
      ) c
WHERE b2.period = c.period
  AND b2.jan_amt = c.max_jan_amt
ORDER BY 1;
```

결과

```
PERIOD    REGION       JAN_AMT
--------  ----------   ----------
201112    서울          204275.7
201212    서울          203344.9
201311    서울          205644.3
```

생각보다는 쿼리가 좀 복잡해졌는데, 자세히 보면 색으로 표시된 부분(연도, 지역별 잔액총액)은 같은 구문이 두 번 사용되었음을 알 수 있다. 동일한 구문을 한 번만 사용할 수 있다면 쿼리가 훨씬 간단해질텐데, 좋은 방법이 없을까? 기존 서브 쿼리로는 해결할 방법이 없지만 WITH 절을 사용하면 가능하다. WITH 구문의 형식은 다음과 같다.

```
WITH 별칭1 AS (SELECT 문),
     별칭2 AS (SELECT 문)
...
SELECT
FROM 별칭1, 별칭2 ...
```

WITH이 맨 앞에 오고 별칭을 앞에 명시한다는 점만 제외하면 기본 형태는 일반 서브 쿼리와 별반 다르지 않다. 하지만 WITH 절은, **별칭으로 사용한 SELECT 문의 FROM 절에 다른 SELECT 구문의 별칭 참조가 가능**하다.

먼저 위 쿼리를 그대로 WITH 구문 형태로 변경해 보자.

입력

```
WITH b2 AS ( SELECT period, region, sum(loan_jan_amt) jan_amt
               FROM kor_loan_status
              GROUP BY period, region
            ),
      c AS ( SELECT b.period,  MAX(b.jan_amt) max_jan_amt
               FROM ( SELECT period, region, sum(loan_jan_amt) jan_amt
                        FROM kor_loan_status
                       GROUP BY period, region
                    ) b,
                    ( SELECT MAX(PERIOD) max_month
                        FROM kor_loan_status
                       GROUP BY SUBSTR(PERIOD, 1, 4)
                    ) a
              WHERE b.period = a.max_month
              GROUP BY b.period
            )
```

```
SELECT b2.*
  FROM b2, c
 WHERE b2.period = c.period
   AND b2.jan_amt = c.max_jan_amt
 ORDER BY 1;
```

WITH 절에서는 색으로 표시한 두 번째 SELECT 문인 b대신 바로 직전에 명시한 서브 쿼리인 b2를 참조할 수 있다.

입력

```
WITH b2 AS ( SELECT period, region, sum(loan_jan_amt) jan_amt
               FROM kor_loan_status
              GROUP BY period, region
           ),
     c AS ( SELECT b2.period,  MAX(b2.jan_amt) max_jan_amt
              FROM b2,
                   ( SELECT MAX(PERIOD) max_month
                       FROM kor_loan_status
                      GROUP BY SUBSTR(PERIOD, 1, 4)
                   ) a
             WHERE b2.period = a.max_month
             GROUP BY b2.period
          )
SELECT b2.*
  FROM b2, c
 WHERE b2.period = c.period
   AND b2.jan_amt = c.max_jan_amt
 ORDER BY 1;
```

결과

```
PERIOD    REGION      JAN_AMT
--------  ----------  ------------
201112    서울         204275.7
201212    서울         203344.9
201311    서울         205644.3
```

쿼리가 훨씬 간단해지면서 동일한 결과가 조회된 것을 확인할 수 있다. 일반 서브 쿼리와 중복 구문이 필요 없는 WITH 절을 그림으로 나타내면 다음과 같다.

▼ 그림 7-13 일반 서브 쿼리와 WITH 절

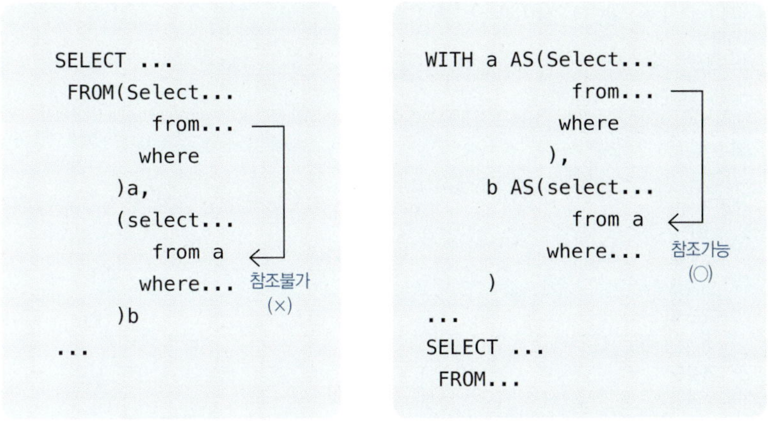

```
SELECT ...
 FROM(Select...
        from...
        where
       )a,
       (select...
         from a
         where...      참조불가
       )b                (X)
 ...
```
[일반 서브 쿼리]

```
WITH a AS(Select...
            from...
            where
          ),
     b AS(select...
            from a
            where...    참조가능
         )                (O)
...
SELECT ...
 FROM...
```
[WITH 절]

순환 서브 쿼리

WITH 절은 표준 SQL에 포함된 내용으로 다른 종류의 DBMS에서도 사용할 수 있으며 일명 순환 서브 쿼리(Recursive Subquery) 기능을 지원하고 있는데, 기존 오라클에서는 이 기능을 쓰지 못했다. 하지만 오라클 11gR2 버전부터는 WITH 절로 순환 쿼리 사용이 가능하다. 순환 서브 쿼리란 계층형 쿼리와 개념이 같다. 먼저 계층형 쿼리를 살펴 보자.

입력
```
SELECT department_id, LPAD(' ' , 3 * (LEVEL-1)) || department_name, LEVEL
  FROM departments
  START WITH parent_id IS NULL
  CONNECT BY PRIOR department_id  =parent_id;
```

WITH 절을 사용해 위 계층형 쿼리와 동일한 결과를 뽑아낼 수 있다.

입력
```
WITH recur( department_id, parent_id, department_name, lvl)
      AS ( SELECT department_id, parent_id, department_name, 1 AS lvl
             FROM departments
             WHERE parent_id IS NULL→START WITH parent_id IS NULL과 같음
             UNION ALL
            SELECT a.department_id, a.parent_id, a.department_name, b.lvl + 1
              FROM departments a, recur b
             WHERE a.parent_id = b.department_id
                  →CONNECT BY PRIOR department_id   = parent_id와 같음
         )
SELECT department_id, LPAD(' ' , 3 * (lvl-1)) || department_name, lvl
 FROM recur;
```

▼ **그림 7-14** WITH 절을 사용한 순환 서브 쿼리

DEPARTMENT_ID	LPAD('',3*(LVL-1))||DEPARTMENT_NAME	LVL
10	총무기획부	1
20	마케팅	2
30	구매/생산부	2
40	인사부	2
50	배송부	2
80	영업부	2
90	기획부	2
60	IT	3
70	홍보부	3
100	자금부	3
110	경리부	3
170	생산팀	3
180	건설팀	3
190	계약팀	3

레벨별로 조회되긴 했는데 출력 결과의 순서가 좀 이상하다. 계층형 쿼리에서는 자동으로 레벨에 따라 계층별로 조회되었지만, 순환 서브 쿼리에서는 단순히 레벨 순으로만 조회되었다. 뭔가 조치를 취해야 하는데 어떻게 해야 할까? 단순히 ORDER BY 절을 명시해서 해결될 문제는 아니고, 계층형 쿼리에서 사용했던 ORDER SIBLINGS BY 절과 같은 기능이 필요하다. 순환 서브 쿼리에서는 이 대신 SEARCH 구문을 사용한다. SERACH 구문의 용법은 다음과 같다.

- **DEPTH FIRST BY:** 같은 노드에 있는 로우, 즉 형제(sibling)로우 보다 자식 로우가 먼저 조회된다.
- **BREADTH FIRST BY:** 자식 로우보다 형제 로우가 먼저 조회된다.
- 같은 레벨에 있는 형제 로우일 때는 BY 다음에 명시한 컬럼 순으로 조회된다.
- SET 다음에는 가상 컬럼 형태로 최종 SELECT 절에서 사용할 수 있다.

위 내용에 맞게 쿼리를 다시 작성해 보자.

입력

```
WITH recur ( department_id, parent_id, department_name, lvl)
        AS ( SELECT department_id, parent_id, department_name, 1 AS lvl
               FROM departments
              WHERE parent_id IS NULL
             UNION ALL
             SELECT a.department_id, a.parent_id, a.department_name, b.lvl + 1
               FROM departments a, recur b
              WHERE a.parent_id = b.department_id
            )
SEARCH DEPTH FIRST BY department_id SET order_seq
SELECT department_id, LPAD(' ' , 3 * (lvl-1)) || department_name, lvl, order_seq
  FROM recur;
```

▼ 그림 7-15 SEARCH 구문을 사용한 순환 서브 쿼리

DEPARTMENT_ID	LPAD(' ',3*(LVL-1))||DEPARTMENT_NAME	LVL	ORDER_SEQ
10	총무기획부	1	1
20	마케팅	2	2
30	구매/생산부	2	3
170	생산팀	3	4
180	건설팀	3	5
200	운영팀	3	6
210	IT 지원	3	7
220	NOC	3	8
40	인사부	2	9
260	채용팀	3	10
50	배송부	2	11
80	영업부	2	12
190	계약팀	3	13
240	공공 판매사업팀	3	14

원하던 대로 결과가 조회되었다. 만약 SEARCH DEPTH FIRST BY 대신 SEARCH BREADTH FIRST BY를 사용하면 형제 로우, 즉 레벨 순서대로 조회된다. 또한 BY 다음에 department_name을 명시하면 같은 형제 로우끼리는 부서 명칭별로 순서가 바뀌어 조회된다. 컬럼을 바꿔가며 위 쿼리를 실행해서 그 차이점을 확실히 이해하자.

03 분석 함수와 window 함수

분석 함수Analytic Function란 테이블에 있는 로우에 대해 특정 그룹별로 집계 값을 산출할 때 사용된다. 집계 값을 구할 때 보통은 그룹 쿼리를 사용하는데, 이때 GROUP BY 절에 의해 최종 쿼리 결과는 그룹별로 로우 수가 줄어든다. 이에 반해, 집계 함수를 사용하면 로우의 손실 없이도 그룹별 집계 값을 산출해 낼 수 있다. 분석 함수에서 사용하는 로우별 그룹을 윈도우(window)라고 부르는데, 이는 집계 값 계산을 위한 로우의 범위를 결정하는 역할을 한다.

그럼 지금부터 분석 함수에 대해 자세히 알아보자. 분석 함수 구문은 다음과 같다.

```
분석 함수(매개변수) OVER
    (PARTITION BY expr1, expr2,...
        ORDER BY expr3, expr4...
     window 절)
```

- **분석 함수**: 분석 함수 역시 특정 그룹별 집계를 담당하므로 집계 함수에 속한다. 분석 함수 용도로 사용할 수 있는 함수에는 AVG, SUM MAX, MIN, COUNT, CUM_DIST, DENSE_RANK, PERCENT_RANK, FRIST, LAST, LAG, LEAD, ROW_NUMBER 등이 있다.
- **PARTITION BY 절**: 분석 함수로 계산될 대상 로우의 그룹(파티션)을 지정한다.
- **ORDER BY 절**: 파티션 안에서의 순서를 지정한다.
- **WINDOW 절**: 파티션으로 분할된 그룹에 대해서 더 상세한 그룹으로 분할할 때 사용된다. WINDOW 절과 함께 쓸 수 있는 분석 함수에는 AVG, CORR, COUNT, COVAR_POP, COVAR_SAMP, FIRST_VALUE, LAST_VALUE, MAX, MIN, NTH_VALUE, STDDEV 등이 있다.

분석 함수 구문은 크게 두 가지로 나눌 수 있다. 하나는 분석 함수이며 다른 하나는 OVER 키워드 뒤에 위치한 분석 함수 절이다. 분석 함수 절은 다시 PARTITION BY, ORDER BY, window 절로 나눌 수 있다. window 절 구문은 다시 여러 종류로 나뉘므로 자세한 내용은 예제를 통해 살펴볼 것이다. 먼저 대표적인 분석 함수에는 어떤 것들이 있는지 알아 보자.

분석 함수

① ROW_NUMBER( )

ROW_NUMBER는 ROWNUM 의사 컬럼과 비슷한 기능을 하는데, 파티션으로 분할된 그룹별로 각 로우에 대한 순번을 반환하는 함수다. 사원 테이블에서 부서별 사원들의 로우 수를 출력해 보자.

입력
```sql
SELECT department_id, emp_name,
       ROW_NUMBER() OVER (PARTITION BY department_id
                          ORDER BY department_id, emp_name )dep_rows
  FROM employees;
```

▼ 그림 7-16 ROW_NUMBER 함수

DEPARTMENT_ID	EMP_NAME	DEP_ROWS
10	Jennifer Whalen	1
20	Michael Hartstein	1
20	Pat Fay	2
30	Alexander Khoo	1
30	Den Raphaely	2
30	Guy Himuro	3
30	Karen Colmenares	4
30	Shelli Baida	5
30	Sigal Tobias	6
40	Susan Mavris	1
50	Adam Fripp	1
50	Alana Walsh	2

부서별 사원 리스트가 조회됐는데, dep_rows 컬럼에서 부서별로 순번이 조회되었다. 10번 부서에 속한 사원은 한 명이므로 순번은 1이지만 30번 부서는 1에서 4까지 순번이 매겨졌다. PARTITION BY 절에 부서번호를 명시해 부서별 파티션이 내부적으로 만들어졌고, 다시 이 파티션에서 사원명으로 정렬된 것이 보인다.

② RANK( ), DENSE_RANK( )

RANK 함수는 파티션별 순위를 반환한다. 부서별로 급여 순위를 매겨 보자.

입력
```
SELECT department_id, emp_name,
       salary,
       RANK() OVER (PARTITION BY department_id
                    ORDER BY salary )dep_rank
  FROM employees;
```

▼ 그림 7-17 RANK 함수

DEPARTMENT_ID	EMP_NAME	SALARY	DEP_RANK
10	Jennifer Whalen	4400	1
20	Pat Fay	6000	1
20	Michael Hartstein	13000	2
30	Karen Colmenares	2500	1
30	Guy Himuro	2600	2
30	Sigal Tobias	2800	3
30	Shelli Baida	2900	4
30	Alexander Khoo	3100	5
30	Den Raphaely	11000	6
40	Susan Mavris	6500	1
50	TJ Olson	2100	1
50	Steven Markle	2200	2
50	Hazel Philtanker	2200	2
50	Ki Gee	2400	4
50	James Landry	2400	4
50	Randall Perkins	2500	6
50	Martha Sullivan	2500	6

dep_rank 컬럼에서 부서별로 급여에 따라(ORDER BY salary) 순위가 매겨진 것이 보인다. 50번 부서에서 동일한 급여를 받는 사원은 동일한 순위가 반환됐는데(2위) 그 다음 순위는 한 번 건너뛰어(4위) 매겨졌다는 점에 유의하자. 만약 2위가 3명이라면 다음 순위는 5위가 될 것이다.

DENSE_RANK 함수는 RANK와 비슷하지만 같은 순위가 나오면 다음 순위가 한 번 건너뛰지 않고 매겨진다.

입력
```sql
SELECT department_id, emp_name,
salary,
DENSE_RANK() OVER (PARTITION BY department_id
                   ORDER BY salary )dep_rank
  FROM employees;
```

▼ 그림 7-18 DENSE_RANK 함수

DEPARTMENT_ID	EMP_NAME	SALARY	DEP_RANK
10	Jennifer Whalen	4400	1
20	Pat Fay	6000	1
20	Michael Hartstein	13000	2
30	Karen Colmenares	2500	1
30	Guy Himuro	2600	2
30	Sigal Tobias	2800	3
30	Shelli Baida	2900	4
30	Alexander Khoo	3100	5
30	Den Raphaely	11000	6
40	Susan Mavris	6500	1
50	TJ Olson	2100	1
50	Steven Markle	2200	2
50	Hazel Philtanker	2200	2
50	Ki Gee	2400	3
50	James Landry	2400	3
50	Randall Perkins	2500	4
50	Martha Sullivan	2500	4

위 결과를 보면 50번 부서에서 동일 순위인 2위 다음 순번이 4위가 아닌 3위로 반환됐음을 확인할 수 있다.

분석 함수는 응용 분야가 매우 많다. 예를 들어, 특정 조건에 맞는 상위 혹은 하위 n개의 데이터만 추출하는 TOP n 쿼리도 쉽게 작성할 수 있다. 각 부서별로 급여가 상위 3위까지인 사원을 추출하는 쿼리를 작성해 보자.

입력
```sql
SELECT *
  FROM ( SELECT department_id, emp_name,
                salary,
                DENSE_RANK() OVER (PARTITION BY department_id
                                   ORDER BY salary desc) dep_rank
           FROM employees
       )
 WHERE dep_rank<= 3;
```

▼ 그림 7-19 TOP n 쿼리

DEPARTMENT_ID	EMP_NAME	SALARY	DEP_RANK
10	Jennifer Whalen	4400	1
20	Michael Hartstein	13000	1
20	Pat Fay	6000	2
30	Den Raphaely	11000	1
30	Alexander Khoo	3100	2
30	Shelli Baida	2900	3
40	Susan Mavris	6500	1
50	Adam Fripp	8200	1
50	Matthew Weiss	8000	2
50	Payam Kaufling	7900	3
60	Alexander Hunold	9000	1
60	Bruce Ernst	6000	2
60	David Austin	4800	3
60	Valli Pataballa	4800	3
70	Hermann Baer	10000	1
80	John Russell	14000	1
80	Karen Partners	13500	2
80	Alberto Errazuriz	12000	3

급여가 높은 순서대로 순위를 매겨야 하므로 ORDER BY 절에서 내림차순으로 정렬시켰고, 서브 쿼리를 사용해 분석 함수 컬럼인 dep_rank 값이 3이하인 건을 걸러 냈다.

③ CUME_DIST( )와 PERCENT_RANK( )

CUME_DIST 함수는 주어진 그룹에 대한 상대적인 누적분포도 값을 반환한다. 분포도 값(비율)이므로 반환 값의 범위는 **0초과 1이하** 사이의 값을 반환한다. 부서별 급여에 따른 누적분포도 값을 구해보자.

입력
```
SELECT department_id, emp_name,
       salary,
       CUME_DIST() OVER (PARTITION BY department_id
                         ORDER BY salary )dep_dist
  FROM employees;
```

▼ 그림 7-20 CUME_DIST 함수

DEPARTMENT_ID	EMP_NAME	SALARY	DEP_DIST
10	Jennifer Whalen	4400	1
20	Pat Fay	6000	0.5
20	Michael Hartstein	13000	1
30	Karen Colmenares	2500	0.166666666666666666666666666666666667
30	Guy Himuro	2600	0.333333333333333333333333333333333333
30	Sigal Tobias	2800	0.5
30	Shelli Baida	2900	0.666666666666666666666666666666666667
30	Alexander Khoo	3100	0.833333333333333333333333333333333333
30	Den Raphaely	11000	1
40	Susan Mavris	6500	1
50	TJ Olson	2100	0.022222222222222222222222222222222222
50	Steven Markle	2200	0.066666666666666666666666666666666667
50	Hazel Philtanker	2200	0.066666666666666666666666666666666667
50	Ki Gee	2400	0.111111111111111111111111111111111111
50	James Landry	2400	0.111111111111111111111111111111111111
50	Randall Perkins	2500	0.222222222222222222222222222222222222
50	Martha Sullivan	2500	0.222222222222222222222222222222222222
50	Joshua Patel	2500	0.222222222222222222222222222222222222

10번 부서에서는 총 로우 개수가 한 개이므로 1을, 20번 부서는 로우 개수가 2이므로 급여순으로 0.5와 1을 반환했다. 30번 부서는 총 개수가 6이고 Karen Colmenares는 0.16, Guy Himuro는 0.33을 반환했다. 누적분포 값이므로 30번 부서에서 급여 순으로 Karen이 차지하는 비율은 16%이고, Karen과 Guy가 차지하는 비율은 33%이다. 즉 Guy의 급여 이하를 받는 사원은 30번 부서 전체를 기준으로 33%(2명 / 6명)라는 의미다.

PERCENT_RANK 함수는 해당 그룹 내의 백분위 순위Percentile Rank를 반환한다. 0초과 1이하의 누적분포 값을 반환하는 CUME_DIST와는 달리, PERCENT_RANK는 0이상 1이하 값을 반환한다. 백분위 순위란 그룹 안에서 해당 로우의 값보다 작은 값의 비율을 말한다. 60번 부서에 대한 CUME_DIST와 PERCENT_RANK 값을 조회해 보자.

입력

```
SELECT department_id, emp_name,
       salary,
       rank() OVER (PARTITION BY department_id
                    ORDER BY salary ) raking
       ,CUME_DIST() OVER (PARTITION BY department_id
                          ORDER BY salary )cume_dist_value
       ,PERCENT_RANK() OVER (PARTITION BY department_id
                             ORDER BY salary ) percentile
  FROM employees
 WHERE department_id = 60;
```

▼ 그림 7-21 PERCENT_RANK 함수와 CUME_DIST 함수

DEPARTMENT_ID	EMP_NAME	SALARY	RAKING	CUME_DIST_VALUE	PERCENTILE
60	Diana Lorentz	4200	1	0.2	0
60	David Austin	4800	2	0.6	0.25
60	Valli Pataballa	4800	2	0.6	0.25
60	Bruce Ernst	6000	4	0.8	0.75
60	Alexander Hunold	9000	5	1	1

위 결과를 보면 David과 Valli는 급여가 4,800으로 같아 순위가 2위, 이 두 사원의 급여보다 작은 사람은 1명이므로 백분위 순위(percentile) 값은 25% (1/4)가 된다. Bruce의 급여 6,000보다 작은 사원이 총 3명이므로 백분위 순위 값은 75% (3/4), Alexander는 100%가 된다. 백분위 순위란 개념 자체가 **자신(현재 로우)보다 작은 값의 비율**이므로 Alexander 보다 낮은 급여를 받는 비율이 100%라는 뜻은 60번 부서에서 급여가 가장 높음을 의미한다. 마찬가지로 가장 적은 월급을 받는 Diana는 자신보다 낮은 급여를 받는 사람이 없으므로 0%가 되는 것이다.

④ NTILE(expr)

NTILE 함수는 파티션별로 expr에 명시된 값만큼 분할한 결과를 반환한다. 예를 들어 한 그룹의 로우 수가 5이고 NITLE(5)라고 명시하면 정렬된 순서에 따라 1에서 5까지 숫자를 반환한다. 즉 주어진 그룹을 5개로 분리한다는 것인 데 여기서 분할하는 수를 버킷 수라고 한다. 버킷(bucket)이란 단어는 양동이라는 뜻이 있는데 5개의 양동이에 나눠 담는다고 이해하면 된다. 만약 로우 수가 5인데 NITLE(4)를 명시한다면 이는 5개의 로우를 4개의 양동이에 담는다는 의미이므로, 순서에 따라 처음 두 개의 로우는 1, 나머지 로우는 각각 2, 3, 4를 반환한다. 마찬가지로 로우 수가 6일 때는, 처음 두 로우는 1, 다음 두 로우는 2, 다섯 번째는 3, 여섯 번째 로우는 4를 반환한다. 30과 60번 부서에 이 함수를 적용해 보자.

입력

```
SELECT department_id, emp_name,
       salary
       ,NTILE(4) OVER (PARTITION BY department_id
                       ORDER BY salary
                      ) NTILES
  FROM employees
 WHERE department_id IN (30, 60) ;
```

▼ 그림 7-22 NITLE 함수

DEPARTMENT_ID	EMP_NAME	SALARY	NTILES
30	Karen Colmenares	2500	1
30	Guy Himuro	2600	1
30	Sigal Tobias	2800	2
30	Shelli Baida	2900	2
30	Alexander Khoo	3100	3
30	Den Raphaely	11000	4
60	Diana Lorentz	4200	1
60	Valli Pataballa	4800	1
60	David Austin	4800	2
60	Bruce Ernst	6000	3
60	Alexander Hunold	9000	4

매개변수에 로우 수보다 큰 수를 명시하면 (매개변수 – 로우 수)로 반환되는 수는 무시된다. 즉 로우 수가 4인데 NITLE(6)을 명시하면 실제로 반환되는 값은 1부터 4까지다.

⑤ LAG (expr, offset, default_value) , LEAD (expr, offset, default_value)

LAG와 LEAD 함수는 주어진 그룹과 순서에 따라 다른 로우에 있는 값을 참조할 때 사용되는데 LAG는 **선행 로우**의 값을, LEAD는 **후행 로우**의 값을 가져와 반환한다. offset은 선행과 후행 로우의 간격 수를 의미하며 디폴트 값은 1이다. 만약 offset 값을 2로 명시하면 2개의 로우씩 계산해, 각각 전전 로우와 다음 다음 로우 값을 참조한다. LAG와 LEAD 함수를 통해 참조되는 로우가 없을 때는 default_value로 명시한 값이 반환되는데, 이 매개변수의 디폴트 값은 0이다. 30번 부서에 속한 사원들의 입사일자별 급여를 LAG와 LEAD 함수로 산출해 보자.

입력

```sql
SELECT emp_name, hire_date, salary,
       LAG(salary, 1, 0)  OVER (ORDER BY hire_date) AS prev_sal,
       LEAD(salary, 1, 0) OVER (ORDER BY hire_date) AS next_sal
  FROM employees
 WHERE department_id = 30;
```

▼ 그림 7-23 LAG와 LEAD 함수

EMP_NAME	HIRE_DATE	SALARY	PREV_SAL	NEXT_SAL
Den Raphaely	2002/12/07 00:00:00	11000	0	3100
Alexander Khoo	2003/05/18 00:00:00	3100	11000	2800
Sigal Tobias	2005/07/24 00:00:00	2800	3100	2900
Shelli Baida	2005/12/24 00:00:00	2900	2800	2600
Guy Himuro	2006/11/15 00:00:00	2600	2900	2500
Karen Colmenares	2007/08/10 00:00:00	2500	2600	0

입사일자별로 정렬을 했는데, Sigal을 기준으로 보면 LAG은 이전 로우인 Alexander의 급여를 반환했고, LEAD는 Shelli의 급여를 반환했다. Den은 이전 로우가 없으므로 LAG는 default_value 값인 0, Karen은 이후 로우가 없으므로 LEAD 함수가 0을 반환했다. 만약 offset을 1이 아닌 2를 주면 두 로우씩 건너뛰어 결과를 반환한다.

입력

```sql
SELECT emp_name, hire_date, salary,
       LAG(salary, 2, 0)  OVER (ORDER BY hire_date) AS prev_sal,
       LEAD(salary, 2, 0) OVER (ORDER BY hire_date) AS next_sal
  FROM employees
 WHERE department_id = 30;
```

▼ 그림 7-24 offset이 2일 때 LAG와 LEAD 함수

EMP_NAME	HIRE_DATE	SALARY	PREV_SAL	NEXT_SAL
Den Raphaely	2002/12/07 00:00:00	11000	0	2800
Alexander Khoo	2003/05/18 00:00:00	3100	0	2900
Sigal Tobias	2005/07/24 00:00:00	2800	11000	2600
Shelli Baida	2005/12/24 00:00:00	2900	3100	2500
Guy Himuro	2006/11/15 00:00:00	2600	2800	0
Karen Colmenares	2007/08/10 00:00:00	2500	2900	0

window 절

지금까지 대표적인 분석 함수에 대해 알아 보았다. 이제부터는 window 절을 적용한 분석 함수에 대해 살펴 보자. window 절은 파티션으로 분할된 그룹에 대해 별도로 다시 그룹, 즉 부분 집합을 만드는 역할을 하며 구문 형식은 다음과 같다.

```
{ ROWS | RANGE }
   { BETWEEN {  UNBOUNDED PRECEDING
           | CURRENT ROW
           | value_expr{ PRECEDING| FOLLOWING}
         }
       AND { UNBOUNDED FOLLOWING
           | CURRENT ROW
           | value_expr{PRECEDING | FOLLOWING}
         }
|{ UNBOUNDED PRECEDING
   | CURRENT ROW
   | value_expr  PRECEDING}
}
```

- **ROWS:** 로우 단위로 window 절을 지정한다.
- **RANGE:** 로우가 아닌 논리적인 범위로 window 절을 지정한다.
- **BETWEEN~AND:** window 절의 시작과 끝 지점을 명시한다. BETWEEN을 명시하지 않고 두 번째 옵션만 지정하면이 지점이 시작 지점이 되고 끝 지점은 현재 로우가 된다.
- **UNBOUNDED PRECEDING:** 파티션으로 구분된 첫 번째 로우가 시작 지점이 된다.
- **UNBOUNDED FOLLOWING:** 파티션으로 구분된 마지막 로우가 끝 지점이 된다.
- **CURRENT ROW:** 시작 및 끝 지점이 현재 로우가된다.
- **value_expr PRECEDING:** 끝 지점일 경우, 시작 지점은 value_expr PRECEDING.
- **value_expr FOLLOWING:** 시작 지점일 경우, 끝 지점은 value_expr FOLLOWING.

30과 90번 부서 사원에 대한 급여를 window 절을 사용해 다양한 형식으로 산출해 보자.

입력

```sql
SELECT department_id, emp_name, hire_date, salary,
       SUM(salary) OVER (PARTITION BY department_id ORDER BY hire_Date
                         ROWS BETWEEN UNBOUNDED PRECEDING AND UNBOUNDED FOLLOWING
                        ) AS all_salary,
       SUM(salary) OVER (PARTITION BY department_id ORDER BY hire_Date
                         ROWS BETWEEN UNBOUNDED PRECEDING AND CURRENT ROW
                        ) AS first_current_sal,
       SUM(salary) OVER (PARTITION BY department_id ORDER BY hire_Date
                         ROWS BETWEEN CURRENT ROW AND UNBOUNDED FOLLOWING
                        ) AS current_end_sal
  FROM employees
 WHERE department_id IN (30, 90);
```

▼ 그림 7-25 window 절을 이용한 급여 합계

DEPARTMENT_ID	EMP_NAME	HIRE_DATE	SALARY	ALL_SALARY	FIRST_CURRENT_SAL	CURRENT_END_SAL
30	Den Raphaely	2002/12/07 00:00:00	11000	24900	11000	24900
30	Alexander Khoo	2003/05/18 00:00:00	3100	24900	14100	13900
30	Sigal Tobias	2005/07/24 00:00:00	2800	24900	16900	10800
30	Shelli Baida	2005/12/24 00:00:00	2900	24900	19800	8000
30	Guy Himuro	2006/11/15 00:00:00	2600	24900	22400	5100
30	Karen Colmenares	2007/08/10 00:00:00	2500	24900	24900	2500
90	Lex De Haan	2001/01/13 00:00:00	17000	58000	17000	58000
90	Steven King	2003/06/17 00:00:00	24000	58000	41000	41000
90	Neena Kochhar	2005/09/21 00:00:00	17000	58000	58000	17000

파티션은 부서별로 나눴고 정렬은 입사일자 순으로 되어 있다. all_salary 컬럼 값은 시작 위치가 UNBOUNDED PRECEDING, 즉 부서별 입사일자가 가장 빠른 사원, 끝 위치는 UNBOUNDED FOLLOWING, 입사일자가 가장 최근인 사원이 되어 부서별 급여 총합이 모든 로우에 걸쳐 출력되었다. first_current_sal 컬럼 값은 가장 입사가 빠른 사원부터 현재 로우까지이므로 사원별 급여의 누적 합계가 계산된 것을 알 수 있다. 반면 current_end_sal 컬럼 값은 현재 로우부터 입사가 가장 늦은 사원까지 급여 총합계가 계산되므로 누적 합계가 역으로 산출되었음을 확인할 수 있다.

이번에는 ROWS 대신 RANGE를 사용해 보자. RANGE는 로우 단위가 아니라 논리적 구간을 나누는데 ROWS에서 사용한 모든 옵션을 사용할 수 있을 뿐만 아니라, 숫자와 날짜 형태로 범위를 줄 수 있다. 다음의 쿼리를 살펴 보자.

입력
```sql
SELECT department_id, emp_name, hire_date, salary,
       SUM(salary) OVER (PARTITION BY department_id ORDER BY hire_Date
                         RANGE BETWEEN UNBOUNDED PRECEDING AND UNBOUNDED FOLLOWING
                         ) AS all_salary,
       SUM(salary) OVER (PARTITION BY department_id ORDER BY hire_Date
                         RANGE 365 PRECEDING
                         ) AS range_sal1,
       SUM(salary) OVER (PARTITION BY department_id ORDER BY hire_Date
                         RANGE BETWEEN 365 PRECEDING AND CURRENT ROW
                         ) AS range_sal2
  FROM employees
 WHERE department_id = 30;
```

▼ 그림 7-26 RANGE window 절 예제 1

DEPARTMENT_ID	EMP_NAME	HIRE_DATE	SALARY	ALL_SALARY	RANGE_SAL1	RANGE_SAL2
30	Den Raphaely	2002/12/07 00:00:00	11000	24900	11000	11000
30	Alexander Khoo	2003/05/18 00:00:00	3100	24900	14100	14100
30	Sigal Tobias	2005/07/24 00:00:00	2800	24900	2800	2800
30	Shelli Baida	2005/12/24 00:00:00	2900	24900	5700	5700
30	Guy Himuro	2006/11/15 00:00:00	2600	24900	5500	5500
30	Karen Colmenares	2007/08/10 00:00:00	2500	24900	5100	5100

range_sal1 컬럼은 BETWEEN을 명시하지 않았으므로 RANGE 365 PRECEDING이 시작 위치가 되고 끝 위치는 현재 로우가 된다. 그렇다면 **365 PRECEDING**의 의미는 뭘까? RANGE를 사용했을 때 **ORDER BY 절에서 사용한 컬럼 값에 대해 상수로 범위를 줄 수 있는데**, 입사일자로 정렬을 했으므로 365 PRECEDING은 각 로우의 입사일 기준으로 365일, 즉 1년 이하에 속하는 입사일을 가진 로우가 시작 위치가 된다. Den의 경우는 자신이 시작 위치가 되므로 11,000, Alexander는 Den의 입사일이 1년 이하에 속하므로 '11,000 + 3,100 = 14,100'으로 계산됐다. 하지만 Sigal의 입사일은 2005년 7월 24일이고 1년 이하에 속한 사원이 없으므로 자신의 급여인 2,800만 출력된 것이다. range_sal2는 BETWEEN을 명시했지만 끝 위치가 현재 로우이므로 range_sal1과 동일한 값을 계산해 보여주고 있다.

window 함수

모든 분석 함수를 window 절과 함께 사용할 수 있는 것은 아니다. 분석 함수 중 AVG, CORR, COUNT, FIRST_VALUE, LAST_VALUE, MAX, MIN, NTH_VALUE, STDEV, SUM, VARIANCE 등의 함수만 window절과 함께 사용할 수 있는데, 이들을 별도로 window 함수라고 부르기도 한다. 다른 함

수들에 대해서는 이전에 학습했으므로 여기서는 FIRST_VALUE, LAST_VALUE, NTH_VALUE에 대해 알아 보자.

① FIRST_VALUE(expr)와 LAST_VALUE(expr)

함수 명칭만 봐도 유추할 수 있듯이 주어진 그룹 상에서 FIRST_VALUE는 가장 첫 번째 값을, LAST_VALUE는 가장 마지막 값을 반환한다.

입력

```sql
SELECT department_id, emp_name, hire_date, salary,
       FIRST_VALUE(salary) OVER (PARTITION BY department_id ORDER BY hire_Date
                          ROWS BETWEEN UNBOUNDED PRECEDING AND UNBOUNDED FOLLOWING
                          ) AS all_salary,
       FIRST_VALUE(salary) OVER (PARTITION BY department_id ORDER BY hire_Date
                          ROWS BETWEEN UNBOUNDED PRECEDING AND CURRENT ROW
                          ) AS fr_st_to_current_sal,
       FIRST_VALUE(salary) OVER (PARTITION BY department_id ORDER BY hire_Date
                          ROWS BETWEEN CURRENT ROW AND UNBOUNDED FOLLOWING
                          ) AS fr_current_to_end_sal
  FROM employees
 WHERE department_id IN (30, 90);
```

▼ **그림 7-27** FIRST_VALUE 함수

DEPARTMENT_ID	EMP_NAME	HIRE_DATE	SALARY	ALL_SALARY	FR_ST_TO_CURRENT_SAL	FR_CURRENT_TO_END_SAL
30	Den Raphaely	2002/12/07 00:00:00	11000	11000	11000	11000
30	Alexander Khoo	2003/05/18 00:00:00	3100	11000	11000	3100
30	Sigal Tobias	2005/07/24 00:00:00	2800	11000	11000	2800
30	Shelli Baida	2005/12/24 00:00:00	2900	11000	11000	2900
30	Guy Himuro	2006/11/15 00:00:00	2600	11000	11000	2600
30	Karen Colmenares	2007/08/10 00:00:00	2500	11000	11000	2500
90	Lex De Haan	2001/01/13 00:00:00	17000	17000	17000	17000
90	Steven King	2003/06/17 00:00:00	24000	17000	17000	24000
90	Neena Kochhar	2005/09/21 00:00:00	17000	17000	17000	17000

부서별 입사일자 순으로 정렬되어 있으므로, 30번 부서의 첫 번째 값은 11,000, 90번 부서의 17,000이 all_salary 컬럼 값에 나와 있다. 30번 부서는 fr_st_current_sal은 그룹의 시작 지점인 Den부터 현재 로우까지 대상으로 첫 번째 값을 추출하므로 모두 11,000이지만, fr_current_to_end_sal 컬럼 값은 현재 로우부터 끝 지점인 Karen까지가 대상으로 첫 번째 값을 추출하므로 자신의 급여가 계산되어 출력되었음을 알 수 있다.

LAST_VALUE 함수는 마지막 값을 보여준다는 점만 제외하면 FIRST_VALUE 함수와 동작 방식은 같다.

입력
```
SELECT department_id, emp_name, hire_date, salary,
       LAST_VALUE(salary) OVER (PARTITION BY department_id ORDER BY hire_Date
                           ROWS BETWEEN UNBOUNDED PRECEDING AND UNBOUNDED FOLLOWING
                                ) AS all_salary,
       LAST_VALUE(salary) OVER (PARTITION BY department_id ORDER BY hire_Date
                           ROWS BETWEEN UNBOUNDED PRECEDING AND CURRENT ROW
                                ) AS fr_st_to_current_sal,
       LAST_VALUE(salary) OVER (PARTITION BY department_id ORDER BY hire_Date
                           ROWS BETWEEN CURRENT ROW AND UNBOUNDED FOLLOWING
                                ) AS fr_current_to_end_sal
  FROM employees
 WHERE department_id IN (30, 90);
```

▼ 그림 7-28 LAST_VALUE 함수

DEPARTMENT_ID	EMP_NAME	HIRE_DATE	SALARY	ALL_SALARY	FR_ST_TO_CURRENT_SAL	FR_CURRENT_TO_END_SAL
30	Den Raphaely	2002/12/07 00:00:00	11000	2500	11000	2500
30	Alexander Khoo	2003/05/18 00:00:00	3100	2500	3100	2500
30	Sigal Tobias	2005/07/24 00:00:00	2800	2500	2800	2500
30	Shelli Baida	2005/12/24 00:00:00	2900	2500	2900	2500
30	Guy Himuro	2006/11/15 00:00:00	2600	2500	2600	2500
30	Karen Colmenares	2007/08/10 00:00:00	2500	2500	2500	2500
90	Lex De Haan	2001/01/13 00:00:00	17000	17000	17000	17000
90	Steven King	2003/06/17 00:00:00	24000	17000	24000	17000
90	Neena Kochhar	2005/09/21 00:00:00	17000	17000	17000	17000

② NTH_VALUE (measure_expr, n)

NTH_VALUE 함수는 주어진 그룹에서 n번째 로우에 해당하는 measure_expr 값을 반환한다. 30, 90 번 부서별로 두 번째에 해당하는 급여를 뽑아 보자.

입력
```
SELECT department_id, emp_name, hire_date, salary,
       NTH_VALUE(salary, 2) OVER (PARTITION BY department_id ORDER BY hire_Date
                           ROWS BETWEEN UNBOUNDED PRECEDING AND UNBOUNDED FOLLOWING
                                ) AS all_salary,
       NTH_VALUE(salary, 2) OVER (PARTITION BY department_id ORDER BY hire_Date
                           ROWS BETWEEN UNBOUNDED PRECEDING AND CURRENT ROW
                                ) AS fr_st_to_current_sal,
       NTH_VALUE(salary,2 ) OVER (PARTITION BY department_id ORDER BY hire_Date
                           ROWS BETWEEN CURRENT ROW AND UNBOUNDED FOLLOWING
                                ) AS fr_current_to_end_sal
  FROM employees
 WHERE department_id IN (30, 90) ;
```

▼ 그림 7-29 NTH_VALUE 함수

DEPARTMENT_ID	EMP_NAME	HIRE_DATE	SALARY	ALL_SALARY	FR_ST_TO_CURRENT_SAL	FR_CURRENT_TO_END_SAL
30	Den Raphaely	2002/12/07 00:00:00	11000	3100	(null)	3100
30	Alexander Khoo	2003/05/18 00:00:00	3100	3100	3100	2800
30	Sigal Tobias	2005/07/24 00:00:00	2800	3100	3100	2900
30	Shelli Baida	2005/12/24 00:00:00	2900	3100	3100	2600
30	Guy Himuro	2006/11/15 00:00:00	2600	3100	3100	2500
30	Karen Colmenares	2007/08/10 00:00:00	2500	3100	3100	(null)
90	Lex De Haan	2001/01/13 00:00:00	17000	24000	(null)	24000
90	Steven King	2003/06/17 00:00:00	24000	24000	24000	17000
90	Neena Kochhar	2005/09/21 00:00:00	17000	24000	24000	(null)

30번 부서는 all_salary 컬럼 값으로 두 번째에 해당하는 Alexander의 급여가 모든 로우에 걸쳐 출력되었다. Den은 fr_st_to_current_sal 컬럼 값이 NULL인데, 이는 처음부터 현재 로우까지를 대상으로 두 번째 로우를 가져와야 하는데 두 번째 로우가 없기 때문에 NULL이 나온 것이다. 마찬가지로 Karen은 현재 로우부터 끝 지점까지를 대상으로 하면 두 번째 로우가 없기 때문에 fr_current_to_end_sal 값이 NULL로 출력되었다.

기타 분석 함수

앞에서 다루지는 않았지만 추가로 몇 가지 유용한 함수에 대해 알아 보자.

① WIDTH_BUCKET (expr, min_value, max_value, num_buckets)

WIDTH_BUCKET 함수는 분석 함수에 속하지는 않지만, NTILE 함수와 용도가 비슷하다. WIDTH_BUCKET 함수는 NTILE처럼 분할 결과를 반환하는데, 다른 점은 expr 값에 따라 최솟값(min_value)과 최댓값(max_value)을 주어 num_buckets 수만큼 분할한다. 60번 부서에 대해 NTILE과 WIDTH_BUCKET 함수를 비교해 보자.

```
SELECT department_id, emp_name,
       salary
      ,NTILE(4) OVER (PARTITION BY department_id
                      ORDER BY salary
                     ) NTILES
      ,WIDTH_BUCKET(salary, 1000, 10000, 4)widthbuacket
  FROM employees
 WHERE department_id = 60;
```

▼ 그림 7-30 WIDTH_BUCKET 함수

DEPARTMENT_ID	EMP_NAME	SALARY	NTILES	WIDTHBUACKET
60	Diana Lorentz	4200	1	2
60	David Austin	4800	1	2
60	Valli Pataballa	4800	2	2
60	Bruce Ernst	6000	3	3
60	Alexander Hunold	9000	4	4

WIDTH_BUCKET 함수는 급여를 1,000에서 10,000까지 네 구간으로 나눈다는 의미이며 따라서 급여가 1 ~ 2,500이면 1, 2,501~5,000이면 2, 5,001~ 7,500이면 3, 7,501 ~ 10,000이면 4로 결과를 반환한다. Diana, David, Valli는 급여가 2 구간에 속하고, Bruce는 3 구간, Alexander는 4 구간에 속함을 알 수 있다. NTILE은 파티션에 속한 로우의 수를 기준으로 나누지만, WIDTH_BUCKET은 매개변수에 따라 나뉜다는 점을 명심하자.

② FIRST와 LAST

FISTST와 LAST 함수는 MIN, MAX, SUM, AVG, COUNT, VARIANCE, STDDEV 같은 집계 함수와 같이 사용되어 주어진 그룹에 대해 **내부적으로 순위를 매겨 결과를 산출**하는 함수다. 이 두 함수의 특징은 A란 컬럼을 기준으로 순위를 매긴 다음 B란 컬럼 값으로 집계한 결과를 뽑아낼 수 있다. 예를 들어, kor_loan_status 테이블에서 월별 대출잔액이 최소인 지역과 최대인 지역을 한 번에 조회하는 쿼리를 작성해야 한다면 다음과 같이 WITH 절을 사용하면 된다.

입력

```
WITH basis AS ( SELECT period, region, SUM(loan_jan_amt) jan_amt
                  FROM kor_loan_status
                 GROUP BY period, region
              ),
     basis2 as ( SELECT period, MIN(jan_amt) min_amt, MAX(jan_amt) max_amt
                   FROM basis
                  GROUP BY period
               )
 SELECT a.period,
        b.region "최소지역", b.jan_amt "최소금액",
        c.region "최대지역", c.jan_amt "최대금액"
   FROM basis2 a, basis b, basis c
  WHERE a.period   = b.period
    AND a.min_amt  = b.jan_amt
    AND a.period   = c.period
    AND a.max_amt  = c.jan_amt
 ORDER BY 1, 2;
```

▼ 그림 7-31 월별 최대, 최소 대출잔액과 지역

PERIOD	최소지역	최소금액	최대지역	최대금액
201111	세종	0	서울	334208.7
201112	세종	0	서울	334728.3
201210	세종	2562.7	서울	330654.3
201211	세종	2769.2	서울	330594
201212	세종	2833.4	서울	331572.3
201310	세종	4141.5	서울	332984.9
201311	세종	4264.8	서울	334062.7

쿼리가 좀 복잡한데, FIRST와 LAST 함수를 이용하면 좀더 간단히 변경할 수 있다.

입력

```
WITH basis AS (
             SELECT period, region, SUM(loan_jan_amt) jan_amt
               FROM kor_loan_status
              GROUP BY period, region
             )
SELECT a.period,
       MIN(a.region) KEEP ( DENSE_RANK FIRST ORDER BY jan_amt) "최소지역",
       MIN(jan_amt) "최소금액",
       MAX(a.region) KEEP ( DENSE_RANK LAST ORDER BY jan_amt) "최대지역",
       MAX(jan_amt) "최대금액"
  FROM basis a
 GROUP BY a.period
 ORDER BY 1, 2;
```

▼ 그림 7-32 FIRST/LAST를 이용한 월별 최대, 최소 대출잔액과 지역

PERIOD	최소지역	최소금액	최대지역	최대금액
201111	세종	0	서울	334208.7
201112	세종	0	서울	334728.3
201210	세종	2562.7	서울	330654.3
201211	세종	2769.2	서울	330594
201212	세종	2833.4	서울	331572.3
201310	세종	4141.5	서울	332984.9
201311	세종	4264.8	서울	334062.7

DENSE_RANK FIRST ORDER BY jan_amt란 jan_amt 값 기준으로 정렬을 해서 순위를 매긴 다음 그 첫 번째 값을 가져오고, 마찬가지로 DENSE_RANK LAST ORDER BY jan_amt는 마지막 값을 가져온다는 의미다. 금액을 기준으로 정렬시켜 첫째와 마지막 값을 계산해 내고 해당 값과 같은 지역을 추출한 것이다.

③ RATIO_TO_REPORT (expr)

RATIO_TO_REPORT 함수는 주어진 그룹에 대해 expr 값의 합을 기준으로 각 로우의 상대적 비율을 반환하는 함수다. 30, 90번 부서 사원의 급여가 해당 부서 전체를 기준으로 몇 퍼센트인지 추출해 보자.

입력
```sql
SELECT department_id, emp_name, hire_date, salary,
       ROUND(RATIO_TO_REPORT(salary) OVER (PARTITION BY department_id)
            ,2) * 100 AS salary_percent
  FROM employees
 WHERE department_id IN (30, 90);
```

▼ 그림 7-33 RATIO_TO_REPORT 함수

DEPARTMENT_ID	EMP_NAME	HIRE_DATE	SALARY	SALARY_PERCENT
30	Alexander Khoo	2003/05/18 00:00:00	3100	12
30	Guy Himuro	2006/11/15 00:00:00	2600	10
30	Sigal Tobias	2005/07/24 00:00:00	2800	11
30	Den Raphaely	2002/12/07 00:00:00	11000	44
30	Karen Colmenares	2007/08/10 00:00:00	2500	10
30	Shelli Baida	2005/12/24 00:00:00	2900	12
90	Lex De Haan	2001/01/13 00:00:00	17000	29
90	Neena Kochhar	2005/09/21 00:00:00	17000	29
90	Steven King	2003/06/17 00:00:00	24000	41

부서별로 파티션을 나눈 뒤 RATIO_TO_REPORT 함수를 사용해 급여의 비율을 구했다. 30번 부서에서는 가장 많은 급여를 받는 Den이 부서 전체 급여를 기준으로 대략 44%를 차지하는 것을 알 수 있다.

지금까지 고급 SQL 문장에 대해 살펴 보았는데, 처음 접하는 독자 입장에서는 좀 어려운 개념일 수 있다. 책에 나온 내용을 토대로 기본 개념을 습득하고 다양하게 응용해 보면 생각보다는 어렵지 않게 자신의 것으로 소화해 낼 수 있을 것이다.

04 | 다중 테이블 INSERT

마지막으로 알아 볼 다중 테이블 INSERT 구문은 단 하나의 INSERT 문장으로 여러 개의 INSERT 문을 수행하는 효과를 낼 수 있을 뿐만 아니라 특정 조건에 맞는 데이터만 특정 테이블에 입력되게 할 수 있는 문장이다. 먼저 다중 테이블 INSERT 문의 구문을 살펴 보자.

```
INSERT ALL| FIRST
WHEN 조건1 THEN
  INTO [스키마.]테이블명(컬럼1, 컬럼2, ...) VALUES(값1, 값2, ...)
WHEN 조건2 THEN
  INTO [스키마.]테이블명(컬럼1, 컬럼2, ...) VALUES(값1, 값2, ...)
    ...
  ELSE
    INTO [스키마.]테이블명(컬럼1, 컬럼2, ...) VALUES(값1, 값2, ...)
SELECT 문;
```

- **ALL**: 디폴트 값으로 이후 WHEN 조건절을 명시했을 때 각 조건이 맞으면 INSERT를 모두 수행하라는 의미다.
- **FIRST**: 이후 WHEN 절 조건식에 따른 INSERT문을 수행할 때, 서브 쿼리로 반환된 로우에 대해 조건이 참인 WHEN 절을 만나면 해당 INSERT문을 수행하고 나머지에 대해서는 조건 평가를 하지 않고 끝낸다.
- **WHEN 조건 THEN … ELSE**: 특정 조건에 따라 INSERT를 수행할 때 해당 조건을 명시.
- **SELECT 문**: 다중 테이블 INSERT 구문에서는 반드시 서브 쿼리가 동반되어야 하며, 서브 쿼리의 결과를 조건에 따라 평가해 데이터를 INSERT 한다.

여기까지만 보면 아직 감이 오지 않을 것이다. 어떤 식으로 활용하고 사용하는지 각 유형별로 살펴보기로 하자.

여러 개의 INSERT문을 한 번에 처리

먼저 실습을 위한 대상 테이블을 만들어 보자.

입력
```
CREATE TABLE ex7_3 (
       emp_id     NUMBER,
       emp_name   VARCHAR2(100));
```

결과
table ex7_3이(가) 생성되었습니다.

입력
```
CREATE TABLE ex7_4 (
       emp_id     NUMBER,
       emp_name   VARCHAR2(100));
```

결과
table EX7_4이(가) 생성되었습니다.

ex7_3 테이블에 두 개의 로우를 입력해야 한다면 다음과 같이 두 개의 INSERT문을 사용하면 된다.

입력
```sql
INSERT INTO ex7_3 VALUES (101, '홍길동');
```

결과

1개 행 이(가) 삽입되었습니다.

입력
```sql
INSERT INTO ex7_3 VALUES (102, '김유신');
```

결과

1개 행 이(가) 삽입되었습니다.

하지만 다음과 같이 INSERT ALL 구문을 사용하면 한 번에 여러 개의 로우를 입력할 수 있다.

입력
```sql
INSERT ALL
  INTO ex7_3 VALUES (103, '강감찬')
  INTO ex7_3 VALUES (104, '연개소문')
SELECT *
  FROM DUAL;
```

결과

2개 행 이(가) 삽입되었습니다.

다중 테이블 INSERT 구문을 사용할 때 반드시 서브 쿼리가 동반되어야 하므로 위 쿼리에서는 맨 마지막에 의미 없는 DUAL을 선택하도록 했다. 다음과 같이 문장을 작성해도 위와 동일한 결과를 얻을 수 있다.

입력
```sql
INSERT ALL
  INTO ex7_3 VALUES (emp_id, emp_name)
SELECT 103 emp_id, '강감찬' emp_name
  FROM DUAL
 UNION ALL
SELECT 104 emp_id, '연개소문' emp_name
  FROM DUAL;
```

결과

2개 행 이(가) 삽입되었습니다.

이처럼 다중 테이블 INSERT 구문은 여러 개의 INSERT문을 한 문장으로 처리할 수 있기도 하지만, 이와 동시에 여러 개의 테이블에 INSERT를 수행할 수도 있다. 이번에는 ex7_3 뿐만 아니라 ex7_4 테이블에도 데이터를 넣어 보자.

입력
```
INSERT ALL
  INTO ex7_3 VALUES (105, '가가가')
  INTO ex7_4 VALUES (105, '나나나')
SELECT *
  FROM DUAL;
```

결과

2개 행 이(가) 삽입되었습니다.

두 테이블의 데이터를 확인해 보면 데이터가 정상적으로 입력된 것을 볼 수 있다.

조건에 따른 다중 INSERT

이번에는 다중 테이블 INSERT 구문에 조건절을 추가하고 서브 쿼리도 활용해 조건에 따라 데이터를 입력해 보도록 하자. 먼저 이전에 사용했던 두 테이블을 깨끗이 비우자.

입력
```
TRUNCATE TABLE ex7_3;
```

결과

table EX7_3이(가) 잘렸습니다.

입력
```
TRUNCATE TABLE ex7_4;
```

결과

table EX7_4이(가) 잘렸습니다.

이번에는 서브 쿼리를 사용할 것이므로 사원 테이블에서 부서번호가 30번과 90번에 속하는 사원의 사번과 이름을 선택해 30번 부서 사원들은 ex7_3 테이블에, 90번 부서 사원들은 ex7_4 테이블에 INSERT 하는 구문을 만들어 보자.

입력
```
INSERT ALL
  WHEN department_id = 30 THEN
    INTO ex7_3 VALUES (employee_id, emp_name)
  WHEN department_id = 90 THEN
    INTO ex7_4 VALUES (employee_id, emp_name)
SELECT department_id,
       employee_id, emp_name
  FROM employees;
```

결과
9개 행 이(가) 삽입되었습니다.

두 테이블의 데이터를 확인해 보면 성공적으로 입력된 것을 볼 수 있다. 첫 번째 WHEN 조건에서 부서번호가 30인지 체크해 이에 해당하는 로우는 ex7_3 테이블에 들어가고, 두 번째 WHEN 조건에서 부서번호가 90인지 체크해 이에 해당하는 로우는 ex7_4 테이블에 입력된다. 그렇다면 나머지 부서의 사원들은 어떻게 될까? 나머지 부서 사원들에 대한 조건이 없으므로 아무 일도 일어나지 않는다. 만약 나머지 부서원들을 별도의 테이블에 넣고 싶다면 ELSE 절을 명시하면 된다. 먼저 ex7_5 테이블을 만들자.

입력
```
CREATE TABLE ex7_5 (
        emp_id      NUMBER,
        emp_name    VARCHAR2(100));
```

결과
table ex7_5이(가) 생성되었습니다.

이제 ELSE 절을 추가해 나머지 부서 사원들은 ex7_5 테이블에 넣어 보자.

입력
```
INSERT ALL
  WHEN department_id = 30 THEN
    INTO ex7_3 VALUES (employee_id, emp_name)
  WHEN department_id = 90 THEN
    INTO ex7_4 VALUES (employee_id, emp_name)
  ELSE
    INTO ex7_5 VALUES (employee_id, emp_name)
SELECT department_id,
       employee_id, emp_name
  FROM employees;
```

결과
107개 행 이(가) 삽입되었습니다.

총 107개의 행이 입력되었다. 즉 사원 테이블 전체 건수가 예제 테이블에 나뉘어 들어간 것이다.

입력
```
SELECT COUNT(*)
FROM EX7_5;
```

결과
```
COUNT(*)
----------
        98
```

그리고 데이터를 확인해 보면 예상한 대로 30과 90 부서에 속하지 않은 사원들은 모두 ex7_5 테이블에 입력된 것을 알 수 있다.

마지막으로 알아 볼 내용은 INSERT ALL 대신 **INSERT FIRST**를 사용하는 형태다. ALL과 FIRST의 차이점은 입력되는 대상 로우를 기준으로 WHEN 조건에 맞으면 처리하는 방식에 있다. 만약 FIRST를 명시했다면 첫 번째로 조건 값이 TRUE가 될 때 해당 로우가 입력되고 끝난다. 만약 그 다음 WHEN 조건 결과가 TRUE가 되더라도 이미 이전 단계에서 입력이 됐으므로 그 로우는 추가로 입력되지 않는다. 예제를 통해 FIRST의 쓰임새를 알아보자. 다시 ex7_3, ex7_4, ex7_5 테이블을 비우고 사원 테이블에서 30번 부서에 속한 사원을 선택해 보자.

입력
```
SELECT department_id, employee_id, emp_name,  salary
  FROM employees
 WHERE department_id = 30;
```

▼ 그림 7-34 30번 부서 사원 리스트

DEPARTMENT_ID	EMPLOYEE_ID	EMP_NAME	SALARY
30	114	Den Raphaely	11000
30	115	Alexander Khoo	3100
30	116	Shelli Baida	2900
30	117	Sigal Tobias	2800
30	118	Guy Himuro	2600
30	119	Karen Colmenares	2500

이 중에서 사번이 116번 보다 작은 사원은 ex7_3 테이블에, 급여가 5000보다 작은 사원은 ex7_4 테이블에 넣으려면 다음과 같이 문장을 작성하면 된다.

입력
```
INSERT ALL
  WHEN employee_id< 116 THEN
    INTO ex7_3 VALUES (employee_id, emp_name)
  WHEN  salary< 5000 THEN
    INTO ex7_4 VALUES (employee_id, emp_name)
SELECT department_id, employee_id, emp_name,  salary
  FROM employees
 WHERE department_id = 30;
```

결과
7개 행 이(가) 삽입되었습니다.

데이터가 어떻게 들어갔는지 두 테이블을 조회해 보자.

입력
```
SELECT *
  FROM ex7_3;
```

결과
```
EMP_ID  EMP_NAME
------  ----------------
   114  Den Raphaely
   115  Alexander Khoo
```

입력
```
SELECT *
  FROM ex7_4;
```

결과
```
EMP_ID EMP_NAME
------ ----------------
   115 Alexander Khoo
   116 Shelli Baida
   117 Sigal Tobias
   118 Guy Himuro
   119 Karen Colmenares
```

정상적으로 데이터가 입력되었는데 눈여겨 볼 부분은, 115번 Alexander는 사번이 116번 이하이므로 ex7_3 테이블에도 입력됐고 급여가 3100으로 5000보다 작아서 ex7_4 테이블에도 입력됐다는 점이다. 그런데 만약 INSERT ALL 대신 INSERT FIRST를 사용하면 어떻게 될까? ROLLBACK문을 실행해 테이블을 초기 상태로 되돌린 후 다음 문장을 실행해 보자.

입력

```
INSERT FIRST
  WHEN employee_id < 116 THEN
    INTO ex7_3 VALUES (employee_id, emp_name)
  WHEN  salary < 5000 THEN
    INTO ex7_4 VALUES (employee_id, emp_name)
SELECT department_id, employee_id, emp_name,  salary
  FROM employees
 WHERE department_id = 30;
```

결과

6개 행 이(가) 삽입되었습니다.

INSERT ALL은 총 입력된 로우가 7개였는데 FIRST를 사용하니 1개 줄었다. 어떻게 된 일일까? 앞에서도 설명했듯이 FIRST는 로우 기준으로 첫 번째 조건을 만족하면 그 다음 조건은 건너 뛰게 된다. 따라서 두 가지 조건에 모두 해당되는 115번인 Alexander는 FIRST를 사용하면 맨 처음 조건만 적용되어 ex7_3 테이블에는 들어가고 두 번째 조건은 적용되지 않아 ex7_4 테이블에는 입력되지 않는다. 두 테이블을 다시 조회해 보자.

입력

```
SELECT *
  FROM ex7_3;
```

결과

```
EMP_ID EMP_NAME
--------------------
114     DenRaphaely
115     Alexander Khoo
```

입력

```
SELECT *
FROM ex7_4;
```

결과

```
EMP_ID EMP_NAME
------ ------------------------
116     Shelli Baida
117     Sigal Tobias
118     Guy Himuro
119     Karen Colmenares
```

다중 테이블 INSERT 구문은 의외로 개발자들 사이에 그리 널리 알려져 있지 않아 잘 사용되는 편은 아니다. 하지만 가끔씩 요긴하게 써먹을 수 있는 유용한 구문이므로 기억해 두도록 하자.

핵심정리

1 계층형 쿼리는 계층별로 레벨을 만들어 계층형 구조로 데이터를 추출하는 쿼리다.

2 계층형 쿼리에서 최상위 레벨은 START WITH 절, 부모와 자식 관계는 CONNECT BY PRIOR 절에 기술한다.

3 WITH 절은 기존 서브 쿼리의 한계를 극복하고 하나의 서브 쿼리를 다른 서브 쿼리에서 참조를 가능케 한다.

4 WITH 절을 이용해 순환 서브 쿼리를 만들 수 있다.

5 분석 함수는 로우의 손실없이 추가로 그룹을 만들어 집계 값을 뽑아낼 수 있는데, 분석 함수, PARTITION BY 절, window 절로 구성된다.

6 window 절은 PARTITON BY 절에 의해 만들어진 그룹인 파티션을 다시 세부적으로 나누어 계산할 때 사용되며, window 절과 같이 사용할 수 있는 분석 함수를 window 함수라고도 한다.

7 오라클에서 제공하는 분석 함수들로 다양한 종류의 집계 값과 통계 정보를 추출해 낼 수 있다.

8 다중 테이블 INSERT 구문은 한 번에 여러 개의 INSERT문을 수행하는 효과를 주며 조건에 따라 여러 개의 테이블에 동시에 입력할 수도 있다.

Self-Check

1. 계층형 쿼리 응용편에서 LISTAGG 함수를 사용해 다음과 같이 로우를 컬럼으로 분리했다.

    입력
    ```
    SELECT department_id,
    LISTAGG(emp_name, ',') WITHIN GROUP (ORDER BY emp_name) as empnames
        FROM employees
        WHERE department_id IS NOT NULL
        GROUP BY department_id;
    ```

    LISTAGG 함수 대신 계층형 쿼리, 분석 함수를 사용해서 위 쿼리와 동일한 결과를 산출하는 쿼리를 작성해 보자.

2. 다음 쿼리는 사원 테이블에서 JOB_ID가 'SH_CLERK'인 사원을 조회하는 쿼리다.

    입력
    ```
    SELECT employee_id, emp_name, hire_date
    FROM employees
    WHERE job_id = 'SH_CLERK'
    ORDER By hire_date;
    ```

    결과
    ```
    EMPLOYEE_ID  EMP_NAME            HIRE_DATE
    -----------  ------------------  --------------------
    184          NanditaSarchand     2004/01/27 00:00:00
    192          Sarah Bell          2004/02/04 00:00:00
    185          Alexis Bull         2005/02/20 00:00:00
    193          Britney Everett     2005/03/03 00:00:00
    188          Kelly Chung         2005/06/14 00:00:00
    ....
    ....
    199          Douglas Grant       2008/01/13 00:00:00
    183          Girard Geoni        2008/02/03 00:00:00
    ```

    사원 테이블에서 퇴사일자(retire_date)는 모두 비어 있는데, 위 결과에서 사원번호가 184번인 사원의 퇴사일자는 다음으로 입사일자가 빠른 192번 사원의 입사일자라고 가정해서 다음과 같은 형태로 결과를 추출하도록 쿼리를 작성해 보자(입사일자가 가장 최근인 183번 사원의 퇴사일자는 NULL이다).

    결과
    ```
    EMPLOYEE_ID  EMP_NAME            HIRE_DATE            RETIRE_DATE
    -----------  ------------------  -------------------  -------------------
    184          NanditaSarchand     2004/01/27 00:00:00  2004/02/04 00:00:00
    192          Sarah Bell          2004/02/04 00:00:00  2005/02/20 00:00:00
    185          Alexis Bull         2005/02/20 00:00:00  2005/03/03 00:00:00
    193          Britney Everett     2005/03/03 00:00:00  2005/06/14 00:00:00
    188          Kelly Chung         2005/06/14 00:00:00  2005/08/13 00:00:00
    ....
    ....
    199          Douglas Grant       2008/01/13 00:00:00  2008/02/03 00:00:00
    183          Girard Geoni        2008/02/03 00:00:00
    ```

3. sales 테이블에는 판매 데이터, customers 테이블에는 고객정보가 있다. 2001년 12월(SALES_MONTH = '200112') 판매 데이터 중 현재일자를 기준으로 고객의 나이(customers.cust_year_of_birth)를 계산해서 다음과 같이 연령대별 매출금액을 보여주는 쿼리를 작성해 보자.

```
결과
------------------------
연령대    매출금액
------------------------
10대     xxxxxx
20대     ....
30대     ....
40대     ....
------------------------
```

4. 3번 문제를 이용해 월별로 판매금액이 가장 하위에 속하는 대륙 목록을 뽑아보자.

   (대륙 목록은 countries 테이블의 country_region에 있으며, country_id 컬럼으로 customers 테이블과 조인을 해서 구한다).

```
결과
-------------------------------------
매출월      지역(대륙)      매출금액
-------------------------------------
199801     Oceania        xxxxxx
199803     Oceania        xxxxxx
...
-------------------------------------
```

5. 5장 연습문제 5번의 정답 결과를 이용해 다음과 같이 지역별, 대출종류별, 월별 대출잔액과 지역별 파티션을 만들어 대출 종류별 대출잔액의 퍼센트(%)를 구하는 쿼리를 작성해보자.

```
결과
----------------------------------------------------------------------------------------
지역   대출종류      201111          201112    201210   201211   201212   201310   201311
----------------------------------------------------------------------------------------
서울   기타대출      73996.9( 36% )
서울   주택담보대출  130105.9( 64% )
부산
...
...
----------------------------------------------------------------------------------------
```

둘째 마당

복잡한 비즈니스 로직을 처리하는 PL/SQL

오라클 DB를 사용해 프로그래밍을 한다는 것은 기술적으로 보면 크게 SQL과 PL/SQL을 작성하는 것으로 나눌 수 있다. 다른 일반적인 프로그래밍 언어와 달리 SQL은 집합적 언어로 특정 조건에 맞는 데이터를 한 번에 처리하는 특징이 있는 반면, PL/SQL은 SQL의 집합적 언어의 특징도 있고 절차적 처리도 가능하다. 따라서 DB 내부에서 복잡한 비즈니스 로직을 처리할 때 PL/SQL은 단연 돋보이는 존재라 할 수 있다. 그럼 지금부터 PL/SQL의 세계로 들어가 보자.

PL/SQL의 구조와 구성요소 살펴 보기

PL/SQL은 집합적 언어와 절차적 언어의 특징을 모두 가지고 있다고 앞서 설명했다. 전자는 SQL을 사용할 수 있기 때문이고, 후자는 일반 프로그래밍 언어처럼 변수에 값을 할당하고 예외처리도 할 수 있으며 특정 기능을 처리하는 함수나 프로시저를 만들 수 있는 기능을 제공하기 때문이다. PL/SQL이 일반 프로그래밍 언어와 다른 점은 모든 코드가 DB 내부에서 만들어져 처리됨으로써 수행 속도와 성능 측면에서 큰 장점이 있다는 점이다. 이번 장에서는 이러한 PL/SQL을 배울 때 가장 기초적인 뼈대를 이루는 PL/SQL의 구조와 구성요소에 대해 살펴 보자.

01 PL/SQL 기본 구조
02 PL/SQL 구성요소

01 | PL/SQL 기본 구조

앞에서 SQL 전반에 대해 살펴보았고, 여기에서는 PL/SQL 프로그램의 기본 구조와 구성요소에 대해 배울 것이다.

'DB 프로그래밍'이라 하면 SQL을 사용한 DML문을 사용하는 것을 지칭할 수도 있지만, 실제 복잡한 비즈니스 로직을 만드는 것은 PL/SQL을 사용해 구현하는 것이 보통이다. PL/SQL은 일반 프로그래밍 언어에서 제공하는 많은 기능이 탑재되어 있다. 다른 프로그래밍 언어와 다른 점은 PL/SQL은 DB에 직접 탑재되어 컴파일되고 실행되어 성능 면에서도 우수하고, DB 관련 처리를 할 때 수많은 기능을 제공한다.

블록

PL/SQL 소스 프로그램의 기본 단위를 **블록**(Block)이라고 하는데, 블록은 선언부, 실행부, 예외 처리부로 구성된다. 이 블록은 다시 이름이 없는 블록과 이름이 있는 블록으로 구분할 수 있는데 전자에 속하는 것이 익명 블록이며, 함수, 프로시저, 패키지 등이 후자에 속한다. PL/SQL의 블록 구조는 다음과 같다.

```
이름부
IS(AS)
    선언부
BEGIN
    실행부
EXCEPTION
    예외 처리부
END;
```

❶ **이름부**: 블록의 명칭이 오는데, 생략할 때는 익명 블록이 된다.

❷ **선언부**: DECLARE로 시작되며, 실행부와 예외 처리부에서 사용할 각종 변수, 상수, 커서 등을 선언한다. 중요한 점은 변수 선언이나 실행부와 예외 처리부에서 사용하는 각종 문장의 끝에 반드시 **세미콜론**(;)을 찍어야 한다는 것이다. 세미콜론이 없으면 오류가 발생한다. 사용할 변수나 상수가 없다면 선언부를 생략할 수 있다.

❸ **실행부**: 실제 로직을 처리하는 부분이다. 이 부분에는 각종 문장(일반 SQL문, 조건문, 반복문 등)이 올 수 있고, 이러한 문장을 사용해 비즈니스 로직을 구현하는 것이다. 하지만 SQL 문장 중 DDL문은 사용할 수 없고 DML 문만 사용할 수 있으며 모든 문장의 끝에는 세미콜론을 붙여야 한다.

❹ **예외 처리부:** EXCEPTION 절로 시작되는 부분으로 실행부에서 로직을 처리하다가 오류가 발생하면 처리할 내용을 기술하는 부분으로 예외 처리부는 생략이 가능하다. '예외처리' 장에서 자세히 설명하겠지만, PL/SQL에서 말하는 오류는 크게 두 가지로 나눌 수 있다. PL/SQL 코드 컴파일 과정에서 발생하는 오류와 런타임, 즉 실행 과정에서 발생하는 오류가 있는데, 예외(exception)이란 바로 런타임 오류를 말하는 것으로 예외 처리부에서는 런타임 오류가 발생했을 때 처리할 부분을 기술한다. 예를 들어, 매개변수로 다른 임의의 수를 나누는 로직이 있는데 만약 이 매개변수에 0이 들어오면 오류가 발생할 것이다. 이때 "0으로 나눌 수 없습니다"라는 메시지를 보여주는 처리를 예외 처리부에 기술해 주는 것이다.

익명 블록

그럼 이름이 없는 익명 블록 anonymous block 을 사용해 PL/SQL 코드를 작성해 보자. 먼저 변수를 선언하고 값을 할당해 이 값을 출력하는 익명 블록을 만들어 보자.

입력
```
SQL> DECLARE
  2      vi_num NUMBER;
  3  BEGIN
  4      vi_num := 100;
  5
  6      DBMS_OUTPUT.PUT_LINE(vi_num);
  7  END;
  8  /
```

결과
PL/SQL 처리가 정상적으로 완료되었습니다.

위 코드를 SQL*Plus 상에서 실행시키면 "PL/SQL 처리가 정상적으로 완료되었습니다."란 메시지가 나오는데, 이는 성공적으로 컴파일이 완료됐다는 뜻이다. 익명 블록은 컴파일이 완료됨과 동시에 실행까지 완료된다.

먼저 선언부부터 간략히 살펴보자. DECLARE 다음에 실행부에서 사용할 변수를 선언했다. 변수를 선언할 때도 끝에 반드시 세미콜론(;)을 붙여야 한다. PL/SQL에서는 SQL에서 사용하는 모든 데이터 타입을 사용할 수 있다. 위 코드에서는 vi_num이란 NUMBER 형 변수를 선언했는데, PL/SQL에서 값의 할당은 다른 프로그래밍 언어와 달리 등호(=)가 아닌 ':=' 이다. 즉 특정 변수에 ':='를 기준으로 오른쪽 값을 왼쪽에 할당한다는 뜻이다.

BEGIN으로 시작되는 실행부에서는 vi_num 변수에 100을 할당하고 나서, DBMS_OUTPUT. PUT_LINE이란 함수의 매개변수로 이 변수를 전달했다. DBMS_OUTPUT 패키지에 대해서는 이후 자세히 살펴 볼 텐데, 지금 당장은 괄호 안에 있는 매개변수 값을 출력하는 기능을 갖고 있다고만 알아 두자.

그런데 앞의 결과를 보면 정상적으로 처리되었다고만 했지 값은 출력되지 않았다. DBMS_OUTPUT 패키지를 사용해 값을 보려면 특별한 처리를 해줘야 한다. SQL*PLUS 상에서 다음 명령어를 입력 후 다시 실행해 보자.

입력

```
SQL> SET SERVEROUTPUT ON
SQL> DECLARE
  2      vi_num NUMBER;
  3    BEGIN
  4      vi_num := 100;
  5
  6      DBMS_OUTPUT.PUT_LINE(vi_num);
  7    END;
  8  /
100
```

결과

PL/SQL 처리가 정상적으로 완료되었습니다.

실행 부분의 맨 끝을 보면 100이 출력되었는데, 만약 현재 로그온 한 SQL*Plus를 종료하고 다시 접속한다면 "SET SERVEROUTPUT ON"이란 명령어를 다시 실행해야 출력 결과를 볼 수 있다. 참고로 SQL*Plus 상에서 PL/SQL 블록을 실행했을 때 총 소요시간도 알 수 있는데, 이를 위해서는 SET TIMING ON 명령어를 실행하면 된다.

입력

```
SQL> SET SERVEROUTPUT ON
SQL> SET TIMING ON
SQL> DECLARE
  2      vi_num NUMBER;
  3    BEGIN
  4      vi_num := 100;
  5
  6      DBMS_OUTPUT.PUT_LINE(vi_num);
  7    END;
  8  /
100
```

결과

PL/SQL 처리가 정상적으로 완료되었습니다.
경 과 : 00:00:00.06

이제 SQL Developer 상에서 이 익명 블록을 실행해 보자. SQL Developer 상에서 실행 결과를 보려면, [보기-DBMS 출력] 메뉴를 선택해야 한다. 이 메뉴를 선택하면 별도의 출력 창이 나오는데 여기서 왼쪽 상단의 연두색 '+'기호를 클릭하면 출력 내용을 볼 수 있다.

▼ 그림 8-1 SQL Developer 상에서 DBMS 출력 창

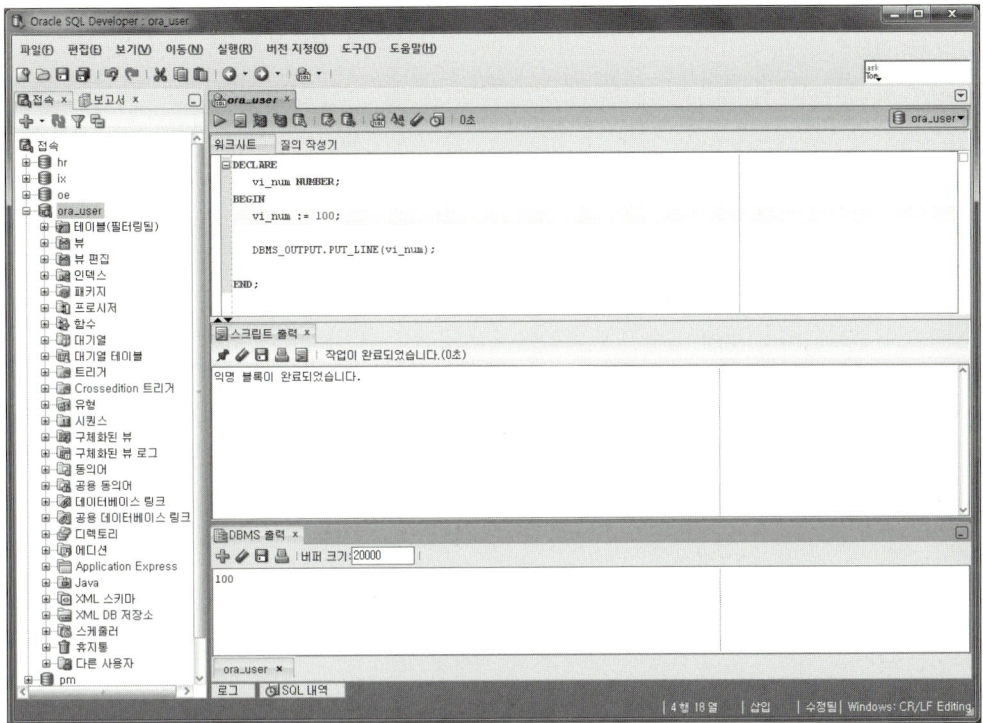

02 PL/SQL 구성요소

PL/SQL의 블록에는 다양한 요소들이 올 수 있는데, 이들에 대해 하나씩 살펴 보자.

변수

변수는 다른 프로그래밍 언어에서 사용하는 변수와 개념이 같으며 선언부에서 변수 선언을 하고 실행부에서 사용한다. 변수 선언 방식은 다음과 같다.

```
변수명 데이터타입 := 초깃값;
```

변수 선언과 동시에 초깃값을 할당할 수 있는데, 초깃값을 할당하지 않으면 데이터 타입에 상관없이 그 변수의 초깃값은 NULL이 된다. 물론 선언부에서는 선언만 하고 실행부에서 초깃값을 할당하기도 한다.

변수로 선언할 수 있는 데이터 타입은 크게 두 가지로 구분할 수 있는데, 하나는 SQL 데이터 타입이고 다른 하나는 PL/SQL 데이터 타입이다. 사실 이 두 가지를 엄격히 구분하지는 않는다. 왜냐하면 PL/SQL 데이터 타입에는 SQL 데이터 타입이 포함되어 있기 때문이다. SQL 데이터 타입은 2장에서 알아 봤으니, 이를 제외한 나머지 PL/SQL 데이터 타입인 BOOLEAN, PLS_INTEGER, BINARY_INTEGER 등에 대해 알아 보자.

BOOLEAN 타입은 어떤 값이 참인지 거짓인지 판별할 때 사용하며, TRUE, FALSE, NULL 세 가지 값을 갖고 있다. **PLS_INTEGER**는 −2,147,483,648에서 2,147,483,647까지 범위를 가진 숫자 타입으로, NUMBER 형에 비해 내부적으로 저장 공간을 덜 차지한다. BINARY_INTEGER는 PLS_INTEGER 타입과 동일하다. 이 외에도 커서 타입, RECORD 타입 등이 있는데 이들에 대해서는 이후에 다루도록 하자.

PLS_INTEGER 타입에는 하위 데이터 타입이 존재하는데 그 내역은 다음과 같다.

▼ 표 8-1 PLS_INTEGER 하위 타입

데이터 타입	설명
NATURAL	PLS_INTEGER 중 음수 제외 (0 포함)
NATURALN	PLS_INTEGER 중 음수 제외인데 NULL 할당 불가, 반드시 선언 시 초기화 필요
POSITIVE	PLS_INTEGER 중 양수 (0 미포함)
POSITIVEN	PLS_INTEGER 중 양수인데 NULL 할당 불가, 반드시 선언 시 초기화 필요
SIGNTYPE	PLS_INTEGER 중 -1, 0, 1
SIMPLE_INTEGER	PLS_INTEGER 중 NULL이 아닌 모든 값, 반드시 선언 시 초기화 필요

상수

상수는 변수와는 달리 한 번 값을 할당하면 변하지 않는다. 상수 선언도 변수 선언과 비슷하다.

```
상수명 CONSTANT 데이터타입 := 상수값;
```

상수를 선언할 때는 반드시 CONSTANT란 키워드를 붙여 변수와 구분하며, 선언할 때 반드시 초기화해야 하고 실행부에서 상수를 다른 값으로 변경할 수 없다. 왜냐하면 말 그대로 상수는 상수니까!

상수는 특정 값을 할당해 놓고 실행부에서 사용하고자 할 때 사용된다. 예를 들어, 2.01이란 특정 변환 값이 있다고 하자. 실행부에서 이 값을 곱해서 연산을 하는 부분이 많은데, 만약 이 값이 3.01로 변경이 됐다면 코드 전체를 훑어 2.01을 3.01로 수정한 뒤 다시 컴파일해야 한다. 즉 이 값을 100번 사용했다면 100번 수정해야 한다는 뜻이다. 하지만 이 값을 상수로 만들면, 값이 바뀌더라도 선언부에서 한 번만 바꾸면 된다.

연산자

PL/SQL 블록에서는 모든 SQL 연산자를 사용할 수 있으며, 연산자 우선순위는 다음과 같다.

▼ 표 8-2 연산자 우선순위

연산자	설명
**	제곱 연산자
+, -	양수, 음수 식별 연산자
*, /	곱셈, 나눗셈
+, -, ||	덧셈, 뺄셈, 문자열 연결 연산자
=, <, >, <=, >=, <>, !=, ~=, ^=, IS NULL, LIKE, BETWEEN, IN	비교 연산자
NOT	논리 연산자
AND	논리 연산자
OR	논리 연산자

우선순위가 가장 높은 '**' 연산자는 제곱 연산자를 뜻하는데 PL/SQL에서만 사용할 수 있다. 예를 들어, 2**3는 2의 3제곱을 뜻한다. 다음 익명 블록을 실행해 보자.

입력
```
DECLARE
  a INTEGER := 2**2*3**2;
BEGIN
  DBMS_OUTPUT.PUT_LINE('a = ' || TO_CHAR(a));
END;
```

결과
```
a = 36
```

2**2*3**2에서 '**' 연산자가 우선순위가 있으므로, 풀어 쓰면 $(2^2 * 3^2) = (4*9) = 36$이 될 것이다.

[표 8-2]에서 두 값이 같지 않음을 나타내는 비동등 연산자 '〈〉', '!=', '~=', '^=' 네 가지 모두를 사용할 수 있다는 점을 알아두자.

AND, OR, NOT 논리 연산자는 그 값에 따라 반환하는 연산 결과를 정리해 보면 다음과 같다.

▼ 표 8-3 논리 연산자 연산 결과

x	y	x AND y	x OR y	NOT x
TRUE	TRUE	TRUE	TRUE	FALSE
TRUE	FALSE	FALSE	TRUE	FALSE
TRUE	NULL	NULL	TRUE	FALSE
FALSE	TRUE	FALSE	TRUE	TRUE
FALSE	FALSE	FALSE	FALSE	TRUE
FALSE	NULL	FALSE	NULL	TRUE
NULL	TRUE	NULL	TRUE	NULL
NULL	FALSE	FALSE	NULL	NULL
NULL	NULL	NULL	NULL	NULL

주석

PL/SQL뿐만 아니라 SQL 구문에서도 주석을 사용할 수 있다. 한 줄 전체를 주석 처리할 때는 맨 앞에 '--'를 명시하고, 여러 줄의 코드에 주석을 붙일 때는 주석 처리할 부분의 처음과 끝에 '/*'와 '*/'를 붙인다.

입력

```
DECLARE
    -- 한 줄 주석, 변수 선언
    a INTEGER := 2**2*3**2;
BEGIN
    /* 실행부
        DBMS_OUTPUT을 이용한 변수 값 출력
    */
    DBMS_OUTPUT.PUT_LINE('a = ' || TO_CHAR(a));
END;
```

DML문

PL/SQL 블록 상에서 사용하는 변수, 상수, 연산자는 사실 부차적인 용도로 사용될 뿐이다. 실제로 PL/SQL 블록을 작성하는 원래의 목적은 테이블 상에 있는 데이터를 이리저리 가공해서 특정 로직에 따라 무언가를 처리하는 것이며, 따라서 주로 사용되는 것은 SQL문이다. SQL문 중 DDL은 PL/SQL 상에서 직접 쓸 수 없고(물론 전혀 방법이 없는 것은 아니다) DML문만 사용한다.

예를 들어, 사원 테이블에서 특정 사원의 이름과 부서명을 가져와 출력하는 코드를 작성한다고 해 보자.

입력
```
DECLARE
  vs_emp_name   VARCHAR2(80);      -- 사원명 변수
  vs_dep_name   VARCHAR2(80);      -- 부서명 변수
BEGIN
  SELECT a.emp_name, b.department_name
    INTO vs_emp_name, vs_dep_name
    FROM employees a,
         departments b
   WHERE a.department_id = b.department_id
     AND a.employee_id = 100;

  DBMS_OUTPUT.PUT_LINE(vs_emp_name || ' - ' || vs_dep_name);
END;
```

결과
```
Steven King - 기획부
```

vs_emp_name와 vs_dep_name라는 두 개의 변수를 선언한 뒤, 사원 테이블에서 사번이 100인 사원의 이름과 부서명을 가져와 변수에 할당한 뒤 출력하였다. 여기에서 중요한 점은, 테이블에 있는 데이터를 선택해 변수에 할당할 때는 **SELECT 문에서 INTO절을 사용**한다는 점이다. 이때 선택하는 컬럼에 따라 변수의 순서, 개수, 데이터 타입을 반드시 맞춰 줘야 한다.

또한 사원 테이블의 사원명과 부서명 타입을 동일하게 맞춰서 변수를 선언했는데, 변수의 개수가 많아지면 해당 컬럼에 대응되는 변수 타입을 일일이 찾기가 번거로울 수 있다. 이럴 때는 다음과 같이 **%TYPE** 키워드를 쓰면 해당 변수에 컬럼 타입을 자동으로 가져온다.

> 변수명 테이블명.컬럼명%TYPE;

입력
```
DECLARE
  vs_emp_name  employees.emp_name%TYPE;
  vs_dep_name  departments.department_name%TYPE;
BEGIN
  SELECT a.emp_name, b.department_name
    INTO vs_emp_name, vs_dep_name
    FROM employees a,
         departments b
   WHERE a.department_id = b.department_id
     AND a.employee_id = 100;

  DBMS_OUTPUT.PUT_LINE(vs_emp_name || ' - ' || vs_dep_name);
END;
```

결과

Steven King - 기획부

%TYPE 키워드를 사용하면, 일일이 변수 타입을 찾는 번거로움도 제거하고 데이터 타입을 잘못 선언할 위험도 없앨 수 있으므로 매우 유용한 기능 중 하나다. PL/SQL 내에서는 SELECT문 외에도 INSERT, UPDATE, MERGE, DELETE문도 쓸 수 있으며 이들에 대해서는 이후 다양한 예제를 통해 살펴볼 것이다.

PRAGMA 키워드

PRAGMA란 다른 프로그래밍 언어에서도 사용되는데, 컴파일러가 실행되기 전에 처리하는 전처리기 역할을 한다. PRAGMA를 사용하면 컴파일러는 런타임 때와는 다른 결과를 내도록 동작한다. 즉 컴파일할 때 뭔가를 처리하라고 컴파일러에게 지시하는 역할을 하는데, PL/SQL 블록의 선언부에 명시하며 사용법은 다음과 같다.

① PRAGMA AUTONOMOUS_TRANSACTION

트랜잭션 처리를 담당하는데, 주 트랜잭션이나 다른 트랜잭션에 영향을 받지 않고 독립적으로 현재 블록 내부에서 데이터베이스에 가해진 변경사항을 COMMIT이나 ROLLBACK 하라는 지시를 하는 역할을 한다.

② PRAGMA EXCEPTION_INIT(예외명, 예외번호)

사용자 정의 예외 처리를 할 때 사용되는데, 특정 예외번호를 명시해서 컴파일러에 이 예외를 사용한다는 것을 알리는 역할을 한다.

③ PRAGMA RESTRICT_REFERECES (서브 프로그램명, 옵션)

오라클 패키지를 사용할 때 선언해 놓으면 패키지에 속한 서브 프로그램(주로 함수에 사용)에서 옵션 값에 따라 특정 동작을 제한할 때 사용된다. 예를 들어, RNDS란 옵션을 주면 해당 서브 프로그램에서 테이블 데이터 쿼리를 제한하고, WNDS 옵션을 주면 테이블 데이터를 조작하지 못한다.

④ PRAGMA SERIALLY_RESUABLE

패키지 메모리 관리를 쉽게 할 목적으로 사용되며, 패키지에 선언된 변수에 대해 한 번 호출된 후 메모리를 해제시킨다. 즉 이 옵션을 설정하면 패키지 변수에 값을 할당하더라도 다음 번에 호출할 때는 할당한 값에 대한 메모리를 해제시켜 해당 변수는 초기화 값이나 NULL 값이 된다.

네 가지 옵션 중 ③번 옵션은 현장에서 사용빈도가 그리 높지 않으므로 이 정도 소개하는 선에서 마무리 짓고, ①, ②, ④번에 대해서는 이후에 다시 자세히 다루도록 하겠다.

라벨

PL/SQL 프로그램 상에서 특정 부분에 이름을 부여할 수 있는데, 이를 라벨이라 하고 《라벨명》 형태로 사용한다. 라벨 이름은 재량껏 줄 수 있으며 이렇게 부여한 특정 라벨로 이동도 가능하다.

라벨을 붙이는 이유는 PL/SQL 코드가 길어질 때 특정 블록 단위로 라벨을 붙이면 가독성도 좋고 소스 관리도 쉽기 때문이다. 또한 코드 상에서 특정 조건에 따라 GO TO 문으로 이후 로직을 처리하지 않고 특정 라벨로 이동할 수도 있고, 반복문에 라벨을 붙이면 이 역시 조건에 따라 EXIT 문으로 해당 반복문 블록을 빠져 나오게 할 수도 있다.

> **Knowhow** | **SQL과 PL/SQL 데이터 타입별 길이**

이 장의 앞 부분에서 SQL에서 사용할 수 있는 데이터 타입은 PL/SQL에서도 사용할 수 있다고 언급한 적이 있다. 그런데 같은 데이터 타입이라도 SQL과 PL/SQL에서 사용할 수 있는 크기는 다르다. 결론부터 말하면 PL/SQL에서 훨씬 더 큰 크기로 사용할 수 있다. 예를 들어, VARCHAR2 타입은 SQL에서는 최대 크기가 4000 byte였다. 하지만 PL/SQL에서는 VARCHAR2 타입을 32KB(32, 767 byte)까지 사용할 수 있다.

예제를 통해 확인해 보자. 먼저 VARCHAR2 컬럼을 가진 테이블을 4000 byte 이상 길이로 생성해보자.

입력
```
CREATE TABLE ch08_varchar2 (
    VAR1 VARCHAR2(5000));
```

결과
SQL 오류: ORA-00910: 데이터형에 지정된 길이가 너무 깁니다.

예상대로 오류가 발생했다. 4001 byte로 생성해도 오류가 나므로 4000 byte로 생성해 보자.

입력
```
CREATE TABLE ch08_varchar2 (
    VAR1 VARCHAR2(4000));
```

결과
table CH08_VARCHAR2이(가) 생성되었습니다.

이제 ch08_varchar2 테이블의 var1 컬럼에 정확히 4000 byte 길이의 데이터를 넣겠다(4000 글자 짜리 문자열이 너무 길어 아래에서는 간단히 INSERT문만 표기했고 이 장의 소스코드에 전체 코드가 나와 있다).

입력
```
INSERT INTO ch08_varchar2 (VAR1)
VALUES ('...');
```

결과
1개 행 이(가) 삽입되었습니다.

입력
```
COMMIT;
```

결과
커밋되었습니다.

이제 PL/SQL 익명 블록을 만들어 VARCHAR2 타입의 최대 길이를 살펴 보자.

입력

```
DECLARE
    vs_sql_varchar2    VARCHAR2(4000);
    vs_plsql_varchar2 VARCHAR2(32767);
BEGIN

  -- ch08_varchar2 테이블의 값을 변수에 담는다.
  SELECT VAR1
    INTO vs_sql_varchar2
    FROM ch08_varchar2;

  -- PL/SQL 변수에 4000 BYTE 이상 크기의 값을 넣는다.
  vs_plsql_varchar2 := vs_sql_varchar2 || ' - ' || vs_sql_varchar2 || ' - '
                    || vs_sql_varchar2;

  -- 각 변수 크기를 출력한다.
  DBMS_OUTPUT.PUT_LINE('SQL VARCHAR2 길이 : ' || LENGTHB(vs_sql_varchar2));
  DBMS_OUTPUT.PUT_LINE('PL/SQL VARCHAR2 길이 : ' || LENGTHB(vs_plsql_varchar2));
END;
```

결과

```
SQL VARCHAR2 길이 : 4000
PL/SQL VARCHAR2 길이 : 12006
```

위 익명 블록을 보면 알겠지만 PL/SQL에서는 VARCHAR2 타입의 변수를 선언해 4000 byte 이상의 값을 집어 넣을 수 있다. PL/SQL에서는 VARCHAR2 외의 다른 타입도 SQL에 비해 최대 크기가 큰데, 이들을 정리하면 다음과 같다.

▼ 표 8-4 PL/SQL과 SQL의 데이터 타입 최대 크기

데이터 타입	PL/SQL 최대 크기	SQL 최대 크기
CHAR	32,767 byte	2,000 byte
NCHAR	32,767 byte	2,000 byte
RAW	32,767 byte	2,000 byte
VARCHAR2	32,767 byte	4,000 byte
NVARCHAR2	32,767 byte	4,000 byte
LONG	32,767 byte	2 GB - 1
LONG RAW	32,767 byte	2 GB
BLOB	128 TB	4 GB -1
CLOB	128 TB	4 GB -1
NCLOB	128 TB	4 GB -1

핵심정리

1 PL/SQL의 가장 작은 프로그램 단위를 블록이라고 한다.

2 이름이 없는 블록을 익명 블록이라 하고, 나머지 이름이 있는 블록에는 함수, 프로시저, 패키지 등이 있다.

3 PL/SQL 블록은 선언부, 실행부, 예외 처리부로 구성되는데, 선언부와 예외 처리부는 생략이 가능하다.

4 선언부에서는 변수와 상수, 커서 등을 선언할 수 있다. 변수는 선언할 때 초기화가 가능하다.

5 상수는 선언 시 반드시 초기화해야 하며, 한번 초기화한 상수는 변경할 수 없다.

6 테이블의 컬럼과 연계된 변수나 상수 선언 시 %TYPE 키워드를 사용하면 자동으로 데이터 타입을 맞출 수 있다.

7 PL/SQL 블록에서는 SQL에서 사용된 모든 데이터 타입과 연산자를 사용할 수 있다.

8 PRAGMA 키워드를 사용해 특정 목적에 맞게 컴파일러에서 지시할 수 있으며, 라벨을 붙여 사용할 수 있다.

Self-Check

1. 구구단 중 3단을 출력하는 익명 블록을 만들어 보자.

2. 사원 테이블에서 201번 사원의 이름과 이메일 주소를 출력하는 익명 블록을 만들어 보자.

3. 사원 테이블에서 사원번호가 제일 큰 사원을 찾아낸 뒤, 이 '번호+1'번으로 아래의 사원을 사원 테이블에 신규 입력하는 익명 블록을 만들어 보자.

```
<사원명>   : Harrison Ford
<이메일>   : HARRIS
<입사일자> : 현재일자
<부서번호> : 50
```

9장

PL/SQL 제어문과 함수, 프로시저 알아 보기

이번 장에서는 PL/SQL의 기본 구조와 구성요소의 연장선 상에서 PL/SQL에서 제공하는 제어문에 대해 살펴볼 것이다. PL/SQL의 제어문은 사용법 측면에서 약간의 차이만 있을 뿐이지 다른 프로그래밍 언어에서 제공하고 있는 문장과 유사하므로 학습하는 데 큰 어려움은 없을 것이다. 제어문에 대한 학습이 끝나면 PL/SQL의 꽃이라 할 수 있는 함수와 프로시저에 대해 다룰 것이다. 익명 블록과 달리 함수와 프로시저는 데이터베이스 내에 저장되고 컴파일되므로 언제든지 재사용이 가능한 프로그램으로 함수나 프로시저를 만드는 것이 곧 DB 프로그래밍의 시작이라고 할 수 있다.

01 PL/SQL 제어문
02 PL/SQL의 사용자 정의 함수
03 프로시저

01. PL/SQL 제어문

절차적 언어인 PL/SQL은 다른 프로그래밍 언어에서 제공하는 다양한 처리문들을 포함하는데 이들을 통칭해 PL/SQL 제어문이라고 한다. 제어문에는 특정 조건에 맞을 때 처리하는 조건문, 반복 처리 시 사용하는 반복문, GOTO나 NULL과 같은 순차적 제어문이 있다. 이들에 대해 하나씩 살펴 보자.

IF문

특정 조건에 따라 처리를 하는 것을 조건문이라 하는데 그 대표적인 것이 바로 IF 문이며 그 구조는 다음과 같다.

```
<조건이 1개일 경우>
IF 조건 THEN
    조건 처리;
END IF;

<조건이 2개일 경우>
IF 조건 THEN
    조건 처리 1;
ELSE
    조건 처리2;
END IF;

<조건이 n개일 경우>
IF 조건1 THEN
    조건 처리1;
ELSIF 조건2 THEN
    조건 처리2;
    ...
ELSE
    조건 처리n;
END IF;
```

IF 다음에 오는 조건 값이 참, 즉 TRUE이면 해당 조건 처리 문장이 실행된다. IF문의 용법은 프로그래밍 언어에 따라 조금씩 차이가 있는데 오라클에서는 조건 다음에는 THEN을, 문장 맨 마지막에는 END IF를 명기해야 한다. 또한 조건이 1개 이상이면 ELSE IF가 아닌 ELSIF를 사용한다. 그럼 두 변수를 선언해 초기화한 뒤 둘 중 큰 수를 출력하는 로직을 IF문을 사용해 구현해 보자.

입력
```
DECLARE
  vn_num1 NUMBER := 1;
  vn_num2 NUMBER := 2 ;
BEGIN
  IF vn_num1 >= vn_num2 THEN
      DBMS_OUTPUT.PUT_LINE(vn_num1 ||'이 큰 수');
  ELSE
      DBMS_OUTPUT.PUT_LINE(vn_num2 ||'이 큰 수');
  END IF;
END;
```

결과
2이 큰 수

vn_num2가 vn_num1보다 크므로 ELSE 부분으로 제어가 넘어가 실행된 것을 확인할 수 있다. 이번에는 조건이 여러 개인 IF문을 살펴 보자.

입력
```
DECLARE
  vn_salary NUMBER := 0;
  vn_department_id NUMBER := 0;
BEGIN
  vn_department_id := ROUND(DBMS_RANDOM.VALUE (10, 120), -1);

   SELECT salary
     INTO vn_salary
     FROM employees
    WHERE department_id = vn_department_id
      AND ROWNUM = 1;

  DBMS_OUTPUT.PUT_LINE(vn_salary);

  IF vn_salaryBETWEEN 1 AND 3000 THEN
      DBMS_OUTPUT.PUT_LINE('낮음');
  ELSIF vn_salaryBETWEEN 3001 AND 6000 THEN
      DBMS_OUTPUT.PUT_LINE('중간');
  ELSIF vn_salaryBETWEEN 6001 AND 10000 THEN
      DBMS_OUTPUT.PUT_LINE('높음');
  ELSE
      DBMS_OUTPUT.PUT_LINE('최상위');
  END IF;
END;
```

결과
13000
최상위

앞의 익명 블록은 7장에서 샘플 데이터를 생성할 때 사용했던 DBMS_RANDOM 패키지를 사용해 10부터 120까지 숫자를 생성한 후 10의 자리(-1)에서 ROUND 처리를 해서 실행할 때마다 무작위로 10, 20, 30, … 120까지 수를 vn_department_id 변수에 할당한다. 이로 인해 이 PL/SQL 블록의 실행 결과는 실행할 때마다 달라질 것이다. 그리고 나서 이 변수 값에 해당하는 부서번호를 가진 사원을 무작위로 1명 선택해 급여를 가져와 vn_salary 변수에 넣어, IF 문을 사용해 범위에 맞게 출력하는 로직이다. 급여가 3000 이하이면 '낮음', 3,001에서 6,000까지는 '중간', 6,001에서 10,000까지는 '높음', 그 이상은 '최상위' 라는 텍스트를 출력하고 있다. 이처럼 여러 조건을 검토해 로직을 처리할 때는 IF~ELSIF~ELSE~END IF 구문을 사용한다.

또한 IF문을 중첩해서 사용할 수도 있다. 중첩할 때는 가장 가까운 IF 조건에 따라 로직이 처리된다.

입력

```
DECLARE
  vn_salary NUMBER := 0;
  vn_department_id NUMBER := 0;
  vn_commission NUMBER := 0;
BEGIN
  vn_department_id := ROUND(DBMS_RANDOM.VALUE (10, 120), -1);

    SELECT salary, commission_pct
      INTO vn_salary, vn_commission
      FROM employees
     WHERE department_id = vn_department_id
       AND ROWNUM = 1;

  DBMS_OUTPUT.PUT_LINE(vn_salary);

  IF vn_commission> 0 THEN
    IF vn_commission> 0.15 THEN
       DBMS_OUTPUT.PUT_LINE(vn_salary * vn_commission );
    END IF;
  ELSE
    DBMS_OUTPUT.PUT_LINE(vn_salary);
  END IF;
END;
```

결과

```
6500
6500
```

위 익명 블록은 사원 테이블에서 커미션까지 가져와 커미션이 0보다 클 경우, 다시 조건을 걸어 커미션이 0.15보다 크면 '급여*커미션' 결과를 출력하고, 커미션이 0보다 작으면 급여만 출력하고 있다.

CASE문

CASE문은 3장에서 배웠던 CASE 표현식과 비슷하다. SELECT 절에서 CASE 표현식을 사용했듯이 PL/SQL 프로그램 내에서도 CASE문을 사용할 수 있는데, 그 구문은 다음과 같다.

```
<유형 1>
CASE 표현식
    WHEN 결과1 THEN
        처리문1;
    WHEN 결과2 THEN
        처리문2;
    ...
    ELSE
        기타 처리문;
END CASE;

<유형 2>
CASE WHEN 표현식1 THEN
        처리문1;
    WHEN 표현식2 THEN
        처리문2;
    ...
    ELSE
        기타 처리문;
END CASE;
```

두 가지 유형으로 CASE문을 사용할 수 있는데, 첫 번째는 CASE 다음에 바로 표현식을 두고 이 표현식 결과 값에 따라 WHEN… THEN에서 처리하는 유형이다. 두 번째 유형은 표현식 자체를 각각의 WHEN 다음에 두고 THEN 이하에서 처리하는데 보통 후자를 많이 사용한다. 그 이유는 WHEN 이하에서 다양한 표현식을 사용해 조건을 검색할 수 있기 때문이다.

급여에 따라 '높음', '낮음'을 출력하는 IF문을 CASE문으로 변환해 보자.

입력
```
DECLARE
  vn_salary NUMBER := 0;
  vn_department_id NUMBER := 0;
BEGIN
  vn_department_id := ROUND(DBMS_RANDOM.VALUE (10, 120), -1);

  SELECT salary
    INTO vn_salary
    FROM employees
```

```
    WHERE department_id = vn_department_id
      AND ROWNUM = 1;

  DBMS_OUTPUT.PUT_LINE(vn_salary);

  CASE WHEN vn_salary BETWEEN 1 AND 3000 THEN
            DBMS_OUTPUT.PUT_LINE('낮음');
       WHEN vn_salary BETWEEN 3001 AND 6000 THEN
            DBMS_OUTPUT.PUT_LINE('중간');
       WHEN vn_salary BETWEEN 6001 AND 10000 THEN
            DBMS_OUTPUT.PUT_LINE('높음');
       ELSE
            DBMS_OUTPUT.PUT_LINE('최상위');
  END CASE;

END;
```

결과
12008
최상위

IF…ELSE로 이어진 구문을 CASE문으로 변경했는데, 이렇게 여러 가지 조건을 처리하는 경우에는 CASE문을 사용했을 때가 좀더 깔끔해 보인다. 그렇다고 무조건 여러 조건을 처리할 때 CASE문을 사용하라는 얘기는 아니며, 작성하는 코드 성격에 따라 어떤 문장을 사용할 것인지 판단하면 된다. CASE문 역시 IF문처럼 중첩으로 사용할 수 있다.

LOOP문

LOOP문은 루프를 돌며 반복해서 로직을 처리하는 반복문이다. 이러한 반복문에는 LOOP문 외에도 WHILE문, FOR문이 있는데, 먼저 가장 기본적인 형태의 반복문인 LOOP문에 대해 살펴 보자.

```
LOOP
    처리문;
    EXIT [WHEN 조건];
END LOOP;
```

LOOP문은 'LOOP … END LOOP;' 형태로 사용한다. 반복문은 특정 조건을 만족할 때만 루프를 돌며 로직을 처리해야 하는데, LOOP문은 특정 조건이란 것이 없다. 그 대신 "이런 경우에 루프를 빠져 나가라"라는 EXIT를 사용해 루프를 종료한다. 따라서 EXIT를 누락하면 무한루프에 빠지게 되니 사용할 때 주의해야 한다. 일반적으로 LOOP문에서는 IF문을 사용해 루프를 빠져나가는 조건을 걸기도 하지만, "EXIT WHEN 조건"을 사용해 WHEN절에서 명시한 조건에 맞을 때 빠져 나가라고 명시할 수 있다. 8장 연습문제에서 풀어본 구구단 중 3단을 출력하는 익명 블록을 LOOP문을 사용해 구현해 보자.

입력
```
DECLARE
  vn_base_num NUMBER := 3;
  vn_cnt      NUMBER := 1;
BEGIN
  LOOP
      DBMS_OUTPUT.PUT_LINE (vn_base_num || '*' || vn_cnt || '= '
                            || vn_base_num * vn_cnt);
      vn_cnt :=vn_cnt + 1;          -- 루프를 돌면서 vn_cnt 값은 1씩 증가됨

      EXIT WHEN vn_cnt > 9;         -- vn_cnt가 9보다 크면 루프 종료
  END LOOP;
END;
```

결과
```
3*1= 3
3*2= 6
3*3= 9
3*4= 12
3*5= 15
3*6= 18
3*7= 21
3*8= 24
3*9= 27
```

WHILE문

일반적인 프로그래밍 언어에서 대표적인 반복문을 꼽으라면 WHILE문과 FOR문을 들 수 있다. 오라클에서도 역시 이 두 문장을 제공하는데, 먼저 WHILE문에 대해 살펴 보자.

```
WHILE 조건
LOOP
   처리문;
END LOOP;
```

WHILE문은 LOOP문과 비슷하지만 WHILE 다음에 조건을 붙여 해당 조건에 만족할 때만 루프를 돌면서 로직을 처리한다. WHILE문을 사용해 구구단 3단을 출력해 보자.

입력

```
DECLARE
  vn_base_num NUMBER := 3;
  vn_cnt       NUMBER := 1;
BEGIN
WHILE  vn_cnt<= 9              -- vn_cnt가 9보다 작거나 같을 때만 반복 처리
LOOP
  DBMS_OUTPUT.PUT_LINE (vn_base_num || '*' || vn_cnt || '= '
                        || vn_base_num * vn_cnt);
  vn_cnt := vn_cnt + 1;        -- vn_cnt 값을 1씩 증가
END LOOP;
END;
```

결과

```
3*1= 3
3*2= 6
3*3= 9
3*4= 12
3*5= 15
3*6= 18
3*7= 21
3*8= 24
3*9= 27
```

WHILE 다음에 조건 처리를 한 부분만 제외하면 다른 부분은 LOOP문과 같지만, LOOP문과 달리 vn_cnt 값이 9보다 작거나 같은 경우라는 조건을 주었다는 점을 눈여겨 보자. LOOP문에서는 루프를 빠져 나가는 조건을 주었지만, WHILE문에서는 루프를 수행하는 조건을 준 것이다.

WHILE문에서도 루프를 돌다가 특정 조건에 부합하면 EXIT를 써서 루프를 빠져나올 수 있다.

입력

```
DECLARE
  vn_base_num NUMBER := 3;
  vn_cnt       NUMBER := 1;
BEGIN

   WHILE   vn_cnt<= 9              -- vn_cnt가 9보다 작거나 같을 때만 반복 처리
   LOOP
     DBMS_OUTPUT.PUT_LINE (vn_base_num || '*' || vn_cnt || '= '
                        || vn_base_num * vn_cnt);
     EXIT WHEN vn_cnt= 5;    -- vn_cnt 값이 5가 되면 루프 종료
     vn_cnt := vn_cnt + 1;   -- vn_cnt 값을 1씩 증가
   END LOOP;
END;
```

결과
```
3*1= 3
3*2= 6
3*3= 9
3*4= 12
3*5= 15
```

FOR문

FOR문도 다른 프로그래밍 언어에서 사용하는 것과 비슷한 형태이다. 오라클에서 제공하는 FOR문의 기본 유형은 다음과 같다.

```
FOR 인덱스 IN [REVERSE]초깃값..최종값
LOOP
    처리문;
END LOOP;
```

인덱스는 초깃값에서 시작해 최종값까지 루프를 돌며 1씩 증가되는데, 인덱스는 참조는 가능하지만 변경할 수는 없고 참조도 오직 루프 안에서만 가능하다. 그리고 REVERSE를 명시하면 순서가 거꾸로 된다. 즉 최종값부터 시작해 최솟값에 이르기까지 감소하면서 루프를 돈다. 구구단 3단을 출력하는 익명 블록을 FOR문으로 변경해 보자.

입력
```
DECLARE
  vn_base_num NUMBER := 3;
BEGIN
    FOR i IN 1..9
    LOOP
       DBMS_OUTPUT.PUT_LINE (vn_base_num || '*' || i || '= ' || vn_base_num * i);
    END LOOP;
END;
```

FOR 루프에서 사용하는 인덱스는 선언부에서 선언하지 않고 사용했음을 유념하자. 이번에는 REVERSE를 사용해 순서를 바꿔 보자.

입력
```
DECLARE
  vn_base_num NUMBER := 3;
BEGIN
    FOR i IN REVERSE 1..9
```

```
      LOOP
         DBMS_OUTPUT.PUT_LINE (vn_base_num || '*' || i || '= ' || vn_base_num * i);
      END LOOP;
END;
```

결과

```
3*9= 27
3*8= 24
3*7= 21
3*6= 18
3*5= 15
3*4= 12
3*3= 9
3*2= 6
3*1= 3
```

지금까지 기본 형태의 FOR문을 살펴봤는데, 커서와 함께 FOR문을 사용하면 그 형태가 약간 다르다. 이에 대해서는 커서를 다루는 장에서 설명하겠다.

CONTINUE문

CONTINUE문은 FOR나 WHILE 같은 반복문은 아니지만, 반복문 내에서 특정 조건에 부합할 때 처리 로직을 건너뛰고 상단의 루프 조건으로 건너가 루프를 계속 수행할 때 사용한다. EXIT는 루프를 완전히 빠져 나오는데 반해, CONTINUE는 제어 범위가 조건절로 넘어간다. 참고로 CONTINUE문은 오라클 11g버전부터 지원하고 있다. 구구단 3단에서 5를 제외하고 처리하는 문장을 작성해 보자.

입력

```
DECLARE
   vn_base_num NUMBER := 3;
BEGIN

   FOR i IN 1..9
   LOOP
      CONTINUE WHEN i=5;
      DBMS_OUTPUT.PUT_LINE (vn_base_num || '*' || i || '= ' || vn_base_num * i);
   END LOOP;
END;
```

결과

```
3*1= 3
3*2= 6
3*3= 9
3*4= 12
```

```
3*6= 18
3*7= 21
3*8= 24
3*9= 27
```

CONTINUE문을 사용해 인덱스 i 값이 5가 됐을 때는 하단의 로직을 수행하지 않고 다시 FOR 조건절로 제어가 옮겨져 처리됐음을 알 수 있다.

GOTO문

PL/SQL 코드 상에서 GOTO문을 만나면 GOTO문이 지정하는 라벨로 제어가 넘어간다. 구구단 출력 프로그램으로 예를 들어 보자.

입력

```
DECLARE
  vn_base_num NUMBER := 3;
BEGIN
  <<third>>
  FOR i IN 1..9
  LOOP
     DBMS_OUTPUT.PUT_LINE (vn_base_num || '*' || i || '= ' || vn_base_num * i);
     IF i = 3 THEN
        GOTO fourth;
     END IF;
  END LOOP;

  <<fourth>>
  vn_base_num := 4;
  FOR i IN 1..9
  LOOP
     DBMS_OUTPUT.PUT_LINE (vn_base_num || '*' || i || '= ' || vn_base_num * i);
  END LOOP;
END;
```

결과

```
3*1= 3
3*2= 6
3*3= 9
4*1= 4
4*2= 8
4*3= 12
4*4= 16
4*5= 20
4*6= 24
4*7= 28
```

```
4*8= 32
4*9= 36
```

첫 번째 FOR문에 《third》, 두 번째 FOR문에 《fourth》라는 라벨을 붙였다. 그리고 첫 번째 FOR문에서 인덱스 값이 3이면, fourth 라벨로 이동해 3단을 출력하다가 4단을 출력하고 있다.

개발 현장에서는 GOTO문은 잘 사용하지 않는다. 왜냐하면 일반적으로 특정 로직에 맞게 PL/SQL 코드를 순차적으로 작성하는데, 중간중간에 GOTO문을 사용해 제어를 다른 부분으로 넘기면 로직의 일관성을 훼손하기 때문이다. 소스코드가 길어지면 이런 문제가 더 불거져 프로그램 가독성이 극도로 나빠져 버린다.

위에서 예로 든 것처럼 구구단 3단을 출력하다 4단을 출력하는 로직을 짜는 것과 같은 일은 거의 없을 것이다. 보통은 A라는 로직을 처리하다가 특정 조건에 부합할 때 B 로직에 제어권을 넘기기 보다는, A1 로직을 처리하고 A2를 처리하는 식으로 로직의 일관성을 유지하는 것이 좋은 프로그래밍 습관이기 때문이다.

NULL문

PL/SQL에서는 NULL문을 사용할 수 있다. NULL문은 아무것도 처리하지 않는 문장이다. 아무 것도 처리하지 않는데 굳이 사용할 필요가 있을까? PL/SQL 코드를 작성하다 보면 가끔씩 필요할 때가 있다. NULL문은 보통 IF문이나 CASE문을 작성할 때 주로 사용하는데, 조건에 따라 처리 로직을 작성하고 앞에서 작성한 모든 조건에 부합되지 않을 때, 즉 ELSE절을 수행할 때 아무것도 처리하지 않고 싶은 경우 NULL문을 사용한다.

입력

```
IF vn_variable = 'A' THEN
    처리 로직1;
ELSIF vn_variable = 'B' THEN
    처리 로직2;
    ...
ELSE NULL;
END IF;

CASE WHEN vn_variable = 'A' THEN
         처리 로직1;
     WHEN vn_variable = 'B' THEN
         처리 로직2;
     ...
     ELSE NULL;
END CASE;
```

02 PL/SQL의 사용자 정의 함수

지금까지의 예제는 모두 익명 블록을 사용했는데, 사실 PL/SQL 코드를 작성할 때 익명 블록을 사용하는 일은 극히 드물다. 기껏해야 다른 함수나 프로시저를 실행해 테스트할 때 사용하는 것이 대부분이다. 일반적으로는 이름이 있는 서브 프로그램인 함수나 프로시저를 사용해 비즈니스 로직을 구현해 처리할 때가 많다. 익명 블록은 한 번 사용하고 나면 없어져 버리는 휘발성 블록이지만, 서브 프로그램은 컴파일을 거쳐 데이터베이스 내에 저장되어 재사용이 가능하다. 서브 프로그램의 대표적인 함수부터 자세히 살펴 보자.

함수 생성

PL/SQL에서 말하는 함수는 4장에서 배웠던 SQL 함수를 말하는 것이 아니다. SQL 함수는 오라클에서 제공하는 내장 함수이고(그래서 빌트인 함수라고도 함), 여기에서 말하는 함수는 사용자가 직접 로직을 구현하는 사용자 정의 함수를 말한다.

SQL 함수편에서 배웠듯이 함수란 매개변수를 받아 뭔가를 처리해 그 결과를 반환하는 데이터베이스 객체이며 사용자 정의 함수도 마찬가지다. 오라클에서 제공하는 빌트인 SQL 함수가 많긴 하지만, 프로젝트를 진행하다 보면 프로젝트 성격에 맞게 다양한 함수를 직접 구현해 사용해야 할 때가 많다. 먼저 함수의 구문부터 살펴 보자.

```
CREATE OR REPLACE FUNCTION 함수 이름 (매개변수1, 매개변수2, ...)
RETURN 데이터타입;
IS[AS]
    변수, 상수 등 선언
BEGIN
    실행부

    RETURN 반환값;
[EXCEPTION
    예외 처리부]
END [함수 이름];
```

- **CREATE OR REPLACE FUNCTION**: CREATE OR REPLACE 구문을 사용해 함수를 생성한다. 최초 함수를 만들고 나서 수정을 하더라도 이 구문을 사용해 계속 컴파일할 수 있고 마지막으로 수정된 최종본이 반영된다.
- **매개변수**: 함수로 전달되는 매개변수로, "매개변수명 데이터 타입" 형태로 명시한다. 매개변수는 생략할 수 있다.
- **RETURN 데이터 타입**: 함수가 반환할 데이터 타입을 지정한다.
- **RETURN 반환값**: 매개변수를 받아 특정 연산을 수행한 후 반환할 값을 명시한다.

그럼 SQL 함수 중 나머지를 반환하는 MOD 함수를 사용자 정의 함수로 구현해 보자. 이 함수는 피젯수와 젯수, 두 개의 매개변수를 받아 나눗셈을 한 후 나머지를 반환하는데, 동일한 기능을 수행하는 my_mod란 사용자 정의 함수를 만들어 보자.

입력

```
CREATE OR REPLACE FUNCTION my_mod( num1 NUMBER, num2 NUMBER )
   RETURN NUMBER                           -- 반환 데이터 타입은 NUMBER
IS
   vn_remainder NUMBER := 0;         -- 반환할 나머지
   vn_quotient  NUMBER := 0;         -- 몫
BEGIN
   vn_quotient  := FLOOR(num1 / num2);              -- 피젯수/젯수 결과에서 정수 부분을 걸러 낸다
   vn_remainder := num1 - ( num2 * vn_quotient);    -- 나머지 = 피젯수 - (젯수 * 몫)

   RETURN vn_remainder;                             -- 나머지를 반환

END;
```

결과

```
FUNCTION MY_MOD이(가) 컴파일되었습니다.
```

오류없이 성공적으로 컴파일되었다. 소스에 대한 상세 로직은 주석을 보면 알 수 있을 것이다.

함수 호출

이제 실제로 함수를 호출해 보자. 함수 호출 방식은 매개변수의 존재 유무에 따라 함수명과 매개변수를 명시하기도 하고, 함수명만 명시하기도 한다. 그리고 함수는 반환 값이 있으므로 SELECT 문장에서 사용할 수도 있고 PL/SQL 블록 내에서도 사용할 수 있다.

<매개변수가 없는 함수 호출>
함수명 혹은 함수명()

<매개변수가 있는 함수 호출>
함수명(매개변수1, 매개변수2,...)

SQL 함수와 마찬가지로 PL/SQL 함수는 SELECT문에서 사용할 수 있다. my_mod 함수를 호출해 보자.

입력

```
SELECT my_mod(14, 3) reminder
  FROM DUAL;
```

결과
```
REMINDER
----------
         2
```

14/3을 하면 몫이 4이고 나머지가 2이며 my_mod 함수도 정확히 2를 반환했다. 또 다른 함수를 만들어 보자. 이번에는 국가(countries) 테이블을 읽어 국가번호를 받아 국가명을 반환하는 함수를 만들어보자.

입력
```
CREATE OR REPLACE FUNCTION fn_get_country_name( p_country_id NUMBER )
   RETURN VARCHAR2            -- 국가명을 반환하므로 반환 데이터 타입은 VARCHAR2
IS
  vs_country_name COUNTRIES.COUNTRY_NAME%TYPE;
BEGIN
  SELECT country_name
    INTO vs_country_name
    FROM countries
   WHERE country_id = p_country_id;

  RETURN vs_country_name;       -- 국가명 반환

END;
```

결과
```
FUNCTION FN_GET_COUNTRY_NAME이(가) 컴파일되었습니다.
```

이 함수는 매개변수로 NUMBER 타입의 국가번호를 받아 countries 테이블에서 해당 국가명을 가져와 vs_country_name 변수에 받아 이를 반환하고 있다. 이 함수를 호출해 보자.

입력
```
SELECT fn_get_country_name (52777) COUN1, fn_get_country_name(10000)COUN2
  FROM DUAL;
```

결과
```
COUN1                          COUN2
------------------------------ ------------------
Denmark
```

국가번호 52777는 덴마크지만, 10000 번호를 가진 국가는 국가 테이블에 존재하지 않아 NULL이 반환되었다. 이번에는 해당 국가가 없으면 NULL 대신 '없음'이란 문자열을 반환하도록 위 함수를 수정해 보자.

입력

```
CREATE OR REPLACE FUNCTION fn_get_country_name( p_country_id NUMBER )
    RETURN VARCHAR2            -- 국가명을 반환하므로 반환 데이터 타입은 VARCHAR2
IS
  vs_country_name COUNTRIES.COUNTRY_NAME%TYPE;
  vn_count NUMBER := 0;
BEGIN
  SELECT COUNT(*)
    INTO vn_count
    FROM countries
   WHERE country_id = p_country_id;

  IF vn_count = 0 THEN
     vs_country_name := '해당국가 없음';
  ELSE
    SELECT country_name
      INTO vs_country_name
      FROM countries
     WHERE country_id = p_country_id;
  END IF;

  RETURN vs_country_name;            --국가명 반환

END;
```

결과

FUNCTION FN_GET_COUNTRY_NAME이(가) 컴파일되었습니다.

매개변수로 들어오는 국가가 있는지 체크하는데 count 수가 0이면 '해당국가 없음' 이란 문자열 값을 할당했고, 0이 아니면 다시 국가명을 선택해 vs_country_name 변수에 할당해 반환했다. 위 함수를 다시 실행해 보자.

입력

```
SELECT fn_get_country_name (52777) COUN1, fn_get_country_name(10000) COUN2
  FROM DUAL;
```

결과

```
COUN1              COUN2
------------------ ----------------
Denmark            해당국가 없음
```

원하는 결과가 나오긴 했는데, 사실 이 함수는 필요 없는 로직이 존재한다. 해당 국가가 있는지 체크하기 위해 국가 테이블을 한 번 조회했고, 국가가 있으면 국가명을 가져오기 위해 또 한 번 더 조회한 것이다. 굳이 2번 조회할 필요 없이 한 번만 조회해서 처리해도 될 것 같은데, 이런 식으로 로직을 작성한 이유에 대해서는 다음 장에서 자세히 설명할 것이다.

지금까지 만든 함수는 모두 매개변수가 있었는데 매개변수 없이도 함수를 만들 수 있다. 현재 로그인한 사용자 이름을 반환하는 함수를 만들어 보자.

입력
```
CREATE OR REPLACE FUNCTION fn_get_user
    RETURN VARCHAR2                    -- 반환 데이터 타입은 VARCHAR2
IS
  vs_user_name VARCHAR2(80);
BEGIN
  SELECT USER
    INTO vs_user_name
    FROM DUAL;

  RETURN vs_user_name;                 -- 사용자 이름 반환
END;
```

결과
```
FUNCTION FN_GET_USER이(가) 컴파일되었습니다.
```

위에서 설명했듯이 매개변수가 없으면 함수 이름 다음에 '()'를 붙여도 되고 빼도 된다.

입력
```
SELECT fn_get_user(),fn_get_user
  FROM DUAL;
```

결과
```
FN_GET_USER()    FN_GET_USER
--------------   -----------------
ORA_USER         ORA_USER
```

03 프로시저

함수는 특정 연산을 수행한 뒤 결과 값을 반환하지만 프로시저는 특정한 로직을 처리하기만 하고 결과 값을 반환하지는 않는 서브 프로그램이다. 일반적으로 프로젝트 현장에서는 시스템 설계가 끝난 후 업무를 분할하고 이 분할한 업무 단위로 로직을 구현해야 하는데, 개별적인 단위 업무는 주로 프로시저로 구현해 처리한다. 즉 테이블에서 데이터를 추출해 입맛에 맞게 조작하고 그 결과를 다른 테이블에 다시 저장하거나 갱신하는 일련의 처리를 할 때 주로 프로시저를 사용한다.

프로시저 생성

함수나 프로시저 모두 DB에 저장된 객체이므로 프로시저를 스토어드(Stored, 저장된) 프로시저라고 부르기도 하는데 이 책에서는 그냥 프로시저라고 하겠다(함수도 스토어드 함수라고도 한다). 프로시저의 생성 구문은 다음과 같다.

```
CREATE OR REPLACE PROCEDURE 프로시저 이름
    (매개변수명1[IN |OUT | IN OUT] 데이터타입[:= 디폴트 값],
     매개변수명2[IN |OUT | IN OUT] 데이터타입[:= 디폴트 값],
     ...
     )
IS[AS]
    변수, 상수 등 선언
BEGIN
    실행부

[EXCEPTION
    예외 처리부]
END [프로시저 이름];
```

- **CREATE OR REPLACE PROCEDURE**: 함수와 마찬가지로 CREATE OR REPLACE 구문을 사용해 프로시저를 생성한다.
- **매개변수**: IN은 입력, OUT은 출력, IN OUT은 입력과 출력을 동시에 한다는 의미. 아무것도 명시하지 않으면 디폴트로 IN 매개변수임을 뜻한다. OUT 매개변수는 프로시저 내에서 로직 처리 후, 해당 매개변수에 값을 할당해 프로시저 호출 부분에서 이 값을 참조할 수 있다. 그리고 IN 매개변수에는 디폴트 값 설정이 가능하다.

그럼 jobs 테이블에 신규 JOB을 넣는 프로시저를 만들어 보자. jobs 테이블에는 job 번호, job명, 최소, 최대 금액, 생성일자, 갱신일자 컬럼이 있는데, 생성일과 갱신일은 시스템 현재일자로 등록할 것이므로 매개변수는 총 4개를 받도록 하자.

입력
```
CREATE OR REPLACE PROCEDUREmy_new_job_proc
( p_job_id IN JOBS.JOB_ID%TYPE,
  p_job_title IN JOBS.JOB_TITLE%TYPE,
  p_min_sal IN JOBS.MIN_SALARY%TYPE,
  p_max_sal IN JOBS.MAX_SALARY%TYPE )
IS

BEGIN
  INSERT INTO JOBS ( job_id, job_title, min_salary, max_salary, create_date,
                     update_date)
```

```
    VALUES ( p_job_id, p_job_title, p_min_sal, p_max_sal, SYSDATE, SYSDATE);

  COMMIT;
END;
```

결과

PROCEDURE MY_NEW_JOB_PROC이(가) 컴파일되었습니다.

성공적으로 컴파일되었다. p_job_id부터 p_max_sal까지 총 4개의 매개변수를 전달받아 이 값들을 jobs 테이블에 입력하고 있다. INSERT문을 사용하므로 COMMIT문을 사용해서 최종적으로 DB에 변경사항을 반영하고 있는데, 이와 같은 트랜잭션 처리에 대해서는 다음 장에서 자세히 알아볼 것이다.

프로시저 실행

함수는 반환 값을 받으므로 실행할 때 '호출'이라고 명명하지만 프로시저는 '호출' 혹은 '실행'한다고 표현하는데, 실제로는 후자를 많이 사용하는 편이다. 프로시저는 반환 값이 없으므로 함수처럼 SELECT 절에는 사용할 수 없고 다음과 같이 실행해야 한다.

<프로시저 실행1>
EXEC 혹은 **EXECUTE** 프로시저명(매개변수1 값, 매개변수2 값, ...);

그럼 my_new_job_proc 프로시저를 실행해 보자.

입력
```
EXEC my_new_job_proc ('SM_JOB1', 'Sample JOB1', 1000, 5000);
```

결과

익명 블록이 완료되었습니다.

오류가 나지는 않았지만 제대로 입력됐는지 jobs 테이블을 조회해 보자.

입력
```
SELECT *
  FROM jobs
 WHERE job_id = 'SM_JOB1';
```

결과

```
JOB_ID    JOB_TITLE    MIN_SALARY  MAX_SALARY  CREATE_DATE          UPDATE_DATE
--------  -----------  ----------  ----------  -------------------  -------------------
SM_JOB1   Sample JOB1  1000        5000        2015/03/12 15:31:49  2015/03/12 15:31:49
```

성공적으로 입력됐다. 재차 확인하기 위해 다시 한 번 프로시저를 실행해 보자.

입력

```sql
EXEC my_new_job_proc ('SM_JOB1', 'Sample JOB1', 1000, 5000);
```

결과

ORA-00001: 무결성 제약 조건(ORA_USER.PK_JOBS)에 위배됩니다.

이번에는 오류가 발생했다. 원인은 jobs 테이블의 job_id는 PRIMARY KEY로 잡혀 있는데도 불구하고 동일한 job_id(SM_JOB1)를 또 입력하려고 시도했기 때문이다. 이렇게 기본적인 데이터 무결성 문제는 오라클에서 자동으로 걸러준다. 오라클에게 오류 처리를 맡길 것이 아니라, 동일한 job_id가 들어오면 신규 INSERT 대신 다른 정보를 갱신하도록 프로시저를 수정해 보자.

입력

```sql
CREATE OR REPLACE PROCEDURE my_new_job_proc
( p_job_id    IN JOBS.JOB_ID%TYPE,
  p_job_title IN JOBS.JOB_TITLE%TYPE,
  p_min_sal   IN JOBS.MIN_SALARY%TYPE,
  p_max_sal   IN JOBS.MAX_SALARY%TYPE )
IS
  vn_cnt NUMBER := 0;
BEGIN
  -- 동일한 job_id가 있는지 체크
  SELECT COUNT(*)
    INTO vn_cnt
    FROM JOBS
   WHERE job_id = p_job_id;

  -- 없으면 INSERT
  IF vn_cnt = 0 THEN
    INSERT INTO JOBS ( job_id, job_title, min_salary, max_salary,
                       create_date, update_date)
              VALUES ( p_job_id, p_job_title, p_min_sal, p_max_sal,
                       SYSDATE, SYSDATE);
  ELSE -- 있으면 UPDATE
    UPDATE JOBS
       SET job_title   = p_job_title,
           min_salary  = p_min_sal,
           max_salary  = p_max_sal,
           update_date = SYSDATE
```

```
      WHERE job_id = p_job_id;
   END IF;
   COMMIT;
END;
```

결과

PROCEDURE MY_NEW_JOB_PROC이(가) 컴파일되었습니다.

다시 실행해 보자. 이번에는 최소 급여값, 최대 급여값을 수정해서 입력해 보자.

입력

```
EXEC my_new_job_proc ('SM_JOB1', 'Sample JOB1', 2000, 6000);

SELECT *
  FROM jobs
 WHERE job_id = 'SM_JOB1';
```

결과

```
JOB_ID   JOB_TITLE     MIN_SALARY  MAX_SALARY  CREATE_DATE          UPDATE_DATE
-------  -----------   ----------  ----------  -------------------  -------------------
SM_JOB1  Sample JOB1   2000        6000        2015/03/12 15:31:49  2015/03/12 16:27:19
```

동일한 job_id 값을 입력했더니 INSERT를 하지 않고 매개변수로 전달된 다른 정보를 UPDATE했음을 확인할 수 있다.

프로시저의 매개변수가 많으면 실행할 때 매개변수 값의 개수나 순서를 혼동할 소지가 매우 많다. 이런 경우에는 다음과 같은 형태로 매개변수와 입력 값을 매핑해 실행하면 매우 편리하다.

> <프로시저 실행2>
> - **EXEC** 혹은 **EXECUTE** 프로시저명(매개변수1 => 매개변수1 값,
>   매개변수2 => 매개변수2 값, ...);

'=>' 기호를 사용해 해당 매개변수명과 값을 연결하는 형태로 실행할 수 있다. my_new_job_proc 프로시저를 이 형태로 실행해 보자.

입력

```
EXECUTE my_new_job_proc (p_job_id => 'SM_JOB1', p_job_title => 'Sample JOB1',
                         p_min_sal => 2000, p_max_sal => 7000);
```

결과
익명 블록이 완료되었습니다.

입력
```sql
SELECT *
  FROM jobs
 WHERE job_id = 'SM_JOB1';
```

결과
```
JOB_ID    JOB_TITLE     MIN_SALARY  MAX_SALARY  CREATE_DATE          UPDATE_DATE
--------  ------------  ----------  ----------  -------------------  -------------------
SM_JOB1   Sample JOB1   2000        7000        2015/03/12 15:31:49  2015/03/12 16:50:13
```

매개변수 디폴트 값 설정

프로시저를 실행할 때는 반드시 매개변수의 개수에 맞춰 값을 전달해 실행해야 한다. 만약 매개변수 값을 누락하면 다음과 같이 오류가 발생한다.

입력
```sql
EXECUTE my_new_job_proc ('SM_JOB1', 'Sample JOB1');
```

결과
```
ORA-06550: 줄 1, 열7:PLS-00306: 'MY_NEW_JOB_PROC' 호출 시 인수의 개수나 유형이 잘못되었습니다.
```

그런데 프로시저의 매개변수에 디폴트 값을 설정하면 실행할 때 해당 매개변수를 전달하지 않더라도 오류가 나지 않고 디폴트로 설정한 값이 해당 매개변수에 적용된다. my_new_job_proc 프로시저의 최소, 최대 급여의 디폴트 값을 각각 10과 100으로 값을 설정해 보자.

입력
```sql
CREATE OR REPLACE PROCEDURE my_new_job_proc
( p_job_id    IN JOBS.JOB_ID%TYPE,
  p_job_title IN JOBS.JOB_TITLE%TYPE,
  p_min_sal   IN JOBS.MIN_SALARY%TYPE:= 10,    -- 디폴트 값 설정
  p_max_sal   IN JOBS.MAX_SALARY%TYPE:= 100 )  -- 디폴트 값 설정
IS
...
...
```

결과
PROCEDURE MY_NEW_JOB_PROC이(가) 컴파일되었습니다.

이제 job_id와 job_title 값만 전달해 프로시저를 실행해 보자.

입력

```
EXECUTE my_new_job_proc ('SM_JOB1', 'Sample JOB1');

SELECT *
  FROM jobs
 WHERE job_id = 'SM_JOB1';
```

결과

```
JOB_ID     JOB_TITLE     MIN_SALARY  MAX_SALARY  CREATE_DATE          UPDATE_DATE
--------   -----------   ----------  ----------  -------------------  -------------------
SM_JOB1    Sample JOB1   10          100         2015/03/12 15:31:49  2015/03/12 17:08:13
```

최소, 최대 급여 매개변수를 전달하지 않았어도 디폴트 값을 설정하면 이 값이 매개변수에 할당되어 처리되었음을 알 수 있다. 한 가지 주의할 점은 디폴트 값은 IN 매개변수에만 사용할 수 있다.

OUT, IN OUT 매개변수

프로시저와 함수의 가장 큰 차이점은 반환 값의 존재 여부다. 그런데 프로시저에서도 값을 반환하는 방법이 있는데 바로 OUT 매개변수를 통해서 실현할 수 있다. OUT 매개변수란 프로시저 실행 시점에 OUT 매개변수를 변수 형태로 전달하고, 프로시저 실행부에서 이 매개변수에 특정 값을 할당한다. 그리고 나서 실행이 끝나면 전달한 변수를 참조해 값을 가져올 수 있는 것이다. 프로시저 생성 시 매개변수명과 데이터 타입만 명시하면 디폴트로 IN 매개변수가 되지만 OUT 매개변수는 반드시 OUT 키워드를 명시해야 한다. , my_new_job_proc에서 갱신일자를 받는 OUT 매개변수를 추가해 보자.

입력

```
CREATE OR REPLACE PROCEDURE my_new_job_proc
( p_job_id    IN   JOBS.JOB_ID%TYPE,
  p_job_title IN   JOBS.JOB_TITLE%TYPE,
  p_min_sal   IN   JOBS.MIN_SALARY%TYPE := 10,
  p_max_sal   IN   JOBS.MAX_SALARY%TYPE := 100,
  p_upd_date OUT JOBS.UPDATE_DATE%TYPE   )
IS
  vn_cnt NUMBER := 0;
  vn_cur_date JOBS.UPDATE_DATE%TYPE := SYSDATE;
BEGIN

  -- 동일한 job_id가 있는지 체크
  SELECT COUNT(*)
    INTO vn_cnt
    FROM JOBS
```

```
     WHERE job_id = p_job_id;

  -- 없으면 INSERT
  IF vn_cnt = 0 THEN
     INSERT INTO JOBS ( job_id, job_title, min_salary, max_salary,
                        create_date, update_date)
              VALUES ( p_job_id, p_job_title, p_min_sal, p_max_sal,
                       vn_cur_date, vn_cur_date);

  ELSE -- 있으면 UPDATE
     UPDATE JOBS
        SET job_title   = p_job_title,
            min_salary  = p_min_sal,
            max_salary  = p_max_sal,
            update_date = vn_cur_date
      WHERE job_id = p_job_id;
  END IF;

  -- OUT 매개변수에 일자 할당
  p_upd_date := vn_cur_date;

  COMMIT;
END ;
```

결과
PROCEDURE MY_NEW_JOB_PROC이(가) 컴파일되었습니다.

기존에는 jobs 테이블의 create_date, update_date 컬럼 값으로 SYSDATE를 직접 입력했지만 이번에는 vn_cur_date 변수를 선언해 SYSDATE로 초기화한 뒤, 이 변수를 사용했다. 이렇게 처리한 이유는 SYSDATE는 초 단위로 값이 바뀌므로 jobs 테이블에 입력되거나 갱신된 일자 값을 정확히 가져오기 위해서다. 이제 프로시저를 실행하고 OUT 매개변수 값을 참조해야 하는데, 이때 별도의 변수를 선언해서 매개변수로 전달한 뒤 값을 참조해야 한다. 변수가 필요하므로 이 프로시저를 실행하는 익명 블록을 만들어 보자.

입력
```
DECLARE
  vd_cur_date JOBS.UPDATE_DATE%TYPE;
BEGIN
  EXECmy_new_job_proc ('SM_JOB1', 'Sample JOB1', 2000, 6000, vd_cur_date);

  DBMS_OUTPUT.PUT_LINE(vd_cur_date);
END;
```

결과
ORA-06550: 줄 4, 열8:PLS-00103: 심볼 "MY_NEW_JOB_PROC"를 만났습니다 다음 중 하나가 기대될 때:...

오류가 발생했다. 무엇이 잘못된 것일까? 익명 블록에서 프로시저를 실행하면 EXEC나 EXECUTE를 붙이지 않는다. 다른 함수나 프로시저, 패키지에서 실행할 경우도 마찬가지다.

입력

```
DECLARE
  vd_cur_date JOBS.UPDATE_DATE%TYPE;
BEGIN
  my_new_job_proc ('SM_JOB1', 'Sample JOB1', 2000, 6000, vd_cur_date);

  DBMS_OUTPUT.PUT_LINE(vd_cur_date);
END;
```

결과

```
2015/03/13 11:36:18
```

성공적으로 프로시저가 실행됐고 OUT 매개변수로 전달한 vd_cur_date 변수에 값이 할당됐음을 알 수 있다.

또 다른 유형으로 IN OUT 매개변수가 있는데, 이렇게 선언하면 입력과 동시에 출력용으로 사용할 수 있다. 여기서 한 가지 짚고 넘어갈 점이 있는데, 프로시저 실행 시 OUT 매개변수에 전달할 변수에 값을 할당해서 넘겨줄 수 있지만 큰 의미는 없는 일이다. OUT 매개변수는 해당 프로시저가 성공적으로 실행을 완료할 때까지 값이 할당되지 않는다. 따라서 매개변수에 값을 전달해서 사용한 다음 다시 이 매개변수에 값을 받아와 참조하고 싶다면 IN OUT 매개변수를 사용해야 한다. 이런 내용을 확인할 수 있는 간단한 프로시저를 만들어 보자.

입력

```
CREATE OR REPLACE PROCEDURE my_parameter_test_proc (
           p_var1        VARCHAR2,
           p_var2 OUT    VARCHAR2,
           p_var3 IN OUT VARCHAR2 )
IS
BEGIN
  DBMS_OUTPUT.PUT_LINE('p_var1 value = ' || p_var1);
  DBMS_OUTPUT.PUT_LINE('p_var2 value = ' || p_var2);
  DBMS_OUTPUT.PUT_LINE('p_var3 value = ' || p_var3);

  p_var2 := 'B2';
  p_var3 := 'C2';
END;
```

결과

```
PROCEDURE MY_PARAMETER_TEST_PROC이(가) 컴파일되었습니다.
```

이제 프로시저를 실행해 보자.

입력
```
DECLARE
  v_var1 VARCHAR2(10) := 'A';
  v_var2 VARCHAR2(10) := 'B';
  v_var3 VARCHAR2(10) := 'C';
BEGIN
  my_parameter_test_proc (v_var1, v_var2, v_var3);

  DBMS_OUTPUT.PUT_LINE('v_var2 value = ' || v_var2);
  DBMS_OUTPUT.PUT_LINE('v_var3 value = ' || v_var3);
END;
```

결과
```
p_var1 value = A
p_var2 value =
p_var3 value = C
v_var2 value = B2
v_var3 value = C2
```

p_var로 시작되는 결과는 my_parameter_test_proc 내부에서 출력한 것이고, v_var로 시작되는 결과는 이 프로시저를 실행한 익명 블록에서 출력한 것이다. OUT 매개변수인 p_var2 자리에 v_var2 변수를 넣어 'B'라는 값을 넘겨 줬음에도 불구하고 아무런 값도 없음을 확인할 수 있다. 이에 반해 IN OUT 매개변수인 p_var3에는 'C'란 값을 넘겨 줘서 my_parameter_test_proc 내부에서 이 값을 받아 출력했고, 다시 'C2'로 값을 할당해서 최종적으로 v_var3 값은 'C2'가 된 것이다.

지금까지 IN, OUT, IN OUT 매개변수의 쓰임새에 대해 살펴봤는데, 매개변수에 대해 꼭 알아두어야 할 사항을 정리하면 다음과 같다.

❶ IN 매개변수는 참조만 가능하며 값을 할당할 수 없다.
❷ OUT 매개변수에 값을 전달할 수는 있지만 의미는 없다.
❸ OUT, IN OUT 매개변수에는 디폴트 값을 설정할 수 없다.
❹ IN 매개변수에는 변수나 상수, 각 데이터 유형에 따른 값을 전달할 수 있지만, OUT, IN OUT 매개변수를 전달할 때는 반드시 변수 형태로 값을 넘겨줘야 한다.

RETURN문

함수에서 사용한 RETURN문을 프로시저에서도 사용할 수 있는데 그 쓰임새와 처리 내용은 다르다. 함수에서는 일정한 연산을 수행하고 결과 값을 반환하는 역할을 했지만, 프로시저에서는 RETURN

문을 만나면 이후 로직을 처리하지 않고 수행을 종료, 즉 프로시저를 빠져나가 버린다. 반복문에서 일정 조건에 따라 루프를 빠져나가기 위해 EXIT를 사용하는 것과 유사하다.

예를 들어, my_new_job_proc 프로시저에서 세 번째 매개변수인 최소 급여값은 반드시 1000 이상이어야 하며, 이보다 작은 값이 들어오면 INSERT나 UPDATE를 수행하지 않아야 한다고 해보자. 그렇다면 최소 급여값을 체크해서 1000보다 작으면 아무 것도 처리하지 않아야 하는데, 이럴 때 RETURN문을 사용하면 편리하다. 다음 예제를 살펴 보자.

입력

```sql
CREATE OR REPLACE PROCEDURE my_new_job_proc
( p_job_id    IN   JOBS.JOB_ID%TYPE,
  p_job_title IN   JOBS.JOB_TITLE%TYPE,
  p_min_sal   IN   JOBS.MIN_SALARY%TYPE := 10,
  p_max_sal   IN   JOBS.MAX_SALARY%TYPE := 100
  --p_upd_date  OUT JOBS.UPDATE_DATE%TYPE
)
IS
  vn_cnt NUMBER := 0;
  vn_cur_date JOBS.UPDATE_DATE%TYPE := SYSDATE;
BEGIN
  -- 1000 보다 작으면 메시지 출력 후 빠져 나간다
  IF p_min_sal< 1000 THEN
     DBMS_OUTPUT.PUT_LINE('최소 급여값은 1000 이상이어야 합니다');
     RETURN;
  END IF;

  -- 동일한 job_id가 있는지 체크
  SELECT COUNT(*)
    INTO vn_cnt
    FROM JOBS
   WHERE job_id = p_job_id;
...
...
```

결과

PROCEDURE MY_NEW_JOB_PROC이(가) 컴파일되었습니다.

최소 급여값이 1000보다 작으면 그 이후 어떤 로직도 처리할 필요가 없으므로 IF문을 사용해 p_min_sal 값이 1000보다 작은지 체크해서, 작다면 메시지를 출력하고 RETURN문을 만나 프로시저를 빠져나가고 있다(참고로 위 예제에서는 OUT 매개변수와 처리 부분을 제거했다). 프로시저를 실행해 보자.

입력
```
EXEC my_new_job_proc ('SM_JOB1', 'Sample JOB1', 999, 6000);
```

결과
최소급여값은 1000 이상이어야 합니다

예상했던 대로 최소 급여값으로 999를 넘기니 메시지가 출력되었다. 실제 JOBS 테이블을 조회해 보면 INSERT나 UPDATE가 발생하지 않았다는 것을 확인할 수 있을 것이다.

지금까지 PL/SQL에서 제공하는 제어문과 함수, 프로시저에 대해서 살펴 보았다. 다시 한 번 강조하는데 DB 프로그래밍을 한다는 것은 PL/SQL을 사용해 함수나 프로시저, 그리고 이후에 배울 패키지를 작성하는 것을 말한다. 따라서 특정 로직을 처리하기 위해 함수나 프로시저를 작성하는 것에 익숙해져야 한다.

이 장에서 살펴 본 예제 코드를 이해해 충분히 내용을 습득한 뒤 연습문제를 풀어보자. PL/SQL을 처음 학습하는 독자 입장에서는 연습문제 내용이 좀 어려울 수 있지만, 완전히 이해하고 나면 한층 실력이 향상된 것을 느낄 수 있을 것이다.

Knowhow | 변수, 상수, 매개변수, 함수, 프로시저의 명명법

변수, 상수, 매개변수의 이름은 오라클에서 내부적으로 사용하는 예약어와 겹치지 않는 한 자유롭게 지을 수 있다. 하지만 좀더 의미 있게 이름을 짓는다면 프로그램의 가독성을 높일 수 있다. 그러면 어떤 식으로 이름을 지어야 할까?

"이렇게 지어야 한다"라는 규칙은 없다. 프로젝트나 개발자에 따라 나름 규칙을 정하기도 하지만, 필자 경험으로 보면 이런 명명법 규칙들은 초반에는 잘 지켜 지지만 시간이 갈수록 그렇지 않을 때가 대부분이었다. 그 이유는 개발해야 할 내용은 많은데 일일이 규칙에 맞게 이름을 짓는 것이 번거롭기도 하고 프로젝트 일정에 맞춰 프로그램 개발하기도 버겁기 때문이다. 또한 명명 규칙 자체가 너무 복잡해서 해당 규칙에 따랐더라도 가독성 향상에 그리 도움이 되지 않기도 한다. 따라서 명명규칙은 되도록이면 간단하게 정하는 것이 좋다. 다음은 필자가 나름대로 정립한 명명법 규칙이다.

변수	variable의 맨 앞 글자인 v + 데이터 타입의 앞 글자(문자는 s, 숫자는 n, 날짜는 d) + 변수 설명(테이블 컬럼 값을 사용할 때는 컬럼명)
	예) vs_emp_name, vn_employee_id, vd_hire_date
상수	constant의 맨 앞 글자인 c + 나머지는 변수와 동일
	예) cn_pi (파이 값), cn_inch_to_meter (인치를 미터로 변환하는 상수)
매개변수	parameter의 맨 앞 글자인 p + 나머지는 변수와 동일
	예) pn_employee_id, pn_salary, pd_retire_date
함수	get (값을 가져오므로) + 함수 설명 약자 + fn get_dep_name_fn (부서명을 가져오는 함수), get_max_salary_dep_fn (해당 부서에서 가장 높은 급여 값을 가져오는 함수)
프로시저	처리 유형 + 프로시저 설명 약자 + proc
	upd_emp_sal_proc(사원 급여를 갱신하는 프로시저), ins_new_emp_proc(신규 사원을 입력하는 프로시저), iud_dept_proc(부서를 입력, 수정, 삭제하는 프로시저)

변수, 상수, 매개변수 이름에 접두어(v, c, p)를 붙이는 이유는 명칭만 보더라도 그 성격을 바로 식별할 수 있을 뿐만 아니라 문제가 될 소지가 있는 이름과 구별하기 위해서다. 예를 들어, 사원 테이블에서 사원명(employees.emp_name)을 가져오는 변수를 emp_name 이라고 만들어 버리면, 변수를 선언할 때는 문제가 없지만 DML 문장과 이 변수를 같이 사용할 경우 오라클은 emp_name이 컬럼명인지 변수명인지 구별하지 못해 잘못된 연산을 수행하기 때문이다. 예를 들어 보자.

입력

```
DECLARE
   emp_name VARCHAR2(80);         -- 변수선언
BEGIN
   emp_name := 'hong';            -- 갱신할 값 할당

   UPDATE employees
      SET emp_name = emp_name     -- 위에서 할당한 값으로 갱신하려 했지만, 오라클은 변수가 아닌 컬럼명으로 인지함
    WHERE employee_id = 100;

   SELECT emp_name
     INTO emp_name
     FROM employees
    WHERE employee_id = 100;

   DBMS_OUTPUT.PUT_LINE(emp_name);
END;
```

결과

```
Steven King
```

emp_name이라는 변수에 'hong'이란 값을 할당해 100번 사원의 이름을 이 값으로 갱신하려고 했지만, 오라클은 UPDATE문에서 사용한 emp_name을 앞에서 선언한 변수가 아닌 사원 테이블의 컬럼으로 인지하여 UPDATE를 수행했고 최종 결과는 'hong'이 아닌 'Steven King'이 출력된 것이다.

함수나 프로시저는 접미사로 각각 fn과 proc만 붙이고 나머지는 특별한 제한없이 사용할 때도 많지만, 위에서 설명한 것처럼 좀더 구체적으로 명명하면 그 이름만 보고도 쉽게 어떤 용도로 사용되는 서브 프로그램인지 재빨리 파악할 수 있을 것이다.

핵심정리

1. PL/SQL에서 제공하는 제어문에는 IF, CASE, LOOP, WHILE, FOR, GOTO, NULL문이 있다.

2. 특정 조건에 따라 처리할 때는 IF나 CASE문을, 반복처리를 위해서는 LOOP, WHILE, FOR문을 사용한다.

3. 대표적인 PL/SQL 서브 프로그램으로는 함수와 프로시저가 있는데, 함수는 특정 연산을 수행한 후 결과 값을 반환하지만 프로시저는 반환 값이 없다.

4. PL/SQL 함수는 SQL 함수와 마찬가지로 SELECT문이나 다른 프로시저, 함수에서도 사용할 수 있다.

5. 프로시저는 DML문을 이용해 다양한 처리를 할 수 있지만 반환 값은 없다.

6. 함수나 프로시저로 매개변수를 전달할 수 있는데 매개변수 종류로는 IN, OUT, IN OUT 매개변수가 있다.

7. 디폴트인 IN 매개변수는 값을 전달받는 매개변수로 디폴트 값 설정이 가능하다.

8. OUT, IN OUT 매개변수는 디폴트 값을 설정할 수 없고, 함수에서 사용하는 RETURN문처럼 이 매개변수에 값을 할당해 호출 시점에서 이 값을 참조할 수 있다.

9. 프로시저에서도 RETURN문을 사용할 수 있는데, 프로시저에서 RETURN문을 만나면 값을 반환하는 것이 아니라 나머지 로직을 처리하지 않고 프로시저 수행이 종료된다.

Self-Check

1. 다음은 구구단을 출력하는 익명 블록이다. 이 블록을 실행해 보고 결과가 왜 그렇게 나왔는지 설명해 보자.

   입력
   ```
   DECLARE
   vn_base_num NUMBER := 3;
   BEGIN
       FOR i IN REVERSE 9..1
       LOOP
           DBMS_OUTPUT.PUT_LINE (vn_base_num || '*' || i || ' = ' || vn_base_num * i);
       END LOOP;
   END;
   ```

2. SQL 함수 중 INITCAP이라는 함수가 있다. 이 함수는 매개변수로 전달한 문자열에서 앞 글자만 대문자로 변환한다. INITCAP과 똑같이 동작하는 my_initcap이라는 이름으로 함수를 만들어 보자(단 여기서는 공백 한 글자로 단어 사이를 구분한다고 가정한다).

3. 날짜형 SQL 함수 중에는 해당 월 마지막 일자를 반환하는 LAST_DAY란 함수가 있다. 매개변수로 문자형으로 날짜를 받아, 해당 날짜의 월 마지막 날짜를 문자형으로 반환하는 함수를 my_last_day란 이름으로 만들어 보자.

4. 아래의 테이블을 생성해 보자.

   입력
   ```
   CREATE TABLE ch09_dept (
        DEPARTMENT_ID      NUMBER,
        DEPARTMENT_NAME    VARCHAR2(100),
        LEVELS             NUMBER );
   ```

   7장에서 배웠던 부서별 계층형 쿼리로 위 테이블에 부서별 계층 정보를 넣는 my_hier_dept_proc라는 프로시저를 작성하라. 매개변수는 없고, 프로시저를 실행하면 위 테이블에 있는 기존 데이터를 삭제하고 다시 넣는 형태로 만들어 보자.

5. 다음은 이번 장에서 학습했던 my_new_job_proc 프로시저다. 이 프로시저는 JOBS 테이블에 기존 데이터가 없으면 INSERT, 있으면 UPDATE를 수행하는데 IF문을 사용해 구현하였다. IF문을 제거하고 동일한 로직을 처리하도록 MERGE문으로 my_new_job_proc2란 프로시저를 생성해 보자.

입력

```
CREATE OR REPLACE PROCEDURE my_new_job_proc
( p_job_id    IN JOBS.JOB_ID%TYPE,
p_job_title IN JOBS.JOB_TITLE%TYPE,
p_min_sal   IN JOBS.MIN_SALARY%TYPE,
p_max_sal   IN JOBS.MAX_SALARY%TYPE )
IS
vn_cnt NUMBER := 0;
BEGIN
-- 동일한 job_id가 있는지 체크
SELECT COUNT(*)
  INTO vn_cnt
  FROM JOBS
 WHERE job_id = p_job_id;

-- 없으면 INSERT
IF vn_cnt = 0 THEN
    INSERT INTO JOBS ( job_id, job_title, min_salary, max_salary, create_date, update_date)
             VALUES ( p_job_id, p_job_title, p_min_sal, p_max_sal, SYSDATE, SYSDATE);
ELSE -- 있으면 UPDATE
 UPDATE JOBS
     SET job_title  = p_job_title,
 min_salary  =p_min_sal,
 max_salary  =p_max_sal,
 update_date = SYSDATE
     WHERE job_id = p_job_id;
END IF;
COMMIT;
END ;
```

6. 부서 테이블의 복사본 테이블을 다음과 같이 만들어 보자.

입력

```
CREATE TABLE ch09_departments AS
SELECT DEPARTMENT_ID, DEPARTMENT_NAME, PARENT_ID
  FROM DEPARTMENTS;
```

위 테이블을 대상으로 다음과 같은 처리를 하는 프로시저를 my_dept_manage_proc라는 이름으로 만들어 보자.

❶ 매개변수: 부서번호, 부서명, 상위부서번호, 동작 flag
❷ 동작 flag 매개변수 값은 'upsert' → 데이터가 있으면 UPDATE, 아니면 INSERT
                    'delete' → 해당 부서 삭제
❸ 삭제 시, 만약 해당 부서에 속한 사원이 존재하는지 사원 테이블을 체크해 존재하면 경고 메시지와 함께 delete를 하지 않는다.

10장

예외처리와 트랜잭션 알아 보기

프로그램을 개발하다 보면 다양한 경우의 수를 산정해서 오류 확인 및 예외처리를 하는 것이 보통인데 PL/SQL 역시 마찬가지다. 이번 장에서는 PL/SQL 코드 상에서 예외처리를 위한 예외의 종류와 그 사용방법에 대해 살펴 보자. 오라클에서 제공하는 여러 가지 시스템 예외를 포함해 사용자가 직접 예외를 정의해 처리하는 방법도 알아 볼 것이다. 그리고 나서 이 책의 앞부분에서 언급했던 트랜잭션의 개념과 PL/SQL 블록에서 이 트랜잭션을 어떻게 관리하고 처리하는지 다룰 것이다. 먼저 예외처리에 대해 알아 보자.

01 예외처리
02 트랜잭션

01 예외처리

PL/SQL 코드를 작성할 때 발생할 수 있는 오류에는 크게 두 가지가 있다. 하나는 문법 오류로써 객체(테이블, 뷰, 함수, 프로시저 등)나 키워드 이름을 잘못 참조하거나 함수나 프로시저의 매개변수를 잘못 명시했을 때 발생되는 오류로, 이들은 컴파일할 때 걸러진다. 두 번째는 컴파일 때는 아무런 문제가 없으나 실행, 즉 런타임 때 로직을 처리하면서 발생하는 오류인데 이를 **예외**exception 라고 한다. 컴파일 시 발생하는 오류도 예외에 속하긴 하지만 보통 예외라고 하면 런타임 때의 오류를 말한다.

예외에는 다시 오라클에서 발생시키는 **시스템 예외**와 사용자가 의도적으로 발생시킬 수 있는 **사용자 정의 예외**로 구분할 수 있다. 시스템 예외로는 나눗셈 연산을 할 때 0으로 나눈다거나 SELECT INTO 절을 사용해 데이터를 가져올 때 조건에 만족하는 데이터가 없으면 발생하는 예외 등이 있다. 즉 시스템 예외는 오라클 내부에 미리 정의된 예외라고 할 수 있다. 이에 반해 사용자 정의 예외는 사용자가 직접 예외를 정의해서 사용하는 것을 말한다. 먼저 예외처리 구문에 대해 살펴 보자.

예외처리 구문

```
EXCEPTION WHEN 예외명1 THEN 예외처리 구문1
          WHEN 예외명2 THEN 예외처리 구문2
          ...
          WHEN OTHERS THEN 예외처리 구문n;
```

예외처리 구문을 보면 CASE문과 비슷한 구조임을 알 수 있다. 즉 처리할 예외명을 언급하고 그 예외에 해당되면 예외처리 구문을 나열하는 식이다. WHEN 다음에 위치하는 예외명은 아무 이름이나 사용할 수는 없고 시스템 예외 중 일부와 사용자가 직접 정의한 예외명을 사용할 수 있다. 구체적인 예외명을 알 수 없을 때는 **OTHERS**를 사용하면 되는데, 이렇게 하면 오라클 시스템에서 PL/SQL 코드 상에서 발생한 런타임 예외를 자동으로 잡아 준다. 자동으로 예외를 잡아 주니 이때 처리할 수 있는 예외는 물론 시스템 예외에 한정된다. 그러면 의도적으로 예외를 발생시켜 보자.

입력
```
DECLARE
  vi_num NUMBER := 0;
BEGIN
  vi_num := 10 / 0;
  DBMS_OUTPUT.PUT_LINE('Success!');
END;
```

결과
ORA-01476: 제수가 0입니다

10을 0으로 나누려니 오류가 발생했다. 예외처리 구문을 사용하지 않으니 시스템에서 오류를 뱉어낸 것이다. 이번에는 예외처리 구문을 넣어 보자.

입력
```
DECLARE
  vi_num NUMBER := 0;
BEGIN
  vi_num := 10 / 0;
  DBMS_OUTPUT.PUT_LINE('Success!');

EXCEPTION WHEN OTHERS THEN
  DBMS_OUTPUT.PUT_LINE('오류가 발생했습니다');
END;
```

결과
오류가 발생했습니다.

예외처리 구문 덕분에 시스템 에러 대신 "오류가 발생했습니다"란 메시지가 출력되었다. 이처럼 PL/SQL 코드의 실행부에서 예외가 발생하는 즉시 이후 코드는 처리되지 않고 제어권은 예외처리 구문으로 넘어간다. 여기서 한 가지 질문! 어차피 시스템에서 예외를 잡아주는데 굳이 예외처리 구문을 넣을 필요가 있을까? 정답은 "넣어야 한다" 이다. 왜 그런지 다음 예제를 살펴 보자. 먼저 위의 익명 블록을 예외처리 부분이 있는 것과 없는 것으로 나누어 2개의 프로시저로 만들어 보자.

입력
```
CREATE OR REPLACE PROCEDURE ch10_no_exception_proc
IS
  vi_num NUMBER := 0;
BEGIN
  vi_num := 10 / 0;
  DBMS_OUTPUT.PUT_LINE('Success!');
END;
```

결과
PROCEDURE CH10_NO_EXCEPTION_PROC이(가) 컴파일되었습니다.

입력
```
CREATE OR REPLACE PROCEDURE ch10_exception_proc
IS
  vi_num NUMBER := 0;
```

```
BEGIN
  vi_num := 10 / 0;
  DBMS_OUTPUT.PUT_LINE('Success!');

EXCEPTION WHEN OTHERS THEN
  DBMS_OUTPUT.PUT_LINE('오류가 발생했습니다');
END;
```

결과

PROCEDURE CH10_EXCEPTION_PROC이(가) 컴파일되었습니다.

먼저 예외처리가 없는 프로시저를 실행하는 익명 블록을 만들어 실행해 보자.

입력
```
DECLARE
  vi_num NUMBER := 0;
BEGIN
  ch10_no_exception_proc;
  DBMS_OUTPUT.PUT_LINE('Success!');
END;
```

결과

ORA-01476: 제수가 0입니다.

이제 예외처리가 있는 프로시저를 실행하는 익명 블록을 만들고 실행해 보자.

입력
```
DECLARE
  vi_num NUMBER := 0;
BEGIN
  ch10_exception_proc;
  DBMS_OUTPUT.PUT_LINE('Success!');
END;
```

결과

오류가 발생했습니다
Success!

어떤 차이점이 있는지 알겠는가? 예외처리가 없는 프로시저를 실행했더니 시스템에서 예외를 발생시켜 해당 프로시저 실행이 중단됐음은 물론 익명 블록에서 "Success!"를 출력하는 부분도 실행되지 않았다. 반면 예외처리가 구현된 프로시저를 실행했을 때는, 예외 처리부로 제어권이 넘어가 "오류가 발생했습니다"란 메시지를 출력한 다음 익명 블록의 "Success!"란 메시지도 출력되었다. 예외처리를 함으로써 개발자가 프로그램 제어권을 획득해 여러 단계에 걸쳐 수행되는 프로그램의 정상적 동작을 보장할 수 있었는데 반해, 예외처리를 하지 않으면 오류가 난 시점에 프로그램의 흐름이 끊어져 버린다. 따라서 아주 간단한 코드를 작성할 때 조차도 반드시 예외처리 구문을 넣도록 하자.

SQLCODE, SQLERRM을 이용한 예외정보 참조

ch10_exception_proc 프로시저는 0으로 나눈 예외가 발생했을 때 단순히 메시지를 출력하기만 했는데, 개발자 입장에서는 실제로 어떤 오류가 발생했는지 알고 싶을 것이다. 이를 위해 오라클에서는 발생한 예외 정보를 참조하기 위한 수단으로 SQLCODE와 SQLERRM 이란 빌트인 함수를 제공하고 있다.

SQLCODE는 실행부에서 발생한 예외에 해당하는 코드를 반환한다. 예를 들어, 0으로 나누면 이에 대한 예외 코드인 '-1476'을 반환한다. 만약 에러 없이 성공하면 '0'을 반환한다.

SQLERRM은 발생한 예외에 대한 오류 메시지를 반환한다. 이 함수는 매개변수로 예외코드 값을 받는데, 매개변수를 넘기지 않으면 디폴트로 SQLCODE가 반환한 예외코드 값과 연관된 예외 메시지를 반환한다. 실제로 어떤 식으로 사용하는지 예제를 통해 알아 보자.

입력
```
CREATE OR REPLACE PROCEDURE ch10_exception_proc
IS
  vi_num NUMBER := 0;
BEGIN
  vi_num := 10 / 0;
  DBMS_OUTPUT.PUT_LINE('Success!');

EXCEPTION WHEN OTHERS THEN
  DBMS_OUTPUT.PUT_LINE('오류가 발생했습니다');
  DBMS_OUTPUT.PUT_LINE('SQL ERROR CODE: ' || SQLCODE);
  DBMS_OUTPUT.PUT_LINE('SQL ERROR MESSAGE: ' || SQLERRM);-- 매개변수 없는 SQLERRM
  DBMS_OUTPUT.PUT_LINE( SQLERRM(SQLCODE));-- 매개변수 있는 SQLERRM

END;
```

결과
```
PROCEDURE CH10_EXCEPTION_PROC이(가) 컴파일되었습니다.
```

SQLCODE는 매개변수가 없으나 SQLERRM은 매개변수가 없는 형태와 매개변수로 예외코드를 전달해 사용할 수 있다. 이 프로시저를 실행해 보자.

입력

```
EXEC ch10_exception_proc;
```

결과

```
오류가 발생했습니다.
SQL ERROR CODE: -1476
SQL ERROR MESSAGE: ORA-01476: 제수가 0입니다.
ORA-01476: 제수가 0 입니다.
```

결과를 보면 SQLCODE는 "-1476"을, SQLERRM은 "ORA-01476: 제수가 0입니다"를 반환했다. 예외 코드를 별도로 사용하지 않고 **SQLERRM** 함수만 사용하더라도 예외 코드와 메시지를 모두 확인할 수 있다.

이 두 함수 외에도 오라클에서 제공하는 시스템 패키지 중 하나인 **DBMS_UTILITY**를 사용해서 예외 정보를 좀더 세부적으로 볼 수 있다. 이 패키지에 속하는 서브 프로그램 중 **DBMS_UTILITY. FORAMT_ERROR_BACKTRACE** 함수를 사용하면 몇 번째 줄에서 예외가 발생했는지도 알 수 있다.

입력

```
CREATE OR REPLACE PROCEDURE ch10_exception_proc
IS
  vi_num NUMBER := 0;
BEGIN
  vi_num := 10 / 0;
  DBMS_OUTPUT.PUT_LINE('Success!');

EXCEPTION WHEN OTHERS THEN
  DBMS_OUTPUT.PUT_LINE('오류가 발생했습니다');
  DBMS_OUTPUT.PUT_LINE('SQL ERROR CODE: ' || SQLCODE);
  DBMS_OUTPUT.PUT_LINE('SQL ERROR MESSAGE: ' || SQLERRM);    -- 매개변수 없는 SQLERRM
  DBMS_OUTPUT.PUT_LINE(DBMS_UTILITY.FORMAT_ERROR_BACKTRACE);
END;
```

결과

```
PROCEDURE CH10_EXCEPTION_PROC이(가) 컴파일되었습니다.
```

입력

```
EXEC ch10_exception_proc;
```

결과

```
오류가 발생했습니다.
SQL ERROR CODE: -1476
SQL ERROR MESSAGE: ORA-01476: 제수가 0입니다.
ORA-06512: "ORA_USER.CH12_EXCEPTION_PROC",  5행
```

출력 내용 중 맨 마지막 줄을 보면 소스코드의 5행에서 예외가 발생했다. 이 외에도 DBMS_UTILLITY.FORMAT_ERROR_STACK, DBMS_UTILITY.FORMAT_CALL_STACK을 사용하면 발생한 예외에 대해 좀더 자세한 정보를 알 수 있다.

시스템 예외

예외처리 시 OTHERS 외에도 시스템 예외명을 사용할 수 있는데, 이를 **미리 정의된 예외**predefined exception라 한다. 즉 고유의 예외명칭을 사용할 수 있다는 것인데 이들 중 대표적인 예외를 정리하면 다음과 같다.

▼ 표 10-1 PL/SQL 미리 정의된 예외

예외명	예외 코드	설명
ACCESS_INTO_NULL	ORA-06530	LOB과 같은 객체 초기화 되지 않은 상태에서 사용
CASE_NOT_FOUND	ORA-06592	CASE문 사용시 구문 오류
CURSOR_ALREADY_OPEN	ORA-06511	커서가 이미 OPEN된 상태인데 OPEN 하려고 시도
DUP_VAL_ON_INDEX	ORA-00001	유일 인덱스가 있는 컬럼에 중복값으로 INSERT, UPDATE 수행
INVALID_CURSOR	ORA-01001	존재하지 않는 커서를 참조
INVALID_NUMBER	ORA-01722	문자를 숫자로 변환할 때 실패할 경우
LOGIN_DENIED	ORA-01017	잘못된 사용자 이름이나 비밀번호로 로그인을 시도
NO_DATA_FOUND	ORA-01403	SELECT INTO 시 데이터가 한 건도 없을 경우
NOT_LOGGED_ON	ORA-01012	로그온되지 않았는데 DB를 참조할 때
PROGRAM_ERROR	ORA-06501	PL/SQL 코드상에서 내부 오류를 만났을 때, 이 오류가 발생하면 "오라클에 문의(Contact Oracle Support)"란 메시지가 출력됨
STORAGE_ERROR	ORA-06500	프로그램 수행 시 메모리가 부족할 경우
TIMEOUT_ON_RESOURCE	ORA-00051	데이터베이스 자원을 기다리는 동안 타임아웃 발생 시
TOO_MANY_ROWS	ORA-01422	SELECT INTO 절 사용할 때 결과가 한 로우 이상일 때
VALUE_ERROR	ORA-06502	수치 또는 값 오류
ZERO_DIVIDE	ORA-01476	0으로 나눌 때

[표 10-1]을 보면 젯수가 0일 때의 예외가 'ZERO_DIVIDE'이므로, 예외처리 구문에서 OTHERS 대신 사용할 수 있다.

입력

```
CREATE OR REPLACE PROCEDURE ch10_exception_proc
IS
  vi_num NUMBER := 0;
```

```
BEGIN
  vi_num := 10 / 0;
  DBMS_OUTPUT.PUT_LINE('Success!');

EXCEPTION WHEN ZERO_DIVIDE THEN
  DBMS_OUTPUT.PUT_LINE('오류가 발생했습니다');
  DBMS_OUTPUT.PUT_LINE('SQL ERROR CODE: ' || SQLCODE);
  DBMS_OUTPUT.PUT_LINE('SQL ERROR MESSAGE: ' || SQLERRM);
END;
```

결과

PROCEDURE CH10_EXCEPTION_PROC이(가) 컴파일되었습니다.

미리 정의된 예외는 그 수가 제한되어 있는 반면, 오라클 내부에서 처리하는 예외의 수는 매우 많다. 따라서 보통 예외처리를 할 때 미리 정의된 예외를 먼저, 맨 마지막에 OTHERS를 명시하는 형태로 사용한다. 여러 개의 예외를 명시할 때 OTHERS는 반드시 맨 끝에 명시해야 한다. 이제 2개 이상의 예외명을 명시해 보자.

입력

```
CREATE OR REPLACE PROCEDURE ch10_exception_proc
IS
  vi_num NUMBER := 0;
BEGIN
  vi_num := 10 / 0;
  DBMS_OUTPUT.PUT_LINE('Success!');

EXCEPTION
WHEN ZERO_DIVIDE THEN
  DBMS_OUTPUT.PUT_LINE('오류1');
  DBMS_OUTPUT.PUT_LINE('SQL ERROR MESSAGE1: ' || SQLERRM);
WHEN OTHERS THEN
  DBMS_OUTPUT.PUT_LINE('오류2');
  DBMS_OUTPUT.PUT_LINE('SQL ERROR MESSAGE2: ' || SQLERRM);
END;
```

결과

PROCEDURE CH10_EXCEPTION_PROC이(가) 컴파일되었습니다.

입력

```
EXEC ch10_exception_proc;
```

결과

오류1
SQL ERROR MESSAGE1: ORA-01476: 제수가 0입니다.

결과를 보면 알겠지만 예외처리는 EXCEPTION 절에 명시한 순서대로 처리된다. 즉 맨 처음 명시한 예외가 발생하면 해당되는 로직을 처리하고 이후 예외는 무시하고 프로시저는 종료된다.

또 다른 예제를 살펴 보자. 이번에는 사원번호와 job_id를 매개변수로 받아 해당 사원의 job_id 값을 갱신하는 프로시저를 만드는데, 만약 해당 job_id가 JOBS 테이블에 존재하지 않으면 오류 메시지와 함께 프로시저를 종료시키자. 이전 장까지 학습한 내용을 토대로 프로시저를 작성한다면, 아마 다음과 같은 형태가 될 것이다.

입력

```
CREATE OR REPLACE PROCEDURE ch10_upd_jobid_proc
( p_employee_idemployees.employee_id%TYPE,
  p_job_idjobs.job_id%TYPE )
IS
  vn_cnt NUMBER := 0;
BEGIN
  SELECT COUNT(*)
    INTO vn_cnt
    FROM JOBS
   WHERE JOB_ID = p_job_id;

  IF vn_cnt = 0 THEN
    DBMS_OUTPUT.PUT_LINE('job_id가 없습니다');
    RETURN;
  ELSE
    UPDATE employees
       SET job_id = p_job_id
     WHERE employee_id = p_employee_id;
  END IF;

  COMMIT;
END;
```

결과

PROCEDURE CH10_UPD_JOBID_PROC이(가) 컴파일되었습니다.

JOBS 테이블에 없는 job_id를 매개변수로 넘겨 프로시저를 실행해 보자.

입력

```
EXEC ch10_upd_jobid_proc (200, 'SM_JOB2');
```

결과

job_id가 없습니다.

이번에는 다음과 같이 예외처리 로직을 심어보자.

입력
```
CREATE OR REPLACE PROCEDURE ch10_upd_jobid_proc
( p_employee_idemployees.employee_id%TYPE,
  p_job_idjobs.job_id%TYPE )
IS
  vn_cnt NUMBER := 0;
BEGIN
  SELECT 1
    INTO vn_cnt
    FROM JOBS
   WHERE JOB_ID = p_job_id;

  UPDATE employees
     SET job_id = p_job_id
   WHERE employee_id = p_employee_id;

  COMMIT;

EXCEPTION
WHEN NO_DATA_FOUND THEN
  DBMS_OUTPUT.PUT_LINE(SQLERRM);
  DBMS_OUTPUT.PUT_LINE(p_job_id ||'에 해당하는 job_id가 없습니다');
WHEN OTHERS THEN
  DBMS_OUTPUT.PUT_LINE('기타 에러: ' || SQLERRM);
END;
```

결과
PROCEDURE CH10_UPD_JOBID_PROC이(가) 컴파일되었습니다.

입력
```
EXEC ch10_upd_jobid_proc (200, 'SM_JOB2');
```

결과
ORA-01403: 데이터를 찾을 수 없습니다.
SM_JOB2에 해당하는 job_id가 없습니다

미리 정의된 예외 중 NO_DATA_FOUND라는 예외를 사용하니 굳이 IF문을 사용할 필요가 없어졌다. 맨 처음 SELECT INTO문에서 해당 job_id를 발견하지 못하면 NO_DATA_FOUND 예외가 발생해 제어권이 예외 처리부로 넘어가 메시지를 출력하고 프로시저가 종료된 것이다. 그리고 마지막에 OTHERS를 사용한 것은, NO_DATA_FOUND 이외의 다른 예외가 발생할 것을 염두에 두고 처리한 것이다.

사용자 정의 예외

지금까지 시스템 예외에 대해 살펴 봤는데, 사용자 즉 개발자가 직접 예외를 정의해서 사용할 때가 있을 수 있다. 예컨대 사원 테이블에 신규 사원을 입력하는 프로시저를 작성한다고 해 보자. 이 프로시저는 사원명, 급여, 부서번호 등를 매개변수로 전달받아야 한다(사번은 기존 사번의 최댓값+1, 입사일자는 현재일자를 입력하면 굳이 매개변수로 받지 않아도 입력 가능하다). 그런데 부서 테이블에 없는 부서번호를 전달받았다고 한다면 어떻게 될까? 시스템 내부적으로는 오류가 발생하지 않는다. 왜냐하면 오라클은 부서 테이블에 해당 부서번호의 존재유무를 체크해야 한다는 사실을 알지 못하기 때문이다. 이런 경우에는 다음과 같이 사용자가 직접 처리해 줘야 한다.

입력

```
...
...
SELECT COUNT(*)
  INTO vn_cnt
  FROM DEPARTMENTS
 WHERE DEPARTMENT_ID = P_DEPARTMENT_ID;

IF vn_cnt = 0 THEN
   DBMS_OUTPUT.PUT_LINE('해당 부서번호가 없습니다');
   RETURN;
END IF;
...
...
```

위와 같이 처리해도 무방하지만, 이런 형태의 비즈니스 로직에 따른 예외처리도 오라클 시스템 예외처럼 다룰 수 있다(이전 절에서 사원 테이블의 job_id를 갱신하는 ch10_upd_jobid_proc 프로시저처럼 NO_DATA_FOUND 시스템 예외로 처리할 수도 있지만, 위 코드는 사용자 정의 예외 사용법을 학습하려는 목적으로 IF문 형태로 사용한 것이다). 즉 사용자가 직접 예외를 정의하고 해당 예외가 발생하면 EXCEPTION절에서 처리할 수 있다. 사용자 예외 사용법은 다음과 같다.

① 예외 정의: 사용자_정의_예외명 EXCEPTION;

사용자 예외를 사용하려면 일단 변수나 상수처럼 PL/SQL 블록의 선언부에 예외를 정의해야 한다.

② 예외 발생시키기: RAISE 사용자_정의_예외명;

시스템 예외는 해당 예외가 자동으로 검출되지만, 사용자 정의 예외는 직접 예외를 발생시켜야 하는데, "RAISE 예외명;" 형태로 사용한다.

③ 발생된 예외 처리: EXCEPTION WHEN 사용자_정의_예외명 THEN ….

예외를 발생시키면 자동으로 제어권이 EXCEPTION 절로 넘어오므로 시스템 예외와 동일한 방식으로 처리해 주면 된다.

그럼 신규사원을 입력하는데 부서번호가 잘못 들어온 경우를 처리하는 예외 로직이 담긴 프로시저를 만들어 보자.

입력

```
CREATE OR REPLACE PROCEDURE ch10_ins_emp_proc (
  p_emp_name    employees.emp_name%TYPE,
  p_department_id    departments.department_id%TYPE )
IS
  vn_employee_id employees.employee_id%TYPE;
  vd_curr_date   DATE := SYSDATE;
  vn_cnt         NUMBER := 0;

  ex_invalid_depid EXCEPTION;              -- 잘못된 부서번호일 경우 예외 선언
BEGIN

  -- 부서 테이블에서 해당 부서번호 존재유무 체크
  SELECT COUNT(*)
    INTO vn_cnt
    FROM departments
   WHERE department_id = p_department_id;

  IF vn_cnt = 0 THEN
     RAISE ex_invalid_depid;               -- 사용자 정의 예외를 의도적으로 발생시킴
  END IF;

  -- employee_id의 max 값에 +1
  SELECT MAX(employee_id) + 1
    INTO vn_employee_id
    FROM employees;

  -- 사용자 예외처리 예제이므로 사원 테이블에 최소한 데이터만 입력함
  INSERT INTO employees ( employee_id, emp_name, hire_date, department_id )
            VALUES ( vn_employee_id, p_emp_name, vd_curr_date, p_department_id );

  COMMIT;

EXCEPTION
WHEN ex_invalid_depid THEN    -- 사용자 정의 예외 처리
  DBMS_OUTPUT.PUT_LINE('해당 부서번호가 없습니다');
WHEN OTHERS THEN
  DBMS_OUTPUT.PUT_LINE(SQLERRM);

END;
```

결과
PROCEDURE CH10_INS_EMP_PROC이(가) 컴파일되었습니다.

이제 잘못된 부서번호를 넘겨 프로시저를 실행해 보자.

입력
```
EXEC ch10_ins_emp_proc ('홍길동', 999);
```

결과
해당 부서번호가 없습니다

원하던 대로 결과가 출력되었다. 이렇게 비즈니스 로직 상 예외처리해야 할 부분에서 사용자 정의 예외를 사용하면 해당 예외처리 로직의 가독성을 향상시켜 유지, 관리하기가 훨씬 쉽다.

시스템 예외에 이름 부여하기

시스템 예외에는 ZERO_DIVIDE, INVALID_NUMBER 같이 미리 정의된 예외가 있었다. 하지만 이들처럼 예외명이 부여된 것은 시스템 예외 중 극소수이고 나머지는 예외코드만 존재한다. 예외 이름이 없는 이런 예외에 이름을 부여하면 코드가 훨씬 읽기 편할 뿐만 아니라, 해당 코드의 로직을 파악하는 것도 아주 쉬워진다. 그렇다면 예외 이름은 어떻게 부여하는 것일까? 그 방법을 정리하면 다음과 같다.

① 사용자 정의 예외 선언: 사용자_정의_예외명 EXCEPTION;
선언부에서 사용자 정의 예외를 선언한다.

② 사용자 정의 예외명과 시스템 예외 코드 연결: PRAGMA EXCEPTION_INIT (사용자_정의_예외명, 시스템_예외_코드);
8장에서 배웠던 PRAGMA EXCEPTION_INIT를 사용하는데, ①에서 선언한 예외명과 시스템 예외코드를 명시한다.

③ 발생된 예외 처리: EXCEPTION WHEN 사용자_정의_예외명 THEN ….

ch10_ins_emp_proc 프로시저에 매개변수를 하나 더 추가해 보자. 입사월을 받아 사원을 입력할 때 입사일자는 무조건 전달받은 입사월의 1일에 입력되어야 한다는 규칙이 정해졌다고 가정하고, 잘못된 입사월이 입력될 때, ORA-01843(not a valid month, 지정한 월이 부적합합니다)라는 시스템 예외를 발생시켜 보자.

입력

```
CREATE OR REPLACE PROCEDURE ch10_ins_emp_proc (
  p_emp_name employees.emp_name%TYPE,
  p_department_id departments.department_id%TYPE,
  p_hire_monthVARCHAR2 )
IS
  vn_employee_idemployees.employee_id%TYPE;
  vd_curr_date      DATE := SYSDATE;
  vn_cnt            NUMBER := 0;

  ex_invalid_depid EXCEPTION; -- 잘못된 부서번호일 경우 예외 정의

  ex_invalid_month EXCEPTION;-- 잘못된 입사월인 경우 예외 정의
  PRAGMA EXCEPTION_INIT ( ex_invalid_month, -1843);-- 예외명과 예외코드 연결
BEGIN
  -- 부서 테이블에서 해당 부서번호 존재유무 체크
  SELECT COUNT(*)
    INTO vn_cnt
    FROM departments
   WHERE department_id = p_department_id;

  IF vn_cnt = 0 THEN
     RAISE ex_invalid_depid; -- 부서코드 사용자 정의 예외 발생
  END IF;

  -- 입사월 체크(1~12월 범위를 벗어났는지 체크)
  IF SUBSTR(p_hire_month, 5, 2) NOT BETWEEN '01' AND '12' THEN
     RAISE ex_invalid_month;-- 잘못된 입사월 사용자 정의 예외 발생
  END IF;

  -- employee_id의 max 값에 +1
  SELECT MAX(employee_id) + 1
    INTO vn_employee_id
    FROM employees;

  -- 사용자예외처리 예제이므로 사원 테이블에 최소한 데이터만 입력함
  INSERT INTO employees ( employee_id, emp_name, hire_date, department_id )
           VALUES ( vn_employee_id, p_emp_name, TO_DATE(p_hire_month || '01'),
                    p_department_id );
  COMMIT;

EXCEPTION
WHEN ex_invalid_depid THEN -- 사용자 정의 예외 처리
  DBMS_OUTPUT.PUT_LINE('해당 부서번호가 없습니다');
WHEN ex_invalid_month THEN-- 입사월 사용자 정의 예외 처리
  DBMS_OUTPUT.PUT_LINE(SQLCODE);
  DBMS_OUTPUT.PUT_LINE(SQLERRM);
  DBMS_OUTPUT.PUT_LINE('1~12월 범위를 벗어난 월입니다');
WHEN OTHERS THEN
  DBMS_OUTPUT.PUT_LINE(SQLERRM);
END;
```

결과
PROCEDURE CH10_INS_EMP_PROC이(가) 컴파일되었습니다.

입사월 매개변수를 '201314'로 전달해 프로시저를 실행해 보자.

입력
```
EXEC ch10_ins_emp_proc ('홍길동', 110, '201314');
```

결과
-1843
ORA-01843: 지정한 월이 부적합합니다.
1~12월 범위를 벗어난 월입니다

예상했던 대로 사용자 정의 예외에 ORA-01843 예외코드가 연결되어 처리된 것을 확인할 수 있다. 마지막으로 예외명을 정의한 뒤 시스템 예외코드를 연결해서 사용할 때 주의해야 할 제약사항을 정리해 보자.

- 미리 정의된 예외 중 NO_DATA_FOUND(-1403)는 사용자 정의 예외명에 해당 코드(-1403)을 연결할 수 없다. 만약 연결할 경우 컴파일할 때 다음과 같은 오류가 발생한다.
  예) PRAGMA EXCEPTION_INIT에 대한 부당한 ORACLE 오류번호(-1403)입니다
- 예외 코드로 0이나 100을 제외한 양수, 그리고 -10000000 이하 값은 사용할 수 없다.
- 동일한 예외명으로 다른 예외 코드를 2개 이상 연결하면, 맨 마지막에 연결한 코드가 적용된다.

RAISE와 RAISE_APPLICATION_ERROR

사용자 정의 예외를 명시적으로, 즉 의도적으로 발생시키기 위해서 "RAISE 사용자_정의_예외명"을 사용했다. 또한 사용자 정의 예외명 대신 미리 정의된 예외명을 명시해서 사용할 수도 있었다. 즉 사용자 정의 예외명을 선언하고 미리 정의된 예외코드를 연결하거나 사용자 정의 예외를 선언하지 않고 바로 미리 정의된 예외를 발생시킬 수도 있다. 예를 들어, 매개변수로 정수를 받아 처리하는 프로시저가 있는데 반드시 양수만 입력받아 처리해야 한다면, 다음과 같이 INVALID_NUMBER 예외를 발생시킬 수 있다.

입력
```
CREATE OR REPLACE PROCEDURE ch10_raise_test_proc( p_num NUMBER)
IS

BEGIN
  IF p_num<= 0 THEN
    RAISE INVALID_NUMBER;
```

```
    END IF;

  DBMS_OUTPUT.PUT_LINE(p_num);

EXCEPTION
WHEN INVALID_NUMBER THEN
  DBMS_OUTPUT.PUT_LINE('양수만 입력받을 수 있습니다');
WHEN OTHERS THEN
  DBMS_OUTPUT.PUT_LINE(SQLERRM);
END;
```

결과

PROCEDURE CH10_RAISE_TEST_PROC이(가) 컴파일되었습니다.

입력

```
EXEC ch10_raise_test_proc (-10);
```

결과

양수만 입력받을 수 있습니다

그런데 RAISE 외에도, 예외를 발생시킬 수 있는 RAISE_APPLICATION_ERROR란 프로시저가 존재한다. 이 프로시저는 DBMS_STANDARD 시스템 패키지에 속한 프로시저로 사용자 정의 예외만 발생시킬 수 있는데, 예외 코드와 원하는 예외 메시지를 직접 매개변수로 넘겨 예외를 발생시키는 것이 특징이다. 사용법은 다음과 같다.

RAISE_APPLICATION_ERROR (예외코드, 예외 메시지);

예외 코드와 예외 메시지는 사용자가 직접 정의할 수 있는데, 예외코드는 -20000 ~ -20999 번까지만 사용할 수 있다. 왜냐하면 오라클에서 이미 사용하고 있는 시스템 예외들이 위 번호 구간은 사용하고 있지 않기 때문이다. 그럼 ch10_raise_test_proc 프로시저를 수정해 RAISE_APPLICATION_ERROR 프로시저가 어떤 식으로 동작하는지 살펴보자.

입력

```
CREATE OR REPLACE PROCEDURE ch10_raise_test_proc(p_num NUMBER)
IS

BEGIN
  IF p_num<= 0 THEN
    --RAISE INVALID_NUMBER;
    RAISE_APPLICATION_ERROR (-20000, '양수만 입력받을 수 있단 말입니다!');
  END IF;

  DBMS_OUTPUT.PUT_LINE(p_num);
```

```
EXCEPTION
WHEN INVALID_NUMBER THEN
  DBMS_OUTPUT.PUT_LINE('양수만 입력받을 수 있습니다');
WHEN OTHERS THEN
  DBMS_OUTPUT.PUT_LINE(SQLCODE);
  DBMS_OUTPUT.PUT_LINE(SQLERRM);
END;
```

결과
PROCEDURE CH10_RAISE_TEST_PROC이(가) 컴파일되었습니다.

입력
```
EXEC ch10_raise_test_proc (-10);
```

결과
```
-20000
ORA-20000: 양수만 입력받을 수 있단 말입니다!
```

실행 결과를 보면 알 수 있듯이, 매개변수가 음수로 들어오면 RAISE_APPLICATION_ERROR가 호출되고 이 프로시저의 매개변수로 넘긴 예외코드와 예외 메시지가 EXCEPTION 절의 OTHERS에서 걸러져 SQLCODE는 -20000, SQLERRM는 "양수만 입력받을 수 있단 말입니다!"를 반환하게 된다.

Knowhow 효율적인 예외 처리 방법

지금까지 예외에 대한 여러 가지 처리 방법을 배웠는데, 실제로 어떤 식으로 처리하는 것이 좋을까? 현장에서 경험한 필자의 예외처리 노하우를 정리하면 다음과 같다.

① 시스템 예외인 경우는 OTHERS를 사용하자

미리 정의된 예외일 때는 예외명이 있어 EXCEPTION 절에 명시해 사용할 수 있지만, 몇 가지를 제외하고는 기억하기도 힘들고 사용하기가 번거롭다. 대신 OTHERS는 모든 시스템 예외를 잡아내므로 OTHERS와 SQLCODE, SQLERRM을 적극 사용하자.

② 예외 처리 루틴을 공통 모듈화하고, 발생된 예외 로그를 남기자

예외가 발생할 때 SQLCODE나 SQLERRM 함수를 이용해 정확히 발생된 예외 정보를 상세히 알 수 있다. 따라서 발생한 예외에 대한 로그 테이블을 만들어 예외가 생길 때마다 이 로그 테이블에 기록해 둔다면 관리하기 매우 편리할 것이다. 예컨대 간밤에 자동으로 수행된 프로시저에서 예외가 발생했다고 가정하면, 다음 날 출근해서 예외로그 테이블을 조회해 보면 발생된 예외 내역을 보고 문제가 된 부분을 조치할 수 있을 것이다. 에러로그 테이블은 다음과 같은 형태로 만든다.

입력
```
CREATE TABLE error_log (
        error_seq       NUMBER,              -- 에러 시퀀스
        prog_name       VARCHAR2(80),        -- 프로그램명
        error_code      NUMBER,              -- 에러코드
        error_message   VARCHAR2(300),       -- 에러 메시지
        error_line      VARCHAR2(100),       -- 에러 라인
        error_date      DATE DEFAULT SYSDATE -- 에러 발생 일자
        );
```

결과
table ERROR_LOG이(가) 생성되었습니다.

더 필요한 정보가 있으면 해당 컬럼을 추가하자. 위 테이블에 에러 정보를 입력할 때 error_seq 컬럼에 들어갈 시퀀스도 생성하자.

입력
```
CREATE SEQUENCE error_seq
        INCREMENT BY 1
        START WITH 1
        MINVALUE 1
        MAXVALUE 999999
        NOCYCLE
        NOCACHE;
```

결과
sequence ERROR_SEQ이(가) 생성되었습니다.

다음으로 예외가 발생했을 때 예외 로그 테이블에 에러 정보를 입력하는 프로시저를 만든다.

입력
```
CREATE OR REPLACE PROCEDURE error_log_proc (
 p_prog_name     error_log.prog_name%TYPE,
 p_error_code    error_log.error_code%TYPE,
 p_error_messgge error_log.error_message%TYPE,
 p_error_line    error_log.error_line%TYPE  )
IS

BEGIN
   INSERT INTO error_log (error_seq, prog_name, error_code, error_message,
                          error_line)
```

```
            VALUES ( error_seq.NEXTVAL, p_prog_name, p_error_code, p_error_messgge,
                     p_error_line );

   COMMIT;
END;
```

결과

PROCEDURE ERROR_LOG_PROC이(가) 컴파일되었습니다.

이제 익명 블록이나 다른 프로시저에서 예외가 발생했을 때, 예외처리 부분에서 위 프로시저를 호출하도록 한다. 예를 들어, ch10_ins_emp_proc와 동일한 형태의 ch10_ins_emp2_proc 프로시저에서 호출한다고 가정하면 다음과 같은 형태로 작성할 수 있을 것이다.

입력

```
CREATE OR REPLACE PROCEDURE ch10_ins_emp2_proc (
  p_emp_nameemployees.emp_name%TYPE,
  p_department_iddepartments.department_id%TYPE,
  p_hire_monthVARCHAR2 )
IS
  vn_employee_idemployees.employee_id%TYPE;
  vd_curr_date     DATE := SYSDATE;
  vn_cnt           NUMBER := 0;

  ex_invalid_depid EXCEPTION;                   -- 잘못된 부서번호일 때 예외 정의
  PRAGMA EXCEPTION_INIT ( ex_invalid_depid, -20000); -- 예외명과 예외코드 연결

  ex_invalid_month EXCEPTION;                   -- 잘못된 입사월일 때 예외 정의
  PRAGMA EXCEPTION_INIT ( ex_invalid_month, -1843); -- 예외명과 예외코드 연결

  -- 예외 관련 변수 선언
  v_err_codeerror_log.error_code%TYPE;
  v_err_msgerror_log.error_message%TYPE;
  v_err_lineerror_log.error_line%TYPE;
BEGIN
  -- 부서 테이블에서 해당 부서번호 존재유무 체크
  SELECT COUNT(*)
    INTO vn_cnt
    FROM departments
   WHERE department_id = p_department_id;

  IF vn_cnt = 0 THEN
     RAISE ex_invalid_depid;                    -- 사용자 정의 예외 발생
  END IF;

  -- 입사월 체크(1~12월 범위를 벗어났는지 체크)
  IF SUBSTR(p_hire_month, 5, 2) NOT BETWEEN '01' AND '12' THEN
```

```
            RAISE ex_invalid_month;                    -- 사용자 정의 예외 발생
        END IF;

    -- employee_id의 max 값에 +1
    SELECT MAX(employee_id) + 1
      INTO vn_employee_id
      FROM employees;

    -- 사용자 예외처리 예제이므로 사원 테이블에 최소한 데이터만 입력함
    INSERT INTO employees ( employee_id, emp_name, hire_date, department_id )
             VALUES ( vn_employee_id, p_emp_name, TO_DATE(p_hire_month || '01'),
                      p_department_id );
    COMMIT;

EXCEPTION WHEN ex_invalid_depid THEN         -- 사용자 정의 예외 처리
    v_err_code := SQLCODE;
    v_err_msg  := '해당 부서가 없습니다';
    v_err_line := DBMS_UTILITY.FORMAT_ERROR_BACKTRACE;
    ROLLBACK;
    error_log_proc( 'ch12_ins_emp2_proc', v_err_code, v_err_msg, v_err_line);
WHEN ex_invalid_month THEN           -- 입사월 사용자 정의 예외 처리
    v_err_code := SQLCODE;
    v_err_msg  := SQLERRM;
    v_err_line := DBMS_UTILITY.FORMAT_ERROR_BACKTRACE;
    ROLLBACK;
    error_log_proc( 'ch12_ins_emp2_proc', v_err_code, v_err_msg, v_err_line);
WHEN OTHERS THEN
    v_err_code := SQLCODE;
    v_err_msg  := SQLERRM;
    v_err_line := DBMS_UTILITY.FORMAT_ERROR_BACKTRACE;
    ROLLBACK;
    error_log_proc( 'ch12_ins_emp2_proc', v_err_code, v_err_msg, v_err_line);
END;
```

결과

PROCEDURE CH10_INS_EMP2_PROC이(가) 컴파일되었습니다.

이제 예외를 발생시켜 보자.

입력

```
-- 잘못된 부서
EXEC ch10_ins_emp2_proc ('HONG', 1000, '201401');
```

결과

익명 블록이 완료되었습니다.

입력
```
-- 잘못된 월
EXEC ch10_ins_emp2_proc ('HONG', 100, '201413');
```

결과

익명 블록이 완료되었습니다.

error_log 테이블을 조회해 보면 해당 오류 메시지가 입력되었음을 확인할 수 있다.

입력
```
SELECT *
  FROM  error_log ;
```

▼ 그림 10-1 error_log 내역

ERROR_SEQ	PROG_NAME	ERROR_CODE	ERROR_MESSAGE	ERROR_LINE	ERROR_DATE
5	ch12_ins_emp2_proc	-20000	해당 부서가 없습니다	ORA-06512: "ORA_USER.CH10_INS_EMP2_PROC", 28행	2015-03-25 23:35:50
6	ch12_ins_emp2_proc	-1843	ORA-01843: 지정한 월이 부적합합니다.	ORA-06512: "ORA_USER.CH10_INS_EMP2_PROC", 33행	2015-03-25 23:35:56

③ 사용자 정의 예외도 별도의 테이블로 미리 만들어 관리하자

보통 사용자 정의 예외는 구축하는 시스템에 특화된 예외일 때가 대부분이다. 개발자마다 작성하는 프로시저에서 사용자 정의 예외를 정의하고 사용하다 보면, 동일한 예외 코드를 사용하여 중복이 발생할 소지가 매우 많다. 따라서 사용자 정의 예외 테이블을 만들어 놓고, 실제 해당 예외가 발생하면 이 테이블에서 예외코드와 번호 등을 읽어오는 식으로 처리하면 관리하기가 쉬워질 것이다. 다음과 같은 형태로 사용자 정의 예외 테이블을 만들어 보자.

입력
```
CREATE TABLE app_user_define_error (
  error_code     NUMBER,                -- 에러코드
  error_message  VARCHAR2(300),         -- 에러 메시지
  create_date    DATE DEFAULT SYSDATE,  -- 등록일자
                 PRIMARY KEY (error_code)
);
```

결과

table APP_USER_DEFINE_ERROR이(가) 생성되었습니다.

[그림 10-1]에 있는 예외를 등록해 보자.

입력
```
INSERT INTO app_user_define_error( error_code, error_message )
```

```
    VALUES (-1843, '지정한 월이 부적합합니다');
INSERT INTO app_user_define_error( error_code, error_message )
    VALUES (-20000, '해당 부서가 없습니다');

COMMIT;
```

결과

```
1개 행 이(가) 삽입되었습니다.
1개 행 이(가) 삽입되었습니다.
커밋되었습니다.
```

이제 error_log_proc 프로시저를 수정해 보자.

입력

```
CREATE OR REPLACE PROCEDURE error_log_proc (
  p_prog_name    error_log.prog_name%TYPE,
  p_error_code   error_log.error_code%TYPE,
  p_error_messgge error_log.error_message%TYPE,
  p_error_line   error_log.error_line%TYPE  )
IS
  vn_error_code error_log.error_code%TYPE := p_error_code;
  vn_error_message error_log.error_message%TYPE := p_error_messgge;

BEGIN

  -- 사용자 정의 에러 테이블에서 에러 메시지를 받아오는 부분을 BLOCK으로 감싼다
  -- 해당 메시지가 없을 경우 처리를 위해서...
  BEGIN

    SELECT error_message
      INTO vn_error_message
      FROM app_user_define_error
     WHERE error_code = vn_error_code;

  -- 해당 에러가 테이블에 없다면 매개변수로 받아온 메시지를 그대로 할당한다
  EXCEPTION WHEN NO_DATA_FOUND THEN
    vn_error_message :=  p_error_messgge;
  END;

  INSERT INTO error_log (error_seq, prog_name, error_code, error_message,
                         error_line)
  VALUES ( error_seq.NEXTVAL, p_prog_name, vn_error_code, vn_error_message,
           p_error_line );

  COMMIT;
END;
```

결과

PROCEDURE ERROR_LOG_PROC이(가) 컴파일되었습니다.

ch10_ins_emp2_proc 프로시저의 예외처리 부분을 다음과 같이 수정한다.

입력
```
CREATE OR REPLACE PROCEDURE ch10_ins_emp2_proc (
  p_emp_nameemployees.emp_name%TYPE,
  p_department_iddepartments.department_id%TYPE,
  p_hire_monthVARCHAR2 )
IS
...
...

EXCEPTION WHEN ex_invalid_depid THEN  -- 사용자 정의 예외 처리
  v_err_code := SQLCODE;
  v_err_line := DBMS_UTILITY.FORMAT_ERROR_BACKTRACE;
  ROLLBACK;
  error_log_proc( 'ch12_ins_emp2_proc', v_err_code, v_err_msg, v_err_line);
WHEN ex_invalid_month THEN  -- 입사월 사용자 정의 예외 처리
  v_err_code := SQLCODE;
  v_err_line := DBMS_UTILITY.FORMAT_ERROR_BACKTRACE;
  ROLLBACK;
  error_log_proc( 'ch12_ins_emp2_proc', v_err_code, v_err_msg, v_err_line);
WHEN OTHERS THEN
  v_err_code := SQLCODE;
  v_err_msg  := SQLERRM;
  v_err_line := DBMS_UTILITY.FORMAT_ERROR_BACKTRACE;
  ROLLBACK;
  error_log_proc( 'ch12_ins_emp2_proc', v_err_code, v_err_msg, v_err_line);
END;
```

결과

PROCEDURE CH10_INS_EMP2_PROC이(가) 컴파일되었습니다.

예외를 발생시켜 보자.

입력
```
-- 잘못된 부서
EXEC ch10_ins_emp2_proc ('HONG', 1000, '201401');
```

결과

익명 블록이 완료되었습니다.

입력
```
-- 잘못된 월
EXEC ch10_ins_emp2_proc ('HONG', 100, '201413');
```

결과

익명 블록이 완료되었습니다.

입력
```
SELECT *
  FROM error_log ;
```

▼ 그림 10-2 error_log 내역2

ERROR_SEQ	PROG_NAME	ERROR_CODE	ERROR_MESSAGE	ERROR_LINE	ERROR_DATE
7	ch10_ins_emp2_proc	-20000	해당 부서가 없습니다	ORA-06512: "ORA_USER.CH10_INS_EMP2_PROC", 28행	2015-03-25 23:44:24
8	ch10_ins_emp2_proc	-1843	지정한 월이 부적합니다	ORA-06512: "ORA_USER.CH10_INS_EMP2_PROC", 33행	2015-03-25 23:44:31
5	ch12_ins_emp2_proc	-20000	해당 부서가 없습니다	ORA-06512: "ORA_USER.CH10_INS_EMP2_PROC", 28행	2015-03-25 23:35:50
6	ch12_ins_emp2_proc	-1843	ORA-01843: 지정한 월이 부적합니다.	ORA-06512: "ORA_USER.CH10_INS_EMP2_PROC", 33행	2015-03-25 23:35:56

이런 식으로 예외처리를 하기 위해서는 시스템 개발 초기에 발생 가능한 사용자 정의 예외를 미리 정의한 뒤 app_user_define_error 와 같은 사용자 예외 정의 테이블에 등록해서 사용하는 것이 좋다.

02 트랜잭션

트랜잭션transaction은 '거래'라는 뜻으로, 우리가 은행에서 입금과 출금을 하는 그 거래를 말한다. 일반적인 프로그래밍 언어나 오라클에서 말하는 트랜잭션도 이 개념에서 차용한 것이다. 예컨대 A란 은행에서 출금을 하여 B란 은행으로 송금을 한다고 해보자. 그런데 송금하는 중에 알 수 없는 오류가 발생하여 A은행 계좌에서는 돈이 빠져 나갔는데 B은행 계좌에 입금되지 않았다면, 금액 손실은 물론이고 신용거래의 대표주자인 은행에 대한 불신이 팽배해져 큰 혼란이 생긴다. 그렇다면 이 문제를 어떻게 처리하면 좋을까?

한 가지 방법은 이런 오류사항을 파악해서 A은행 계좌의 출금을 취소하거나, 출금된 금액만큼 B은행 계좌로 다시 송금하고 이 오류가 다시 발생하지 않도록 조치하면 된다. 하지만 이는 현실성이 없는 해결책이다. 어떤 오류가 발생할 지 모든 경우의 수를 다 파악해 대처할 수도 없고 출금된 금액을 잘못 계산해서 B은행에 더 많거나 적은 금액을 송금할 여지도 많다. 그래서 생각해 낸 해결책이, 거래가 성공적으로 모두 끝난 후에야 이를 완전한 거래로 승인하고, 거래 도중 뭔가 오류가 발생했을 때는 이 거래를 아예 처음부터 없었던 거래로 되돌리는 것이다. 이렇게 하면 거래 도중에 발생한 오류에 대해 즉시 처리하지 못할지언정 최소한 금액손실은 발생하지 않는다. 거래당사자 입장에서도 좀 귀찮기는 하지만 금액 손실이 발생하느니 다시 거래하는 것이 낫다. 이렇게 거래의 안전성을 확보하는 방법이 바로 트랜잭션이다. 데이터베이스에서도 마찬가지다. 특정 테이블에서 데이터를 읽어 조작 후 다른 테이블에 데이터를 입력하거나 갱신, 삭제하는데 처리 도중 오류가 발생하면 모든 작업을 원상태로 되돌리고, 처리 과정이 모두 성공했을 때만 최종적으로 데이터베이스에 반영하는 것이 바로 트랜잭션 처리다. 그럼 어떻게 트랜잭션 처리를 하는지 지금부터 알아 보자.

COMMIT과 ROLLBACK

거래가 모두 성공적으로 마쳤을 때, "이 거래는 성공했으니 반영해도 된다"라고 확인하는 역할을 하는 것이 바로 COMMIT문이다. 따라서 COMMIT문을 실행하지 않으면 INSERT, UPDATE, DELETE, MERGE한 결과가 최종적으로 테이블에 반영되지 않는다. COMMIT 구문은 다음과 같다.

```
COMMIT [WORK];
```

WORK는 가독성을 향상시키는 목적으로 사용하는데 보통 생략할 때가 많다. 예제를 통해 트랜잭션 처리를 해볼 텐데, 먼저 다음과 같이 샘플 테이블을 만들어 보자.

입력
```
CREATE TABLE ch10_sales (
       sales_month    VARCHAR2(8),
       country_name   VARCHAR2(40),
       prod_category  VARCHAR2(50),
       channel_desc   VARCHAR2(20),
       sales_amt      NUMBER );
```

결과
table CH10_SALES이(가) 생성되었습니다.

이제 sales, products, customers, channels, countries 테이블을 조인해서 입력월을 매개변수로 받아 해당 월에 대한 국가, 제품 카테고리, 채널 유형별 매출금액을 구해 ch10_sales 테이블에 입력하는 프로시저를 만들어 보자.

입력
```
CREATE OR REPLACE PROCEDUREiud_ch10_sales_proc
  ( p_sales_monthch10_sales.sales_month%TYPE )
IS
```

```
BEGIN
  INSERT INTO ch10_sales (sales_month, country_name, prod_category,
                          channel_desc, sales_amt)
  SELECT A.SALES_MONTH,
         C.COUNTRY_NAME,
         D.PROD_CATEGORY,
         E.CHANNEL_DESC,
         SUM(A.AMOUNT_SOLD)
    FROM SALES A, CUSTOMERS B, COUNTRIES C, PRODUCTS D, CHANNELS E
   WHERE A.SALES_MONTH = p_sales_month
     AND A.CUST_ID = B.CUST_ID
     AND B.COUNTRY_ID = C.COUNTRY_ID
     AND A.PROD_ID = D.PROD_ID
     AND A.CHANNEL_ID = E.CHANNEL_ID
   GROUP BY A.SALES_MONTH,
            C.COUNTRY_NAME,
            D.PROD_CATEGORY,
            E.CHANNEL_DESC;
END;
```

결과

PROCEDURE IUD_CH10_SALES_PROC이(가) 컴파일되었습니다.

프로시저를 실행해 보자.

입력

```
EXEC iud_ch10_sales_proc( '199901');

SELECT COUNT(*)
  FROM ch10_sales ;
```

결과

```
COUNT(*)
----------
       151
```

결과를 보면 151건이 입력되었음을 알 수 있는데, SQL*Plus나 SQL Developer를 다시 실행해서 조회해보자.

입력

```
SELECT COUNT(*)
  FROM ch10_sales ;
```

결과
```
COUNT(*)
----------
        0
```

프로시저 실행 후 첫 번째 쿼리에서 확인했을 때는 151건이었으나 다른 창을 띄우고 확인하니 0건이다. 그 이유는 COMMIT문을 실행하지 않았기 때문인데, 같은 세션에서 확인한 첫 번째 쿼리에서는 결과 값이 151건으로 나왔지만 DB에 최종적으로 반영이 안 된 상태여서 다른 편집기나 창에서 확인하면 0건이 나오는 것이다. 그럼 COMMIT을 추가하고 컴파일 후 실행해 보자.

입력
```
CREATE OR REPLACE PROCEDUREiud_ch10_sales_proc
  ( p_sales_monthch10_sales.sales_month%TYPE )
IS
BEGIN
...
...

  COMMIT;
END;
```

결과
PROCEDURE IUD_CH10_SALES_PROC이(가) 컴파일되었습니다.

입력
```
-- 테이블 초기화
TRUNCATE TABLE ch10_sales;

EXEC iud_ch10_sales_proc( '199901' );
```

결과
익명 블록이 완료되었습니다.

입력
```
SELECT COUNT(*)
  FROM ch10_sales ;
```

결과
```
COUNT(*)
----------
      151
```

이제 다른 창에서 확인해보더라도 151건이 입력됐음을 알 수 있을 것이다.

ROLLBACK은 COMMIT 과는 정반대로 DB에 가해진 변경사항을 취소시키는 기능을 하는데, 사용법은 다음과 같다.

```
ROLLBACK [WORK] [TO [SAVEPOINT] 세이브포인트명];
```

그럼 COMMIT 대신 ROLLBACK을 입력하고 프로시저를 실행해 보자.

입력
```
CREATE OR REPLACE PROCEDURE iud_ch10_sales_proc
  ( p_sales_monthch10_sales.sales_month%TYPE )
IS
BEGIN
...
...

  --COMMIT;
  ROLLBACK;
END;
```

결과
PROCEDURE IUD_CH10_SALES_PROC이(가) 컴파일되었습니다.

입력
```
-- 테이블 초기화
TRUNCATE TABLE ch10_sales;

EXEC iud_ch10_sales_proc( '199902' );
```

결과
익명 블록이 완료되었습니다.

입력
```
SELECT COUNT(*)
  FROM ch10_sales
 WHERE sales_month = '199902';
```

결과
```
COUNT(*)
----------
       0
```

작업한 모든 내역을 취소시켰기 때문에 같은 세션에서 조회하든, 다른 세션에서 조회하든 테이블에는 전혀 반영되지 않는다. COMMIT은 작업이 성공했을 때, ROLLBACK은 작업이 실패했을 때 처리하므로 일반적으로 PL/SQL 코드를 작성할 때 디폴트로 실행부 맨 하단에 COMMIT을 명시한다. 이에 반해 ROLLBACK은 앞 절에서 학습했던 예외처리와 함께 사용되어 특정 예외가 발생했을 때 예외처리 구문에 ROLLBACK을 명시하는 식으로 트랜잭션을 처리한다. 그럼 예제를 통해 트랜잭션과 예외처리 로직을 묶어보자. 먼저 다음과 같이 ch10_sales 테이블의 매출월과 국가명, 카테고리, 채널에 PRIMARY KEY를 추가하자.

입력
```
TRUNCATE TABLE ch10_sales;

ALTER TABLE ch10_sales ADD CONSTRAINTS pk_ch10_sales PRIMARY KEY
          (sales_month, country_name, prod_category, channel_desc);
```

결과
```
table CH10_SALES이(가) 변경되었습니다.
```

이제 PRIMARY KEY 위반 오류가 발생할 때 처리하는 로직을 추가해 보자.

입력
```
CREATE OR REPLACE PROCEDUREiud_ch10_sales_proc
  ( p_sales_monthch10_sales.sales_month%TYPE )
IS

BEGIN
  INSERT INTO ch10_sales (sales_month, country_name, prod_category,
                          channel_desc, sales_amt)
    SELECT A.SALES_MONTH,
           C.COUNTRY_NAME,
           D.PROD_CATEGORY,
           E.CHANNEL_DESC,
           SUM(A.AMOUNT_SOLD)
      FROM SALES A, CUSTOMERS B, COUNTRIES C, PRODUCTS D, CHANNELS E
     WHERE A.SALES_MONTH = p_sales_month
       AND A.CUST_ID = B.CUST_ID
       AND B.COUNTRY_ID = C.COUNTRY_ID
       AND A.PROD_ID = D.PROD_ID
       AND A.CHANNEL_ID = E.CHANNEL_ID
     GROUP BY A.SALES_MONTH,
           C.COUNTRY_NAME,
           D.PROD_CATEGORY,
           E.CHANNEL_DESC;

  COMMIT;
```

```
EXCEPTION WHEN OTHERS THEN
  DBMS_OUTPUT.PUT_LINE(SQLERRM);
  ROLLBACK;
END;
```

결과

PROCEDURE IUD_CH10_SALES_PROC이(가) 컴파일되었습니다.

입력

```
EXEC iud_ch10_sales_proc( '199901');

SELECT COUNT(*)
  FROM ch10_sales ;
```

결과

```
COUNT(*)
----------
       151
```

동일한 매개변수로 프로시저를 다시 실행해 보자.

입력

```
EXEC iud_ch10_sales_proc( '199901');
```

결과

ORA-00001: 무결성 제약 조건(ORA_USER.PK_CH10_SALES)에 위배됩니다.

입력

```
SELECT COUNT(*)
  FROM ch10_sales ;
```

결과

```
COUNT(*)
----------
       151
```

PRIMARY KEY를 추가했더니 동일한 조건(동일한 매개변수)으로 다시 데이터를 넣으려고 시도할 때 무결성 제약조건을 위반했다는 오류와 함께 ROLLBACK이 실행됐고 데이터는 원상태로 복귀되었다.

SAVEPOINT

보통 ROLLBACK을 명시하면 INSERT, DELETE, UPDATE, MERGE 작업 전체가 취소되는데 전체가 아닌 특정 부분에서 트랜잭션을 취소시킬 수 있다. 이렇게 하려면 취소하려는 지점을 명시한 뒤, 그 지점까지 작업을 취소하는 식으로 사용하는데 이 지점을 SAVEPOINT라고 한다. SAVEPOINT를 명시하는 방법은 다음과 같다.

> SAVEPOINT 세이브포인트명;

그리고 나서, **ROLLBACK TO 세이브포인트명**;을 실행하면 해당 지점까지 처리한 작업이 취소된다. 예제를 통해 사용법을 알아 보자. 먼저 월별, 국가별 매출총액을 가진 ch10_country_month_sales 테이블을 만들자.

입력
```
CREATE TABLE ch10_country_month_sales (
      sales_month    VARCHAR2(8),
      country_name   VARCHAR2(40),
      sales_amt      NUMBER,
      PRIMARY KEY (sales_month, country_name) );
```

결과
```
table CH10_COUNTRY_MONTH_SALES이(가) 생성되었습니다.
```

iud_ch10_sales_proc 프로시저를 수정하는데, 이번에는 매개변수로 국가명을 하나 더 받아서 ch10_sales 테이블에 넣고, 다시 ch10_country_month_sales 테이블에 매출월과 국가, 그리고 총 매출액을 넣도록 수정해 보자.

입력
```
CREATE OR REPLACE PROCEDURE iud_ch10_sales_proc
  ( p_sales_month   ch10_sales.sales_month%TYPE,
    p_country_name  ch10_sales.country_name%TYPE )
IS

BEGIN
  -- 기존 데이터 삭제
  DELETE ch10_sales
   WHERE sales_month  = p_sales_month
     AND country_name = p_country_name;

  -- 신규로 월, 국가를 매개변수로 받아 INSERT
  -- DELETE를 수행하므로 PRIMARY KEY 중복이 발생하지 않음
  INSERT INTO ch10_sales (sales_month, country_name, prod_category,
                          channel_desc, sales_amt)
```

```sql
    SELECT A.SALES_MONTH,
           C.COUNTRY_NAME,
           D.PROD_CATEGORY,
           E.CHANNEL_DESC,
           SUM(A.AMOUNT_SOLD)
      FROM SALES A, CUSTOMERS B, COUNTRIES C, PRODUCTS D, CHANNELS E
     WHERE A.SALES_MONTH  = p_sales_month
       AND C.COUNTRY_NAME = p_country_name
       AND A.CUST_ID = B.CUST_ID
       AND B.COUNTRY_ID = C.COUNTRY_ID
       AND A.PROD_ID = D.PROD_ID
       AND A.CHANNEL_ID = E.CHANNEL_ID
     GROUP BY A.SALES_MONTH,
              C.COUNTRY_NAME,
              D.PROD_CATEGORY,
              E.CHANNEL_DESC;

    -- SAVEPOINT 확인을 위한 UPDATE
    -- 현재시간에서 초를 가져와 숫자로 변환한 후 * 10 (매번 초는 달라지므로 성공적으로 실행 시 이 값은 매번 달라짐)
    UPDATE ch10_sales
       SET sales_amt = 10 * to_number(to_char(sysdate, 'ss'))
     WHERE sales_month  = p_sales_month
       AND country_name = p_country_name;


    -- SAVEPOINT 지정
    SAVEPOINT mysavepoint;

    -- ch10_country_month_sales 테이블에 INSERT
    -- 중복 입력 시 PRIMARY KEY 중복됨
    INSERT INTO ch10_country_month_sales
        SELECT sales_month, country_name, SUM(sales_amt)
          FROM ch10_sales
         WHERE sales_month  =p_sales_month
           AND country_name = p_country_name
         GROUP BY sales_month, country_name;

EXCEPTION WHEN OTHERS THEN
  DBMS_OUTPUT.PUT_LINE(SQLERRM);
  ROLLBACK TO mysavepoint;  -- SAVEPOINT까지만 ROLLBACK

  COMMIT;    -- SAVEPOINT 이전까지는 COMMIT
END;
```

결과

PROCEDURE IUD_CH10_SALES_PROC이(가) 컴파일되었습니다.

매개변수로 들어온 월과 국가에 대해 ch10_sales 테이블에 INSERT를 하고, 현재 시간 중 초를 숫자로 변환한 값에 10을 곱한 금액으로 갱신하고 있다. 이렇게 한 이유는 SAVEPOINT 테스트를 하기 위함이다. 먼저 ch10_sales 테이블을 깨끗이 비운 다음, 1999년 01월 이탈리아에 대해 프로시저를 실행해 보자.

입력
```
TRUNCATE TABLE ch10_sales;

EXEC iud_ch10_sales_proc( '199901', 'Italy');
```

결과
```
table CH10_SALES이(가) 잘렸습니다.
익명 블록이 완료되었습니다.
```

첫 번째 실행은 성공적으로 수행되었다. ch10_sales 테이블의 금액을 확인해 보자.

입력
```
SELECT DISTINCT sales_amt
FROM ch10_sales;
```

결과
```
SALES_AMT
----------
      220
```

프로시저를 다시 실행하면 ch10_country_month_sales 테이블에 INSERT 할 때 오류가 발생할 것이다.

입력
```
EXEC iud_ch10_sales_proc( '199901', 'Italy');
```

결과
```
ORA-00001: 무결성 제약 조건(ORA_USER.SYS_C0011309)에 위배됩니다
```

예상대로 오류가 발생했다. 하지만 SAVEPOINT를 명시하였으므로 ch10_sales 테이블의 매출액은 220이 아닌 새로운 값(현재 시간 중 초를 숫자로 환산한 다음 10을 곱한 금액)으로 갱신되었을 것이다.

입력
```
SELECT DISTINCT sales_amt
  FROM ch10_sales;
```

결과
```
SALES_AMT
---------
110
```

만약 SAVEPOINT를 지정하지 않았다면 ch10_sales 테이블에 가한 DELETE, INSERT, UPDATE 작업이 모두 취소되어 ch10_sales 테이블의 sales_amt 값이 최초에 갱신했던 220으로 남아 있었겠지만 SAVEPOINT 지점에서 ROLLBACK을 했으므로 ch10_sales 테이블에 가해진 DELETE, INSERT, UPDATE는 모두 수행된 것이다. 또 주의할 점은 EXCEPTION 절에서 "ROLLBACK TO SAVEPOINT;" 다음에 "COMMIT;"을 명시해야 SAVEPOINT 이전에 수행한 작업이 DB에 반영된다. 이처럼 SAVEPOINT를 사용하면 특정 지점까지 트랜잭션을 제어할 수 있다.

핵심정리

1. PL/SQL 블록이나 프로시저, 함수가 실행될 때 발생되는 오류를 런타임 오류라 하는데, 오라클에서는 이를 예외라고 한다.

2. 예외에는 오라클에서 제공하고 있는 시스템 예외와 사용자가 직접 정의해서 사용할 수 있는 사용자 정의 예외가 있다.

3. 시스템 예외 중 예외명이 존재하는 예외가 있는데, 이를 미리 정의된 예외라고 하며 나머지는 예외명 없이 예외코드만 존재한다.

4. 예외가 발생했을 때 EXCEPTION 절에서 예외명을 명시해 처리할 수 있다. 특정 예외명을 모를 때는 OTHERS를 명시해, SQLCODE와 SQLERRM 빌트인 함수로 해당 예외에 대한 자세한 정보를 가져올 수 있다.

5. 사용자 정의 예외를 사용하려면 선언부에서 예외를 선언하고, 해당 예외가 발생했을 때 RAISE를 이용해 예외를 발생시킨 후 EXCEPTION 절에서 처리한다.

6 PRAGAM EXEPTION_INIT를 이용해 선언부에서 선언한 사용자 정의 예외와 시스템 예외 코드를 연결해 사용할 수 있다.

7 사용자 예외를 별도로 정의하지 않고도 RAISE_APPLICATION_ERROR를 사용하여 예외를 처리할 수 있다.

8 오라클에서 트랜잭션 처리는 COMMIT, ROLLBACK 문장을 통해 구현할 수 있다.

9 특정 지점까지만 ROLLBACK 처리하기 위해서는 SAVEPOINT를 지정하여 사용한다.

Self-Check

1. 다음과 같이 부서 테이블의 복사본을 만들어 본다. 부서번호, 부서명, 작업 flag(I: insert, U:update, D:delete)을 매개변수로 받아 ch10_departments 테이블에 각각 INSERT, UPDATE, DELETE 하는 ch10_iud_dep_proc 란 이름의 프로시저를 만들어 보자.

   입력
   ```
   CREATE TABLE ch10_departments
   AS
   SELECT department_id, department_name
     FROM departments;

   ALTER TABLE ch10_departments ADD CONSTRAINTS pk_ch10_departments PRIMARY KEY
   (department_id);
   ```

2. 다음과 같이 프로시저를 실행해 보고 결과가 어떻게 나왔는지 그 이유를 설명하라.

   입력
   ```
   EXEC ch10_iud_dep_proc (10, '총무기획부', 'I');
   ```

3. ch10_iud_dep_proc에서 시스템 예외 처리 로직을 추가해 보자. 예외가 발생하면 ROLLBACK을 하라. 그리고 2번 문제처럼 프로시저를 실행하여 결과를 확인해 보자.

4. ch10_iud_dep_proc에서 부서를 삭제할 때, 사원 테이블을 검색해 해당 부서에 할당된 사원이 있으면, 삭제할 수 없다는 메시지와 함께 이를 사용자 정의 예외로 구현해 보자.

5. 4번에서 작성한 로직을 동일한 사용자 정의 예외로 처리하는데, 이번에는 사용자 정의 예외를 예외코드 -20000 번으로 매핑해서 처리해 보자.

6. 5번 문제와 동일한 로직을 구현하는데, 이번에는 RAISE_APPLICATION_ERROR를 사용해서 구현해 보자.

11장

커서, 레코드, 컬렉션 살펴 보기

SQL의 가장 큰 특징은 데이터를 집합적, 일괄적으로 처리한다는 점이다. 즉 로우 하나씩 개별적으로 처리하기 보다는 특정 조건에 맞는 로우들을 선별해 한꺼번에 처리한다. 그런데 프로시저를 개발하다 보면 테이블 데이터를 한 개의 로우씩 처리해야 하는 상황이 발생하곤 하는데, 이때 커서를 사용한다. 이 장에서는 먼저 커서란 무엇이며 어떤 식으로 동작하고 어떻게 사용하는지 알아볼 것이다. 뒤이어 오라클 데이터 타입 중 레코드와 컬렉션을 배운다. 레코드와 컬렉션을 한마디로 정의하면 세트 형태의 오라클 데이터 타입이라 할 수 있다. 기존 오라클 데이터 타입의 변수는 한 번에 하나의 값만 설정이 가능한데, 레코드와 컬렉션을 사용하면 여러 개의 값으로 이루어진 일종의 데이터 집합을 저장해 사용할 수 있다. 그럼 먼저 커서부터 알아 보자.

01 커서
02 레코드
03 컬렉션

01 | 커서

커서란 특정 SQL 문장을 처리한 결과를 담고 있는 영역(PRIVATE SQL이라는 메모리 영역)을 가리키는 일종의 포인터로, 커서를 사용하면 처리된 SQL 문장의 결과 집합에 접근할 수 있다. SQL문은 집합적 언어이므로 임의의 SQL문이 처리된 결과의 로우 수는 한 개 이상인데, 지금까지 배운 내용에는 이러한 개별 로우에 순차적으로 접근하는 방법은 없었다. 하지만 커서를 사용하면 가능하다.

커서의 종류에는 묵시적 커서와 명시적 커서가 있다. **묵시적 커서** Implicit cursor란 오라클 내부에서 자동으로 생성되어 사용하는 커서로, PL/SQL 블록에서 실행하는 SQL 문장(INSERT, UPDATE, MERGE, DELETE, SELECT INTO)이 실행될 때마다 자동으로 만들어져 사용된다. 개발자 입장에서는 이러한 커서의 동작에 관여할 수는 없지만, 커서 속성을 이용하면 해당 커서에 대한 여러 가지 정보를 얻어낼 수 있다. 반면 **명시적 커서** Explicit cursor는 사용자가 직접 정의해서 사용하는 커서를 말하며, 이 장에서는 명시적 커서에 대해 집중적으로 살펴볼 것이다.

묵시적 커서든 명시적 커서든 커서의 삶은 "커서 열기(open) – 패치(fetch) – 커서 닫기(close)" 3단계로 진행된다. 다만 명시적 커서는 커서를 선언하는 부분이 추가되고 이후의 세 단계를 직접 구현해야 하지만, 묵시적 커서는 커서 선언도 필요 없고 위 3단계도 자동으로 처리된다.

묵시적 커서와 커서 속성

눈치챘을지 모르겠지만 지금까지 PL/SQL에서 사용했던 모든 SQL 문장이 실행됨과 동시에 내부적으로 묵시적 커서가 만들어져 사용되었다. 개발자 입장에서는 묵시적 커서가 어떤 식으로 사용됐는지 관여할 필요도, 굳이 알 필요도 없지만, 커서 속성을 사용하면 묵시적 커서에 대한 몇 가지 정보를 참조할 수 있다. 예를 들어, INSERT, UPDATE, DELETE문을 수행했을 때 몇 건의 데이터가 영향을 받았는지, 즉 몇 건의 데이터가 새로 입력되고 갱신되고 삭제되었는지 알 수 있다. 예를 들어, 사원 테이블에서 80번 부서에 속한 사원은 총 34명인데, 이를 UPDATE 하는 아래의 익명 블록을 실행해 보자.

입력
```
DECLARE
  vn_department_id employees.department_id%TYPE := 80;
BEGIN
  -- 80번 부서의 사원 이름을 자신의 이름으로 갱신
  UPDATE employees
     SET emp_name = emp_name
   WHERE department_id = vn_department_id;

  -- 몇 건의 데이터가 갱신됐는지 출력
```

```
    DBMS_OUTPUT.PUT_LINE(SQL%ROWCOUNT);

    COMMIT;
END;
```

결과
34

정확히 34건이 갱신됐음을 알 수 있다. SQL%ROWCOUNT라는 커서 속성을 사용해서 해당 SQL문으로 인해 실제 처리된 결과 로우 수를 참조한 것이다. SQL%ROWCOUNT에서 %ROWCOUNT가 커서 속성이며 앞에 붙은 SQL은 커서 이름을 뜻한다. 묵시적 커서의 정보를 참조할 때는 SQL로 시작되는 속성명을 사용해 참조할 수 있어 묵시적 커서를 **SQL 커서**라고도 한다. 묵시적 커서 정보 참조용 커서 속성을 정리하면 다음과 같다.

▼ 표 11-1 묵시적 커서 속성

속성명	설명
SQL%FOUND	결과 집합의 패치 로우 수가 1개 이상이면 TRUE, 아니면 FALSE를 반환
SQL%NOTFOUND	결과 집합의 패치 로우 수가 0이면 TRUE, 아니면 FALSE를 반환
SQL%ROWCOUNT	영향 받은 결과 집합의 로우 수 반환, 없으면 0을 반환
SQL%ISOPEN	묵시적 커서는 항상 FALSE를 반환(이 속성으로 참조할 때는 이미 해당 묵시적 커서는 닫힌 상태 이후이기 때문)

명시적 커서

자, 본격적으로 사용자가 직접 정의해서 사용할 수 있는 명시적 커서에 대해 살펴 보자. 명시적 커서를 사용하기 위해서는 "커서 선언 – 커서 열기 – 패치 단계에서 커서 사용 – 커서 닫기", 4단계 작업이 필요하다. 각 단계별 구문을 살펴 보자.

1단계: 커서 선언

묵시적 커서와 달리 명시적 커서는 사용할 커서를 선언부에 직접 정의해야 한다. 즉 사용할 커서에 이름을 부여하고 이 커서에 대한 쿼리를 선언해야 한다. 명시적 커서란 것이 결과 데이터 집합을 로우별로 참조해서 무언가 작업을 하기 위한 용도이므로 당연히 커서를 정의해 사용하는 문장은 SELECT문이다. 커서의 선언 형태는 다음과 같다.

```
CURSOR 커서명[(매개변수1, 매개변수2, ...)]
IS
SELECT 문장;
```

커서명은 사용자가 직접 정의하고 매개변수는 생략이 가능한데, 매개변수를 명시할 때 이들은 SELECT 문장의 WHERE 절에서 조건을 체크하는 변수로 사용된다.

2단계: 커서 열기

커서를 선언한 뒤 해당 커서를 사용하려면 먼저 커서를 열어야 한다.

```
OPEN 커서명 [(매개변수1, 매개변수2,...)];
```

3단계: 패치 단계에서 커서 사용

정의한 커서를 열고 난 후에야 SELECT문의 결과로 반환되는 로우에 접근할 수 있다. 결과 집합의 로우 수는 보통 1개 이상이므로 개별 로우에 접근하기 위해서는 9장에서 학습했던 반복문을 사용해야 하는데, LOOP, WHILE, FOR 문에서 모두 사용 가능하다. 예를 들어 LOOP문에서는 다음과 같이 사용한다.

```
LOOP
  FETCH 커서명 INTO 변수1, 변수2,...;
  EXIT WHEN 커서명%NOTFOUND;
END LOOP;
```

FETCH…INTO를 통해 커서에서 반환되는 각 컬럼 값을 변수에 할당할 수 있다. 이때, 변수는 반환된 컬럼 수와 타입이 일치해야 한다. 즉 커서를 선언할 때 연결했던 SELECT 문의 컬럼 수만큼 변수를 명시해야 하고 타입도 맞춰 줘야 한다. 또한 반복문을 사용하므로 해당 커서의 참조가 모두 끝났을 때 반복문을 빠져나와야 하는데, 이때 '커서명%NOTFOUND' 커서 속성을 사용해서 루프를 벗어난다. 묵시적 커서와 달리 명시적 커서는 'SQL%' 대신 선언했던 '커서명%' 형태로 속성을 참조한다.

4단계: 커서 닫기

패치 작업이 끝나고 반복문을 빠져 나오면 커서 사용이 모두 끝났으므로 다음과 같이 반드시 커서를 닫아야 한다.

CLOSE 커서명;

그럼 실제로 명시적 커서를 사용해 보자. 90번 부서에 속한 사원의 이름(총 3명)을 출력하는 익명 블록을 만들어 보자.

입력

```
DECLARE
    -- 사원명을 받아오기 위한 변수 선언
    vs_emp_name employees.emp_name%TYPE;

    -- 커서 선언, 매개변수로 부서코드를 받기
    CURSOR cur_emp_dep ( cp_department_id employees.department_id%TYPE )
    IS
    SELECT emp_name
      FROM employees
     WHERE department_id = cp_department_id;
BEGIN
    -- 커서 오픈(매개변수로 90번 부서를 전달)
    OPEN cur_emp_dep (90);

    -- 반복문을 통한 커서 패치 작업
    LOOP
        -- 커서 결과로 나온 로우를 패치함(사원명을 변수에 할당)
        FETCH cur_emp_dep INTO vs_emp_name;

        -- 패치된 참조 로우가 더 없으면 LOOP 탈출
        EXIT WHEN cur_emp_dep%NOTFOUND;

        -- 사원명을 출력
        DBMS_OUTPUT.PUT_LINE(vs_emp_name);

    END LOOP;

    -- 반복문 종료 후 커서 닫기
    CLOSE cur_emp_dep;
END;
```

결과

```
Steven King
Neena Kochhar
Lex De Haan
```

커서와 LOOP문을 사용한 익명 블록인데 몇 가지 주의할 점을 짚어 보자. 커서를 사용할 때는 반드시 먼저 커서를 열고 사용이 끝나면 닫아야 한다('닫는다'는 것은 메모리상에 존재하는 커서의 쿼리 결과를 소멸시킴을 의미). 간혹 커서를 닫는 것을 잊는 개발자들이 있는데, 사실 해당 프로시저가 종료되면 오라클은 커서를 자동으로 닫아 준다. 하지만 오라클이 PL/SQL 블록이나 서브 프로그램을 실행하면서 닫히지 않은 커서를 닫는 작업 역시 오버헤드를 발생시키므로 커서는 항상 명시적으로 닫도록 하자.

두 번째로, LOOP문 내부를 살펴 보자. 맨 처음 패치를 해서 사원명을 vs_emp_name라는 변수에 할당했고, 뒤이어 반환된 로우가 없으면 루프를 빠져 나가게 작성했다. 이때, '%NOTFOUND' 속성을 사용했는데, 이 속성은 패치된 로우가 없을 때는 TRUE를 반환한다는 점을 명심하자. 따라서 EXIT 구문과 사원명을 출력하는 부분의 순서를 바꾸면 마지막 사원명이 한번 더 출력된다.

입력

```
...
-- 세 번째 사원을 출력한 뒤 빠져 나가지 않고, 루프를 네 번째 돌 때 패치된 로우가 없어 마지막 사원명이 한번 더 출력됨
DBMS_OUTPUT.PUT_LINE(vs_emp_name);
EXIT WHEN cur_emp_dep%NOTFOUND;
...
```

결과

```
Steven King
Neena Kochhar
Lex De Haan
Lex De Haan
```

커서와 FOR문

9장에서 FOR문의 기본 형태와 사용법에 대해 배웠는데, FOR문은 커서와 함께 또 다른 형태로 사용할 수 있다. 복습하는 차원에서 FOR문을 살펴 보자.

기본 FOR문 구문 형식

```
FOR 인덱스 IN [REVERSE]초깃값..최종값
LOOP
  처리문;
END LOOP;
```

커서와 함께 FOR문을 사용할 때는, "초깃값..최종값" 대신 커서가 위치한다.

커서와 함께 사용될 경우 FOR문 구문 형식

```
FOR 레코드 IN 커서명(매개변수1, 매개변수2, ...)
LOOP
   처리문;
END LOOP;
```

FOR문의 루프 조건인 초깃값과 최종값 대신 커서명이, 인덱스 대신 레코드가 위치한다. 그리고 해당 커서의 패치가 끝나면 자동으로 루프가 종료된다. 다음 절에서 상세히 설명할 텐데, **레코드**는 테이블 로우 전체를 담아둘 수 있는 오라클 데이터 타입 중의 하나라는 것만 알아 두자. 그럼 위 익명 블록을 FOR문으로 바꾸어 보자.

입력

```
DECLARE
   -- 커서 선언, 매개변수로 부서코드를 받는다.
   CURSOR cur_emp_dep ( cp_department_id employees.department_id%TYPE )
   IS
   SELECT emp_name
     FROM employees
    WHERE department_id = cp_department_id;

BEGIN
   -- FOR문을 통한 커서 패치 작업
   FOR emp_rec IN cur_emp_dep(90)
   LOOP
      -- 사원명을 출력, 레코드 타입은 레코드명.컬럼명 형태로 사용
      DBMS_OUTPUT.PUT_LINE(emp_rec.emp_name);
   END LOOP;

END;
```

결과

```
Steven King
Neena Kochhar
Lex De Haan
```

결과를 보면 알 수 있듯이 커서와 FOR문을 같이 사용할 때는 커서를 열고 패치하고 닫을 필요가 전혀 없다. 코드가 훨씬 줄어들어 깔끔해졌고 원하던 결과도 제대로 출력되었다. 아예 커서 선언 부분을 없애고 FOR문에 직접 커서 정의 내용을 넣을 수도 있다.

입력
```
DECLARE

BEGIN
    -- FOR문을 통한 커서 패치 작업(커서를 선언할 때 정의 부분을 FOR문에 직접 기술)
    FOR emp_rec IN ( SELECT emp_name
                       FROM employees
                      WHERE department_id = 90
                   )
    LOOP
        -- 사원명을 출력, 레코드 타입은 레코드명.컬럼명 형태로 사용
        DBMS_OUTPUT.PUT_LINE(emp_rec.emp_name);
    END LOOP;

END;
```

결과
```
Steven King
Neena Kochhar
Lex De Haan
```

커서를 정의하는 SELECT문을 직접 FOR문 안으로 옮기더라도 동일한 결과가 나옴을 확인할 수 있다. 어떤 형태의 FOR문을 사용할 것인지는 개인의 선택이지만 코드의 가독성과 재사용 측면에서 보면 이 방법보다는 커서를 직접 선언해서 사용하는 것이 좋다.

커서 변수

명시적 커서는 "CURSOR 커서명 IS SELECT …" 형태로 선언한 뒤, '커서명'을 참조해서 사용했다. 즉 명시적 커서를 사용할 때는 커서명을 마치 변수처럼 사용했는데, 정확히 말하면 변수라기보다는 상수라고 할 수 있다. 변수는 한 번 값을 할당한 뒤에도 다른 값을 할당해 사용할 수 있지만, 상수는 맨 처음 정의할 때 설정했던 값으로만 사용할 수 있다. 이런 차원에서 본다면 명시적 커서는 일명 '커서 상수'라고도 말할 수 있을 것이다. 이와는 달리 변수의 특징이 있는 **커서 변수**란 것이 있는데, 그 특징을 정리하면 다음과 같다.

- **한 개 이상의 쿼리를 연결해 사용할 수 있다**
  하나의 커서 변수를 선언해 쿼리를 연결해서 사용한 뒤, 같은 커서 변수를 또 다른 쿼리에 연결해서 사용할 수 있다.

- **변수처럼 커서 변수를 함수나 프로시저의 매개변수로 전달할 수 있다**

- **커서 속성을 사용할 수 있다**
  cur_var이란 커서 변수를 선언하고 커서를 할당했다면 cur_var%FOUND, cur_var%ISOPEN 형태로 커서 속성을 사용할 수 있다.

그럼 본격적으로 커서 변수의 사용법을 알아 보자.

① 커서 변수 선언하기

커서 변수를 선언하는 방법에는 두 가지가 있는데, 첫 번째는 참조용 커서 타입을 생성하고 나서 이 타입에 대한 커서 변수를 선언하는 방법이다.

```
ⓐ TYPE 커서_타입명 IS REF CURSOR [ RETURN 반환 타입 ] ;
ⓑ 커서_변수명 커서_타입명;
```

위 구문처럼 커서 변수 선언은, 먼저 커서 타입을 선언한 뒤 선언한 커서 타입형으로 커서 변수를 선언하는 2단계로 이루어 진다. 커서 타입 선언 구문의 "RETURN 반환 타입"에서 반환 타입은 해당 커서가 반환하는 결과 집합을 나타내며, '%ROWTYPE' 속성을 사용해서 정의한다. 예컨대 부서 테이블에 있는 모든 컬럼을 결과 집합으로 하는 커서에 대한 커서 타입을 선언할 때, 반환 타입은 "departments%ROWTYPE" 형태로 정의한다. 테이블의 특정 컬럼 값을 받는 변수를 선언할 때는, "변수명 테이블명.컬럼명%TYPE" 이라고 명시했지만, 커서가 반환하는 결과는 한 개 이상의 컬럼, 즉 레코드 타입이므로 %TYPE 대신 **%ROWTYPE**을 사용한다.

"RETURN 반환 타입"은 생략이 가능한데, 생략할 때를 **약한**week**커서 타입**이라 하고 생략하지 않는 경우를 **강한**strong**커서 타입**이라고 한다. 즉 반환 타입을 명시하는 것은 해당 커서의 결과 집합을 고정하는 것이므로 강한 타입이라 하는 반면, 명시하지 않는 경우는 결과 집합이 유동적이므로 약한 타입이라고 부르는 것이다.

```
TYPE dep_curtype IS REF CURSOR RETURN departments%ROWTYPE;   -- 강한 커서 타입
TYPE dep_curtype IS REF CURSOR;                              -- 약한 커서 타입
```

커서 변수를 선언하는 또 다른 방법은, 오라클에서 제공하는 빌트인 커서 타입인 SYS_REFCURSOR이란 타입을 사용하는 것이다. 따라서 **SYS_REFCURSOR**를 사용할 때는 별도로 커서 타입을 선언할 필요 없이 다음과 같이 커서 변수만 선언하면 된다.

```
test_cursor SYS_REFCURSOR;
```

빌트인 커서 타입이므로(결과 집합이 고정되어 있지 않으므로) 당연히 SYS_REFCURSOR는 약한 커서 타입에 속한다.

② 커서 변수 사용하기

커서 변수는 커서를 가리키므로 당연히 커서를 정의하는 쿼리가 있어야 하는데, 커서 변수와 쿼리문을 연결할 때는 다음과 같이 OPEN…FOR 구문을 사용한다.

```
OPEN 커서 변수명 FOR select 문;
```

커서 변수의 특징 중 하나가 여러 개의 쿼리를 연결해서 사용할 수 있다는 점이라고 했는데, 위 구문을 보면 그 이유를 이해할 수 있을 것이다. 즉 OPEN…FOR 구문에서 SELECT문의 세부 내용은 변경 가능하므로 여러 개의 쿼리를 한 커서 변수에 할당해서 사용할 수 있는 것이다. 특히 선언한 커서 타입이 약한 커서 타입이면 SELECT문에 따라 사용할 수 있는 커서 결과 집합의 종류는 무궁무진해진다.

예를 들어, 다음과 같이 강한 커서 타입을 선언했다고 해 보자.

```
TYPE test_curtype IS REF CURSOR RETURN departments%ROWTYPE;
test_curvar test_curtype;
```

강한 커서 타입은 결과 집합의 구조가 이미 결정되었으므로 실제 커서를 정의하는 쿼리도 이에 맞춰줘야 한다.

```
OPEN test_curvar FOR SELECT * FROM departments;              -- (O) 정상
OPEN test_curvar FOR SELECT department_id FROM departments;  -- (X) department_id만 선택
                                                                    했기 때문
OPEN test_curvar FOR SELECT * FROM employees;                -- (X) 전혀 다른 사원 테이블을 조회
                                                                    하므로
```

하지만 다음과 같이 약한 커서 타입을 선언했을 때는 여러 형태의 쿼리를 정의해 사용할 수 있다.

```
TYPE test_curtype IS REF CURSOR;
test_curvar test_curtype;

OPEN test_curvar FOR SELECT * FROM departments;              -- (O) 정상
OPEN test_curvar FOR SELECT department_id FROM departments;  -- (O) 정상
OPEN test_curvar FOR SELECT * FROM employees;                -- (O) 정상
```

③ 커서 변수에서 결과 집합 가져오기

커서를 구성하는 쿼리에 커서 변수까지 연결했으니 커서 변수에서 결과 집합을 가져오는 패치 작업이 남았는데, 이 때도 FETCH 문을 사용한다.

- **FETCH** 커서 변수명 **INTO** 변수1, 변수2, ...;
  혹은
- **FETCH** 커서 변수명 **INTO** 레코드명;

해당 커서에 정의한 결과 집합 개수에 따라 변수에 받아올 수도, 레코드를 정의해서 받아올 수도 있다. 또한 커서 변수를 사용할 때는 커서를 닫는 작업이 필요 없다. 그럼 90번 부서에 속한 사원명을 출력하는 예제를 커서 변수로 구현해 보자.

입력

```
DECLARE
  -- 사원명을 받아오기 위한 변수 선언
  vs_emp_name employees.emp_name%TYPE;

  -- 약한 커서 타입 선언
  TYPE emp_dep_curtype IS REF CURSOR;
  -- 커서 변수 선언
  emp_dep_curvar emp_dep_curtype;
BEGIN

  -- 커서 변수를 사용한 커서 정의 및 오픈
  OPEN emp_dep_curvar FOR SELECT emp_name
                            FROM employees
                           WHERE department_id = 90    ;

  -- LOOP문
  LOOP
    -- 커서 변수를 사용해 결과 집합을 vs_emp_name 변수에 할당
    FETCH emp_dep_curvar INTO vs_emp_name;

    -- 더 이상 패치된 참조 로우가 없으면 LOOP 탈출(커서 변수를 이용한 커서 속성 참조)
    EXIT WHEN emp_dep_curvar%NOTFOUND;

    -- 사원명을 출력
    DBMS_OUTPUT.PUT_LINE(vs_emp_name);

  END LOOP;
END;
```

결과

```
Steven King
Neena Kochhar
Lex De Haan
```

이번에는 빌트인 커서 타입인 SYS_REFCURSOR를 사용해 보자.

입력

```
DECLARE
  -- 사원명을 받아오기 위한 변수 선언
  vs_emp_name employees.emp_name%TYPE;

  -- SYS_REFCURSOR 타입의 커서 변수 선언
  emp_dep_curvar SYS_REFCURSOR;
BEGIN

  -- 커서 변수를 사용한 커서 정의 및 오픈
  OPEN emp_dep_curvar FOR SELECT emp_name
                            FROM employees
                           WHERE department_id = 90       ;

  -- LOOP문
  LOOP
    -- 커서 변수를 사용해 결과 집합을 vs_emp_name 변수에 할당
    FETCH emp_dep_curvar INTO vs_emp_name;

    -- 더 이상 패치된 참조 로우가 없으면 LOOP 탈출(커서 변수를 이용한 커서 속성 참조)
    EXIT WHEN emp_dep_curvar%NOTFOUND;

    -- 사원명을 출력
    DBMS_OUTPUT.PUT_LINE(vs_emp_name);

  END LOOP;
END;
```

결과

```
Steven King
Neena Kochhar
Lex De Haan
```

SYS_REFCURSOR를 사용하면 별도로 커서 타입을 선언하지 않고도 같은 결과를 얻을 수 있다. 커서 변수에 대해 정리해 보면, 강한 커서 타입이 아닌 약한 커서 타입을 사용할 때는 SYS_REFCURSOR 타입을, 강한 커서 타입을 사용해야 한다면 REF CURSOR를 사용하는 것이 여러 모로 편리하다.

④ 커서 변수를 매개변수로 전달하기

커서 변수도 일종의 변수이므로, 사용자 정의 함수나 프로시저의 매개변수로 전달할 수 있다. 매개변수를 전달해서 받아 사용해야 하므로, 전달하는 쪽이나 받는 쪽이나 모두 같은 커서 타입의 변수를 사용해야 한다. 커서 변수를 매개변수로 전달하는 예제를 살펴 볼 텐데 그 처리 로직은 다음과 같다.

Ⓐ 먼저 SYS_REFCURSOR 타입 커서 변수를 생성하고, Ⓑ 커서 변수를 매개변수로 받는 프로시저를 만들 것이다. 이 프로시저의 매개변수는 당연히 SYS_REFCURSOR 타입으로 IN OUT 매개변수로 만들어 프로시저에서 커서를 오픈, 정의한 뒤, Ⓒ 패치한 결과를 매개변수에 할당하고 마지막으로 Ⓓ 프로시저를 호출하는 부분에서 전달해 받은 매개변수를 LOOP문을 사용해 이 매개변수에 담겨 있는 값을 출력해 볼 것이다. 실제 커서에 대한 쿼리는 앞에서 사용했던 90번 부서에 속한 사원이름을 출력하는 쿼리를 사용할 것이다. 예제소스는 다음과 같다.

입력

```
DECLARE
  -- Ⓐ SYS_REFCURSOR 타입의 커서 변수 선언
  emp_dep_curvar SYS_REFCURSOR;

  -- 사원명을 받아오기 위해 변수를 선언한다.
  vs_emp_name employees.emp_name%TYPE;

  -- Ⓑ 커서 변수를 매개변수로 받는 프로시저, 매개변수는 SYS_REFCURSOR 타입의 IN OUT형
  PROCEDURE test_cursor_argu ( p_curvar IN OUT SYS_REFCURSOR)
  IS
    c_temp_curvar SYS_REFCURSOR;
  BEGIN
    -- 커서를 오픈
    OPEN c_temp_curvar FOR
    SELECT emp_name
      FROM employees
     WHERE department_id = 90;

    -- Ⓒ 오픈한 커서를 IN OUT 매개변수에 다시 할당
    p_curvar := c_temp_curvar;
  END;

BEGIN
  -- 프로시저 호출
  test_cursor_argu (emp_dep_curvar);
  -- 프로시저 호출 후 emp_dep_curvar 변수에는 이 프로시저의 c_temp_curvar 결과가 담겨 있음

  -- Ⓒ 전달해서 받은 매개변수를 LOOP문을 사용해 결과를 출력
  LOOP
    -- 커서 변수를 사용해 결과 집합을 vs_emp_name 변수에 할당
    FETCH emp_dep_curvar INTO vs_emp_name;
    -- 더 이상 패치된 참조 로우가 없으면 LOOP 탈출(커서 변수를 이용한 커서 속성 참조)
    EXIT WHEN emp_dep_curvar%NOTFOUND;
    -- 사원명을 출력
    DBMS_OUTPUT.PUT_LINE(vs_emp_name);

  END LOOP;

END;
```

결과
```
Steven King
Neena Kochhar
Lex De Haan
```

커서 표현식

커서 표현식은 SELECT 문에서 **컬럼 형태로 커서를 사용**하는 것을 말한다. 아래의 문장을 보자.

입력
```sql
SELECT ( SELECT department_name
           FROM departments d
          WHERE e.department_id = d.department_id) AS dep_name,
       e.emp_name
  FROM employees e
 WHERE e.department_id = 90;
```

결과
```
DEP_NAME       EMP_NAME
------------   ----------------------
기획부          Steven King
기획부          Neena Kochhar
기획부          Lex De Haan
```

90번 부서의 명칭과 해당 사원 이름을 출력하였다. 그럼 위 쿼리를 이렇게 바꾸면 어떨까?

입력
```sql
SELECT d.department_name,
       ( SELECT e.emp_name
           FROM employees e
          WHERE e.department_id = d.department_id) AS emp_name
  FROM departments d
 WHERE d.department_id = 90;
```

결과
```
SQL 오류: ORA-01427: 단일 행 하위 질의에 2개 이상의 행이 리턴되었습니다.
```

오류가 나는 것은 당연하다. SELECT 리스트에서 컬럼용으로 서브 쿼리를 사용할 때 반드시 반환되는 로우는 한 개여야 하는데 90번 부서에 속한 사원이 3명이므로 오류가 난 것이다. 따라서 이전 쿼리처럼 결과를 출력하려면 사원과 부서 테이블을 조인해야 한다.

그런데 커서 표현식을 사용하면 위 문장 형태와 비슷한 구문을 사용할 수 있고, 게다가 반환되는 로우 개수는 1개 뿐이다. 커서 표현식 사용법은 한 가지만 제외하고 서브 쿼리 구문과 비슷하다.

CURSOR (서브 쿼리)

그럼 위 문장에서 서브 쿼리 대신 커서 표현식을 넣어보자.

입력
```
SELECT d.department_name,
       CURSOR ( SELECT e.emp_name
                  FROM employees e
                 WHERE e.department_id = d.department_id) AS emp_name
  FROM departments d
 WHERE d.department_id = 90;
```

사용하는 툴마다 위 쿼리 결과로 반환되는 형태가 각기 다르지만, 반환되는 로우는 한 개 뿐이다. 왜냐하면 부서 테이블에서 90번 부서는 한 개만 있기 때문이다. 다만 커서 표현식을 사용한 두 번째 컬럼은 로우는 한 개지만 내부적으로 3개의 데이터를 담고 있다(어떤 형태로 결과가 나오는지는 직접 다양한 툴에서 실행해 보고 확인하자).

이번에는 커서 표현식을 사용한 위 쿼리를 익명 블록에서 실행해 결과를 출력해 보자.

입력
```
DECLARE
  -- 커서 표현식을 사용한 명시적 커서 선언
  CURSOR mytest_cursor IS
  SELECT d.department_name,
         CURSOR ( SELECT e.emp_name
                    FROM employees e
                   WHERE e.department_id = d.department_id) AS emp_name
    FROM departments d
   WHERE d.department_id = 90;

  -- 부서명을 받아오기 위한 변수
  vs_department_name departments.department_name%TYPE;

  --커서 표현식 결과를 받기 위한 커서 타입 변수
  c_emp_name SYS_REFCURSOR;

  -- 사원명을 받는 변수
  vs_emp_name employees.emp_name%TYPE;

BEGIN
```

```
    -- 커서 오픈
    OPEN mytest_cursor;

    -- 명시적 커서를 받아 오는 첫 번째 LOOP
    LOOP
        -- 부서명은 변수, 사원명 결과 집합은 커서 변수에 패치
        FETCH mytest_cursor INTO vs_department_name, c_emp_name;
        EXIT WHEN mytest_cursor%NOTFOUND;
        DBMS_OUTPUT.PUT_LINE ('부서명 : ' || vs_department_name);

        -- 사원명(커서 표현식)을 출력하기 위한 두 번째 LOOP
        LOOP
            -- 사원명 패치
            FETCH c_emp_name INTO vs_emp_name;
            EXIT WHEN c_emp_name%NOTFOUND;

            DBMS_OUTPUT.PUT_LINE('    사원명 : ' || vs_emp_name);

        END LOOP; -- 두 번째 LOOP 종료

    END LOOP; -- 첫 번째 LOOP 종료

END;
```

결과

부서명 : 기획부
사원명 : Steven King
사원명 : Neena Kochhar
사원명 : Lex De Haan

앞의 소스코드에서 커서 표현식이 반환하는 결과 집합도 커서 형태이므로 이를 위해 LOOP문을 두 번 사용했다는 점만 주의한다면 그리 어려운 점은 없을 것이다. 즉 명시적 커서에 대한 LOOP문 한 개와 커서표현식이 반환한 결과에 대한 LOOP 한 개를 중첩해서 사용한 것이다. 경험상 커서 표현식을 사용할 일은 그리 많이 보지 못했지만, 이런 식으로도 테이블에서 데이터를 추출해 낼 수 있다는 점을 기억해 두자.

02 레코드

레코드는 PL/SQL에서 제공하는 데이터 타입 중 하나로, 문자형, 숫자형 같은 기본 빌트인 타입과는 달리 복합형 구조다. 예컨대 일반 빌트인 타입으로 변수를 선언하면 해당 변수는 한 번에 하나의 값만 가질 수 있지만 레코드는 여러 개의 값을 가질 수 있다. 이런 측면에서 보면 레코드의 형태는 테

이블과 흡사하다. 테이블은 여러 개의 컬럼을 각기 다른 데이터 타입으로 선언해서 사용할 수 있는데 레코드도 마찬가지다. 테이블과 다른 점은 테이블은 여러 개의 로우를 가질 수 있는 2차원 형태인데 반해, 레코드가 가질 수 있는 로우의 수는 단 한 개 뿐이다. 따라서 레코드는 서로 다른 유형의 데이터 타입을 가진 변수 여러 개가 한 줄로 죽 늘어져 붙어 있는 형태라고 이해하면 된다.

▼ 그림 11-1 일반 변수와 레코드의 형태

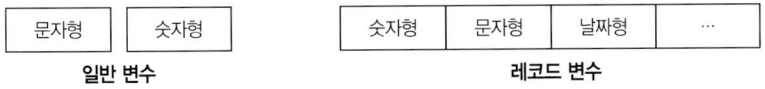

앞 절에서 커서 변수에 대해 배웠는데, 레코드의 선언도 커서 변수와 거의 흡사하다. 커서 변수를 선언할 때, IS REF COURSOR 구문으로 타입을 선언한 다음 이 타입에 대한 커서 변수를 선언했는데, 레코드도 동일한 방식으로 선언한다. 왜냐하면 커서란 것이 테이블에 있는 데이터를 읽어오는 것이므로 데이터 구조적 측면에서 보면 커서도 레코드에 속하기 때문이다.

레코드의 종류는 명확히 구분해서 사용하지는 않으나, 굳이 구분해 본다면 레코드 선언 방식에 따라 커서형, 사용자 정의형, 테이블형 레코드로 나눌 수 있다. 커서형 레코드는 앞 절에서 다룬 커서 변수 형태를 말한다. 여기서는 사용자 정의형과 테이블형 레코드에 대해 살펴 보자.

사용자 정의형 레코드

사용자가 직접 레코드를 정의하고 선언해 사용할 수 있다. 레코드는 테이블과 비슷한 구조인데 레코드에서 테이블의 컬럼에 해당하는 것을 필드라고 한다. 테이블은 각 컬럼으로 구성된 로우가 여러 개인 반면, 레코드의 로우 수는 단 한 개 뿐이다. 사용자 정의형 레코드는 테이블을 정의하듯이 다음과 같이 레코드명, 필드명, 필드 타입을 명시한다.

```
TYPE 레코드명 IS RECORD (
  필드명1  필드1 타입 [[NOT NULL] := 디폴트값],
  필드명2  필드2 타입 [[NOT NULL] := 디폴트값],
  ...
  );
레코드변수명 레코드명;
```

커서 변수를 사용하듯이 레코드도 먼저 타입을 선언한 뒤 해당 타입에 대한 변수를 선언한다. 레코드 타입 선언 자체는 테이블 생성 구문과 비슷한데, 디폴트 값도 설정할 수 있고 NOT NULL 속성도 설정할 수 있다. 실행부에서는 레코드 변수를 통해 레코드를 조작할 수 있다. 그림 부서 테이블과 같은 구조(날짜 컬럼 제외)의 레코드를 선언해 보자.

입력

```
DECLARE
    -- 부서 레코드 타입 선언
    TYPE depart_rect IS RECORD (
        department_id       NUMBER(6),
        department_name     VARCHAR2(80),
        parent_id           NUMBER(6),
        manager_id          NUMBER(6)
    );

    -- 위에서 선언된 타입으로 레코드 변수 선언
    vr_dep depart_rect;

BEGIN
...
END;
```

depart_rect레코드는 부서 테이블과 같은 구조이므로 각 필드의 데이터 타입을 표기할 때, 변수처럼 %TYPE을 사용할 수 있다.

입력

```
DECLARE
    -- 부서 레코드 타입 선언
    TYPE depart_rect IS RECORD (
        department_id       departments.department_id%TYPE,
        department_name     departments.department_name%TYPE,
        parent_id           departments.parent_id%TYPE,
        manager_id          departments.manager_id%TYPE
    );

    -- 위에서 선언된 타입으로 레코드 변수 선언
    vr_dep depart_rect;

BEGIN
...
END;
```

선언을 끝냈으니 레코드 변수를 통해 레코드 데이터에 접근해 보자. 레코드의 각 필드는 "레코드 변수명.필드명" 형태로 참조해서 값을 설정할 수 있다. 그럼 직접 값을 할당하고 이 데이터를 출력해 보자.

입력

```
DECLARE
    -- 부서 레코드 타입 선언
    TYPE depart_rect IS RECORD (
        department_id       departments.department_id%TYPE,
```

```
        department_name    departments.department_name%TYPE,
        parent_id          departments.parent_id%TYPE,
        manager_id         departments.manager_id%TYPE
    );

    -- 위에서 선언된 타입으로 레코드 변수 선언
    vr_dep depart_rect;

    -- 두 번째 변수 선언
    vr_dep2 depart_rect;
BEGIN

    vr_dep.department_id := 999;
    vr_dep.department_name := '테스트부서';
    vr_dep.parent_id := 100;
    vr_dep.manager_id := NULL;

    -- 두 번째 변수에 첫 번째 레코드 변수 대입
    vr_dep2 := vr_dep;
    -- 두 번째 변수를 출력
    DBMS_OUTPUT.PUT_LINE( 'vr_dep2.department_id :'   || vr_dep2.department_id);
    DBMS_OUTPUT.PUT_LINE( 'vr_dep2.department_name :' || vr_dep2.department_name);
    DBMS_OUTPUT.PUT_LINE( 'vr_dep2.parent_id :'       || vr_dep2.parent_id);
    DBMS_OUTPUT.PUT_LINE( 'vr_dep2.manager_id :'      || vr_dep2.manager_id);
END;
```

결과

```
vr_dep2.department_id :999
vr_dep2.department_name :테스트부서
vr_dep2.parent_id :100
vr_dep2.manager_id :
```

vr_dep과 vr_dep2라는 두 개의 레코드 변수를 선언한 뒤, vr_dep 변수의 각 필드의 값을 채운 뒤 vr_dep2로 vr_dep를 할당해 vr_dep2의 각 필드 값을 출력하였다. 이처럼 동일한 타입의 레코드 변수를 할당하면 모든 필드 값이 할당된다. 또한, 다음과 같이 레코드 전체가 아닌 필드끼리 할당도 가능하다.

입력

```
...
...
    vr_dep.department_id := 999;
    vr_dep.department_name := '테스트 부서';
    vr_dep.parent_id := 100;
    vr_dep.manager_id := NULL;

    -- 두 번째 변수의 department_name에만 할당
    vr_dep2.department_name := vr_dep.department_name;
```

```
        DBMS_OUTPUT.PUT_LINE( 'vr_dep2.department_id :' || vr_dep2.department_id);
        DBMS_OUTPUT.PUT_LINE( 'vr_dep2.department_name :' ||  vr_dep2.department_name);
        DBMS_OUTPUT.PUT_LINE( 'vr_dep2.parent_id :' ||  vr_dep2.parent_id);
        DBMS_OUTPUT.PUT_LINE( 'vr_dep2.manager_id :' ||  vr_dep2.manager_id);
END;
```

결과

```
vr_dep2.department_id :
vr_dep2.department_name :테스트부서
vr_dep2.parent_id :
vr_dep2.manager_id :
```

레코드 변수끼리 할당할 때는 두 레코드 변수의 타입, 즉 전체 필드의 순서, 구조, 데이터 타입이 같아야 하지만, 필드만 할당한다면 해당 필드의 데이터 타입만 같아도 된다. 그리고 레코드 변수를 사용해 테이블에 INSERT, UPDATE도 할 수 있다. 테스트를 위해 다음과 같이 부서 테이블의 복사본을 만들어 보자.

입력

```
CREATE TABLE ch11_dep AS
SELECT department_id, department_name, parent_id, manager_id
  FROM DEPARTMENTS;

TRUNCATE TABLE    ch11_dep;
```

결과

```
table CH11_DEP이(가) 생성되었습니다.
table CH11_DEP이(가) 잘렸습니다.
```

이제 레코드 변수를 선언해서 값을 할당한 후 이를 이용해 데이터를 넣어 보자.

입력

```
DECLARE
  -- 부서 레코드 타입 선언
  TYPE depart_rect IS RECORD (
      department_id         departments.department_id%TYPE,
      department_name       departments.department_name%TYPE,
      parent_id             departments.parent_id%TYPE,
      manager_id            departments.manager_id%TYPE
  );

  -- 위에서 선언된 타입으로 레코드 변수 선언
  vr_dep depart_rect;

BEGIN
```

```
    vr_dep.department_id := 999;
    vr_dep.department_name := '테스트 부서';
    vr_dep.parent_id := 100;
    vr_dep.manager_id := NULL;

    -- 레코드 필드를 명시해서 INSERT
    INSERT INTO ch11_dep VALUES ( vr_dep.department_id, vr_dep.department_name,
                                  vr_dep.parent_id, vr_dep.manager_id);

    -- 레코드 필드 순서와 개수, 타입이 같다면 레코드 변수명으로만 INSERT 가능
    INSERT INTO ch11_dep VALUES vr_dep;

    COMMIT;

END;
```

결과

익명 블록이 완료되었습니다.

위 소스를 보면 알 수 있겠지만 입력할 컬럼에 "레코드변수명.필드명" 형태로 레코드 필드를 매핑할 수도 있고, 테이블 컬럼의 개수, 순서, 타입이 같다면 레코드 변수명만 명시해도 INSERT를 할 수 있다. 결과를 확인해 보면 ch11_dep 테이블에 두 건의 데이터가 들어가 있음을 알 수 있다. INSERT 뿐만 아니라 UPDATE 문에서도 레코드를 사용할 수 있다.

테이블형 레코드

특정 테이블의 컬럼 값을 받아오는 변수를 선언할 때, 다음과 같이 선언하면 굳이 해당 컬럼의 데이터 타입을 찾을 필요가 없었다.

변수명 테이블명.컬럼명%TYPE;

반면 특정 테이블의 모든 컬럼을 받아 사용하는 레코드를 선언할 때는 '%TYPE' 대신 '%ROWTYPE' 으로 선언한다.

레코드 변수명 테이블명.%ROWTYPE;

(굳이 이름을 붙이자면) 위와 같은 형태를 테이블형 레코드 변수라고 하며 이런 형태의 레코드 변수는 해당 테이블의 모든 컬럼을 필드로 가진다. 이번에는 부서 테이블의 모든 컬럼을 가진 ch11_dep2 란 테이블을 만들어 보자.

입력

```
CREATE TABLE ch11_dep2 AS
SELECT *
  FROM DEPARTMENTS;

TRUNCATE TABLE    ch11_dep2;
```

결과

table CH11_DEP2이(가) 생성되었습니다.
table CH11_DEP2이(가) 잘렸습니다.

이제 테이블형 레코드 변수를 선언해서 사용해 보자. 먼저 부서 테이블에서 데이터를 가져와 레코드 변수에 넣고, 이 변수를 읽어 다시 ch11_dep2 테이블에 넣어 보자.

입력

```
DECLARE
    -- 테이블형 레코드 변수 선언
    vr_dep departments%ROWTYPE;

BEGIN

    -- 부서 테이블의 모든 정보를 레코드 변수에 넣는다.
    SELECT *
      INTO vr_dep
      FROM departments
     WHERE department_id = 20;

    -- 레코드 변수를 이용해 ch11_dep2 테이블에 데이터를 넣는다.
    INSERT INTO ch11_dep2 VALUES vr_dep;

    COMMIT;
END;
```

결과

익명 블록이 완료되었습니다.

테이블의 데이터를 레코드 변수에 담을 때는 간단히 SELECT INTO 구문을 사용할 수 있는데 특정 컬럼만 받으려면 컬럼명과 레코드의 필드명을, 모든 컬럼을 받으려면 레코드 변수명만(SELECT * 형태) 기술해줘도 된다.

커서형 레코드

커서를 레코드 변수로 받는 것을 커서형 레코드라 하며, 이에 대해서는 앞 절의 커서 변수 부분에서 이미 소개한 바가 있다. 복습하는 차원에서 다시 설명하자면, 커서형 레코드 변수 역시 테이블형 레코드처럼 %ROWTYPE을 사용하는데 테이블명 대신 **커서명%ROWTYPE** 형태로 선언한다. 명시적 커서를 선언해 레코드 변수에 담고 다시 ch11_dep 테이블에 데이터를 넣어 보자.

입력

```
DECLARE
  -- 커서 선언
  CURSOR c1 IS
  SELECT department_id, department_name, parent_id, manager_id
    FROM departments;

  -- 커서형 레코드 변수 선언
  vr_dep c1%ROWTYPE;

BEGIN
  -- 데이터 삭제
  DELETE ch11_dep;

  -- 커서 오픈
  OPEN c1;

  -- 루프를 돌며 vr_dep 레코드 변수에 값을 넣고, 다시 ch11_dep에 INSERT
  LOOP
    FETCH c1 INTO vr_dep;

    EXIT WHEN c1%NOTFOUND;
    -- 레코드 변수를 이용해 ch11_dep2 테이블에 데이터를 넣는다.
    INSERT INTO ch11_dep VALUES vr_dep;

  END LOOP;

  COMMIT;
END;
```

결과

익명 블록이 완료되었습니다.

지금까지 예제에서는 레코드 변수를 써서 INSERT만을 했는데, UPDATE문도 사용해 보자. 사용법은 UPDATE문의 SET 절에서 갱신할 컬럼을 명시하고 해당 컬럼 값으로는 "레코드변수명.필드명"을 기술하면 된다. 만약 테이블의 모든 컬럼을 갱신하려면 SET절에 모든 컬럼과 레코드 변수의 필드를 명시해야 할 텐데, 이렇게 하는 것은 매우 번거롭다. INSERT 문처럼 컬럼 수와 순서, 타입이 같다면 간단히 레코드 변수만 기술해서 UPDATE는 할 수 없을까? 다음 예제 속에 그 방법이 나와 있다.

입력

```
DECLARE
    -- 레코드 변수 선언
    vr_dep ch11_dep%ROWTYPE;
BEGIN

    vr_dep.department_id := 20;
    vr_dep.department_name := '테스트';
    vr_dep.parent_id := 10;
    vr_dep.manager_id := 200;

    -- ROW를 사용하면 해당 로우 전체가 갱신됨
    UPDATE ch11_dep
       SET ROW = vr_dep
     WHERE department_id = vr_dep.department_id;

    COMMIT;
END;
```

결과

익명 블록이 완료되었습니다.

위 블록을 실행하면 20번 부서의 값이 바뀌었음을 확인할 수 있을 것이다. 위 소스처럼 SET 절에 ROW 키워드를 사용하면 레코드로 전체 행을 갱신할 수 있는데, 단 해당 테이블의 컬럼 개수, 순서, 타입과 레코드의 필드가 모두 동일해야 한다. 사실 로우 전체를 갱신하는 일은 드물기 때문에 보통은 컬럼명과 레코드 필드명을 모두 기술해서 사용한다.

중첩 레코드

하나의 레코드를 선언하고 또 다른 레코드를 선언할 때 두 번째 레코드의 필드 타입을 첫 번째 레코드 타입으로 선언할 수 있는데, 이런 형태의 레코드를 중첩 레코드라 한다. 즉 레코드의 필드의 데이터 타입이 레코드인 것이다. 중첩 레코드를 사용한 다음의 예제를 살펴 보자.

입력

```
DECLARE
    -- 부서번호, 부서명을 필드로 가진 dep_rec 레코드 타입 선언
    TYPE dep_rec IS RECORD (
        dep_id       departments.department_id%TYPE,
        dep_name departments.department_name%TYPE );

    -- 사번, 사원명 그리고 dep_rec(부서번호, 부서명) 타입의 레코드 선언
```

```
    TYPE emp_rec IS RECORD (
        emp_id      employees.employee_id%TYPE,
        emp_name    employees.emp_name%TYPE,
        dep         dep_rec                    -- 필드의 타입이 레코드
    );

    -- emp_rec 타입의 레코드 변수 선언
    vr_emp_rec emp_rec;

BEGIN
    -- 100번 사원의 사번, 사원명, 부서번호, 부서명을 가져옴
    SELECT a.employee_id, a.emp_name, a.department_id, b.department_name
      INTO vr_emp_rec.emp_id, vr_emp_rec.emp_name, vr_emp_rec.dep.dep_id,
           vr_emp_rec.dep.dep_name
      FROM employees a,
           departments b
     WHERE a.employee_id = 100
       AND a.department_id = b.department_id;

    -- 레코드 변수 값 출력
    DBMS_OUTPUT.PUT_LINE('emp_id : '   || vr_emp_rec.emp_id);
    DBMS_OUTPUT.PUT_LINE('emp_name : ' || vr_emp_rec.emp_name);
    DBMS_OUTPUT.PUT_LINE('dep_id : '   || vr_emp_rec.dep.dep_id);
    DBMS_OUTPUT.PUT_LINE('dep_name : ' || vr_emp_rec.dep.dep_name);
END;
```

결과

```
emp_id : 100
emp_name : Steven King
dep_id : 90
dep_name : 기획부
```

emp_rec라는 레코드 타입에는 사번과 사원명 그리고 dep라는 필드가 있는데, 이 dep 필드는 부서번호와 부서명을 필드로 가진 dep_rec라는 레코드 타입이다. 이렇게 레코드 타입의 필드를 가진 레코드가 중첩 레코드다. 중첩 레코드에서 중첩된 필드는 "레코드변수명.필드명.서브필드명" 형태로 참조가 가능하다. 앞의 소스코드에서 보듯이 emp_rec를 타입으로 하는 vr_emp_rec 레코드 변수는, 100번 사원의 부서명을 참조하려면 vr_emp_rec.dep.dep_name 형태로 참조하거나 값을 할당할 수 있다. 한 가지 주의할 점은 중첩 레코드는, SELECT INTO, INSERT문의 VALUES, UPDATE 문의 SET ROW절에서 일반 레코드처럼 레코드 변수명만 기술할 수는 없고, 각 레코드 필드명을 일일이 기술해야 한다.

03 컬렉션

컬렉션Collection은 이전 절에서 학습한 레코드와 유사한 데이터 타입인데, 레코드보다는 한층 더 향상되고 확장된 형태다. 레코드 타입은 다양한 데이터 타입을 가진 필드가 모여 이루어져 테이블의 컬럼과 흡사하지만 테이블과는 달리 여러 개의 로우를 가질 수 없다. 일반 변수를 열차의 한 객실이라고 한다면, 레코드는 일반칸, 식당칸 등 다양한 종류의 객실이 여러 개 붙어있는 열차에 비유할 수 있다. 이에 반해 컬렉션은 같은 종류의 객실이 나란히 연결되어 있는 열차가 여러 개 모인 형태다.

▼ 그림 11-2 변수, 레코드, 컬렉션의 비교

컬렉션의 또 다른 특징은 그 사용법이 객체지향 프로그램의 클래스와 유사하다는 점이다. 클래스는 선언 후 생성자를 이용해 초기화하고 멤버 메소드를 선언해 사용하는데, 컬렉션도 마찬가지로 생성자를 통해 초기화할 수 있고 빌트인 함수와 프로시저로 구성된 컬렉션 메소드를 제공한다. 이러한 메소드를 통해 컬렉션에 접근해 값을 수정, 삭제할 수 있다.

컬렉션의 종류

오라클에서 제공하는 컬렉션 타입은 그 구조에 따라 연관 배열, VARRAY, 중첩 테이블, 이렇게 3가지 유형이 존재하는데, 지금부터 하나씩 살펴보자.

① 연관 배열

연관 배열 Associative Array이란 키와 값으로 구성된 컬렉션으로, 키를 인덱스라고도 부르기 때문에 연관 배열을 Index-by 테이블이라고도 한다. 연관 배열은 일상 생활에서 흔히 볼 수 있는 전화번호부와 유사한 구조다. 누군가의 전화번호를 찾을 때 사람 이름으로 검색하듯이, 연관 배열은 키(인덱스)를 통해 값을 찾는 구조다. 다만, 전화번호부의 경우에는 동명이인이 있을 수 있지만, 연관 배열의 키는 유일한 키다. 따라서 연관 배열은 키-값이 한 쌍을 이루어 연결되어 있는 배열 구조이며, 이런 이유로 연관 배열이라고 부르는 것이다.

컬렉션의 선언은 레코드 타입 선언과 유사한데, 연관 배열은 다음과 같이 선언한다.

> **TYPE** 연관_배열명 **IS TABLE OF** 연관_배열_값타입 **INDEX BY** 인덱스타입;

연관_배열_값타입은 어떤 데이터 타입이든 올 수 있지만, 인덱스 타입은 문자형이나 PLS_INTEGER 타입만 올 수 있다. 연관 배열도 레코드처럼 먼저 타입을 선언하고 해당 타입의 변수를 선언해 사용한다. 간단한 연관 배열 예제를 살펴 보자.

입력

```
DECLARE
    -- 숫자-문자 쌍의 연관 배열 선언
    TYPE av_type IS TABLE OF VARCHAR2(40)
                  INDEX BY PLS_INTEGER;

    -- 연관 배열 변수 선언
    vav_test av_type;
BEGIN
    -- 연관 배열에 값 할당
    vav_test(10) := '10에 대한 값';         --키는 10, 값은 '10에 대한 값'
    vav_test(20) := '20에 대한 값';

    -- 연관 배열 값 출력
    DBMS_OUTPUT.PUT_LINE(vav_test(10));
    DBMS_OUTPUT.PUT_LINE(vav_test(20));

END;
```

결과

```
10에 대한 값
20에 대한 값
```

연관 배열도 일종의 배열이며 배열을 구성하는 각 항목이 있는데 이를 요소element라고 한다(레코드의 필드에 해당한다). 연관 배열의 각 요소 값은 "**연관_배열_변수명(인덱스)**" 형태로 접근할 수 있다. 앞의 예제를 보면 알 수 있듯이, 인덱스 10과 '10에 대한 값'이라는 문자형 데이터 값이 한 쌍으로 움직인다. 앞에서 컬렉션도 클래스처럼 생성자를 통해 초기화할 수 있다고 했는데, 3가지 타입 중 유일하게 연관 배열만 생성자를 사용할 수 없다. 또한 연관 배열은 그 크기에 제한 없이 입력해서 사용할 수 있으며, 각 요소에 값을 입력할 때마다 내부적으로는 숫자형이든 문자형이든 인덱스 값으로 정렬된다.

② VARRY

VARRAY Variable-Size Array는 가변 길이 배열로서 연관 배열과는 달리 그 크기에 제한이 있다. 즉 선언할 때 크기(요소 개수)를 지정하면 이보다 큰 수로 요소를 만들 수 없다. VARRAY도 "**변수명(인덱스)**" 형태로 해당 요소 값에 접근할 수 있는데, 연관 배열은 인덱스로 문자형이나 PLS_INTEGER 값을 사용할 수 있지만 VARRAY의 인덱스는 숫자만 가능하다. 더 정확히 말하면 사용자가 별도로 인덱스 타입을 지정하는 것이 아니라 자동으로 순번이 매겨지며 최솟값은 1이다. 그럼 VARRAY의 선언 구문을 살펴 보자.

> **TYPE** VARRAY명 **IS VARRAY**(최대 크기) **OF** 요소값_타입;

연관 배열과 비교해 구문이 약간 다른데, 명칭과 최대 크기, 배열을 이루는 요소의 데이터 타입을 지정한다. 예를 들어, 최대 크기를 10이라고 지정하면 해당 VARRAY는 10개의 요소로 구성되며 각 요소 값은 'VARRAY_변수명(1)' 부터 'VARRAY_변수명(10)'형태로 값을 할당하거나 읽어올 수 있다.

주의할 점은 VARRAY는 생성자를 사용해 초기화하기 전까지는 각 요소에 값을 할당하거나 읽어 올 수 없다. 만약 초기화 없이 값을 할당하거나 참조할 때는 오류가 발생한다. 생성자는 "**VARRAY명(값1, 값2, …)**" 형태로 사용하는데, 선언했던 크기보다 같거나 작게 값을 할당한다. 만약 전체 크기가 5인데 4개의 요소만 초기화했을 경우, 다섯 번째 요소는 참조할 수 없다. 하지만 NULL 값으로라도 초기화했다면 해당 요소는 참조가 가능하다. 그럼 VARRAY를 사용한 간단한 예제를 살펴 보자.

입력

```
DECLARE
  -- 5개의 문자형 값(크기는 5)으로 이루어진 VARRAY 선언
  TYPE va_type IS VARRAY(5) OF VARCHAR2(20);

  -- VARRY 변수 선언
  vva_test va_type;

  vn_cnt NUMBER := 0;
BEGIN
  -- 생성자를 사용해 값 할당 (총 5개지만 최초 3개만 값 할당)
  vva_test := va_type('FIRST', 'SECOND', 'THIRD', '', '');

  LOOP
    vn_cnt := vn_cnt + 1;
    -- 크기가 5이므로 루프를 5회 돌면서 각 요소 값 출력
    IF vn_cnt > 5 THEN
       EXIT;
    END IF;

    -- VARRY 요소 값 출력
```

```
      DBMS_OUTPUT.PUT_LINE(vva_test(vn_cnt));
    
   END LOOP;
   
   -- 값 변경
   vva_test(2) := 'TEST';
   vva_test(4) := 'FOURTH';
   
   -- 다시 루프를 돌려 값 출력
   vn_cnt := 0;
   LOOP
      vn_cnt := vn_cnt + 1;
      -- 크기가 5이므로 루프를 5회 돌면서 각 요소 값 출력
      IF vn_cnt > 5 THEN
         EXIT;
      END IF;
      
      -- VARRY 요소 값 출력
      DBMS_OUTPUT.PUT_LINE(vva_test(vn_cnt));
      
   END LOOP;
END;
```

결과

```
FIRST
SECOND
THIRD


FIRST
TEST
THIRD
FOURTH
```

소스를 보면 알겠지만 크기가 5인 VARRAY를 선언한 뒤 처음에는 생성자를 사용해 3개의 요소에만 값을 할당했다. 이 경우 4, 5번째 요소의 값은 NULL이 된다. 초기화한 뒤에는 2번째 요소는 수정, 4번째 요소에 값을 다시 할당한 뒤 출력했다. 이처럼 VARRAY는 각 요소에 값을 채워 사용할 수 있는데, 참조 시 인덱스 값은 최대 크기를 넘어설 수 없으며, 요소 중간중간의 값이 비어 있을 수도 있다 (요소 중간의 값이 비어 있다고 해서 그 요소가 존재하지 않는 것은 아니다). 연관 배열은 전화번호부처럼 키(인덱스) 값을 통해 요소 값에 접근했지만 VARRAY는 인덱스가 순번 형태이므로 연속적인 값을 저장해야 할 때 많이 사용된다.

③ 중첩 테이블

마지막으로 살펴볼 컬렉션 타입은 **중첩 테이블**Nested Table인데, 실제 테이블을 말하는 것은 아니고 컬렉션 타입의 한 종류다. 중첩 테이블은 크기에 제한이 없다는 점은 연관 배열과 같지만, 숫자형 인덱스만 사용할 수 있고 생성자를 사용하며 일반 테이블의 컬럼 타입으로 사용될 수 있다는 점은 VARRAY와 같다. 중첩 테이블의 선언 방식은 다음과 같다.

```
TYPE 중첩_테이블명 IS TABLE OF 값타입 ;
```

선언 구문은 연관 배열과 흡사한데 요소를 참조하는 인덱스는 무조건 숫자형이므로 중첩 테이블의 값타입만 명시하고 있다. 그럼 중첩 테이블을 사용해 보자.

입력
```
DECLARE
    -- 중첩 테이블 선언
    TYPE nt_typ IS TABLE OF VARCHAR2(10);

    -- 변수 선언
    vnt_test nt_typ;
BEGIN

    -- 생성자를 사용해 값 할당
    vnt_test := nt_typ('FIRST', 'SECOND', 'THIRD');

    -- 값 출력
    DBMS_OUTPUT.PUT_LINE (vnt_test(1));
    DBMS_OUTPUT.PUT_LINE (vnt_test(2));
    DBMS_OUTPUT.PUT_LINE (vnt_test(3));

END;
```

결과
```
FIRST
SECOND
THIRD
```

예제를 보면 알겠지만, 중첩 테이블은 VARRAY와 사용법이나 동작 방식에 있어서 큰 차이가 없음을 알 수 있을 것이다. 단, 중첩 테이블은 VARRAY와 달리 최대 크기를 선언하지 않으므로 크기에 제한이 없고 동적으로 계속 늘어날 수 있다.

컬렉션 메소드

컬렉션 메소드란 컬렉션의 요소에 접근해 값을 가져오고 수정하고 삭제하는 기능을 하는 일련의 빌트인 프로시저와 함수를 말한다. 지금까지 살펴 본 예제에서는 컬렉션 변수를 선언해서 "변수이름(인덱스)" 형태로 컬렉션 요소 값을 참조하거나 수정했는데, 컬렉션 메소드를 사용하면 좀더 편리하고 다양한 방식으로 컬렉션을 다룰 수 있다. 컬렉션 메소드를 정리하면 다음과 같다.

▼ 표 11-2 컬렉션 메소드

메소드명	메소드 타입	설명
DELETE	프로시저	컬렉션 요소를 삭제
TRIM	프로시저	VARRAY나 중첩 테이블의 끝에서 요소를 삭제
EXTEND	프로시저	VARRAY나 중첩 테이블의 끝에 요소를 추가
EXISTS	함수	VARRAY나 중첩 테이블에 특정 요소가 존재하면 TRUE를 반환
FIRST	함수	컬렉션의 첫 번째 인덱스를 반환
LAST	함수	컬렉션의 마지막 인덱스를 반환
COUNT	함수	컬렉션의 요소의 총 수를 반환
LIMIT	함수	컬렉션이 가질 수 있는 요소의 최대 수를 반환
PRIOR	함수	특정 인덱스 이전의 인덱스를 반환
NEXT	함수	특정 인덱스 다음의 인덱스를 반환

커서는 반환되는 로우의 수가 1개 이상이므로 반복문과 함께 사용했었는데 컬렉션도 마찬가지다. 커서에서는 반복문 내에서 커서 속성으로 커서 데이터에 쉽게 접근해 사용했다면, 컬렉션은 컬렉션 메소드로 편리하게 컬렉션을 다룰 수 있다. 컬렉션 메소드는 **"컬렉션명.메소드명"** 형태로 사용할 수 있는데, 각 메소드별로 그 사용법을 자세히 살펴 보자.

① DELETE 메소드

DELETE는 컬렉션의 요소를 삭제하는 빌트인 프로시저로 삭제할 요소의 인덱스를 매개변수로 받는다. 매개변수를 생략하면 요소 전체를 삭제하며, (from, to)형태로 2개의 매개변수를 넘기면 그 범위 안에 속한 모든 요소를 삭제한다. 하지만 이 함수는 컬렉션 타입에 따라 동작하는 방식에 약간 차이가 있는데 이를 표로 정리하면 다음과 같다.

▼ 표 11-3 컬렉션 DELETE 메소드 사용법

사용법	설명	연관 배열	VARRAY	중첩 테이블
컬렉션.DELETE	모든 요소 삭제	O	O	O
컬렉션.DELETE(3)	인덱스가 3인 요소 삭제	O	X	O
컬렉션.DELETE(3,5)	인덱스가 3, 4, 5인 요소 삭제	O	X	O

[표 11-3]을 보면 알겠지만 VARRAY는 매개변수를 넘기는 형태로는 DELETE 메소드를 사용할 수 없고 개별 요소가 아닌 요소 전체만 삭제할 수 있다. 그 이유는 VARRAY는 전체 크기를 기준으로 순서대로 요소가 채워지며 이가 빠진 것처럼 중간에 있는 요소가 빠질 수 없는 VARRAY만의 특징 때문이다. 그리고 연관 배열에서는 문자형 인덱스를 사용할 수 있으므로 DELETE 메소드의 매개변수로 문자형 인덱스를 넘겨 요소를 삭제할 수 있다.

입력

```
DECLARE
    -- 숫자-문자 쌍의 연관 배열 선언
    TYPE av_type IS TABLE OF VARCHAR2(40)
                INDEX BY VARCHAR2(10);

    -- 연관 배열 변수 선언
    vav_test av_type;

    vn_cnt number := 0;
BEGIN
    -- 연관 배열에 값 할당
    vav_test('A') := '10에 대한 값';
    vav_test('B') := '20에 대한 값';
    vav_test('C') := '20에 대한 값';

    vn_cnt := vav_test.COUNT;
    DBMS_OUTPUT.PUT_LINE('삭제 전 요소 개수: ' || vn_cnt);
    -- DELETE 메소드를 사용해 두 개의 요소를 삭제
    vav_test.DELETE('A', 'B');

    -- COUNT 메소드를 사용해 연관 배열에 있는 요소 개수를 가져 옴
    vn_cnt := vav_test.COUNT;

    DBMS_OUTPUT.PUT_LINE('삭제 후 요소 개수: ' || vn_cnt);
END;
```

결과

삭제 전 요소 개수: 3
삭제 후 요소 개수: 1

② TRIM 메소드

TRIM 메소드는 VARRAY나 중첩 테이블의 맨 끝에서부터 매개변수로 넘긴 개수만큼 해당 요소를 제거한다. 즉 매개변수로 2가 넘어왔다면, 맨 끝에 있는 2개의 요소를 삭제한다. 만약 매개변수로 넘어온 값이 없다면 맨 끝에 있는 한 요소만 삭제한다. 만약 해당 컬렉션의 크기가 0이거나 매개변수에 해당하는 요소가 없을 때 TRIM 메소드를 사용하면 ORA-06533: SUBSCRIPT_BEYOND_COUNT(첨자가 개수를 넘었습니다) 예외가 발생한다.

입력
```
DECLARE
  -- 중첩 테이블 선언
  TYPE nt_typ IS TABLE OF VARCHAR2(10);

  -- 변수 선언
  vnt_test nt_typ;
BEGIN
  -- 생성자를 사용해 값 할당 (크기는 5)
  vnt_test := nt_typ('FIRST', 'SECOND', 'THIRD', 'FOURTH', 'FIFTH');

  -- 맨 마지막부터 2개 요소 삭제
  vnt_test.TRIM(2);

  DBMS_OUTPUT.PUT_LINE(vnt_test(1));
  DBMS_OUTPUT.PUT_LINE(vnt_test(2));
  DBMS_OUTPUT.PUT_LINE(vnt_test(3));
  DBMS_OUTPUT.PUT_LINE(vnt_test(4));    -- 오류 발생, 2개 삭제했으므로 3개만 남아있기 때문

EXCEPTION WHEN OTHERS THEN
  DBMS_OUTPUT.PUT_LINE(SQLERRM);
  DBMS_OUTPUT.PUT_LINE(DBMS_UTILITY.FORMAT_ERROR_BACKTRACE);
END;
```

결과
```
FIRST
SECOND
THIRD
ORA-06533: 첨자가 개수를 넘었습니다.
ORA-06512:  17행
```

TRIM(2)를 실행해 끝에서 2개의 요소를 제거하므로 남은 요소의 수는 총 3개다. 그런데 4번 인덱스를 참조해 값을 출력하려고 시도해서 오류가 발생한 것이다. 따라서 1~3번째까지는 요소의 값이 제대로 출력되었고, 4번째 값을 출력하려는 순간 ORA-06533 예외가 발생했다.

③ EXTEND 메소드

EXTEND 메소드는 TRIM과는 반대로 VARRAY와 중첩 테이블의 끝에 요소를 추가하는 기능을 수행하며, 다음과 같이 3가지 형태로 사용된다.

- **EXTEND** → 해당 컬렉션의 맨 끝에 NULL인 요소 하나를 추가한다.
- **EXTEND (n)** → 해당 컬렉션의 맨 끝에 값이 NULL인 요소를 n개 추가한다.
- **EXTEND (n, i)** → 해당 컬렉션의 i번째에 있는 요소를 맨 끝에 n개 복사해 추가한다.

예제를 통해 동작 방식을 확인해 보자.

입력
```
DECLARE
    -- 중첩 테이블 선언
    TYPE nt_typ IS TABLE OF VARCHAR2(10);

    -- 변수 선언
    vnt_test nt_typ;
BEGIN
    -- 생성자를 사용해 값 할당
    vnt_test := nt_typ('FIRST', 'SECOND', 'THIRD');

    -- 맨 끝에 NULL 요소 추가한 뒤 값 할당 후 출력
    vnt_test.EXTEND;
    vnt_test(4) := 'fourth';
    DBMS_OUTPUT.PUT_LINE(vnt_test(4));

    -- 맨 끝에 첫 번째 요소를 2개 복사해 추가 후 출력
    vnt_test.EXTEND(2, 1);
    DBMS_OUTPUT.PUT_LINE('첫번째 : ' || vnt_test(1));

    -- 첫 번째 요소를 복사해 2개 추가했으므로 추가된 요소는 5, 6
    DBMS_OUTPUT.PUT_LINE('추가한 요소1 : ' || vnt_test(5));
    DBMS_OUTPUT.PUT_LINE('추가한 요소2 : ' || vnt_test(6));

END;
```

결과
```
fourth
첫번째 : FIRST
추가한요소1 : FIRST
추가한요소2 : FIRST
```

④ FIRST와 LAST 메소드

FIRST와 LAST 메소드는 빌트인 함수로, 매개변수 없이 각각 컬렉션의 첫 번째와 마지막 요소의 인덱스를 반환한다. 만약 컬렉션이 비어 있다면 두 함수 모두 NULL을, 요소가 1개 뿐이라면 두 함수 모두 1을 반환한다. 문자형 인덱스를 사용하는 연관 배열에서는 두 함수 모두 문자형 인덱스 값을 반환한다(연관 배열은 숫자형이든 문자형이든 인덱스 값에 따라 내부적으로 정렬되어 있다). 보통 FIRST와 LAST 메소드는 반복문의 조건 체크 부분에서 사용되어 컬렉션의 요소 값에 순차적 접근을 가능케 한다.

입력

```
DECLARE
   -- 중첩 테이블 선언
   TYPE nt_typ IS TABLE OF VARCHAR2(10);

   -- 변수 선언
   vnt_test nt_typ;
BEGIN
   -- 생성자를 사용해 값 할당
   vnt_test := nt_typ('FIRST', 'SECOND', 'THIRD', 'FOURTH', 'FIFTH');

   -- FIRST와 LAST 메소드를 FOR문에서 사용해 컬렉션 값을 출력
   FOR i IN vnt_test.FIRST..vnt_test.LAST
   LOOP

      DBMS_OUTPUT.PUT_LINE(i || '번째 요소 값: ' || vnt_test(i));
   END LOOP;

END;
```

결과

```
1번째 요소 값: FIRST
2번째 요소 값: SECOND
3번째 요소 값: THIRD
4번째 요소 값: FOURTH
5번째 요소 값: FIFTH
```

⑤ COUNT와 LIMIT 메소드

COUNT는 컬렉션의 요소 개수를 반환하는 메소드다. VARRAY는 요소 일부를, 즉 중간에 있는 요소를 삭제할 수 없기 때문에 COUNT와 LAST 메소드의 반환 값이 같다.

LIMIT 메소드는 해당 컬렉션이 가질 수 있는 요소의 최대 수를 반환하는데, 컬렉션이 요소의 최대 수를 가질 수 없다면 NULL을 반환한다. 3가지 컬렉션 타입 중 최대치를 명시할 수 있는 것은 VARRAY 뿐이므로, 나머지 연관 배열과 중첩 테이블의 경우 반환 값은 항상 NULL이다.

입력

```
DECLARE

    TYPE nt_typ IS TABLE OF VARCHAR2(10);        -- 중첩 테이블 선언
    TYPE va_type IS VARRAY(5) OF VARCHAR2(10);  -- VARRAY 선언

    -- 변수 선언
    vnt_test nt_typ;
    vva_test va_type;
BEGIN
    -- 생성자를 사용해 값 할당
    vnt_test := nt_typ('FIRST', 'SECOND', 'THIRD', 'FOURTH'); -- 중첩 테이블
    vva_test := va_type('첫번째', '두번째', '세번째', '네번째'); -- VARRAY

    DBMS_OUTPUT.PUT_LINE('VARRAY COUNT: ' || vva_test.COUNT);
    DBMS_OUTPUT.PUT_LINE('중첩 테이블 COUNT: ' || vnt_test.COUNT);

    DBMS_OUTPUT.PUT_LINE('VARRAY LIMIT: ' || vva_test.LIMIT);
    DBMS_OUTPUT.PUT_LINE('중첩 테이블 LIMIT: ' || vnt_test.LIMIT);

END;
```

결과

```
VARRAY COUNT: 4
중첩 테이블 COUNT: 4
VARRAY LIMIT: 5
중첩 테이블 LIMIT:
```

결과를 보면 알 수 있듯이 LIMIT 함수는 VARRAY에서는 정확히 요소의 최댓값을 가져왔지만, 크기 제한이 없는 중첩 테이블(혹은 연관 배열)에서는 NULL을 반환했다.

⑥ PRIOR와 NEXT 메소드

PRIOR와 NEXT 메소드는 컬렉션 요소 사이에서 각각 앞과 뒤로 이동하는 기능을 수행하며 매개변수로는 요소의 인덱스를 받는다. 만약 현재 요소의 앞이나 뒤에 다른 요소가 없다면 NULL을 반환한다. 따라서 어떤 종류의 컬렉션이든 PRIOR(FIRST) 값은 항상 NULL인데, 그 이유는 FIRST가 맨 처음 요소 인덱스를 반환하므로 그 이전 요소는 존재하지 않기 때문이다. 마찬가지로 NEXT(LAST) 반환 값 역시 항상 NULL이다.

입력
```
DECLARE
  TYPE va_type IS VARRAY(5) OF VARCHAR2(10); -- VARRAY 선언
  -- 변수 선언
  vva_test va_type;
BEGIN
  -- 생성자를 사용해 값 할당
  vva_test := va_type('첫번째', '두번째', '세번째', '네번째'); -- VARRAY

  DBMS_OUTPUT.PUT_LINE('FIRST의 PRIOR : ' || vva_test.PRIOR(vva_test.FIRST));
  DBMS_OUTPUT.PUT_LINE('LAST의 NEXT : ' || vva_test.NEXT(vva_test.LAST));

  DBMS_OUTPUT.PUT_LINE('인덱스3의 PRIOR :' || vva_test.PRIOR(3));
  DBMS_OUTPUT.PUT_LINE('인덱스3의 NEXT :' || vva_test.NEXT(3));

END;
```

결과
```
FIRST의 PRIOR :
LAST의 NEXT :
인덱스3의 PRIOR :2
인덱스3의 NEXT :4
```

결과를 보면 FIRST의 PRIOR와 LAST의 NEXT는 모두 NULL을, 3번째 항목의 PRIOR와 NEXT는 각각 2와 4를 반환했음을 알 수 있다.

사용자 정의 데이터 타입

2장에서 SQL 데이터 타입을 설명할 때 오라클에서는 사용자 정의 데이터 타입도 지원한다고 했었는데, 이제 사용자 정의 데이터 타입을 다룰 때가 된 것 같다. 컬렉션 절에서 왜 사용자 정의 타입을 설명하는지 의아할 텐데, 이 절에서 다루는 이유는 사용자 정의 타입이 컬렉션과 밀접한 관계가 있기 때문이다.

지금까지 배웠던 컬렉션 타입과 예제에서는 'TYPE~'으로 시작하는 구문으로 PL/SQL 블록의 선언부에서 컬렉션을 선언했었는데, 이런 식으로 사용하면 컬렉션은 해당 PL/SQL 블록의 실행이 완료되면 사라져 버린다. 따라서 이전 PL/SQL 블록에서 선언했던 동일한 컬렉션 타입을 다른 블록에서 재사용하려면 또 다시 선언해서 변수에 할당해 사용해야 한다. 하지만 자주 사용하는 컬렉션 타입은 이렇게 매번 선언하기가 매우 번거롭다. VARCHAR2, NUMBER와 같은 빌트인 SQL 타입처럼 특정 컬렉션 타입도 미리 정의해서 사용할 수 있다면 매우 편리할 것이다. 이렇게 자주 사용하는 컬렉션 타입을 미리 정의해 놓고 사용할 수 있는 방법이 있는데, 바로 사용자 정의 타입이 그 주인공이다

(PL/SQL 블록, 사용자 정의 타입 외에도 패키지에서도 컬렉션을 선언할 수 있는데, 이 내용은 12장: 패키지에서 다룰 것이다).

사용자 정의 타입으로 사용할 수 있는 컬렉션 타입은 연관 배열을 제외한 VARRAY와 중첩 테이블 뿐이다. 반면 컬렉션은 아니지만 OBJECT(객체) 타입도 사용자 정의 타입으로 사용할 수 있다(앞에서 컬렉션이 객체지향 프로그래밍에서 등장하는 클래스와 비슷한 개념이라고 했는데 사실 완벽하게 같지는 않다. 일반적인 클래스는 다양한 데이터 타입을 멤버 변수로 가질 수 있고 멤버 함수도 정의해 사용 가능하지만, 컬렉션은 한 가지 타입으로만 요소가 구성되며 멤버 메소드도 직접 정의하는 것이 아니라 오라클에서 제공하는 빌트인 메소드를 사용한다. 이에 반해 OBJECT(객체) 타입은 클래스와 거의 흡사하고 심지어 상속도 할 수 있다).

각 컬렉션 타입별, 사용자 정의 타입의 선언 구문은 다음과 같다.

- VARRAY : CREATE OR REPLACE TYPE 타입명 IS VARRAY(최대 크기) OF 값타입 ;

- 중첩 테이블 : CREATE OR REPLACE TYPE 타입명 IS TABLE OF 값타입 ;

- OBJECT : CREATE OR REPLACE TYPE 타입명 IS OBJECT (
    멤버1 멤버1_데이터타입,
    멤버2 멤버2_데이터타입,
    ...
    );

VARRAY나 중첩 테이블 모두 기존의 TYPE 대신 **CREATE OR REPLACE TYPE**을 사용하는 점만 제외하면 나머지는 배웠던 내용과 같고, OBJECT 타입의 각 항목은 컬렉션과는 달리 레코드처럼 여러 종류의 데이터 타입을 사용할 수 있다(OBJECT 타입은 멤버 함수도 정의할 수 있다.) 그럼 두 가지 컬렉션 타입을 사용자 정의 데이터 타입으로 만들어 보자.

입력
```
-- 5개의 문자형 값으로 이루어진 VARRAY 사용자 정의 타입 선언
CREATE OR REPLACE TYPE ch11_va_type IS VARRAY(5) OF VARCHAR2(20);

-- 문자형 값의 중첩 테이블 사용자 정의 타입 선언
CREATE OR REPLACE TYPE ch11_nt_type IS TABLE OF VARCHAR2(20);
```

결과
```
TYPE CH11_VA_TYPE이(가) 컴파일되었습니다.
TYPE CH11_NT_TYPE이(가) 컴파일되었습니다.
```

입력
```
-- 사용자 정의 타입인 va_type과 nt_type 사용
DECLARE
    vva_test ch11_va_type;      -- VARRAY인 va_type 변수 선언
    vnt_test ch11_nt_type;      -- 중첩 테이블인 nt_type 변수 선언

BEGIN
    -- 생성자를 사용해 값 할당(총 5개지만 최초 3개만 값 할당)
    vva_test := ch11_va_type('FIRST', 'SECOND', 'THIRD', '', '');
    vnt_test := ch11_nt_type('FIRST', 'SECOND', 'THIRD', '');

    DBMS_OUTPUT.PUT_LINE('VARRAY의 1번째 요소값: ' || vva_test(1));
    DBMS_OUTPUT.PUT_LINE('중첩 테이블의 1번째 요소값: ' || vnt_test(1));

END;
```

결과
```
VARRAY의 1번째 요소값: FIRST
중첩 테이블의 1번째 요소값: FIRST
```

별도의 컬렉션 타입을 생성, 즉 오라클 객체로 만들어 놓으니 사용할 때마다 매번 선언할 필요 없이 변수만 선언해서 바로 사용할 수 있다.

컬렉션 타입별 차이점과 그 활용법

지금까지는 가장 기본적인 형태의 컬렉션 사용법을 알아봤는데, 좀더 다양한 형태의 사용법과 3가지 컬렉션 타입별 차이점을 알아 보고 이에 맞는 활용 방법도 알아 두자.

① 다차원 컬렉션

지금까지 봤던 컬렉션 예제에서는 컬렉션의 요소 타입으로 VARCHAR2, NUMBER 같은 빌트인 SQL 타입을 사용했다. 이때 컬렉션 모양은 앞에서 얘기했던 것처럼 같은 유형의 객실이 연결되어 있는 기차 모양과 비슷한 1차원 형태다. 하지만 이러한 1차원 형태를 다차원으로 만들 수 있는 방법이 있는데, 컬렉션의 요소 타입 자체를 다른 컬렉션이나 OBJECT 타입으로 선언하는 것이다. 예를 들어, 요소의 타입이 VARRAY 타입인 중첩 테이블, 중첩 테이블 타입의 요소를 가진 VARRAY 타입, 요소의 타입이 OBJECT 타입인 중첩 테이블도 만들 수 있고, 심지어는 레코드 타입을 요소로 가진 컬렉션 타입도 생성이 가능하다. 먼저 VARRAY 타입인 요소로 구성된 VARRAY 타입의 컬렉션을 생성해 보자.

입력

```
DECLARE
    -- 첫 번째 VARRAY 타입 선언 (구구단 중 각 '단X5' 값을 가진 요소를 갖는 VARRAY)
    TYPE va_type1 IS VARRAY(5) OF NUMBER;

    -- 위에서 선언한 va_type1을 요소 타입으로 하는 VARRAY 타입 선언(구구단 중 1~3단까지 요소를 갖는 VARRAY)
    TYPE va_type11 IS VARRAY(3) OF va_type1;

    -- 두 번째 va_type11 타입의 변수 선언
    va_test va_type11;
BEGIN
    -- 생성자를 이용해 값 초기화,
    va_test := va_type11( va_type1(1, 2, 3, 4, 5),
              va_type1(2, 4, 6, 8, 10),
              va_type1(3, 6, 9, 12, 15));

    -- 구구단 출력
    DBMS_OUTPUT.PUT_LINE('2곱하기 3은 ' || va_test(2)(3));
    DBMS_OUTPUT.PUT_LINE('3곱하기 5는 ' || va_test(3)(5));

END;
```

결과

2곱하기 3은 6
3곱하기 5는 15

위 예제는 두 개의 VARRAY를 선언해 구구단 중 1~3단까지 값을 생성자를 사용해 넣은 후 출력한 것이다. VARRAY인 va_type11 타입은 또 다른 VARRAY인 va_type1을 요소의 타입으로 선언해서, 최종적으로는 5×3 형태의 2차원 배열이 되었다. 초기화하는 부분을 보면 내부는 va_type1로, 외부는 va_type11 생성자를 사용한 점을 눈여겨 보자. VARRAY의 VARRAY 타입이므로 2차원이지만 더 중첩시키면 3차원 이상도 가능하다. 만약 3차원 형태라면 생성자는 "생성자1(생성자2(생성자3)))" 형태로, 요소값 참조는 "변수명(n)(n)(n)" 형태가 될 것이다.

또 다른 예를 살펴 보자. 이번에는 레코드 타입을 요소로 가진 중첩 테이블을 만들어 보자.

입력

```
DECLARE
    -- 요소 타입을 employees%ROWTYPE로 선언. 즉 테이블형 레코드를 요소 타입으로 한 중첩 테이블
    TYPE nt_type IS TABLE OF employees%ROWTYPE;

    -- 중첩 테이블 변수 선언
    vnt_test nt_type;
BEGIN
    -- 빈 생성자로 초기화
    vnt_test := nt_type();
```

```
  -- 중첩 테이블에 요소 1개 추가
  vnt_test.EXTEND;

  -- 사원 테이블에서 100번 사원의 정보를 가져옴
  SELECT *
    INTO vnt_test(1)-- 위에서 빈 생성자로 초기화해서 요소 1개를 추가했으므로 인덱스는 1
    FROM employees
   WHERE employee_id = 100;

  -- 100번 사원의 사번과 성명 출력
  DBMS_OUTPUT.PUT_LINE(vnt_test(1).employee_id);
  DBMS_OUTPUT.PUT_LINE(vnt_test(1).emp_name);

END;
```

결과

```
100
Steven King
```

주석을 보면 예제소스를 어렵지 않게 이해할 수 있을 것이다. 먼저 테이블형 레코드는 '테이블명%ROWTYPE'으로만 선언할 수 있으므로 nt_type 중첩 테이블의 요소 타입으로 사용했다. 그리고 나서 중첩 테이블의 변수를 선언하고 빈 생성자로 초기화했다. 그 다음 EXTEND 컬렉션 메소드를 사용해 요소를 1개 추가한 뒤 SELECT…INTO 문을 사용해 100번 사원의 정보를 vnt_test 변수에 담았다. 만약 또 다른 사원정보를 넣고 싶다면 EXTEND~SELECT INTO 과정을 되풀이하면 된다. 즉 다음과 같이 처리하면 위 중첩 테이블은 사원 테이블과 완벽히 같은 구조와 데이터를 갖게 된다.

입력

```
DECLARE
  -- 요소 타입을 employees%ROWTYPE으로 선언, 즉 테이블형 레코드를 요소 타입으로 한 중첩 테이블
  TYPE nt_type IS TABLE OF employees%ROWTYPE;

  -- 중첩 테이블 변수 선언
  vnt_test nt_type;
BEGIN
  -- 빈 생성자로 초기화
  vnt_test := nt_type();

  -- FOR 루프와 커서를 사용해 사원 테이블 전체를 중첩 테이블에 담기
  FOR rec IN (SELECT * FROM employees)
  LOOP
    -- 요소 1개 추가
    vnt_test.EXTEND;

    -- LAST 메소드를 사용하면 항상 위에서 추가한 요소의 인덱스를 가져 옴
    vnt_test ( vnt_test.LAST) := rec;
```

```
    END LOOP;

    -- 출력
    FOR i IN vnt_test.FIRST..vnt_test.LAST
    LOOP
        DBMS_OUTPUT.PUT_LINE(vnt_test(i).employee_id || ' - ' ||
                            vnt_test(i).emp_name);
    END LOOP;

END;
```

결과
```
171 - William Smith
172 - Elizabeth Bates
173 - Sundita Kumar
174 - Ellen Abel
...
...
```

FOR 루프와 커서를 사용해 루프를 돌면서 EXTEND와 LAST 메소드를 이용해 사원 테이블의 모든 정보를 컬렉션 변수에 담아둔 뒤, 다시 루프를 돌며 출력하였다. 이 예제에서는 중첩 테이블을 사용했지만, 사번을 인덱스로 하는 연관 배열을 사용했다면 사번을 인덱스로 활용해 나머지 정보를 컬렉션에서 뽑아 올 수 있을 것이다. 여기서는 두 가지 예만 다루었지만 용도에 따라 다양한 타입의 조합을 통해 다양한 형태의 데이터 구조를 만들어 사용할 수 있다.

② 연관 배열과 중첩 테이블

연관 배열과 중첩 테이블은 "… IS TBLE OF…"구문을 사용해 선언하고 선언 시 크기 제한이 없다는 공통점이 있는 반면, 문자형 인덱스는 연관 배열만 사용할 수 있고 생성자는 중첩 테이블만 사용할 수 있다는 차이점도 존재한다. 특히 연관 배열은 사용자 정의 타입으로 정의해 사용할 수 없고 PL/SQL 블록이 실행될 때 메모리 상에서 존재했다가 사라지므로, 소량의 데이터를 담아두고 참조할 때 주로 사용한다. 이에 반해 중첩 테이블은 엄연히 데이터베이스 객체의 하나로 존재하며 연관 배열에 비해 사용성과 확장성이 매우 좋다.

③ VARRAY와 중첩 테이블

VARRAY와 중첩 테이블의 차이점을 꼽으라면, VARRAY는 선언 시 크기를 명시해야 하는 반면 중첩 테이블은 크기 제한이 없고 동적으로 크기가 확장된다는 점이다. 반면 두 타입의 유사점은 사용자 정의 타입으로 만들 수 있고 생성자를 사용할 수 있다는 점이다. 또 한 가지 이 두 가지 타입의 중요한 특징이 있는데, 바로 **VARRAY와 중첩 테이블은 일반 테이블의 컬럼 타입으로 사용**할 수 있다. 사용자 정의 데이터 타입으로 만들어 데이터베이스 객체로 만들 수 있으므로 어찌 보면 당연한 이야기다. 일반 테이블의 컬럼 타입으로 사용할 수 있다는 측면에서 이 두 컬렉션의 확장성은 매우 좋은 편인데, 사용법은 약간 다르다. 결론부터 얘기한다면 VARRAY보다 중첩 테이블 타입이 훨씬 더 다양한 기능을 지원한다.

④ 테이블 컬럼 타입으로 VARRAY 사용하기

사용자 정의 타입으로 VARRAY를 만들어 테이블의 컬럼 타입으로 사용해 보자. 전 세계 대륙에 있는 국가명을 담을 테이블을 만들어 볼 텐데, 한 대륙에는 여러 국가가 있으므로 국가 이름 컬럼을 VARRAY 타입으로 생성할 것이다. 먼저 사용자 정의 타입을 만들어 보자.

입력

```
-- 국가 이름을 가지고 있는 VARRAY 타입 생성
CREATE OR REPLACE TYPE country_var IS VARRAY(7) OF VARCHAR2(30);

-- 대륙별 국가 리스트를 담을 테이블 생성
CREATE TABLE ch11_continent (
       continent    VARCHAR2(50),    -- 대륙명
       country_nm   country_var      -- 국가명을 넣을 VARRAY 타입 컬럼
         );
```

결과

```
TYPE COUNTRY_VAR이(가) 컴파일되었습니다.
table CH11_CONTINENT이(가) 생성되었습니다.
```

이제 대륙별 국가 명칭을 입력해 보자.

입력

```
DECLARE

BEGIN
  -- 생성자를 사용해 국가명을 입력
  INSERT INTOch11_continent
  VALUES('아시아', country_var('한국','중국','일본'));

  INSERT INTO ch11_continent
  VALUES('북아메리카', country_var('미국','캐나다','멕시코'));

  INSERT INTO ch11_continent
  VALUES('유럽', country_var('영국','프랑스','독일','스위스'));
```

```
        COMMIT;

    END;
```

결과
익명 블록이 완료되었습니다.

ch11_continent 테이블에 유럽에 있는 4개의 국가를 입력했다. 이제 country_var 타입 변수를 생성해 유럽의 다른 국가를 집어 넣은 뒤, 위에서 입력한 국가를 통째로 변경해 보자.

입력
```
DECLARE
    -- 새로운 국가 세팅
    new_country country_var := country_var('이탈리아', '스페인', '네델란드', '체코', '포르투칼');

    country_list country_var;
BEGIN
    -- 새로운 국가로 update
    UPDATE ch11_continent
       SET country_nm = new_country
     WHERE continent = '유럽';

    COMMIT;

    -- UPDATE 됐는지 확인을 위해 국가명 컬럼을 VARRAY 변수에 받아 옴
    SELECT country_nm
      INTO country_list
      FROM ch11_continent
     WHERE continent = '유럽';

    -- 루프를 돌며 국가를 출력
    FOR i IN country_list.FIRST .. country_list.LAST
    LOOP
        DBMS_OUTPUT.PUT_LINE('유럽국가명 = ' || country_list(i));
    END LOOP;
END;
```

결과
유럽국가명 = 이탈리아
유럽국가명 = 스페인
유럽국가명 = 네델란드
유럽국가명 = 체코
유럽국가명 = 포르투칼

기존에 유럽에는 영국, 프랑스 등 4개국이 있었는데, 새로운 국가를 new_country란 VARRAY 변수에 할당한 뒤 UPDATE문을 통해 ch11_continent 테이블의 국가명(country_nm) 컬럼을 갱신했다. 국가명 컬럼 자체가 컬렉션 타입이므로 유럽의 경우 애초에는 4개 국가가 있었지만 UPDATE문을 수행한 뒤에는 신규 5개 국가명으로 갱신되었다.

⑤ 테이블 컬럼 타입으로 중첩 테이블 사용하기

중첩 테이블도 VARRAY처럼 테이블의 컬럼 타입으로 사용 가능한데, VARRAY보다 훨씬 유연하며 더 나은 기능을 제공한다. VARRAY 타입을 테이블 컬럼으로 사용했던 직전 예제와 똑같이 중첩 테이블로 구현하면서 두 타입의 차이점을 알아 보자.

먼저 다음과 같이 중첩 테이블로 사용자 정의 타입을 생성한다.

입력
```sql
CREATE OR REPLACE TYPE country_nt IS TABLE OF VARCHAR2(30);
```

결과
TYPE COUNTRY_NT이(가) 컴파일되었습니다.

이제 중첩 테이블 타입을 컬럼으로 하는 ch11_continent_nt 테이블을 생성한다.

입력
```sql
CREATE TABLE ch11_continent_nt (
    continent    VARCHAR2(50),    -- 대륙명
    country_nm   country_nt       -- 국가명을 넣을 중첩 테이블 타입
      );
```

결과
SQL 오류: ORA-22913: 내포된 테이블 열 또는 속성에 테이블 이름이 지정되어야 합니다.

이런! 오류가 발생했다. 이상한 점은 보이지 않는데 왜 오류가 발생한 것일까? 범인은 중첩 테이블 타입에 있다. 중첩 테이블을 컬럼 타입으로 가진 일반 테이블을 생성할 때는 해당 컬럼이 저장될 **별도의 저장 공간을 명시**해야 한다.

컬럼 타입이 중첩 테이블인 일반 테이블 생성 구문

```
CREATE TABLE 테이블명(
...
중첩 테이블_컬럼명 중첩 테이블 타입,
...)
    NESTED TABLE 중첩 테이블_컬럼명 STORE AS 저장공간명;
```

따라서 ch11_continent_nt 테이블은 다음과 같이 생성해야 한다.

입력
```
CREATE TABLE ch11_continent_nt (
      continent    VARCHAR2(50),  -- 대륙명
      country_nm   country_nt     -- 국가명을 넣을 중첩 테이블 타입
           )
 NESTED TABLE country_nm STORE AS country_nm_nt;
```

결과
```
table CH11_CONTINENT_NT이(가) 생성되었습니다.
```

이제 데이터를 집어 넣고 이전 예제처럼 다른 국가로 갱신한 다음 출력해 보자.

입력
```
DECLARE
   -- 새로운 국가 세팅
   new_country country_nt := country_nt('이탈리아', '스페인', '네델란드', '체코', '포르투갈');
   country_list country_nt;

BEGIN
   -- 생성자를 사용해 국가명을 입력
   INSERT INTO ch11_continent_nt
   VALUES('아시아', country_nt('한국','중국','일본'));

   INSERT INTOch11_continent_nt
   VALUES('북아메리카', country_nt('미국','캐나다','멕시코'));

   INSERT INTO ch11_continent_nt
   VALUES('유럽', country_nt('영국','프랑스','독일', '스위스'));

   -- 새로운 국가로 update
   UPDATE ch11_continent_nt
      SET country_nm = new_country
    WHERE continent = '유럽';
```

```
    COMMIT;

    -- UPDATE 됐는지 확인을 위해 국가명 컬럼을 중첩 테이블 변수에 받아 옴
    SELECT country_nm
      INTO country_list
      FROM ch11_continent_nt
     WHERE continent = '유럽';

    -- 루프를 돌며 국가를 출력
    FOR i IN country_list.FIRST .. country_list.LAST
    LOOP
      DBMS_OUTPUT.PUT_LINE('유럽국가명 = ' || country_list(i));
    END LOOP;
END;
```

결과

유럽국가명 = 이탈리아
유럽국가명 = 스페인
유럽국가명 = 네델란드
유럽국가명 = 체코
유럽국가명 = 포르투칼

이전 예제와 동일한 결과가 나왔다. 이 말은 중첩 테이블의 경우 VARRAY로 할 수 있는 모든 기능을 수행할 수 있다는 뜻이다. 하지만 중첩 테이블만 가능한 기능이 있다. 먼저 VARRAY를 사용해 ch11_continent 테이블을 조회해 보자.

입력

```
SELECT *
  FROM ch11_continent;
```

결과

CONTINENT	COUNTRY_NM
아시아	ORA_USER.COUNTRY_VAR('한국','중국','일본')
북아메리카	ORA_USER.COUNTRY_VAR('미국','캐나다','멕시코')
유럽	ORA_USER.COUNTRY_VAR('이탈리아','스페인','네델란드','체코','포르투칼')

일반 테이블과는 다른 형태로 결과가 추출되었다. 즉 country_nm 컬럼은 VARRAY 사용자 정의 타입으로 선언한 country_var와 컬렉션에 들어간 값이 위와 같은 형태로 출력되었다. 중첩 테이블 컬럼을 가진 테이블도 마찬가지인데, 이런 경우 "TABLE( )" 함수를 사용하면 컬렉션에 들어있는 값만 골라낼 수 있다. TABLE 함수는 "TABLE(컬렉션타입_컬럼)" 형태로 사용되어 SELECT 문의 FROM 절에서 마치 실제 테이블처럼 사용할 수 있다.

입력
```sql
SELECT continent, b.*
  FROM ch11_continent a, TABLE(a.country_nm) b
 WHERE continent = '유럽';
```

결과
```
CONTINENT      COLUMN_VALUE
-----------    -----------------
유럽            이탈리아
유럽            스페인
유럽            네델란드
유럽            체코
유럽            포르투갈
```

원래는 유럽에 속한 국가가 콤마로 구분되어 가로로 들어가 있었는데, TABLE 함수를 사용했더니 컬렉션 컬럼 자체를 하나의 테이블처럼 인식해 로우로 추출해 낸 것이다. 여기서 눈여겨 봐야 할 것은 두 번째 컬럼 이름인 COLUMN_VALUE라는 키워드다. COLUMN_VALUE는 TABLE 함수를 써서 로우로 변환된 컬렉션 타입의 컬럼값을 나타내는 키워드다. 즉 위 SELECT 문에서 'b.*' 대신 b.COLUMN_VALUE를 사용해도 같은 결과가 조회된다. 또한 다음과 같은 형태로도 사용할 수 있다.

입력
```sql
SELECT *
  FROM TABLE( SELECT d.country_nm
                FROM ch11_continent_nt d
               WHERE d.continent = '유럽');
```

결과
```
COLUMN_VALUE
------------------------
이탈리아
스페인
네델란드
체코
포르투갈
```

서브 쿼리 부분을 보면 해당 테이블에서 컬렉션 컬럼만 추출해 냈고, 이를 다시 TABLE 함수로 감싼 결과를 SELECT하여 유럽에 속한 국가가 로우 형태로 추출되었다. 주의할 점은 TABLE 함수를 서브 쿼리에서 사용할 때는 서브 쿼리의 SELECT 리스트에는 반드시 한 번에 한 컬렉션 컬럼만 올 수 있다는 것이다.

⑥ DML을 이용한 요소 처리

바로 이전 절에서 설명한 내용이 VARRAY와 중첩 테이블의 공통 기능이었고, 지금부터 설명할 내용은 중첩 테이블만 가능한 기능이다. 이전 예제에서는 VARRAY, 중첩 테이블 타입의 country_nm 컬럼에 데이터를 넣고 갱신했었는데 하나의 값이 아닌 컬럼 전체 값을 대상으로 했다. 즉 유럽에 속한 국가 목록 전체를 입력하고 수정했지, "영국,독일,이탈리아, 프랑스"에 '스페인'만 추가하거나 '영국' 대신 '스페인'을 대체하는 식으로 처리하지는 못했다. 이처럼 VARRAY 컬럼 타입은 해당 컬렉션 컬럼에 속한 전체 요소를 일괄적으로 처리하는데 사용되는 것이 보통이다.

반면 중첩 테이블은 VARRAY와 같은 기능을 지원하면서도 동시에 컬렉션 요소 값을 개별적으로 처리할 수 있다. 예컨대, '영국'을 '스페인'으로 대체하거나 기존 요소 값에 새로운 값을 추가할 수 있다는 말이다. 어떤 식으로 동작하는지 예제를 통해 살펴 보자. 먼저 기존 컬럼에 새로운 요소 값을 추가해 보자.

입력

```
DECLARE
  -- 출력용 중첩 테이블 변수 선언
  country_list country_nt;

BEGIN

  -- 기존 국가명을 받아 와 출력
  SELECT country_nm
    INTO country_list
    FROM ch11_continent_nt
   WHERE continent = '유럽';

  -- 루프를 돌며 국가를 출력
  FOR i IN country_list.FIRST .. country_list.LAST
  LOOP
    DBMS_OUTPUT.PUT_LINE('유럽국가명(OLD) = ' || country_list(i));
  END LOOP;

  -- 유럽에 벨기에를 추가 TABLE 함수를 써서 INSERT가 가능
  INSERT INTO TABLE ( SELECT d.country_nm
                        FROM ch11_continent_nt d
                       WHERE d.continent = '유럽')
  VALUES ('벨기에');

  COMMIT;

  DBMS_OUTPUT.PUT_LINE('------------------------------------------');

  -- 추가됐는지 확인
  SELECT country_nm
```

```
      INTO country_list
    FROM ch11_continent_nt
  WHERE continent = '유럽';

  -- 루프를 돌며 국가를 출력한다.
  FOR i IN country_list.FIRST .. country_list.LAST
  LOOP
     DBMS_OUTPUT.PUT_LINE('유럽국가명(NEW) = ' || country_list(i));
  END LOOP;

END;
```

결과

```
유럽국가명(OLD) = 이탈리아
유럽국가명(OLD) = 스페인
유럽국가명(OLD) = 네델란드
유럽국가명(OLD) = 체코
유럽국가명(OLD) = 포르투칼
-----------------------------------------
유럽국가명(NEW) = 이탈리아
유럽국가명(NEW) = 스페인
유럽국가명(NEW) = 네델란드
유럽국가명(NEW) = 체코
유럽국가명(NEW) = 포르투칼
유럽국가명(NEW) = 벨기에
```

예상했듯이 새로 입력한 벨기에가 맨 끝에 추가되었다. INSERT, UPDATE, DELETE문은 로우 단위로 처리되는데, 컬렉션 컬럼을 가진 테이블은 한 로우당 해당 컬렉션 타입의 데이터는 여러 개라는 문제가 있다. 하지만 INSERT문에 TABLE 함수를 써서 중첩 테이블 타입의 컬럼 데이터를 로우 형식으로 변환하니 해당 컬럼에 신규 요소 값(벨기에)을 추가할 수 있었던 것이다.

이번에는 기존 요소 값을 변경해 보자. 변경을 해야 하니 당연히 UPDATE문을 사용한다.

입력

```
DECLARE
   -- 출력용 중첩 테이블 변수 선언
   country_list country_nt;

BEGIN

   -- 이탈리아를 영국으로 변경
   UPDATE TABLE( SELECT d.country_nm
                   FROM ch11_continent_ntd
                  WHERE d.continent = '유럽' )t
      SET VALUE(t) = '영국'
    WHERE t.COLUMN_VALUE = '이탈리아';
```

```
        COMMIT;

    -- 변경됐는지 확인
    SELECT country_nm
      INTO country_list
      FROM ch11_continent_nt
     WHERE continent = '유럽';

    -- 루프를 돌며 국가를 출력
    FOR i IN country_list.FIRST .. country_list.LAST
    LOOP
        DBMS_OUTPUT.PUT_LINE('유럽국가명(NEW) = ' || country_list(i));
    END LOOP;

END;
```

결과

유럽국가명(NEW) = 영국
유럽국가명(NEW) = 스페인
유럽국가명(NEW) = 네델란드
유럽국가명(NEW) = 체코
유럽국가명(NEW) = 포르투칼
유럽국가명(NEW) = 벨기에

일단 결과만 보면 UPDATE문을 사용해 원하던 대로 '이탈리아'가 '영국'으로 바뀌었는데, 어떻게 이같은 결과가 나왔는지 해당 UPDATE문을 분석해 보자.

```
UPDATE TABLE( SELECT d.country_nm
                FROM ch11_continent_ntd          → ⓐ
               WHERE d.continent = '유럽' )t
     SET VALUE(t) = '영국'                        → ⓑ
   WHERE t.COLUMN_VALUE = '이탈리아';              → ⓒ
```

ⓐ는 TABLE 함수를 써서 유럽에 속한 국가를 가져오고 있다. 다시 한 번 말하는데 country_nm은 중첩 테이블 타입의 컬럼이므로 값이 여러 개지만 TABLE 함수를 써서 컬럼 값을 로우로 반환할 수 있다. 따라서 이 부분은 유럽에 속한 국가 리스트를 반환하는 t라는 테이블이 된 것이다.

ⓑ는 SET절로 값을 갱신하는 부분인데, 지금 작업 단위는 ch11_continent_nt 테이블의 로우가 아닌 중첩 테이블 컬럼 값(요소)으로 이루어진 로우다. 이때 사용하는 "VALUE" 키워드는 ⓐ에서 반환된 로우 전체를 의미한다.

ⓒ는 COLUMN_VALUE 키워드를 써서 해당 국가가 '이탈리아'인 건만 갱신하도록 하는 WHERE 절이다. 만약 이 WHERE절이 빠지면, 유럽에 속한 모든 국가명이 '영국'으로 변경될 것이다.

마지막으로, 중첩 테이블 컬럼 값에 DELETE문을 적용해 보자. INSERT, UPDATE와 마찬가지로 DELETE문도 해당 컬렉션 컬럼 값을 작업 대상으로 한다.

입력

```
DECLARE
    -- 출력용 중첩 테이블 변수 선언
    country_list country_nt;

BEGIN

    -- 변경된 영국을 지움
    DELETE FROM   TABLE( SELECT d.country_nm
                           FROM ch11_continent_nt d
                          WHERE d.continent = '유럽' ) t
     WHERE t.column_value = '영국';

    COMMIT;

    -- 변경됐는지 확인
    SELECT country_nm
      INTO country_list
      FROM ch11_continent_nt
     WHERE continent = '유럽';

    -- 루프를 돌며 국가를 출력
    FOR i IN country_list.FIRST .. country_list.LAST
    LOOP
        DBMS_OUTPUT.PUT_LINE('유럽국가명(NEW) = ' || country_list(i));
    END LOOP;

END;
```

결과

```
유럽국가명(NEW) = 스페인
유럽국가명(NEW) = 네델란드
유럽국가명(NEW) = 체코
유럽국가명(NEW) = 포르투칼
유럽국가명(NEW) = 벨기에
```

직전에 설명한 UPDATE문의 동작 방식을 이해했다면, 이 DELETE문이 어떤 식으로 처리됐는지 알 수 있을 것이다. 이처럼 타입이 중첩 테이블인 컬럼이 있는 테이블은, 일반적인 DML문 처리도 가능하고 TABLE 함수를 사용해 중첩 테이블 컬럼 자체를 마치 하나의 테이블인양 사용해서 해당 컬렉션 요소에 대한 부분 범위 처리가 가능하다.

컬렉션 타입별 비교

지금까지 컬렉션에 속한 연관 배열, VARRAY, 중첩 테이블에 대해 배웠다. 개별적으로 보면 그리 어렵지 않지만 개념과 사용법이 비슷해서 나름대로 정리하지 않으면 혼동될 것이다. 따라서 마지막으로 지금까지 배운 이 3가지 컬렉션 타입을 정리하고 이 장을 마친다.

▼ 표 11-4 컬렉션 타입별 특징

구분	연관 배열	VARRAY	중첩 테이블
생성구문	TYPE 명칭 IS TABLE OF 값 타입 INDEX BY 인덱스타입	TYPE 명칭 IS VARRAY(최대크기) OF 값타입;	TYPE 명칭 IS TABLE OF 값 타입;
크기 제한	없음	있음	없음
생성자	없음	있음	있음
인덱스 타입	숫자, 문자	숫자	숫자
사용자 정의 타입	불가	선언 가능	선언 가능
테이블 컬럼	불가	사용 가능	사용 가능
TABLE 함수	불가	사용 가능	사용 가능
DML 부분 처리	불가	불가	가능

핵심정리

1 집합적 언어인 SQL은 한 번에 여러 로우를 처리하는 것이 기본이지만, 커서를 사용하면 한 로우씩 개별적으로 접근할 수 있다.

2 PL/SQL 블록 내에서 사용하는 모든 SQL 문장이 실행될 때마다 내부적으로 커서가 만들어지는데 이를 묵시적 커서라 한다. 이와는 달리 사용자가 직접 커서를 정의하고 사용하는 것을 명시적 커서라 한다.

3 커서의 생애는 "커서 선언 - 커서 오픈 - 커서 패치 - 커서 닫기"로 이루어 진다.

4 커서를 이용해 테이블의 로우에 개별적으로 접근할 때는 반복문이 함께 사용된다.

5 커서에 대한 내부적인 여러 가지 정보는 커서 속성으로 얻어낼 수 있다.

6 커서에 대해서도 변수를 선언해 사용할 수 있는데, 이를 커서 변수라 한다. 커서 변수를 사용하려면 먼저 "TYPE … IF REF CURSOR ….." 구문으로 커서 타입을 선언한 뒤, 이 타입에 대한 변수를 선언해 사용한다. 또한, 오라클에서 제공하는 빌트인 커서 타입인 SYS_REFCURSOR를 사용하면 별도의 선언 과정은 필요 없다.

7 레코드는 다른 유형의 데이터 타입이 연결된 복합 데이터 유형으로 테이블과 그 구조가 유사한데, 테이블과는 달리 로우 수는 단 1개 뿐이다.

8 레코드는 그 형태와 쓰임새에 따라 사용자 정의 레코드, 테이블형 레코드, 커서형 레코드로 나눌 수 있으며, 레코드의 한 필드의 데이터 타입이 또 다른 레코드인 중첩 레코드도 있다.

9 컬렉션은 레코드를 확장한 데이터 타입으로 연관 배열, VARRAY, 중첩 테이블이 있다.

10 연관 배열은 '키-값' 쌍으로 구성되는 컬렉션으로 키를 인덱스라고도 하며 문자형과 숫자형 인덱스를 만들 수 있다. 또한 선언할 때 크기 제한이 없어 동적으로 크기가 늘어난다.

11 VARRAY는 인덱스와 값으로 이루어지는 컬렉션으로 선언할 때 설정한 크기를 넘을 수 없으며 숫자형 인덱스만 만들 수 있다.

12 중첩 테이블 역시 VARRAY와 비슷하지만 크기 제한이 없다는 점이 다르며 VARRAY보다 확장성이 크다.

13 컬렉션 타입 중 VARRAY와 중첩 테이블은 일반 테이블의 컬럼 타입으로 사용할 수 있고 사용자 정의 타입으로도 사용할 수 있다.

Self-Check

1. 다음은 7장에서 학습했던 부서별 계층형 쿼리다.

   ```
   SELECT department_id, LPAD(' ' , 3 * (LEVEL-1)) || department_name, LEVEL
     FROM departments
     START WITH parent_id IS NULL
   CONNECT BY PRIOR department_id  = parent_id;
   ```

   위 문장과 동일한 결과를 내도록 my_dep_hier_proc란 이름으로 프로시저를 만들어 보자. 계층형 쿼리 문장은 전혀 사용하지 말고, 커서와 반복문을 사용해서 구현해 보자.

2. 다차원 컬렉션 절에서 요소의 타입이 테이블형 레코드인 중첩 테이블을 선언해 사원정보를 출력하였다. 이번에는 중첩 테이블 대신 연관 배열을 사용해서 사원명을 인덱스로 해서 이메일 정보를 출력하는 익명 블록을 작성해 보자.

3. 사원명을 값으로 받기 위한 하는 중첩 테이블 nt_ch11_emp라는 이름으로 사용자 정의 타입으로 만들어 보자.

4. 매개변수로 부서번호를 넘기면 해당 부서에 속한 사원번호, 사원이름, 부서이름을 출력하는 프로시저를 만들어 보자. 단 사원번호, 사원이름, 부서이름 정보를 조회해 가져와 중첩 테이블에 담은 다음, 다시 이 중첩 테이블에 들어간 데이터를 출력하도록 작성해 보자.

셋째 마당

업무 효율을 높이는 실전 PL/SQL 프로그래밍

둘째 마당에서 PL/SQL의 기본 구조인 블록에서부터 PL/SQL의 구성요소, 일반 프로그래밍 언어의 특징을 가진 조건문, 반복문, 제어문 등에 대해 살펴 보았다. 또한 PL/SQL을 사용해 DB 프로그래밍을 할 때 가장 많이 사용하는 함수와 프로시저, 그리고 마지막으로 커서와 컬렉션에 대해 살펴 봤다. 셋째 마당에서는 둘째 마당에서 학습한 PL/SQL의 기본적인 내용을 토대로 좀더 내용을 확장해서 전개할 것이다. 여기까지 마치면 PL/SQL을 사용해 웬만한 난이도의 프로그램은 그리 어렵지 않게 작성할 수 있는 수준에 오를 수 있을 것이다.

12장

함수와 프로시저 관리의 효율을 높이는 패키지

DB 프로그래밍이란 것이 비즈니스 로직을 처리하기 위해 테이블에 담긴 데이터를 처리하는 작업을 수행하는 것이므로, 특정 연산 결과를 반환하는 함수보다는 프로시저를 개발할 때가 훨씬 더 많다. 시스템에 따라 차이는 있겠지만 일정 규모 이상이 되면 프로시저의 개수는 수십, 심지어는 수백 개까지 늘어난다. 이렇게 함수나 프로시저와 같은 서브 프로그램 수가 많아지면 자신이 개발한 프로시저를 찾는 것도 어려워지고, 소스 관리 자체가 커다란 짐이 된다. 이런 와중에 "수많은 함수와 프로시저를 좀더 편리하게 관리할 수는 없을까?"라는 취지에서 나온 것이 바로 패키지다. 물론 관리를 쉽게 하는 측면 외에도 패키지에는 여러 가지 장점이 있다. 지금부터 오라클 패키지에 대해 자세히 살펴 보자.

01 패키지
02 패키지 해부
03 패키지 데이터
04 기타 패키지 특징

01 패키지

패키지란 한마디로 말하면 논리적 연관성이 있는 PL/SQL 타입, 변수, 상수, 서브 프로그램, 커서, 예외 등의 항목을 묶어 놓은 객체. 패키지란 말은 '소포', '포장'이란 뜻인데, 오라클에서 말하는 패키지 역시 PL/SQL 구성요소, 서브 프로그램들을 불러 모아 하나의 이름으로 묶어 놓은 객체라고 보면 된다. 패키지는 컴파일 과정을 거쳐 DB에 저장되며, 다른 프로그램(다른 패키지나 프로시저, 외부 프로그램)에서 패키지의 항목을 참조, 공유, 실행할 수 있다.

함수, 프로시저 같은 서브 프로그램과 차별화된 패키지의 장점을 정리하면 다음과 같다.

① 모듈화 가능

패키지의 가장 큰 장점은 모듈화가 가능하다는 점이다. 이미 언급했듯이 패키지는 여러 함수나 프로시저를 묶어 놓은 객체다. 즉 업무적으로 연관성이 있거나 비슷한 기능을 수행하는 서브 프로그램이나 변수, 상수, 커서, 사용자 정의 타입들을 하나의 패키지에 담아 두면 이해하기도, 관리하기도 쉽다. 가령, 신규사원의 등록, 퇴사, 부서 이동들을 처리하는 프로시저가 개별적으로 있다고 해 보자. 만약 이들을 인사 패키지에 담아 둔다면 실제 패키지 개발자 본인은 물론 다른 개발자가 보더라도 쉽게 해당 패키지는 물론 프로시저의 내용을 파악하기 쉬울 것이다. 함수나 프로시저 개수가 적으면 눈에 띄지 않겠지만, 시스템이 확장되고 프로그램 개수가 기하급수적으로 늘어난다면 패키지로 묶어 놓은 효과는 빛을 발하게 된다.

② 프로그램 설계의 용이성

뒤에서 설명하겠지만 패키지는 선언부(스펙)와 본문(바디), 두 부분으로 구성된다. 선언부는 패키지에서 사용할 각종 변수, 상수, 타입, 커서와 함수, 프로시저를 선언하는 부분이고, 본문은 함수와 프로시저를 구현한 부분이다. 그런데 패키지는 선언부만 있어도 컴파일한 뒤 저장이 가능하다. 즉 본문은 나중에 작성해도 된다는 뜻이다. 어떤 이유에서 이것이 장점이라는 걸까? 다음과 같은 상황을 가정해 보자.

프로젝트를 수행하는 팀이 여러 개인데, 그 중에 공통 모듈을 담당하는 팀이 있다고 해 보자. 공통 모듈 팀은 다른 팀에서 사용할 수 있는 공통 테이블, 즉 마스터나 코드성 테이블을 관리하는 프로그램을 개발하고 있다. 이러한 테이블은 잘못 손대면 안 되기 때문에 공통팀만 접근 권한이 있다. 하지만 다른 팀에서도 이 테이블을 참조하고 조작할 필요가 있다. 그래서 공통 모듈 팀은 다른 팀을 위해 common이란 패키지에 code_proc란 프로시저를 만들기로 했다. 그런데 이 패키지가 완성이 되어야 다른 팀들도 이 패키지로 자신들의 패키지나 프로시저를 작성할 수 있는데, 아직 공통 모듈 팀에서는 설계만 한 상태로 구현은 시작하지도 못했다. 이때 common 패키지에서 code_proc 프로시저의 매개 변수의 유형과 개수, 처리할 내용만 협의한 뒤 공통 모듈 팀에서 패키지 선언부만 일단 작성해 컴파일해 놓으면, 다른 팀에서는 자신들이 작성하는 프로그램에서 common 패키지의 code_proc를 사용하더라도 컴파일 오류 없이 진도를 나갈 수 있다. 뿐만 아니라 나중에 프로시저의 구현부가 완성된 뒤에도 자신들이 작성한 패키지나 프로시저를 다시 컴파일할 필요가 없다.

③ 캡슐화

캡슐화란 객체지향 프로그래밍에서 소개된 개념으로, 간단히 말하면 꼭 필요한 부분만 외부에 공개하고 그외 세부 로직은 접근을 차단한다는 개념이다. 오라클 패키지 역시 캡슐화 기능을 지원하고 있다. 즉 패키지 선언부는 외부에 공개되지만, 패키지에 속한 커서, 함수, 프로시저의 세부 구현 내용이 담겨있는 본문 부분은 외부에서는 볼 수 없다. 즉 정보은닉 Information Hiding 기능이 지원되는 것이며 외부 모듈에 영향을 주지 않고도 패키지 본문 내용은 언제든지 수정할 수 있다.

④ 보다 나은 성능

패키지를 사용하면 성능 향상을 꾀할 수 있다. 패키지에 있는 서브 프로그램을 호출하면 일단 해당 패키지 전체를 메모리에 올려놓는데, 이후 계속 호출하더라도 메모리에 올라가 있는 상태이므로 더 나은 성능을 보인다.

대략적으로 패키지의 개념과 장점에 대해 살펴봤는데, 아직 감은 오지 않을 것이다. 앞으로 패키지의 정체를 하나하나씩 파헤쳐 나갈 텐데, 각 절에서 다루는 내용을 배우고 나면 위에서 언급했던 내용을 모두 이해할 수 있을 것이다.

02 패키지 해부

패키지 구조

패키지 선언부

앞에서 설명했듯이 패키지는 선언부와 본문으로 구성된다. 선언부 Specification 는 스펙 혹은 명세라고도 하는데, 패키지에서 사용할 사용자 정의 타입, 변수, 상수, 예외, 그리고 서브 프로그램의 골격을 선언해 놓는 부분으로 그 구문은 다음과 같다.

패키지 선언부 구문

```
CREATE OR REPLACE PACKAGE 패키지명 IS
  TYPE_구문;
  상수명   CONSTANT 상수_타입;
  예외명   EXCEPTION;
  변수명   변수_타입;
  커서 구문;

  FUNCTION 함수명(매개변수1 IN 매개변수1_타입,
                매개변수2 IN 매개변수2_타입,
                ... )
    RETURN 반환 타입;

  PROCEDURE 프로시저명(매개변수1 [IN, OUT, INOUT] 매개변수1_타입,
                    매개변수2 [IN, OUT, INOUT] 매개변수2_타입,
                    ... );
  ...

END 패키지명;
```

패키지 선언부는 크게 데이터와 서브 프로그램 영역으로 나눌 수 있다. 데이터 영역은 03. 패키지 데이터 절(407쪽)에서 자세히 다루도록 하고, 여기서는 서브 프로그램 영역에 집중해 설명하겠다. 서브 프로그램에는 함수와 프로시저가 있는데, 패키지 선언부에서는 이 두 객체의 명세, 즉 서브 프로그램명과 매개변수를 명시한다(함수는 반환 타입까지 명시해야 한다). 해당 패키지 소유자 외의 다른 사용자는 선언부의 내용만 볼 수 있지만, 사용하려는 함수나 프로시저에 대해 필요한 모든 정보(서브 프로그램명, 매개변수 개수와 타입, 반환 타입)를 참조할 수 있으므로 사용하는데 전혀 문제가 없다.

패키지 본문

패키지는 선언부만 있어도 컴파일한 뒤 사용할 수 있다. 하지만 선언부에서 커서나 서브 프로그램을 선언했다면 이들에 대한 구현 내용이 필요한데, 이를 패키지 본문(Body)에서 작성한다. 패키지 본문을 생성하는 구문은 다음과 같다.

패키지 본문 구문

```
CREATE OR REPLACE PACKAGE BODY 패키지명 IS
  상수명    CONSTANT상수_타입;
  변수명    변수_타입;
  커서 정의 구문;

    FUNCTION 함수명(매개변수1 IN 매개변수1_타입,
                   매개변수2 IN 매개변수2_타입,
                   ... ) RETURN 반환타입 IS
    IS
  ...
    BEGIN
  ...
    END 함수명;

  PROCEDURE 프로시저명( 매개변수1 [IN, OUT, INOUT] 매개변수1_타입,
                      매개변수2 [IN, OUT, INOUT] 매개변수2_타입,
                      ... )
    IS
  ...
    BEGIN
  ...
    END 프로시저명;
  ...
END 패키지명;
```

패키지 본문에서도 선언부에서와 마찬가지로 상수, 변수 등을 선언할 수 있다. 패키지 본문에서 선언한 상수나 변수는 외부에서 참조할 수 없다. 그리고 선언부에서 커서나 서브 프로그램을 선언했다면 이들의 세부적인 구현 부분은 패키지 본문에서 작성한다. 패키지 본문의 내용은 패키지 작성자(소유자)만 접근해 수정할 수 있으며, 다른 사용자는 전혀 볼 수가 없다. 패키지 내의 함수나 프로시저의 구현 내용은 일반적인 함수나 프로시저를 생성할 때와 구문이 같다.

패키지 사용

이제 실제로 패키지를 만들어 사용해 보자. 지금까지 많은 예제에서 사용했던 사원, 부서 테이블을 대상으로 비즈니스 로직을 처리하는 일련의 함수와 프로시저를 만들어 보자. 패키지의 이름을 어떻게 짓느냐는 함수나 프로시저와 마찬가지로 만드는 사람 마음이지만, 일반적으로 맨 앞에 'pg'를 붙

이거나 맨 끝에 'pkg'를 붙인다. 여기서는 사원과 관련된 내용을 처리하는 패키지이므로 hr_pkg라고 이름을 짓도록 하고, 이 패키지의 대략적 구조를 정리하면 다음과 같다.

패키지명 : hr_pkg
- fn_get_emp_name → 사번을 전달받아 이름을 반환하는 함수
- new_emp_proc → 신규사원을 등록하는 프로시저
- retire_emp_proc → 퇴사한 사원을 처리하는 프로시저

hr_pkg 패키지는 함수 1개와 프로시저 2개로 시작하지만, 나중에 사원에 관해 처리해야 할 서브 프로그램이 발생하더라도 새로 추가하기만 하면 된다. 사원과 관련된 내용을 처리하는 서브 프로그램들을 hr_pkg 패키지에 담아둠으로써, 이 패키지를 개발한 본인이나 다른 개발자들도 인사관련 업무 처리를 참조하려면 이 패키지만 참조하면 된다. 그럼 실제로 패키지를 만들어 보자. 앞에서 언급했듯 패키지는 선언부와 본문으로 나뉜다.

입력

```
-- hr_pkg의 선언부
CREATE OR REPLACE PACKAGE hr_pkg IS

-- 사번을 받아 이름을 반환하는 함수
FUNCTION fn_get_emp_name(pn_employee_id IN NUMBER )
RETURN VARCHAR2;

  -- 신규 사원 입력
PROCEDURE new_emp_proc(ps_emp_name   IN VARCHAR2,
pd_hire_dateIN VARCHAR2);

-- 퇴사 사원 처리
PROCEDURE retire_emp_proc(pn_employee_id IN NUMBER );

END  hr_pkg;
```

결과

PACKAGE HR_PKG이(가) 컴파일되었습니다.

선언부만 작성했는데도 성공적으로 컴파일이 되었다. 이제 패키지 본문을 작성해 보자.

입력

```
CREATE OR REPLACE PACKAGE BODY hr_pkg IS

  -- 사번을 받아 이름을 반환하는 함수
  FUNCTION fn_get_emp_name(pn_employee_id IN NUMBER)
    RETURN VARCHAR2
  IS
```

```
    vs_emp_nameemployees.emp_name%TYPE;
BEGIN
    -- 사원명을 가져 옴
    SELECT emp_name
      INTO vs_emp_name
      FROM employees
     WHERE employee_id = pn_employee_id;

    -- 사원명 반환
    RETURN NVL(vs_emp_name, '해당사원없음');

END fn_get_emp_name;

-- 신규 사원 입력 프로시저
PROCEDURE new_emp_proc( ps_emp_name    IN VARCHAR2,
                        pd_hire_date   INVARCHAR2)
IS

    vn_emp_idemployees.employee_id%TYPE;
    vd_hire_date DATE := TO_DATE(pd_hire_date, 'YYYY-MM-DD');
BEGIN
    -- 신규사원의 사번 = 최대 사번 + 1
    SELECT NVL(max(employee_id),0) + 1
      INTO vn_emp_id
      FROM employees;

    INSERT INTO employees (employee_id, emp_name,hire_date,
                           create_date, update_date)
                VALUES (vn_emp_id, ps_emp_name, NVL(vd_hire_date,SYSDATE),
                        SYSDATE, SYSDATE );

    COMMIT;

EXCEPTION WHEN OTHERS THEN
    DBMS_OUTPUT.PUT_LINE(SQLERRM);
    ROLLBACK;

END new_emp_proc;

-- 퇴사 사원 처리
PROCEDURE retire_emp_proc( pn_employee_id IN NUMBER )
IS
    vn_cnt NUMBER := 0;
    e_no_data     EXCEPTION;
BEGIN
    -- 퇴사한 사원은 사원 테이블에서 삭제하지 않고 일단 퇴사일자(RETIRE_DATE)를 NULL에서 현재일자로 갱신
    UPDATE employees
       SET retire_date = SYSDATE
     WHERE employee_id = pn_employee_id
       AND retire_date IS NULL;
```

```
      -- UPDATE된 건수를 가져 옴
      vn_cnt := SQL%ROWCOUNT;

      -- 갱신된 건수가 없으면 사용자 예외처리
      IF vn_cnt = 0 THEN
         RAISE e_no_data;
      END IF;

      COMMIT;

   EXCEPTION WHEN e_no_data THEN
      DBMS_OUTPUT.PUT_LINE (pn_employee_id || '에 해당되는 퇴사처리할 사원이 없습니다!');
      ROLLBACK;
   WHEN OTHERS THEN
      DBMS_OUTPUT.PUT_LINE (SQLERRM);
      ROLLBACK;

   END retire_emp_proc;

END hr_pkg;
```

결과

PACKAGE BODY HR_PKG이(가) 컴파일되었습니다.

패키지 본문 역시 성공적으로 컴파일되었다. 이제 패키지를 사용해 보자. 패키지는 **"패키지명.서브프로그램명"** 형태로 사용한다. 먼저 사원명을 가져오는 함수를 호출해 보자.

입력
```sql
SELECT hr_pkg.fn_get_emp_name (171)
  FROM DUAL;
```

결과
```
HR_PKG.FN_GET_EMP_NAME(171)
------------------------------
William Smith
```

이번에는 신규로 사원을 등록해 보자. 신규사원을 입력하려면 사원명과 입사일자가 필요한데 입사일자를 누락하면 현재일자로 입력된다.

입력
```sql
EXEC hr_pkg.new_emp_proc ('Julia Roberts', '2014-01-10');
```

결과

익명 블록이 완료되었습니다.

실제로 입력됐는지 확인해 보자.

입력
```
SELECT employee_id, emp_name, hire_date, retire_date
  FROM employees
 WHERE emp_name like 'Julia R%';
```

결과
```
EMPLOYEE_ID EMP_NAME        HIRE_DATE RETIRE_DATE
----------- --------------- ------------------------
207         Julia Roberts   2014/01/10
```

사번이 207번으로 신규로 입력되었음을 확인할 수 있다. 이제 다시 이 사원을 퇴사처리해 보자. 퇴사 처리를 하면 해당 사원 데이터를 삭제하는 것이 아니라 퇴사일자(retire_date) 값을 갱신한다.

입력
```
EXEC hr_pkg.retire_emp_proc (207);
```

결과

익명 블록이 완료되었습니다.

입력
```
SELECT employee_id, emp_name, hire_date, retire_date
  FROM employees
 WHERE emp_name like 'Julia R%';
```

결과
```
EMPLOYEE_ID EMP_NAME        HIRE_DATE RETIRE_DATE
----------- --------------- ------------------------
207         Julia Roberts   2014/01/10 2015-03-03
```

타 프로그램에서 패키지 호출

앞서 설명했듯 패키지 선언부에만 서브 프로그램을 명시하더라도 다른 프로그램에서는 사용할 수 있으며, 해당 서브 프로그램의 구현부는 나중에 작성해도 된다고 했다. 실제로 그런지 직접 확인해 보자.

먼저 hr_pkg의 선언부에 사번을 입력받으면 해당 사원이 속한 부서명을 반환하는 함수를 추가한 뒤, 이 함수를 호출하는 프로시저를 만들어 보자.

입력

```
CREATE OR REPLACE PACKAGE hr_pkg IS

  ...
  ...

  -- 사번을 입력받아 부서명을 반환하는 함수
  FUNCTION fn_get_dep_name( pn_employee_id IN NUMBER )
    RETURN VARCHAR2;

END  hr_pkg;
```

결과

PACKAGE HR_PKG이(가) 컴파일되었습니다.

새로 추가한 함수를 사용하는 프로시저를 만들어 보자.

입력

```
CREATE OR REPLACE PROCEDURE ch12_dep_proc( pn_employee_id IN NUMBER )
IS
  vs_dep_name departments.department_name%TYPE;   -- 부서명 변수
BEGIN

  -- 부서명 가져 오기
  vs_dep_name := hr_pkg.fn_get_dep_name (pn_employee_id);

  -- 부서명 출력
  DBMS_OUTPUT.PUT_LINE(NVL(vs_dep_name, '부서명 없음'));

END;
```

결과

PROCEDURE CH12_DEP_PROC이(가) 컴파일되었습니다.

hr_pkg의 fn_get_dep_name 함수의 본문이 없더라도 선언부에 있으니 오류 없이 성공적으로 컴파일되었다. 물론 ch12_dep_proc를 실행하면 실행 시점에는 오류가 날 테지만, 나중에 구현부가 완성된 뒤에 이 프로시저를 다시 컴파일할 필요는 없다. 이제 fn_get_dep_name 함수의 본문을 작성해 보자.

입력

```
CREATE OR REPLACE PACKAGE BODY hr_pkg IS

  ...
```

```
  ...
    -- 사번을 입력받아 부서명을 반환하는 함수
    FUNCTION fn_get_dep_name( pn_employee_id IN NUMBER )
      RETURN VARCHAR2
    IS
      vs_dep_namedepartments.department_name%TYPE;
    BEGIN
      -- 부서 테이블과 조인해 사번을 이용, 부서명까지 가져온다.
      SELECT b.department_name
        INTO vs_dep_name
        FROM employees a, departments b
       WHERE a.employee_id = pn_employee_id
         AND a.department_id = b.department_id;

      -- 부서명 반환
      RETURN vs_dep_name;

    END fn_get_dep_name;

END hr_pkg;
```

결과

PROCEDURE HR_PKG이(가) 컴파일되었습니다.

이제 ch12_dep_proc 프로시저를 실행해 보자.

입력
```
EXEC ch12_dep_proc(177);
```

결과

영업부

177번 사원의 부서명은 영업부이고, 패키지 본문이 추가됐지만 해당 패키지를 호출하는 프로시저를 다시 컴파일할 필요가 없음을 알 수 있다.

03 패키지 데이터

패키지에는 서브 프로그램뿐만 아니라 상수, 변수, 커서, 레코드, 컬렉션, 예외까지 선언해서 사용할 수 있다. 즉 패키지 내에 데이터를 담아둘 수 있는 것이다. 함수나 프로시저야 모듈화를 고려해 패키지로 묶어 놓는다고 치더라도 굳이 상수나 변수, 커서 등을 패키지에서 선언해 사용할 필요가 있을까? 이전 예제를 보면 알겠지만, 패키지에 속한 함수와 프로시저 내에서 사용할 변수나, 커서, 레코드 등은 패키지 본문의 구현부에서 직접 정의해 사용할 수 있으므로 굳이 패키지에 데이터를 담아둘 필요는 없을 것 같다. 하지만 필요하지도 않은 기능을 만들어 놓을 리는 없고 나름대로 이유가 있을 것이다. 그럼 도대체 어떤 이유에서 패키지에 데이터를 담아 두는 것일까? 지금부터 차근차근 파헤쳐 보자.

상수와 변수 선언

패키지 안에 상수나 변수를 선언하게 되면 이들의 생존주기는 세션 단위로, 한 세션이 살아 있는 동안에는 그 값이 메모리상에 유지된다. 즉 한 번 로그인한 뒤 로그아웃을 하기 전까지는 그 값이 공유된다는 말이다. 물론 상수는 값이 일정하니 유지되고 말고도 없겠지만, 변수는 해당 패키지의 사용이 끝났더라도 같은 세션에서는 그 값을 공유할 수 있다. 예제를 통해 알아 보자.

입력

```
CREATE OR REPLACE PACKAGE ch12_var IS
    -- 상수 선언
    c_test CONSTANT VARCHAR2(10) := 'TEST';

    -- 변수 선언
    v_test VARCHAR2(10);

END ch12_var;
```

결과

PACKAGE CH12_VAR이(가) 컴파일되었습니다.

이제 선언한 상수와 변수를 사용해 보자. 패키지에서 선언한 상수나 변수도 서브 프로그램처럼 **"패키지명.변수명"**, **"패키지명.상수명"** 형태로 참조한다.

입력

```
BEGIN
    DBMS_OUTPUT.PUT_LINE('상수 ch12_var.c_test = ' || ch12_var.c_test);
    DBMS_OUTPUT.PUT_LINE('변수 ch12_var.c_test = ' || ch12_var.v_test);
END;
```

결과

```
상수ch12_var.c_test = TEST
변수ch12_var.c_test =
```

변수에는 값을 할당하지 않았으니 ch12_var.c_test 값은 NULL임을 알 수 있다. 그러면 이 변수의 값을 변경해 보자.

입력
```
BEGIN
  DBMS_OUTPUT.PUT_LINE('값 설정 이전 = ' || ch12_var.v_test);
  ch12_var.v_test := 'FIRST';
  DBMS_OUTPUT.PUT_LINE('값 설정 이후 = ' || ch12_var.v_test);
END;
```

결과
```
값 설정 이전 =
값 설정 이후 = FIRST
```

패키지에서 선언한 변수에는 두 가지 중요한 특징이 있다. 위 예제처럼 패키지 선언부에 선언한 변수는 외부에서 접근하고 수정할 수 있는데, 이를 **공용 항목**Public Item이라고도 한다. 이렇게 패키지에서 선언한 변수는 그 값이 세션이 살아있는 동안 유지된다. 따라서 위 예제처럼 ch12_var.v_test 변수에 'FIRST'라는 값을 할당한 후 익명 블록이 종료되더라도 세션이 살아 있다면 다시 변수를 조회해도 값은 동일하다. 하지만 세션을 종료하고 다시 이 변수를 조회하면 값은 NULL이 될 것이다.

입력
```
-- 신규 세션
BEGIN
  DBMS_OUTPUT.PUT_LINE('ch12_var.v_test = ' || ch12_var.v_test);
END;
```

결과
```
ch12_var.v_test =
```

반면 패키지 선언부가 아닌 패키지 본문에서도 상수나 변수를 선언해 값을 할당할 수 있는데, 이 경우에는 외부에서 이 상수나 변수를 참조할 수 없고, 오직 해당 패키지 내에서만(패키지에 속한 서브 프로그램) 참조하거나 값을 변경할 수 있다. 그럼 ch12_var 패키지 본문에서 상수와 변수를 선언해 보자.

입력
```
CREATE OR REPLACE PACKAGE BODY ch12_var IS
    -- 상수 선언
    c_test_bodyCONSTANT VARCHAR2(10) := 'CONSTANT_BODY';

    -- 변수 선언
    v_test_bodyVARCHAR2(10);

END ch12_var;
```

결과
PACKAGE BODY CH12_VAR이(가) 컴파일되었습니다.

이제 외부에서 위 상수와 변수를 참조하도록 익명 블록을 만들어 보자.

입력
```
BEGIN
  DBMS_OUTPUT.PUT_LINE('ch12_var.c_test_body = '|| ch12_var.c_test_body);
  DBMS_OUTPUT.PUT_LINE('ch12_var.v_test_body = '|| ch12_var.v_test_body);
END;
```

결과
```
ORA-06550: 줄 2, 열61:PLS-00302: 'C_TEST_BODY' 구성 요소가 정의되어야 합니다.
ORA-06550: 줄 4, 열61:PLS-00302: 'V_TEST_BODY' 구성 요소가 정의되어야 합니다.
```

해당 변수와 상수를 찾을 수 없다는 오류 메시지가 출력되었다. 이렇게 외부에서 참조할 수 없는 패키지 본문에서 선언한 항목을 **내부(전용)항목**Private Item이라고 한다. 패키지는 이런 식으로 캡슐화를 통한 정보은닉을 구현하고 있다. 그렇다면 패키지 본문에서 선언한 변수나 상수를 외부에서 사용할 방법이 없는 것일까? 꼭 그렇지만은 않다. 직접 해당 변수와 상수를 참조하진 못하더라도, 서브 프로그램을 통해 간접적으로 참조하거나 심지어는 값을 변경할 수도 있다. 이번에는 내부 변수와 상수를 처리하는 함수와 프로시저를 만들어 볼텐데, 먼저 선언부를 작성해 보자.

입력
```
CREATE OR REPLACE PACKAGE ch12_var IS
  -- 상수 선언
  c_test CONSTANT VARCHAR2(10) := 'TEST';
  -- 변수 선언
  v_test VARCHAR2(10);

  -- 내부 변수 값을 가져오는 함수
  FUNCTION fn_get_value RETURN VARCHAR2;

  -- 내부 변수 값을 변경하는 프로시저
  PROCEDURE sp_set_value ( ps_value VARCHAR2);

END ch12_var;
```

결과
PACKAGE CH12_VAR이(가) 컴파일되었습니다.

내부 변수 값을 가져오는 함수와 할당하는 프로시저를 선언했다. 따라서 외부 프로그램에서는 이 두 서브 프로그램을 통해 내부에 숨겨진 변수를 조작할 수 있다. 그럼 패키지 본문을 작성해 보자.

입력

```
CREATE OR REPLACE PACKAGE BODY ch12_var IS
   -- 상수 선언
   c_test_bodyCONSTANTVARCHAR2(10) := 'CONSTANT_BODY';

   -- 변수 선언
   v_test_body VARCHAR2(10);

   -- 내부 변수 값을 가져오는 함수
   FUNCTION fn_get_value RETURN VARCHAR2
   IS

   BEGIN
      -- 변수 값을 반환
      RETURN NVL(v_test_body, 'NULL 이다');
   END fn_get_value;

   -- 내부 변수 값을 변경하는 프로시저
   PROCEDURE sp_set_value( ps_value VARCHAR2)
   IS

   BEGIN
      -- 내부 변수에 값 할당
      v_test_body := ps_value;
   END sp_set_value;

END ch12_var;
```

결과

PACKAGE BODY CH12_VAR이(가) 컴파일되었습니다.

성공적으로 컴파일되었다. 이제 두 서브 프로그램을 활용해 내부 변수를 조작하는 익명 블록을 만들어 보자.

입력

```
DECLARE
  vs_value VARCHAR2(10);
BEGIN
  -- 값을 할당
  ch12_var.sp_set_value ('EXTERNAL');

  -- 값 참조
  vs_value :=ch12_var.fn_get_value;
  DBMS_OUTPUT.PUT_LINE(vs_value);
END;
```

> 결과

```
EXTERNAL
```

sp_set_value 프로시저를 사용해 매개변수로 설정할 값을 넘긴 후, fn_get_value 함수 로그 값을 가져와 제대로 설정됐는지 확인할 수 있다. 내부 변수 역시 패키지 내에 선언되어 있으므로 세션이 살아 있는 동안 값이 유지된다. 다시 한번 fn_get_value 함수로 값을 확인해도 이전 값을 그대로 갖고 있을 것이다.

> 입력

```
BEGIN
  -- 값 참조
  DBMS_OUTPUT.PUT_LINE(ch12_var.fn_get_value);
END;
```

> 결과

```
EXTERNAL
```

커서

이전 장에서 학습했던 커서에는 묵시적 커서와 사용자가 직접 만드는 명시적 커서가 있다고 했다. 특히 명시적 커서는 PL/SQL 블록, 함수, 프로시저 등에서 직접 선언한 뒤 오픈, 패치, 닫기 과정을 거치면서 어떻게 사용하는지 배웠다. 명시적 커서를 패키지에서 선언하고 사용할 수 있는데 변수나 상수와 마찬가지로 패키지 내에서 선언한 커서는 세션이 살아있는 동안 유지된다. 변수는 값이 유지되지만, 커서는 그 **상태까지 유지**되는 특징이 있다.

패키지에서는 두 가지 형태로 명시적 커서를 선언할 수 있는데, 각각에 대해 살펴 보자.

패키지 선언부에 커서 전체를 선언하는 형태

11장에서 배웠던 방식 그대로 커서에 대한 쿼리를 포함한 명시적 커서 정의 부분 전체를 패키지 선언부에서 선언해 사용할 수 있다. 일반 PL/SQL 블록이나 서브 프로그램에서 사용했던 방식과 동일하다.

> 입력

```
CREATE OR REPLACE PACKAGE ch12_cur_pkg IS
  -- 커서 전체 선언
  CURSOR pc_empdep_cur (dep_id IN DEPARTMENTS.DEPARTMENT_ID%TYPE )
  IS
    SELECT a.employee_id, a.emp_name, b.department_name
      FROM employees a, departments b
```

```
      WHERE a.department_id = dep_id
        AND a.department_id = b.department_id;

END ch12_cur_pkg;
```

결과
```
PACKAGE CH12_CUR_PKG이(가) 컴파일되었습니다.
```

이제 패키지 커서를 사용해 보자. 커서 역시 변수처럼 패키지 선언부에서 선언하면 공용이 되어 "**패키지명.커서명**" 형태로 참조할 수 있다.

입력
```
BEGIN
  FOR rec IN ch12_cur_pkg.pc_empdep_cur(30)
  LOOP
    DBMS_OUTPUT.PUT_LINE(rec.emp_name || ' - ' || rec.department_name);
  END LOOP;
END;
```

결과
```
Den Raphaely - 구매/생산부
Alexander Khoo - 구매/생산부
Shelli Baida - 구매/생산부
Sigal Tobias - 구매/생산부
Guy Himuro - 구매/생산부
Karen Colmenares - 구매/생산부
```

쿼리를 제외한 커서 헤더 부분만 선언하는 형태

커서 헤더만 선언부에 명시하면 해당 커서의 쿼리는 패키지 본문에서 작성해야 한다. 따라서 커서 구현부인 쿼리를 외부에 숨길 수 있다. 또한 헤더 부분만 선언할 때는 커서가 반환, 패치하는 데이터를 가리키는 **RETURN**절을 명시해야 한다. 즉 구현부의 쿼리 결과로 반환되는 컬럼의 타입을 RETURN절과 함께 명시해야 한다는 말이다. RETURN절은 두 가지 형태로 사용할 수 있는데, **%ROWTYPE**을 사용하는 것과 **사용자가 직접 정의한 레코드 타입**을 명시하는 것이다.

먼저 %ROWTYPE형 커서를 선언해 보자.

입력
```
CREATE OR REPLACE PACKAGE ch12_cur_pkg IS
...
...
-- ROWTYPE형 커서 헤더 선언
```

```
  CURSOR pc_depname_cur( dep_id IN departments.department_id%TYPE )
    RETURN departments%ROWTYPE;

END ch12_cur_pkg;
```

결과
```
PACKAGE CH12_CUR_PKG이(가) 컴파일되었습니다.
```

이제 커서에 대한 쿼리를 패키지 본문에서 작성해 보자.

입력
```
CREATE OR REPLACE PACKAGE BODY ch12_cur_pkg IS
  -- ROWTYPE형 커서 본문
  CURSOR pc_depname_cur( dep_id IN departments.department_id%TYPE )
    RETURN departments%ROWTYPE
  IS
    SELECT *
      FROM departments
     WHERE department_id = dep_id;

END ch12_cur_pkg;
```

결과
```
PACKAGE BODY CH12_CUR_PKG이(가) 컴파일되었습니다.
```

커서에 대한 쿼리는 패키지 본문에 있으므로 외부에는 감춰져 있다. 하지만 이런 종류의 커서 역시 사용법은 동일하다.

입력
```
BEGIN
  FOR rec IN ch12_cur_pkg.pc_depname_cur(30)
  LOOP
    DBMS_OUTPUT.PUT_LINE(rec.department_id || ' - ' || rec.department_name);
  END LOOP;
END;
```

결과
```
30 - 구매/생산부
```

이번에는 레코드를 직접 정의한 뒤, 이 레코드 타입을 반환하는 커서를 선언해 보자. 레코드 역시 패키지에서 선언해 사용 가능하며, 그 기본적인 성질은 변수와 동일하다.

입력

```
CREATE OR REPLACE PACKAGE ch12_cur_pkg IS
...
...
  -- 사용자 정의 레코드 타입
  TYPE emp_dep_rt IS RECORD (
      emp_id employees.employee_id%TYPE,
      emp_name employees.emp_name%TYPE,
      job_title jobs.job_title%TYPE );

  -- 사용자 정의 레코드를 반환하는 커서
  CURSOR pc_empdep2_cur ( p_job_id IN jobs.job_id%TYPE )
    RETURN emp_dep_rt;

END ch12_cur_pkg;
```

결과

PACKAGE CH12_CUR_PKG이(가) 컴파일되었습니다.

emp_dep_rt 라는 레코드 타입을 선언한 뒤, 다시 이 레코드 타입을 반환하는 커서를 선언했다. 이제 커서에 대한 쿼리를 패키지 본문에서 작성해야 한다.

입력

```
CREATE OR REPLACE PACKAGE BODY ch12_cur_pkg IS
...
...
  -- 사용자 정의 레코드를 반환하는 커서
  CURSOR pc_empdep2_cur ( p_job_id IN jobs.job_id%TYPE )
    RETURN emp_dep_rt
IS
  SELECT a.employee_id, a.emp_name, b.job_title
    FROM employees a,
         jobs b
   WHERE a.job_id = p_job_id
     AND a.job_id = b.job_id;

END ch12_cur_pkg;
```

결과

PACKAGE BODY CH12_CUR_PKG이(가) 컴파일되었습니다.

이제 위에서 만든 커서를 사용하는 익명 블록을 만들어 보자.

입력

```
BEGIN
  FOR rec IN ch12_cur_pkg.pc_empdep2_cur('FI_ACCOUNT')
  LOOP
    DBMS_OUTPUT.PUT_LINE(rec.emp_id || ' - ' || rec.emp_name || ' - '
                         || rec.job_title );
  END LOOP;
END;
```

결과

```
109 - Daniel Faviet - Accountant
110 - John Chen - Accountant
111 - Ismael Sciarra - Accountant
112 - Jose Manuel Urman - Accountant
113 - Luis Popp ? Accountant
```

패키지 커서 사용 시 주의점

패키지에서 선언한 커서는 변수처럼 세션이 살아있는 동안 공유되므로 패키지 커서를 사용할 때 주의해야 할 점이 있다. 지금까지 커서 사용 예제에서는 FOR문을 주로 사용했지만, LOOP나 WHILE문을 사용할 때는 "커서 열기-패치-닫기" 과정을 직접 명시해 줘야 한다. 그런데 패키지가 아닌 일반 함수나 프로시저에서는 커서를 굳이 닫지 않더라도 해당 서브 프로그램이 종료하면 커서는 자연스럽게 메모리에서 사라져 버린다. 하지만 패키지 커서는 자칫 커서를 닫는 것을 누락하면, 같은 세션에서 해당 커서를 재사용할 때 문제가 발생한다. 예제로 직접 확인해 보자.

입력

```
DECLARE
   -- 커서 변수 선언
   dep_curch12_cur_pkg.pc_depname_cur%ROWTYPE;
BEGIN
   -- 커서 열기
   OPEN ch12_cur_pkg.pc_depname_cur(30);

   LOOP
      FETCH ch12_cur_pkg.pc_depname_cur INTO dep_cur;
      EXIT WHEN ch12_cur_pkg.pc_depname_cur%NOTFOUND;
      DBMS_OUTPUT.PUT_LINE ( dep_cur.department_id || ' - '
                             || dep_cur.department_name);
   END LOOP;
   -- 커서 닫기
   -- CLOSE ch12_cur_pkg.pc_depname_cur;
END;
```

결과
30 - 구매/생산부

앞의 예제에서는 커서를 닫는 부분을 일부러 주석처리 했다. 이제 동일한 블록을 재실행해 보자.

입력
```
DECLARE
    -- 커서 변수 선언
    dep_curch12_cur_pkg.pc_depname_cur%ROWTYPE;
BEGIN
 ...
 ...
END;
```

결과
ORA-06511: PL/SQL: 커서가 이미 열려있습니다.

커서가 이미 열려있다는 오류가 발생했다. 즉 이전 익명 블록에서 커서를 닫지 않은 상태로 있다가 다시 동일한 커서를 열려고 시도하니 오류가 발생한 것이다. 따라서 패키지 커서를 사용할 때는 반드시 사용이 끝난 후 커서를 닫는 것을 잊지 않아야 한다.

레코드와 컬렉션

레코드와 컬렉션 역시 데이터 타입에 속하므로 패키지에서 선언해 사용할 수 있으며, 기본적인 성질은 변수나 커서와 같다. 레코드는 이전 절에서 선언해 사용해 봤으므로 이번에는 컬렉션을 선언해 사용해 보자.

입력
```
CREATE OR REPLACE PACKAGE ch12_col_pkg IS
    -- 중첩 테이블 선언
    TYPE nt_dep_name IS TABLE OF VARCHAR2(30);

    -- 중첩 테이블 변수 선언 및 생성자로 초기화
    pv_nt_dep_nament_dep_name :=nt_dep_name();

    -- 선언한 중첩 테이블에 데이터 생성 프로시저
    PROCEDURE make_dep_proc( p_par_id IN NUMBER) ;

END ch12_col_pkg;
```

결과
PACKAGE CH12_COL_PKG이(가) 컴파일되었습니다.

패키지 선언부에 nt_dep_name이란 중첩 테이블 타입의 컬렉션을 생성했고 다시 이 컬렉션에 대한 변수를 선언했다. 그리고 패키지 변수에 값을 넣기 위한 프로시저도 선언했다. 이제 패키지 본문을 작성해 보자.

입력
```sql
CREATE OR REPLACE PACKAGE BODY ch12_col_pkg IS
  -- 선언한 중첩 테이블에 데이터 생성 프로시저
  PROCEDURE make_dep_proc( p_par_id IN NUMBER)
  IS
  BEGIN
    -- 부서 테이블의 PARENT_ID를 받아 부서명을 가져온다.
    FOR rec IN ( SELECT department_name
                   FROM departments
                  WHERE parent_id = p_par_id )
    LOOP
      -- 중첩 테이블 변수 EXTEND
      pv_nt_dep_name.EXTEND();
      -- 중첩 테이블 변수에 데이터를 넣는다.
      pv_nt_dep_name(pv_nt_dep_name.COUNT) := rec.department_name;

    END LOOP;
  END make_dep_proc;
END ch12_col_pkg;
```

결과
PACKAGE BODY CH12_COL_PKG이(가) 컴파일되었습니다.

make_dep_proc란 프로시저는 parent_id 값을 매개변수로 받아 커서를 돌며 해당하는 부서명을 반환받아 컬렉션 변수에 값을 담는 프로시저다. 컬렉션 역시 패키지에 선언했으니, 세션이 살아있는 동안 그 값이 유지되는지 확인해 보자.

입력
```sql
BEGIN
  -- 100번 부서에 속한 부서명을 ch12_col_pkg.pv_nt_dep_name 컬렉션 변수에 담기
  ch12_col_pkg.make_dep_proc(100);

  -- 루프를 돌며 컬렉션 변수 값을 출력
  FOR iIN 1..ch12_col_pkg.pv_nt_dep_name.COUNT
  LOOP
    DBMS_OUTPUT.PUT_LINE(ch12_col_pkg.pv_nt_dep_name(i));
  END LOOP;
END;
```

결과
세무팀
신용관리팀
주식관리팀
수익관리팀

부서 테이블에서 parent_id 값이 100인 부서가 ch12_col_pkg.pv_nt_dep_name 컬렉션 변수에 담겨 출력되는 것을 확인할 수 있다. 이번에는 프로시저 실행 없이 컬렉션 변수값을 출력하는 FOR문만 실행해 보자.

입력
```
BEGIN
  -- 루프를 돌며 컬렉션 변수 값을 출력
  FOR i IN 1..ch12_col_pkg.pv_nt_dep_name.COUNT
  LOOP
    DBMS_OUTPUT.PUT_LINE(ch12_col_pkg.pv_nt_dep_name(i));
  END LOOP;
END;
```

결과
세무팀
신용관리팀
주식관리팀
수익관리팀

make_dep_proc 프로시저를 호출하지 않았지만 같은 세션에서 위 익명 블록을 실행했으므로 컬렉션 변수는 이전 값 그대로 출력되었음을, 즉 같은 세션에서 값이 공유되고 있음을 알 수 있다.

04 기타 패키지 특징

PRAGMA SERIALLY_REUSABLE 옵션

패키지에 변수와 상수, 커서 예외 등을 선언하면 세션이 살아있는 동안 그 값이 공유된다고 했는데, 그렇다면 이러한 값은 어딘가에 저장되어 있을 것이다. 패키지 데이터가 저장되어 있는 공간을 UGA(User Global Area)라고 하는데 UGA란 오라클에서 사용하는 내부 메모리 공간 중 하나로 주로 세션에 관한 정보를 갖고 있다. 즉 세션이 생길 때마다 UGA가 하나씩 생성된다. 그런데 시스템에 접속하는 사용자 수가 많아지면 자연스럽게 세션 수도 증가할 것이고 이로 인해 UGA 수도 많아지므로, 패키지 데이터를 많이 사용하면 메모리 낭비를 초래할 수 있다. 또한 굳이 세션별로 패키지 데이터 값을 공유할 필요가 없는 경우도 있을 것이다.

세션이 아닌 호출 단위별로 패키지 데이터를 사용할 수 있는 방법이 있다. 즉 세션별로 값을 공유하지 않는다는 말이다. 8장에서 PRGAMA란 키워드를 소개했는데 이 키워드와 함께 사용할 수 있는 옵션은 총 5개였다. 그 중 하나인 "PRAGMA SERIALLY_REUSABLE"를 패키지 선언부와 본문에 명시하면, 해당 패키지 데이터는 호출이 끝나면 다시 초기화되어 같은 세션에 있더라도 값을 공유하지 않는다. 이전 예제에서 사용했던 ch12_col_pkg에 이 옵션을 추가해 보자.

입력
```
CREATE OR REPLACE PACKAGE ch12_col_pkg IS
  PRAGMA SERIALLY_REUSABLE;
  -- 중첩 테이블 선언
  TYPE nt_dep_name IS TABLE OF VARCHAR2(30);
  -- 중첩 테이블 변수 선언 및 초기화
  pv_nt_dep_nament_dep_name := nt_dep_name();
  -- 선언한 중첩 테이블에 데이터 생성 프로시저
  PROCEDURE make_dep_proc( p_par_id IN NUMBER) ;
END ch12_col_pkg;
```

결과
PACKAGE CH12_COL_PKG이(가) 컴파일되었습니다.

입력
```
CREATE OR REPLACE PACKAGE BODY ch12_col_pkg IS
  PRAGMA SERIALLY_REUSABLE;
  -- 선언한 중첩 테이블에 데이터 생성 프로시저
  PROCEDURE make_dep_proc( p_par_id IN NUMBER)
  IS
  BEGIN
    -- 부서 테이블의 PARENT_ID를 받아 부서명을 가져 옴
    FOR rec IN ( SELECT department_name
                   FROM departments
                  WHERE parent_id = p_par_id )
    LOOP
      -- 중첩 테이블 변수 EXTEND
      pv_nt_dep_name.EXTEND();
      -- 중첩 테이블 변수에 데이터 넣기
      pv_nt_dep_name(pv_nt_dep_name.COUNT) := rec.department_name;
    END LOOP;
  END make_dep_proc;
END ch12_col_pkg;
```

결과

PACKAGE BODY CH12_COL_PKG이(가) 컴파일되었습니다.

이제 이전과 같은 방식으로 패키지를 테스트해 보자.

입력
```
BEGIN
  -- 100번 부서에 속한 부서명을 컬렉션 변수에 담기
  ch12_col_pkg.make_dep_proc(100);

  -- 루프를 돌며 컬렉션 변수 값을 출력
  FOR i IN 1..ch12_col_pkg.pv_nt_dep_name.COUNT
  LOOP
    DBMS_OUTPUT.PUT_LINE(ch12_col_pkg.pv_nt_dep_name(i));
  END LOOP;
END;
```

결과

세무팀
신용관리팀
주식관리팀
수익관리팀

여기까지는 이전과 같다. 이제 ch12_col_pkg.make_dep_proc 프로시저를 수행치 않고 컬렉션 변수만 출력해 보자.

입력
```
BEGIN
  -- 루프를 돌며 컬렉션 변수 값을 출력
  FOR i IN 1..ch12_col_pkg.pv_nt_dep_name.COUNT
  LOOP
    DBMS_OUTPUT.PUT_LINE(ch12_col_pkg.pv_nt_dep_name(i));
  END LOOP;
END;
```

결과

예상했듯이 아무런 값도 출력되지 않았다. 즉 PRAGMA SERIALLY_REUSABLE을 패키지에 추가하면 같은 세션에서 값을 공유하는 것이 아니라 호출 단위별로 사용되고 이로 인해 효율적인 메모리 사용을 유도할 수 있다.

오버로딩

객체지향 프로그래밍의 특징 중 하나가 바로 함수 오버로딩(Overloading)이다. 오버로딩이란 동일한 이름이지만 매개변수 타입이나 개수가 다르면 함수를 여러 개 정의해 만들어 사용할 수 있는 특징을 말한다. 오라클에서도 이 기능을 지원하는데, 단 패키지에서 선언한 함수나 프로시저에 한해 오버로딩 기능을 지원한다. 실제 예제로 기능을 확인해 보자.

입력

```
CREATE OR REPLACE PACKAGE ch12_overload_pkg IS
  -- 매개변수로 사번을 받아 해당 사원의 부서명을 출력
  PROCEDURE get_dep_nm_proc( p_emp_id IN NUMBER);

  -- 매개변수로 사원명을 받아 해당 사원의 부서명을 출력
  PROCEDURE get_dep_nm_proc(p_emp_name IN VARCHAR2);

END ch12_overload_pkg;
```

결과

PACKAGE CH12_OVERLOAD_PKG이(가) 컴파일되었습니다.

프로시저명은 동일한데 하나는 사번을, 다른 하나는 사원명을 매개변수로 받고 있다. 이제 패키지 본문을 작성해 보자.

입력

```
CREATE OR REPLACE PACKAGE BODY ch12_overload_pkg IS
  -- 매개변수로 사번을 받아 해당 사원의 부서명을 출력
  PROCEDURE get_dep_nm_proc( p_emp_id IN NUMBER)
  IS
    -- 부서명 변수
    vs_dep_nmdepartments.department_name%TYPE;
  BEGIN
    SELECT b.department_name
      INTO vs_dep_nm
      FROM employees a, departments b
     WHERE a.employee_id =p_emp_id
       AND a.department_id = b.department_id;

    DBMS_OUTPUT.PUT_LINE('emp_id: ' || p_emp_id || ' - ' || vs_dep_nm);

  END get_dep_nm_proc;

  -- 매개변수로 사원명을 받아 해당 사원의 부서명을 출력
  PROCEDURE get_dep_nm_proc( p_emp_name IN VARCHAR2)
  IS
    -- 부서명 변수
    vs_dep_nmdepartments.department_name%TYPE;
```

```
  BEGIN
    SELECT b.department_name
      INTO vs_dep_nm
      FROM employees a, departments b
     WHERE a.emp_name      = p_emp_name
       AND a.department_id = b.department_id;

    DBMS_OUTPUT.PUT_LINE('emp_name: ' || p_emp_name || ' - ' || vs_dep_nm);

  END get_dep_nm_proc;
END ch12_overload_pkg;
```

결과

PACKAGE BODY CH12_OVERLOAD_PKG이(가) 컴파일되었습니다.

이제 두 프로시저를 실행해 보자.

입력

```
BEGIN
  -- 사번을 통해 부서명 출력
  ch12_overload_pkg.get_dep_nm_proc (176);

  -- 사원명을 통해 부서명 출력
  ch12_overload_pkg.get_dep_nm_proc ('Jonathon Taylor');

END;
```

결과

emp_id: 176 - 영업부
emp_name: Jonathon Taylor - 영업부

위 예제에서는 변수 타입만 다르게 했지만 매개변수 개수가 달라도 동일한 이름으로 만들 수 있으며, 프로시저 뿐만 아니라 함수도 오버로딩 기능을 구현할 수 있다.

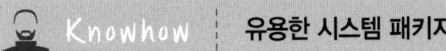

유용한 시스템 패키지

이 책의 첫 장부터 지금까지, 그리고 앞으로도 계속 가장 많이 사용했고, 사용할 코드는 단연 **DBMS_OUTPUT.PUT_LINE()**일 것이다. 이 프로시저의 형태를 보면 알겠지만, 이 역시 DBMS_OUTPUT이란 패키지에 포함된 PUR_LINE이란 프로시저다. 이처럼 오라클에서는 여러 가지 유용한 기능을 수행하는 시스템 패키지들을 제공한다. 보통 'DBMS'로 시작되는 시스템 패키지가 많은데, 물론 이 외에도 다른 이름을 가진 패키지도 다수 존재한다. 하지만 개발자 입장에서 유용하게 사

용할 만한 패키지는 대부분 'DBMS'나 'UTL'로 시작된다. 이들 패키지 리스트는 다음과 같이 ALL_OBJECTS나 DBA_OBJECTS 시스템 뷰를 통해 확인할 수 있다.

입력

```sql
SELECT OWNER, OBJECT_NAME, OBJECT_TYPE, STATUS
  FROM ALL_OBJECTS
 WHERE OBJECT_TYPE = 'PACKAGE'
   AND ( OBJECT_NAME LIKE 'DBMS%'  OR OBJECT_NAME LIKE 'UTL%')
 ORDER BY OBJECT_NAME;
```

결과

OWNER	OBJECT_NAME	OBJECT_TYPE	STATUS
SYS	DBMSHSXP	PACKAGE	VALID
SYS	DBMSOBJG	PACKAGE	VALID
SYS	DBMSOBJG2	PACKAGE	VALID
...			
...			
SYS	DBMS_OFFLINE_UTL	PACKAGE	VALID
SYS	DBMS_OUTPUT	PACKAGE	VALID
SYS	DBMS_OWB	PACKAGE	VALID
SYS	DBMS_PARALLEL_EXECUTE	PACKAGE	VALID
...			
...			

551개의 행이 선택됨

DBMS와 UTL로 시작되는 패키지가 대략 551개 있음을 알 수 있다. 오라클은 버전이 올라갈 때마다 계속 신규 시스템 패키지를 제공하므로 버전에 따라 그 수에는 차이가 있다. 551개나 되는 시스템 패키지를 모두 알고 있을 필요는 없지만, 쓸만한 기능을 수행하는 패키지를 선별해 잘만 활용한다면 개발자 입장에서 큰 도움이 될 것이다. 지금부터 몇 가지 유용한 시스템 패키지를 소개하고자 한다.

① DBMS_APPLICATION_INFO

주로 프로시저 시작지점에서 사용하며 프로시저가 수행되는 동안 세션 정보에 해당 프로시저 정보를 등록하는 역할을 한다. 즉 프로시저를 등록해 놓으면 이 프로시저가 수행될 때 V$SESSION, V$SQLAREA 같은 시스템 뷰를 통해 이 프로시저 내에서 수행되는 SQL문을 모니터링 할 수 있다. 만약 해당 프로시저 수행 시간이 길어지면 어떤 SQL문에서 지연되는지 파악이 가능하며 지연이 발생하는 SQL문에 대해 적절한 조치(튜닝)를 취할 수 있는 것이다. 따라서 이 시스템 패키지는 개발자 입장에서는 유용하지는 않지만 시스템 모니터링 측면에서는 중요한 역할을 하므로 반드시 프로시저를 작성할 때 사용하자.

이 패키지에서 주로 사용하는 서브 프로그램은 SET_MODULE 프로시저다.

```
DBMS_APPLICATION_INFO.SET_MODULE ( module_name IN VARCHAR2,
                                   action_name IN VARCHAR2)
```

- module_name: 패키지나 프로시저명을 명시
- action_name: 세부적인 동작 유형을 명시하는데, 보통은 NULL을 명시

SET_MODULE 프로시저는 보통 프로시저 시작 부분에 한 번 실행하고 프로시저 종료시점과 예외 처리부에서 다시 실행하는데, 종료 시점과 예외 처리부에서는 두 개의 매개변수에 모두 NULL을 입력한다. 이렇게 해야 프로시저가 정상 종료되거나 예외가 발생했을 때 해당 프로시저가 세션 정보에서 빠지게 된다.

② DBMS_ERRLOG

이 패키지는 프로시저 내에서 DML 작업을 수행하면서 오류가 발생할 때 ROLLBACK하거나 작업을 취소하는 대신, 오류 로그 정보를 담을 테이블을 생성할 수 있는 CREATE_ERROR_LOG라는 프로시저를 제공한다. 따라서 이 패키지를 사용하면 오류 정보를 기록해 관리할 수 있다.

③ DBMS_METADATA

SQL Developer, Toad, 오렌지, PL/SQL Developer 같은 툴을 사용하면 오라클에 있는 객체에 대한 정보를 쉽게 볼 수 있다. 예컨대, SQL Developer 상에서 테이블을 검색해 해당 테이블의 생성 스크립트를 곧바로 추출해 낼 수 있는데 DBMS_METADATA 패키지를 사용해도 테이블을 비롯한 패키지, 프로시저 등의 객체 생성 스크립트를 뽑아낼 수 있다. 이 패키지에서 제공하는 함수와 프로시저는 총 13개나 되므로, 여기에서는 테이블 생성 스크립트를 추출해 내는 방법만 알아 보자. 이를 위해서는 GET_DDL이란 함수를 사용한다.

```
DBMS_METADATA.GET_DDL(object_type IN VARCHAR2,
                      name IN VARCHAR2,
                      schema IN VARCHAR2 DEFAULT NULL,
                      version IN VARCHAR2 DEFAULT 'COMPATIBLE',
                      model IN VARCHAR2 DEFAULT 'ORACLE',
                      transform IN VARCHAR2 DEFAULT 'DDL')
    RETURN CLOB;
```

위 함수의 반환 타입은 CLOB로 LOB(Large Object)의 유형으로 이에 대해서는 다음 장에서 자세히 다룰 테니, 여기서는 이런 타입이 있다는 정도로만 알고 넘어가자. 사원 테이블에 대해 위 함수를 사용해 보자.

입력
```sql
SELECT DBMS_METADATA.GET_DDL('TABLE', 'EMPLOYEES', 'ORA_USER')
  FROM DUAL;
```

결과
```
  CREATE TABLE "ORA_USER"."EMPLOYEES"
   ( "EMPLOYEE_ID" NUMBER(6,0) NOT NULL ENABLE,
     "EMP_NAME" VARCHAR2(80) NOT NULL ENABLE,
     "EMAIL" VARCHAR2(50),
     "PHONE_NUMBER" VARCHAR2(30),
     "HIRE_DATE" DATE NOT NULL ENABLE,
     "SALARY" NUMBER(8,2),
     "MANAGER_ID" NUMBER(6,0),
     "COMMISSION_PCT" NUMBER(2,2),
     "RETIRE_DATE" DATE,
     "DEPARTMENT_ID" NUMBER(6,0),
     "JOB_ID" VARCHAR2(10),
     "CREATE_DATE" DATE DEFAULT SYSDATE,
     "UPDATE_DATE" DATE DEFAULT SYSDATE,
      CONSTRAINT "PK_EMPLOYEES" PRIMARY KEY ("EMPLOYEE_ID")
  USING INDEX PCTFREE 10 INITRANS 2 MAXTRANS 255 COMPUTE STATISTICS
STORAGE(INITIAL 65536 NEXT 1048576 MINEXTENTS 1 MAXEXTENTS 2147483645
  PCTINCREASE 0 FREELISTS 1 FREELIST GROUPS 1 BUFFER_POOL DEFAULT FLASH_CACHE
DEFAULT CELL_FLASH_CACHE DEFAULT)
  TABLESPACE "MYTS"  ENABLE
   ) SEGMENT CREATION IMMEDIATE
  PCTFREE 10 PCTUSED 40 INITRANS 1 MAXTRANS 255 NOCOMPRESS LOGGING
STORAGE(INITIAL 65536 NEXT 1048576 MINEXTENTS 1 MAXEXTENTS 2147483645
  PCTINCREASE 0 FREELISTS 1 FREELIST GROUPS 1 BUFFER_POOL DEFAULT FLASH_CACHE
DEFAULT CELL_FLASH_CACHE DEFAULT)
  TABLESPACE "MYTS"
```

이번에는 직전에 사용했던 ch12_overload_pkg 패키지의 스크립트를 뽑아내 보자.

입력
```sql
SELECT DBMS_METADATA.GET_DDL('PACKAGE', 'CH12_OVERLOAD_PKG', 'ORA_USER')
  FROM DUAL;
```

결과
```
  CREATE OR REPLACE PACKAGE "ORA_USER"."CH12_OVERLOAD_PKG" IS
    -- 매개변수로 사번을 받아 해당 사원의 부서명을 출력
    PROCEDURE fn_get_dep_nm( p_emp_id IN NUMBER);

    -- 매개변수로 사원명을 받아 해당 사원의 부서명을 출력
    PROCEDURE fn_get_dep_nm( p_emp_name IN VARCHAR2);

END ch12_overload_pkg;
```

```
CREATE OR REPLACE PACKAGE BODY "ORA_USER"."CH12_OVERLOAD_PKG" IS
-- 매개변수로 사번을 받아 해당 사원의 부서명을 출력
   PROCEDURE fn_get_dep_nm( p_emp_id IN NUMBER)
   IS
      -- 부서명 변수
vs_dep_nmdepartments.department_name%TYPE;
   BEGIN
     SELECT b.department_name
       INTO vs_dep_nm
      FROM employees a, departments b
     WHERE a.employee_id = p_emp_id
       AND a.department_id = b.department_id;

     DBMS_OUTPUT.PUT_LINE('emp_id: ' || p_emp_id || ' - ' || vs_dep_nm);

   END fn_get_dep_nm;

   -- 매개변수로 사원명을 받아 해당 사원의 부서명을 출력
   PROCEDURE fn_get_dep_nm( p_emp_name IN VARCHAR2)
   IS
      -- 부서명 변수
vs_dep_nmdepartments.department_name%TYPE;
   BEGIN
     SELECT b.department_name
       INTO vs_dep_nm
      FROM employees a, departments b
     WHERE a.emp_name    = p_emp_name
       AND a.department_id = b.department_id;

     DBMS_OUTPUT.PUT_LINE('emp_name: ' || p_emp_name || ' - ' || vs_dep_nm);

   END fn_get_dep_nm;
END ch12_overload_pkg;
```

테이블이나 패키지 뿐만 아니라 일반 프로시저나 함수 등, 다른 객체의 생성 스크립트도 위와 같은 방법으로 모두 추출해 낼 수 있다.

④ DBMS_LOB

LOB는 'Large Object'의 약자로 오라클에서 제공하는 대용량 데이터 타입이다. LOB 타입에는 BLOB, CLOB, NCLOB, BFILE 타입이 있다. DBMS_LOB 패키지는 이러한 LOB 타입을 처리하는 패키지이다. LOB 타입에 대해서는 13장에서 다룰 것이다.

⑤ DBMS_OUTPUT

독자 여러분에게도 가장 친숙한 시스템 패키지일 것이다. 함수나 프로시저에서 특정 값을 출력하는 데 사용하는 패키지로 PUT_LINE 프로시저를 포함해 총 7개의 프로시저를 제공한다.

⑥ DBMS_RANDOM

난수를 발생시키는 패키지로 7장에서 소개한 적이 있다. 7장에서는 VALUE란 함수로 무작위 숫자를 만들어 냈었는데 이번에는 무작위 문자열을 반환하는 **DBMS_RANDOM.STRING** 함수를 사용해 보자.

입력
```
SELECT DBMS_RANDOM.STRING ('U', 10) AS 대문자,
       DBMS_RANDOM.STRING ('L', 10) AS 소문자,
       DBMS_RANDOM.STRING ('A', 10) AS 대소문자_혼합,
       DBMS_RANDOM.STRING ('X', 10) AS 대문자숫자_혼합,
       DBMS_RANDOM.STRING ('P', 10) AS 특수문자까지_혼합
  FROM DUAL;
```

결과
```
대문자        소문자_혼합              대소문자_혼합    대문자숫자_혼합    특수문자까지_혼합
-----------   ---------------------    ------------     ---------------
BXEDMMFJAK    zosdjngjspFmpBoYdnlg     BC2D39M2AD       'g3@$Sa2/+
```

DBMS_RANDOM.STRING 함수의 첫 번째 매개변수는 구분자로 대소문자 및 숫자, 특수문자를 혼합해 무작위 문자를 만들어 낼 수 있고, 두 번째 매개변수는 반환할 무작위 문자 개수다.

⑦ DBMS_SQL

DBMS_SQL 패키지는 동적 SQL을 처리하는 패키지로 이에 대해서는 다음 장인 13장에서 자세히 다룰 것이다.

⑧ DBMS_SCHEDULER와 DBMS_JOB

하루에 한 번, 혹은 한 시간에 한 번, 정기적으로 처리해야 할 작업이 있을 때, 이 작업을 수행하는 프로시저를 만든 후 오라클 잡(JOB)에 등록해 놓으면 지정한 시간 간격마다 프로시저가 정기적으로 실행된다. 이렇게 특정 프로시저를 오라클 잡에 등록하는 역할을 하는 것이 DBMS_JOB과 DBMS_SCHEDULER 패키지다. 과거에는 DBMS_JOB 패키지를 많이 사용했지만, 10g 버전부터 소개된 DBMS_SCHEDULRE 패키지가 더 나은 기능을 제공한다. 이에 대해서 15장에서 자세히 다룬다.

⑨ UTL_FILE

오라클 데이터베이스 내에서도 UTL_FILE 패키지를 이용하면 파일 관련 처리를 할 수 있다. 예를 들어, 특정 테이블에 있는 데이터를 조회한 뒤 그 결과를 파일로 생성할 수 있는데, 이럴 때 사용할 수 있는 것이 UTL_FILE 패키지로 20여 개가 넘는 함수와 프로시저를 제공하고 있다.

⑩ UTL_SMTP와 UTL_MAIL

UTL_SMTP와 UTL_MAIL 패키지로 이메일도 보낼 수 있다. UTL_MAIL 패키지는 10g 버전부터 지원하고 있는데 UTL_SMTP에 비해 사용법이 간단하다. 이 두 패키지에 대해서는 18장에서 자세

히 다룬다. 더불어 이메일을 보내는 방법을 설명하면서 UTL_FILE 패키지 사용법도 간단히 소개할 것이다.

지금까지 대략 10여개의 시스템 패키지에 대해 소개했는데, 이 외에도 오라클에서 제공하는 시스템 패키지는 매우 많다. 오라클 시스템 패키지 전부를 알 필요도 없고 모두 파악하기는 매우 어렵다. 따라서 필요할 때마다 원하는 기능을 수행하는 패키지를 검색해 본 뒤 사용법을 습득하는 방식으로 학습하는 것이 좋다. 오라클에서 제공하는 시스템 패키지 전체 목록과 내용에 대해서는 버전별 "PL/SQL Packages and Types Reference" 매뉴얼을 참조하기 바란다. 이 매뉴얼은 오라클 홈페이지에서 내려받을 수 있다.

핵심정리

1 패키지는 논리적 연관성을 가진 PL/SQL 타입, 변수, 상수, 서브 프로그램, 커서, 예외 등의 항목을 묶어 놓은 객체를 말한다.

2 일반 함수나 프로시저와 비교해 패키지가 가진 장점은 모듈화가 가능하며 프로그램 설계가 쉽고 캡슐화와 정보은닉 기능을 지원함은 물론, 좀더 나은 성능을 낼 수 있다.

3 패키지는 선언부와 본문으로 구성되어 있고 선언부만 있어도 컴파일해 사용할 수 있다.

4 패키지 선언부에는 상수, 변수, 커서, 사용자 정의 타입, 예외는 물론 함수와 프로시저의 명세 부분을 명시한다.

5 패키지 본문에서도 여러 데이터 타입을 선언할 수 있고, 함수와 프로시저의 세부 구현 코드를 작성한다.

6 패키지 선언부에 각종 데이터 타입을 명시하면 외부에서 참조해 사용할 수 있지만, 본문에서 선언하면 외부에서는 접근할 수 없고 해당 패키지 내에서만 참조해 사용이 가능하다.

7 패키지 데이터는 동일한 세션에서는 값을 공유할 수 있지만, "PRAGMA SERIALLY_REUSABLE" 키워드를 사용하면 세션이 아닌 호출 단위별로 사용되어 세션별 값이 공유되지 않는다.

8 패키지 함수와 프로시저는 오버로딩 기능 구현이 가능하다.

9 오라클에는 다양한 기능을 수행하는 시스템 패키지가 있으며, 개발자 입장에서 사용할 만한 시스템 패키지 명칭은 주로 'DBMS' 혹은 'UTL'로 시작한다.

1. hr_pkg에는 사원이름 반환, 신규사원 입력, 퇴사 사원을 처리하는 서브 프로그램이 있다. hr_pkg2라는 패키지를 만들고, 이번에는 부서이름 반환, 신규부서 입력, 부서를 삭제하는 서브 프로그램을 만들어 보자(단, 부서를 삭제할 때는 삭제할 부서에 속한 사원이 있는지 체크해서, 있으면 메시지 처리하고 없을 때만 삭제해야 한다).

2. 오라클에서는 새로운 번호를 매길 때, 보통 시퀀스 객체를 사용한다. 예를 들어, 신규사원 입력 시 사번을 가져와야 하는데, 이 때 사번 시퀀스를 생성해 놓으면 "사번시퀀스.NEXTVAL"로 다음 순번의 사번을 가져올 수 있다. ch12_seq_pkg란 이름의 패키지에 시퀀스처럼 동작하도록 get_nextval이란 함수를 만들어 보자. 이 함수는 세션별 시퀀스 값을 가져와야 하며 초깃값은 1, 1씩 증가하고 세션이 달라지면 다시 초깃값을 가져와야 한다.

3. 패키지 커서를 사용할 때는 주의해야 한다. 즉 패키지 커서를 사용한 후 커서를 닫지 않으면, 같은 세션에서 해당 커서를 다시 사용할 때 오류가 발생한다. 다음은 ch12_exacur_pkg 패키지의 선언부인데, pc_depname_cur 커서를 사용해 부서정보를 추출하는 프로시저를 추가해 보자. 단, 이 프로시저 내부에서는 해당 커서의 '열기-패치-닫기' 작업을 수행해야 하며, 해당 커서를 열때 혹시라도 닫혀 있지 않으면 오류를 발생시키지 말고 닫는 작업까지 수행하도록 작성해야 한다.

    입력
    ```
    CREATE OR REPLACE PACKAGE ch12_exacur_pkg IS

        -- ROWTYPE형 커서 헤더 선언
        CURSOR pc_depname_cur( dep_id IN departments.department_id%TYPE )
            RETURN departments%ROWTYPE;

    END ch12_cur_pkg;
    ```

4. 다음과 같은 기능을 수행하는 get_dep_hierarchy란 이름으로 2개의 함수를 만들어 보자.

    (1) 매개변수 : department_id
        출력   : 부서번호와 부서명

    (2) 매개변수 : department_id, parent_id
        출력   : 해당 부서번호와 부서명,
        parent_id에 속하는 모든 부서번호와 부서명

5 시스템 패키지인 DBMS_METADATA를 사용해 DBMS_OUTPUT 패키지 소스를 추출해 보자.

13장

실행 시점에 생성되어 수행되는 동적 SQL

지금까지 이 책에서 다루었던 모든 SQL문장은 정적 SQL이다. 반면 이번 장에서는 정적 SQL과는 상반되는 동적 SQL(Dynamic SQL)을 다룰 것이다. 동적 SQL이란 컴파일 시점이 아니라 실행 시점에 SQL문이 만들어져 실행되는 SQL문을 말한다. 좀더 자세히 설명하면, SQL 문장 구문을 문자열 형태로 갖고 있다가 이 문자열을 실행한다는 뜻이다. 따라서 SQL문이 고정되어 있는 것이 아니라 실행할 때마다 SQL 문장이 변경될 수 있다. 이 장에서는 동적 SQL이 왜 필요하고 어떤 식으로 동적 SQL 문장을 실행하며 정적 SQL과의 차이점은 무엇인지 등에 대해 자세히 알아볼 것이다.

01 동적 SQL이 필요한 이유
02 NDS
03 DBMS_SQL

01 | 동적 SQL이 필요한 이유

과연 실행할 때마다 SQL문장이 달라질 때가 있기는 할까? 물론이다. 실행 시점에 따라 SELECT절의 컬럼 수가 변동되거나 WHERE절 조건이 달라질 때가 있을 수 있다. 동적 SQL이 사용되는 가장 흔한 경우는 바로 WHERE 조건이 변할 때다. 예를 들어, 조회 조건이 10개가 넘는 화면이 있는데 매번 이 모든 조건을 입력해서 조회하는 일은 실제로 매우 드물다. 사용자가 화면 상의 조회버튼을 클릭했을 때 10개의 조회 조건 모두를 체크한다면 WHERE절의 조건은 총 10개가 되겠지만 모든 조회 조건을 입력해 조회하는 사용자는 극히 드물고 기껏해야 4~5가지 조건을 입력할 텐데, 문제는 조회할 때마다 조회 조건이 매번 달라질 수 있다는 점이다. 따라서 입력된 조회 조건만 적용해 SQL 문장을 만든다면 매우 간단해질 것이다. 이처럼 동적으로, 그때그때마다 SQL 문장이 달라질 수 있는 상황에서 동적 SQL을 사용한다. 이 외에도 동적 SQL을 사용해야 하는 상황을 정리해 보면 다음과 같다.

하나, 컴파일 시에 SQL 문장이 확정되지 않는 경우

위에서 예로 든 것처럼 WHERE 조건 뿐만 아니라 SELECT 항목이 동적으로 변할 수 있는 상황에서 동적 SQL을 가장 많이 사용한다.

둘, PL/SQL 블록 상에서 DDL문을 실행해야 할 경우

익명 블록이나 함수, 프로시저, 패키지 본문에서는 DDL문(CREATE, DROP, ALTER, TRUNCATE)을 실행할 수 없다. 물론, PL/SQL 블록에서 DDL문을 실행해야 하는 상황 자체가 거의 없긴 하지만, TRUNCATE문은 종종 사용하기도 한다. 이때 동적 SQL을 이용하면 PL/SQL 블록 내에서도 DDL문을 실행할 수 있다.

셋. PL/SQL 블록 상에서 ALTER SYSTEM/SESSION 명령어를 실행해야 할 경우

오라클에는 각종 시스템과 세션 파라미터를 제공한다. 예를 들어, NLS_LANG은 언어 정보, NLS_DATE_FORMAT은 날짜형식 정보가 들어 있다. 이 같은 파라미터는 그 성격에 따라 시스템 혹은 세션별로 값을 설정할 수 있는데, 세션별 파라미터 값을 수정하는 명령어가 바로 ALTER SESSION 명령어다. 이 명령어 역시 DDL문과 마찬가지로 PL/SQL 상에서는 직접 사용할 수 없지만, 동적 SQL을 이용하면 사용할 수 있다.

대략 위와 같은 3가지 상황이 발생했을 때는 동적 SQL 사용을 고려해 봐야 한다. 그럼 지금부터 동적 SQL에 대해 집중적으로 파헤쳐 보자.

02 NDS

실제로 동적 SQL을 사용하는 방법은 두 가지 뿐이다. 하나는 **원시동적 SQL**(Native Dynamic SQL, 앞으로는 줄여서 NDS라고 부르기로 하겠다)이고, 나머지 한 가지 방법은 **DBMS_SQL**이란 시스템 패키지를 이용하는 것이다. 구조와 사용법은 다르지만 두 가지 모두 SQL 문장을 문자열 형태로 만들어 실행한다는 점은 같다. NDS도 처리하는 SQL문의 성격에 따라 몇 가지 방법이 있는데, 이들에 대해 자세히 살펴 보자.

EXECUTE IMMEDIATE문

가장 기본적인 동적 SQL은 EXECUTE IMMEDIATE문으로 그 형태는 다음과 같다.

```
EXECUTE IMMEDIATE SQL문_문자열
[ INTO OUT변수1, OUT변수2, ...]
[ USING [ IN | OUT | IN OUT] 매개변수1,
[ IN | OUT | IN OUT] 매개변수2,
... ;
```

- **INTO**: SELECT INTO문에서 INTO 역할
- **USING**: 바인드 변수, 디폴트 값은 IN으로 생략 가능

구문을 보면 알 수 있듯이 사용법이 그리 어렵지 않다. 출력 값은 INTO에, WHERE 조건 등에 들어가는 각종 비교 값은 USING에 기술해 주면 된다. 그럼 EXECUTE IMMEDIATE문을 활용해 동적 SQL을 작성해 보자.

① SELECT문

먼저 SELECT문에 대한 EXECUTE IMMEDIATE문을 적용해 보자.

입력
```
BEGIN
  EXECUTE IMMEDIATE 'SELECT employee_id, emp_name, job_id
                     FROM employees WHERE job_id= ''AD_ASST'' ';
END;
```

결과
익명 블록이 완료되었습니다.

오류 메시지가 나오지 않은 것을 보니 성공적으로 실행되었음을 알 수 있다. 위 문장을 자세히 살펴보면, SQL 문장 자체를 따옴표로 묶어 문자열을 만든 후 EXECUTE IMMEDIATE문을 사용했다. 특히 눈여겨 볼 부분은 WHERE 조건이다. JOB_ID가 'AD_ASST'인 건을 조회하는데, 여러분도 알다시피 JOB_ID 컬럼 값은 문자형이다. 동적 SQL문은 그 자체가 문자열 형태이므로 작은 따옴표로 감쌌는데, 그 문자열 안에 또 다른 문자값이 들어가 있으므로 이를 구분하기 위해 작은 따옴표를 2개씩 사용한 것이다.

위 문장이 제대로 실행됐는지 확인하려면 SELECT한 결과를 출력해 봐야 한다. 보통 PL/SQL 블록에서는 SELECT INTO를 사용해 결과 값을 변수에 할당했었는데, EXECUTE IMMEDIATE문에서는 다음과 같이 INTO를 사용한다.

입력

```
DECLARE
  --출력 변수 선언
  vn_emp_id employees.employee_id%TYPE;
  vs_emp_name employees.emp_name%TYPE;
  vs_job_id employees.job_id%TYPE;
BEGIN
  EXECUTE IMMEDIATE 'SELECT employee_id, emp_name, job_id
                      FROM employees WHERE job_id = ''AD_ASST'' '
                  INTO vn_emp_id, vs_emp_name, vs_job_id;

  DBMS_OUTPUT.PUT_LINE( 'emp_id : '   || vn_emp_id );
  DBMS_OUTPUT.PUT_LINE( 'emp_name : ' || vs_emp_name );
  DBMS_OUTPUT.PUT_LINE( 'job_id : '   || vs_job_id );
END;
```

입력

```
emp_id : 200
emp_name : Jennifer Whalen
job_id : AD_ASST
```

위 예제에서는 EXECUTE IMMEDIATE 문에 직접 동적 SQL 문장을 연결했지만, 실제 현장에서는 다음과 같이 SQL문 자체를 문자열 변수에 담아 처리하는 경우가 대부분이다.

입력

```
DECLARE
  --출력 변수 선언
  vn_emp_id employees.employee_id%TYPE;
  vs_emp_name employees.emp_name%TYPE;
  vs_job_id employees.job_id%TYPE;

  vs_sql VARCHAR2(1000);
BEGIN
```

```
   -- SQL문을 변수에 담는다.
   vs_sql := 'SELECT employee_id, emp_name, job_id
              FROM employees WHERE job_id = ''AD_ASST'' ';

EXECUTE IMMEDIATE vs_sql INTO vn_emp_id, vs_emp_name, vs_job_id;

DBMS_OUTPUT.PUT_LINE( 'emp_id : '   || vn_emp_id );
DBMS_OUTPUT.PUT_LINE( 'emp_name : ' || vs_emp_name );
DBMS_OUTPUT.PUT_LINE( 'job_id : '   || vs_job_id );
END;
```

결과
```
emp_id : 200
emp_name : Jennifer Whalen
job_id : AD_ASST
```

vs_sql이란 변수를 선언하고 SQL문을 그대로 옮긴 다음, 문자열 형태의 기존 SQL문을 vs_sql 변수에 담아 실행했다. 사실 동적 SQL문을 작성하면서 가장 까다롭고 실수가 많은 부분이 문자열 형태로 SQL문을 만드는 작업이다. 위 예제에서는 SELECT 항목이 3개, WHERE 조건은 1개 뿐이지만 훨씬 더 복잡한 SQL문을 사용하는 경우가 대부분이다. 앞에서 언급했듯이 10개의 조회 조건 중에서 조회할 때마다 선택하는 조건의 수와 해당 조건에 따라 비교할 컬럼, 그리고 입력 값이 매번 달라지므로 사용자가 선택한 조회 조건이 3개든 4개든, 개발자는 10가지 조회 조건 모두에 값이 입력됐을 때를 가정해서 문자열 형태로 SQL문을 작성해야 한다. 이처럼 동적 SQL문은 문자열이 연결된 형태이므로 정적 SQL처럼 한눈에 들어오지 않는다는 단점이 있다. 또한 정적 SQL은 PL/SQL 블록을 컴파일함과 동시에 해당 SQL문의 구문 오류를 검사하지만 동적 SQL은 런타임, 즉 실행 시점에 구문을 검사하고 실행하므로 사전에 오류를 파악하기가 힘들다. 따라서 동적 SQL문을 작성할 때는 위 예제처럼 별도로 분리해서 작성해 변수에 할당하는 것이 집중력도 높일 수 있고 가독성 측면에서도 좋은 방법이다.

② 바인드 변수 처리 1

좀더 복잡한 형태의 동적 SQL문을 만들어 보자.

입력
```
DECLARE
   -- 출력 변수 선언
   vn_emp_id employees.employee_id%TYPE;
   vs_emp_name employees.emp_name%TYPE;
   vs_job_id employees.job_id%TYPE;

   vs_sql VARCHAR2(1000);
BEGIN
```

```
    -- SQL문을 변수에 담기
    vs_sql := 'SELECT employee_id, emp_name, job_id
                 FROM employees
                WHERE job_id = ''SA_REP''
                  AND salary < 7000
                  AND manager_id =148 ';

    EXECUTE IMMEDIATE vs_sql INTO vn_emp_id, vs_emp_name, vs_job_id;

    DBMS_OUTPUT.PUT_LINE( 'emp_id : '    || vn_emp_id );
    DBMS_OUTPUT.PUT_LINE( 'emp_name : '  || vs_emp_name );
    DBMS_OUTPUT.PUT_LINE( 'job_id : '    || vs_job_id );
END;
```

결과

```
emp_id : 173
emp_name :Sundita Kumar
job_id : SA_REP
```

위 예제에서 사용한 SQL문은 WHERE 조건이 총 3개인데 조건절의 각 컬럼 값으로 상수를 사용했다. 그런데 정적 SQL이든 동적 SQL이든, 위 예제처럼 조건 값을 상수로 처리하는 것은 성능면에서 매우 좋지 않다.

일반적으로 SQL문을 실행하면 오라클은 먼저 해당 문장에 대한 구문검사와 문법적 오류 검사를 거쳐 가능한 여러 가지 실행 계획을 세운다. 그후 가장 효율적인 실행 계획을 선택하는 등 복잡한 과정을 거쳐 해당 SQL문을 실행하고 처리하는데 이러한 일련의 과정이 상당히 무거운 작업이다. 그런데 동일한 SQL 문장이 여러 번 실행되면 오라클은 이전에 실행한 적이 있었던 SQL 문장인지 여부를 메모리에서 찾아보는데, 만약 찾으면 구문 검사와 오류 검사 등의 과정을 거치지 않고 이전에 실행했던 정보를 활용해 처리한다. 따라서 이때는 처리 속도가 상당히 빠르다. 독자 여러분도 SQL문을 맨 처음 실행했을 때는 오래 걸리지만 그 뒤 여러 번 실행했을 때는 결과가 빨리 나온 것을 본 적이 있을 텐데, 바로 이런 이유 때문이다(물론 SQL문 실행 결과도 메모리에 남아 있는 상태라면 DISK I/O가 발생하지 않기 때문이기도 하다).

하지만 똑같은 SQL 문장이라도 WHERE 조건의 비교 값을 상수로 처리하면, 상수 값이 달라질 때마다 오라클은 이 문장을 이전과는 다른 문장으로 인식해 일련의 복잡한 작업을 매번 수행하게 된다. 반면 WHERE 조건의 비교 값을 변수 처리하면, 조건 값이 달라지더라도 SQL구문은 변하지 않으므로 오라클은 동일한 문장으로 인식해서 SQL문의 처리 성능이 좋아진다. 이렇게 SQL 구문 상에서 조건절에 들어가는 값으로 변수를 사용하는 것을 **바인드 변수**를 사용한다고 말한다. DBA나 전문 튜너들이 튜닝을 시작하기에 앞서 가장 먼저 확인하는 사항 중 하나가 바로 SQL문에서 바인드 변수를 사용했는지 여부일 정도로 이 변수는 성능에 있어 매우 중요한 요소다.

정적 SQL에서 WHERE 조건 비교 값에 변수를 선언해 바인드 변수를 활용하듯, 동적 SQL에서도 바인드 변수를 사용할 수 있다. 성능 문제를 떠나서 개발자 입장에서도 동적 SQL에서는 바인드 변수를 사용하는 것이 낫다. 왜냐하면 동적 SQL의 특성 상 SQL문 자체를 문자열로 만드는 작업을 해야 하는데, 앞의 예제에서 보듯이 상수를 사용하다 보면 구문을 작성할 때 실수할 확률이 높고(문자형 데이터는 따옴표를 2개씩 찍어야 한다) 코드 가독성도 떨어진다. 특히 조건 값이 많고 게다가 그 타입이 모두 문자형이라면 따옴표의 홍수에 파묻히게 될 것이다. 하지만 바인드 변수 처리를 하면 SQL 구문을 작성할 때, 해당 값이 문자형인지 숫자형인지 신경 쓸 필요 없이 적당한 변수만 선언하면 따옴표의 지옥에서 벗어날 수 있다. 그럼 동적 SQL에서 바인드 변수를 어떻게 처리하는지 바로 직전 예제를 바인드 변수로 변경해 보자.

입력

```
DECLARE
  --출력 변수 선언
  vn_emp_id employees.employee_id%TYPE;
  vs_emp_name employees.emp_name%TYPE;
  vs_job_id employees.job_id%TYPE;

  vs_sql VARCHAR2(1000);

  -- 바인드 변수 선언과 값 설정
  vs_job employees.job_id%TYPE := 'SA_REP';
  vn_sal employees.salary%TYPE := 7000;
  vn_manager employees.manager_id%TYPE := 148;
BEGIN
  -- SQL문을 변수에 담기(바인드 변수 앞에 :를 붙인다)
  vs_sql := 'SELECT employee_id, emp_name, job_id
               FROM employees
              WHERE job_id= :a
                AND salary <:b
                AND manager_id= :c ';

  -- SQL문에서 선언한 순서대로 USING 다음에 변수를 넣기
  EXECUTE IMMEDIATE vs_sql INTO vn_emp_id, vs_emp_name, vs_job_id
  USING vs_job, vn_sal, vn_manager;

  DBMS_OUTPUT.PUT_LINE( 'emp_id : '   || vn_emp_id );
  DBMS_OUTPUT.PUT_LINE( 'emp_name : ' || vs_emp_name );
  DBMS_OUTPUT.PUT_LINE( 'job_id : '   || vs_job_id );
  END;
```

결과

```
emp_id : 173
emp_name :Sundita Kumar
job_id : SA_REP
```

동적 SQL에서 바인드 변수를 사용하려면, 먼저 SQL 구문에서 변수가 들어갈 부분에 '**:변수명**'을 추가한 후 변수를 선언한 순서대로 EXECUTE IMMEDIATE 문에서 **USING** 다음에 해당 변수를 나열하면 된다. 주의할 점은 ':변수명'에서 변수명 자체는 의미가 없다. 즉 아무 명칭이나 사용할 수 있고 심지어는 동일한 이름을 사용해도 된다. 다만 **변수의 순서와 타입을 USING 다음에 명시한 변수의 순서와 타입과 반드시 맞춰야** 한다. 앞의 예제를 다음과 같이 바꾸더라도 올바르게 동작한다.

입력

```
...
...
  vs_sql := 'SELECT employee_id, emp_name, job_id
               FROM employees
              WHERE job_id= :a
                AND salary <:a
                AND manager_id= :c ';

  -- SQL문에서 선언한 순서대로 USING 다음에 변수를 넣기
  EXECUTE IMMEDIATE vs_sql INTO vn_emp_id, vs_emp_name, vs_job_id
    USING vs_job, vn_sal, vn_manager;

...
...
```

결과

```
emp_id : 173
emp_name :Sundita Kumar
job_id : SA_REP
```

job_id와 salary에 명시한 바인드 변수는 ':a' 이고 manager_id에 명시한 바인드 변수는 ':c' 이다. 하지만 SQL구문에서 명시한 바인드 변수명은 아무런 의미가 없고, 그 순서와 개수와 타입이 중요하다.

바인드 변수 매핑

- :a → vs_job
- :a → vn_sal
- :c → vn_manager

만약 ':a'를 두 번 썼다고 해서 USING 다음에 vs_job을 두 번 명시하거나, 동일한 변수라고 해서 vs_job, vn_manager 만 명시하면 오류가 발생한다.

- EXECUTE IMMEDIATE … USING vs_job, vs_job, vn_manager   (X)
- EXECUTE IMMEDIATE … USING vs_job, vn_manager   (X)
- EXECUTE IMMEDIATE … USING vs_job, vn_sal, vn_manager   (O)

③ INSERT문, UPDATE문, DELETE문, MERGE문 처리

SELECT문 뿐만 아니라 INSERT문, UPDATE문, DELETE문, MERGE문에 대해서도 동적 SQL을 사용할 수 있다. 먼저 다음과 같이 테이블을 생성해 보자.

입력
```
CREATE TABLE ch13_physicist ( ids NUMBER,
       names    VARCHAR2(50),
       birth_dt DATE );
```

결과
```
table CH13_PHYSICIST이(가) 생성되었습니다.
```

이제 ch13_physicist 테이블에 데이터를 넣는 INSERT문을 동적 쿼리로 만들어 보자. 바인드 변수 처리 방법을 배웠으니 앞으로는 모든 동적 SQL에서 바인드 변수를 사용할 것이다.

입력
```
DECLARE
  vn_ids ch13_physicist.ids%TYPE:= 10;
  vs_name ch13_physicist.names%TYPE:= 'Albert Einstein';
  vd_dt ch13_physicist.birth_dt%TYPE := TO_DATE('1879-03-14', 'YYYY-MM-DD');

  vs_sql VARCHAR2(1000);

BEGIN
  -- INSERT문 작성
  vs_sql := 'INSERT INTO ch13_physicist VALUES (:a, :a, :a)';

  EXECUTE IMMEDIATE vs_sql USING vn_ids, vs_name, vd_dt;

  COMMIT;
END;
```

테이블을 확인해 보면 데이터가 성공적으로 저장됐음을 알 수 있다. INSERT문에서도 동적 SQL의 처리 방법과 바인드 변수 사용법은 SELECT문과 동일하다. UPDATE문과 DELETE문 역시 같은 방식으로 처리된다.

입력
```
DECLARE
  vn_ids ch13_physicist.ids%TYPE := 10;
  vs_name ch13_physicist.names%TYPE := 'Max Planck';
  vd_dt ch13_physicist.birth_dt%TYPE := TO_DATE('1858-04-23', 'YYYY-MM-DD');

  vs_sql VARCHAR2(1000);
```

```
    vn_cnt    NUMBER := 0;

BEGIN
  -- UPDATE문
  vs_sql := 'UPDATE ch13_physicist
                SET names = :a,
                    birth_dt= :a
              WHERE ids = :a ';

  EXECUTE IMMEDIATE vs_sql USING vs_name, vd_dt, vn_ids;

  SELECT names
    INTO vs_name
    FROM ch13_physicist;

  DBMS_OUTPUT.PUT_LINE('UPDATE 후 이름: ' || vs_name);

  -- DELETE문
  vs_sql := 'DELETE ch13_physicist
              WHERE ids = :a';

  EXECUTE IMMEDIATE vs_sql USING vn_ids;

  SELECT COUNT(*)
    INTO vn_cnt
    FROM ch13_physicist;

  DBMS_OUTPUT.PUT_LINE('vn_cnt : ' || vn_cnt);
  COMMIT;
END;
```

결과

```
UPDATE 후 이름: Max Planck
vn_cnt : 0
```

UPDATE문이나 DELETE문도 사용법은 같다. 동적으로 구성하는 SQL문 구문과 바인드 변수 순서만 잘 맞춰주면 된다.

④ 바인드 변수 처리 2

바인드 변수 처리는 그 이름에는 상관없이 순서와 개수, 타입이 중요하다고 했다. 하지만 모든 상황에서 그런 것은 아니다. 지금까지 배웠던 일반 SQL문에서는 맞는 말이지만, 동적 쿼리로 **익명 블록이나 PL/SQL 함수, 프로시저를 호출할 때는 변수 이름도 맞춰줘야 한다.**

먼저 입력 변수를 출력하는 간단한 프로시저를 하나 만들어 보자.

입력

```
CREATE OR REPLACE PROCEDURE ch13_bind_proc1(pv_arg1 IN VARCHAR2,
                                            pn_arg2 IN NUMBER,
                                            pd_arg3 IN DATE )
IS
BEGIN
  DBMS_OUTPUT.PUT_LINE ('pv_arg1 = ' || pv_arg1);
  DBMS_OUTPUT.PUT_LINE ('pn_arg2 = ' || pn_arg2);
  DBMS_OUTPUT.PUT_LINE ('pd_arg3 = ' || pd_arg3);
END;
```

결과

PROCEDURE CH13_BIND_PROC1이(가) 컴파일되었습니다.

이제 프로시저를 통상적인 방법으로, 그리고 동적 SQL을 사용해서 실행해 보자.

입력

```
DECLARE
  vs_data1 VARCHAR2(30) := 'Albert Einstein';
  vn_data2 NUMBER := 100;
  vd_data3 DATE    := TO_DATE('1879-03-14', 'YYYY-MM-DD');

  vs_sql VARCHAR2(1000);
BEGIN
  -- 프로시저 실행
  ch13_bind_proc1 ( vs_data1, vn_data2, vd_data3);

  DBMS_OUTPUT.PUT_LINE('-----------------------------------');
  -- 동적으로 프로시저 실행
  vs_sql := 'BEGIN ch13_bind_proc1 (:a, :b, :c); END;';

  EXECUTE IMMEDIATE vs_sql USING vs_data1, vn_data2, vd_data3;

END;
```

결과

```
pv_arg1 = Albert Einstein
pn_arg2 = 100
pd_arg3 = 1879-03-14
-----------------------------------
pv_arg1 = Albert Einstein
pn_arg2 = 100
pd_arg3 = 1879-03-14
```

일반적인 방법을 통해 실행한 것과 동적 SQL을 사용해 실행한 경우 모두 성공했다. 동적 SQL을 처리한 부분을 자세히 보면, 먼저 프로시저를 실행해야 하기 때문에 동적 SQL은 "**BEGIN 프로시저명(:매**

:매개변수1, :매개변수2, …); END;' 형태로 사용해야 한다. 여기서 프로시저의 매개변수를 바인드 변수 처리하는데, 일반 SQL문의 경우와는 달리 매개변수 개수, 매개변수명, 데이터 타입과 순서를 모두 맞춰 줘야 한다. 만약 바인드 변수명을 잘못 기재하면 오류가 발생한다.

입력

```
...
...
   -- 바인드 변수명을 잘못 기재한 경우
   vs_sql := 'BEGIN ch13_bind_proc1 (:a, :a, :c); END;';

   EXECUTE IMMEDIATE vs_sql USING vs_data1, vn_data2, vd_data3;
...
...
```

결과

```
ORA-01006: 바인드 변수가 없습니다.
ORA-06512: 11행
```

':a, :b, :c'가 아닌 ':a, :a, :c'로 기재했더니 바인드 변수가 없다는 오류가 발생했음을 알 수 있다. 일반 SQL문이 아닌 익명 블록이나 프로시저, 함수 등을 호출할 때는 바인드 변수의 이름, 개수, 타입, 순서를 모두 맞춰 줘야 한다는 점을 꼭 명심하도록 하자.

프로시저의 매개변수는 입력(IN), 출력(OUT), 입출력(IN OUT), 종류가 있었다. 입력 외에 출력과 입출력 매개변수는 프로시저를 실행하고 나서 해당 변수에 특정 값을 받아올 수 있는데, 동적 SQL로 프로시저를 호출했을 때에도 출력과 입출력 변수의 값을 받아올 수 있다. 먼저 출력 변수를 가진 프로시저를 하나 만들어 보자.

입력

```
CREATE OR REPLACE PROCEDURE ch13_bind_proc2 ( pv_arg1 IN      VARCHAR2,
                                              pv_arg2 OUT     VARCHAR2,
                                              pv_arg3 IN OUT VARCHAR2 )
IS
BEGIN
  DBMS_OUTPUT.PUT_LINE ('pv_arg1 = ' || pv_arg1);

  pv_arg2 := '두 번째 OUT 변수';     -- 두 번째 출력 변수에 값 설정
  pv_arg3 := '세 번째 INOUT 변수';   -- 세 번째 입출력 변수에 값 설정
END;
```

결과

```
PROCEDURE CH13_BIND_PROC2이(가) 컴파일되었습니다.
```

이제 앞의 프로시저를 실행하는 익명 블록을 만들어 보자.

입력
```
DECLARE
  vs_data1 VARCHAR2(30) := 'Albert Einstein';
  vs_data2 VARCHAR2(30);
  vs_data3 VARCHAR2(30);

  vs_sql VARCHAR2(1000);
BEGIN
  -- 바인드 변수
  vs_sql := 'BEGIN ch13_bind_proc2 (:a, :b, :c); END;';
  -- 출력, 입출력 변수를 받아오기 위해 OUT, IN OUT 명시
  EXECUTE IMMEDIATE vs_sql USING vs_data1, OUT vs_data2, IN OUT vs_data3;

  DBMS_OUTPUT.PUT_LINE ('vs_data2 = ' || vs_data2);
  DBMS_OUTPUT.PUT_LINE ('vs_data3 = ' || vs_data3);
END;
```

결과
```
pv_arg1 = Albert Einstein
vs_data2 = 두 번째 OUT 변수
vs_data3 = 세 번째 INOUT 변수
```

EXECUTE IMMEDIATE문에서 바인드 변수는 USING 뒤에 순서대로 명시하는데, 기본 값은 IN으로 생략이 가능하며 출력 및 입출력 변수는 각각 OUT과 IN OUT을 명시하면 된다. 따라서 위 블록의 경우 두, 세 번째 매개변수에 해당하는 vs_data2와 vs_data3에 각각 ch13_bind_proc2 프로시저에서 설정한 값을 제대로 받아왔음을 알 수 있다.

⑤ DDL문과 ALTER SESSION

PL/SQL 블록 내에서는 DDL문을 실행할 수 없다. 간단한 프로시저 한 개를 만들어 보자.

입력
```
CREATE OR REPLACE PROCEDURE ch13_ddl_proc ( pd_arg1 IN DATE )
IS
BEGIN
  DBMS_OUTPUT.PUT_LINE('pd_arg1 : ' || pd_arg1);
END;
```

결과
```
PROCEDURE CH13_DDL_PROC이(가) 컴파일되었습니다.
```

이제 이 프로시저 내에서 테이블을 생성하는 DDL문을 추가한 뒤 컴파일해 보자.

입력
```
CREATE OR REPLACE PROCEDURE ch13_ddl_proc ( pd_arg1 IN DATE )
IS
BEGIN
  CREATE TABLE ch13_ddl_tab ( col1 VARCHAR2(30));
  DBMS_OUTPUT.PUT_LINE('pd_arg1 : ' || pd_arg1);
END;
```

결과
```
PROCEDURE CH13_DDL_PROC이(가) 컴파일되었습니다.
Errors: check compiler log
```

컴파일 오류가 발생했다. 원인은 CREATE TABLE … 로 시작하는 DDL문을 사용했기 때문이다. 하지만 동적 SQL을 사용하면 오류 없이 성공적으로 DDL문을 실행할 수 있다.

입력
```
CREATE OR REPLACE PROCEDURE ch13_ddl_proc ( pd_arg1 IN DATE )
IS
  vs_sql VARCHAR2(1000);
BEGIN
  -- DDL문을 동적SQL로 ...
  vs_sql := 'CREATE TABLE ch13_ddl_tab ( col1 VARCHAR2(30) )' ;
  EXECUTE IMMEDIATE vs_sql;

  DBMS_OUTPUT.PUT_LINE('pd_arg1 : ' || pd_arg1);
END;
```

결과
```
PROCEDURE CH13_DDL_PROC이(가) 컴파일되었습니다.
```

이제 프로시저를 실행하고 테이블이 생성됐는지 확인해 보자.

입력
```
EXEC ch13_ddl_proc ( SYSDATE );
```

결과
```
ORA-01031: 권한이 불충분합니다
```

권한이 불충분하다는 오류가 발생했다. 프로시저 내에서 테이블을 생성하려는데 권한이 불충분한 것이다. 이럴 때 SYS나 SYSTEM 사용자로 로그인해서 "CREATE ANY TABLE" 권한을 추가로 부여하도록 하자.

▼ 그림 13-1 CREATE ANY TABLE 권한 부여

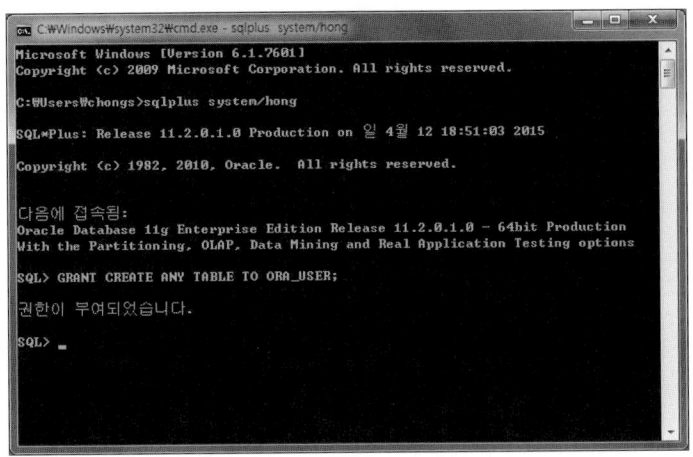

이제 다시 ch13_ddl_proc 프로시저를 호출해 보자.

입력
```
EXEC ch13_ddl_proc ( SYSDATE );
```

결과
```
pd_arg1 : 2015-03-12 18:56:07
```

ch13_ddl_tab 테이블이 실제로 생성되었는지 확인해 보자.

입력
```
DESC ch13_ddl_tab;
```

결과
```
이름       널 유형
--------  ------------
COL1      NUMBER
```

성공적으로 테이블이 생성됐음을 알 수 있다. 사실 프로시저 내에서 테이블을 생성하는 경우는 거의 없고 주로 사용하는 DDL문은 "TRUNCATE TABLE" 문 정도이다.

DDL문 외에도 ALTER SESSION 명령어를 실행해 가끔씩 세션 파라미터 정보를 변경해야 할 때가 있는데, 이 때도 해당 명령어를 직접 기술하면 오류가 발생한다. 이때도 동적 SQL을 사용하면 원하는 바를 이룰 수 있다. 날짜 형식 포맷인 NLS_DATE_FORMAT 파라미터 값을 변경해 볼텐데, 먼저 현재 설정된 값이 무엇인지 알아 보자.

입력
```
SELECT SYSDATE
  FROM DUAL;
```

결과
```
SYSDATE
----------
2015-03-12
```

이제 NLS_DATE_FORMAT 파라미터 값을 변경한 뒤 날짜 형식 데이터를 출력할 텐데, 성공한다면 설정한 형식대로 데이터가 출력될 것이다.

입력
```
CREATE OR REPLACE PROCEDURE ch13_ddl_proc ( pd_arg1 IN DATE )
IS
  vs_sql VARCHAR2(1000);
BEGIN
  -- ALTER SESSION
  vs_sql := 'ALTER SESSION SET NLS_DATE_FORMAT = "YYYY/MM/DD"';
  EXECUTE IMMEDIATE vs_sql;
  DBMS_OUTPUT.PUT_LINE('pd_arg1 : ' || pd_arg1);
END;
```

결과
```
PROCEDURE CH13_DDL_PROC이(가) 컴파일되었습니다.
```

입력
```
EXEC ch13_ddl_proc (SYSDATE);
```

결과
```
pd_arg1 : 2015/03/12
```

위 명령어의 원래 형태는 ALTER SESSION SET NLS_DATE_FORMAT = 'YYYY/MM/DD'인데, 동적 SQL로 만들기 위해 명령어 구문을 문자열로 만들고 있으므로, 설정 값인 YYYY/MM/DD 부분을 큰 따옴표로 감싸고 있다는 점에 유의하자. 결과를 보면 성공적으로 세션 파라미터가 변경됐음을 알 수 있다.

OPEN FOR문

기본적인 SQL 구문을 동적 SQL로 변환하는 방법을 살펴봤는데, 지금까지 설명한 내용은 단일 로우를 처리하는 SQL문에 한정됐다. 이제 다중 로우를 처리하는 SQL문을 동적 SQL로 작성하는 방법을 알아 보자.

SELECT문은 단일 로우를 반환할 때는 INTO를 사용했고 EXECUTE IMMEDIATE문에서도 INTO를 사용해 결과를 받아왔다. 그러면 한 개 이상의 로우를 결과 집합으로 반환하는 SELECT문은 어떻게 처리해야 할까? 일반 PL/SQL 블록에서는 이때 커서로 결과 값을 받아 왔는데, 동적 SQL에서는 OPEN FOR문과 커서 변수를 사용해 결과 값을 받아올 수 있다.

```
OPEN 커서변수 FOR 동적_SQL문장
USING 바인드변수1, 바인드변수2, ... ;
```

즉 커서 변수를 선언하고 동적 SQL 문장을 OPEN FOR문으로 커서 변수와 연결하면, 해당 쿼리 결과가 커서 변수에 담긴다. 그럼 간단한 예제를 통해 동작 원리를 알아 보자. 이전 예제에서 사용했던 ch13_physicist 테이블을 비우고 다음과 같이 새로운 데이터를 넣어 보자.

입력
```sql
TRUNCATE TABLE ch13_physicist ;

INSERT INTO ch13_physicist VALUES (1, 'Galileo Galilei',
                    TO_DATE('1564-02-15','YYYY-MM-DD'));

INSERT INTO ch13_physicist VALUES (2, 'Isaac Newton',
                    TO_DATE('1643-01-04','YYYY-MM-DD'));

INSERT INTO ch13_physicist VALUES (3, 'Max Plank',
                    TO_DATE('1858-04-23','YYYY-MM-DD'));

INSERT INTO ch13_physicist VALUES (4, 'Albert Einstein',
                    TO_DATE('1879-03-14','YYYY-MM-DD'));

COMMIT;
```

결과
```
table CH13_PHYSICIST이(가) 잘렸습니다.
1개 행 이(가) 삽입되었습니다.
1개 행 이(가) 삽입되었습니다.
1개 행 이(가) 삽입되었습니다.
1개 행 이(가) 삽입되었습니다.
커밋되었습니다.
```

이제 ch13_physicist 테이블을 조회하는 쿼리를 동적 SQL로 구현해 보자.

입력

```
DECLARE
    -- 커서 타입 선언
    TYPE query_physicist IS REF CURSOR;
    -- 커서 변수 선언
    myPhysicist query_physicist;
    -- 반환 값을 받을 레코드 선언
    empPhysicist ch13_physicist%ROWTYPE;

    vs_sql VARCHAR2(1000);
BEGIN
    vs_sql := 'SELECT * FROM ch13_physicist';
    -- OPEN FOR문을 사용한 동적 SQL
    OPEN myPhysicistFOR vs_sql;
    -- 루프를 돌며 커서 변수에 담긴 값을 출력한다.
    LOOP
        FETCH myPhysicist INTO empPhysicist;
        EXIT WHEN myPhysicist%NOTFOUND;
        DBMS_OUTPUT.PUT_LINE(empPhysicist.names);
    END LOOP;
    -- 커서를 닫는다
    CLOSE myPhysicist;
END;
```

결과

```
Galileo Galilei
Isaac Newton
Max Plank
Albert Einstein
```

OPEN FOR문을 사용한 점만 제외한다면 커서를 사용해서 결과를 담는 방법은 정적 SQL과 크게 다르지 않다. 이번에는 바인드 변수를 사용해 보자. WHERE 조건에 들어가는 값을 바인드 변수로 사용해야 하는데, 역시 OPEN FOR문에서도 USING 다음에 바인드 변수를 기술하면 된다.

입력

```
DECLARE
    -- 커서 변수 선언
    myPhysicist SYS_REFCURSOR;
    -- 반환 값을 받을 레코드 선언
    empPhysicist ch13_physicist%ROWTYPE;

    vs_sql VARCHAR2(1000);
    vn_id ch13_physicist.ids%TYPE      := 1;
    vs_names ch13_physicist.names%TYPE := 'Albert%';
```

```
BEGIN
  -- 바인드 변수 사용을 위해 WHERE조건 추가
  vs_sql := 'SELECT * FROM ch13_physicist WHERE IDS > :a AND NAMES LIKE :a ';
  -- OPEN FOR문을 사용한 동적 SQL
  OPEN myPhysicist FOR vs_sql USING vn_id, vs_names;

  -- 루프를 돌며 커서 변수에 담긴 값을 출력
  LOOP
    FETCH myPhysicist INTO empPhysicist;
    EXIT WHEN myPhysicist%NOTFOUND;
    DBMS_OUTPUT.PUT_LINE(empPhysicist.names);
  END LOOP;

  CLOSE myPhysicist;
END;
```

결과

```
Albert Einstein
```

이번 예제에서는 SYS_REFCURSOR 커서 변수를 선언해서 사용했고 두 가지 조건을 추가했다. 위 예제코드를 보면 프로시저 호출이나 익명 블록을 실행하는 동적 SQL문이 아니므로 SQL문 내의 바인드 변수명은 중요치 않음을 알 수 있다. OPEN FOR문에서도 EXECUTE IMMEDIATE문처럼 USING 다음에 바인드 변수를 순서와 타입에 맞춰 기술해 주면 이상없이 해당 SQL문이 실행되고 원하던 결과를 반환한다. 다중 로우를 반환하는 SELECT문을 동적 쿼리로 만들어 실행하는 방법을 정리해보면 다음과 같다.

ⓐ **커서 변수를 선언한다**
  REF CURSOR 타입을 선언한 뒤 해당 타입의 커서 변수를 선언하거나 시스템에서 제공하는 SYS_REFCURSOR 타입의 커서 변수를 선언한다.

ⓑ **반환 받을 레코드 변수를 선언한다**

ⓒ **동적 SQL문을 문자열 형태로 작성한 뒤, OPEN FOR문을 이용해 선언한 커서와 연결한다**
  바인드 변수 사용 시 OPEN FOR문의 USING 다음에 해당 변수를 명시한다.

ⓓ **루프를 돌리면서 커서를 패치해 값을 받아온다**

ⓔ **루프가 종료되면 해당 커서를 닫는다**

성능 향상을 위한 다중 로우 처리

정적 SQL이든 동적 SQL이든 한 개 이상의 결과를 반환하는 SELECT문의 결과 집합을 받아 오기 위해 필요한 것은 세 가지인데, 바로 **커서**와 결과를 받아 오는 그릇 역할을 하는 커서나 레코드 **변수**, 그리고 LOOP나 FOR 같은 **반복문**이다. 즉 SQL문에 대한 커서를 연 뒤, 루프를 돌며 결과를 패치해 변수에 담고 루프가 끝나면 커서를 닫는다. 그런데 만약 쿼리 결과로 반환되는 로우 수가 많다면 루프를 돌면서 결과를 패치하는 식의 처리는 시간도 많이 걸리고 성능 면에서 좋지 않다. 일일이 한 로우씩 읽어 가며 결과를 받아올 것이 아니라 SQL의 장점인 집합적으로 처리하는 방법이 있다면 더 좋지 않을까? 바로 BULK COLLECT INTO 절을 사용해서 이를 구현할 수 있다. 먼저 정적 SQL을 이용한 예제를 살펴 보자.

입력

```
-- BULK COLLECT INTO를 사용한 정적 SQL
DECLARE
  -- 레코드 선언
  TYPE rec_physicist IS RECORD  (
      ids ch13_physicist.ids%TYPE,
      names ch13_physicist.names%TYPE,
      birth_dt ch13_physicist.birth_dt%TYPE );

  -- 레코드를 항목으로 하는 중첩 테이블 선언
  TYPE NT_physicist IS TABLE OF rec_physicist;

  -- 중첩 테이블 변수 선언
  vr_physicist NT_physicist;
BEGIN
  -- BULK COLLECT INTO절(패치가 한 번에 이루어 진다)
  SELECT *
    BULK COLLECT INTO vr_physicist
    FROM ch13_physicist;
  -- 루프를 돌며 출력(이 루프는 값을 패치하는 것이 아니라 출력하기 위한 루프임)
  FOR i IN 1..vr_physicist.count
  LOOP
    DBMS_OUTPUT.PUT_LINE(vr_physicist(i).names);
  END LOOP;
END;
```

결과

```
Galileo Galilei
Isaac Newton
Max Plank
Albert Einstein
```

쿼리를 수행한 결과 로우 수가 1개일 때는 SELECT INTO를, 2개 이상일 때는 커서를 사용해 결과를 변수에 담았는데, 위 예제에서는 SELECT … BULK COLLECT INTO 구문을 사용해 컬렉션 변수에 결과 집합을 담았다. 기존에 커서를 사용해 루프를 돌며 로우 하나씩 데이터를 받은 것에 비하면 코드도 훨씬 줄어 들었을 뿐만 아니라 성능 면에서도 우수하다. BULK COLLECT INTO 절은 동적 SQL에서도 사용할 수 있다. 정적 SQL에서는 SELECT 구문에 직접 들어갔지만. 동적 SQL에서는 EXECUTE IMMEDIATE 문에 포함된다.

입력
```
DECLARE
  -- 레코드 선언
  TYPE rec_physicist IS RECORD  (
      ids ch13_physicist.ids%TYPE,
      names ch13_physicist.names%TYPE,
      birth_dt ch13_physicist.birth_dt%TYPE );

  -- 레코드를 항목으로 하는 중첩 테이블 선언
  TYPE NT_physicist IS TABLE OF rec_physicist;

  -- 중첩 테이블 변수 선언
  vr_physicist NT_physicist;

  vs_sql VARCHAR2(1000);
  vn_ids ch13_physicist.ids%TYPE := 1;
BEGIN
  -- SELECT 구문
  vs_sql := 'SELECT * FROM ch13_physicist WHERE ids > :a' ;

  -- EXECUTE IMMEDIATE .. BULK COLLECT INTO 구문
  EXECUTE IMMEDIATE vs_sql BULK COLLECT INTO vr_physicist USING vn_ids;

  -- 루프를 돌며 출력
  FOR i IN 1..vr_physicist.count
  LOOP
    DBMS_OUTPUT.PUT_LINE(vr_physicist(i).names);
  END LOOP;

END;
```

결과
```
Isaac Newton
Max Plank
Albert Einstein
```

동적 SQL에서는 BULK COLLECT INTO 절이 EXECUTE IMMEDIATE 문의 쿼리 문자열과 USING 사이에 위치한다. 동적 SQL 역시 BULK COLLECT INTO 절을 사용하는 것이 커서 보다는 가독성과 성능 면에서 우수하므로, 결과 집합 건수가 많을 때는 이 방법을 사용하자.

03 DBMS_SQL

동적 SQL을 사용하는 두 번째 방법은 DBMS_SQL이라는 시스템 패키지를 사용하는 것이다. DBMS_SQL 패키지에는 동적 SQL 처리를 담당하는 다양한 함수와 프로시저, 사용자 정의 타입이 내장되어 있어 NDS에 비해 훨씬 더 많은 기능을 구현할 수 있다. 사실 연배로 본다면 DBMS_SQL이 NDS보다는 선배에 해당된다. 앞으로 알게 되겠지만 DBMS_SQL은 기능이 많은 대신 사용법이 복잡한데, 이에 비해 좀더 간단히 동적 SQL을 구현할 수 있도록 하기 위해 오라클 8i에서 NDS가 처음 소개됐다.

그럼 DBMS_SQL 패키지의 사용법이 얼마나 복잡한지 지금부터 확인해 보자.

DBMS_SQL 처리 순서

어떤 종류의 SQL을 사용하느냐에 따라 생략되는 단계가 있긴 하지만, DBMS_SQL 패키지를 사용해 동적 SQL 문장을 실행하려면 총 8단계를 거쳐야 한다. DBMS_SQL 패키지는 내부적으로 묵시적 커서를 이용해서 SQL문을 처리하는데, 이 8단계 과정도 커서를 처리하는 작업이라고 보면 된다. 명시적 커서를 사용하는 방법과 유사한 측면이 있으므로 거쳐야 할 단계가 많지만 그리 어렵지 않다고 볼 수 있다. 그럼 각 단계별 동작 방식을 살펴 보자.

① 커서 열기

커서를 사용하려면 먼저 커서를 열어야 하는데, 이를 위해 DBMS_SQL 패키지에 있는 OPEN_CURSOR 함수를 사용한다.

```
DBMS_SQL.OPEN_CURSOR (security_level IN INTEGER)
  RETURN INTEGER;
```

- **security_level**: 보안 옵션으로 생략이 가능하며 값으로는 0, 1, 2가 올 수 있고 디폴트 값은 0이다.
- **반환 값**: 커서 ID 값을 반환한다.

② 파싱

문자열 형태의 동적 SQL 문장을 파싱하는 과정으로, 해당 SQL 문장을 이전 단계에서 열었던 커서 ID 값과 연결하고 구문 검사를 수행한다. 파싱은 PARSE 프로시저를 호출해서 수행한다. PARSE 프로시저는 총 3가지 버전이 있다. 즉 함수 오버로딩 기능을 적용한 매개변수가 다른 PARSE 프로시저가 3개 존재하는데, 이중 가장 기본 형태를 살펴 보자.

```
DBMS_SQL.PARSE (
    c                          IN INTEGER,
    statement                  IN VARCHAR2,
    language_flag              IN INTEGER,
    edition                    IN VARCHAR2 DEFAULT NULL,
    apply_crossedition_trigger IN VARCHAR2 DEFAULT NULL,
    fire_apply_trigger         IN BOOLEAN DEFAULT TRUE);
```

- **c**: 파싱할 문장에 대한 커서 ID로 OPEN_CUSRSOR 함수 반환 값을 받는다.
- **statement**: 동적 SQL문. 즉 문자열 형태의 동적 SQL문장
- **language_flag**: DBMS_SQL 패키지에서 설정한 상수인 NATIVE(실제 값은 1), 무조건 **DBMS_SQL.NATIVE**를 명시한다.

나머지 3개 매개변수는 생략이 가능하며 이 버전 이외의 다른 두 PARSE 프로시저는 SQL 문장이 들어오는 statement 매개변수의 타입이 각각 CLOB와 VARCHAR2A이다. CLOB는 LOB 타입의 한 종류이고, VARCHAR2A는 DBMS_SQL 패키지에 정의된 컬렉션 타입으로 VARCHAR2(32767) 타입의 항목으로 구성된 연관 배열이다.

```
TYPE varchar2a IS TABLE OF VARCHAR2(32767) INDEX BYBINARY_INTEGER;
```

③ 바인드 변수 연결

NDS와 마찬가지로 SQL문장과 바인드 변수를 연결할 수 있다. 바인드 변수가 없다면 이 단계는 건너 뛰어도 된다. 바인드 변수를 연결하는 방법은 BIND_VARIABLE 프로시저와 BIND_ARRAY 프로시저를 호출하는 방법이 있는데, 주로 BIND_VARIABLE 프로시저를 사용한다.

```
DBMS_SQL.BIND_VARIABLE (
    c     IN INTEGER,
    name  IN VARCHAR2,
    value IN <datatype>);
```

- **c**: 파싱할 문장에 대한 커서 ID로 OPEN_CUSRSOR 함수 반환 값이 온다.
- **name**: SQL문장에서 사용된 바인드 변수명으로, SQL 문장이 " SELECT * FROM tab1 WHERE col1 = :a" 라고 한다면 name 매개변수 값은 ':a' 형태로 명시한다.
- **value**: name 매개변수에서 명시한 바인드 변수에 할당할 실제 값을 명시하며 다양한 타입이 올 수 있다.

BIND_VARIABLE 프로시저는 EXECUTE IMMEDIATE 문에서 USING 다음에 기술하는 바인드 변수 역할을 하며, **SQL문장에 기술한 바인드 변수 개수만큼 BIND_VARIABLE 프로시저를 호출**해야 한다.

BIND_ARRAY 프로시저는 바인드 변수 자체를 배열 형태로 만들어 연결한다. 주로 INSERT, UPDATE 문을 처리할 때 사용되며 그 상세내역은 다음과 같다.

```
DBMS_SQL.BIND_ARRAY (
    c                IN INTEGER,
    name             IN VARCHAR2,
    <table_variable> IN <datatype>
  [,index1 IN INTEGER,
    index2 IN INTEGER)] );
```

- **c:** 파싱할 문장에 대한 커서 ID로 OPEN_CUSRSOR 함수 반환 값이 온다.
- **name:** SQL문장에서 사용된 바인드 변수명으로, " INSERT INTO tab1 (col1) VALUES (:a)" 라고 한다면 name 매개변수 값은 ':a' 형태로 명시한다.
- **table_variable:** DBMS_SQL 패키지 내에 선언된 컬렉션 타입인 연관 배열 변수를 명시한다. 이러한 연관 배열에는 VARCHAR2_TABLE, NUMBER_TABLE, DATE_TABLE 등의 타입이 있다.
- **index1:** 컬렉션 타입인 table_variable에 대한 인덱스 최솟값
- **index2:** 컬렉션 타입인 table_variable에 대한 인덱스 최댓값

④ 결과 선택 컬럼 정의

DBMS_SQL에서는 동적 SQL문을 실행한 다음 SELECT 리스트의 컬럼 값을 받아올 수 있는데, 이를 위해서는 가져올 값에 해당하는 컬럼을 미리 정의해야 하며 이 역할을 하는 것이 바로 **DEFINE_COLUMN 프로시저**다. DEFINE_COLUMN 프로시저 역시 2가지 형태가 있다.

컬럼 타입이 문자형이 아닐 경우

```
DBMS_SQL.DEFINE_COLUMN (
    c        IN INTEGER,
    position IN INTEGER,
    column   IN <datatype>);
```

컬럼 타입이 문자형일 경우

```
DBMS_SQL.DEFINE_COLUMN (
    c           IN INTEGER,
    position    IN INTEGER,
    column      IN VARCHAR2 CHARACTER SET ANY_CS,
    column_size IN INTEGER);
```

- **c**: 파싱할 문장에 대한 커서 ID.
- **position**: SELECT 리스트의 컬럼 위치를 나타내는데 SELECT 키워드를 기준으로 왼쪽부터 1에서 시작. 예를 들어, 세 번째 컬럼일 때는 3.
- **column**: 컬럼 값을 받을 변수를 명시한다.
- **column_size**: 문자형 컬럼이면 해당 컬럼의 문자열 길이를 명시한다.

⑤ 쿼리 실행

4단계까지가 준비 작업이라고 한다면, 5단계는 실제로 동적 SQL문을 실행하는 단계다. 실행은 EXECUTE 함수를 호출한다.

```
DBMS_SQL.EXECUTE (
    c  IN INTEGER)
  RETURN INTEGER;
```

- **c**: 파싱할 문장의 커서 ID
- **반환 값**: SQL문을 실행한 결과 로우 수를 반환한다. SELECT한 결과가 5개라면 5를 반환한다.

⑥ 결과 패치

문장을 실행했으므로 결과 집합을 패치해야 하는데 이때 **FETCH_ROWS 함수**를 호출한다.

```
DBMS_SQL.FETCH_ROWS (
    c IN INTEGER)
  RETURN INTEGER;
```

- **c**: 파싱할 문장의 커서 ID
- **반환 값**: 전체 결과 로우 수가 아니라 실제로 패치된 로우 수

FETCH_ROWS의 반환 값은 패치할 값이 있으면 1, 패치할 로우가 없을 때는 0을 반환한다. EXECUTE 함수가 전체 결과 로우 수를 반환하는 반면, FETCH_ROWS 함수는 0이나 1을 반환하는 것이다. 따라서 결과 값을 패치하는 경우, 루프를 돌며 FETCH_ROWS 함수를 호출하면서 반환 값이 0일 때 루프를 빠져 나오도록 코드를 작성해야 한다.

⑦ 패치된 결과 값 받아오기

패치를 했으면 결과를 받아와야 하는데 이를 위해서는 COLUMN_VALUE 프로시저를 호출한다. 반드시 DEFINE_COLUMN을 호출했던 순서대로 COLUMN_VALUE를 호출해야 한다.

```
DBMS_SQL.COLUMN_VALUE (
     c          IN INTEGER,
     position IN INTEGER,
     value     OUT <datatype>
     [,column_error OUT NUMBER]
     [,actual_length OUT INTEGER]);
```

- **c**: 파싱할 문장에 대한 커서 ID
- **position**: SELECT한 컬럼의 위치를 나타내는데 SELECT 키워드를 기준으로 왼쪽부터 1에서 시작. 예를 들어, 세 번째 컬럼이면 3
- **value**: 컬럼 값을 받을 변수를 명시한다.

⑧ 커서 닫기

마지막으로 CLOSE_CURSOR 프로시저를 호출해 커서를 닫는다.

```
DBMS_SQL.CLOSE_CURSOR (
     c  IN OUT INTEGER);
```

- **c**: 파싱할 문장의 커서 ID

지금까지 DBMS_SQL을 이용해 동적 SQL을 처리하는 순서와 각 단계별로 어떤 함수나 프로시저를 사용해야 하는지 살펴 봤다. 이제 이 내용을 토대로 본격적으로 동적 SQL을 처리하는 방법을 배워 보자.

DBMS_SQL 기본 활용

이전 절에서 NDS를 사용해 처리했던 동적 SQL을 DBMS_SQL을 사용하는 방식으로 변환해 볼 것이다.

① SELECT문

먼저 사원 테이블에서 job_id, salary, manager_id 값을 매개변수로 넘겨 조회했던 동적 SQL을 DBMS_SQL 버전으로 변환해 보자.

입력

```
DECLARE
  -- 출력 변수 선언
  vn_emp_id employees.employee_id%TYPE;
  vs_emp_name employees.emp_name%TYPE;
  vs_job_id employees.job_id%TYPE;

  vs_sql VARCHAR2(1000);

  -- 바인드 변수 선언과 값 설정
  vs_job employees.job_id%TYPE := 'SA_REP';
  vn_sal employees.salary%TYPE := 7000;
  vn_manager employees.manager_id%TYPE := 148;

  -- DBMS_SQL 패키지 관련 변수
  vn_cur_id NUMBER := DBMS_SQL.OPEN_CURSOR();-- 1. 커서를 연다
  vn_return   NUMBER;
BEGIN
  -- SQL문을 변수에 담기(바인드 변수 앞에 :를 붙인다).
  vs_sql := 'SELECT employee_id, emp_name, job_id
               FROM employees
              WHERE job_id = :a
                AND salary < :b
                AND manager_id = :c ';

  -- 2. 파싱
  DBMS_SQL.PARSE(vn_cur_id, vs_sql, DBMS_SQL.NATIVE);

  -- 3. 바인드 변수 연결(WHERE 절에 사용한 변수가 3개이므로 각 변수별로 총 3회 호출)
  DBMS_SQL.BIND_VARIABLE ( vn_cur_id, ':a', vs_job);
  DBMS_SQL.BIND_VARIABLE ( vn_cur_id, ':b', vn_sal);
  DBMS_SQL.BIND_VARIABLE ( vn_cur_id, ':c', vn_manager);

  -- 4. 결과 선택 컬럼 정의(사번, 사원명, job_id 총 3개의 컬럼을 선택했으므로 각각 순서대로 호출)
  -- SELECT 순서에 따라 순번을 맞추고 결과를 담을 변수와 연결
  DBMS_SQL.DEFINE_COLUMN ( vn_cur_id, 1, vn_emp_id);
  DBMS_SQL.DEFINE_COLUMN ( vn_cur_id, 2, vs_emp_name, 80);  --문자형은 크기까지 지정
  DBMS_SQL.DEFINE_COLUMN ( vn_cur_id, 3, vs_job_id, 10);

  -- 5. 쿼리 실행
  vn_return := DBMS_SQL.EXECUTE (vn_cur_id);

  -- 6. 결과 패치
  LOOP
    -- 결과 건수가 없으면 루프를 빠져 나간다.
```

```
    IF DBMS_SQL.FETCH_ROWS (vn_cur_id) = 0 THEN
        EXIT;
    END IF;

    -- 7. 패치된 결과 값 받아오기
    DBMS_SQL.COLUMN_VALUE ( vn_cur_id, 1, vn_emp_id);
    DBMS_SQL.COLUMN_VALUE ( vn_cur_id, 2, vs_emp_name);
    DBMS_SQL.COLUMN_VALUE ( vn_cur_id, 3, vs_job_id);

    -- 결과 출력
    DBMS_OUTPUT.PUT_LINE( 'emp_id : '    || vn_emp_id );
    DBMS_OUTPUT.PUT_LINE( 'emp_name : '  || vs_emp_name );
    DBMS_OUTPUT.PUT_LINE( 'job_id : '    || vs_job_id );

    END LOOP;

    -- 8. 커서 닫기
    DBMS_SQL.CLOSE_CURSOR (vn_cur_id);
END;
```

결과

```
emp_id : 173
emp_name :Sundita Kumar
job_id : SA_REP
```

NDS를 사용했을 때와 같은 결과가 나오긴 했지만 총 8단계를 거쳐 코드가 상당히 길어졌다. 이 예제를 보면 DBMS_SQL 보다는 NDS가 훨씬 편하다는 점을 알 수 있다.

② INSERT문, UPDATE문, DELETE문 처리

DBMS_SQL 패키지를 사용해 데이터를 변경하는 동적 SQL을 처리해 보자. 이번에도 역시 ch13_physicist 테이블을 대상으로 처리할 것이다. 먼저 테이블을 깨끗이 비워 보자.

입력

```
TRUNCATE TABLE ch13_physicist;
```

결과

```
table CH13_PHYSICIST이(가) 잘렸습니다.
```

이제 INSERT하는 예제를 만들어 보자.

입력

```sql
DECLARE
  vn_ids ch13_physicist.ids%TYPE := 1;
  vs_name ch13_physicist.names%TYPE := 'Galileo Galilei';
  vd_dt ch13_physicist.birth_dt%TYPE := TO_DATE('1564-02-15', 'YYYY-MM-DD');

  vs_sql VARCHAR2(1000);

  -- DBMS_SQL 패키지 관련 변수
  vn_cur_id NUMBER := DBMS_SQL.OPEN_CURSOR();-- 1.커서를 연다
  vn_return   NUMBER;

BEGIN
  -- INSERT문 작성
  vs_sql := 'INSERT INTO ch13_physicist VALUES (:a, :b, :c)';

  -- 2. 파싱
  DBMS_SQL.PARSE (vn_cur_id, vs_sql, DBMS_SQL.NATIVE);

  -- 3. 바인드 변수 연결 (VALUES 절에서 사용한 변수가 3개 이므로 각 변수별로 총 3회 호출)
  DBMS_SQL.BIND_VARIABLE ( vn_cur_id, ':a', vn_ids);
  DBMS_SQL.BIND_VARIABLE ( vn_cur_id, ':b', vs_name);
  DBMS_SQL.BIND_VARIABLE ( vn_cur_id, ':c', vd_dt);

  -- 4. 쿼리 실행
  vn_return := DBMS_SQL.EXECUTE (vn_cur_id);

  -- 5. 커서 닫기
  DBMS_SQL.CLOSE_CURSOR (vn_cur_id);

  -- 결과 건수 출력
  DBMS_OUTPUT.PUT_LINE('결과건수: ' || vn_return);
  COMMIT;
END;
```

결과

결과건수: 1

정상적으로 1개의 로우가 INSERT되었다. INSERT문에서 결과를 패치할 필요가 없으므로 이전 SELECT문에서 사용했던 결과 선택 컬럼 정의, 결과 패치, 패치된 결과 값을 받아 오는 과정이 없어 상대적으로 코드가 줄어 들었다. 또한 바인드 변수를 연결할 때도 NDS를 사용하면 바인드 변수명은 중요치 않고 개수와 순서만 맞춰 주어도 됐었지만, DBMS_SQL.BIND_VARIABLE 프로시저는 바인드 변수명을 직접 매개변수로 사용하므로 **바인드 변수명을 반드시 맞춰야** 한다.

이번에는 UPDATE문을 DBMS_SQL로 처리해 보는데, 전에 먼저 ch13_physicist 테이블에 다음과 같이 데이터를 더 입력해 보자.

입력

```sql
INSERT INTO ch13_physicist VALUES (2, 'Isaac Newton',
                                   TO_DATE('1643-01-04', 'YYYY-MM-DD'));

INSERT INTO ch13_physicist VALUES (3, 'Max Plank',
                                   TO_DATE('1858-04-23', 'YYYY-MM-DD'));

INSERT INTO ch13_physicist VALUES (4, 'Albert Einstein',
                                   TO_DATE('1879-03-14', 'YYYY-MM-DD'));

COMMIT;
```

결과

```
1개 행 이(가) 삽입되었습니다.
1개 행 이(가) 삽입되었습니다.
1개 행 이(가) 삽입되었습니다.
커밋되었습니다.
```

입력

```sql
DECLARE
    vn_ids ch13_physicist.ids%TYPE := 3;
    vs_name ch13_physicist.names%TYPE := ' UPDATED';

    vs_sql VARCHAR2(1000);

    -- DBMS_SQL 패키지 관련 변수
    vn_cur_id NUMBER := DBMS_SQL.OPEN_CURSOR();-- 1. 커서를 연다
    vn_return NUMBER;

BEGIN
    --  UPDATE문 작성
    vs_sql := 'UPDATE ch13_physicist SET names = names || :a WHERE ids < :b' ;

    -- 2. 파싱
    DBMS_SQL.PARSE (vn_cur_id, vs_sql, DBMS_SQL.NATIVE);

    -- 3. 바인드 변수 연결
    DBMS_SQL.BIND_VARIABLE ( vn_cur_id, ':a', vs_name);
    DBMS_SQL.BIND_VARIABLE ( vn_cur_id, ':b', vn_ids);

    -- 4. 쿼리 실행
    vn_return := DBMS_SQL.EXECUTE (vn_cur_id);

    -- 5. 커서 닫기
    DBMS_SQL.CLOSE_CURSOR (vn_cur_id);
    -- 결과 건수 출력
    DBMS_OUTPUT.PUT_LINE('UPDATE 결과건수: ' || vn_return);
    COMMIT;
END;
```

결과

UPDATE결과건수: 2

위 예제의 UPDATE문에서 바인드 변수를 제거하고 실제 들어갈 값으로 바꾼 SQL문은 다음과 같다.

```sql
UPDATE ch13_physicist
   SET names = names || ' UPDATED'
 WHERE ids < 3;
```

즉 ids가 3보다 작은 건의 names 컬럼 값을 자신의 값에 'UPDATED'란 문자열을 붙여 갱신하는 문장이다. ch13_physicist 테이블에는 총 4건의 데이터가 있고 이중 ids값이 3보다 작은 것은 2개이므로, 2건이 갱신됐음을 알 수 있다. 직접 테이블을 조회해 확인해 보자.

입력

```sql
SELECT *
  FROM ch13_physicist;
```

결과

```
IDS NAMES                   BIRTH_DT
--- ------------------------ ----------
1   Galileo Galilei UPDATED  1564-02-15
2   Isaac Newton UPDATED     1643-01-04
3   Max Plank                1858-04-23
4   Albert Einstein          1879-03-14
```

DELETE문도 UPDATE문과 유사한 방식으로 처리할 수 있다. 동적 SQL 구문을 DELETE문으로 바꿔 보자.

입력

```sql
DECLARE
  vn_ids ch13_physicist.ids%TYPE := 3;

  vs_sql VARCHAR2(1000);

  -- DBMS_SQL 패키지 관련 변수
  vn_cur_id   NUMBER := DBMS_SQL.OPEN_CURSOR();  -- 1. 커서를 연다
  vn_return   NUMBER;

BEGIN
  -- DELETE문 작성
  vs_sql := 'DELETE ch13_physicist WHERE ids < :b' ;

  -- 2. 파싱
```

```
    DBMS_SQL.PARSE (vn_cur_id, vs_sql, DBMS_SQL.NATIVE);

  -- 3. 바인드 변수 연결
  DBMS_SQL.BIND_VARIABLE ( vn_cur_id, ':b', vn_ids);

  -- 4. 쿼리 실행
  vn_return := DBMS_SQL.EXECUTE (vn_cur_id);

  -- 5. 커서 닫기
  DBMS_SQL.CLOSE_CURSOR (vn_cur_id);
  -- 결과 건수 출력
  DBMS_OUTPUT.PUT_LINE('DELETE 결과건수: ' || vn_return);
  COMMIT;
END;
```

결과

DELETE 결과건수: 2

이전 예제와 차이점은 바인드 변수가 WHERE 절에 한 번만 사용되어 BIND_VARIABLE 프로시저를 한 번만 호출했다는 점이다. 결과를 보면 알겠지만 성공적으로 데이터가 삭제됐다.

이 외에도 익명 블록이나 DDL문 역시 DBMS_SQL로 처리할 수 있으며 그 사용 방식도 지금까지 살펴 봤던 예제와 동일하게 처리하면 된다.

DBMS_SQL 응용 활용

① BULK INSERT & UPDATE

INSERT 문을 실행하는 예제에서 바인드 변수를 사용해 한 번에 한 로우씩 INSERT를 수행했는데 그 대신 여러 개의 로우를 한 번에 입력할 수 있는 방법이 있다. 어떻게 이런 일이 가능하냐면 입력할 값을 일반 변수가 아닌 배열 형태의 변수, 즉 컬렉션 변수에 담아 놓고 이 변수를 바인드 변수로 연결한 다음 DBMS_SQL 패키지로 해당 INSERT문을 실행하면 된다. DBMS_SQL 패키지의 BIND_VARIABLE 대신 **BIND_ARRAY 프로시저를 사용**하는 점만 제외하면 나머지는 같은 방식으로 처리할 수 있다. 다시 ch13_physicist 테이블을 깨끗이 비우고 4건의 데이터를 한 번에 입력해 보자.

입력

```
TRUNCATE TABLE ch13_physicist;
```

결과

table CH13_PHYSICIST이(가) 잘렸습니다.

입력

```
DECLARE
    -- DBMS_SQL 패키지에서 제공하는 컬렉션 타입 변수 선언
    vn_ids_array    DBMS_SQL.NUMBER_TABLE;
    vs_name_array   DBMS_SQL.VARCHAR2_TABLE;
    vd_dt_array     DBMS_SQL.DATE_TABLE;

    vs_sql VARCHAR2(1000);

    -- DBMS_SQL 패키지 관련 변수
    vn_cur_id   NUMBER := DBMS_SQL.OPEN_CURSOR();    -- 1.커서를 연다
    vn_return   NUMBER;

BEGIN
    -- 입력할 값 설정
    vn_ids_array(1)   := 1;
    vs_name_array(1) := 'Galileo Galilei';
    vd_dt_array(1)    := TO_DATE('1564-02-15', 'YYYY-MM-DD');

    vn_ids_array(2)   := 2;
    vs_name_array(2) := 'Isaac Newton';
    vd_dt_array(2)    := TO_DATE('1643-01-04', 'YYYY-MM-DD');

    vn_ids_array(3)   := 3;
    vs_name_array(3) := 'Max Plank';
    vd_dt_array(3)    := TO_DATE('1858-04-23', 'YYYY-MM-DD');

    vn_ids_array(4)   := 4;
    vs_name_array(4) := 'Albert Einstein';
    vd_dt_array(4)    := TO_DATE('1879-03-14', 'YYYY-MM-DD');

    -- INSERT문 작성
    vs_sql := 'INSERT INTO ch13_physicist VALUES (:a, :b, :c)';

    -- 2. 파싱
    DBMS_SQL.PARSE (vn_cur_id, vs_sql, DBMS_SQL.NATIVE);

    -- 3. 바인드 변수 연결 (BIND_VARIABLE 대신 BIND_ARRAY 사용)
    DBMS_SQL.BIND_ARRAY ( vn_cur_id, ':a', vn_ids_array);
    DBMS_SQL.BIND_ARRAY ( vn_cur_id, ':b', vs_name_array);
    DBMS_SQL.BIND_ARRAY ( vn_cur_id, ':c', vd_dt_array);

    -- 4. 쿼리 실행
    vn_return := DBMS_SQL.EXECUTE (vn_cur_id);

    -- 5. 커서 닫기
    DBMS_SQL.CLOSE_CURSOR (vn_cur_id);
    -- 결과 건수 출력
    DBMS_OUTPUT.PUT_LINE('결과건수: ' || vn_return);
    COMMIT;
END;
```

결과
결과건수: 4

위 예제소스를 차근차근 분석해 보자. 먼저 컬렉션 변수를 선언했는데 각각의 타입이 DBMS_SQL. VARCHAR2_TABLE, DBMS_SQL.NUMBER_TABLE, DBMS_SQL.DATE_TABLE이다. 이들 모두 DBMS_SQL 패키지에 속한 컬렉션, 정확히 말해 연관 배열 사용자 정의 타입이며, 이 외에도 DBMS_SQL 패키지에는 다양한 컬렉션 타입과 레코드 타입을 지원하고 있다. 그리고 나서 각 컬렉션 변수에 총 4개씩 값을 할당한 다음, BIND_ARRAY 프로시저로 컬렉션 변수와 INSERT문의 바인드 변수를 연결한 뒤 실행했다. 바인드 변수 자체가 배열 형태이므로 한 번만 실행했는데도 실제로는 총 4개의 행이 입력된 것이다.

INSERT문 뿐만 아니라 UPDATE와 DELETE 문에서도 BIND_ARRAY 프로시저로 한 번에 여러 개의 데이터를 처리할 수 있다.

입력

```
DECLARE
  -- DBMS_SQL 패키지에서 제공하는 컬렉션 타입 변수 선언
  vn_ids_array    DBMS_SQL.NUMBER_TABLE;
  vs_name_array   DBMS_SQL.VARCHAR2_TABLE;

  vs_sql VARCHAR2(1000);

  -- DBMS_SQL 패키지 관련 변수
  vn_cur_id    NUMBER := DBMS_SQL.OPEN_CURSOR(); --1. 커서를 연다
  vn_return    NUMBER;

BEGIN
  -- 갱신할 값 설정
  vn_ids_array(1)   := 1;
  vs_name_array(1) := 'Albert Einstein';

  vn_ids_array(2)   := 2;
  vs_name_array(2) := 'Galileo Galilei';

  vn_ids_array(3)   := 3;
  vs_name_array(3) := 'Isaac Newton';

  vn_ids_array(4)   := 4;
  vs_name_array(4) := 'Max Plank';

  -- UPDATE문 작성
  vs_sql := 'UPDATE ch13_physicist SET names = :a WHERE ids = :b';

  -- 2. 파싱
  DBMS_SQL.PARSE (vn_cur_id, vs_sql, DBMS_SQL.NATIVE);
```

```
  -- 3. 바인드 변수 연결(BIND_VARIABLE 대신 BIND_ARRAY 사용)
  DBMS_SQL.BIND_ARRAY ( vn_cur_id, ':a', vs_name_array);
  DBMS_SQL.BIND_ARRAY ( vn_cur_id, ':b', vn_ids_array);

  -- 4. 쿼리 실행
  vn_return := DBMS_SQL.EXECUTE (vn_cur_id);

  -- 5. 커서 닫기
  DBMS_SQL.CLOSE_CURSOR (vn_cur_id);
  -- 결과 건수 출력
  DBMS_OUTPUT.PUT_LINE('결과건수: ' || vn_return);
  COMMIT;
END;
```

결과
결과건수: 4

이번 예제에서는 ch13_physicist 테이블에서 ids 값에 따른 names 값을 변경하는 UPDATE문을 실행하고 있는데, SET과 WHERE 절에 각각 이름과 번호를 가진 컬렉션 변수를 연결했다. 해당 테이블을 선택해 보면 ids와 names 값이 컬렉션 변수에 담은 순서와 쌍에 맞춰 변경됐음을 알 수 있다.

입력
```
SELECT ids, names
  FROM ch13_physicist;
```

결과
```
IDS NAMES
--- ------------------
1   Albert Einstein
2   Galileo Galilei
3   Isaac Newton
4   Max Plank
```

② DBMS_SQL.TO_REFCURSOR 함수

DBMS_SQL 패키지로 SELECT문을 실행해 결과를 받아오기 위해서는 SELECT 리스트에 해당하는 각 컬럼을 정의(DEFINE_COLUMN)한 뒤 루프를 돌며 패치하면서 이전에 정의했던 컬럼 값을 변수에 할당(COLUMN_VALUE)하는 과정을 거쳐야 했다. 그런데 11g부터 제공된 TO_REFCURSOR 함수를 사용하면 이런 과정을 줄일 수 있다.

TO_REFCURSOR 함수는 파싱되고 실행된 커서를 약한 커서 타입으로 변환하는 함수로, 변환된 약한 커서 타입을 커서 변수로 받을 수 있다. 한마디로 SELECT한 결과를 커서 변수로 받을 수 있다는 말이다. 커서 변수로 결과를 받으면 이전처럼 컬럼 정의, 루프를 돌며 패치, 정의한 컬럼 값을 변수에 넣는 일련의 과정을 생략할 수 있다. 그저 결과가 담긴 커서 변수의 값을 추출해 내기만 하면 된다.

```
DBMS_SQL.TO_REFCURSOR(
        cursor_number IN OUT INTEGER)
  RETURN SYS_REFCURSOR;
```

- **cursor_number**: 변환할 문장의 커서 ID
- **반환 값**: 오라클에서 제공하는 SYS_REFCURSOR 타입

그럼 예제를 통해 이 함수의 동작 방식을 살펴 보자. 기본 활용 편에서 소개했던 사원번호, 사원명을 추출했던 예제를 그대로 사용하되, 이번에는 DBMS_SQL.TO_REFCURSOR 함수를 사용함으로써 이전 예제와 비교해 어떤 점이 달라졌는지 알아 보자.

입력

```
DECLARE
    -- 출력용 변수 선언
    vc_cur          SYS_REFCURSOR;                  -- 커서 변수
    va_emp_id       DBMS_SQL.NUMBER_TABLE;          -- 사번을 담을 컬렉션 변수
    va_emp_name     DBMS_SQL.VARCHAR2_TABLE;        -- 사원명을 담을 컬렉션 변수

    vs_sql VARCHAR2(1000);

    -- 바인드 변수 선언과 값 설정
    vs_job      employees.job_id%TYPE := 'SA_REP';
    vn_sal      employees.salary%TYPE := 9000;
    vn_manager  employees.manager_id%TYPE := 148;

    -- DBMS_SQL 패키지 관련 변수
    vn_cur_id   NUMBER := DBMS_SQL.OPEN_CURSOR();--1. 커서를 연다
    vn_return   NUMBER;
BEGIN
    -- SQL문을 변수에 담는다(바인드 변수 앞에 :를 붙인다)
    vs_sql := 'SELECT employee_id, emp_name
                 FROM employees
                WHERE job_id= :a
                  AND salary < :b
                  AND manager_id= :c ';

    -- 2. 파싱
    DBMS_SQL.PARSE (vn_cur_id, vs_sql, DBMS_SQL.NATIVE);

    -- 3. 바인드 변수 연결(WHERE 절에 사용한 변수가 3개이므로 각 변수별로 총 3회 호출)
    DBMS_SQL.BIND_VARIABLE ( vn_cur_id, ':a', vs_job);
    DBMS_SQL.BIND_VARIABLE ( vn_cur_id, ':b', vn_sal);
```

```
    DBMS_SQL.BIND_VARIABLE ( vn_cur_id, ':c', vn_manager);

    -- 4. 쿼리 실행
    vn_return := DBMS_SQL.EXECUTE (vn_cur_id);

    -- 5. DBMS_SQL.TO_REFCURSOR를 사용해 커서로 변환
    vc_cur := DBMS_SQL.TO_REFCURSOR (vn_cur_id);

    -- 6. 변환한 커서를 사용해 결과를 패치하고 결과 출력
    FETCH vc_cur BULK COLLECT INTO va_emp_id, va_emp_name;

    FOR i IN 1 ..va_emp_id.COUNT LOOP
      DBMS_OUTPUT.PUT_LINE(va_emp_id(i) || ' - ' || va_emp_name(i));
    END LOOP;

    -- 7. 커서 닫기( vn_cur_id가 아니라 변환된 vc_cur 커서를 닫는다)
    CLOSE vc_cur;
END;
```

결과
```
171 - William Smith
172 - Elizabeth Bates
173 - Sundita Kumar
```

언뜻 봐도 기존에 비해 코드가 줄어 들었음을 알 수 있을 것이다. 컬럼 정의, 패치, 값 할당 작업을 일일이 할 필요 없이 TO_REFCURSOR 함수를 사용해 동적 SQL문에 대한 커서를 커서 변수로 할당한 뒤, BULK COLLECT INTO 절을 사용해 선택한 결과를 컬렉션 변수에 담기만 하면 된다. 마지막 FOR문은 단순히 값을 출력하려고 넣은 것일 뿐이므로 이 반복문을 굳이 사용할 필요는 없다.

한 가지 주의할 점은 맨 마지막에 커서를 닫는 부분에서, 기존에는 DBMS_SQL.CLOSE_CURSOR 프로시저를 사용해 OPEN_CURSOR 함수가 반환한 커서(vn_cur_id)를 닫았지만, 이번 경우에는 이미 커서 변수로 변환(vc_cur)을 했으므로, 닫아야 할 커서는 vn_cur_id가 아니라 vc_cur이라는 점을 잊지 않도록 하자.

③ DBMS_SQL.TO_CURSOR_NUMBER 함수

눈치 빠른 독자라면 알아챘겠지만, 이전 예제에서 TO_REFCURSOR 함수를 사용한 이후부터는 DBMS_SQL이 아닌 NDS 방식으로 코딩을 했다. 동적 SQL에서는 NDS든 DBMS_SQL이든 내부적으로는 커서를 사용해 처리되는데, **NDS는 커서 타입이 사용되며 DBMS_SQL은 숫자형태인 커서 번호가 사용**된다. 따라서 DBMS_SQL 패키지에서 사용하는 커서 번호를 커서 타입으로 변환하는 함수가 TO_REFCURSOR 함수인 것이다.

이와는 반대로 NDS에서 사용하는 커서 타입을 숫자형인 커서 번호로 변환하는 함수가 존재하는데 바로 DBMS_SQL.TO_CURSOR_NUMBER 함수다.

```
DBMS_SQL.TO_CURSOR_NUMBER(
       rc IN OUT SYS_REFCURSOR)
   RETURN INTEGER;
```

- **rc**: 변환할 REF CURSOR 형인 커서
- **반환 값**: 커서 번호

TO_REFCURSOR 함수를 사용하면 DBMS_SQL 패키지로 실행까지 마친 커서를 NDS로 변환해 사용할 수 있고, 반대로 TO_CURSOR_NUMBER 함수를 사용하면 NDS 방식으로 실행까지 마친 REF CURSOR를 커서 번호로 변환해 나머지 부분은 DBMS_SQL 패키지를 사용해 처리할 수 있다.

Knowhow | NDS와 DBMS_SQL 중 무엇을 선택할 것인가?

지금까지 NDS와 DBMS_SQL를 이용해 동적 SQL을 처리하는 방법을 배웠다. 두 방식 모두 나름대로 장단점이 존재하는데, 어떤 때에 NDS 방식을 사용하고 언제 DBMS_SQL을 사용해야 하는 것일까?

11g 이전까지는 NDS의 경우 동적 쿼리문의 길이가 32KB가 넘어가면 사용할 수 없는 제약이 존재했다. PL/SQL에서 VARCHAR2의 최대 크기가 32KB(SQL에서는 4000 byte)인데, 동적 SQL이 문자열로 구성되다 보니 문자열 타입의 최대 크기인 32KB(32767 byte)까지만 사용할 수 있었던 것이다. 하지만 11g 부터는 NDS에서도 CLOB 타입을 지원하게 되어 이 크기 제한은 없어져 버렸다. PL/SQL 상의 CLOB 타입의 최대 크기는 대략 4GB 정도 되므로 실질적으로 동적 SQL 문장의 크기 제한은 사라져버린 것이나 다름 없다.

결론적으로 얘기하면, 두 가지 중 어떤 방식을 사용할 것인지는 개발자 본인 선택의 몫이다. NDS 방식은 사용법도 간단하고 다양한 기능을 처리할 수 있으며 수행 성능 측면에서도 약간 우수한 장점이 있고, DBMS_SQL 패키지는 사용법이 복잡하지만 다양한 타입과 함수, 프로시저를 제공해 주기 때문에 이들을 이용해 NDS보다 더 많은 기능을 구현할 수 있다. 참고로 말하자면 필자는 기본적으로는 NDS 방식을 사용하며 좀더 정교하고 세련된 기능을 구현할 필요가 있을 때 DBMS_SQL 패키지를 사용하고 있다.

Knowhow | DBMS_SQL 패키지를 이용해 컬럼 값을 세로로 출력하기

이미 여러 차례 언급했듯이 DBMS_SQL 패키지는 사용법이 복잡하고 이로 인해 코드가 길어지는 단점이 있다. 하지만 이런 단점을 상쇄할 정도로 훌륭한 기능을 수행하는 함수와 프로시저를 내장하고 있다. 이번 현장 노하우에서는 가로로 길게 늘어져 있는 컬럼 값을 세로로 일목요연하게 출력해 주는 방법을 소개하고자 한다.

컬럼 개수가 많은 테이블의 데이터를 보려면 마우스로 수평 스크롤바를 끊임없이 눌러야 한다. 보통 테이블의 키에 해당하는 컬럼은 앞쪽(왼쪽)에 위치해 있고 뒤쪽(오른쪽) 컬럼 값을 보다가 다시 앞쪽으로 왔다갔다 해야 하는데 여간 귀찮은 일이 아니다. 그래서 한 로우를 기준으로 컬럼 값을 세로로 보여주는 기능을 지원하는 툴이 있긴 하지만 모든 툴에서 이런 기능을 제공하지는 않는다. 그런데 DBMS_SQL 패키지를 사용하면 컬럼 값을 보기 좋게 세로로 출력할 수 있다.

우선 이 기능을 수행하는 프로시저를 만들어 보자.

입력

```
CREATE OR REPLACE PROCEDURE print_table(p_query IN VARCHAR2 )
IS
  l_theCursor      INTEGER DEFAULT DBMS_SQL.OPEN_CURSOR;
  l_columnValue    VARCHAR2(4000);
  l_status         INTEGER;
  l_descTbl        DBMS_SQL.DESC_TAB;
  l_colCnt         NUMBER;
BEGIN
  -- 쿼리 구문 자체를 p_query 매개변수에 받아 온다
  -- 받아온 쿼리를 파싱한다
  DBMS_SQL.PARSE(l_theCursor,  p_query, DBMS_SQL.NATIVE );

  -- DESCRIBE_COLUMN 프로시저 : 커서에 대한 컬럼 정보를 DBMS_SQL.DESC_TAB형 변수에 넣는다
  DBMS_SQL.DESCRIBE_COLUMNS (l_theCursor, l_colCnt, l_descTbl );

  -- 선택된 컬럼 개수만큼 루프를 돌며 DEFINE_COLUMN 프로시저를 호출해 컬럼을 정의한다
  FOR i IN 1..l_colCnt
  LOOP
    DBMS_SQL.DEFINE_COLUMN (l_theCursor, i, l_columnValue, 4000);
  END LOOP;

  -- 실행
  l_status := DBMS_SQL.EXECUTE(l_theCursor);

  WHILE ( DBMS_SQL.FETCH_ROWS (l_theCursor) > 0 )
  LOOP
    -- 컬럼 개수만큼 다시 루프를 돌면서 컬럼 값을 l_columnValue 변수에 담는다
    -- DBMS_SQL.DESC_TAB 형 변수인 l_descTbl.COL_NAME은 컬럼 명칭이다
    -- l_columnValue에는 컬럼 값이 들어 있다
```

```
    FOR i IN 1..l_colCnt
    LOOP
       DBMS_SQL.COLUMN_VALUE ( l_theCursor, i, l_columnValue );
       DBMS_OUTPUT.PUT_LINE   (rpad( l_descTbl(i).COL_NAME, 30 ) || ': '
                              || l_columnValue );
    END LOOP;
    DBMS_OUTPUT.PUT_LINE( '------------------' );
  END LOOP;

  DBMS_SQL.CLOSE_CURSOR (l_theCursor);
END;
```

결과

```
PROCEDURE PRINT_TABLE이(가) 컴파일되었습니다.
```

print_table 프로시저의 소스에서 한 가지 부분만 제외하면 나머지 내용은 지금까지 배운 내용을 토대로 쉽게 이해할 수 있을 것이다. 이 프로시저의 역할은 쿼리가 수행된 결과의 컬럼 값을 세로로 출력하는 것인데, 이를 위해서는 먼저 컬럼의 명칭이 필요하다. 컬럼 값이야 어차피 쿼리 결과로 반환되니까 DEFINE_COLUMN, COLUMN_VALUE 프로시저로 값을 가져올 수 있지만, 도대체 컬럼 명칭은 어떻게 가져와야 할까?

위 소스에서 굵게 표시한 부분이 바로 컬럼 명칭을 가져오는 부분이다. 이들에 대해 하나씩 알아 보자.

- **DESC_TAB**

    : DESC_REC 레코드 타입을 요소로 하는 연관 배열
    (TYPEdesc_tab IS TABLE OF desc_rec INDEX BY BINARY_INTEGER)

- **DESC_REC**

    : 동적 쿼리의 단일 컬럼 정보를 담고 있는 레코드 타입으로, DESCRIBE_COLUMNS 프로시저의 OUT 매개변수 타입인 DESC_TAB의 요소 타입이다.

```
TYPE desc_rec IS RECORD (
      col_type             BINARY_INTEGER := 0,   -- 데이터 타입
      col_max_len          BINARY_INTEGER := 0,   -- 최대 길이
      col_name             VARCHAR2(32) := '',    -- 컬럼명
      col_name_len         BINARY_INTEGER := 0,   -- 컬럼명 길이
      col_schema_name      VARCHAR2(32) := '',    -- 컬럼 스키마명
      col_schema_name_len  BINARY_INTEGER := 0,   -- 컬럼 스키마명 길이
      col_precision        BINARY_INTEGER := 0,   -- 전체 자리 수
      col_scale            BINARY_INTEGER := 0,   -- 소수점 이하 자리 수
      col_charsetid        BINARY_INTEGER := 0,   -- 컬럼 문자 설정 ID
      col_charsetform      BINARY_INTEGER := 0,   -- 컬럼 문자 설정 폼
      col_null_ok          BOOLEAN := TRUE        -- NULL 여부
      );
```

- DBMS_SQL.DESCRIBE_COLUMNS (
         c   IN INTEGER,
         col_cnt OUT INTEGER,
         desc_t OUT DESC_TAB);

  - **DBMS_SQL 패키지가 오픈하고 파싱한 커서의 컬럼 정보를 가져온다**
  - c: 커서 ID
  - col_cnt: 해당 커서에 대한 쿼리의 전체 컬럼 수를 가진 출력 매개변수
  - desc_t: DESC_TAB 컬렉션 타입으로 컬럼 정보를 가진 출력 매개변수

정리하면 DESCRIBE_COLUMNS 프로시저의 첫 번째 매개변수로 커서 ID를 전달해 실행하면, 해당 쿼리에서 명시한 컬럼 수는 col_cnt에, 그리고 나머지 컬럼에 대한 정보는 desc_t라는 DESC_TAB 타입 변수에 들어 간다. 특히, DESC_TAB은 연관 배열 컬렉션 타입으로 컬럼 상세 정보가 있는 DESC_REC라는 레코드 타입을 요소로 하고 있다. 결국 col_cnt와 desc_t는 출력 변수이므로 프로시저 호출 후 이 두 변수를 참조하면 컬럼 정보를 얻어 올 수 있다. print_table 프로시저에서는 DESC_REC 레코드 항목 중 COL_NAME을 참조해서 컬럼명을 가져오고 있다.

자, 그러면 실행해서 제대로 결과를 출력해 내는지 알아 보자. 이 프로시저의 매개변수로는 동적 쿼리문이 들어가므로 ch13_physicist 테이블을 조회하는 구문을 넣어 보자.

입력
```
EXEC print_table( 'SELECT * FROM ch13_physicist');
```

결과
```
IDS                 : 1
NAMES               : Albert Einstein
BIRTH_DT            : 1564-02-15
-----------------
IDS                 : 2
NAMES               : Galileo Galilei
BIRTH_DT            : 1643-01-04
-----------------
IDS                 : 3
NAMES               : Isaac Newton
BIRTH_DT            : 1858-04-23
-----------------
IDS                 : 4
NAMES               : Max Plank
BIRTH_DT            : 1879-03-14
-----------------
```

테이블에 담긴 데이터가 세로로 출력되었다. 사실 이 프로시저는 필자가 만든 것이 아니라 PL/SQL의 전설적인 대가인 Tom Kyte의 블로그에 올라와 있는 프로시저다. 관련 정보는 "https://asktom.oracle.com/pls/apex/f?p=100:11:0::::P11_QUESTION_ID:1035431863958"에 있다.

print_table 프로시저를 응용하면 다양한 기능을 구현할 수 있다. 다음과 같은 상황을 가정해 보자. 30개의 컬럼이 있는 tab1이란 테이블을 사용하고 있는데, 업무 로직이 변경되어 컬럼을 2개 추가해야 한다. 그래서 tab1_new란 테이블을 신규로 만들었다. 문제는 추가된 컬럼이 맨 끝에 붙은 것이 아니라 중간에 띄엄띄엄 들어간 것이다. 따라서 신규 테이블로 데이터를 이관하기 위해 다음과 같은 쿼리를 사용할 수 없게 되었다.

입력

```
INSERT INTO tab1_new
SELECT *
  FROM tab1;
```

tab1_new에는 tab1보다 2개의 컬럼이 더 있고 추가된 두 컬럼은 중간에 들어가 있어 컬럼 수와 순서가 맞지 않아 위 구문을 사용할 수는 없고, 대신 일일이 컬럼명을 기술해야 한다. 하지만 32개나 되는 컬럼을 일일이 기술하는 것도 그렇고 컬럼 순서까지 달라져서 INSERT~SELECT 구문을 작성하는 작업이 만만치 않다. 이런 상황에서는 tab1_new 기준으로 컬럼을 쭉 나열한 뒤, 새로 추가된 두 컬럼만 제거하면 문제는 말끔히 해결된다.

print_table 프로시저를 약간만 변경하면 INSERT 구문을 자동으로 만들어 낼 수 있다. 즉 일일이 모든 컬럼을 직접 명시할 필요가 없다는 말이다. DESCRIBE_COLUMNS 프로시저가 쿼리로 선택된 컬럼 명칭을 가져오기 때문에 이렇게 할 수 있는 것이다. 그럼 필자가 만든 insert_ddl 프로시저를 살펴 보자.

입력

```
CREATE OR REPLACE PROCEDURE insert_ddl( p_table IN VARCHAR2 )
IS
  l_theCursor     INTEGER DEFAULT DBMS_SQL.OPEN_CURSOR;
  l_status        INTEGER;
  l_descTbl       DBMS_SQL.DESC_TAB;
  l_colCnt        NUMBER;

  v_sel_sql       VARCHAR2(1000);  -- SELECT 문장
  v_ins_sql       VARCHAR2(1000);  -- INSERT 문장
BEGIN
  -- 입력받은 테이블명으로 SELECT 쿼리를 만들기
  v_sel_sql := 'SELECT * FROM ' || p_table || ' WHERE ROWNUM = 1';

  -- 받아온 쿼리를 파싱하기
```

```
        DBMS_SQL.PARSE(l_theCursor,   v_sel_sql, DBMS_SQL.NATIVE );

        -- DESCRIBE_COLUMN 프로시저 : 커서에 대한 컬럼 정보를 DBMS_SQL.DESC_TAB형 변수에 넣기
        DBMS_SQL.DESCRIBE_COLUMNS ( l_theCursor, l_colCnt, l_descTbl );

        -- INSERT문 쿼리를 만들기
        v_ins_sql := 'INSERT INTO ' || p_table || ' ( ';

        -- 루프를 돌며 컬럼명을 하나씩 읽어와  INSERT  구문을 완성시키기
        FOR i IN 1..l_colCnt
        LOOP
           -- 맨 마지막 컬럼에 오면 끝에 괄호를 붙이기
           IF i = l_colCnt THEN
              v_ins_sql := v_ins_sql || l_descTbl(i).COL_NAME || ' )';
           ELSE -- 루프를 돌며 '컬럼명,' 형태로 만들기
              v_ins_sql := v_ins_sql || l_descTbl(i).COL_NAME || ', ';
           END IF;
        END LOOP;
        -- INSERT 문장 출력
        DBMS_OUTPUT.PUT_LINE ( v_ins_sql );
        -- 커서 닫기
        DBMS_SQL.CLOSE_CURSOR (l_theCursor);
END;
```

결과
PROCEDURE INSERT_DDL이(가) 컴파일되었습니다.

print_table 프로시저의 동작 원리를 완벽히 이해했다면 이 프로시저도 어렵지 않을 것이다. insert_ddl 프로시저는 매개변수로 테이블명을 전달받는데, 이를 토대로 SELECT 구문을 만들어 파싱한 다음, 컬럼 정보를 가져와 컬럼 개수만큼 루프를 돌면서 INSERT 구문을 만들어 내고 있다. 이 프로시저의 독특한 점은 실제 쿼리를 수행하는 것이 아니라 컬럼명만 가져와 INSERT 구문을 만드는 것이 목적이므로 동적 쿼리 문장인 SELECT문을 실행(EXECUTE 함수 호출) 하지 않았다는 점이다. 그럼 insert_ddl 프로시저를 실행해 보자.

입력
```
EXEC insert_ddl ('ch13_physicist');
```

결과
```
INSERT INTO ch13_physicist ( IDS, NAMES, BIRTH_DT )
```

성공적이다. 이번에는 컬럼 수가 좀더 많은 테이블을 선택해 보자.

입력
```
EXEC insert_ddl( 'CUSTOMERS');
```

결과
```
INSERT INTO CUSTOMERS ( CUST_ID, CUST_FIRST_NAME, CUST_LAST_NAME, CUST_GENDER, CUST_
YEAR_OF_BIRTH, CUST_MARITAL_STATUS, CUST_STREET_ADDRESS, CUST_POSTAL_CODE, CUST_
CITY, CUST_CITY_ID, CUST_STATE_PROVINCE, CUST_STATE_PROVINCE_ID, COUNTRY_ID, CUST_
MAIN_PHONE_NUMBER, CUST_INCOME_LEVEL, CUST_CREDIT_LIMIT, CUST_EMAIL, CUST_TOTAL,
CUST_TOTAL_ID, CUST_SRC_ID, CUST_EFF_FROM, CUST_EFF_TO, CUST_VALID )
```

여러분도 "이런 기능이 있으면 좋겠다" 라는 생각이 든다면 DBMS_SQL 패키지를 이용해 다양하고 독특한 기능을 수행하는 함수나 프로시저를 만들어 보길 바란다.

핵심정리

1. 컴파일 타임이 아닌 실행 시에 SQL 문장을 구성해 실행하는 것을 동적 SQL이라고 한다.

2. 동적 SQL은 SQL 문장을 문자열 형태로 만들어 실행하므로, 컴파일할 때 각종 문법적 오류가 검증되는 정적 SQL과는 달리 실행 시점에 오류가 검출된다.

3. 동적 SQL을 처리하는 방식으로는 NDS와 DBMS_SQL 패키지를 이용하는 방법이 있으며, 일반 SQL 문장 뿐만 아니라 DDL 문도 PL/SQL 방식으로 처리할 수 있다.

4. NDS는 EXECUTE IMMEDIATE문을 사용하는데 SELECT문은 반환되는 로우가 1개이면 EXECUTE IMMEDIATE를, 1개 이상이면 OPEN FOR문을 사용한다.

5. EXECUTE IMMEDIATE문에서 USING 절로 바인드 변수를 사용할 수 있다.

6. DBMS_SQL 패키지는 '커서 열기(OPEN_CURSOR) → 파싱(PARSE) → 바인드 변수 연결(BIND_VARIABLE 혹은 BIND_ARRAY) → 컬럼 정의(DEFINE_COLUMN) → 쿼리 실행(EXECUTE) → 결과 패치(FETCH_ROWS) → 패치된 결과 값 받아오기(COLUMN_VALUE) → 커서 닫기(CLOSE_CURSOR)'까지 총 8단계에 걸쳐 동적 SQL을 처리한다.

7. 11g부터 제공하는 DBMS_SQL.TO_REFCURSOR 함수는 커서 번호를 SQL 커서 타입으로 변환해 NDS 방식으로 처리할 수 있게 하며, 반면 DBMS_SQL.TO_CURSOR_NUMBER 함수는 SQL 커서 타입을 커서 번호로 변환한다.

Self-Check

1. 다음과 같은 기능을 수행하는 프로시저를 만들어 보자.
   (1) 프로시저명 : ch13_exam_crt_table_proc
   (2) 매개변수   : 테이블명 (pv_src_table)
   (3) 내용   : ① 매개변수로 넘어온 테이블과 동일한 구조의 테이블을 생성하는데, 새로 생성하는 테이블명은 기존 테이블명에 '_NEW'를 붙여 생성한다.
   ② NDS 방식으로 만든다.

2. ch13_exam_crt_table_proc 프로시저에서 생성할 테이블이 이미 있으면 생성하지 않도록 수정해 보자.

3. ch13_physicist 테이블에 대한 복사본 테이블을 만들고 복사본 데이터를 지운 다음, 다시 ch13_physicist 테이블의 데이터를 선택해 변수에 담은 다음 이 변수로 복사본 테이블에 데이터를 넣는 익명 블록을 만들어 보자.

4. 3번에서 작성한 익명 블록을 DBMS_SQL 패키지로 변환해 작성해 보자.

5. 4번에서 작성한 익명 블록의 코드를 좀더 간편하게 줄여 보자(힌트: BULK DML 형태로 작성할 것).

14장

임시 테이블과 TABLE 함수

이 장에서는 오라클에서 제공하는 임시 테이블에 대해 살펴볼 것이다. 임시 테이블이란 그 이름에서 유추할 수 있듯이 테이블에 저장된 데이터가 영구적이 아닌 특정 조건에 따라 잠깐 존재하는 테이블을 말한다. 일시적으로만 데이터를 담고 있는 테이블이 굳이 필요할까 의구심이 들기도 하겠지만 유용하게 써먹을 상황이 종종 발생한다. 그리고 일반 테이블처럼 사용할 수 있는 함수에 대해서도 배워볼 것이다. 보통 함수는 SELECT 절에서 사용하는데 TABLE 함수는 FROM 절에 위치해 마치 테이블인 양 사용할 수 있는 함수를 말한다. 그럼 본격적으로 이들에 대해 파헤쳐 보자.

01   오라클도 지원 가능한 임시 테이블
02   임시 테이블
03   TABLE 함수

01 오라클도 지원 가능한 임시 테이블

마이크로소프트사의 MSSQL을 주로 사용하던 개발자가 오라클의 PL/SQL을 접한 뒤 맨 처음 했던 질문이, "MSSQL에서는 프로시저 안에서 임시 테이블을 만들어 복잡한 연산을 수행한 후 임시 테이블에 데이터를 넣은 다음 선택해서 결과를 볼 수 있는데, 오라클에서도 가능한가요?"였다. 예를 들어, MSSQL에서는 아래와 같은 형태로 프로시저를 만들 수 있다.

입력

```
-- MSSQL 프로시저 예
CREATE PROCEDURE test_proc
AS
  -- 임시 테이블 생성
  CREATE #ch13_physicist (
         ids      INT,
         names    VARCAR(30),
         birth_dt DATETIME );

  -- 비즈니스 로직 처리
  ...
  ...

  -- 임시 테이블에 데이터 insert
  INSERT INTO #ch13_physicist
  SELECT ...

  -- 마지막에 임시 테이블 SELECT
  SELECT *
    FROM #ch13_physicist
```

이렇게 프로시저를 생성한 뒤 실행하면 프로시저의 맨 마지막에 있는 임시 테이블을 선택한 결과가 출력된다.

입력

```
EXEC test_proc'
```

결과

```
Ids      names             birth_dt
-------- ----------------- ----------------
1        Albert Einstein
2
......
......
```

하지만 오라클에서는 이와 같은 기능은 지원하지 않는다. 오라클에서 프로시저는 어떤 결과를 반환하거나 보여주는 것이 아니라 특정 로직을 처리하는 역할만 수행하며 결과를 반환하는 것은 함수의 몫이다. 함수와 프로시저, 두 서브 프로그램의 역할을 분명하게 분리해 놓고 있다. 하지만 함수 역시 특정 데이터 타입을 반환할 뿐이지 위에서 예로 든 것처럼 SELECT문을 실행한 결과 집합을 반환하거나 보여주지는 않는다. 따라서 "오라클에서는 위와 같은 형태로 프로시저를 만들 수 없다!"라고 얘기할 수 밖에 없다.

사실 MSSQL에서 프로시저를 수행해 쿼리 결과를 볼 수 있는 기능은 개발자 입장에서 보면 상당히 매력적인 것이 사실이다. 보통 단일 SELECT문으로도 원하는 결과를 얻을 수 있지만 복잡한 로직을 처리해야 하는 경우 하나의 SELECT문으로만 구현하기란 쉽지 않다. 따라서 원하는 최종 결과 형태로 임시 테이블을 만들어 놓고, 프로시저 내에서 DML문을 이용해 복잡한 연산을 여러 단계에 걸쳐 수행하면서 데이터를 가공해 최종 결과를 임시 테이블에 넣고 맨 마지막에 이 임시 테이블을 SELECT하는 방식은 상당히 편리하고 좋은 기능이라 할 수 있다.

하지만 오라클에서는 임의의 로직 처리를 위한 연산 수행은 프로시저가, 연산을 수행한 결과를 반환하는 것은 함수가 처리하도록 엄격히 구분하고 있으며, 함수조차도 쿼리 결과 집합을 그대로 반환하지는 않는다. 하지만 오라클에서도 MSSQL 프로시저와 정확히 같은 기능은 아니지만 비슷한 기능은 지원하고 있다.

02 임시 테이블

MSSQL에서는 "CREATE TABLE #테이블명…" 형태로 임시 테이블을 만들 수 있으며, 테이블명 앞에 '#'을 붙이면 해당 세션이 살아있는 동안 이 임시 테이블의 데이터는 유지된다. 또한 프로시저 내에서 임시 테이블을 만들면 프로시저의 실행이 끝나면 자동으로 임시 테이블은 사라져 버린다. 그런데 오라클에서도 이 같은 임시 테이블을 생성해서 사용할 수 있다.

오라클에서 사용하는 임시 테이블을 Global Temporary 테이블이라고 하는데, 이는 테이블을 생성할 때 "Global Temporary"란 구문이 들어가기 때문이다. 앞으로 이 책에서는 임시 테이블을 GTT(Global Temporary Table, 전역임시테이블)라고 줄여서 부르겠다.

GTT는 생성 방법에 따라 트랜잭션 GTT와 세션 GTT로 나눌 수 있다. 트랜잭션 GTT는 같은 트랜잭션 내에서만 데이터가 유지되는데 반해, 세션 GTT는 같은 세션 내에서 데이터가 유지된다. 그럼 이 두 가지 유형의 GTT에 대해 자세히 알아 보자.

트랜잭션 GTT

먼저 트랜잭션 GTT의 생성 구문에 대해 살펴 보자. 일반적인 테이블 생성 구문과 거의 흡사하다.

```
CREATE GLOBAL TEMPORARY TABLE 테이블명 (
컬럼1    데이터타입,
...
... )
 [ ON COMMIT DELETE ROWS ] ;
```

GTT와 일반 테이블 생성 구문과의 차이점은 CREATE 다음에 "GLOBAL TEMPORARY"와 맨 마지막에 "ON COMMIT DELETE ROWS"란 구문이 추가된다는 점이다. "ON COMMIT DELETE ROWS"는 COMMIT 시에 로우를 삭제하라는 의미로, DML로 GTT 테이블에 데이터를 생성, 수정할 당시에는 데이터가 남아 있지만 COMMIT을 실행하면 모든 데이터(로우)가 없어진다는 뜻이다. **트랜잭션이 살아 있는 동안에만 데이터가 유지**되므로 **트랜잭션 GTT**라고 부르는 것이며, 생략이 가능하므로 이 구문을 빼고 GTT를 생성하면 디폴트로 트랜잭션 GTT가 만들어 진다. 그럼 트랜잭션 GTT를 생성해 보자.

입력
```
CREATE GLOBAL TEMPORARY TABLE ch14_tranc_gtt (
        ids         NUMBER,
        names       VARCHAR2(50),
        birth_dt    DATE
     )
  ON COMMIT DELETE ROWS;
```

결과
global temporary TABLE이(가) 생성되었습니다.

이전 장에서 만들었던 ch13_physicist 테이블과 같은 구조로 GTT를 생성했다. 이제 데이터를 넣고 트랜잭션 내에서 데이터가 유지되는지 알아 보자.

입력
```
DECLARE
  vn_cnt    int  := 0;
  vn_cnt2   int  := 0;

BEGIN
  -- 데이터를 넣기
  INSERT INTO ch14_tranc_gtt
  SELECT *
    FROM ch13_physicist;
```

```
  -- COMMIT 전 데이터 건수
  SELECT COUNT(*)
    INTO vn_cnt
    FROM ch14_tranc_gtt;

  COMMIT;

  -- COMMIT 후 데이터 건수
  SELECT COUNT(*)
    INTO vn_cnt2
    FROM ch14_tranc_gtt;

  DBMS_OUTPUT.PUT_LINE('COMMIT 전: ' || vn_cnt);
  DBMS_OUTPUT.PUT_LINE('COMMIT 후: ' || vn_cnt2);
END;
```

결과

```
COMMIT 전: 4
COMMIT 후: 0
```

익명 블록 실행 결과를 보면 COMMIT을 기점으로 COMMIT이 완료된 다음에는 이전에 넣었던 모든 데이터가 사라졌음을 알 수 있다.

세션 GTT

트랜잭션 GTT와는 달리 세션 GTT는 세션 내에서 유지되는데 생성 구문은 다음과 같다.

```
CREATE GLOBAL TEMPORARY TABLE 테이블명 (
컬럼1    데이터타입,
...
... )
 ON COMMIT PRESERVE ROWS;
```

마지막에 있는 "ON COMMIT PRESERVE ROWS"는 COMMIT을 실행한 후에도 데이터(로우)를 보존하라는 뜻이며 같은 세션 내에 있는 한 데이터가 유지된다. 마찬가지로 세션 GTT를 만들어 보자.

입력

```
CREATE GLOBAL TEMPORARY TABLE ch14_sess_gtt (
       ids       NUMBER,
       names     VARCHAR2(50),
       birth_dt  DATE
```

```
        )
    ON COMMIT PRESERVE ROWS;
```

결과

```
global temporary TABLE이(가) 생성되었습니다.
```

이번에도 트랜잭션 GTT처럼 COMMIT 전과 후의 데이터를 비교해 보자.

입력

```
DECLARE
  vn_cnt    int   := 0;
  vn_cnt2   int   := 0;

BEGIN
  -- 데이터를 넣기
  INSERT INTO ch14_sess_gtt
  SELECT *
    FROM ch13_physicist;

  -- COMMIT 전 데이터 건수
  SELECT COUNT(*)
    INTO vn_cnt
    FROM ch14_sess_gtt;

  COMMIT;

  -- COMMIT 후 데이터 건수
  SELECT COUNT(*)
    INTO vn_cnt2
    FROM ch14_sess_gtt;

  DBMS_OUTPUT.PUT_LINE('COMMIT 전: ' || vn_cnt);
  DBMS_OUTPUT.PUT_LINE('COMMIT 후: ' || vn_cnt2);
END;
```

결과

```
COMMIT 전: 4
COMMIT 후: 4
```

트랜잭션 GTT와는 달리 COMMIT 전과 후의 데이터에 변화가 없다. 세션 GTT는 COMMIT 여부에 상관없이 같은 세션에서 데이터가 보존된다(물론 COMMIT 대신 ROLLBACK을 실행하면 데이터는 사라진다). 하지만 다른 세션에 있는 사용자는 이 데이터를 공유할 수 없다. 정리하면 세션 GTT는 COMMIT을 하더라도 같은 세션에서만 데이터가 공유되며, 세션을 종료하면 데이터는 깨

끝이 사라져 버린다. 예를 들어, A란 사용자가 로그인해 GTT에 데이터를 넣었더라도, 다른 세션으로 로그인한 B 사용자는 A 사용자가 조작한 데이터를 전혀 볼 수 없다. B 사용자 입장에서는 같은 GTT를 조회하더라도 반환되는 결과 로우 수는 0이다. 그 반대도 마찬가지다. 앞에서 언급했던 테이블 이름 앞에 '#'이 붙는 MSSQL의 임시 테이블과 같은 특성을 가진 것이 바로 세션 GTT이다.

기타 GTT의 특징

오라클에서 제공하는 임시 테이블인 GTT의 두 가지 종류에 대해 살펴 봤는데, GTT는 일반 테이블과 형태도 같고 사용법도 비슷한 반면 임시 테이블로써 가진 한계점이 있는데 그 내용은 다음과 같다.

① GTT의 제한사항

- 파티션 GTT를 만들 수 없다.
- GTT에는 외래키를 만들 수 없다.
- GTT에는 병렬로 UPDATE, DELETE, MERGE 문을 실행할 수 없다. 병렬 처리에 대해서는 나중에 다룰 것이다.
- GTT 컬럼으로는 중첩 테이블 타입을 사용할 수 없다.
- GTT에도 인덱스를 만들 수 있다.

② GTT의 활용

그렇다면 어떨 때 일반 테이블이 아닌 GTT를 사용하는 것이 좋을까?

여러 개의 테이블을 조인해서 복잡한 연산을 수행한 결과를 보여주는 리포트를 만들어야 하는데 해당 결과를 산출하기에는 단일 SELECT문으로 구현하기가 어렵다고 하자. 이럴 때, 과거에는 최종 리포트 구조에 맞게 테이블을 만들고 프로시저 안에서 여러 단계에 걸쳐 데이터를 입력하고 조작해 원하는 결과를 만들었다. 이렇게 하면 리포트 화면에서는 WHERE 조건도 필요 없는 단순 SELECT문만 실행하면 됐다.

하지만 이 방법은, 다른 세션의 사용자가 거의 동시에 같은 프로시저를 실행하고 결과를 조회하면 데이터가 중복되거나 누락되는 등의 문제가 발생할 소지가 있다. 하지만 GTT를 사용하면 데이터가 세션별로 관리되므로 데이터가 꼬이는 현상이 발생할 가능성은 거의 없을 뿐만 아니라 원하던 기능도 구현할 수 있다.

03 TABLE 함수

이 장은 MSSQL 프로시저의 특징과 오라클 프로시저에서는 동일한 기능이 구현되지 않는다는 내용으로 시작했다. 하지만 오라클에도 유사한 기능은 있으며, 그중 하나가 바로 MSSQL 임시 테이블에 해당하는 GTT였다. 이번 절에서는 테이블의 데이터를 반환하는 기능에 대해 알아 보자. 물론 오라클 프로시저는 테이블에 있는 데이터를 반환할 수 없으며 뭔가를 반환하는 일은 프로시저가 아닌 함수가 처리한다. 일반적으로 함수는 데이터 타입에 따라 단일 값을 반환하지만 테이블 형태의 값도 반환할 수 있다.

11장에서 컬렉션을 다룰 때, SELECT문의 FROM 절에 TABLE(컬렉션 타입_컬럼) 형태로 컬렉션을 마치 일반 테이블인 것처럼 사용했다. 이렇게 TABLE이란 연산자를 사용해 컬렉션 타입을 반환하는 함수를 **테이블(TABLE) 함수**라고 한다. 일반적인 함수는 VARCHAR2, NUMBER, DATE와 같은 데이터 타입을 가진 단일 값을 반환하는 반면, 테이블 함수는 여러 로우를 가진 컬렉션을 반환한다 (컬렉션 중 연관 배열은 반환하지 못하고, 중첩 테이블과 VARRAY만 반환할 수 있다). 컬렉션은 그 형태가 일반 테이블과 흡사할 뿐이지, 이 역시 하나의 데이터 타입이므로 테이블 함수라고 해서 일반 함수와 다른 점은 없다. 그럼 컬렉션 타입을 반환하는 테이블 함수에 대해 자세히 알아 보자.

사용자 정의 테이블 함수

다시 한번 말하지만, 사용자 정의 테이블 함수라고 해서 뭔가 특별한 것이 있는 것은 아니며 일반 사용자 정의 함수와 다르지 않다. 다만 테이블 함수는 컬렉션 타입을 반환하므로, 테이블 함수를 만들고 사용하려면 그 대상이 되는 컬렉션 타입이 먼저 만들어져 있어야 한다. 그럼 예제를 통해 테이블 함수에 대해 알아 보자.

입력
```
CREATE OR REPLACE TYPE ch14_num_nt IS TABLE OF NUMBER;
```

결과
```
TYPE CH14_NUM_NT이(가) 컴파일되었습니다.
```

이제 ch14_num_nt 컬렉션을 반환하는 함수를 만들어 보자.

입력
```
CREATE OR REPLACE FUNCTION fn_ch14_table1 ( p_n NUMBER )
   RETURN ch14_num_nt              -- 컬렉션 타입 반환
IS
   -- 컬렉션 변수 선언(컬렉션 타입이므로 초기화를 한다)
```

```
    vnt_return ch14_num_nt := ch14_num_nt();
BEGIN
  -- 1부터 입력매개변수인 p_n만큼 숫자 넣기
  FOR i IN 1..p_n
  LOOP
    vnt_return.EXTEND;
    vnt_return(i) := i;
  END LOOP;

  RETURN vnt_return;              -- 컬렉션 타입 반환
END;
```

결과
FUNCTION FN_CH14_TABLE1이(가) 컴파일되었습니다.

fn_ch14_table1 함수는 1부터 p_n만큼 루프를 돌며 ch14_num_nt 컬렉션 타입 변수인 vnt_return에 1부터 숫자를 넣은 다음 이를 반환하는 함수다. 그럼 함수를 실행해 보자.

입력
```
SELECT fn_ch14_table1 (10)
  FROM DUAL;
```

결과
```
FN_CH14_TABLE1(10)
-----------------------------------------------------
ORA_USER.CH14_NUM_NT(1,2,3,4,5,6,7,8,9,10)
```

테이블 함수를 일반 함수처럼 SELECT 리스트에 사용했더니 컬렉션 타입이 반환되었다. 하지만 이 함수는 테이블 함수이므로 TABLE 연산자를 이용하여 FROM 절에서 사용하면 컬렉션을 일반 테이블처럼 사용할 수 있다.

입력
```
SELECT *
  FROM TABLE(fn_ch14_table1 (10));
```

결과
```
COLUMN_VALUE
------------
           1
           2
           3
           4
           5
           6
```

```
           7
           8
           9
          10
```

위 함수는 매개변수로 단순히 숫자를 받았지만 이번에는 단일 값이 아닌 커서를 매개변수로 받아 연산을 수행한 후 컬렉션 타입을 반환하는 테이블 함수를 만들어 보자. 물론 매개변수로 커서 타입을 사용하는 것은 일반 함수에서도 가능하다.

먼저 테이블 함수가 반환할 컬렉션 타입을 만들어야 하는데, 이전처럼 단순히 숫자만으로 이루어진 컬렉션(중첩 테이블)이 아니라 레코드나 OBJECT 타입같이 여러 데이터 타입으로 이루어진 컬렉션을 만들어 보자.

입력
```
CREATE OR REPLACE TYPE ch14_obj_type1 AS OBJECT (
          varchar_col1    VARCHAR2(100),
          varchar_col2    VARCHAR2(100),
          num_col         NUMBER,
          date_col        DATE                );
```

결과
TYPE CH14_OBJ_TYPE1이(가) 컴파일되었습니다.

이제 ch14_obj_type1을 요소로 하는 컬렉션, 즉 중첩 테이블 타입을 생성한다.

입력
```
CREATE OR REPLACE TYPE ch14_cmplx_nt IS TABLE OF ch14_obj_type1;
```

결과
TYPE CH14_CMPLX_NT이(가) 컴파일되었습니다.

마지막으로 매개변수로 사용할 커서 타입을 만들어야 하는데, "CREATE [OR REPLACE] TYPE" 구문으로 만들 수 있는 타입은 OBJECT 타입, 중첩 테이블, VARRAY에 한정되며 커서 타입은 생성할 수 없다. 11장에서 커서에 대해 다룰 때 커서 타입은 모두 익명 블록의 변수 선언부에 선언해 놓고 사용했는데, 이렇게 하면 익명 블록의 수행이 끝나면 사라져 버린다. 함수의 매개변수로 사라져 버리는 커서 타입을 사용할 수는 없는 일이다. 그렇다면 어떻게 해야 할까?

방법이 없는 것은 아니다. 패키지에 선언해 놓고 해당 패키지 타입을 참조해 사용하면 된다. 다음과 같이 패키지를 만들고 더불어 커서 타입도 선언해 보자.

입력
```
CREATE OR REPLACE PACKAGE ch14_empty_pkg
IS
   -- 사원 테이블에 대한 커서
   TYPE emp_refc_t IS REF CURSOR RETURN employees%ROWTYPE;

END ch14_empty_pkg;
```

결과
PACKAGE CH14_EMPTY_PKG이(가) 컴파일되었습니다.

이제 사전 준비는 모두 마쳤으니 커서를 매개변수로 받아 ch14_cmplx_nt 타입을 반환하는 테이블 함수를 만들어 보자.

입력
```
CREATE OR REPLACE FUNCTION fn_ch14_table2( p_cur ch14_empty_pkg.emp_refc_t )
   RETURN ch14_cmplx_nt
IS
   -- 입력 커서에 대한 변수 선언
   v_cur p_cur%ROWTYPE;

   -- 반환할 컬렉션 변수 선언(컬렉션 타입이므로 초기화를 한다)
   vnt_return ch14_cmplx_nt := ch14_cmplx_nt();

BEGIN
   -- 루프를 돌며 입력 매개변수 p_cur를 v_cur로 패치
   LOOP
     FETCH p_cur INTO v_cur;
     EXIT WHEN p_cur%NOTFOUND;

     -- 컬렉션 타입이므로 EXTEND 메소드를 사용해 한 로우씩 신규 삽입
     vnt_return.EXTEND();
     -- 컬렉션 요소인 OBJECT 타입에 대한 초기화
     vnt_return(vnt_return.LAST) := ch14_obj_type1(null, null, null, null);

     -- 컬렉션 변수에 커서 변수의 값 할당
     vnt_return(vnt_return.LAST).varchar_col1 := v_cur.emp_name;
     vnt_return(vnt_return.LAST).varchar_col2 := v_cur.phone_number;
     vnt_return(vnt_return.LAST).num_col      := v_cur.employee_id;
     vnt_return(vnt_return.LAST).date_col     := v_cur.hire_date;

   END LOOP;
   -- 컬렉션 반환
   RETURN vnt_return;
END;
```

결과
FUNCTION FN_CH14_TABLE2이(가) 컴파일되었습니다.

성공적으로 컴파일되었다. 위 함수는 매개변수로 들어온 커서를 커서 변수에 패치하면서 커서 변수에 담긴 값을 미리 정의해 놓은 컬렉션 타입 변수에 담은 후 이 변수를 반환하고 있다. 좀 주의를 기울여야 할 부분은 컬렉션 변수의 초기화 부분이다. 단일 데이터 타입을 요소로 하는 컬렉션과는 달리, ch14_cmplx_nt 컬렉션 타입은 4개의 항목으로 구성된 ch14_obj_type1라는 OBJECT 타입을 요소로 삼는다. 따라서 ch14_cmplx_nt 컬렉션 타입 변수인 vnt_return에 값을 할당하기 전에 먼저 OBJECT 타입에 대한 생성자인 ch14_obj_type1( )로 초기화 해야 한다. ch14_obj_type1 타입은 4개의 항목으로 구성되어 있으므로 총 4개의 NULL을 생성자의 매개변수로 전달했다.

함수를 만들었으니 호출해 보자. 이 테이블 함수는 커서를 매개변수로 받으므로 다음과 같이 **CURSOR 표현식**을 사용해 SELECT문을 커서 타입으로 변환해 직접 테이블 함수의 매개변수로 전달해서 사용할 수 있다.

입력
```
SELECT *
  FROM TABLE(fn_ch14_table2 ( CURSOR ( SELECT * FROM EMPLOYEES WHERE ROWNUM < 6)
                            )
            );
```

결과
```
VARCHAR_COL1         VARCHAR_COL2         NUM_COL DATE_COL
-------------------- -------------------- ------- ----------
William Smith        011.44.1343.629268       171 2000-02-23
Elizabeth Bates      011.44.1343.529268       172 2000-06-24
Sundita Kumar        011.44.1343.329268       173 2001-06-21
Ellen Abel           011.44.1644.429267       174 1998-05-11
Alyssa Hutton        011.44.1644.429266       175 1999-09-19
```

CURSOR 표현식 내부의 쿼리에서 6개 이하의 행을 조회하라는 조건(ROWNUM < 6)을 주었으므로 사원 테이블에서 총 5건의 데이터를 선택한 후 커서로 넘겨 이를 다시 컬렉션 변수에 담은 결과가 출력되었다.

테이블 함수는 문자나 숫자 같은 단일형 데이터 타입이 아닌 테이블 형태의 2차원 데이터 타입인 컬렉션을 반환하고, 이 반환된 결과는 TABLE 함수를 이용하면 직접 SELECT문에서 사용할 수 있다.

파이프라인 테이블 함수

지금까지 일반적인 테이블 함수에 대해 살펴봤는데 또 다른 형태의 테이블 함수가 있다. 바로 그 주인공은 **파이프라인 테이블 함수**Pipelined Table Function이다. 이 함수는 보통의 테이블 함수와 한 가지 다른 점이 있는데 바로 파이프라인이라는 특성이 그것이다.

파이프라인Pipeline이란 시리얼Serial과는 반대되는 개념으로, 가령 A, B, C 세 개의 상자가 있고 A 상자에는 탁구공이 담겨 있다고 해보자. 그리고 A 상자의 탁구공을 B에 옮기고, B에 옮겨진 탁구공을 다시 C 상자에 옮기는 작업을 해야만 한다. 시리얼 작업의 경우에는 A 상자에 있는 탁구공을 B 상자로 모두 옮긴 후 B 상자의 탁구공을 다시 C 상자로 옮기는 식으로 처리한다. 반면 파이프라인은 A 상자의 탁구공을 B 상자로 옮기고, 이와 동시에 B 상자에 있는 탁구공을 C 상자로 옮기는 형태다. 즉 A 상자에 탁구공이 남아 있더라도 B 상자에 탁구공이 있으면 A 상자가 텅 빌 때까지 기다리지 않고 C 상자로 탁구공을 옮기는 것이다.

▼ **그림 14-1** 파이프라인 개념

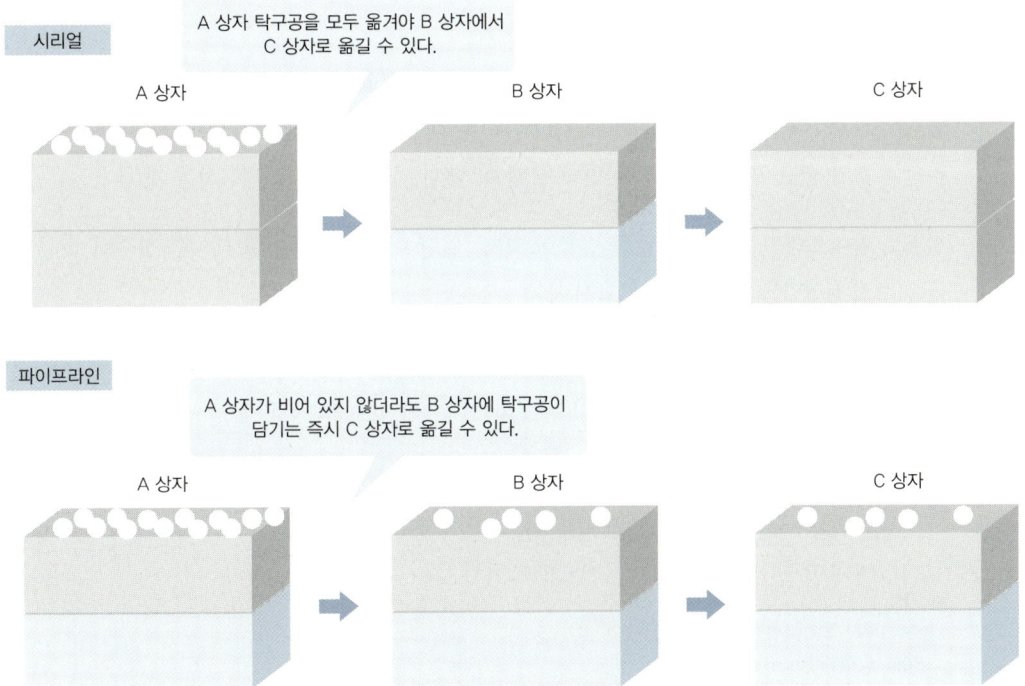

탁구공을 데이터로 생각한다면 파이프라인 테이블 함수를 쉽게 이해할 수 있을 것이다. 일반적인 테이블 함수는 루프를 돌면서 반환할 컬렉션 변수에 데이터를 옮기고 루프가 끝난 후에야 데이터가 담긴 컬렉션 전체를 반환한다. 하지만 파이프라인 테이블 함수는 루프를 돌면서 컬렉션에 데이터가 담기는 즉시 이 데이터를 반환한다. 따라서 파이프라인 테이블 함수를 호출한 측에서도 곧바로 데이터를 받아 볼 수 있다.

일반적인 테이블 함수는 함수 정의 구문이 다른 함수의 구문과 차이가 없었다. 하지만 파이프라인 테이블 함수는 다음과 같이 함수 정의 구문에 몇 가지 옵션이 추가된다.

```
CREATE OR REPLACE FUNCTION 함수명(매개변수 리스트 ...)
    RETURN 컬렉션 타입
  PIPELINED
IS
...
BEGIN
...
  LOOP
...
...
    PIPE ROW(반환 데이터);
  END LOOP;
  RETURN;
END;
```

굵게 표시한 부분이 파이프라인 테이블 함수에만 있는 구문이다. 앞 부분에 PIPELINED이란 키워드를 명시하고, 루프 중간에 있는 PIPE ROW(반환 데이터)가 실제로 데이터를 반환하는 부분이다. 그리고 루프가 끝난 후 RETURN을 만났을 때 이 함수는 일을 마치고 퇴장하는 것이다.

실제로 파이프라인 테이블 함수를 만들어 보자. 일단 이전에 만들었던 테이블 함수와 똑같이 만들어 두 함수의 동작 방식과 결과를 비교해 보자.

입력

```
CREATE OR REPLACE FUNCTION fn_ch14_pipe_table( p_n NUMBER )
  RETURN ch14_num_nt
  PIPELINED
IS
  -- 컬렉션 변수 선언 (컬렉션 타입이므로 초기화를 한다)
  vnt_return ch14_num_nt := ch14_num_nt();
BEGIN
  -- 1부터 입력 매개변수인 p_n만큼 숫자 넣기
  FOR i IN 1..p_n
  LOOP
    vnt_return.EXTEND;
    vnt_return(i) := i;

    -- 컬렉션 타입을 반환
    PIPE ROW (vnt_return(i));
  END LOOP;
  RETURN;
END;
```

결과
FUNCTION FN_CH14_PIPE_TABLE이(가) 컴파일되었습니다.

이제 함수를 실행해 보자. 테이블 함수이므로 TABLE 연산자를 사용해 일반 SQL문에서 사용할 수 있다.

입력
```sql
SELECT *
  FROM TABLE(fn_ch14_pipe_table (10));
```

결과
```
COLUMN_VALUE
------------
           1
           2
           3
           4
           5
           6
           7
           8
           9
          10
```

파이프라인 테이블 함수의 실행 결과는 일반 테이블 함수인 fn_ch14_table1와 같지만 그 처리 방식은 다르다. 즉 일반 테이블 함수가 1~10까지의 값을 모두 컬렉션에 담은 후 반환한 반면, 파이프라인 함수는 숫자가 담기는 즉시 반환한다.

이러한 동작 방식 때문에 파이프라인 테이블 함수를 사용하면 결과를 좀더 빨리 볼 수 있다. 위의 예제에서는 1부터 10까지만 값을 출력해서 두 테이블 함수의 차이점을 거의 느낄 수 없지만, 많은 연산을 처리할 때는 그 차이를 실감할 수 있을 것이다.

입력
```sql
-- 일반 테이블 함수(4,000,000회 루프)
SELECT *
  FROM TABLE( fn_ch14_table1 (4000000));

-- 파이프라인 테이블 함수(4,000,000회 루프)
SELECT *
  FROM TABLE( fn_ch14_pipe_table (4000000));
```

필자의 컴퓨터에서 SQL Developer로 이 두 개의 쿼리를 실행시키면, 5,000개의 행을 추출하기까지 일반 테이블 함수는 1.452초, 파이프라인 함수는 0.051초가 걸렸다. 전자는 반환할 컬렉션에 4백만 개의 숫자를 모두 담은 후 결과가 출력된 것이고, 후자는 값이 들어오는 즉시 반환되어 출력되므로 이런 미묘한 시간 차이가 발생한 것이다.

이번에는 다른 형태의 테이블 함수를 만들어 보자. 파이프라인 함수는 루프 중간에 PIPE ROW 문을 써서 컬렉션 타입을 반환하므로 루프 안에서 여러 번 사용하면 데이터 역시 여러 번 반환된다. 어떤 형태로 반환되는지 살펴보자.

입력

```
CREATE OR REPLACE FUNCTION fn_ch14_pipe_table2 ( p_cur ch14_empty_pkg.emp_refc_t )
   RETURN ch14_cmplx_nt
   PIPELINED
IS
   -- 입력 커서에 대한 변수 선언
   v_cur p_cur%ROWTYPE;

   -- 반환할 컬렉션 변수 선언 (컬렉션 타입이므로 초기화를 한다)
   vnt_return ch14_cmplx_nt :=  ch14_cmplx_nt();
BEGIN
   -- 루프를 돌며 입력 매개변수 p_cur를 v_cur로 패치
   LOOP
      FETCH p_cur INTO v_cur;
      EXIT WHEN p_cur%NOTFOUND;

      -- 컬렉션 타입이므로 EXTEND 메소드를 사용해 한 로우씩 신규 삽입
      vnt_return.EXTEND();
      -- 컬렉션 요소인 OBJECT 타입에 대한 초기화
      vnt_return(vnt_return.LAST) := ch14_obj_type1(null, null, null, null);
      -- 컬렉션 변수에 커서 변수의 값 할당
      vnt_return(vnt_return.LAST).varchar_col1 := v_cur.emp_name;
      vnt_return(vnt_return.LAST).varchar_col2 := v_cur.phone_number;
      vnt_return(vnt_return.LAST).num_col      := v_cur.employee_id;
      vnt_return(vnt_return.LAST).date_col     := v_cur.hire_date;
      PIPE ROW ( vnt_return(vnt_return.LAST));              -- 첫 번째 반환

      vnt_return(vnt_return.LAST).varchar_col1 := v_cur.job_id;
      vnt_return(vnt_return.LAST).varchar_col2 := v_cur.email;
      PIPE ROW ( vnt_return(vnt_return.LAST));              -- 두 번째 반환
   END LOOP;
   RETURN;
END;
```

결과

FUNCTION FN_CH14_PIPE_TABLE2이(가) 컴파일되었습니다.

fn_ch14_pipe_table2 함수 역시 일반 테이블 함수인 fn_ch14_table2를 변형해 만든 파이프라인 함수다. fn_ch14_pipe_table2 함수는 PIPE ROW 문을 이용해 루프 내에서 두 번 값을 반환하고 있는데, 두 번째 반환 전에 VARCHAR_COL1, VARCHAR_COL2에 사원 테이블의 JOB_ID와 EMAIL 컬럼 데이터를 넣었다. 이렇게 하면 어떤 형태로 결과가 반환되는지 확인해 보자.

입력
```sql
SELECT *
  FROM TABLE( fn_ch14_pipe_table2( CURSOR ( SELECT * FROM EMPLOYEES WHERE ROWNUM < 6)
                      )
            );
```

결과
```
VARCHAR_COL1          VARCHAR_COL2              NUM_COL DATE_COL
--------------------  ------------------------  ------- ----------
William Smith         011.44.1343.629268        171     2000-02-23
SA_REP                WSMITH                    171     2000-02-23
Elizabeth Bates       011.44.1343.529268        172     2000-06-24
SA_REP                EBATES                    172     2000-06-24
Sundita Kumar         011.44.1343.329268        173     2001-06-21
SA_REP                SKUMAR                    173     2001-06-21
Ellen Abel            011.44.1644.429267        174     1998-05-11
SA_REP                EABEL                     174     1998-05-11
Alyssa Hutton         011.44.1644.429266        175     1999-09-19
SA_REP                AHUTTON                   175     1999-09-19
```

5개의 행이 반환되어야 하는데 총 10개의 행이 반환되었는데 그 이유는 PIPE ROW문을 써서 두 번씩 반환했기 때문이다. 짝수 번 행의 데이터를 보면 VARCHAR_COL1, VARCHAR_COL2 컬럼 값에 JOB_ID, EMAIL 데이터가 출력됐는데 결국 1과 2행의 데이터는 실제로는 사번이 171인 William Smith라는 한 사람의 정보임을 알 수 있다. 이렇게 파이프라인 함수를 사용하면 컬럼을 로우로 변환하는 효과를 줄 수 있다.

이 장은 MSSQL 프로시저에서 임시 테이블을 만들어 프로시저 수행 결과로 임시 테이블의 데이터를 출력할 수 있는 MSSQL 프로시저의 기능을 오라클 프로시저에서도 구현이 가능한가? 라는 질문으로 시작해서 이와 유사한 기능인 GTT와 테이블 함수, 나아가 파이프라인 테이블 함수까지 살펴 봤다.

Knowhow: 로우를 컬럼으로 전환하기

자주 있는 일은 아니지만 프로그램을 개발하다 보면 테이블에 있는 로우를 컬럼 형태로 변환해야 할 때가 가끔 발생한다. 아마 필자 생각에는 오라클 SQL이나 PL/SQL에 입문한 뒤 첫 번째 난관이 바로 길게 아래로 떨어지는 로우 형태의 데이터를 옆으로 쭉 늘린 컬럼 형태로 변환하는 것이다. 이번 현장 노하우에서는 로우를 컬럼으로, 그리고 컬럼을 로우로 변환하는 방법을 알아보자.

먼저 실습용 테이블을 만들어야 하는데, 이해하기 쉽게 학생들의 과목별 성적을 담고 있는 테이블을 만든 후 데이터를 집어 넣어 보자.

입력
```
CREATE TABLE ch14_score_table (
        YEARS       VARCHAR2(4),    -- 연도
        GUBUN       VARCHAR2(30),   -- 구분(중간/기말)
        SUBJECTS    VARCHAR2(30),   -- 과목
        SCORE       NUMBER );       -- 점수
```

결과
table CH14_SCORE_TABLE이(가) 생성되었습니다.

입력
```
INSERT INTO CH14_SCORE_TABLE VALUES('2014','중간고사','국어',92);
INSERT INTO CH14_SCORE_TABLE VALUES('2014','중간고사','영어',87);
INSERT INTO CH14_SCORE_TABLE VALUES('2014','중간고사','수학',67);
INSERT INTO CH14_SCORE_TABLE VALUES('2014','중간고사','과학',80);
INSERT INTO CH14_SCORE_TABLE VALUES('2014','중간고사','지리',93);
INSERT INTO CH14_SCORE_TABLE VALUES('2014','중간고사','독일어',82);
INSERT INTO CH14_SCORE_TABLE VALUES('2014','기말고사','국어',88);
INSERT INTO CH14_SCORE_TABLE VALUES('2014','기말고사','영어',80);
INSERT INTO CH14_SCORE_TABLE VALUES('2014','기말고사','수학',93);
INSERT INTO CH14_SCORE_TABLE VALUES('2014','기말고사','과학',91);
INSERT INTO CH14_SCORE_TABLE VALUES('2014','기말고사','지리',89);
INSERT INTO CH14_SCORE_TABLE VALUES('2014','기말고사','독일어',83);
COMMIT;

SELECT *
FROM ch14_score_table;
```

결과
```
YEARS GUBUN      SUBJECTS   SCORE
----- ---------- ---------- --------------------
2014  중간고사    국어        92
2014  중간고사    영어        87
```

```
2014    중간고사    수학     67
2014    중간고사    과학     80
2014    중간고사    지리     93
2014    중간고사    독일어   82
2014    기말고사    국어     88
2014    기말고사    영어     80
2014    기말고사    수학     93
2014    기말고사    과학     91
2014    기말고사    지리     89
2014    기말고사    독일어   83
```

지금부터 위와 같은 형태의 데이터를 변환해 각 과목을 컬럼으로 만들고 과목별 점수를 출력해 보자.

① 전통적인 방법 – DECODE 혹은 CASE

가장 일반적이고 전통적인 방법은 DECODE나 CASE를 사용하는 것이다. 밑으로 쭉 늘어져 있는 국어, 영어, 수학 등의 과목을 옆으로 펼치려면 subjects 컬럼 값을 다음과 같이 DECODE나 CASE를 사용해 체크하는 로직을 심어야 한다.

입력

```
SELECT years,
gubun,
        CASE WHEN subjects = '국어'   THEN score ELSE 0 END "국어",
        CASE WHEN subjects = '영어'   THEN score ELSE 0 END "영어",
        CASE WHEN subjects = '수학'   THEN score ELSE 0 END "수학",
        CASE WHEN subjects = '과학'   THEN score ELSE 0 END "과학",
        CASE WHEN subjects = '지리'   THEN score ELSE 0 END "지리",
        CASE WHEN subjects = '독일어' THEN score ELSE 0 END "독일어"
FROM ch14_score_table a
```

결과

YEARS	GUBUN	국어	영어	수학	과학	지리	독일어
2014	중간고사	92	0	0	0	0	0
2014	중간고사	0	87	0	0	0	0
2014	중간고사	0	0	67	0	0	0
2014	중간고사	0	0	0	80	0	0
2014	중간고사	0	0	0	0	93	0
2014	중간고사	0	0	0	0	0	82
2014	기말고사	88	0	0	0	0	0
2014	기말고사	0	80	0	0	0	0
2014	기말고사	0	0	93	0	0	0
2014	기말고사	0	0	0	91	0	0
2014	기말고사	0	0	0	0	89	0
2014	기말고사	0	0	0	0	0	83

로우가 컬럼으로 변환되긴 했지만 점수가 이가 빠진 것처럼 출력되었다. 따라서 제대로 나오게 하려면 year, gubun 컬럼 값을 기준으로 집계해야 한다.

입력

```
SELECT years, gubun,
       SUM(국어) AS 국어, SUM(영어) AS 영어, SUM(수학) AS 수학,
       SUM(과학) AS 과학, SUM(지리) AS 지리, SUM(독일어) AS 독일어
  FROM (
       SELECT years, gubun,
              CASE WHEN subjects = '국어'   THEN score ELSE 0 END "국어",
              CASE WHEN subjects = '영어'   THEN score ELSE 0 END "영어",
              CASE WHEN subjects = '수학'   THEN score ELSE 0 END "수학",
              CASE WHEN subjects = '과학'   THEN score ELSE 0 END "과학",
              CASE WHEN subjects = '지리'   THEN score ELSE 0 END "지리",
              CASE WHEN subjects = '독일어' THEN score ELSE 0 END "독일어"
         FROM ch14_score_table a
       )
 GROUP BY years, gubun;
```

결과

YEARS	GUBUN	국어	영어	수학	과학	지리	독일어
2014	기말고사	88	80	93	91	89	83
2014	중간고사	92	87	67	80	93	82

원하던 결과가 나왔다. 위 예제에서는 CASE문을 썼지만 DECODE문을 써도 동일한 결과를 얻을 수 있다. DECODE나 CASE문을 사용해 로우를 컬럼으로 변환하는 것은 가장 일반적인 방법으로, 가독성은 좋긴 하지만 메인 쿼리를 서브 쿼리로 만들어 집계를 해야 하며 코드가 길어지는 단점이 있다.

② **WITH절을 이용한 방법**

WITH절을 이용하는 방법은 DECODE나 CASE문을 이용 방법과 유사한데, 서브 쿼리 대신 WITH을 사용한다.

입력

```
WITH mains AS ( SELECT years, gubun,
                       CASE WHEN subjects = '국어'   THEN score ELSE 0 END "국어",
                       CASE WHEN subjects = '영어'   THEN score ELSE 0 END "영어",
                       CASE WHEN subjects = '수학'   THEN score ELSE 0 END "수학",
                       CASE WHEN subjects = '과학'   THEN score ELSE 0 END "과학",
                       CASE WHEN subjects = '지리'   THEN score ELSE 0 END "지리",
                       CASE WHEN subjects = '독일어' THEN score ELSE 0 END "독일어"
                  FROM ch14_score_table a
              )
```

```
SELECT years, gubun,
       SUM(국어) AS 국어, SUM(영어) AS 영어, SUM(수학) AS 수학,
       SUM(과학) AS 과학, SUM(지리) AS 지리, SUM(독일어) AS 독일어
  FROM mains
 GROUP BY years, gubun;
```

결과

YEARS	GUBUN	국어	영어	수학	과학	지리	독일어
2014	기말고사	88	80	93	91	89	83
2014	중간고사	92	87	67	80	93	82

역시 동일한 결과가 나왔다. 코드를 보면 서브 쿼리를 WITH 절로 올린 것만 제외하면 나머지 내용은 같다. WITH 절로 묶으면 서브 쿼리를 사용하는 것보다 가독성이 좀더 좋다고 할 수 있다.

③ PIVOT

오라클 11g에서 새로 제공하는 기능 중에 PIVOT절이 있다. PIVOT은 엑셀의 피벗처럼 **로우를 컬럼으로 변환해 주는 기능**을 수행하며 SELECT문과 함께 사용된다. ch14_score_table 테이블을 PIVOT 절을 이용해 데이터를 추출해 보자.

입력
```
SELECT *
  FROM ( SELECT years, gubun, subjects, score
           FROM ch14_score_table )
 PIVOT ( SUM(score)
           FOR subjects IN ( '국어', '영어', '수학', '과학', '지리', '독일어')
       );
```

결과

YEARS	GUBUN	국어	영어	수학	과학	지리	독일어
2014	기말고사	88	80	93	91	89	83
2014	중간고사	92	87	67	80	93	82

코드가 눈에 띄게 줄어 들었을 뿐만 아니라 이전과 동일한 결과가 나왔다. PIVOT 절의 문법을 간단히 설명하면 다음과 같다.

● PIVOT 절

```
SELECT ...
FROM (피벗_대상_SELECT문
      )
      PIVOT(집계함수(표현식)
FOR[ ( ] 피벗대상_컬럼 [, 피벗 대상_컬럼2, ... ) ]
    IN (컬럼으로_올릴_피벗값_리스트)
    );
```

PIVOT 키워드를 사용해 집계할 컬럼 값과 컬럼으로 분리할 항목을 "FOR 컬럼 IN (컬럼 값1, 컬럼 값2, …)" 식으로 나열하면 명시한 각각의 값이 컬럼으로 변환되고, "집계함수(표현식)"결과가 변환된 컬럼 값이 된다.

지금까지 알아본 로우를 컬럼으로 변환하는 세 가지 방법을 비교해 보면 PIVOT절을 사용하는 것이 가독성도 더 좋고 코드도 훨씬 깔끔해 보인다.

● 컬럼을 로우로 전환

이번에는 반대로 컬럼을 로우로 변환해 보자. 먼저 대상 테이블을 만들어야 하는데 이전에 사용했던 ch14_score_table 테이블을 컬럼 형태로 변환했던 구조로 새로운 테이블을 만들고 데이터를 넣어 보자.

입력

```
CREATE TABLE ch14_score_col_table  (
     YEARS      VARCHAR2(4),   -- 연도
     GUBUN      VARCHAR2(30),  -- 구분(중간/기말)
     KOREAN     NUMBER,        -- 국어점수
     ENGLISH    NUMBER,        -- 영어점수
     MATH       NUMBER,        -- 수학점수
     SCIENCE    NUMBER,        -- 과학점수
     GEOLOGY    NUMBER,        -- 지리점수
     GERMAN     NUMBER         -- 독일어점수
     );
```

결과

table CH14_SCORE_COL_TABLE이(가) 생성되었습니다.

입력

```
INSERT INTO ch14_score_col_table
VALUES ('2014', '중간고사', 92, 87, 67, 80, 93, 82 );

INSERT INTO ch14_score_col_table
VALUES ('2014', '기말고사', 88, 80, 93, 91, 89, 83 );
```

```
COMMIT;

SELECT *
  FROM ch14_score_col_table;
```

결과

```
YEARS GUBUN  KOREAN ENGLISH MATH SCIENCE GEOLOGY GERMAN
----- ------ ------ ------- ---- ------- ------- ------
 2014 기말고사    88      80   93      91      89     83
 2014 중간고사    92      87   67      80      93     82
```

이제 ch14_score_col_table 테이블을 기준으로 컬럼을 로우로 변환해 보자.

① UNION ALL을 이용한 방법

컬럼을 로우로 변환하는 가장 일반적인 방법은 다음과 같이 UNION ALL을 사용하는 것이다.

입력

```
SELECT YEARS, GUBUN, '국어' AS SUBJECT, KOREAN AS SCORE
  FROM ch14_score_col_table
 UNION ALL
SELECT YEARS, GUBUN, '영어' AS SUBJECT, ENGLISH AS SCORE
  FROM ch14_score_col_table
 UNION ALL
SELECT YEARS, GUBUN, '수학' AS SUBJECT, MATH AS SCORE
  FROM ch14_score_col_table
 UNION ALL
SELECT YEARS, GUBUN, '과학' AS SUBJECT, SCIENCE AS SCORE
  FROM ch14_score_col_table
 UNION ALL
SELECT YEARS, GUBUN, '지리' AS SUBJECT, GEOLOGY AS SCORE
  FROM ch14_score_col_table
 UNION ALL
SELECT YEARS, GUBUN, '독일어' AS SUBJECT, GERMAN AS SCORE
  FROM ch14_score_col_table
 ORDER BY 1, 2 DESC;
```

결과

```
YEARS GUBUN   SUBJECT    SCORE
----- ------  ---------- -----
 2014 중간고사   독일어        82
 2014 중간고사   수학          67
 2014 중간고사   지리          93
 2014 중간고사   국어          92
 2014 중간고사   과학          80
 2014 중간고사   영어          87
 2014 기말고사   지리          89
```

2014	기말고사	과학	91
2014	기말고사	독일어	83
2014	기말고사	영어	80
2014	기말고사	국어	88
2014	기말고사	수학	93

각 과목에 해당하는 SELECT문을 하나씩, 총 6개의 SELECT문을 UNION ALL로 연결해 컬럼을 로우로 변환했다. 보기에 따라서 좀 무식한 방법처럼 보일지도 모르지만, 직관적이어서 가독성 측면에서는 나쁘지 않다.

② UNPIVOT

뉴턴의 운동 3법칙은 작용과 반작용 법칙이다. 즉 작용이 있으면 반대로 작용하는 힘이 있는 법이다. 마찬가지로 오라클은 로우를 컬럼으로 변환하는 PIVOT 절을 제공하는데, 반대로 **컬럼을 로우로 변환**하는 UNPIVOT 절도 제공한다.

입력
```
SELECT *
  FROM ch14_score_col_table
  UNPIVOT ( score
            FOR subjects IN ( KOREAN   AS '국어',
                              ENGLISH  AS '영어',
                              MATH     AS '수학',
                              SCIENCE  AS '과학',
                              GEOLOGY  AS '지리',
                              GERMAN   AS '독일어'
                            )
          );
```

결과

YEARS	GUBUN	SUBJECTS	SCORE
2014	중간고사	국어	92
2014	중간고사	영어	87
2014	중간고사	수학	67
2014	중간고사	과학	80
2014	중간고사	지리	93
2014	중간고사	독일어	82
2014	기말고사	국어	88
2014	기말고사	영어	80
2014	기말고사	수학	93
2014	기말고사	과학	91
2014	기말고사	지리	89
2014	기말고사	독일어	83

UNPIVOT의 사용법은 PIVOT 절과 크게 다르지 않다. 다만 PIVOT 절에서는 집계 함수나 FOR 다음에 실제 테이블 컬럼명이 오고 IN 절에는 컬럼 값이 왔지만, 컬럼을 로우로 변환하는 UNPIVOT 절은 IN 절에 실제 컬럼명이, 나머지는 출력용 가상 컬럼명을 명시한다.

UNPIVOT절 역시 UNION ALL 보다는 훨씬 코드가 줄어 들어 깔끔해 보이고 가독성 역시 우수하다고 할 수 있다.

③ DBMS_SQL 패키지

13장 [현장의 노하우]에서 살펴봤듯이 DBMS_SQL 패키지를 이용하면 컬럼 데이터를 모두 로우로 떨어 뜨릴 수 있다. 자세한 내용은 13장을 참조하기 바란다.

④ 파이프라인 테이블 함수

이 장에서 배웠던 파이프라인 테이블 함수를 사용하면 컬럼 데이터를 세로로 쭉 늘어뜨린 형태로 출력할 수 있다. 먼저 출력용으로 사용할 OBJECT 타입과 컬렉션 타입을 만들어 보자.

입력
```
CREATE OR REPLACE TYPE ch14_obj_subject AS OBJECT (
    YEARS      VARCHAR2(4),    -- 연도
    GUBUN      VARCHAR2(30),   -- 구분(중간/기말)
    SUBJECTS   VARCHAR2(30),   -- 과목
    SCORE      NUMBER          -- 점수
    );
```

결과
```
TYPE CH14_OBJ_SUBJECT이(가) 컴파일되었습니다.
```

입력
```
CREATE OR REPLACE TYPE ch14_subject_nt IS TABLE OF ch14_obj_subject;
```

결과
```
TYPE CH14_SUBJECT_NT이(가) 컴파일되었습니다.
```

이제 ch14_score_col_table 테이블을 읽어 로우 형태로 반환하는 파이프라인 테이블 함수를 만들어 보자.

입력
```
CREATE OR REPLACE FUNCTION fn_ch14_pipe_table3
  RETURN ch14_subject_nt
  PIPELINED
IS
```

```
    vp_cur   SYS_REFCURSOR;
    v_cur ch14_score_col_table%ROWTYPE;

    -- 반환할 컬렉션 변수 선언 (컬렉션 타입이므로 초기화를 한다)
    vnt_return ch14_subject_nt := ch14_subject_nt();
BEGIN
    -- SYS_REFCURSOR 변수로 ch14_score_col_table 테이블을 선택해 커서를 오픈
    OPEN vp_cur FOR SELECT * FROM ch14_score_col_table ;

    -- 루프를 돌며 입력 매개변수 vp_cur를 v_cur로 패치
    LOOP
        FETCH vp_cur INTO v_cur;
        EXIT WHEN vp_cur%NOTFOUND;

        -- 컬렉션 타입이므로 EXTEND 메소드를 사용해 한 로우씩 신규 삽입
        vnt_return.EXTEND();
        -- 컬렉션 요소인 OBJECT 타입에 대한 초기화
        vnt_return(vnt_return.LAST) := ch14_obj_subject(null, null, null, null);

        -- 컬렉션 변수에 커서 변수의 값 할당
        vnt_return(vnt_return.LAST).YEARS     := v_cur.YEARS;
        vnt_return(vnt_return.LAST).GUBUN     := v_cur.GUBUN;
        vnt_return(vnt_return.LAST).SUBJECTS  := '국어';
        vnt_return(vnt_return.LAST).SCORE     := v_cur.KOREAN;
        PIPE ROW ( vnt_return(vnt_return.LAST));            -- 국어 반환

        vnt_return(vnt_return.LAST).SUBJECTS  := '영어';
        vnt_return(vnt_return.LAST).SCORE     := v_cur.ENGLISH;
        PIPE ROW ( vnt_return(vnt_return.LAST));            -- 영어 반환

        vnt_return(vnt_return.LAST).SUBJECTS  := '수학';
        vnt_return(vnt_return.LAST).SCORE     := v_cur.MATH;
        PIPE ROW ( vnt_return(vnt_return.LAST));            -- 수학 반환

        vnt_return(vnt_return.LAST).SUBJECTS  := '과학';
        vnt_return(vnt_return.LAST).SCORE     := v_cur.SCIENCE;
        PIPE ROW ( vnt_return(vnt_return.LAST));            -- 과학 반환

        vnt_return(vnt_return.LAST).SUBJECTS  := '지리';
        vnt_return(vnt_return.LAST).SCORE     := v_cur.GEOLOGY;
        PIPE ROW ( vnt_return(vnt_return.LAST));            -- 지리 반환

        vnt_return(vnt_return.LAST).SUBJECTS  := '독일어';
        vnt_return(vnt_return.LAST).SCORE     := v_cur.GERMAN;
        PIPE ROW ( vnt_return(vnt_return.LAST));            -- 독일어 반환

    END LOOP;
    RETURN;
END;
```

결과

```
FUNCTION FN_CH14_PIPE_TABLE3이(가) 컴파일되었습니다.
```

컴파일이 성공했다. 이제 TABLE 연산자를 사용해 fn_ch14_pipe_table3 함수를 실행하고 그 결과를 확인해 보자.

입력

```sql
SELECT *
  FROM TABLE ( fn_ch14_pipe_table3 );
```

결과

```
YEARS  GUBUN     SUBJECTS     SCORE
-----  --------  ----------   ------
2014   중간고사   국어          92
2014   중간고사   영어          87
2014   중간고사   수학          67
2014   중간고사   과학          80
2014   중간고사   지리          93
2014   중간고사   독일어         82
2014   기말고사   국어          88
2014   기말고사   영어          80
2014   기말고사   수학          93
2014   기말고사   과학          91
2014   기말고사   지리          89
2014   기말고사   독일어         83
```

단일 SQL문을 사용하는 것보다는 좀 복잡하지만 컬럼을 로우로 변환하는 소기의 목적은 달성하였다.

지금까지 로우를 컬럼으로 변환하는 3가지 방법과 컬럼을 로우로 변환하는 4가지 방법을 살펴봤는데, 이 외에도 아이디어를 내면 더 다양한 방법을 찾을 수 있을 것이다. 독자 여러분도 새로운 방법을 찾아보길 바란다.

핵심정리

1. 오라클에서 제공하는 임시 테이블을 GTT(Global Temporary Table)이라 하고, 트랜잭션 GTT와 세션 GTT가 있다.

2. 트랜잭션 GTT는 트랜잭션별로 관리가 되며, COMMIT이나 ROLLBACK을 실행하면 데이터가 모두 사라진다.

3. 세션 GTT는 해당 세션별로 데이터 관리가 이루어지며, 세션이 종료되면 생성된 데이터는 모두 사라진다.

4. 테이블 함수는 단일 데이터 타입이 아닌 컬렉션 타입을 반환하는 함수다.

5. 파이프라인 테이블 함수는 컬렉션 타입을 반환하긴 하지만, 반환할 컬렉션에 데이터가 모두 들어오지 않은 상태에서도 반환할 수 있다. 즉 컬렉션에 데이터를 할당하는 루프 중간중간에서 여러 차례 반환할 수 있다.

6. 일반 테이블 함수와 파이프라인 테이블 함수는 TABLE 연산자를 사용하면 SELECT문의 FROM 절에 명시해 일반 테이블처럼 사용할 수 있다.

Self-Check

1. 트랜잭션 GTT와 세션 GTT의 차이점을 설명해 보자.

2. 어떤 경우에 트랜잭션 GTT를 사용하면 좋을지 설명해 보자.

3. 일반 테이블 함수에 비해 파이프라인 테이블 함수가 가진 장점과 파이프라인 테이블 함수는 언제 사용하면 좋을지 나열해 보자.

4. 5장에서 사용했던 KOR_LOAN_STATUS 테이블에서 2013년도 서울과 광역시에 해당하는 데이터에 한해 다음과 같은 형태로 데이터를 출력해 보자(로우를 컬럼으로 변환).

```
---------------------------------------------------------------
              서울    부산    인천    광주    대전    대구    울산
---------------------------------------------------------------
주택담보대출xxxxxxxx...
기타대출xxxx...
---------------------------------------------------------------
```

15장

오라클 잡과 스케줄러

시스템을 운영하다 보면 주기적인 작업을 처리해야 할 때가 있다. 하루에 한 번씩 다른 시스템에서 데이터를 가져오거나 사용자들에게 이메일을 보내는 일을 예로 들 수 있는데, 이렇게 일정한 주기로 특정 작업을 처리하는 것을 통칭해서 잡(Job)이라고 한다. 매일 아침마다 기상시간을 알리는 알람 기능도 일종의 잡으로 볼 수 있다.

잡은 일정한 주기와 수행될 작업, 두 가지 요소로 구성된다. 일정한 주기란 언제 시작하고 얼마나 자주 수행될 것인지를 정하는 시간상의 개념으로 이를 스케줄이라고 한다. 수행될 작업은 실제로 뭔가를 처리하는 작업, 즉 DML문이나, DML문을 포함한 익명 블록, 프로시저 등이 해당되며 이를 프로그램이라고 한다. 오라클 상에서 잡을 만들어 사용하려면 스케줄과 프로그램을 만들어 연결하는 작업이 필요하다.

지금까지 DBMS로 시작하는 시스템 패키지들을 소개했는데 잡을 생성하고 처리하는 기능도 시스템 패키지로 구현되어 있다. 바로 그 주인공은 DBMS_JOB과 DBMS_SCHEDULER이다. 이 장에서는 이 두 패키지의 사용법과 활용법을 학습해 볼 것이다.

01 DBMS_JOB

02 DBMS_SCHEDULER 패키지

03 DBMS_SCHEDULER를 이용한 스케줄링 처리

01 DBMS_JOB

DMBS_JOB 패키지의 개념

DBMS_JOB 패키지는 그 이름에서도 유추할 수 있듯이 잡을 등록하고 관리하는 데 사용되는 시스템 패키지다. 이 패키지로 잡을 처리하려면 실행할 작업, 즉 '**프로그램 준비 → 스케줄 설정 → 잡 생성**'의 3단계 과정을 밟아야 한다.

프로그램은 DML 문장이나 익명 블록 혹은 프로시저로 작성하는데 대부분은 프로시저 형태로 작성한다. 두 번째로 할 작업은 실행될 주기, 즉 스케줄을 결정해야 한다. 예컨대 일주일에 한 번, 하루에 한 번 혹은 1시간에 한 번씩 실행되도록 설정할 수 있다. 마지막으로 이 두 가지 정보를 이용해 DBMS_JOB 패키지의 프로시저로 잡을 등록한다. 별다른 문제 없이 정상적으로 잡이 등록됐다면 설정한 주기대로 해당 잡이 실행될 것이다.

생성된 잡이 제대로 작업을 수행하고 있는지 모니터링도 할 수 있는데 이는 DBA_JOBS, ALL_JOBS, USER_JOBS 시스템 뷰를 통해 확인할 수 있다. 또한 일시적으로 잡을 중지시키거나 중지시킨 잡을 다시 실행하는 것도 가능하며, 프로그램과 스케줄도 필요할 때마다 언제든지 변경할 수 있다. 이 모든 작업을 모두 DBMS_JOB 패키지에 내장된 프로시저로 처리할 수 있다. 그럼 DBMS_JOB 패키지에 내장된 대표적인 프로시저들에 대해 알아 보자.

DBMS_JOB의 서브 프로그램

DBMS_JOB 패키지에 내장된 서브 프로그램에 대해 살펴보기 전에 먼저 실행될 작업, 즉 프로그램을 준비해 놔야 한다. 여기서는 간단한 테이블을 만든 후 이 테이블에 INSERT하는 프로시저로 테스트해 보자. 먼저 다음과 같이 테이블을 생성하자.

입력
```
CREATE TABLE ch15_job_test(
    seq         NUMBER,
    insert_date DATE);
```

결과
```
table CH15_JOB_TEST이(가) 생성되었습니다.
```

입력
```
CREATE OR REPLACE PROCEDURE ch15_job_test_proc
IS
  vn_next_seq   NUMBER;
```

```
BEGIN
  -- 다음 순번을 가져 온다
  SELECT NVL(MAX(seq), 0) + 1
    INTO vn_next_seq
    FROM ch15_job_test;

  -- ch15_job_test 테이블에 INSERT
  INSERT INTO ch15_job_test VALUES ( vn_next_seq, SYSDATE);

  COMMIT;

EXCEPTION WHEN OTHERS THEN
  ROLLBACK;
  DBMS_OUTPUT.PUT_LINE(SQLERRM);
END;
```

결과
PROCEDURE CH15_JOB_TEST_PROC이(가) 컴파일되었습니다.

사전 준비는 끝났다. 이제 본격적으로 DBMS_JOB 패키지에 속한 프로시저에 대해 살펴 보자.

① 잡 등록 : DBMS_JOB.SUMMIT

등록할 프로그램이 준비됐다면 DBMS_JOB 패키지의 SUMMIT 프로시저를 호출해, 잡을 생성하면 설정한 주기대로 작업이 실행된다.

```
DBMS_JOB.SUBMIT (
    job        OUT BINARY_INTEGER,
    what       IN VARCHAR2,
    next_date  IN DATE DEFAULTSYSDATE,
    interval   IN VARCHAR2 DEFAULT 'NULL',
    no_parse   IN BOOLEAN DEFAULT FALSE,
    instance   IN BINARY_INTEGER DEFAULT ANY_INSTANCE,
    force      IN BOOLEAN DEFAULT FALSE);
```

- **job**: 잡 번호, 출력 변수로 자동으로 번호가 매겨진다.
- **what**: 실행될 프로그램, 문자열 형태로 SQL이나 PL/SQL이 온다.
  (예: 위에서 만들었던 ch15_job_test_proc과 같은 프로시저)
- **next_date**: 잡이 실행될 다음 날짜(시간), 디폴트 값은 SYSDATE
- **interval**: 잡의 실행 주기로, 문자열 형태의 값
- **no_parse**: FALSE로 설정하면, 오라클은 해당 잡과 연관된 프로시저를 파싱하고, TRUE로 설정하면 잡이 맨 처음 실행됐을 때만 파싱한다. 디폴트 값은 FALSE.

- **instance**: 잡을 등록할 때 이 잡을 실행시킬 수 있는 특정 인스턴스를 명시하는데, 디폴트 값은 0으로 이는 어느 인스턴스나 실행하라는 의미다. NULL이나 음수를 명시하면 ORA-23319 오류가 발생한다.
- **force**: TRUE로 설정하면, instance 매개변수에서 설정한 인스턴스 번호 외의 양수인 다른 인스턴스가 해당 잡을 실행할 수 있다. FALSE(디폴트 값)로 설정하면, instance 매개변수에서 설정한 인스턴스 외에 다른 인스턴스가 잡을 실행하면 오류가 발생된다.

총 7개의 매개변수 중에서 중요한 것은 what, next_date, interval 뿐이다. what은 실제 수행될 프로그램으로 SQL이나 PL/SQL을 문자열 형태로 명시한다. next_date에는 다음 번에 실행될 날짜와 시간을, interval에는 실행될 빈도(주기)를 문자열 형태로 전달한다. 특히 유의해야 할 사항은 interval 매개변수인데, 수행주기에 따른 설정 값을 정리하면 다음과 같다.

- 일주일에 1번: SYSDATE + 7
- 하루에 1번: SYSDATE + 1
- 1시간에 1번: SYSDATE + 1/24
- 1분에 1회: SYSDATE + 1/60/24
- 10분에 1회: SYSDATE + 10/60/24
- 30초에 1회: SYSDATE + 30 / 60 / 60 / 24
- 10초에 1회: SYSDATE + 10 / 60 / 60 / 24

또한 다음과 같이 좀더 복잡한 주기로도 설정할 수 있다.

- 매주 일요일 오후 3시마다 수행: NEXT_DAY(TRUNC(SYSDATE),'일요일') + 15/24
- 매주 수요일 오후 11시마다 수행: NEXT_DAY(TRUNC(SYSDATE),'수요일') + 23/24
- 매월 마지막 날 오후 6시 30분에 수행: LAST_DAY(TRUNC(SYSDATE)) + 18/24 + 30/60/24

job 매개변수는 SUBMIT 프로시저를 호출해 잡이 등록되는 순간 오라클이 자동으로 잡 번호를 생성해 job 매개변수에 할당한다. instance와 force 매개변수는 인스턴스와 관련된 설정 값으로 일반적으로 생략, 즉 디폴트 값을 사용된다. 그럼 실제로 SUBMIT 프로시저를 호출해 잡을 등록해 보자.

입력

```
DECLARE
  v_job_no NUMBER;
BEGIN
  -- 현재 시간 기준 1분에 1번씩 ch15_job_test_proc 프로시저를 실행하는 잡 등록
  DBMS_JOB.SUBMIT  ( job => v_job_no,
                     what => 'ch15_job_test_proc;',
                     next_date => SYSDATE,
                     interval => 'SYSDATE + 1/60/24' );     -- 현재 시간 기준 1분에 1번

  COMMIT;

  -- 시스템에서 자동 생성된 잡 번호 출력
  DBMS_OUTPUT.PUT_LINE('v_job_no : ' || v_job_no);
END;
```

결과
v_job_no :30

결과를 보면 성공적으로 잡이 등록되었고 오라클에서 자동 생성된 잡 번호는 30번이다(잡 번호는 시스템에서 자동 생성하므로 SUBMIT 프로시저를 실행할 때마다 채번되는 번호는 다르다는 점을 알아 두자)임을 알 수 있다. 그럼 제대로 잡이 실행되는지 확인해야 하는데, 확인하는 방법은 2가지가 있다. 첫 번째는 ch15_job_test_proc 프로시저가 데이터를 생성하는 ch15_job_test 테이블을 조회해 보는 것이고, USER_JOBS (ALL_JOBS, DBA_JOBS) 시스템 뷰를 조회하는 것이 두 번째 방법이다.

입력
```
SELECT seq, to_char(insert_date, 'yyyy-mm-dd hh24:mi:ss')
FROM   ch15_job_test;
```

결과
```
SEQ   TO_CHAR(INSERT_DATE,'YYYY-MM-DDHH24:MI:SS')
----- -------------------------------------------
1     2014-07-14 22:35:40
2     2014-07-14 22:36:40
3     2014-07-14 22:37:40
4     2014-07-14 22:38:40
5     2014-07-14 22:39:40
```

위 결과를 보면 22시 35분 40초에 시작되어 1분 간격으로 데이터가 입력된 것을 확인할 수 있다. 즉 30번 잡이 ch15_job_test_proc 프로시저를 1분마다 실행해 데이터가 입력된 것이다.

이번에는 오라클에 등록된 잡의 각종 정보를 담고 있는 USER_JOBS 시스템 뷰를 조회해 보자.

입력
```
SELECT job, last_date, last_sec, next_date, next_sec, broken, interval,
       failures, what
  FROM user_jobs;
```

결과
```
JOB  LAST_DATE   LAST_SEC  NEXT_DATE   NEXT_SEC  BROKEN  INTERVAL          FAILURES
---- ----------- --------- ----------- --------- ------- ----------------- --------
30   2014-07-14  22:39:40  2014-07-14  22:40:40  N       SYSDATE + 1/60/24        0

WHAT
--------------------
ch15_job_test_proc;
```

LAST_DATE, LAST_SEC 컬럼은 직전에 실행된 날짜와 시간을, NEXT_DATE와 NEXT_SEC는 다음 번에 실행될 날짜와 시간을 나타낸다. 앞의 결과를 보면 22시 39분 40초에 ch15_job_test_proc 프로시저가 실행되었고, 다음은 22시 40분 40초에 실행될 예정이라는 것을 알 수 있다. BROKEN 컬럼은 잡이 일시 중지된 상태인지를 나타내는데 이 값이 'Y'면 중지된 상태임을 뜻한다. FAILURES 컬럼은 해당 잡이 실패한 횟수를 나타낸다.

DBMS_JOB.SUBMIT 프로시저를 실행해서 잡을 등록할 때 몇 가지 주의할 사항이 있다. 먼저 실행될 작업이 들어가는 WHAT 매개변수 값인데, **반드시 맨 마지막에 세미콜론(;)**을 붙여야 한다. 만약 세미콜론을 누락하면 SUBMIT 프로시저 호출 시 오류가 발생한다. 그리고 SUBMIT 프로시저를 호출한 후에는 **COMMIT문을 실행**해야 한다. 이는 SUMMIT 프로시저 뿐만 아니라 앞으로 설명할 DBMS_JOB 패키지의 다른 프로시저를 호출할 때도 마찬가지다. COMMIT문을 실행하지 않으면 제대로 처리되지 않는다. 마지막으로, 등록할 잡 번호는 시스템에서 자동 생성해주므로 SUBMIT 프로시저를 호출할 때는 잡 번호를 받을 변수를 지정할 수 있도록 **익명 블록 형태로 실행**해야 한다.

이 세 가지 사항만 주의하면 큰 어려움 없이 SUBMIT 프로시저로 잡을 등록할 수 있을 것이다.

② 잡의 중지와 재실행 : DBMS_JOB.BROKEN

성공적으로 잡이 등록되면 설정한 주기에 따라 작업이 수행될 것이며, 제대로 실행되는지는 USER_JOBS 뷰를 통해 모니터링할 수 있다. 그런데 시스템을 관리하다 보면 등록된 잡을 일시 중지시키거나 중지시킨 잡을 다시 실행해야 할 일이 생기는데, 이때 BROKEN 프로시저를 사용해서 처리한다.

```
DBMS_JOB.BROKEN (
    Job       IN BINARY_INTEGER,
    broken    IN BOOLEAN,
    next_date IN DATE DEFAULT SYSDATE);
```

- **job:** 잡 번호
- **broken:** 잡을 중지할 때는 TRUE, 다시 실행할 때는 FALSE
- **next_date:** 잡이 중지되거나 재실행될 날짜(시간), 생략가능하며 디폴트 값은 SYSDATE

그럼 이전에 만들었던 30번 잡을 일시 중지시켜 보자. 중지시키려면 두 번째 매개변수 값으로 TRUE를 넘겨야 한다.

입력
```
BEGIN
    -- 잡 중지
    DBMS_JOB.BROKEN(30, TRUE);
```

```
    COMMIT;
END;
```

결과
익명 블록이 완료되었습니다.

중지됐는지 확인하려면 USER_JOBS 뷰의 BROKEN 컬럼 값을 보면 된다. 중지된 상태라면 이 값이 'Y'로 바뀐다.

입력
```
SELECT job, last_date, last_sec, next_date, next_sec, broken, interval,
       failures, what
  FROM user_jobs;
```

결과
```
JOB  LAST_DATE   LAST_SEC   NEXT_DATE    NEXT_SEC           BROKEN
---- ----------- ---------- ------------ ------------------ ------
  30 2014-07-14  22:39:40   4000-01-01   00:00:00           Y

INTERVAL              FAILURES   WHAT
--------------------- ---------- ------------------
SYSDATE + 1/60/24             0  ch15_job_test_proc;
```

22시 39분 40초에 마지막으로 잡이 실행되었고 BROKEN 컬럼 값은 'Y'로, NEXT_DATE와 NEXT_SEC 컬럼 값은 의미 없는 값으로 바뀐 것을 알 수 있다. 즉 30번 잡은 중단된 상태가 됐다. 중단된 잡을 다시 실행하려면 BROKEN 프로시저의 두 번째 매개변수에 TRUE 대신 **FALSE**를 넘기면 된다.

입력
```
BEGIN
    -- 잡 재실행
    DBMS_JOB.BROKEN(30, FALSE);

    COMMIT;
END;
```

결과
익명 블록이 완료되었습니다.

입력
```
SELECT job, last_date, last_sec, next_date, next_sec, broken, interval,
       failures, what
  FROM user_jobs;
```

결과

```
JOB   LAST_DATE    LAST_SEC  NEXT_DATE    NEXT_SEC   BROKEN   INTERVAL
----  -----------  --------  -----------  ---------  -------  ------------------
 30   2014-07-14   23:30:50  2014-07-14   23:31:50   N        SYSDATE + 1/60/24

FAILURES    WHAT
---------   -------------------
 0          ch15_job_test_proc;
```

잡이 중지되었다가 다시 실행되었음을 알 수 있다. NEXT_DATE와 NEXT_SEC는 다시 정상적인 값으로 설정되었고 BROKEN 컬럼 값도 'N'으로 바뀌었다. LAST_SEC 컬럼 값이 23시 30분 50초로 되어 있는데, 이는 BROKEN 프로시저의 세 번째 매개변수인 NEXT_DATE의 값, 즉 생략해서 현재일자와 시간으로 설정되었다. 방금 전의 익명 블록을 실행시킨 시간이 23시 30분 50초이며, 앞으로는 이 시간을 기준으로 1분마다 계속 실행될 것이다.

③ 잡의 속성 변경 : DBMS_JOB.CHANGE

DBMS_JOB 패키지로 생성한 잡은 무엇을 언제, 얼마나 자주 실행할 것인지에 관한 정보를 담고 있다. 여기서 '무엇'에 해당하는 것이 what 속성이고 '언제'는 NEXT_DATE, '얼마나 자주'에 해당되는 것이 interval이다. 현재 등록되어 실행되고 있는 잡의 속성들을 변경할 수 있는데, 이때 사용하는 것이 바로 CHANGE 프로시저다.

```
DBMS_JOB.CHANGE (
      job        IN BINARY_INTEGER,
      what       IN VARCHAR2,
      next_date  IN DATE,
      interval   IN VARCHAR2,
      instance   IN BINARY_INTEGER DEFAULT NULL,
      force      IN BOOLEAN DEFAULT FALSE);
```

- **job:** 잡 번호
- **what:** 실행될 잡, 문자열 형태의 SQL이나 PL/SQL
- **next_date:** 잡이 실행될 다음 날짜(시간)
- **interval:** 잡의 실행주기
- **instance:** 인스턴스 번호, 디폴트 값은 NULL
- **force:** 디폴트 값은 FALSE

CHANGE 프로시저의 매개변수는 SUBMIT 프로시저와 거의 유사하며 그 용도 역시 같다. 그럼 CHANGE 프로시저를 사용해 기존에 만들었던 잡의 속성을 변경해 보자.

먼저, 1분에 1번씩 실행됐던 실행주기를 변경해 보자. 새로운 주기로 데이터가 들어 오는지 파악을 위해 먼저 ch15_job_test 테이블의 데이터를 깨끗이 지워 보자.

입력
```sql
TRUNCATE TABLE ch15_job_test;
```

결과
table CH15_JOB_TEST이(가) 잘렸습니다.

이제 실행주기를 1분이 아닌 3분에 한 번씩 수행되도록 변경해 보자.

입력
```sql
BEGIN
  -- 잡 재실행
  DBMS_JOB.CHANGE(job => 30,
                  what => 'ch15_job_test_proc;',
                  next_date => SYSDATE,
                  interval => 'SYSDATE + 3/60/24');
  COMMIT;
END;
```

결과
익명 블록이 완료되었습니다.

잠시 기다린 후 ch15_job_test 테이블을 조회해 보자.

입력
```sql
SELECT SEQ, TO_CHAR(INSERT_DATE, 'YYYY-MM-DD HH24:MI:SS') AS DATES
  FROM ch15_job_test;
```

결과
```
SEQ DATES
--- -------------------
1   2014-07-15 22:18:42
2   2014-07-15 22:21:42
3   2014-07-15 22:24:43
```

이제 데이터가 3분마다 입력되고 있다. 이 예제에서는 실행주기(interval)만 바꾸었지만, CHANGE 프로시저를 이용해 실행되는 프로그램(what)과 다음 실행일자(next_date)도 변경이 가능하다.

④ 잡의 실행과 삭제 : DBMS_JOB.RUN, DBMS_JOB.REMOVE

잡이 정상적으로 등록되었다면 설정한 일자와 주기대로 잡이 실행되는데, 주기에 상관없이 강제로 실행할 수도 있다. 바로 RUN 프로시저를 호출하면 된다.

```
DBMS_JOB.RUN (
        job    IN BINARY_INTEGER,
        force IN BOOLEAN DEFAULT FALSE);
```

- **job**: 잡 번호
- **force**: 디폴트 값은 FALSE로 생략 가능

인스턴스 관련 매개변수인 force는 생략이 가능하므로 다음과 같이 잡을 강제로 실행할 수 있다.

입력
```
BEGIN
  -- 잡 강제 실행
  DBMS_JOB.RUN(30);
  COMMIT;
END;
```

마지막으로 REMOVE 프로시저를 실행하면 등록된 잡을 제거할 수 있다. BROKEN 프로시저는 잡을 일시중지/재실행했지만 REMOVE 프로시저는 잡을 완전히 제거해 USER_JOBS 뷰에서도 해당 잡이 사라진다.

```
DBMS_JOB.REMOVE (
        job IN BINARY_INTEGER);
```

- **job**: 잡 번호

그럼 지금까지 테스트 했던 잡을 삭제해 보자.

입력
```
BEGIN
  -- 잡 삭제
  DBMS_JOB.REMOVE(30);
  COMMIT;
END;
```

결과
익명 블록이 완료되었습니다.

USER_JOBS 시스템 뷰를 조회해 잡이 삭제됐는지 확인해 보자.

입력

```
SELECT job, last_date, last_sec, next_date, next_sec, broken, interval,
       failures, what
  FROM user_jobs;
```

결과

선택된 행 없음.

DBMS_JOB의 단점과 한계

DBMS_JOB 패키지를 사용해 간단한 잡을 생성하고 사용해 봤다. 의외로 사용법도 간단하고 막강한 기능을 가진 패키지라고 느꼈을 것이다. 하지만 이러한 장점에도 불구하고 DBMS_JOB 패키지는 몇 가지 단점과 한계가 있는데, 그 내용을 정리해 보면 다음과 같다.

① 세밀한 실행 주기 설정의 어려움

DBMS_JOB 패키지의 실행주기는 SUBMIT 프로시저의 INTERVAL 매개변수에 전달하는데, 앞에서 살펴본 바와 같이 이 값은 숫자가 결합된 문자열 형태로 설정해야 한다. 즉 하루에 한 번은 'SYSDATE + 1', 1시간에 한 번은 'SYSDATE + 1/24' 형태로 설정한다. 하지만 30초에 한 번 ('SYSDATE + 30 / 60 / 60 / 24')처럼 좀더 짧은 시간 간격으로 설정하려면 점점 복잡해져 설정하기가 까다로워진다. 게다가 "매주 수요일 오전 6시와 오후 6시에 한 번씩 실행"되도록 설정해야 한다면 도무지 어떻게 해야 할지 몰라 정말 난감해질 수 밖에 없다.

② SQL과 PL/SQL 형태만 실행 가능.

DBMS_JOB 패키지에서 실행할 수 있는 작업은 SQL문과 익명 블록, 프로시저로 제한되며, DBMS 외부의 일반 실행 프로그램을 주기적으로 실행할 수는 없다.

③ 작업 실행 시간이 실행주기를 넘어설 경우의 문제

DBMS_JOB 패키지는 항상 작업 실행이 끝나면 끝난 시간을 기준으로 다음 실행시간을 계산한다. 그런데 실행시간이 실행주기를 넘어서면, 마지막 실행이 끝난 시간을 기준으로 다시 다음 실행시간을 계산한다.

예를 들어, 실행주기는 1시간, 다음 실행시간이 10시 00분으로 설정된 상태에서 프로시저의 실행시간이 1시간 10분이 걸렸다면 어떻게 될까? 원래는 이번 실행시간은 10:00, 다음 실행시간은 11:00으로 되어야 하지만 프로시저 실행시간이 1시간 10분이나 걸려서 다음 실행시간은 11:10분이 된다. 11시 10분에 시작된 프로시저가 1시간 이내에 끝났다고 해도 다음 실행시간은 12시 10분이 된다.

애초에는 매시 정각에 수행되도록 하려는 것이 목적이었지만 프로시저 수행 시간이 늘어나면서 실행 주기가 틀어진 것이다.

이런 이유로 인해 DBMS_JOB 패키지는 유용하지만 좀 아쉬운 인상을 준다. 그래서 DBMS_JOB 패키지의 한계를 극복하고자 오라클에서 새로 선보인 것이 바로 DBMS_SCHEDULER 패키지다.

02 DBMS_SCHEDULER 패키지

오라클 스케줄러

DBMS_SCHEDULER는 DBMS_JOB 패키지의 단점을 보완해 만든 패키지로 오라클 10g 버전부터 지원됐다. 기능면에서 월등히 나아졌고 새로운 기능과 개념을 탑재했기 때문에, 보완했다기 보다는 새로운 패키지라는 편이 더 정확한 설명일 것이다. DBMS_JOB 패키지는 실행될 작업(SQL, 익명 블록, 프로시저)과 실행주기를 SUBMIT 프로시저의 매개변수로 전달해 호출함으로써 잡을 등록했다. DBMS_SCHEDULER 패키지 역시 큰 틀에서 보면 유사하지만 좀더 세부적이고 정교한 처리를 할 수 있다.

사실 엄밀히 말해 오라클 10g에서 새롭게 선보인 것은 **오라클 스케줄러**이고, DBMS_SCHEDULER 패키지는 이 오라클 스케줄러를 구현하는 도구라고 할 수 있다. 그리고 오라클 스케줄러로 주기적인 작업을 처리하는 것을 **스케줄링**이라고 한다. 오라클 스케줄러의 특징을 정리하면 다음과 같다.

❶ **프로그램, 스케줄, 잡 등 각각 독립적인 요소를 만들어 처리한다**
  이 요소들을 조합해 잡을 등록해 처리하는데, 각 요소가 독립적이어서 재사용이 가능하다.
❷ **정교하고 세밀한 시간 설정을 쉽게 할 수 있다**
❸ **SQL, 익명 블록, 프로시저뿐만 아니라 외부 프로그램, 즉 OS상의 실행 파일도 잡에 연결해 처리할 수 있다**
❹ **여러 개의 잡을 연결해 조건에 따라 순서대로 처리를 할 수 있다**
❺ **시간 뿐만 아니라 이벤트 기반의 스케줄링이 가능하다**
  기존 DBMS_JOB 패키지는 오직 시간을 기준으로 스케줄을 만들 수 있었는데 반해, DBMS_SCHEDULER 패키지는 이벤트 기반의 스케줄링을 할 수 있다.
❻ **각 잡의 성격에 따라 데이터베이스 자원을 유동적으로 할당할 수 있다**

위 여섯 가지 이외에도 오라클 스케줄러가 가진 기능은 매우 많기도 하고 복잡하다. 따라서 이 책에서는 개발자 입장에서 필요한 내용 위주(❶ ~ ❹번)로 다룰 것이다.

오라클 스케줄러의 구성요소

오라클 스케줄러를 사용하려면 먼저 스케줄러 객체Object를 만들어야 한다. 스케줄러 객체란 잡 스케줄링을 위해 필요한 정보, 즉 언제, 어디서, 무엇을 처리할 것인지에 대한 정보를 담고 있는 객체다. 프로그램, 스케줄, 잡, 체인 등이 여기에 속하는데, 이중에서 스케줄링을 할 때 꼭 필요한 요소를 살펴 보자.

① 프로그램 객체

오라클 스케줄러에서 **프로그램**은 '**무엇**'에 해당하는 것으로 스케줄에 따라 실제 수행될 프로그램을 말한다. DBMS_SCHEDULER 패키지는 DBMS_JOB과는 달리 익명 블록이나 프로시저뿐만 아니라 외부 실행 프로그램(확장자가 exe인 파일)도 사용할 수 있다. 프로그램은 다음과 같이 세가지 속성이 있다.

- **액션:** 익명 블록 본문이나 프로시저명, 실행 프로그램명
- **타입:** PLSQL_BLOCK(익명 블록), STORED_PROCEDURE(프로시저), EXTERNAL(외부 실행 프로그램) 세 가지
- **매개변수:** 프로시저나 외부 실행파일에 넘겨줄 매개변수

이렇게 프로그램 객체가 독립적으로 존재하므로 하나의 프로그램을 여러 개의 스케줄 객체나 잡 객체에서 마음껏 가져다 사용할 수 있다는 장점이 있다.

② 스케줄 객체

스케줄 객체는 언제 그리고 얼마나 자주 잡이 실행될 것인지를 정의한 객체로, DBMS_JOB 패키지와 비교하면 next_date와 interval 매개변수에 해당된다. 스케줄 역시 독립적 객체이므로 여러 잡 객체에서 불러다 쓸 수 있으며 두 종류의 스케줄이 있다.

- **시간 기반 스케줄:** 우리가 익히 알고 있듯이 일정 시간을 주기로 실행되도록 설정 가능
- **이벤트 기반 스케줄:** DBMS_SCHEDULER 패키지에서만 설정할 수 있는 옵션, 특정 이벤트가 발생했을 때 실행

시간 기반 스케줄은 DBMS_JOB 패키지에서는 "SYSDATE + 1 / 24" 형태로 복잡하게 설정했지만 DBMS_SCHEDULER 패키지에서는 매우 쉽고 다양하게 시간을 설정할 수 있다는 장점이 있다.

③ 잡 객체

잡(Job)은 실행될 프로그램과 스케줄을 정의한 객체로, 이미 만들어 놓은 프로그램 객체와 스케줄 객체를 가져다 사용할 수도 있고 단독으로 잡 객체만 사용해서도 스케줄링을 할 수 있다. 또한 여러 개

의 프로그램을 연결(이를 체인이라 한다)하여 잡을 구성할 수도 있다. 이때 각 프로그램의 실행 순서는 물론 프로그램 실행 결과에 따라 분기 처리도 할 수 있다.

이 외에도 오라클 스케줄러를 구성하는 객체에는 잡 클래스, 윈도우, 체인, 파일 모니터(File Watcher) 등이 있는데, 이 장에서는 프로그램, 스케줄, 잡을 위주로 설명하겠다. 그럼 이제 오라클 스케줄러를 실제로 구현할 수 있는 DBMS_SCHEDULER의 서브 프로그램을 파헤쳐 보자.

DBMS_SCHEDULER의 서브 프로그램

오라클 스케줄러의 대표적인 객체들에 대해 살펴봤는데, 실제 이 객체들을 만들어 처리하는 것은 DBMS_SCHEDULER 패키지의 몫이다. 각각의 스케줄러 객체를 어떤 식으로 생성하고 사용하는지 알아 보자.

① 프로그램 객체 생성

DBMS_SCHEDULER 패키지의 CREATE_PROGRAM 프로시저를 사용해 프로그램 객체를 만들 수 있는데 상세 내역은 다음과 같다.

```
DBMS_SCHEDULER.CREATE_PROGRAM (
    program_name        IN VARCHAR2,
    program_type        IN VARCHAR2,
    program_action      IN VARCHAR2,
    number_of_arguments IN PLS_INTEGER DEFAULT 0,
    enabled             IN BOOLEAN DEFAULT FALSE,
    comments            IN VARCHAR2 DEFAULT NULL);
```

- program_name: 프로그램 객체의 고유 이름, 원하는 명칭을 입력.
- program_type: 'PLSQL_BLOCK' → 익명 블록
  'PROCEDURE' → 프로시저
  'EXECUTABLE' → 외부 실행 프로그램
- program_action: 실제 수행될 익명 블록, 프로시저명, 외부 실행프로그램.
- number_of_arguments: program_type이 'PROCEDURE'나 'EXECUTABLE'이면, 해당 프로시저나 실행 파일에 들어갈 매개변수의 개수를 명시. 디폴트 값은 0
- enabled: 생성할 프로그램 객체의 활성화 여부. 디폴트 값은 FALSE
- comments: 프로그램 객체에 대한 주석

그럼 프로그램 객체를 만들어 보자. DBMS_JOB 패키지에서 사용했던 ch15_job_test_proc 프로시저로 CREATE_PROGRAM을 호출하는 간단한 익명 블록을 만들어 보자.

입력
```
BEGIN
  DBMS_SCHEDULER.CREATE_PROGRAM (
            program_name => 'my_program1',
            program_type => 'STORED_PROCEDURE',
            program_action => 'ch15_job_test_proc ',
            comments => '첫번째 프로그램');
END;
```

결과
익명 블록이 완료되었습니다.

성공적으로 수행되었고 DBMS_JOB 패키지와는 다르게 별도로 COMMIT문을 실행할 필요는 없다. 간략히 설명하면 실제로 수행될 ch15_job_test_proc 프로시저를 program_action 매개변수에 넣었고, 프로시저를 수행하므로 program_type에는 'STORED_PROCEDURE'를 넣었다. program_name 매개변수 값은 임의로 정하면 되고 comments에는 이 프로그램 객체에 대한 설명을 명시했다. 나머지 매개변수들은 생략했으므로 디폴트 값이 적용될 것이다. 이렇게 생성한 프로그램 객체 정보는 USER_SCHEDULER_PROGRAMS 시스템 뷰를 참조하면 알아낼 수 있다.

입력
```
SELECT program_name, program_type, program_action, number_of_arguments,
       enabled, comments
  FROM USER_SCHEDULER_PROGRAMS;
```

결과

생략했던 number_of_arguments와 enabled 항목은 디폴트 값이 적용됐음을 알 수 있다. 특히 enabled은 디폴트 값이 false여서 비활성 상태인데, 명시적으로 활성 상태로 만들어야만 프로그램 객체를 사용할 수 있다.

② 스케줄 객체 생성

스케줄 객체는 CREATE_SCHEDULE 프로시저를 통해 만들 수 있다.

```
DBMS_SCHEDULER.CREATE_SCHEDULE (
    schedule_name    IN VARCHAR2,
    start_date       IN TIMESTAMP WITH TIMEZONE DEFAULT NULL,
    repeat_interval  IN VARCHAR2,
    end_date         IN TIMESTAMP WITH TIMEZONE DEFAULT NULL,
    comments         IN VARCHAR2 DEFAULT NULL);
```

- schedule_name: 스케줄 객체의 고유 이름. 원하는 명칭을 입력
- start_date: 스케줄 시작일자와 시간
- repeat_interval: 스케줄 수행 주기. 좀더 정교한 주기 설정이 가능
- end_date: 스케줄 종료일자와 시간
- comments: 스케줄 객체에 대한 주석

스케줄 객체에서 중요한 항목은 '언제'와 '얼마나 자주'이다. 즉 언제 시작해서 끝나는지, 그리고 얼마나 자주 수행될 것인지에 대한 정보를 스케줄 객체가 담고 있는 것이다. '언제'에 해당하는 것은 시작과 종료일자인 start_date와 end_date이고, '얼마나 자주'에 해당하는 것이 repeat_interval 매개변수다.

DBMS_SCHEDULER의 장점 중 하나가 세밀하고 정밀한 실행 주기를 설정할 수 있다는 점인데, 이는 바로 repeat_interval 매개변수에 다양한 형태로 값을 설정할 수 있음을 의미한다. 이 값들을 정리한 내용이 [표 15-1]에 나와 있다.

▼ 표 15-1 repeat_interval 매개변수 설정 값

설정 값 유형	설명
FREQ	수행 주기. 설정 값은 YEARLY, MONTHLY, WEEKLY, DAILY, HOURLY, MINUTELY, SECONDLY.
INTERVAL	수행 횟수. 디폴트 값은 1. 최대 설정 값은 99.
BYMONTH	월 단위 수행 시 해당 월을 명시 예) 3월에 수행 → BYMONTH=3 혹은 BYMONTH=MAR
BYWEEKNO	주 단위 수행 시 주차번호를 명시
BYYEARDAY	일 단위 수행 시 연도기준 일자(1~365)를 명시.
BYDATE	일자 리스트를 YYYYMMDD(YYYY는 생략 가능) 형식으로 명시 예) 1월 20일 수행 → BYDATE = 0120 　　1월 10일, 2월 10일, 4월 15일 수행 → BYDATE = 0110,0210,0415
BYMONTHDAY	일 단위. 월 기준 일자(1~31)를 명시 음수를 입력하면 월 기준 이전 일자를 의미

설정 값 유형	설명
BYDAY	일 단위. 월요일에서 일요일까지 한 주의 일을 명시 예) 두 번째 수요일 → BYDAY = 2WED
BYHOUR	시간 단위 수행. 0~23시간을 명시
BYMINUTE	분 단위 수행. 0~59분을 명시
BYSECOND	초 단위 수행. 0 ~ 59초 명시
BYSETPOS	다른 값의 위치를 명시하는 보조 수단의 설정 값 (−1)이면 리스트의 맨 끝, (−2)면 맨 끝에서 두 번째, 1이면 맨 앞쪽에서 첫 번째를 의미 FREQ 값이 MONTHLY, YEARLY일 때만 사용 가능 예) 근무일이 월요일~금요일이라고 할 때 매월 마지막 근무일에 수행되도록 한다면, 　　FREQ=MONTHLY; BYDAY=MON,TUE,WED,THU,FRI; BYSETPOS=−1
INCLUDE	CREATE_SCHEDULE 프로시저로 생성한 다른 스케줄을 포함할 때 사용
EXCLUDE	CREATE_SCHEDULE 프로시저로 생성한 다른 스케줄을 배제할 때 사용

그럼 어떤 식으로 repeat_interval 매개변수 값을 설정하는지 알아 보자.

[표 15-1]의 항목 중 수행주기를 나타내는 FREQ는 항상 명시해야 하고, FREQ와 INTERVAL, 그리고 BY로 시작하는 설정 유형을 혼합해 사용한다. 몇 가지 경우에 대한 설정 값을 정리하면 다음과 같다.

- 월요일 수행 → FREQ = DAILY; BYDAY = MON; (일별 주기, 월요일에 수행) 혹은
  　　　　　　　　FREQ = WEEKLY; BYDAY = MON; (주별 주기, 월요일에 수행) 혹은
  　　　　　　　　FREQ = YEARLY; BYDAY = MON; (연도별 주기, 월요일에 수행)
- 격주차로 월요일 수행 → FREQ = WEEKLY; INTERVAL = 2; BYDAY = MON;
- 매월 마지막날 수행 → FREQ = MONTHLY; BYMONTHDAY = −1;
- 매년 5월 10일 수행 → FREQ = YEARLY; BYMONTH = MAY; BYMONTHDAY = 10; 혹은
  　　　　　　　　　　　FREQ = YEARLY; BYDATE = 0510;
- 매월 25일 수행 → FREQ = MONTHLY; BYMONTHDAY = 25;
- 매월 두 번째 수요일 수행 → FREQ = MONTHLY; BYDAY = 2WED;
- 매일 오전 6시, 오후 6시에 수행 → FREQ = DAILY; BYHOUR = 06,18;
- 1시간마다 수행 → FREQ = HOURLY; INTERVAL = 1;
  (이 경우 시작 시간 기준으로 1시간마다 1번씩 수행됨)
- 매 시간 10분에 한 번씩 수행 → FREQ = HOURLY; INTERVAL = 1; BYMINUTE = 10;
- 1분마다 수행 → FREQ = MINUTELY; INTERVAL = 1;

설정 값 유형이 많아 이들을 조합해 사용할 수 있는 경우의 수도 많고, 이로 인해 다양한 시간과 주기로 설정이 가능한 것이다. 기존 DBMS_JOB 패키지에서 사용했던 "SYSDATE + 1/60/24" 형태를 'PL/SQL 표현식', 위와 같은 형태를 '달력 표현식' 형태라고 한다. 후자가 훨씬 더 알아보기도 쉽고 설정하기 쉽다는 점은 두말할 필요가 없을 것이다. 이제 실제로 스케줄 객체를 만들어 보자.

입력
```
BEGIN
  DBMS_SCHEDULER.CREATE_SCHEDULE (
  schedule_name => 'my_schedule1',
  start_date => NULL,
  repeat_interval => 'FREQ=MINUTELY; INTERVAL=1',--1분에 1번
  end_date => NULL,
  comments => '1분마다 수행');
END;
```

결과
익명 블록이 완료되었습니다.

성공적으로 생성되었다. 시작일자와 종료일자를 명시하지 않았으므로 이 스케줄 객체는 사용하는 즉시 1분마다 계속 처리될 것이다. 스케줄 객체 정보는 USER_SCHEDULER_SCHEDULES 시스템 뷰를 참조하면 알아낼 수 있다.

입력
```
SELECT schedule_name, schedule_type, start_date, repeat_interval, end_date, comments
  FROM USER_SCHEDULER_SCHEDULES;
```

결과

SCHEDULE_NAME	SCHEDULE_TYPE	START_DATE	REPEAT_INTERVAL	END_DATE	COMMENTS
MY_SCHEDULE1	CALENDAR	(null)	FREQ=MINUTELY; INTERVAL=1	(null)	1분마다 수행

USER_SCHEDULER_SCHEDULES 뷰를 조회해 보면 설정한 값대로 적용됐음을 알 수 있다. SCHEDULE_TYPE 컬럼 값이 'CALENDAR'인데 이는 repeat_interval 값을 달력 표현식을 사용해서 설정한 것이다.

③ 잡 객체 생성

실제로 일정 주기에 따라 프로그램을 실행하는 것은 잡 객체다. 잡 객체 역시 CREATE_JOB 프로시저를 호출해 생성하는데 이 프로시저는 매개변수가 다른 여러 가지 형태(함수 오버로딩 기능)가 존재

한다. 사실 프로그램과 스케줄 객체 없이 잡 객체만 만들어도 스케줄링을 할 수 있는데, 먼저 잡 객체 단독으로 사용하는 경우를 살펴 보자.

버전 1 - 잡 객체 단독으로 사용하는 경우

```
DBMS_SCHEDULER.CREATE_JOB (
    job_name            IN VARCHAR2,
    job_type            IN VARCHAR2,
    job_action          IN VARCHAR2,
    number_of_arguments IN PLS_INTEGER DEFAULT 0,
    start_date          IN TIMESTAMP WITH TIME ZONE DEFAULT NULL,
    repeat_interval     IN VARCHAR2 DEFAULT NULL,
    end_date            IN TIMESTAMP WITH TIME ZONE DEFAULT NULL,
    job_class           IN VARCHAR2 DEFAULT 'DEFAULT_JOB_CLASS',
    enabled             IN BOOLEAN DEFAULT FALSE,
    auto_drop           IN BOOLEAN DEFAULT TRUE,
    comments            IN VARCHAR2 DEFAULT NULL,
    );
```

- **job_name**: 잡 객체의 고유 이름, 원하는 명칭을 입력
- **job_type**: CREATE_PROGRAM의 program_type 매개변수와 동일
- **job_action**: CREATE_PROGRAM의 program_action 매개변수와 동일
- **number_of_arguments**: CREATE_PROGRAM의 number_of_arguments 매개변수와 동일
- **start_date**: CREATE_SCEHDULE의 start_date 매개변수와 동일
- **repeat_interval**: CREATE_SCEHDULE의 repeat_interval 매개변수와 동일
- **end_date**: CREATE_SCEHDULE의 end_date 매개변수와 동일
- **job_class**: 잡 클래스
- **enabled**: 활성화 여부. 디폴트 값은 FALSE
- **auto_drop**: TRUE이면 수행 후 자동 drop
- **comments**: 주석

버전 1은 잡 객체 단독으로 사용하므로 프로그램 객체와 스케줄 객체를 생성하면서 필요한 정보를 매개변수로 다 전달받아야 한다. 이제 CREATE_JOB 프로시저의 나머지 형태도 살펴 보자.

버전 2 - 프로그램, 스케줄 객체를 모두 사용하는 경우

```
DBMS_SCHEDULER.CREATE_JOB (
        job_name        IN VARCHAR2,
        program_name    IN VARCHAR2,
        schedule_name   IN VARCHAR2,
        job_class       IN VARCHAR2 DEFAULT 'DEFAULT_JOB_CLASS',
        enabled         IN BOOLEAN DEFAULT FALSE,
        auto_drop       IN BOOLEAN DEFAULT TRUE,
        comments        IN VARCHAR2 DEFAULT NULL,
        job_style       IN VARCHAR2 DEFAULT 'REGULAR',
        );
```

- **program_name:** 프로그램 객체명
- **schedule_name:** 스케줄 객체명
- **job_style:** 프로그램 객체를 사용할 때만 명시('REGULAR' → 일반적인 경우, 'LIGHTWEIGHT' → 수행시간이 짧은 대신 빈번히 수행될 경우)

버전 2는 프로그램 객체와 스케줄 객체명을 전달받아 사용하는 형태다.

버전 3 - 프로그램 객체만 사용하는 경우

```
DBMS_SCHEDULER.CREATE_JOB (
        job_name         IN VARCHAR2,
        program_name     IN VARCHAR2,
        start_date       IN TIMESTAMP WITH TIME ZONE DEFAULT NULL,
        repeat_interval  IN VARCHAR2 DEFAULT NULL,
        end_date         IN TIMESTAMP WITH TIME ZONE DEFAULT NULL,
        job_class        IN VARCHAR2 DEFAULT 'DEFAULT_JOB_CLASS',
        enabled          IN BOOLEAN DEFAULT FALSE,
        auto_drop        IN BOOLEAN DEFAULT TRUE,
        comments         IN VARCHAR2 DEFAULT NULL,
        job_style        IN VARCHAR2 DEFAULT 'REGULAR',
        );
```

버전 3에서는 프로그램 객체만 사용하고 스케줄 객체는 사용하지 않으므로 스케줄에 필요한 시작, 종료일자, 주기를 매개변수로 받는 형태다.

버전 4 -스케줄 객체만 사용하는 경우

```
DBMS_SCHEDULER.CREATE_JOB(
    job_name            IN VARCHAR2,
    schedule_name       IN VARCHAR2,
    job_type            IN VARCHAR2,
    job_action          IN VARCHAR2,
    number_of_arguments IN PLS_INTEGER DEFAULT 0,
    job_class           IN VARCHAR2 DEFAULT 'DEFAULT_JOB_CLASS',
    enabled             IN BOOLEAN DEFAULT FALSE,
    auto_drop           IN BOOLEAN DEFAULT TRUE,
    comments            IN VARCHAR2 DEFAULT NULL,
    job_style           IN VARCHAR2 DEFAULT 'REGULAR',
    );
```

버전 4는 버전 3과는 반대로 스케줄 객체만 사용하고 있으므로 프로그램 객체에 대한 정보를 매개변수로 받고 있다. 이 외에도 이벤트 기반 잡을 생성할 때는 또 다른 형태의 매개변수를 가진 CREATE_JOB 프로시저를 사용해야 한다.

④ 객체 활성화와 비활성화

프로그램 객체나 잡 객체는 최초로 생성될 때, ENABLED 값이 디폴트로 FALSE가 적용되어 생성 후 바로 작동되지 않는다. 따라서 객체를 활성화해야 하는데, 이때 사용하는 프로시저가 바로 ENABLE 프로시저다.

```
DBMS_SCHEDULER.ENABLE (
    name             IN VARCHAR2,
    commit_semantics IN VARCHAR2 DEFAULT 'STOP_ON_FIRST_ERROR');
```

- **name**: 활성화시킬 객체명

활성화를 했으면 비활성화도 할 수 있어야 하는데, 이는 DISABLE 프로시저가 처리한다.

```
DBMS_SCHEDULER.DISABLE (
    name             IN VARCHAR2,
    force            IN BOOLEAN DEFAULT FALSE,
    commit_semantics IN VARCHAR2 DEFAULT 'STOP_ON_FIRST_ERROR');
```

- **name**: 활성화시킬 객체명
- **force**: TRUE로 설정할 때 다른 객체가 참조하고 있더라도 비활성화됨. 디폴트 값은 FALSE

⑤ 객체 속성 변경

프로그램, 스케줄, 잡 객체를 만들어 사용하다가 그 속성을 바꿔야 할 때가 있다. 예를 들어, 하루에 한 번 수행되던 스케줄을 오전 6시와 오후 6시, 두 번 수행되도록 스케줄을 조정해야 하거나, 기존 프로시저를 새로 만든 프로시저로 대체해야 하는 경우다. 이럴 때마다 해당 객체를 제거하고 다시 만드는 것은 매우 번거로우므로 각 객체의 속성을 변경하는 것이 좋은데, 이때 사용할 수 있는 것이 SET_ATTRIBUTE와 SET_ATTRIBUTE_NULL 프로시저다.

SET_ATTRIBUTE 프로시저는 매개변수 개수에 따라 두 가지 형태가 있다.

```
DBMS_SCHEDULER.SET_ATTRIBUTE (
    name      IN VARCHAR2,
    attribute IN VARCHAR2,
    value     IN {BOOLEAN|DATE|TIMESTAMP|
        TIMESTAMP WITH TIME ZONE|TIMESTAMP WITH LOCAL TIME ZONE|
        INTERVAL DAY TO SECOND});
```

- **name**: 속성값을 바꿀 객체명
- **attribute**: 속성값을 바꿀 객체의 속성명
  예) start_date, repeat_interval, job_action, number_of_arguments, …
- **value**: 변경할 속성 값으로 속성에 따라 값의 데이터 타입은 달라짐

```
DBMS_SCHEDULER.SET_ATTRIBUTE (
    name      IN VARCHAR2,
    attribute IN VARCHAR2,
    value     IN VARCHAR2,
    value2    IN VARCHAR2  DEFAULT NULL);
```

- **name**: 속성값을 바꿀 객체명
- **attribute**: 속성값을 바꿀 객체의 속성명
  예) start_date, repeat_interval, job_action, number_of_arguments, …
- **value**: 변경할 속성 값. 문자 형태로 지정
- **value2**: 대부분의 속성은 값이 1개지만, 값이 2개인 속성도 있으며 이럴 때 사용

속성 값을 NULL로 설정해야 할 때는 SET_ATTRIBUTE 프로시저를 사용할 수 없다. 즉 SET_ATTRIBUTE 프로시저의 value 값으로는 NULL이 올 수 없다는 뜻이다. 대신 NULL로 설정해야 한다면 SET_ATTRIBUTE_NULL 프로시저를 사용한다.

```
DBMS_SCHEDULER.SET_ATTRIBUTE_NULL (
    name         IN VARCHAR2,
    attribute    IN VARCHAR2 );
```

- **name:** 속성값을 바꿀 객체명
- **attribute:** 속성값을 바꿀 객체의 속성명 예) start_date, repeat_interval, job_action, number_of_arguments, …

SET_ATTRIBUTE_NULL 프로시저는 별도로 NULL을 매개변수로 넘겨 속성에 값을 할당하는 것이 아니라, 객체명과 속성명만 매개변수로 넘겨 호출하면 해당 객체의 속성값이 NULL로 변경된다.

⑥ 객체 삭제

객체를 생성했으면 삭제할 수도 있어야 한다. 프로그램, 스케줄, 잡 객체에 대해 별도로 생성 프로시저가 있었듯이 객체를 삭제하는 프로시저도 세 종류가 있다.

프로그램 객체는 DROP_PROGRAM 프로시저를 호출해 삭제한다.

```
DBMS_SCHEDULER.DROP_PROGRAM (
    program_name IN VARCHAR2,
    force        IN BOOLEAN DEFAULT FALSE);
```

- **program_name:** 삭제할 프로그램 객체명.
- **force:** FALSE → 참조하는 잡이 있으면 오류 발생. TRUE → 참조하는 잡이 비활성됨

스케줄 객체는 DROP_SCHEDULE 프로시저를 호출해 삭제한다.

```
DBMS_SCHEDULER.DROP_SCHEDULE (
    schedule_name IN VARCHAR2,
    force         IN BOOLEAN DEFAULT FALSE);
```

- **schedule_name:** 삭제할 스케줄 객체명
- **force:** FALSE → 참조하는 잡이 있으면 오류 발생. TRUE → 참조하는 잡이 비활성화됨

마지막으로 잡 객체는 DROP_JOB 프로시저를 호출한다.

```
DBMS_SCHEDULER.DROP_JOB (
    job_name          IN VARCHAR2,
    force             IN BOOLEAN DEFAULT FALSE,
    defer             IN BOOLEAN DEFAULT FALSE,
    commit_semantics  IN VARCHAR2 DEFAULT 'STOP_ON_FIRST_ERROR');
```

- **job_name:** 삭제할 잡 객체명
- **force:** TRUE로 설정하면 먼저 실행되고 있는 잡을 중단시킨 다음 잡을 삭제
- **defer:** TRUE로 설정하면 수행되고 있는 잡이 완료된 다음에 잡을 삭제

이상으로 오라클 스케줄러와 DBMS_SCHEDULER 패키지의 대표적인 서브 프로그램의 구조와 골격에 대해서 살펴 봤다. 다음 절에서는 실제로 이들 서브 프로그램을 활용해 스케줄링을 해 보자.

03 DBMS_SCHEDULER를 이용한 스케줄링 처리

잡 객체만을 이용한 스케줄링

잡 객체를 만들어 보자. 이전 프로그램 객체와 스케줄 객체를 만들었을 때는 객체만 생성될 뿐 아무런 일도 일어나지 않았지만, 잡 객체를 만들면 잡이 생성되어 수행되기 시작한다. 먼저 잡 객체 단독으로 사용되는 버전 1을 사용해 보자.

입력
```
BEGIN
  DBMS_SCHEDULER.CREATE_JOB (
    job_name        => 'my_job1',
    job_type        => 'STORED_PROCEDURE',
    job_action      => 'ch15_job_test_proc ',
    repeat_interval => 'FREQ=MINUTELY; INTERVAL=1',    --1분에 1번
    comments        => '버전1 잡객체' );
END;
```

결과
익명 블록이 완료되었습니다.

성공적으로 만들어 졌다. 잡 객체 역시 USER_SCHEDULER_JOBS 시스템 뷰를 통해 정보를 확인할 수 있다.

입력
```sql
SELECT job_name, job_style, job_type, job_action, repeat_interval, enabled,
       auto_drop, state, comments
  FROM USER_SCHEDULER_JOBS;
```

결과

JOB_NAME	JOB_STYLE	JOB_TYPE	JOB_ACTION	REPEAT_INTERVAL	ENABLED	AUTO_DROP	STATE	COMMENTS
MY_JOB1	REGULAR	STORED_PROCEDURE	ch17_job_test_proc	FREQ=MINUTELY; INTERVAL=1	FALSE	TRUE	DISABLED	버전1 잡객체

Enabled 매개변수가 디폴트 값인 FALSE가 적용됐으므로 MY_JOB1은 비활성 상태다. 이 잡 역시 ch15_job_test_proc 프로시저를 사용하고 있으므로 잡을 활성화하기 전 ch15_job_test 테이블을 깨끗이 비워 놓자.

입력
```sql
TRUNCATE TABLE ch15_job_test;
```

결과
table CH15_JOB_TEST이(가) 잘렸습니다.

비활성 상태의 잡을 활성 상태로 바꾸려면 ENABLE 프로시저를, 반대일 때는 DISABLE 프로시저를 사용한다. 이 두 프로시저는 잡 객체뿐만 아니라 프로그램 객체에 대해서도 사용할 수 있다.

ENABLE 프로시저를 호출해 MY_JOB1을 활성화시켜 보자.

입력
```sql
BEGIN
  DBMS_SCHEDULER.ENABLE ('my_job1');
END;
```

결과
익명 블록이 완료되었습니다.

USER_SCHEDULER_JOBS 시스템 뷰를 조회해 상태가 바뀌었는지 확인해 보자.

입력
```sql
SELECT job_name, job_style, job_type, job_action, repeat_interval,
       enabled, auto_drop, state, comments
  FROM USER_SCHEDULER_JOBS;
```

결과

JOB_NAME	JOB_STYLE	JOB_TYPE	JOB_ACTION	REPEAT_INTERVAL	ENABLED	AUTO_DROP	STATE	COMMENTS
MY_JOB1	REGULAR	STORED_PROCEDURE	ch17_job_test_proc	FREQ=MINUTELY; INTERVAL=1	TRUE	TRUE	SCHEDULED	버전1 잡객체

ENABLED 값이 TRUE로 바뀌었음을 알 수 있다. 그렇다면 MY_JOB1 객체는 수행되기 시작했고 ch15_job_test_proc 프로시저를 호출하고 있으므로 ch15_job_test 테이블에 데이터가 쌓이고 있을 것이다. 직접 확인해 보자.

입력
```sql
SELECT SEQ, TO_CHAR(INSERT_DATE, 'YYYY-MM-DD HH24:MI:SS')
  FROM ch15_job_test;
```

결과
```
SEQ TO_CHAR(INSERT_DATE,'YYYY-MM-DDHH24:MI:SS')
--- -------------------------------------------
1   2014-07-26 12:18:39
2   2014-07-26 12:19:39
3   2014-07-26 12:20:39
4   2014-07-26 12:21:39
5   2014-07-26 12:22:39
6   2014-07-26 12:23:39
7   2014-07-26 12:24:39
```

위와 같이 실제 데이터가 쌓이는 ch15_job_test 테이블을 조회하면 해당 잡 객체가 수행되고 있는지 간접적으로 알 수 있다. 그럼 직접적으로 잡 객체가 일을 잘 하고 있는지 확인하는 방법은 없을까? 물론 있다. USER_SCHEDULER_JOB_LOG와 USER_SCHEDULER_JOB_RUN_DETAILS 시스템 뷰를 통해 확인할 수 있다.

USER_SCHEDULER_JOB_LOG는 명칭에서도 유추할 수 있듯이 수행된 잡의 로그 정보가 담긴 뷰다.

입력
```sql
SELECT log_id, log_date, job_name, operation, status
  FROM USER_SCHEDULER_JOB_LOG;
```

결과

LOG_ID	LOG_DATE	JOB_NAME	OPERATION	STATUS
3209	2014-07-26 12:24:39.836000000 +09:00	MY_JOB1	RUN	SUCCEEDED
3208	2014-07-26 12:23:39.838000000 +09:00	MY_JOB1	RUN	SUCCEEDED
3207	2014-07-26 12:22:39.776000000 +09:00	MY_JOB1	RUN	SUCCEEDED
3206	2014-07-26 12:21:39.733000000 +09:00	MY_JOB1	RUN	SUCCEEDED
3205	2014-07-26 12:20:39.671000000 +09:00	MY_JOB1	RUN	SUCCEEDED
3204	2014-07-26 12:19:39.629000000 +09:00	MY_JOB1	RUN	SUCCEEDED
3203	2014-07-26 12:18:39.756000000 +09:00	MY_JOB1	RUN	SUCCEEDED

위 결과를 보면 잡이 수행된 시간(1분 간격)과 잡 이름, 상태 정보 등을 통해 모두 성공적으로 수행됐음을 알 수 있다.

USER_SCHEDULER_JOB_RUN_DETAILS 뷰는 잡이 수행되면서 남긴 좀더 상세한 정보를 알 수 있다.

입력
```sql
SELECT log_date, job_name, status, error#, req_start_date, actual_start_date,
       run_duration
  FROM USER_SCHEDULER_JOB_RUN_DETAILS;
```

결과

LOG_DATE	JOB_NAME	STATUS	ERROR#	REQ_START_DATE	ACTUAL_START_DATE	RUN_DURATION
2014-07-26 12:18:39.757000000 +09:00	MY_JOB1	SUCCEEDED	0	2014-07-26 12:18:39.400000000 ASIA/SEOUL	2014-07-26 12:18:39.509000000 ASIA/SEOUL	0 0:0:0.0
2014-07-26 12:19:39.630000000 +09:00	MY_JOB1	SUCCEEDED	0	2014-07-26 12:19:39.600000000 ASIA/SEOUL	2014-07-26 12:19:39.617000000 ASIA/SEOUL	0 0:0:0.0
2014-07-26 12:20:39.671000000 +09:00	MY_JOB1	SUCCEEDED	0	2014-07-26 12:20:39.600000000 ASIA/SEOUL	2014-07-26 12:20:39.624000000 ASIA/SEOUL	0 0:0:0.0
2014-07-26 12:21:39.733000000 +09:00	MY_JOB1	SUCCEEDED	0	2014-07-26 12:21:39.700000000 ASIA/SEOUL	2014-07-26 12:21:39.721000000 ASIA/SEOUL	0 0:0:0.0
2014-07-26 12:22:39.776000000 +09:00	MY_JOB1	SUCCEEDED	0	2014-07-26 12:22:39.700000000 ASIA/SEOUL	2014-07-26 12:22:39.718000000 ASIA/SEOUL	0 0:0:0.0
2014-07-26 12:23:39.838000000 +09:00	MY_JOB1	SUCCEEDED	0	2014-07-26 12:23:39.800000000 ASIA/SEOUL	2014-07-26 12:23:39.825000000 ASIA/SEOUL	0 0:0:0.0
2014-07-26 12:24:39.837000000 +09:00	MY_JOB1	SUCCEEDED	0	2014-07-26 12:24:39.800000000 ASIA/SEOUL	2014-07-26 12:24:39.824000000 ASIA/SEOUL	0 0:0:0.0

위 결과에서 REQ_START_DATE와 ACTUAL_START_DATE는 각각 잡이 실행된 요청 시작일자와 실제 시작일자이고 RUN_DURATION 항목은 잡의 수행시간, 즉 프로시저 수행시간을 의미한다. STATUS와 ERROR# 항목을 보니 오류 없이 모두 성공했음을 알 수 있다.

프로그램, 스케줄 객체를 이용한 스케줄링

이번에는 프로그램 객체와 스케줄 객체를 이용한 잡 객체를 만들어 보자. 그 전에 먼저 수행되고 있는 MY_JOB1을 중지시키고 ch15_job_test 테이블을 비워 놓자. 잡을 중지시키려면 DISABLE 프로시저를 호출하면 된다.

입력
```sql
BEGIN
  DBMS_SCHEDULER.DISABLE ('my_job1');
END;
```

결과
익명 블록이 완료되었습니다.

입력
```sql
TRUNCATE TABLE ch15_job_test;
```

결과
table CH15_JOB_TEST이(가) 잘렸습니다.

이번에는 기존에 만들었던 프로그램 객체인 MY_PROGRAM1과 스케줄 객체인 MY_SCHEDULE1을 이용해 새로운 잡 객체를 만들 것이다. 따라서 버전 2의 CREATE_JOB 프로시저를 사용해야 한다.

입력
```
BEGIN
  DBMS_SCHEDULER.CREATE_JOB (
  job_name              => 'my_job2',
  program_name          => 'MY_PROGRAM1',
  schedule_name         => 'MY_SCHEDULE1',
  comments              => '버전2 잡객체' );
END;
```

결과
익명 블록이 완료되었습니다.

입력
```
SELECT job_name, program_name, job_type, job_action, schedule_name,
       schedule_type, repeat_interval,
       enabled, auto_drop, state, comments
  FROM USER_SCHEDULER_JOBS ;
```

결과

JOB_NAME	PROGRAM_NAME	JOB_TYPE	JOB_ACTION	SCHEDULE_NAME	SCHEDULE_TYPE	REPEAT_INTERVAL	ENABLED	AUTO_DROP	STATE	COMMENTS
MY_JOB1	(null)	STORED_PROCEDURE	ch17_job_test_proc	(null)	CALENDAR	FREQ=MINUTELY; INTERVAL=1	FALSE	TRUE	DISABLED	버전1 잡객체
MY_JOB2	MY_PROGRAM1	(null)	(null)	MY_SCHEDULE1	NAMED	(null)	FALSE	TRUE	DISABLED	버전2 잡 객체

MY_JOB2란 잡 객체가 성공적으로 생성됐다. 이전에 만들었던 MY_JOB1과 비교해 보면, MY_JOB2는 'MY_PROGRAM1'(ch15_job_test_proc 프로시저를 호출)이란 프로그램 객체와 'MY_SCHEDULE1'(1분마다 실행)이란 스케줄 객체를 사용하고 있음을 알 수 있다. MY_JOB2 역시 비활성 상태이므로 활성 상태로 바꿔줘야 한다. 활성 상태가 되면 ch15_job_test 테이블에 데이터가 쌓이기 시작할 것이다.

입력
```
BEGIN
  DBMS_SCHEDULER.ENABLE ('my_job2');
END;

SELECT job_name, program_name, job_type, job_action, schedule_name,
       schedule_type,  repeat_interval,
       enabled, auto_drop, state, comments
  FROM USER_SCHEDULER_JOBS ;
```

결과

JOB_NAME	PROGRAM_NAME	JOB_TYPE	JOB_ACTION	SCHEDULE_NAME	SCHEDULE_TYPE	REPEAT_INTERVAL	ENABLED	AUTO_DROP	STATE	COMMENTS
MY_JOB1	(null)	STORED_PROCEDURE	ch17_job_test_proc	(null)	CALENDAR	FREQ=MINUTELY; INTERVAL=1	FALSE	TRUE	DISABLED	버전1 잡객체
MY_JOB2	MY_PROGRAM1	(null)	(null)	MY_SCHEDULE1	NAMED	(null)	TRUE	TRUE	SCHEDULED	버전2 잡 객체

이제 잠시 기다린 후 ch15_job_test 테이블을 조회해 보면 1분 단위로 데이터가 쌓이고 있을 것이다. 직접 확인해 보자.

입력
```sql
SELECT SEQ, TO_CHAR(INSERT_DATE, 'YYYY-MM-DD HH24:MI:SS')
  FROM ch15_job_test;
```

결과
선택된 행 없음

한참을 기다린 후 조회해 봤는데도 데이터가 쌓이지 않았다. 왜 이런 것일까? 이유는 MY_JOB2는 MY_PROGRAM1이란 프로그램 객체를 사용해 프로시저를 호출하는데, 이 프로그램 객체 역시 비활성 상태로 남았기 때문이다. 따라서 이 프로그램 객체도 활성화시켜야 한다.

입력
```sql
BEGIN
  DBMS_SCHEDULER.ENABLE ('my_program1');
END;
```

결과
익명 블록이 완료되었습니다.

이제 다시 잠시 기다린 후 ch15_job_test 테이블을 조회해 보자.

입력
```sql
SELECT SEQ, TO_CHAR(INSERT_DATE, 'YYYY-MM-DD HH24:MI:SS')
  FROM ch15_job_test;
```

결과
```
SEQ TO_CHAR(INSERT_DATE,'YYYY-MM-DDHH24:MI:SS')
--- -------------------------------------------
  1 2014-07-27 21:29:44
  2 2014-07-27 21:30:44
  3 2014-07-27 21:31:44
  4 2014-07-27 21:32:44
  5 2014-07-27 21:33:44
```

데이터가 1분마다 제대로 쌓이고 있다. 이제 잡 로그도 확인해 보자.

입력
```sql
SELECT log_date, job_name, status, error#, req_start_date,
       actual_start_date, run_duration
  FROM USER_SCHEDULER_JOB_RUN_DETAILS
 WHERE JOB_NAME = 'MY_JOB2';
```

결과

LOG_DATE	JOB_NAME	STATUS	ERROR#	REQ_START_DATE	ACTUAL_START_DATE	RUN_DURATION
2014-07-27 21:23:45.366000000 +09:00	MY_JOB2	FAILED	27367	2014-07-27 21:23:44.800000000 ASIA/SEOUL	2014-07-27 21:23:45.077000000 ASIA/SEOUL	0 0:0:0.0
2014-07-27 21:24:44.117000000 +09:00	MY_JOB2	FAILED	27367	2014-07-27 21:24:44.100000000 ASIA/SEOUL	2014-07-27 21:24:44.105000000 ASIA/SEOUL	0 0:0:0.0
2014-07-27 21:25:44.114000000 +09:00	MY_JOB2	FAILED	27367	2014-07-27 21:25:44.100000000 ASIA/SEOUL	2014-07-27 21:25:44.102000000 ASIA/SEOUL	0 0:0:0.0
2014-07-27 21:26:44.124000000 +09:00	MY_JOB2	FAILED	27367	2014-07-27 21:26:44.100000000 ASIA/SEOUL	2014-07-27 21:26:44.110000000 ASIA/SEOUL	0 0:0:0.0
2014-07-27 21:27:44.133000000 +09:00	MY_JOB2	FAILED	27367	2014-07-27 21:27:44.100000000 ASIA/SEOUL	2014-07-27 21:27:44.117000000 ASIA/SEOUL	0 0:0:0.0
2014-07-27 21:28:44.113000000 +09:00	MY_JOB2	FAILED	27367	2014-07-27 21:28:44.100000000 ASIA/SEOUL	2014-07-27 21:28:44.107000000 ASIA/SEOUL	0 0:0:0.0
2014-07-27 21:31:44.119000000 +09:00	MY_JOB2	SUCCEEDED	0	2014-07-27 21:31:44.100000000 ASIA/SEOUL	2014-07-27 21:31:44.104000000 ASIA/SEOUL	0 0:0:0.0
2014-07-27 21:33:44.122000000 +09:00	MY_JOB2	SUCCEEDED	0	2014-07-27 21:33:44.100000000 ASIA/SEOUL	2014-07-27 21:33:44.107000000 ASIA/SEOUL	0 0:0:0.0
2014-07-27 21:29:44.296000000 +09:00	MY_JOB2	SUCCEEDED	0	2014-07-27 21:29:44.100000000 ASIA/SEOUL	2014-07-27 21:29:44.108000000 ASIA/SEOUL	0 0:0:0.0
2014-07-27 21:30:44.122000000 +09:00	MY_JOB2	SUCCEEDED	0	2014-07-27 21:30:44.100000000 ASIA/SEOUL	2014-07-27 21:30:44.109000000 ASIA/SEOUL	0 0:0:0.0
2014-07-27 21:32:44.109000000 +09:00	MY_JOB2	SUCCEEDED	0	2014-07-27 21:32:44.100000000 ASIA/SEOUL	2014-07-27 21:32:44.102000000 ASIA/SEOUL	0 0:0:0.0

MY_JOB2에 대한 세부 작업 내역이다. STATUS 컬럼을 보면 초기에는 실패(FAILED)로그가 쌓여 있는데 이는 MY_PROGRAM1 객체가 비활성화 됐기 때문이고 활성화시킨 다음에는 성공적으로 수행되고 있음을 알 수 있다.

이처럼 버전 2를 사용하더라도 버전 1과 차이 없이 스케줄링은 정상적으로 수행되었다. 하지만 버전 2에서는 이미 생성된 프로그램 객체와 스케줄 객체를 가져와 사용했으므로 버전 1에 비해 훨씬 간편하게 잡을 만들어 사용할 수 있다는 장점이 있다.

외부 프로그램 수행

DBMS_SCHEDULER 패키지는 오라클 내의 익명 블록이나 프로시저 외에도 DB 외부, 즉 OS상의 실행파일도 실행할 수 있다고 했다. 이번에는 외부 프로그램을 주기적으로 수행하는 잡을 만들어 보자.

먼저 수행할 외부 프로그램을 준비해야 하는데 외부 프로그램이란 쉽게 말해서 자체 실행 가능한 파일로, 확장자가 EXE나 BAT인 파일이 이에 해당된다. 이러한 실행 파일은 OS상에서 수행되므로 DB 상에서 이 파일이 실행됐는지 확인하기 어렵다는 단점이 있다. 따라서 여기에서는 ch15_job_test 테이블에 데이터를 INSERT 하는 구문이 담긴 파일(확장자가 SQL)을 먼저 만들고, 이 파일을 SQL*PLUS 상에서 실행하도록 하는 배치파일(확장자가 BAT)을 만들 것이다. 그리고 나서 마지막으로 이 배치파일을 주기적으로 호출하는 잡을 만들 것이다.

그럼 SQL 파일부터 만들어 보자. 메모장을 열고 아래의 내용을 등록한 후 insert_test.sql 이라는 이름으로 저장한다.

입력

```
-- 데이터 입력
INSERT INTO ch15_job_test VALUES ( 1, SYSDATE);
COMMIT;

-- SQL*PLUS를 빠져 나오는 명령어
EXIT;
```

이제 SQL*PLUS를 실행시켜 insert_test.sql 파일을 호출해 테이블에 데이터를 입력하는 배치파일을 만들어 보자. 메모장을 열고 다음의 내용을 입력한 후 scheduler_test.bat이라는 이름으로 저장한다.

입력

```
sqlplus ora_user/hong@myoracle @d:\insert_test.sql
```

위 파일의 내용을 설명하면, 사용자 아이디와 암호를 입력해 SQL*PLUS를 실행함과 동시에 insert_test.sql 파일을 SQL*PLUS 상에서 실행하는 명령어다. 위 파일에서 사용자 아이디는 ora_user, 암호는 hong, DB명은 myoracle이며 insert_test.sql 파일은 D 드라이브에 저장해 놓았다. 접속 정보는 설치환경에 따라 다르므로 이에 맞게 설정해 주면 된다.

파일을 저장했으면 실제로 동작하는지 테스트해 보자. 그 전에 먼저 ch15_job_test 테이블을 깨끗이 비워 두자.

입력

```
TRUNCATE TABLE ch15_job_test;
```

결과

```
table CH15_JOB_TEST이(가) 잘렸습니다.
```

이제 명령창을 열고 (CMD 명령어) scheduler_test.bat 파일을 실행해 보자.

▼ 그림 15-1 scheduler_test.bat 파일 실행 화면

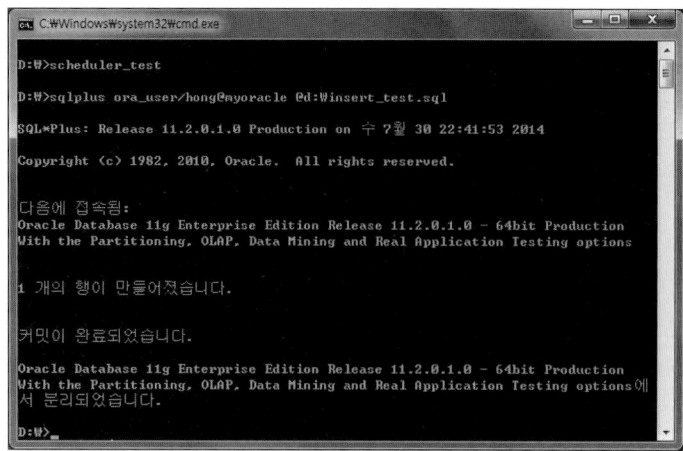

[그림 15-1]을 scheduler_test.bat 파일을 실행하니 SQL*PLUS가 실행되어 ch15_job_test 테이블에 데이터를 1건 생성한 후 종료되었음을 알 수 있다. 실제로 ch15_job_test 테이블에 데이터가 들어갔는지 확인해 보자.

입력
```sql
SELECT SEQ, TO_CHAR(INSERT_DATE, 'YYYY-MM-DD HH24:MI:SS')
  FROM ch15_job_test;
```

결과
```
SEQ TO_CHAR(INSERT_DATE,'YYYY-MM-DDHH24:MI:SS')
--- --------------------------------------------
  1 2014-07-30 22:41:53
```

배치파일이 정상적으로 동작하는 것을 확인했으니 이제 잡을 만들어야 한다. 그 전에 먼저 외부 프로그램(파일)을 실행하는 잡을 등록해서 사용하려면 별도의 스케줄러 서비스를 활성화해야 한다. 윈도우 사용자는 "제어판-관리도구-서비스" 창을 연 다음, 'OracleJobScheduler서비스명' 서비스를 찾아 시작해야 한다. 필자는 오라클 서비스명(SID)이 'MYORACLE'이어서 서비스명도 'OracleJobSchedulerMYORACLE' 이다. 이 서비스가 중지 상태라면 시작 상태로 변경하자.

▼ 그림 15-2 오라클 잡 스케줄러 서비스

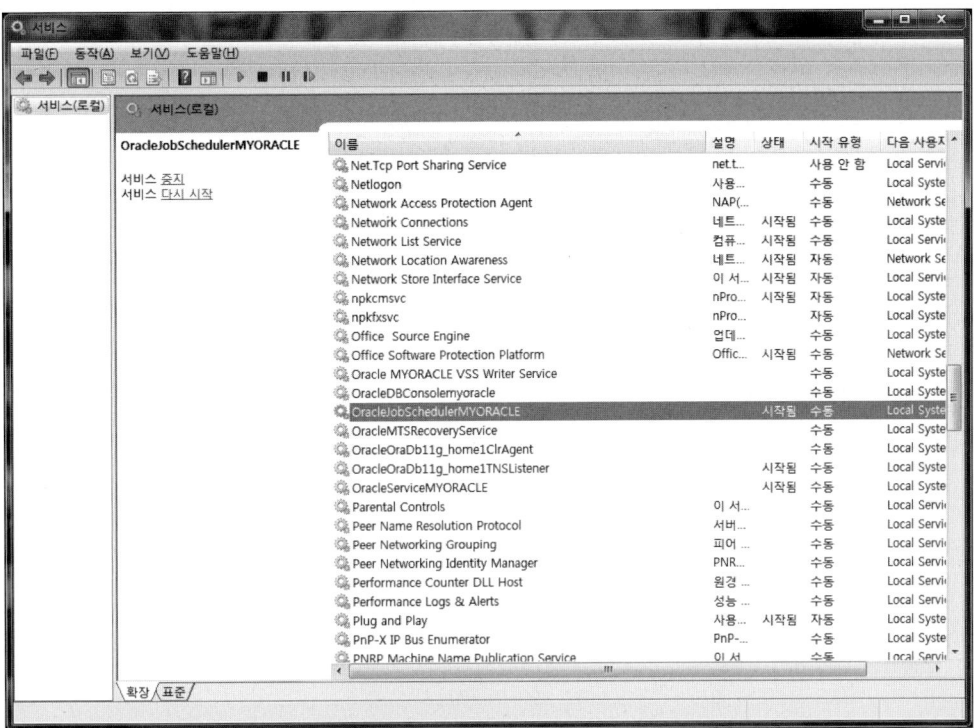

사전 준비 작업은 모두 끝났다. 이제 잡 객체를 만들어야 하는데 이번에는 프로그램과 스케줄 객체는 사용하지 않고 잡 객체만 생성해 스케줄링을 할 것이다.

입력
```
BEGIN
  DBMS_SCHEDULER.CREATE_JOB (
    job_name            => 'MY_EX_JOB1',                    -- 잡 명
    job_type            =>'EXECUTABLE',                     -- 외부 실행 파일
    job_action          =>'c:\windows\system32\cmd.exe',    -- 윈도우의 CMD.EXE를 실행
    number_of_arguments => 2,                               -- 매개변수가 2개라는 의미
    repeat_interval     => 'FREQ=MINUTELY; INTERVAL=1',     -- 1분에 1회씩 수행
    comments            => '외부파일 실행 잡객체' );           -- 잡 설명

  -- 매개변수1
  DBMS_SCHEDULER.SET_JOB_ARGUMENT_VALUE('MY_EX_JOB1',1,'/c');

  -- 매개변수2 (실제 배치파일)
  DBMS_SCHEDULER.SET_JOB_ARGUMENT_VALUE('MY_EX_JOB1',2,'c:\scheduler_test.bat');
  DBMS_SCHEDULER.ENABLE ('MY_EX_JOB1');                    -- 잡 활성화
END;
```

결과
익명 블록이 완료되었습니다.

성공적으로 생성되었다. 위 소스를 설명하면 MY_EX_JOB1이라는 이름으로 잡을 생성했는데 외부 실행 파일을 실행하므로 job_type 매개변수로 'EXECUTABLE'을 입력했다. job_action 매개변수로 윈도우의 cmd.exe 파일을 경로명까지 포함해서 기술했는데, DBMS_SCHEDULER 패키지에서는 직접 배치파일을 실행할 수 없으므로 cmd.exe를 실행하고 이 파일의 매개변수로 scheduler_test.bat이란 배치파일을 명시했다. 이 배치파일은 C 드라이브에 위치시켰지만 이 파일이 실행하는 insert_test.sql 파일은 D드라이브에 있다는 점을 잊지 말자. 그리고 SET_JOB_ARGUMENT_VALUE란 프로시저를 호출해 매개변수로 전달할 값을 설정했고 마지막으로 잡을 활성화시켜 바로 잡이 실행되도록 한 것이다.

그럼 제대로 실행되고 있는지 확인해 보자. ch15_job_test 테이블에 데이터가 들어가고 있는지, 그리고 USER_SCHEDULER_JOB_RUN_DETAILS 시스템 뷰를 조회해 보자.

입력

```sql
SELECT SEQ, TO_CHAR(INSERT_DATE, 'YYYY-MM-DD HH24:MI:SS')
  FROM ch15_job_test;
```

결과

```
SEQ TO_CHAR(INSERT_DATE,'YYYY-MM-DDHH24:MI:SS')
--- -------------------------------------------
  1 2014-07-31 21:38:55
  1 2014-07-31 21:39:54
  1 2014-07-31 21:40:54
  1 2014-07-31 21:41:54
  1 2014-07-31 21:42:54
  1 2014-07-31 21:43:54
  1 2014-07-31 21:45:54
  1 2014-07-31 21:44:54
```

데이터가 제대로 들어가고 있음을 알 수 있다.

입력

```sql
SELECT log_date, job_name, status, error#, req_start_date, actual_start_date,
       run_duration
  FROM USER_SCHEDULER_JOB_RUN_DETAILS
 WHERE JOB_NAME = 'MY_EX_JOB1';
```

결과

LOG_DATE	JOB_NAME	STATUS	ERROR#	REQ_START_DATE	ACTUAL_START_DATE	RUN_DURATION
2014-07-31 21:38:55.445000000 +09:00	MY_EX_JOB1	SUCCEEDED	0	2014-07-31 21:38:54.200000000 ASIA/SEOUL	2014-07-31 21:38:54.240000000 ASIA/SEOUL	0 0:0:1.0
2014-07-31 21:41:54.648000000 +09:00	MY_EX_JOB1	SUCCEEDED	0	2014-07-31 21:41:54.200000000 ASIA/SEOUL	2014-07-31 21:41:54.213000000 ASIA/SEOUL	0 0:0:0.0
2014-07-31 21:44:54.634000000 +09:00	MY_EX_JOB1	SUCCEEDED	0	2014-07-31 21:44:54.200000000 ASIA/SEOUL	2014-07-31 21:44:54.206000000 ASIA/SEOUL	0 0:0:0.0
2014-07-31 21:39:54.640000000 +09:00	MY_EX_JOB1	SUCCEEDED	0	2014-07-31 21:39:54.200000000 ASIA/SEOUL	2014-07-31 21:39:54.203000000 ASIA/SEOUL	0 0:0:0.0
2014-07-31 21:40:54.649000000 +09:00	MY_EX_JOB1	SUCCEEDED	0	2014-07-31 21:40:54.200000000 ASIA/SEOUL	2014-07-31 21:40:54.219000000 ASIA/SEOUL	0 0:0:0.0
2014-07-31 21:42:54.651000000 +09:00	MY_EX_JOB1	SUCCEEDED	0	2014-07-31 21:42:54.200000000 ASIA/SEOUL	2014-07-31 21:42:54.215000000 ASIA/SEOUL	0 0:0:0.0
2014-07-31 21:43:54.644000000 +09:00	MY_EX_JOB1	SUCCEEDED	0	2014-07-31 21:43:54.200000000 ASIA/SEOUL	2014-07-31 21:43:54.208000000 ASIA/SEOUL	0 0:0:0.0
2014-07-31 21:45:54.656000000 +09:00	MY_EX_JOB1	SUCCEEDED	0	2014-07-31 21:45:54.200000000 ASIA/SEOUL	2014-07-31 21:45:54.210000000 ASIA/SEOUL	0 0:0:0.0

STATUS 항목의 값이 모두 'SUCCEEDED'인 것을 보니 정상적으로 동작하고 있다. 이처럼 DBMS_SCHEDULER 패키지는 DBMS_JOB과는 달리 외부 실행 파일을 잡에 등록해 실행이 가능하다. 위의 예제에서는 오라클이 설치된 PC에서 외부 파일을 실행한 형태인데 이를 **로컬 외부잡**이라고 하고, 다른 DB 상에 있는 파일을 실행하는 원격 외부 잡도 만들 수 있다.

체인

마지막으로 살펴볼 기능은 체인이다. 체인이란 여러 단계를 두고 각 단계별로 프로그램을 실행하는 것을 말하며, 각 단계를 스텝step이라고 하는데 스텝들을 연결해 임의의 규칙에 따라 실행 순서를 부여할 수 있다. 스텝들이 서로 연결되어 있어서 체인chain이라고 부르는 것이다. 스텝이 독립적으로 작업을 수행하는 것은 아니며 각 스텝을 프로그램 객체와 연결해 작업이 수행된다. 그리고 스텝 간의 이동은 룰(규칙)이 처리한다.

▼ **그림 15-3** 잡 체인

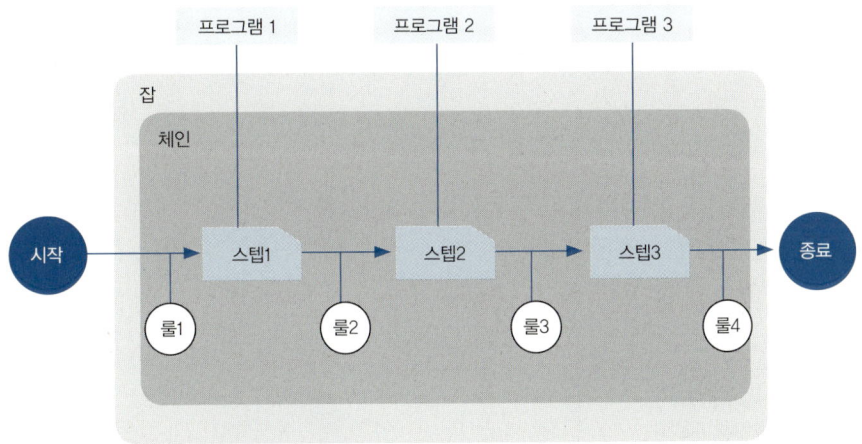

[그림 15-3]에서 체인의 구성요소들을 간단히 표현했는데, "잡〉체인〉스텝" 구조에 룰이 있고 스텝과 프로그램 객체가 연결되어 있는 형태다. 각각의 룰은 스텝 간 연결고리 역할을 하는데, 위 그림에서 룰1은 최초 시작해서 스텝1까지 가는 규칙, 룰4는 스텝3에서 잡을 종료하는 규칙을 담고 있다.

그럼 실제로 체인을 만들기 전에 체인을 구성하는 스텝과 룰에 대한 시나리오를 간략히 정리해 보자.

이번에 만들 체인은 1분에 한 번씩 수행되는 잡으로 총 2단계로 구성된다. 첫 번째 단계는 USER_OBJECTS 시스템 뷰를 읽어 현재일을 기준으로 지난 일주일 간 변경된 객체(LAST_DDL_TIME 컬럼 값 활용)를 찾는다. 만약 변경된 객체가 없다면 잡을 종료하고 변경된 객체가 있다면 두 번째 단계로 이동한다. 두 번째 단계는 변경된 객체의 정보를 ch15_changed_object 테이블에 넣고 작업을 종료한다. 이 시나리오를 완성하기 위해 필요한 모든 객체와 프로시저 내역은 다음과 같다.

- 잡
- 체인
- 스텝1: 변경된 객체를 찾는 스텝
- 스텝2: 변경된 객체 정보를 테이블에 넣는 스텝
- 룰1: 최초 시작해서 스텝1로 가는 규칙
- 룰2: 스텝1에서 변경된 객체가 없을 경우 종료로 빠지는 규칙
- 룰3: 스텝1에서 스텝2로 가는 규칙
- 룰4: 스텝2에서 종료하는 규칙
- 프로그램 1: 스텝1과 연결할 변경된 객체를 찾는 프로그램.
- 프로그램 2: 스텝2와 연결할 변경된 객체 정보를 테이블에 저장하는 프로그램
- 기타: 변경된 객체 정보를 저장할 ch15_changed_object 테이블과 프로그램1, 2 객체와 연결할 프로시저 2개

간단한 시나리오인데 나열하고 보니 실제로 만들고 구현해야 할 내용이 적지 않다. 이 내용을 그림으로 표현하면 다음과 같다.

▼ **그림 15-4** 체인 시나리오

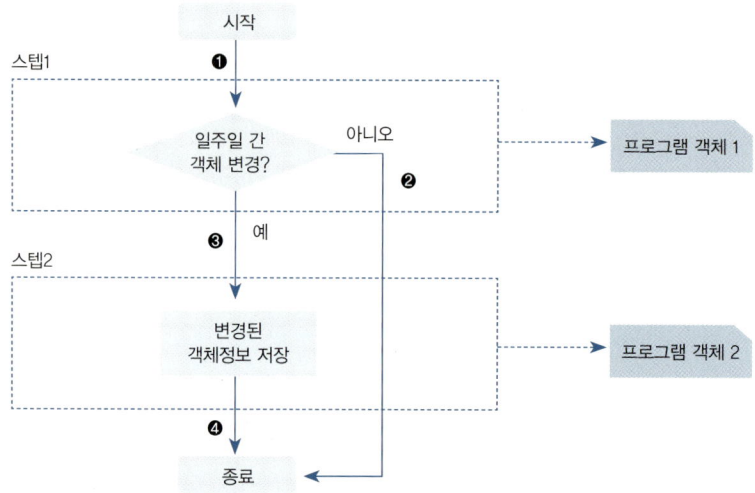

❶ 룰1 ❷ 룰2 ❸ 룰3 ❹ 룰4

이제 객체들을 생성해야 하는데 다음과 같은 순서로 만들 것이다.

① ch15_changed_object 테이블
② ch15_check_objects_prc 프로시저 : 일주일 간 수정된 객체정보가 있는지 파악하는 프로시저
③ ch15_make_objects_prc 프로시저 : 변경된 객체 정보를 ch15_changed_object 테이블에 저장하는 프로시저
④ 위 두 개의 프로시저에 대한 프로그램 객체 2개
⑤ 체인 1개
⑥ 스텝 2개

⑦ 룰 4개

⑧ 잡 객체 1개

먼저 ch15_changed_object 테이블을 만들어 보자.

입력

```sql
CREATE TABLE ch15_changed_object (
    OBJECT_NAME        VARCHAR2(128),    -- 객체명
    OBJECT_TYPE        VARCHAR2(50),     -- 객체 유형
    CREATED            DATE,             -- 객체 생성일자
    LAST_DDL_TIME      DATE,             -- 객체 변경일자
    STATUS             VARCHAR2(7),      -- 객체 상태
    CREATION_DATE      DATE              -- 생성일자
    );
```

결과

table CH15_CHANGED_OBJECT이(가) 생성되었습니다.

두 번째로 일주일 간 수정된 객체 정보가 있는지 파악하는 ch15_check_objects_prc 프로시저를 만들어 보자.

입력

```sql
CREATE OR REPLACE PROCEDURE ch15_check_objects_prc
IS
  vn_cnt  NUMBER := 0;
BEGIN
    -- 일주일 간 변경된 객체 중 ch15_changed_object에 없는 객체만 찾는다
    -- 왜냐하면 이전 프로시저 수행 시 변경된 객체가 있으면 이미 ch15_changed_object에 입력됐기 때문이다
    SELECT COUNT(*)
      INTO vn_cnt
      FROM USER_OBJECTS a
     WHERE LAST_DDL_TIME BETWEEN SYSDATE - 7
       AND SYSDATE
       AND NOT EXISTS( SELECT 1
                         FROM ch15_changed_object b
                        WHERE a.object_name = b.object_name);

    -- 변경된 객체가 없으면 RAISE_APPLICATION_ERROR를 발생시켜 에러코드를 넘긴다
    -- 에러코드를 넘기는 이유는 룰에서 처리하기 위함이다
    IF vn_cnt = 0 THEN
        RAISE_APPLICATION_ERROR(-20001, '변경된 객체 없음');
    END IF;

END;
```

결과

PROCEDURE CH15_CHECK_OBJECTS_PRC이(가) 컴파일되었습니다.

세 번째로 변경된 객체 정보를 저장하는 프로시저인 ch15_make_objects_prc를 만들어 보자.

입력
```sql
CREATE OR REPLACE PROCEDURE ch15_make_objects_prc
IS
BEGIN
  INSERT INTO ch15_changed_object (
  object_name, object_type,
  created,     last_ddl_time,
  status,      creation_date )
  SELECT object_name, object_type,
         created,     last_ddl_time,
         status,      SYSDATE
    FROM USER_OBJECTS a
   WHERE LAST_DDL_TIME BETWEEN SYSDATE - 7
                           AND SYSDATE
     AND NOT EXISTS( SELECT 1
                       FROM ch15_changed_object b
                      WHERE a.object_name = b.object_name);

  COMMIT;

EXCEPTION WHEN OTHERS THEN
  DBMS_OUTPUT.PUT_LINE(SQLERRM);
  RAISE_APPLICATION_ERROR(-20002, SQLERRM);
  ROLLBACK;
END;
```

결과

PROCEDURE CH15_MAKE_OBJECTS_PRC이(가) 컴파일되었습니다.

이제 두 개의 프로시저에 대한 프로그램 객체를 만들어 보자.

입력
```sql
BEGIN
  -- ch15_check_objects_prc에 대한 프로그램 객체 생성
  DBMS_SCHEDULER.CREATE_PROGRAM (
  program_name    =>'MY_CHAIN_PROG1',
  program_type    => 'STORED_PROCEDURE',
  program_action  =>'ch15_check_objects_prc',
  comments        => '첫번째 체인 프로그램');

  -- ch15_make_objects_prc에 대한 프로그램 객체 생성
```

```
  DBMS_SCHEDULER.CREATE_PROGRAM (
  program_name    =>'MY_CHAIN_PROG2',
  program_type    => 'STORED_PROCEDURE',
  program_action  =>'ch15_make_objects_prc',
  comments        => '두번째 체인 프로그램');

  -- 프로그램 객체 활성화
  DBMS_SCHEDULER.ENABLE ('MY_CHAIN_PROG1');
  DBMS_SCHEDULER.ENABLE ('MY_CHAIN_PROG2');
END;
```

결과

익명 블록이 완료되었습니다.

사전 준비는 모두 끝났다. 이제 체인을 만들어 보자. 체인은 DBMS_SCHEDULER 패키지의 CREATE_CHAIN 프로시저를 호출해 생성한다.

입력

```
BEGIN
  DBMS_SCHEDULER.CREATE_CHAIN (
  chain_name          =>'MY_CHAIN1',
  rule_set_name       => NULL,
  evaluation_interval => NULL,
  comments            => '첫 번째 체인');
END;
```

결과

익명 블록이 완료되었습니다.

이제 스텝을 만들텐데, 스텝은 DEFINE_CHAIN_STEP 프로시저를 이용해 생성한다.

입력

```
BEGIN
  -- STEP1
  DBMS_SCHEDULER.DEFINE_CHAIN_STEP(
  chain_name   =>'MY_CHAIN1',
  step_name    => 'STEP1',
  program_name =>'MY_CHAIN_PROG1');

  -- STEP2
  DBMS_SCHEDULER.DEFINE_CHAIN_STEP(
  chain_name   => 'MY_CHAIN1',
  step_name    => 'STEP2',
  program_name =>'MY_CHAIN_PROG2');
END;
```

결과

익명 블록이 완료되었습니다.

이제 룰을 만들 차례인데 총 4개의 룰을 만들어야 한다.

입력
```
BEGIN
  -- 최초 STEP1을 시작시키는 룰
  DBMS_SCHEDULER.DEFINE_CHAIN_RULE (
  chain_name => 'MY_CHAIN1',
  condition  =>'TRUE',
  action     =>'START STEP1',
  rule_name  => 'MY_RULE1',
  comments   => 'START 룰' );
END;
```

결과

익명 블록이 완료되었습니다.

총 4개 중 먼저 제일 처음에 시작되는 룰1을 만들었다. 최초에는 무조건 실행되어야 하므로 condition 매개변수로는 TRUE를, action 매개변수는 'START STEP1' 형식으로 값을 넘겼다. 이는 STEP1을 실행하라는 의미다. 그럼 두 번째 룰을 만들어보자.

입력
```
BEGIN
  -- 두 번째 룰, 일주일간 변경된 객체가 없다면 종료로 빠진다
  -- 이는 STEP1을 실행해 그 결과로 오류 코드를 받았을 때 종료하도록 처리한다
  DBMS_SCHEDULER.DEFINE_CHAIN_RULE (
  chain_name => 'MY_CHAIN1',
  condition  =>'STEP1 ERROR_CODE = 20001',
  action     =>'END',
  rule_name  => 'MY_RULE2',
  comments   =>'룰2' );

END;
```

결과

익명 블록이 완료되었습니다.

룰2의 조건(condition)은 에러코드(ERROR_CODE)가 20001이면 종료(action=> END)하라는 규칙이다. 이는 MY_CHAIN_PROG1 프로그램 객체가 가리키는 프로시저인 ch15_check_objects_prc에서 일주일 간 변경된 객체가 없을 때 RAISE_APPLICATION_ERROR 프로시저를 호출하여 **에러코드 20001**을 반환할 경우를 감안한 조건이다. 나머지 룰도 만들어 보자.

입력

```
BEGIN
  -- STEP1에서 STEP2로 가는 룰
  DBMS_SCHEDULER.DEFINE_CHAIN_RULE (
  chain_name => 'MY_CHAIN1',
  condition  =>'STEP1 SUCCEEDED',
  action     =>'START STEP2',
  rule_name  => 'MY_RULE3',
  comments   =>'룰3' );

  -- STEP2를 마치고 종료하는 룰
  DBMS_SCHEDULER.DEFINE_CHAIN_RULE (
  chain_name => 'MY_CHAIN1',
  condition  =>'STEP2 SUCCEEDED',
  action     =>'END',
  rule_name  => 'MY_RULE4',
  comments   =>'룰4' );
END;
```

결과

익명 블록이 완료되었습니다.

이제 마지막으로 잡 객체를 만들어 보자.

입력

```
BEGIN
  DBMS_SCHEDULER.CREATE_JOB (
  job_name         => 'MY_CHAIN_JOBS',
  job_type         => 'CHAIN',
  job_action       =>'MY_CHAIN1',
  repeat_interval  => 'FREQ=MINUTELY; INTERVAL=1',
  comments         => '체인을 실행하는 잡' );
END;
```

결과

익명 블록이 완료되었습니다.

체인을 실행하는 잡과 다른 잡과의 차이점은 job_type 매개변수에 'CHAIN'이, job_action에는 체인 명을 명시한다는 점이다. 이제 필요한 모든 것들을 생성했고 설정도 끝났다. 마지막으로 방금 생성한 잡과 체인을 활성화시키면 된다. 그 전에 먼저 체인, 스텝, 룰 등이 잘 만들어졌는지 각각의 시스템 뷰를 통해 확인해 보자.

입력
```sql
SELECT *
  FROM user_scheduler_chains;
```

결과

CHAIN_NAME	RULE_SET_OWNER	RULE_SET_NAME	NUMBER_OF_RULES	NUMBER_OF_STEPS	ENABLED	EVALUATION_INTERVAL	USER_RULE_SET	COMMENTS
MY_CHAIN1	ORA_USER	SCHED_RULESET$1	4	2	FALSE	(null)	FALSE	첫 번째 체인

입력
```sql
SELECT chain_name, step_name, program_name, step_type, skip, pause
  FROM user_scheduler_chain_steps;
```

결과

CHAIN_NAME	STEP_NAME	PROGRAM_NAME	STEP_TYPE	SKIP	PAUSE
MY_CHAIN1	STEP1	MY_CHAIN_PROG1	PROGRAM	FALSE	FALSE
MY_CHAIN1	STEP2	MY_CHAIN_PROG2	PROGRAM	FALSE	FALSE

입력
```sql
SELECT *
  FROM user_scheduler_chain_rules;
```

결과

CHAIN_NAME	RULE_OWNER	RULE_NAME	CONDITION	ACTION	COMMENTS
MY_CHAIN1	ORA_USER	MY_RULE1	TRUE	START "STEP1"	START 룰
MY_CHAIN1	ORA_USER	MY_RULE2	STEP1 COMPLETED AND STEP1 ERROR_CODE = 20001	END	룰2
MY_CHAIN1	ORA_USER	MY_RULE3	STEP1 SUCCEEDED	START "STEP2"	룰3
MY_CHAIN1	ORA_USER	MY_RULE4	STEP1 COMPLETED AND STEP1 ERROR_CODE = 20001	END	룰4

모두 제대로 생성되었음을 확인할 수 있다. 이제 체인과 잡을 활성화시키고 제대로 동작하는지 지켜보자.

입력
```sql
BEGIN
  -- 체인 활성화
  DBMS_SCHEDULER.ENABLE('MY_CHAIN1');

  -- 잡 활성화
  DBMS_SCHEDULER.ENABLE('MY_CHAIN_JOBS');

END;
```

결과

익명 블록이 완료되었습니다.

이제 잡이 제대로 수행되는지 살펴 보자.

입력

```
select log_date, job_subname, operation, status, additional_info
  from user_scheduler_job_log
 where job_name = 'MY_CHAIN_JOBS';
```

결과

LOG_DATE	JOB_SUBNAME	OPERATION	STATUS	ADDITIONAL_INFO
2014-08-02 14:37:06.974000000 +09:00	STEP1	RUN	SUCCEEDED	CHAIN_LOG_ID="3468", STEP_NAME="STEP1"
2014-08-02 14:37:07.058000000 +09:00	STEP2	RUN	SUCCEEDED	CHAIN_LOG_ID="3468", STEP_NAME="STEP2"
2014-08-02 14:38:06.227000000 +09:00	(null)	CHAIN_START	RUNNING	(null)
2014-08-02 14:38:06.500000000 +09:00	STEP1	RUN	FAILED	CHAIN_LOG_ID="3475", STEP_NAME="STEP1"
2014-08-02 14:39:06.636000000 +09:00	(null)	CHAIN_START	RUNNING	(null)
2014-08-02 14:37:06.833000000 +09:00	(null)	CHAIN_START	RUNNING	(null)
2014-08-02 14:37:07.167000000 +09:00	(null)	CHAIN_RUN	SUCCEEDED	CHAIN_LOG_ID="3468"
2014-08-02 14:38:06.567000000 +09:00	(null)	CHAIN_RUN	SUCCEEDED	CHAIN_LOG_ID="3475"
2014-08-02 14:39:06.759000000 +09:00	STEP1	RUN	FAILED	CHAIN_LOG_ID="3481", STEP_NAME="STEP1"
2014-08-02 14:39:06.845000000 +09:00	(null)	CHAIN_RUN	SUCCEEDED	CHAIN_LOG_ID="3481"

입력

```
SELECT log_date, job_subname, status, actual_start_date, run_duration,
       additional_info
  FROM user_scheduler_job_run_details
 WHERE job_name = 'MY_CHAIN_JOBS';
```

결과

LOG_DATE	JOB...	STATUS	ACTUAL_START_DATE	RUN_DURATION	ADDITIONAL_INFO
2014-08-02 14:37:06.974000000 +09:00	STEP1	SUCCEEDED	2014-08-02 14:37:06.936000000 +09:00	0 0:0:0.0	CHAIN_LOG_ID="3468", STEP_NAME="STEP1"
2014-08-02 14:37:07.058000000 +09:00	STEP2	SUCCEEDED	2014-08-02 14:37:07.048000000 +09:00	0 0:0:0.0	CHAIN_LOG_ID="3468", STEP_NAME="STEP2"
2014-08-02 14:38:06.500000000 +09:00	STEP1	FAILED	2014-08-02 14:38:06.329000000 +09:00	0 0:0:0.0	CHAIN_LOG_ID="3475", STEP_NAME="STEP1", ORA-20001: 변경된 객체 없음ORA-06512:
2014-08-02 14:37:07.167000000 +09:00	(null)	SUCCEEDED	2014-08-02 14:37:06.831000000 ASIA/SEOUL	0 0:0:0.0	CHAIN_LOG_ID="3468"
2014-08-02 14:38:06.567000000 +09:00	(null)	SUCCEEDED	2014-08-02 14:38:06.224000000 ASIA/SEOUL	0 0:0:0.0	CHAIN_LOG_ID="3475"
2014-08-02 14:39:06.760000000 +09:00	STEP1	FAILED	2014-08-02 14:39:06.731000000 +09:00	0 0:0:0.0	CHAIN_LOG_ID="3481", STEP_NAME="STEP1", ORA-20001: 변경된 객체 없음ORA-06512:
2014-08-02 14:39:06.845000000 +09:00	(null)	SUCCEEDED	2014-08-02 14:39:06.633000000 ASIA/SEOUL	0 0:0:0.0	CHAIN_LOG_ID="3481"

최초 1회 성공 후 두 번째부터는 변경된 객체가 없어 STEP1에서 바로 종료되었다. 마지막으로 ch15_changed_object 테이블에 변경된 객체 정보가 들어갔는지도 확인하자.

입력

```
SELECT *
  FROM ch15_changed_object
 ORDER BY OBJECT_NAME;
```

결과

OBJECT_NAME	OBJECT_TYPE	CREATED	LAST_DDL_TIME	STATUS	CREATION_DATE
CH15_CHANGED_OBJECT	TABLE	2014-04-16 21:21:00	2014-04-16 21:21:00	VALID	2014-04-16 21:28:10
CH15_CHECK_OBJECTS_PRC	PROCEDURE	2014-04-16 21:21:45	2014-04-16 21:21:45	VALID	2014-04-16 21:28:10
CH15_JOB_TEST	TABLE	2014-04-15 21:06:43	2014-04-15 22:47:35	VALID	2014-04-16 21:28:10
CH15_JOB_TEST_PROC	PROCEDURE	2014-04-15 21:06:57	2014-04-15 22:23:50	VALID	2014-04-16 21:28:10
CH15_MAKE_OBJECTS_PRC	PROCEDURE	2014-04-16 21:22:03	2014-04-16 21:22:03	VALID	2014-04-16 21:28:10
INSERT_DDL	PROCEDURE	2014-04-12 21:08:20	2014-04-12 21:08:20	VALID	2014-04-16 21:28:10
MY_CHAIN1	CHAIN	2014-04-16 21:22:42	2014-04-16 21:28:09	VALID	2014-04-16 21:28:10
MY_CHAIN_JOBS	JOB	2014-04-16 21:28:09	2014-04-16 21:28:09	VALID	2014-04-16 21:28:10
MY_CHAIN_JOBS	JOB	2014-04-16 21:27:01	2014-04-16 21:28:09	VALID	2014-04-16 21:28:10
MY_CHAIN_PROG1	PROGRAM	2014-04-16 21:22:28	2014-04-16 21:22:28	VALID	2014-04-16 21:28:10
MY_CHAIN_PROG2	PROGRAM	2014-04-16 21:22:28	2014-04-16 21:22:28	VALID	2014-04-16 21:28:10
MY_EX_JOB1	JOB	2014-04-15 22:52:27	2014-04-15 22:55:34	VALID	2014-04-16 21:28:10
MY_JOB1	JOB	2014-04-15 22:37:12	2014-04-15 22:40:43	VALID	2014-04-16 21:28:10
MY_JOB2	JOB	2014-04-15 22:41:25	2014-04-15 22:45:14	VALID	2014-04-16 21:28:10

20여 개의 새로운 객체가 생성되었다. 특히 체인 관련 객체도 데이터베이스 객체에 속하므로 ch15_changed_object 테이블도 생성되었다. 좀 복잡하긴 하지만 다양한 시나리오를 구성해 주기적으로 그리고 단계별로 작업을 실행할 수 있음을 알 수 있다.

지금까지 오라클에서 잡을 생성하고 사용하는 방법을 살펴보았다. DBMS_JOB과 DBMS_SCHEDULER라는 두 개의 패키지를 통해 잡을 만들어 사용할 수 있는데, 오라클 10g부터 소개된 DBMS_SCHEDULER 패키지가 더 많은 기능을 제공하고 스케줄 작성 시 훨씬 유연하다는 점을 알 수 있다.

핵심정리

1. 주기적으로 무언가를 수행하는 것을 잡이라 하는데, 오라클에서 잡을 만들어 수행하기 위해서는 DBMS_JOB과 DBMS_SCHEDULER 패키지를 사용해야 한다.

2. DBMS_JOB 패키지는 사용법이 간편한 반면 주기적인 시간 설정이 어렵다.

3. DBMS_SCHEDULER 패키지는 DBMS_JOB 패키지에 비해 더 많은 기능을 제공하며 특히 달력 표현식으로 쉽게 스케줄링을 할 수 있다.

4. DBMS_SCHEDULER 패키지는 시간 기반 스케줄링 뿐만 아니라 이벤트 기반 스케줄링이 가능하다.

5. DBMS_SCHEDULER 패키지는 DB내의 프로그램인 SQL, 익명 블록, 프로시저 뿐만 아니라 OS상에 존재하는 실행 파일도 잡에 등록해 사용할 수 있다.

6. OS상의 실행 파일을 잡에 등록하기 위해서는 ORACLEJOBSCHEDULER 서비스를 실행해야 한다.

7 DBMS_SCHEDULER 패키지를 이용하면 여러 단계에 걸쳐 순서를 정해 작업을 실행할 수 있는데, 각각의 단계를 스텝이라 한다. 스텝 간 이동 규칙을 정의한 것을 룰, 이들을 모두 연결한 것을 체인이라 한다.

Self-Check

1. DBMS_STATS 패키지의 GATHER_TABLE_STATS 프로시저는 테이블과 컬럼의 통계 정보를 수집하는 프로시저다. 테이블 통계 정보란 테이블에 대한 각종 정보를 취합한 정보로 이는 오라클 내부 엔진(옵티마이저)가 SQL 실행계획을 만들 때 참조하는 정보다. GATHER_TABLE_STATS 프로시저의 사용법은 다음과 같다.

   ```
   EXEC DBMS_STATS.GATHER_TABLE_STATS( 소유자명, 테이블명 );
   ```

   USER_TABLES 시스템 뷰를 읽어 각 테이블에 대해 통계정보를 생성하는 프로시저를 ch15_example1_prc란 이름으로 만들어 보자.

2. DBMS_JOB 패키지를 사용해 매일 오후 5시에 한 번씩 테이블 통계 정보를 생성하는 잡을 만들어 보자.

3. 2와 같은 작업을 만드는데 이번에는 DBMS_SCHEDULER 패키지를 사용해(잡 패키지만 사용해) 만들어 보자.

4. 3과 동일한 잡을 만드는데 이번에는 프로그램 객체, 스케줄 객체를 사용해 만들어 보자.

넷째 마당

실무 능력을 높이는 오라클 프로그래밍 기법

이제 이 책의 마지막 관문에 들어 섰다. 셋째 마당까지 무사히 마쳤다면 오라클 SQL과 PL/SQL을 이용해 보통 수준 이상의 프로그램은 무난히 개발할 수 있을 것이다. 특히 셋째 마당에서 다룬 내용들을 제대로 소화하고 자기 것으로 만들었다면 당장 실무 프로젝트에 투입되더라도 별 어려움 없이 적응할 수 있을 것이다. 하지만 이것만으로는 약간 부족한 감이 없지 않다. 넷째 마당에서는 PL/SQL에 대해 좀더 깊이 있는 내용을 다룰 텐데, 여기서 소개하는 내용은 매우 유용하고 수준 높은 개발자로 나아가는 데 큰 보탬이 될 것이다. 그럼 지금부터 PL/SQL의 마지막 관문에 들어가 보자.

16장

PL/SQL 성능 향상 기법

성능 저하로 프로그램의 수행속도가 느려지면 문제가 되는 코드를 수정해야 한다. PL/SQL로 함수나 프로시저, 패키지를 작성할 때 부하의 원인이 되는 코드는 대부분 SELECT, INSERT, UPDATE, DELETE와 같은 SQL 문장이다. 이러한 SQL 문장을 훨씬 뛰어난 성능을 보이도록 만드는 작업을 SQL 튜닝이라 하는데, 이 분야는 개발자가 아닌 전문 튜너의 영역이다. SQL 튜닝을 하려면 매우 전문적이고 심오한 지식을 기반한 수년 간의 다양한 경험이 필요하기 때문이다. 필자도 현장에서 전문 튜너들과 일해 본 경험을 떠올리면, 개발자 입장에서 보는 튜너는 마법 같은 성능 향상을 이끌어내는 '마이다스의 손'을 가진 존재처럼 보였다.

이 장에서는 SQL 튜닝이 아닌 다른 방식으로 성능 향상을 꾀하는 몇 가지 방법을 살펴 볼 것이다. 모든 경우에 통하는 만병통치약 정도는 아니지만 적재적소에 사용하면 좋은 효과를 볼 수 있는 매우 유용한 방법이니 꼭 기억해 두기 바란다.

01 일괄 처리
02 함수 성능 향상
03 병렬처리

01 일괄 처리

SQL은 집합적 언어로 테이블에 있는 각 로우를 하나씩 처리하는 것이 아니라 조건에 맞는 여러 로우를 한번에 처리한다. 반면 PL/SQL에서는 커서와 반복문을 이용해 로우 단위로 처리할 수 있는데, 후자는 개별적으로 세세하게 데이터를 다룰 수 있는 것이 장점이지만 성능적인 측면에서는 불리한 점이 많다.

예를 들어 사원 테이블에서 특정 조건에 맞는 사원을 삭제해야 한다고 하자. SQL을 사용한다면 DELETE문의 WHERE절에서 삭제할 조건을 주면 한 번에 삭제되지만, 커서를 만들어 반복 처리한다면 사원 수만큼 루프를 돌며 DELETE를 수행해야 할 것이다. 물론 이런 식으로 커서를 사용할 개발자는 없겠지만, 복잡한 로직을 처리하기 위해 커서가 필요할 때가 엄연히 존재하며 이런 경우 성능을 개선하는 데 사용할 수 있는 방법을 소개한다.

BULK COLLECT

BULK COLLECT절은 13장에서 소개한 적이 있는데 이번 절에서 좀더 자세히 알아보자. BULK COLLECT 절은 **SELECT INTO 절과 FETCH문**에서 사용할 수 있는데, 선택된 결과를 컬렉션 변수에 담을 때 사용한다. 일반적인 SELECT INTO나 FETCH문은 반환 결과를 변수에 넣게 되는데 결과 로우 수가 1개 이상일 때는 컬렉션 변수에 담을 수 있다. 물론 이때 반복문을 사용해 루프를 돌며 컬렉션 변수에 값을 넣어야 한다. 하지만 BULK COLLECT 절을 사용하면 컬렉션 변수에 값을 넣는 부분을 루프 안에 넣을 필요가 없다. 어떤 식으로 동작하는지 직접 확인해 보자.

그 전에 먼저 일괄처리를 위한 대상 테이블이 필요한데 다음과 같이 사원 테이블과 유사한 형태의 emp_bulk 테이블을 만들어 보자.

입력

```
CREATE TABLE emp_bulk (
        bulk_id             NUMBER          NOT NULL,
        employee_id         NUMBER(6)       NOT NULL,
        emp_name            VARCHAR2(80)    NOT NULL,
        email               VARCHAR2(50),
        phone_number        VARCHAR2(30),
        hire_date           DATE            NOT NULL,
        salary              NUMBER(8,2),
        manager_id          NUMBER(6),
        commission_pct      NUMBER(2,2),
        retire_date         DATE,
        department_id       NUMBER(6),
        job_id              VARCHAR2(10),
        dep_name            VARCHAR2(100),
        job_title           VARCHAR2(80)
        );
```

결과 ───────────────────────────
table EMP_BULK이(가) 생성되었습니다.

───────────────────────────────

이제 emp_bulk 테이블에 데이터를 넣어 보자. 사원 테이블을 그대로 복사하는데 성능비교를 위해 10,000번의 루프를 돌려 데이터를 넣어 보자.

입력 ───────────────────────────
```
BEGIN
  FOR i IN 1..10000
  LOOP

  INSERT INTO emp_bulk
    ( bulk_id,
      employee_id, emp_name, email,
      phone_number, hire_date, salary, manager_id,
      commission_pct, retire_date, department_id, job_id)
  SELECT i,
      employee_id, emp_name, email,
      phone_number, hire_date, salary, manager_id,
      commission_pct, retire_date, department_id, job_id
  FROM employees;

  END LOOP;

  COMMIT;
END;
```

결과 ───────────────────────────
익명 블록이 완료되었습니다.

───────────────────────────────

입력 ───────────────────────────
```
SELECT COUNT(*)
  FROM emp_bulk;
```

결과 ───────────────────────────
```
COUNT(*)
---------
 1080000
```

───────────────────────────────

총 1,080,000건의 데이터가 입력되었다. 이제 emp_bulk 테이블을 조회하는 커서와 반복문을 이용한 익명 블록을 만들어 보자. 성능 비교를 위해 총 소요 시간을 출력하는 로직도 추가할 것이다.

입력

```
DECLARE
  -- 커서 선언
  CURSOR c1 IS
  SELECT employee_id
    FROM emp_bulk;

  vn_cnt        NUMBER := 0;
  vn_emp_id     NUMBER;
  vd_sysdate    DATE;
  vn_total_time NUMBER := 0;
BEGIN
  -- 시작 전 vd_sysdate에 현재시간 설정
  vd_sysdate := SYSDATE;

  OPEN c1;

  LOOP
    FETCH c1 INTO vn_emp_id;
    EXIT WHEN c1%NOTFOUND;

    -- 루프 횟수
    vn_cnt := vn_cnt + 1;
  END LOOP;

  CLOSE c1;

  -- 총 소요 시간 계산(초로 계산하기 위해 60 * 60 * 24을 곱함)
  vn_total_time := (SYSDATE - vd_sysdate) * 60 * 60 * 24;

  -- 루프 횟수 출력
  DBMS_OUTPUT.PUT_LINE('전체건수 : ' || vn_cnt);
  -- 총 소요 시간 출력
  DBMS_OUTPUT.PUT_LINE('소요 시간 : ' || vn_total_time);
END;
```

결과

전체건수: 1080000
소요 시간 : 7

결과를 보니 총 1,080,000번 루프를 돌았고 소요 시간은 대략 7초다. 이번에는 BULK COLLECT절을 사용해 보자. BULK COLLECT 절을 사용하려면 사번을 vn_emp_id란 일반 변수가 아닌 컬렉션 변수에 담아야 한다.

입력

```
DECLARE
  -- 커서 선언
  CURSOR c1 IS
  SELECT employee_id
    FROM emp_bulk;

  -- 컬렉션 타입 선언
  TYPE bkEmpTP IS TABLE OF emp_bulk.employee_id%TYPE;
  -- bkEmpTP형 변수 선언
  vnt_bkEmpTP bkEmpTP;

  vd_sysdate   DATE;
  vn_total_time NUMBER := 0;
BEGIN
  -- 시작 전 vd_sysdate에 현재시간 설정
  vd_sysdate := SYSDATE;

  OPEN c1;
  -- 루프를 돌리지 않는다
  FETCH c1 BULK COLLECT INTO vnt_bkEmpTP;

  CLOSE c1;

  -- 총 소요 시간 계산(초로 계산하기 위해 60 * 60 * 24을 곱함)
  vn_total_time := (SYSDATE - vd_sysdate) * 60 * 60 * 24;

  -- 컬렉션변수인 vnt_bkEmpTP 요소 개수 출력
  DBMS_OUTPUT.PUT_LINE('전체건수 : ' || vnt_bkEmpTP.COUNT);
  -- 총 소요 시간 출력
  DBMS_OUTPUT.PUT_LINE('소요 시간 : ' || vn_total_time);

END;
```

결과

```
전체건수 : 1080000
소요 시간 : .9999999999999999999999999999999999999984
```

루프를 도는 대신 컬렉션 변수 vnt_bkEmpTP에 값을 할당해서 처리했더니 대략 0.9초가 걸렸다. 일반 커서로 루프를 돌린 것과 비교하면, 같은 결과를 얻는 동시에 수행시간이 극적으로 단축되었다.

BULK COLLECT 절은 FETCH문 뿐만 아니라 SELECT INTO 절에도 사용할 수 있는데, 이때 반환되는 데이터는 일반 변수가 아닌 컬렉션 변수에 담아야 한다.

FORALL문

BULK COLLECT절이 선택된 데이터를 컬렉션 변수에 넣는 식으로 일괄처리를 하는 반면, FORALL문은 INSERT, UPDATE, DELETE, MERGE와 같은 DML문과 함께 사용되어 일괄처리를 할 수 있다. 예제를 통해 어떤 식으로 동작하는지 알아 보자.

먼저 emp_bulk 테이블에 있는 bulk_id 컬럼 값을 살펴 보자. 이전 절에서 emp_bulk 테이블에 데이터를 생성할 때 총 10,000번의 루프를 돌리면서 사원 테이블의 데이터를 복사해 넣었는데, 이때 bulk_id 컬럼 값은 FOR문의 인덱스 값인 i를 집어 넣었다. 즉 bulk_id 값은 1부터 10,000까지 들어가 있다.

입력
```sql
SELECT MIN(bulk_id), MAX(bulk_id), COUNT(*)
  FROM emp_bulk;
```

결과

MIN(BULK_ID)	MAX(BULK_ID)	COUNT(*)
1	10000	1080000

이제 bulk_id 값을 선택해 루프를 돌며 emp_bulk 테이블의 retire_date 컬럼 값을 hire_date 컬럼 값으로 갱신하는 익명 블록을 만들자. bulk_id 값이 1부터 10,000까지므로 총 10,000번의 루프를 돌며 한 번에 108건씩 UPDATE가 진행될 것이다. 먼저 UPDATE를 수행을 빠르게 처리하도록 bulk_id 컬럼을 인덱스로 만들어 보자.

입력
```sql
CREATE INDEX emp_bulk_idx01 ON emp_bulk( bulk_id );
```

결과
```
index EMP_BULK_IDX01이(가) 생성되었습니다.
```

emp_bulk 테이블에는 대량의 데이터가 들어가 있으므로 테이블 통계 정보도 만들어 놓자. 통계 정보를 생성하는 이유는 통계 정보가 있어야 오라클 옵티마이저(SQL문을 분석해 쿼리를 수행해 데이터를 가져오거나 처리하는 오라클 내부 엔진)가 SQL문을 좀더 효율적으로 실행할 수 있기 때문이다.

입력
```sql
EXECUTE DBMS_STATS.GATHER_TABLE_STATS( 'ORA_USER', 'EMP_BULK');
```

결과
```
익명 블록이 완료되었습니다.
```

이제 일반적인 커서와 FOR문을 활용해 데이터를 갱신해 보자.

입력

```
DECLARE
  -- 커서 선언
  CURSOR c1 IS
  SELECT DISTINCT bulk_id
    FROM emp_bulk;

  -- 컬렉션 타입 선언
  TYPE BulkIDTP IS TABLE OF emp_bulk.bulk_id%TYPE;

  -- BulkIDTP형 변수 선언
  vnt_BulkID BulkIDTP;

  vd_sysdate     DATE;
  vn_total_time NUMBER := 0;
BEGIN
  -- 시작 전 vd_sysdate에 현재시간 설정
  vd_sysdate := SYSDATE;

  OPEN c1;

  -- BULK COLLECT 절을 사용해 vnt_BulkID 변수에 데이터 담기
  FETCH c1 BULK COLLECT INTO vnt_BulkID;

  -- 루프를 돌며 DELETE
  FOR i IN 1..vnt_BulkID.COUNT
  LOOP
    UPDATE emp_bulk
       SET retire_date = hire_date
     WHERE bulk_id = vnt_BulkID(i);
  END LOOP;
  COMMIT;
  CLOSE c1;

  -- 총 소요 시간 계산(초로 계산하기 위해 60 * 60 * 24을 곱함)
  vn_total_time := (SYSDATE - vd_sysdate) * 60 * 60 * 24;

  -- 컬렉션 변수인 vnt_BulkID 요소 개수 출력
  DBMS_OUTPUT.PUT_LINE('전체건수 : ' || vnt_BulkID.COUNT);
  -- 총 소요 시간 출력
  DBMS_OUTPUT.PUT_LINE('FOR LOOP 소요 시간 : ' || vn_total_time);
END;
```

결과

```
전체건수 : 10000
FOR LOOP 소요 시간 : 39
```

한 번에 108건씩, 총 10,000번에 걸쳐 UPDATE를 수행하는데 대략 39초가 걸렸다. 하지만 FORALL문을 사용하면 수행시간이 확연히 줄어 든다. 이번엔 FORALL문을 사용해 보자.

입력

```
DECLARE
   -- 커서 선언
   CURSOR c1 IS
   SELECT DISTINCT bulk_id
     FROM emp_bulk;

   -- 컬렉션 타입 선언
   TYPE BulkIDTP IS TABLE OF emp_bulk.bulk_id%TYPE;

   -- BulkIDTP형 변수 선언
   vnt_BulkID BulkIDTP;

   vd_sysdate    DATE;
   vn_total_time NUMBER := 0;

BEGIN
   -- 시작 전 vd_sysdate에 현재시간 설정
   vd_sysdate := SYSDATE;

   OPEN c1;

   -- BULK COLLECT 절을 사용해 vnt_BulkID 변수에 데이터 담기
   FETCH c1 BULK COLLECT INTO vnt_BulkID;

   -- 루프를 돌리지 않고 DELETE
   FOR ALL i IN 1..vnt_BulkID.COUNT
    UPDATE emp_bulk
       SET retire_date = hire_date
     WHERE bulk_id = vnt_BulkID(i);

   COMMIT;

   CLOSE c1;

   -- 총 소요 시간 계산(초로 계산하기 위해 60 * 60 * 24을 곱함)
   vn_total_time := (SYSDATE - vd_sysdate) * 60 * 60 * 24;

   -- 컬렉션 변수인 vnt_bkEmpTP 요소 개수 출력
   DBMS_OUTPUT.PUT_LINE('전체건수 : ' || vnt_BulkID.COUNT);
   -- 총 소요 시간 출력
   DBMS_OUTPUT.PUT_LINE('FORALL 소요 시간 : ' || vn_total_time);
END;
```

결과

```
전체건수 : 10000
FORALL 소요 시간 : 15.000000000000000000000000000000000005
```

FOR LOOP를 사용한 것에 비해 대략 반 정도 빨라졌다. 어떤 환경에서 테스트 하느냐에 따라 수행 시간은 달라질 수 있지만 대부분 FORALL문이 빠르다. UPDATE 뿐만 아니라 FORALL문과 함께 INSERT, DELETE, MERGE문도 사용할 수 있다.

이번 예제는 일반적인 커서와 반복문 내부에서 DML문을 사용하는 것보다는 FORALL문을 사용하는 것이 훨씬 좋은 성능을 발휘함을 보여주려고 만든 예제이고, 실제로는 FOR LOOP나 FORALL과 함께 DML문을 사용하기 보다는 SQL 문장만 사용해 처리할 때가 더 많다.

02 함수 성능 향상

함수를 사용하는 이유는 자주 사용하는 기능을 함수로 만들어 놓고 다음에 필요할 때 해당 함수에 매개변수만 전달해 호출하면 되기 때문이다. 개발 편의성 측면에서 보면 함수는 사막의 오아시스처럼 유용한 기능이 틀림없다. 하지만 일반 프로그래밍 언어와 달리 오라클과 같은 DB에서는 함수 사용을 남발하면 성능이 심각하게 떨어진다. 도대체 어떻게 성능이 저하되는지는 예제를 통해 살펴 보자.

먼저 부서코드를 받아 부서명을 반환하는 함수를 만들어 보자.

입력

```
CREATE OR REPLACE FUNCTION fn_get_depname_normal( pv_dept_id VARCHAR2 )
  RETURN VARCHAR2
IS
  vs_dep_name DEPARTMENTS.DEPARTMENT_NAME%TYPE;
BEGIN

  SELECT department_name
    INTO vs_dep_name
    FROM DEPARTMENTS
   WHERE department_id = pv_dept_id;

  RETURN vs_dep_name;

EXCEPTION WHEN OTHERS THEN
  RETURN '';
END;
```

결과

```
FUNCTION FN_GET_DEPNAME_NORMAL이(가) 컴파일되었습니다.
```

이제 emp_bulk 테이블의 dep_name 컬럼 값을 갱신하는데 fn_get_depname_normal 함수를 사용해 보자.

입력

```
DECLARE
  vn_cnt         NUMBER := 0;
  vd_sysdate     DATE;
  vn_total_time  NUMBER := 0;
BEGIN

  vd_sysdate := SYSDATE;

  -- dep_name 컬럼에 부서명을 가져와 갱신
  UPDATE emp_bulk
     SET dep_name = fn_get_depname_normal( department_id )
   WHERE bulk_id BETWEEN 1 AND 1000;

  vn_cnt := SQL%ROWCOUNT;

  COMMIT;

  -- 총 소요 시간 계산(초로 계산하기 위해 60 * 60 * 24을 곱함)
  vn_total_time := (SYSDATE - vd_sysdate) * 60 * 60 * 24;

  -- UPDATE 건수 출력
  DBMS_OUTPUT.PUT_LINE('UPDATE 건수 : ' || vn_cnt);
  -- 총 소요 시간 출력
  DBMS_OUTPUT.PUT_LINE('소요 시간 : ' || vn_total_time);

END;
```

결과

```
UPDATE 건수 : 108000
소요 시간 : 8
```

108,000건을 갱신하는데 대략 8초가 소요되었다. 제대로 갱신됐는지 데이터를 조회해 보자.

입력

```sql
SELECT department_id, dep_name, COUNT(*)
  FROM emp_bulk
 WHERE bulk_id BETWEEN 1 AND 1000
 GROUP BY department_id, dep_name
 ORDER BY department_id, dep_name;
```

결과

DEPARTMENT_ID	DEP_NAME	COUNT(*)
10	총무기획부	1000
20	마케팅	2000
30	구매/생산부	6000
40	인사부	1000
50	배송부	45000
60	IT	5000
70	홍보부	1000
80	영업부	34000
90	기획부	3000
100	자금부	6000
110	경리부	2000
(null)	(null)	2000

10만여 건의 데이터를 갱신하기 위해 fn_get_depname_normal 함수를 10만 번 호출했다. 하지만 위 결과를 보면 실제로 부서코드 값은 종류별로 보면 NULL을 포함해 총 12가지 뿐이다. 부서번호가 10이면 '총무기획부'란 부서명을 가져오는데 총 1,000건이 있으므로 fn_get_depname_normal 함수를 총 1,000번 호출하게 된다. 그런데 굳이 1,000번 호출할 필요 없이 맨 처음 호출됐을 때 해당 부서명 값을 갖고 있다가 다음 번에 동일한 매개변수(부서번호 10)가 들어올 때 이 값을 재활용할 수 있다면 굳이 1,000번을 호출할 필요는 없을 것이다. 과연 이것이 가능할까? 다행히도 오라클 11g부터 가능해졌는데 이를 RESULT CHCHE 기능이라고 한다.

RESULT CACHE 기능의 개요

RESULT CACHE란 말을 그대로 번역하면 **결과를 캐시(혹은 캐싱)**한다는 뜻이다. 캐시란 데이터나 값을 임시로 저장해 놓는 공간을 말하며 오라클 역시 캐시 메모리를 갖고 있다. 따라서 RESULT CACHE 는 **결과 값을 임시 장소에 저장해 놓은 다음 재사용**하는 기능을 말한다.

직전에 설명했듯이 동일한 데이터를 가져오는 경우라면 한 번만 호출하면 될 것을 굳이 1,000번까지 호출할 필요가 없다. RESULT CACHE가 바로 이런 기능이며 큰 성능 향상 효과를 볼 수 있다. 오라클에서는 두 가지 형태로 RESULT CACHE 기능을 제공하는데 여기서는 함수 형태를 살펴볼 것이다(또 다른 한 가지는 SQL문에서 직접 사용하는 형태인데 이를 위해서는 오라클 힌트를 사용한다). RESULT CACHE 기능을 사용하는 함수의 형태는 다음과 같다.

```
CREATE OR REPLACE FUNCTION 함수명(매개변수1, ...)
    RETURN 반환 타입
    RESULT_CACHE
    RELIES_ON (참조 테이블1, ...)
IS
BEGIN
...
END;
```

굵게 표시한 부분만 제외하면 일반 함수 구문과 다른 점이 없다. RESULT_CACHE 절을 명시하고 함수 정의 부분에서 참조하는 테이블을 RELIES_ON절에 나열하기만 하면 된다. RESULT CACHE 기능을 사용하므로 RESULT_CACHE 절을 명시하는 것은 당연한데 RELIES_ON 절은 왜 사용하는 것일까?

RESULT CACHE 기능의 주 목적은 동일한 매개변수가 들어올 때 데이터의 재사용에 있다. 예를 들어, 부서번호 10번에 해당하는 부서명을 캐시에 저장해 놓으면 동일한 매개변수로 다시 함수를 호출하더라도 실제로 이 함수를 수행하지 않고 캐시에서 꺼내 쓰기만 하면 된다. 그런데, 어느 순간에 부서 테이블에서 10번 부서의 부서명이 총무기획부에서 총무부로 바뀌었다면 어떻게 해야 할까? 당연히 캐시에 있는 값을 사용하지 말고 다시 부서 테이블에서 변경된 부서명을 가져와야 한다. 이런 목적으로 명시하는 것이 바로 RELIES_ON 절이다. 즉 해당 테이블(여기서는 부서 테이블)에 의존(RELY ON)하고 있으니 원천 데이터가 바뀌면 데이터를 다시 가져온다는 의미다.

RESULT CACHE 함수 사용

그럼 실제로 RESULT CACHE 기능이 탑재된 함수를 만들어 보자.

입력

```
CREATE OR REPLACE FUNCTION fn_get_depname_rsltcache( pv_dept_id VARCHAR2 )
  RETURN VARCHAR2
  RESULT_CACHE
  RELIES_ON ( DEPARTMENTS )
IS
  vs_dep_name DEPARTMENTS.DEPARTMENT_NAME%TYPE;
BEGIN

  SELECT department_name
    INTO vs_dep_name
    FROM DEPARTMENTS
   WHERE department_id = pv_dept_id;

  RETURN vs_dep_name;
```

```
  EXCEPTION WHEN OTHERS THEN
    RETURN '';
END;
```

결과

FUNCTION FN_GET_DEPNAME_RSLTCACHE이(가) 컴파일되었습니다.

이제 FN_GET_DEPNAME_RSLTCACHE 함수를 사용해 보자.

입력

```
DECLARE
  vn_cnt         NUMBER := 0;
  vd_sysdate     DATE;
  vn_total_time  NUMBER := 0;

BEGIN
  vd_sysdate := SYSDATE;
  -- RESULT CACHE 기능이 탑재된 함수 호출
  UPDATE emp_bulk
  SET dep_name = fn_get_depname_rsltcache( department_id )
  WHERE bulk_id BETWEEN 1 AND 1000;

  vn_cnt := SQL%ROWCOUNT;

  COMMIT;

  -- 총 소요 시간 계산(초로 계산하기 위해 60 * 60 * 24을 곱함)
  vn_total_time := (SYSDATE - vd_sysdate) * 60 * 60 * 24;

  -- UPDATE 건수 출력
  DBMS_OUTPUT.PUT_LINE('전체건수 : ' || vn_cnt);
  -- 총 소요 시간 출력
  DBMS_OUTPUT.PUT_LINE('소요 시간 : ' || vn_total_time);

END;
```

결과

전체건수 : 108000
소요 시간 : 3

fn_get_depname_normal 함수를 사용했을 때는 8초였지만 fn_get_depname_rsltcache 함수를 사용하니 대략 3초가 소요되었다. 성능 향상 효과를 분명히 확인할 수 있다. 그리고 V$RESULT_CACHE_STATISTICS라는 시스템 뷰를 보면 RESULT CACHE에 대한 통계 정보를 알 수 있다.

입력

```sql
SELECT *
  FROM V$RESULT_CACHE_STATISTICS;
```

결과

ID	NAME	VALUE
1	Block Size (Bytes)	1024
2	Block Count Maximum	4096
3	Block Count Current	32
4	Result Size Maximum (Blocks)	204
5	Create Count Success	12
6	Create Count Failure	0
7	Find Count	107988
8	Invalidation Count	0
9	Delete Count Invalid	0
10	Delete Count Valid	0
11	Hash Chain Length	1

위 결과에서 'Create Count Success'란 항목의 값이 12인데 이는 emp_bulk 테이블에서 NULL을 포함한 부서번호 값의 종류인 12개와 일치한다. 이 항목은 성공적으로 생성된 캐시 결과 수를 의미한다. 그리고 'Find Count' 항목은 RESULT 캐시에서 성공적으로 데이터를 찾은 수를 의미한다.

지금까지 내용을 정리하면 동일한 매개변수를 전달해 동일한 결과 값을 받는 함수를 사용하려면 가급적 RESULT CACHE 기능을 이용하는 것이 좋다. 하지만 아무리 RESULT CACHE 기능을 적용해도 대량의 데이터를 조회할 때 함수의 사용이 많아지면 성능은 떨어질 수 밖에 없다. 따라서 이럴 때는 함수 대신 조인문으로 변경한 뒤 SQL 튜닝을 하는 것이 좋다.

03 병렬 처리

병렬 처리란 하나의 작업을 처리하기 위해 동시에 여러 개의 프로세스를 띄워 분할해서 처리하는 것을 말한다. 데이터 처리량이 그다지 많지 않거나 작은 규모의 DB 서버를 운용할 때는 굳이 병렬로 처리할 필요가 없다. 그러나 현재 기업에서 사용하고 있는 대부분의 DB 서버는 용량도 크고 처리하는 데이터 양도 매우 많아 병렬로 수행한다면 매우 큰 성능 향상 효과를 볼 수 있다.

오라클에서도 SQL문을 병렬로 처리할 수 있는데, SQL문을 작성해 실행하면 내부적으로 오라클의 옵티마이저가 해당 문장을 처리해 그 결과를 반환한다. 보통은 SQL문을 실행하면 하나의 프로세스가 이를 처리하는데 병렬로 처리하면 여러 개의 프로세스가 SQL문을 분석하고 실행해 데이터를 처리한 뒤 그 결과를 반환한다.

예를 들어 1번에서 10번까지 적힌 카드가 상자에 섞여 있는데 여러분이 카드를 모두 꺼내 번호순으로 나열해야 한다고 하자. 총 10장뿐이니 그리 어렵지 않게 처리할 수 있을 것이다. 하지만 만약 상자 속 카드가 100장이라면? 혼자서 처리하려면 시간도 오래 걸리고 짜증이 나서 작업 효율도 떨어질 것이다. 그런데 마침 친구 4명이 와서 카드 정렬 작업을 도와준다면 훨씬 빨리 작업을 마칠 수 있을 것이다. 상자는 오라클 DB, 카드는 데이터, 여러분과 친구들은 오라클 프로세스라고 생각하면 어떤 식으로 병렬 처리가 이루어지는지 감이 잡힐 것이다.

일반적으로 사용하는 병렬 처리 방법은 두 가지가 있는데, 하나는 병렬 쿼리이고 다른 하나는 병렬 DML이다. 쉽게 말해 전자는 SELECT문을, 후자는 INSERT, UPDATE, DELETE, MERGE문을 병렬로 처리하는 것을 의미한다. 그럼 지금부터 두 가지 병렬 처리 방법에 대해 알아 보자.

병렬 쿼리

병렬 쿼리란 SELECT문을 실행할 때 내부적으로 여러 개의 프로세스를 띄워 처리한 뒤 그 결과를 반환하도록 하는 것을 말한다. 오라클에서 SELECT문(DML문도 마찬가지)의 병렬처리는 보통 두 가지 방법을 쓴다. 하나는 ALTER SESION 명령어를 실행해 강제로 해당 세션의 모든 SQL문을 병렬로 처리하는 방법이고, 나머지 하나는 PARALLEL이라는 힌트를 사용하는 것이다.

① ALTER SESION 명령어를 이용하는 방법

ALTER SESSION은 오라클에서 사용되는 각종 파라미터, 정확히 말해서 세션 파라미터나 환경 변수의 값을 변경하는 명령어로, 이미 〈13장. 동적 SQL〉에서 ALTER SESSION 명령어에 대해서 소개한 적이 있다. 이번에는 ALTER SESSION 명령어로 병렬 쿼리와 관련된 옵티마이저 파라미터를 변경해서 병렬 쿼리를 처리하는 방법을 알아 보자.

```
ALTER SESSION   ENABLE   PARALLEL   QUERY
```

- 해당 세션에서 병렬 쿼리 옵션을 활성화하며 기본적으로는 활성화 상태이다.

```
ALTER SESSION   FORCE PARALLEL QUERY   PARALLEL   degree 수
```

- 해당 세션에서 병렬 쿼리 옵션을 강제 활성화시키면서 degree 수만큼 프로세스를 띄워 병렬 처리를 한다. degree 수는 일반적으로 오라클 DB서버의 CPU 개수의 두 배를 설정하는데 설치된 서버 환경에 따라 계산 방식이 다르다.

```
ALTER SESSION  DISABLE  PARALLEL QUERY
```

- 해당 세션에서 병렬 쿼리 옵션을 비활성화한다.

ALTER SESSION 명령어로 병렬 쿼리를 처리하는 형태는 다음과 같다.

입력
```
DECLARE
  --변수 선언 ...
BEGIN
  -- PL/SQL 블록에서는 ALTER SESSION 명령어는 동적 SQL을 사용해야 한다
  -- 강제로 병렬 쿼리를 실행시키고 degree 수는 4로 설정했다
  EXECUTE IMMEDIATE 'ALTER SESSION FORCE PARALLEL QUERY PARALLEL 4';

  SELECT 문장...

  ...
  ...

END;
```

위 예제는 익명 블록 형태지만 프로시저에서 사용하는 방식도 동일하며 병렬 처리는 처리 속도가 빠르다는 장점이 있지만 남용하면 오히려 느려질 수 있으므로 적절하게 사용해야 한다.

② PARALLEL 힌트를 이용하는 방법

병렬 쿼리를 이용하는 두 번째 방법은 PARALLEL 힌트를 사용하는 것이다. SQL문을 실행하면 오라클 옵티마이저는 구문을 분석하고 여러 가지 알고리즘을 사용해 해당 SQL문을 처리하는데, 힌트를 주면 옵티마이저는 힌트에 따라 SQL문 처리 방식을 변경한다. 보통 힌트는 SQL문을 튜닝할 때 사용하는 경우가 대부분인데 병렬처리를 할 때도 사용한다. 병렬 처리를 위한 힌트 구문은 다음과 같다.

```
/*+ PARALLEL (테이블명 degree수) */
```

- PARALLEL 뿐만 아니라 모든 힌트는 '/*+ 힌트구문 */' 형태로 사용하며 SELECT 바로 다음에 기술한다.

그럼 힌트를 어떤 식으로 사용하는지 알아 보자.

입력

```
DECLARE
  --변수 선언 ...
BEGIN

  SELECT /*+ PARALLEL (a 4), PARALLEL(b 4) */
         a.column1, a.column2, ...
    INTO ...
    FROM TABELA a,
         TABLEB b
   WHERE a.column_1 = b.column_1
     AND ...

  --나머지 로직
  ...
END;
```

힌트를 사용하면 병렬 쿼리는 힌트가 사용된 SQL문에만 적용된다. 또한 기본적으로 PARALLEL QUERY 옵션은 활성화된 상태이므로 별도로 활성화하거나 비활성화할 필요는 없는데, 만약 비활성 상태에서 힌트를 적용하면 병렬 쿼리가 수행되지 않는다.

좀더 설명하면, ALTER SESSION으로 설정하는 병렬 쿼리 파라미터를 옵티마이저 파라미터 혹은 옵티마이저 환경 변수라고 한다. 'ALTER SESSION ENABLE PARALLEL QUERY'를 수행하면 'PARALLEL_QUERY_MODE'란 환경 변수 값이 'ENABLED'로, 반대의 경우는 'DISABLED'로 변경된다. 그런데 이 변수의 디폴트 값이 'ENABLED'이므로 굳이 비활성화하지 않았다면 항상 활성 상태로 남아 있다.

병렬 DML

병렬 DML은 병렬 쿼리와 개념은 같으나 SELECT문이 아닌 INSERT, UPDAT, DELETE, MERGE와 같은 DML문을 병렬로 처리하는 것을 말한다. 병렬 DML 역시 ALTER SESSION 명령어로 처리할 수 있지만 병렬 DML을 처리하는 별도의 힌트는 없다. 그럼 병렬 DML에 대한 ALTER SESSION에 구문에 대해 알아 보자.

> ALTER SESSION ENABLE PARALLEL DML

- 해당 세션에서 병렬 DML 옵션을 활성화한다.

```
ALTER SESSION  FORCE PARALLEL DML  PARALLEL  degree 수
```

- 해당 세션에서 병렬 DML 옵션을 강제로 활성화시키면서 degree 수로 명시한 개수만큼 프로세스를 띄워 병렬로 처리한다. degree 수는 보통 오라클 DB 서버의 CPU 개수의 두 배를 설정하는데 설치된 서버 환경에 따라 계산 방식이 다르다.

```
ALTER SESSION  DISABLE  PARALLEL DML
```

- 해당 세션에서 병렬 DML 옵션을 비활성화한다.

병렬 DML역시 ALTER SESSION 명령어를 사용한다. 'ALTER SESSION ENABLE | DISABLE PARALLEL DML' 문은 옵티마이저 환경 변수인 'PARALLEL_DML_MODE' 값을 설정('ENABLED' 혹은 'DISABLED')하는데 이 환경 변수의 디폴트 값은 병렬 쿼리와는 달리 'DISABLED'이다. 따라서 병렬 DML을 사용하려면 별도로 활성화시켜야 한다. ALTER SESSION 명령어를 사용해서 병렬 DML을 처리하는 구문 형식은 다음과 같다.

입력

```
DECLARE
  --변수 선언 ...
BEGIN
  -- 강제로 병렬 DML을 실행시키고 degree 수는 4로 설정했다
  EXECUTE IMMEDIATE 'ALTER SESSION FORCE PARALLEL DML PARALLEL 4';

  INSERT 문...;
  COMMIT;

  UPDATE 문 ...;
  COMMIT;

  ...
  -- 수행이 끝나면 병렬 쿼리 옵션을 비활성화 시킨다. 그렇지 않으면 해당 세션에서 실행하는 모든 DML문이 병렬로 실행되기 때문
  EXECUTE IMMEDIATE 'ALTER SESSION DISABLE PARALLEL DML;

END;
```

병렬 쿼리를 사용할 때와 구문 형식은 비슷한데 한 가지 주의할 점이 있다.

첫째, ALTER SESSION 명령어를 사용해 병렬 DML을 활성화해 놓으면, 그 뒤부터 수행되는 모든 DML문은 병렬로 처리된다. 위의 예제처럼 INSERT와 UPDATE문이 있다면 두 문장 모두 병렬로 처리되는데, 반드시 **하나의 DML문이 끝날 때마다 COMMIT문을 실행해야 한다**. 만약 그렇지 않으면 "ORA-12838: 병렬로 수정한 후 객체를 읽거나 수정할 수 없습니다" 라는 오류가 발생한다.

따라서 병렬 DML은 트랜잭션 처리를 수행하는 프로시저에 사용하면 안 되고 대량의 데이터를 처리하지만 트랜잭션 관리가 문제가 되지 않을 때 즉 특정 테이블에서 대량의 데이터를 삭제한 다음 다시 적재할 때 한해서 사용하는 것이 좋다.

둘째, 병렬로 처리하는 DML문 중에 SELECT문이 포함되어 있으면(INSERT ~ SELECT, MERGE 문의 USING 절에 SELECT 문이 있을 때 서브 쿼리가 포함된 때 등) SELECT문에 **PARALLEL** 힌트를 같이 주는 것이 좋다. 가령 INSERT ~ SELECT의 경우, SELECT한 결과를 INSERT하는 것인데 SELECT는 단일 프로세스가 처리하고 INSERT는 여러 개의 프로세스가 처리하면 생각만큼 성능이 향상되지 않는다. 따라서 SELECT도 병렬로 처리하고 INSERT도 병렬로 처리하도록 SELECT문에 PARALLEL 힌트를 적용하는 것이 좋다. 물론 'ALTER SESSION FORCE PARALLEL QUERYPARALLEL' 명령어를 실행하면 자동으로 병렬 쿼리가 실행되므로 별도로 힌트를 줄 필요는 없으며, 프로세스(degree) 수는 병렬 DML의 프로세스 수와 맞춰주는 것이 좋다.

병렬 처리 시 주의사항

병렬 처리로 SQL문을 처리하면 그러지 않았을 때보다 큰 성능 향상을 보일 수 있지만, 이는 보통의 경우에 한해 맞는 얘기이고 오히려 역효과를 볼 때도 있다. 이는 병렬 처리를 과도하게 사용하거나 적절하지 않은 SQL문에 대해 병렬 처리를 하기 때문이다.

예컨대 상자 속의 카드는 10장 뿐인데 카드를 골라내는 사람이 10명이라면 1명이 처리할 때보다 훨씬 더 작업 속도가 늦어질 것이다. 따라서 병렬 처리는 응답속도가 너무 느린 SQL문에 한해서만 사용하는 것이 바람직하다. 또한 카드 정렬 작업을 처리할 사람은 5명 뿐인데 여기저기서 동시다발적으로 이들에게 일을 시키면 작업 정체가 발생할 수 있다. 즉 상자가 10개인데 이를 동시에 처리해야 한다면 5명의 작업자가 1상자씩 맡아 처리할 것이다. 이렇게 되면 나머지 5상자는 처리하지 못하고 진행중인 일을 마쳐야 남은 5상자를 처리할 수 있다. 따라서 시스템 성능과 환경, 동시처리 SQL문의 개수와 그 성능 등을 종합적으로 고려한 뒤 병렬 처리 계획을 수립하고 사용해야 한다.

마지막으로 병렬 처리할 때 주의할 점을 정리하면 다음과 같다.

- ❶ 응답속도가 빠른 SQL문에는 병렬 처리를 하지 않는다
- ❷ 병렬 프로세스(degree) 수를 적절히 사용해야 한다
  보통은 프로세스 수가 많을수록 빨리 처리되지만, 시스템에서 사용할 수 있는 프로세스 수에는 제한이 있다. 또한 너무 많은 프로세스가 처리하게 되면 각 프로세스가 작업을 마친 다음 이를 다시 모아서 정리해야 하는데 이 작업이 더 부하가 많이 걸릴 수 있기 때문이다.
- ❸ 병렬 DML 처리 시 반드시 처리가 끝난 뒤에는 DML 옵션을 비활성화시킨다
- ❹ INSERT~SELECT문 처럼 SELECT문이 있으면 병렬 DML 뿐만 아니라 병렬 쿼리 기능도 함께 사용한다

핵심정리

1. 커서와 루프를 사용해서 처리할 때 BULK COLLECT 절을 사용하면 성능이 크게 향상된다.

2. 커서와 루프를 사용해 루프 내에서 DML문을 실행할 때 FORALL문을 사용하면 성능이 좋아진다.

3. 대량의 데이터를 조회할 때 함수를 사용하면 성능이 심각하게 저하된다.

4. 오라클 11g부터는 함수를 정의할 때 RESULT CACHE 기능으로 성능 향상 효과를 볼 수 있다.

5. RESULT CACHE란 결과를 캐시에 저장해 놨다가 다시 동일한 매개변수가 전달될 때 함수 본문을 처리하지 않고 캐시에 저장된 결과 값을 재사용하는 것을 말한다.

6. RESULT CACHE 기능이 지원되지만, 대량의 데이터를 조회할 때는 함수 대신 조인을 사용하자.

7. 병렬 처리를 하면 성능을 극대화할 수 있으며 병렬 처리에는 병렬 쿼리와 병렬 DML이 있다.

8. 병렬 쿼리는 ALTER SESSION 명령어를 실행하는 방법과 PARALLEL 힌트를 사용하는 방법이 있다.

9. 병렬 DML은 ALTER SESSION 명령어로 처리할 수 있으며 보통은 병렬 쿼리와 함께 사용된다.

10. 병렬 처리는 필요할 때만 사용하는 것이 좋으며 남용하면 오히려 성능저하를 초래한다.

1. RESULT CACHE 절에서 V$RESULT_CACHE_STATISTICS 시스템 뷰를 조회했을 때 'Find Count' 항목의 값이 107,988이었다. 이 숫자가 어떻게 나오게 된 것인지 설명해 보자.

2. JOBS 테이블에서 JOB_ID 값을 매개변수로 받아 JOB_TITLE을 반환하는 RESULT CACHE 기능을 이용한 함수를 만들어 보자.

3. 3번에서 만든 함수로 EMP_BULK 테이블의 JOB_TITLE 컬럼 값을 갱신하는 익명 블록을 만들어 보자.

17장

소스 관리와 디버깅

이 장에서 다룰 소스 관리와 디버깅 기법은 SQL과 PL/SQL로 프로그램을 개발할 때 직접적인 이론적 지식이 될 내용은 아니지만 프로젝트 현장에서 매우 유용하게 쓸 수 있는 내용이다. 예컨대 맛있는 요리를 만들 때 갖은 양념과 요리 도구, 재료에 해당되는 내용이라고 할 수 있다. 개발된 프로그램이 많아지면 소스 관리가 반드시 필요한데 프로그램의 오류를 파악해 잡아내기 위한 디버깅 기법은 개발자라면 알고 넘어가야 할 내용이다. 그럼 지금부터 이들에 대해 자세히 알아 보자.

01 소스 관리
02 디버깅 기법
03 동적 쿼리 디버깅
04 DML문을 실행한 데이터 추적

01 소스 관리

프로그램을 개발하다 보면 누구나 다 한 번쯤은 경험하지만 다시는 경험하기 싫은 일이 하나 있다. 바로 자신이 만들었던 프로그램(여기서 말하는 프로그램은 함수, 프로시저, 패키지를 말하는데 앞으로 이 장에서는 이 셋을 통칭해 프로그램이라 부르겠다)이 "날아가 버리는", 즉 소스가 삭제되는 일이다.

프로그램 소스가 없어지는 원인은 여러 가지가 있다. 가령 몇일 전 소스로 어제 수정했던 소스를 덮어 쓰고 컴파일을 했을 수도 있고, 본인 혹은 다른 개발자가 특정 프로그램을 실수로 삭제(drop)할 수도 있고, DBA의 실수로 프로그램 소스가 전부 사라질 수도 있다. 원인이 무엇이든 간에 이런 일은 개발자 입장에서는 하늘이 노랗게 보일만한 일이다. 공들여 만든 소스가 사라져 버리다니! 있을 수 없는 일이지만 엄연히 발생하는 것이 현실이다.

이런 사태에 대비해 대부분의 개발자들은 개발한 소스를 자신의 PC에 파일로 백업을 해두는데, 굳이 이렇게 하지 않아도 DB 상에서 백업을 받아 소스를 관리할 수 있는 방법이 있다. 이 절에서는 이 같은 소스 관리 기법과 시스템 뷰를 통해 유용한 정보를 참조하는 방법에 대해 소개한다. 프로그램을 개발하면서 데이터베이스 내부 정보를 참조하는 유용한 방법과 더불어 소스 백업에 대해서도 알아보자.

데이터 딕셔너리

지금까지 이 책에서 간간이 소개했던 시스템 뷰를 **데이터 딕셔너리**(혹은 데이터 사전)라고 한다. 데이터 딕셔너리는 오라클에서 사용하는 시스템 정보부터 사용자, 객체 등에 대한 수많은 내부 정보를 담고 있다. 이러한 정보를 참조하면 오라클 DB의 내부 매커니즘 일부도 엿볼 수 있다. 내부 매커니즘까지는 아니더라도 데이터 딕셔너리를 통해 개발할 때 유용한 정보를 얻어낼 수 있다.

데이터 딕셔너리는 기준 테이블과 뷰로 구성되어 있는데 우리가 접근해 이용할 수 있는 것은 뷰뿐이며 이들을 데이터 딕셔너리 뷰 혹은 시스템 뷰라고 한다. 데이터 딕셔너리 뷰는 수천 개가 넘는다. 따라서 찾으려는 정보가 있는 뷰를 찾는 것조차 어려울 것 같지만 사실 의외로 찾기가 쉽다. 왜냐하면 데이터 딕셔너리 뷰의 이름에는 일정한 규칙이 있기 때문이다. 우리가 살펴볼 데이터베이스 객체에 관련된 대부분의 데이터 딕셔너리 뷰 명칭은 다음과 같이 3가지 종류의 접두사로 시작된다.

- **USER_***: 현재 접속된 스키마(사용자)가 소유한 데이터베이스 객체에 관한 정보를 담고 있는 뷰
- **ALL_***: 현재 접속된 스키마(사용자)가 접근할 수 있는 모든 데이터베이스 객체에 관한 정보를 담고 있는 뷰
- **DBA_***: 모든 데이터베이스 객체에 관한 정보를 담고 있는 뷰

ALL과 DBA는 다른 스키마(사용자) 소유의 객체 정보를 참조할 수 있으므로 공통적으로 소유자 정보가 있는 'OWNER'라는 컬럼이 있지만 USER로 시작하는 뷰에는 이 컬럼이 없다. 또한 모든 데이터 딕셔너리 뷰 명칭이 앞의 3가지 접두사로 시작하는 것은 아니며 예외도 있다. 그럼 지금부터 개발자가 유용하게 참조할 수 있는 정보가 있는 데이터 딕셔너리 뷰에 대해 살펴 보자.

① 테이블 관련 정보

프로그램을 작성하는 시작점이자 종착점은 바로 테이블이다. 자신이 작성하는 프로그램에서 사용하는 테이블에 대한 정보를 완전히 파악한 다음 프로그램을 작성하는 것이 기본이지만 현실에서는 꼭 그렇지만은 않다. 보통 테이블에 관한 정보는 설계자가 ERD(Entity Relation Diagram)나 별도 양식의 문서로 작성하며 개발자는 이 문서를 보고 테이블에 대한 정보를 파악하지만, 프로젝트를 수행하다 보면 설계 변경이 잦고 이러한 변경사항이 문서에 그때그때 반영되지 않을 때가 많다.

변경사항이 생기면 설계자가 개발자에게 수정된 정보를 제때에 알려줘야 하는데 설계자도 사람인지라 바쁘다 보면 본의 아니게 실수할 수도 있다. 비단 이런 경우 뿐만 아니라 현장에서는 예상치 못한 일이 자주 발생하므로, 개발자라면 어느 정도는 스스로 알아서 문제점을 해결할 필요가 있다. 이럴 때 훌륭한 참고서 역할을 하는 것이 바로 테이블과 관련된 데이터 딕셔너리 뷰인데 이들에 대해 하나씩 살펴 보자. 참고로 이 장에서는 접두어가 USER인 뷰(ALL이나 DBA로 시작하는 뷰도 컬럼 정보는 거의 비슷하다)를 중심으로 설명하겠다.

테이블 정보: USER_TABLES
현 스키마가 소유자인 모든 테이블의 목록을 볼 수 있으며 주요 컬럼은 다음과 같다.

- **TABLE_NAME:** 테이블 명
- **TABLESPACE_NAME:** 테이블이 저장된 테이블스페이스 명
- **STATUS:** 테이블 상태를 나타내며 이상이 없으면 값은 'VALID'
- **NUM_ROWS:** 테이블의 전체 로우 수
- **BLOCKS:** 테이블에서 사용된 블록 수(블록은 오라클에서 데이터의 최소 저장단위임)
- **LAST_ANALYZED:** 통계 정보가 만들어진 일자와 시간

NUM_ROWS, BLOCKS, LAST_ANALYZED 컬럼은 통계 정보를 생성한 뒤에야 값이 만들어 진다.

컬럼 정보: USER_TAB_COLS
테이블에 있는 컬럼에 대한 모든 정보가 들어 있으며, 특정 테이블에 대한 컬럼 정보를 참조하려면 TABLE_NAME 컬럼을 활용한다.

- **TABLE_NAME:** 테이블명
- **COLUMN_NAME:** 컬럼명
- **DATA_TYPE:** 데이터 타입
- **DATA_LENGTH:** 데이터 길이
- **DATA_PRECISION:** 정밀도
- **DATA_SCALE:** 스케일
- **NULLABLE:** NULL 허용 여부. 허용은 'Y', 허용하지 않으면 'N'
- **COLUMN_ID:** 컬럼 번호
- **DATA_DEFAULT:** 디폴트 데이터 값

제약사항 정보: USER_CONSTRAINTS

각종 제약사항에 대한 정보가 들어 있는데, USER로 시작하는 다른 뷰와는 달리 **OWNER 컬럼이 존재**한다. 그 이유는 제약사항 역시 테이블에 속해 있는데 현 스키마에 속한 테이블이라도 다른 스키마의 제약사항을 사용할 수 있기 때문이다.

- **OWNER:** 제약사항 소유자명
- **CONSTRAINT_NAME:** 제약사항
- **CONSTRAINT_TYPE:** 제약사항 종류
  - C → NOT NULL 혹은 CHECK
  - P → Primary key
  - U → Unique
  - R → Foreign key
- **TABLE_NAME:** 제약사항이 속한 테이블명
- **STATUS:** 상태. 'ENABLED' 혹은 'DISABLED'

인덱스 정보: USER_INDEXES

인덱스에 대한 모든 정보가 들어 있으며, 특정 테이블에 대한 인덱스를 검색하려면 TABLE_NAME 컬럼을 활용한다.

- **INDEX_NAME:** 인덱스 명
- **INDEX_TYPE:** 인덱스 유형. NORMAL, BITMAP, FUNCTION-BASED NORMAL, FUNCTION-BASED BITMAP, DOMAIN 중 하나, 일반 인덱스는 NORAML.
- **TABLE_NAME:** 인덱스가 속한 테이블명
- **UNIQUENESS:** 유일 인덱스 여부
- **NUM_ROWS:** 인덱스의 로우 수
- **LAST_ANALYZED:** 인덱스 통계 정보가 생성된 일자와 시간

테이블 주석 정보: USER_TAB_COMMENTS

테이블에 대한 주석, 즉 테이블에 대한 설명이 들어있다. "COMMENT ON TABLE IS ~ " 구문으로 생성한 정보를 보여 준다.

- **TABLE_NAME:** 테이블명
- **TABLE_TYPE:** 테이블 유형으로 값은 'TABLE' 혹은 'VIEW'.
- **COMMENTS:** 테이블에 대한 주석, 설명

컬럼 주석 정보: USER_COL_COMMENTS

컬럼에 대한 주석 정보가 있다. "COMMENT ON COLUMN IS ~ " 구문으로 생성한 정보를 보여 준다.

- **TABLE_NAME:** 테이블명
- **COLUMN_TYPE:** 컬럼명
- **COMMENTS:** 컬럼에 대한 주석, 설명

테이블을 포함해 이와 관련된 데이터베이스 객체에 대한 정보를 담은 몇 가지 데이터 딕셔너리 뷰에 대해 살펴 봤다. 테이블과 관련된 정보는 이들 뷰 정도만 알고 있어도 원하는 정보는 손쉽게 찾을 수 있을 것이다. 가령 USER_TAB_COLS와 USER_COL_COMMENTS 뷰를 조회하면 특정 테이블의 컬럼에 대한 상세 정보를 추출해 낼 수 있다.

② 프로그램 관련 정보

테이블에 관련된 뷰에 대해 살펴봤으니 이제 다른 객체와 프로그램에 관련된 데이터 딕셔너리 뷰에 대해 알아 보자.

USER_OBJECTS

테이블 뿐만 아니라 프로시저, 함수, 인덱스 등 모든 데이터베이스 객체에 대한 정보를 가진 뷰다.

- **OBJECT_NAME:** 객체명
- **OBJECT_TYPE:** 객체 유형으로 FUNCTION, INDEX, PACKAGE, PACKAGE BODY, PROCEDURE, TABLE, TABLE PARTITION, TYPE 등이 있음
- **CREATED:** 객체 생성 일자와 시간
- **LAST_DDL_TIME:** 객체가 마지막으로 수정된 일자와 시간
- **STATUS:** 객체의 상태. VALID와 INVALID

USER_PROCEDURES

프로시저와 함수에 대한 정보를 가진 뷰이며 패키지에 포함된 함수와 프로시저 정보도 포함되어 있다.

- **OBJECT_NAME:** 패키지에 속해 있다면 패키지명. 독립적으로 존재한다면 함수 및 프로시저명
- **PROCEDURE_NAME:** 패키지에 속해 있으면 함수나 프로시저명. 독립적으로 존재하는 함수나 프로시저이면 NULL
- **OBJECT_TYPE:** FUNCTION, PROCEDURE, PACKAGE
- **PIPELINED:** 파이프라인 함수이면 YES, 그 외는 NO
- **OVERLOAD:** 오버로드된 경우에는 1부터 순번이 부여되고 그 외는 NULL

USER_ARGUMENTS

함수나 프로시저의 매개변수 정보를 가지고 있다.

- **OBJECT_NAME:** 함수 혹은 프로시저명
- **PACKAGE_NAME:** 패키지에 속해 있다면 패키지명. 없으면 NULL
- **ARGUMENT_NAME:** 매개변수명
- **SEQUENCE:** 매개변수 순서. 1부터 시작
- **DATA_TYPE:** 매개변수의 데이터 타입
- **DEFAULT_VALUE:** 매개변수의 디폴트 값. 없으면 NULL
- **IN_OUT:** 입력 혹은 출력변수 유형. IN, OUT, IN/OUT 세 가지 값이 올 수 있다.

USER_DEPENDENCIES

객체간 서로 참조하는 정보를 가진 뷰다. 예를 들어 이 뷰를 이용하면 부서 테이블을 참조하는 모든 프로그램 목록을 알아낼 수 있다.

- **NAME:** 참조하는 객체명
- **TYPE:** 참고하는 객체 타입
- **REFERENCED_OWNER:** 참조되는 객체의 소유자
- **REFERENCED_NAME:** 참조되는 객체명
- **REFERENCED_TYPE:** 참조되는 객체 타입

USER_SOURCE

프로시저, 함수, 패키지 등의 모든 프로그램의 소스 정보를 담고 있는 뷰다.

- **NAME:** 프로그램에 해당하는 객체명
- **TYPE:** 프로그램 타입으로 종류에 따라 PROCEDURE, FUNCTION, PACKAGE, PACKAGE BODY, TYPE 등의 값이 들어가 있다.
- **LINE:** 프로그램 소스 코드의 라인(줄) 번호
- **TEXT:** 프로그램 소스 코드

지금까지 프로그램에 관련된 데이터 딕셔너리 뷰에 대해 간단히 소개했다. 각 뷰에 대해 간단히 요약하고 주요 컬럼만 설명했는데 SELECT 문을 사용해 이 뷰들의 내용을 직접 확인해 보면 쉽게 이해할 수 있을 것이다.

소스 백업

앞에서 마지막으로 소개했던 USER_SOURCE 뷰에는 함수, 프로시저, 패키지, 사용자 정의 타입 등의 소스가 들어가 있다. 따라서 이 뷰를 이용하면 프로그램의 소스 관리를 쉽게 할 수 있다. 일단 USER_SOURCE 뷰를 조회해 보자.

입력
```sql
SELECT *
  FROM USER_SOURCE;
```

결과

NAME	TYPE	LINE	TEXT
AV_TYPE	TYPE	1	TYPE av_type IS TABLE OF VARCHAR2(40) INDEX BY PLS_INTEGER;
CH13_COL_PKG	PACKAGE	1	PACKAGE ch13_col_pkg IS
CH13_COL_PKG	PACKAGE BODY	1	PACKAGE BODY ch13_col_pkg IS
CH13_COL_PKG	PACKAGE BODY	2	PRAGMA SERIALLY_REUSABLE;
CH13_COL_PKG	PACKAGE	2	PRAGMA SERIALLY_REUSABLE;
CH13_COL_PKG	PACKAGE BODY	3	-- 선언한 중첩테이블에 데이터 생성 프로시저
CH13_COL_PKG	PACKAGE	3	
CH13_COL_PKG	PACKAGE	4	-- 중첩 테이블 선언
CH13_COL_PKG	PACKAGE BODY	4	PROCEDURE make_dep_proc (p_par_id IN NUMBER)
CH13_COL_PKG	PACKAGE	5	TYPE nt_dep_name IS TABLE OF VARCHAR2(30);
CH13_COL_PKG	PACKAGE BODY	5	IS
CH13_COL_PKG	PACKAGE	6	
CH13_COL_PKG	PACKAGE BODY	6	BEGIN
CH13_COL_PKG	PACKAGE	7	-- 중첩 테이블 변수 선언 및 초기화
CH13_COL_PKG	PACKAGE BODY	7	-- 부서 테이블의 PARENT_ID를 받아 부서명을 가져온다.
CH13_COL_PKG	PACKAGE BODY	8	FOR rec IN (SELECT department_name
CH13_COL_PKG	PACKAGE	8	pv_nt_dep_name nt_dep_name := nt_dep_name();
CH13_COL_PKG	PACKAGE	9	

위 결과를 보면 알겠지만 프로그램 소스가 text 컬럼에 들어가 있다. 새로운 패키지를 하나 만들어 보고 USER_SOURCE 뷰에 이 정보가 반영되는지 확인해 보자.

입력
```
CREATE OR REPLACE PACKAGE ch17_src_test_pkg IS

  pv_name VARCHAR2(30) := 'CH17_SRC_TEST_PKG';

END ch17_src_test_pkg;
```

결과
```
PACKAGE CH17_SRC_TEST_PKG이(가) 컴파일되었습니다.
```

패키지 명세만 만들어 컴파일했다. USER_SOURCE 뷰에서 위 패키지를 검색해 보자.

입력
```
SELECT *
  FROM USER_SOURCE
 WHERE NAME = 'CH17_SRC_TEST_PKG'
 ORDER BY LINE;
```

결과

NAME	TYPE	LINE	TEXT
CH19_SRC_TEST_PKG	PACKAGE	1	PACKAGE ch19_src_test_pkg IS
CH19_SRC_TEST_PKG	PACKAGE	2	
CH19_SRC_TEST_PKG	PACKAGE	3	pv_name VARCHAR2(30) := 'CH19_SRC_TEST_PKG';
CH19_SRC_TEST_PKG	PACKAGE	4	
CH19_SRC_TEST_PKG	PACKAGE	5	END ch19_src_test_pkg;

USER_SOURCE 뷰에 CH17_SRC_TEST_PKG 패키지 소스가 들어 있음을 알 수 있다. 이처럼 USER_SOURCE 뷰에서 프로그램 소스를 검색할 때는 WHERE 조건에서 NAME 컬럼으로 프로그램 이름을 검색하면 찾을 수 있다. 소스를 검색할 때 NAME 컬럼 값에 들어있는 프로그램명은 모두 대문자로 들어가 있고 ORDER BY 절에서 LINE 컬럼을 명시해야 제대로 된 소스를 볼 수 있다는 점을 명심하자. CH17_SRC_TEST_PKG 패키지는 아직은 패키지 명세만 있기 때문에 TYPE 컬럼 값이 'PACKAGE' 이지만, 패키지 본문을 만들면 TYPE 컬럼 값이 'PACKAGE BODY'가 된다.

입력
```
CREATE OR REPLACE PACKAGE BODY ch17_src_test_pkg IS

  pvv_temp VARCHAR2(30) := 'TEST';

END ch17_src_test_pkg;
```

결과
```
PACKAGE BODY CH17_SRC_TEST_PKG이(가) 컴파일되었습니다.
```

입력
```sql
SELECT *
  FROM USER_SOURCE
 WHERE NAME = 'CH17_SRC_TEST_PKG'
 ORDER BY TYPE, LINE;
```

결과

NAME	TYPE	LINE	TEXT
CH19_SRC_TEST_PKG	PACKAGE	1	PACKAGE ch19_src_test_pkg IS
CH19_SRC_TEST_PKG	PACKAGE	2	
CH19_SRC_TEST_PKG	PACKAGE	3	pv_name VARCHAR2(30) := 'CH19_SRC_TEST_PKG';
CH19_SRC_TEST_PKG	PACKAGE	4	
CH19_SRC_TEST_PKG	PACKAGE	5	END ch19_src_test_pkg;
CH19_SRC_TEST_PKG	PACKAGE BODY	1	PACKAGE BODY ch19_src_test_pkg IS
CH19_SRC_TEST_PKG	PACKAGE BODY	2	
CH19_SRC_TEST_PKG	PACKAGE BODY	3	pvv_temp VARCHAR2(30) := 'TEST';
CH19_SRC_TEST_PKG	PACKAGE BODY	4	
CH19_SRC_TEST_PKG	PACKAGE BODY	5	END ch19_src_test_pkg;

패키지 명세나 본문이나 패키지 명칭은 동일하므로 USER_SOURCE에서 패키지를 조회할 때는 항상 ORDER BY 절에 TYPE, LINE을 명시해야 한다는 점을 반드시 기억하자. USER_SOURCE 뷰에는 프로그램 코드가 모두 들어 있어 프로그램 소스도 검색할 수 있다. 예를 들어, 사원 테이블을 사용하는 모든 프로그램과 해당 소스를 보려면 다음과 같이 조회하면 찾을 수 있다.

입력
```sql
SELECT *
  FROM USER_SOURCE
 WHERE TEXT LIKE '%EMPLOYEES%'
    OR TEXT LIKE '%employees%'
 ORDER BY name, type, line;
```

결과

NAME	TYPE	LINE	TEXT
CH13_CUR_PKG	PACKAGE	5	FROM employees a, departments b
CH13_CUR_PKG	PACKAGE	15	emp_id employees.employee_id%TYPE,
CH13_CUR_PKG	PACKAGE	16	emp_name employees.emp_name%TYPE,
CH13_CUR_PKG	PACKAGE BODY	16	FROM employees a,
CH13_EMP_PROC	PROCEDURE	8	FROM employees a,
CH13_EMP_PROC	PROCEDURE	27	FROM employees a,
CH14_CUR_PKG	PACKAGE	5	FROM employees a, departments b
CH14_CUR_PKG	PACKAGE	15	emp_id employees.employee_id%TYPE,
CH14_CUR_PKG	PACKAGE	16	emp_name employees.emp_name%TYPE,
CH14_CUR_PKG	PACKAGE BODY	16	FROM employees a,
CH14_OVERLOAD_PKG	PACKAGE BODY	10	FROM employees a, departments b
CH14_OVERLOAD_PKG	PACKAGE BODY	26	FROM employees a, departments b
CH16_EMPTY_PKG	PACKAGE	4	TYPE emp_refc_t IS REF CURSOR RETURN employees%ROWTYPE;
HR_PKG	PACKAGE BODY	7	vs_emp_name employees.emp_name%TYPE;
HR_PKG	PACKAGE BODY	12	FROM employees
HR_PKG	PACKAGE BODY	25	vn_emp_id employees.employee_id%TYPE;
HR_PKG	PACKAGE BODY	31	FROM employees;
HR_PKG	PACKAGE BODY	34	INSERT INTO employees (employee_id, emp_name,hire_date, create_date, update_date)
HR_PKG	PACKAGE BODY	54	UPDATE employees
HR_PKG	PACKAGE BODY	89	FROM employees a, departments b
HR_PKG2	PACKAGE BODY	73	FROM employees

모든 소스는 text 컬럼에 있으므로 LIKE로 사원 테이블명을 조회한 것이다. 실제 소스에는 사원 테이블명이 대문자로, 혹은 소문자로 들어가 있을 수도 있으므로 OR 연산자와 함께 두 개의 조건을 나열했다. TEXT 컬럼 값을 보면 사원 테이블을 사용한 모든 소스가 출력 되었다.

참고로 앞의 SQL문의 조건을 UPPER(TEXT) LIKE '%EMPLOYEES%' 혹은 LOWER(TEXT) LIKE '%employees%' 형태로 작성하지 않은 이유는 UPPER나 LOWER 함수로 소스를 변환하는데 부하가 걸릴 수 있기 때문이다. 실제 프로젝트에서는 프로그램 소스의 양이 매우 방대한데 소스 전체를 대문자나 소문자로 변환한 다음 특정 단어를 찾게 되면 많은 부하가 걸리기도 한다.

USER_SOURCE 뷰에 어떤 정보들이 있고 어떤 식으로 활용하는지 배웠으므로 이제 이 뷰로 소스를 백업하는 방법을 알아 보자. 이 장 첫 부분에서도 언급했듯이, 프로젝트를 수행하다보면 자신이 개발했던 소스를 엉뚱한 이름으로 덮어쓸 수도 있고 아예 소스가 삭제되는 일도 종종 발생한다. 그래서 필자는 매일 퇴근 전에 일자별로 소스를 백업했었는데 USER_SOURCE 뷰를 사용해 매우 간편하게 처리했다.

처리하는 방식은 다음과 같았다. CREATE TABLE ~ AS 구문을 사용해 일자별로 백업 테이블을 생성했다. 예를 들어 오늘이 2015년 1월 6일이라고 한다면 다음과 같이 이름에 일자를 포함시켜 백업 테이블을 만들었다.

입력
```
CREATE TABLE bk_source_20150106 AS
  SELECT *
    FROM USER_SOURCE
   ORDER BY NAME, TYPE, LINE;
```

결과
```
table BK_SOURCE_20150106이(가) 생성되었습니다.
```

2015년 1월 6일 퇴근할 때 BK_SOURCE_20150106란 이름으로 테이블을 만들고 다음 날인 1월 7일에 퇴근할 때는 BK_SOURCE_20150107이란 테이블을 만드는 것이다. 이렇게 해놓으면 특정 프로그램 소스가 문제에 생기더라도 일자별 백업한 내역이 있으므로 언제든지 복구할 수 있는 것이다.

입력
```
SELECT *
  FROM bk_source_20150106;
```

결과

NAME	TYPE	LINE	TEXT
AV_TYPE	TYPE	1	TYPE av_type IS TABLE OF VARCHAR2(40) INDEX BY PLS_INTEGER;
CH13_COL_PKG	PACKAGE	1	PACKAGE ch13_col_pkg IS
CH13_COL_PKG	PACKAGE	2	PRAGMA SERIALLY_REUSABLE;
CH13_COL_PKG	PACKAGE	3	
CH13_COL_PKG	PACKAGE	4	-- 중첩 테이블 선언
CH13_COL_PKG	PACKAGE	5	TYPE nt_dep_name IS TABLE OF VARCHAR2(30);
CH13_COL_PKG	PACKAGE	6	
CH13_COL_PKG	PACKAGE	7	-- 중첩 테이블 변수 선언 및 초기화
CH13_COL_PKG	PACKAGE	8	pv_nt_dep_name nt_dep_name := nt_dep_name();
CH13_COL_PKG	PACKAGE	9	
CH13_COL_PKG	PACKAGE	10	-- 선언한 중첩테이블에 데이터 생성 프로시저
CH13_COL_PKG	PACKAGE	11	PROCEDURE make_dep_proc (p_par_id IN NUMBER) ;
CH13_COL_PKG	PACKAGE	12	
CH13_COL_PKG	PACKAGE	13	END ch13_col_pkg;
CH13_COL_PKG	PACKAGE BODY	1	PACKAGE BODY ch13_col_pkg IS
CH13_COL_PKG	PACKAGE BODY	2	PRAGMA SERIALLY_REUSABLE;
CH13_COL_PKG	PACKAGE BODY	3	-- 선언한 중첩테이블에 데이터 생성 프로시저

USER_SOURCE 뷰를 조회할 때 ORDER BY 절에 NAME, TYPE, LINE 컬럼을 명시했기 때문에 BK_SOURCE_20150106 테이블에는 프로그램, 타입, 라인별로 데이터가 정렬되어 들어가 있음을 알 수 있다. 만약 특정 프로그램에 문제가 발생했다면 해당 프로그램 명으로 USER_SOURCE 뷰를 조회한 다음 TEXT 컬럼 내용을 복사해 붙여 넣고 다시 컴파일하면 해당 프로그램을 복구할 수 있다.

02 디버깅 기법

디버깅이란 프로그램 로직의 정확성이나 논리적 오류, 즉 버그를 찾아내는 일련의 과정을 말하는데, 오라클 DB에서 프로그램은 함수나 프로시저 형태이므로 디버깅을 한다는 것은 이런 함수나 프로시저를 디버깅 한다는 것이다. 함수는 매개변수를 받아 특정 데이터를 조회해 반환하는 형태이므로, 대부분 한 두 개의 SELECT 문장으로 이루어져 있어 디버깅할 일이 많지는 않다. 반면 프로시저는 특정 업무에 대한 로직을 처리하기 위해 다량의, 그리고 다양한 형태의 DML 문장이 사용되므로 소스 양도 함수에 비해 많고 논리적 오류가 발생할 여지가 크므로 프로시저를 디버깅할 때가 많다.

다른 프로그래밍 언어와 마찬가지로 오라클 프로그램도 여러 가지 툴로 프로그램을 개발하는데 이런 프로그램 대부분은 자체 디버깅 기능이 내장되어 있다. 툴에 따라 차이점이 있지만 툴에서 제공하는 디버깅 기능을 이용하면 GUI 환경에서 편리하게 디버깅을 할 수 있다. 하지만 이 책은 툴의 기능을 설명하는 책이 아니므로 툴 고유의 디버깅 기능은 배제하고 오라클에서 제공하는 시스템 패키지나 다른 방법을 사용해 디버깅하는 방법을 소개하겠다.

본격적으로 디버깅에 대해 알아보기 전에 디버깅할 대상 프로그램이 있어야 한다. 이전 절에서 껍데기만 만들었던 CH17_SRC_TEST_PKG 패키지의 내용을 채워야 하는데, 그 전에 먼저 사용할 테이블과 인덱스를 만들어 보자.

입력

```sql
CREATE TABLE ch17_sales_detail (
            channnel_name VARCHAR2(50),
            prod_name     VARCHAR2(300),
            cust_name     VARCHAR2(100),
            emp_name      VARCHAR2(100),
            sales_date    DATE,
            sales_month   VARCHAR2(6),
            sales_qty     NUMBER   DEFAULT 0,
            sales_amt     NUMBER   DEFAULT 0 );
```

결과

table CH17_SALES_DETAIL이(가) 생성되었습니다.

입력

```sql
CREATE INDEX idx_ch17_sales_dtl ON ch17_sales_detail (sales_month);
```

결과

index IDX_CH17_SALES_DTL이(가) 생성되었습니다.

이제 CH17_SALES_DETAIL 테이블을 조작하는 프로시저를 CH17_SRC_TEST_PKG에 추가해 보자.

입력

```sql
CREATE OR REPLACE PACKAGE ch17_src_test_pkg IS

  pv_name VARCHAR2(30) := 'CH17_SRC_TEST_PKG';

  PROCEDURE sales_detail_prc( ps_month IN VARCHAR2,
                              pn_amt   IN NUMBER,
                              pn_rate  IN NUMBER
                            );
END ch17_src_test_pkg;
```

결과

PACKAGE CH17_SRC_TEST_PKG이(가) 컴파일되었습니다.

입력

```sql
CREATE OR REPLACE PACKAGE BODY ch17_src_test_pkg IS

  PROCEDURE sales_detail_prc( ps_month IN VARCHAR2,
                              pn_amt   IN NUMBER,
                              pn_rate  IN NUMBER   )
IS

BEGIN
  -- 1. p_month에 해당하는 월의 CH17_SALES_DETAIL 데이터 삭제
  DELETE CH17_SALES_DETAIL
   WHERE sales_month = ps_month;

  -- 2. p_month에 해당하는 월의 CH17_SALES_DETAIL 데이터 생성
  INSERT INTO CH17_SALES_DETAIL
  SELECT b.prod_name,
         d.channel_desc,
         c.cust_name,
         e.emp_name,
         a.sales_date,
         a.sales_month,
         sum(a.quantity_sold),
         sum(a.amount_sold)
    FROM sales a,
         products b,
         customers c,
         channels d,
         employees e
   WHERE a.sales_month = ps_month
     AND a.prod_id     = b.prod_id
     AND a.cust_id     = c.cust_id
     AND a.channel_id  = d.channel_id
     AND a.employee_id = e.employee_id
   GROUP BY b.prod_name,
            d.channel_desc,
            c.cust_name,
            e.emp_name,
            a.sales_date,
            a.sales_month;

  -- 3. 판매금액(sales_amt)이 pn_amt보다 큰 건은 pn_rate 비율만큼 할인
  UPDATE CH17_SALES_DETAIL
     SET sales_amt = sales_amt - ( sales_amt * pn_rate * 0.01)
   WHERE sales_month = ps_month
     AND sales_amt   > pn_amt;

  COMMIT;

EXCEPTION WHEN OTHERS THEN
  DBMS_OUTPUT.PUT_LINE(SQLERRM);
```

```
    ROLLBACK;

  END sales_detail_prc;

END ch17_src_test_pkg;
```

결과
PACKAGE BODY CH17_SRC_TEST_PKG이(가) 컴파일되었습니다.

이제 준비 작업이 끝났으니 CH17_SRC_TEST_PKG 패키지로 디버깅하는 방법을 알아 보자.

DBMS_OUTPUT.PUT_LINE 프로시저

오라클 프로그램을 작성해 본 개발자들에게 인기가 높은 디버깅 기법은 DBMS_OUTPUT 패키지에 있는 PUT_LINE 프로시저를 사용하는 것이다.

DBMS_OUTPUT.PUT_LINE 프로시저는 매개변수로 들어오는 값을 출력하는 기능을 수행하는데, 이런 단순하지만 직관적 기능으로 인해 디버깅할 때 많이 사용되는 프로시저다. 디버깅 자체가 프로그램 내에서 특정 컬럼 값이나 각종 변수에 할당된 값을 출력해 프로그램의 흐름을 추적할 때가 많으므로 이 프로시저만큼 유용한 것도 없다.

그럼 PUT_LINE 프로시저를 사용해 보자. CH17_SRC_TEST_PKG 패키지의 sales_detail_prc 프로시저는 매개변수로 월, 금액, 할인률을 입력받아 CH17_SALES_DETAIL 테이블 데이터를 삭제, 생성, 갱신을 한다. 이 프로시저를 실행해 보자.

입력
```
BEGIN
ch17_src_test_pkg.sales_detail_prc ( ps_month => '200112',
                                     pn_amt   => 10000,
                                     pn_rate  => 1 );
END;
```

결과
익명 블록이 완료되었습니다.

성공적으로 수행되었으니 CH17_SALES_DETAIL 테이블에 데이터가 생성되었을 것이다. 확인해 보자.

입력
```sql
SELECT sales_month, count(*)
  FROM CH17_SALES_DETAIL
 GROUP BY sales_month
 ORDER BY sales_month;
```

결과

SALES_MONTH	COUNT(*)
200112	22698

2001년 12월로 총 22,698 건의 데이터가 생성되었다. 하지만 도대체 몇 건이 삭제되었고, 몇 건이 입력되었으며, 몇 건이 갱신되었는지 알 수가 없다. 이런 내용은 SQL%ROWCOUNT와 DBMS_OUTPUT.PUT_LINE 프로시저를 사용하면 쉽게 알 수 있는데, 프로시저에 이 부분을 추가해 보자.

입력
```sql
CREATE OR REPLACE PACKAGE BODY ch17_src_test_pkg IS

  PROCEDURE sales_detail_prc ( ps_month IN VARCHAR2,
                               pn_amt   IN NUMBER,
                               pn_rate  IN NUMBER   )
IS

BEGIN
    DBMS_OUTPUT.PUT_LINE('--------------<변수값 출력>---------------------');
    DBMS_OUTPUT.PUT_LINE('ps_month : ' || ps_month);
    DBMS_OUTPUT.PUT_LINE('pn_amt   : ' || pn_amt);
    DBMS_OUTPUT.PUT_LINE('pn_rate  : ' || pn_rate);
    DBMS_OUTPUT.PUT_LINE('---------------------------------------------');

    -- 1. p_month에 해당하는 월의 CH17_SALES_DETAIL 데이터 삭제
    DELETE CH17_SALES_DETAIL
     WHERE sales_month = ps_month;

    DBMS_OUTPUT.PUT_LINE('DELETE 건수 : ' || SQL%ROWCOUNT);

    -- 2. p_month에 해당하는 월의 CH17_SALES_DETAIL 데이터 생성
    INSERT INTO CH17_SALES_DETAIL
    SELECT b.prod_name,
           d.channel_desc,
           c.cust_name,
           e.emp_name,
           a.sales_date,
           a.sales_month,
           sum(a.quantity_sold),
           sum(a.amount_sold)
```

```
      FROM sales a,
           products b,
           customers c,
           channels d,
           employees e
     WHERE a.sales_month = ps_month
       AND a.prod_id     = b.prod_id
       AND a.cust_id     = c.cust_id
       AND a.channel_id  = d.channel_id
       AND a.employee_id = e.employee_id
     GROUP BY b.prod_name,
              d.channel_desc,
              c.cust_name,
              e.emp_name,
              a.sales_date,
              a.sales_month;

    DBMS_OUTPUT.PUT_LINE('INSERT 건수 : ' || SQL%ROWCOUNT);

    -- 3. 판매금액(sales_amt)이 pn_amt보다 큰 건은 pn_rate 비율만큼 할인
    UPDATE CH17_SALES_DETAIL
       SET sales_amt = sales_amt - ( sales_amt * pn_rate * 0.01)
     WHERE sales_month = ps_month
       AND sales_amt   > pn_amt;

    DBMS_OUTPUT.PUT_LINE('UPDATE 건수 : ' || SQL%ROWCOUNT);

    COMMIT;

    DBMS_OUTPUT.PUT_LINE('여기서의 값은???? : ' || SQL%ROWCOUNT);

    EXCEPTION WHEN OTHERS THEN
      DBMS_OUTPUT.PUT_LINE(SQLERRM);
      ROLLBACK;
    END sales_detail_prc;
END ch17_src_test_pkg;
```

결과

PACKAGE BODY CH17_SRC_TEST_PKG이(가) 컴파일되었습니다.

성공적으로 컴파일되었으니 다시 프로시저를 실행해 보자.

입력

```
BEGIN
  ch17_src_test_pkg.sales_detail_prc ( ps_month => '200112',
                                       pn_amt   => 0,
                                       pn_rate  => 1 );
END;
```

결과

```
---------------<변수값 출력>---------------------
ps_month : 200112
pn_amt   : 10000
pn_rate  : 1
-------------------------------------------------
DELETE 건수 : 22698
INSERT 건수 : 22698
UPDATE 건수 : 0
여기서의 값은???? : 0
```

맨 마지막의 "여기서의 값은????"이 0인 이유는 COMMIT 후에 SQL%ROWCOUNT를 이용해 값을 출력했기 때문이다. 이런 식으로 원하는 값은 언제나 출력할 수 있는 것이 DBMS_OUTPUT. PUT_LINE 프로시저다.

DBMS_OUTPUT.PUT_LINE 프로시저를 사용할 때 주의할 사항은, 한 번에 출력할 수 있는 한계 값이 32KB라는 점이다. 즉 PUT_LINE 프로시저의 매개변수의 크기 제한이 32KB(32,767 바이트) 라는 것인데, 이는 13장에서 배웠듯이 VARCHAR2의 최대 크기며 PUT_LINE 프로시저의 매개변수 타입도 VARCHAR2 타입이기 때문이다. 따라서 32KB 이상 크기의 문자열을 출력할 필요가 있다면 출력할 문자열을 나눠서 여러 번에 걸쳐 DBMS_OUTPUT.PUT_LINE 프로시저를 사용하는 것이 좋다.

소요 시간 출력

프로그램을 개발하다 보면 프로그램의 총 수행 시간이나, 더 나아가 프로그램 내부의 각 DML 문장 들이 수행되는 소요 시간을 알면 매우 유용할 때가 있다. 왜냐하면 프로그램 수행 시간이 길어지면 어떤 부분에서 정체가 되는지 파악해 해당 DML 문장을 수정하거나 튜닝해야 하기 때문이다.

프로그램의 총 수행 시간을 출력하는 방법은 16장에서 잠깐 소개한 적이 있는데 복습하는 차원에서 다시 CH17_SRC_TEST_PKG 패키지의 SALES_DETAIL_PRC에 적용해 보자.

입력

```
CREATE OR REPLACE PACKAGE BODY ch17_src_test_pkg IS

  PROCEDURE sales_detail_prc ( ps_month IN VARCHAR2,
                               pn_amt   IN NUMBER,
                               pn_rate  IN NUMBER   )
  IS
    vd_sysdate      DATE;              -- 현재일자
    vn_total_time NUMBER := 0;         -- 소요 시간 계산용 변수

  BEGIN
```

```
    DBMS_OUTPUT.PUT_LINE('---------------<변수값 출력>---------------------');
    DBMS_OUTPUT.PUT_LINE('ps_month : ' || ps_month);
    DBMS_OUTPUT.PUT_LINE('pn_amt   : ' || pn_amt);
    DBMS_OUTPUT.PUT_LINE('pn_rate  : ' || pn_rate);
    DBMS_OUTPUT.PUT_LINE('------------------------------------------------');

    -- 1. p_month에 해당하는 월의 CH17_SALES_DETAIL 데이터 삭제
    -- delete 전 vd_sysdate에 현재시간 설정
    vd_sysdate := SYSDATE;

    DELETE CH17_SALES_DETAIL
     WHERE sales_month = ps_month;

    -- DELETE 소요 시간 계산(초로 계산하기 위해 60 * 60 * 24을 곱함)
    vn_total_time := (SYSDATE - vd_sysdate) * 60 * 60 * 24;
    DBMS_OUTPUT.PUT_LINE('DELETE 건수 : ' || SQL%ROWCOUNT || ' , 소요 시간: '
                         || vn_total_time );

    -- 2. p_month에 해당하는 월의 CH17_SALES_DETAIL 데이터 생성
    vd_sysdate := SYSDATE;

    INSERT INTO CH17_SALES_DETAIL
    SELECT b.prod_name,
           d.channel_desc,
           c.cust_name,
           e.emp_name,
           a.sales_date,
           a.sales_month,
           sum(a.quantity_sold),
           sum(a.amount_sold)
      FROM sales a,
           products b,
           customers c,
           channels d,
           employees e
     WHERE a.sales_month = ps_month
       AND a.prod_id     = b.prod_id
       AND a.cust_id     = c.cust_id
       AND a.channel_id  = d.channel_id
       AND a.employee_id = e.employee_id
     GROUP BY b.prod_name,
              d.channel_desc,
              c.cust_name,
              e.emp_name,
              a.sales_date,
              a.sales_month;

    -- INSERT 소요 시간 계산(초로 계산하기 위해 60 * 60 * 24을 곱함)
    vn_total_time := (SYSDATE - vd_sysdate) * 60 * 60 * 24;
    DBMS_OUTPUT.PUT_LINE('INSERT 건수 : ' || SQL%ROWCOUNT || ' , 소요 시간: '
                         || vn_total_time );
```

```
   -- 3. 판매금액(sales_amt)이 pn_amt보다 큰 건은 pn_rate 비율만큼 할인
   vd_sysdate := SYSDATE;

   UPDATE CH17_SALES_DETAIL
      SET sales_amt = sales_amt - ( sales_amt * pn_rate * 0.01)
    WHERE sales_month = ps_month
      AND sales_amt   > pn_amt;

   -- UPDATE 소요 시간 계산(초로 계산하기 위해  60 * 60 * 24을 곱함)
   vn_total_time := (SYSDATE - vd_sysdate) * 60 * 60 * 24;
   DBMS_OUTPUT.PUT_LINE('UPDATE 건수 : ' || SQL%ROWCOUNT || ' , 소요 시간: '
                        || vn_total_time );

   COMMIT;
   EXCEPTION WHEN OTHERS THEN
     DBMS_OUTPUT.PUT_LINE(SQLERRM);
     ROLLBACK;

   END sales_detail_prc;
END ch17_src_test_pkg;
```

결과

PACKAGE BODY CH17_SRC_TEST_PKG이(가) 컴파일되었습니다.

굵게 표시된 부분이 소요 시간을 계산해 출력하는 부분이다. 각 DML문장 실행 전에 vd_sysdate 변수에 현재일자를 할당한 후 문장 수행이 끝나면 현재일자(SYSDATE)에서 vd_sysdate 변수를 빼서 소요 시간을 구하고 있다. "DATE 타입_DATE 타입"의 연산 결과 단위는 숫자로 일(日)을 나타낸다. 따라서 일(日)을 초로 환산하기 위해 (24 * 60 * 60)을 곱한 것이다. 그럼 프로시저를 실행해 보자.

입력

```
BEGIN
  ch17_src_test_pkg.sales_detail_prc ( ps_month => '200112',
                                       pn_amt   => 50,
                                       pn_rate  => 32.5 );
END;
```

결과

```
---------------<변수값 출력>--------------------
ps_month : 200112
pn_amt   : 50
pn_rate  : 32.5
------------------------------------------
DELETE 건수 : 22698 , 소요 시간: 2
INSERT 건수 : 22698 , 소요 시간: .9999999999999999999999999999999999984
UPDATE 건수 : 7643 , 소요 시간: 0
```

앞의 결과를 보면 DELETE, INSERT, UPDATE가 각각 2, 0.9, 0초 정도 소요된 것을(소요 시간은 실행할 때마다 달라질 수 있다) 알 수 있다. 이런 식으로 DML 문장이 수행된 소요 시간은 해당 문장의 실행 전, 후의 시간 차이를 계산함으로써 구할 수 있다.

또 다른 계산 방법이 있다. SQL문의 실행 전과 후의 시간 차이를 계산한다는 점은 같지만 이번에는 DBMS_UTILITY.GET_TIME이란 함수를 사용해 볼 것이다. 이 함수는 현재시간을 가져와 반환하는데, 반환 타입은 숫자형으로 단위는 1/100초다. 따라서 이 함수를 사용해 초를 구하려면 100으로 나눠야 한다. ch17_src_test_pkg.sales_detail_prc의 소요 시간 계산 부분을 DBMS_UTILITY.GET_TIME으로 대체해 보자.

입력

```
CREATE OR REPLACE PACKAGE BODY ch17_src_test_pkg IS

  PROCEDURE sales_detail_prc ( ps_month IN VARCHAR2,
                               pn_amt   IN NUMBER,
                               pn_rate  IN NUMBER   )
IS
  vn_total_time NUMBER := 0;           -- 소요 시간 계산용 변수
BEGIN
  DBMS_OUTPUT.PUT_LINE('---------------<변수값 출력>---------------------');
  DBMS_OUTPUT.PUT_LINE('ps_month : ' || ps_month);
  DBMS_OUTPUT.PUT_LINE('pn_amt   : ' || pn_amt);
  DBMS_OUTPUT.PUT_LINE('pn_rate  : ' || pn_rate);
  DBMS_OUTPUT.PUT_LINE('-----------------------------------------------');

  -- 1. p_month에 해당하는 월의 CH17_SALES_DETAIL 데이터 삭제
  -- delete 전 시간 가져오기(SYSDATE가 아닌 vn_total_time 변수에 값을 할당한다)
  vn_total_time := DBMS_UTILITY.GET_TIME;

  DELETE CH17_SALES_DETAIL
   WHERE sales_month = ps_month;

  -- DELETE 소요 시간 계산(초로 계산하기 위해 100으로 나눈다)
  vn_total_time := (DBMS_UTILITY.GET_TIME - vn_total_time) / 100;
  DBMS_OUTPUT.PUT_LINE('DELETE 건수 : ' || SQL%ROWCOUNT || ' , 소요 시간: '
                       || vn_total_time );

  -- 2. p_month에 해당하는 월의 CH17_SALES_DETAIL 데이터 생성
  vn_total_time := DBMS_UTILITY.GET_TIME;

  INSERT INTO CH17_SALES_DETAIL
  SELECT b.prod_name,
         d.channel_desc,
         c.cust_name,
         e.emp_name,
         a.sales_date,
         a.sales_month,
```

```
               sum(a.quantity_sold),
               sum(a.amount_sold)
      FROM sales a,
           products b,
           customers c,
           channels d,
           employees e
     WHERE a.sales_month = ps_month
       AND a.prod_id     = b.prod_id
       AND a.cust_id     = c.cust_id
       AND a.channel_id  = d.channel_id
       AND a.employee_id = e.employee_id
     GROUP BY b.prod_name,
              d.channel_desc,
              c.cust_name,
              e.emp_name,
              a.sales_date,
              a.sales_month;

     -- INSERT 소요 시간 계산(초로 계산하기 위해 100으로 나눈다)
     vn_total_time := (DBMS_UTILITY.GET_TIME - vn_total_time) / 100;
     DBMS_OUTPUT.PUT_LINE('INSERT 건수 : ' || SQL%ROWCOUNT || ' , 소요 시간: '
                          || vn_total_time );

     -- 3. 판매금액(sales_amt)이 pn_amt보다 큰 건은 pn_rate 비율만큼 할인
     vn_total_time := DBMS_UTILITY.GET_TIME;

     UPDATE CH17_SALES_DETAIL
        SET sales_amt = sales_amt - ( sales_amt * pn_rate * 0.01)
      WHERE sales_month = ps_month
        AND sales_amt   > pn_amt;

     -- UPDATE 소요 시간 계산(초로 계산하기 위해 100으로 나눈다)
     vn_total_time := (DBMS_UTILITY.GET_TIME - vn_total_time) / 100;
     DBMS_OUTPUT.PUT_LINE('UPDATE 건수 : ' || SQL%ROWCOUNT || ' , 소요 시간: '
                          || vn_total_time );

     COMMIT;
  EXCEPTION WHEN OTHERS THEN
     DBMS_OUTPUT.PUT_LINE(SQLERRM);
     ROLLBACK;
  END sales_detail_prc;
END ch17_src_test_pkg;
```

결과

PACKAGE BODY CH17_SRC_TEST_PKG이(가) 컴파일되었습니다.

이전에는 문장 실행 전 vd_sysdate에 SYSDATE을 할당했지만 이번에는 vn_total_time이란 NUMBER형 변수에 DBMS_UTILITY.GET_TIME 함수의 반환 값을 할당한 점이 달라졌다. 프로시저를 실행해 보자.

입력
```
BEGIN
  ch17_src_test_pkg.sales_detail_prc ( ps_month => '200112',
                                       pn_amt   => 50,
                                       pn_rate  => 32.5 );
END;
```

결과
```
---------------<변수값 출력>---------------------
ps_month : 200112
pn_amt   : 50
pn_rate  : 32.5
------------------------------------------------
DELETE 건수 : 22698 , 소요 시간: .3
INSERT 건수 : 22698 , 소요 시간: .19
UPDATE 건수 : 7643  , 소요 시간: .08
```

이전 결과에 비해 출력된 시간의 정밀도가 좀더 높은데, 이는 DBMS_UTILITY.GET_TIME 함수의 반환값이 1/100 초 단위이기 때문이다. DBMS_UTILITY.GET_TIME을 사용하는 것이 훨씬 더 코드가 깔끔하고 사용법도 간편하니 소요 시간을 계산할 때는 적극 활용하길 바란다.

로그 테이블

로그 테이블을 만들어 프로그램의 시작과 종료할 때 로그를 남기는 것은, 엄밀히 말하면 디버깅 기법은 아니지만 프로그램의 수행 내역을 추적하고 오류가 발생하면 대처할 때 꽤 유용하다. 실제 현장에서도 프로그램에 대한 로그 테이블을 별도로 만들어 관리할 때가 많다.

프로그램 실행은 크게 개발자가 직접 실행하는 경우, 다른 애플리케이션에서 특정 프로그램을 호출하는 경우, 그리고 데이터베이스 잡job에 등록되어 주기적으로 실행되는 경우로 나눌 수 있다. 개발자가 직접 실행할 때는 오류가 발생하더라도 바로 조치할 수 있지만 나머지 두 경우는 오류가 발생하면 즉각 대응하기 힘들다. 게다가 잡에 등록되어 실행되면 오류가 발생한 채 몇 일이 흘러도 모르고 지나칠 때가 많다. 이런 경우 프로그램 수행 내역을 로그로 남기면 로그 테이블만 봐도 언제 어떤 프로그램이 수행되었고 어떤 오류가 발생했는지 쉽게 파악할 수 있다.

그럼 로그 테이블을 만들어 로그를 남겨 보자. 먼저 다음과 같이 로그 테이블을 만들어 보자.

입력
```
CREATE TABLE program_log (
        log_id          NUMBER,             -- 로그 아이디
        program_name    VARCHAR2(100),      -- 프로그램명
        parameters      VARCHAR2(500),      -- 프로그램 매개변수
        state           VARCHAR2(10),       -- 상태(Running, Completed, Error)
        start_time      TIMESTAMP,          -- 시작시간
        end_time        TIMESTAMP,          -- 종료시간
        log_desc        VARCHAR2(2000)      -- 로그내용
        );
```

결과
table PROGRAM_LOG이(가) 생성되었습니다.

로그 테이블을 만들었으니 이제 데이터를 쌓아야 하는데 이 테이블의 log_id는 주요 키 역할을 하므로 시퀀스를 사용해 값을 집어 넣도록 시퀀스도 생성하자.

입력
```
CREATE SEQUENCE prg_log_seq
INCREMENT BY 1
START WITH 1
MINVALUE 1
MAXVALUE 1000000
NOCYCLE
NOCACHE;
```

결과
sequence PRG_LOG_SEQ이(가) 생성되었습니다.

사전 준비 작업이 끝났으니 본격적으로 로그를 쌓아 보자. 로그를 쌓는 순서는 먼저 프로그램의 맨 앞부분에서 로그 테이블에 하나의 로우를 INSERT한다. 이때 로그 아이디, 프로그램명, 매개변수, 상태, 시작시간을 넣는데 상태 값은 'Running'(어떤 값을 넣을 것인지는 임의대로 정하면 된다. 가령 Running-Completed-Error 대신 '시작-완료-오류'라고 넣을 수도 있다)으로 집어 넣는다. 그리고 프로그램 종료 시점에는 로그 아이디 값을 이용해 앞 부분에서 INSERT 했던 로우를 찾아 상태 값은 'Completed', 종료시간은 현재시간, 로그 내용은 적당한 내용으로 채워 넣으면 된다. 만약 프로그램 수행 중 오류가 발생했다면 예외처리 부에서 상태 값을 'Error', 종료시간은 현재시간, 로그 내용은 오류 내용으로 채워 넣으면 된다. 이 내용을 정리하면 다음과 같다.

① **프로그램 시작 부분 → INSERT**
- log_id → 시퀀스로 생성
- program_name → 프로그램명

- parameters → 프로그램의 매개변수와 전달된 값
- state → 'Running'
- start_time → 현재 시간

② 프로그램 종료 부분 → UPDATE (log_id를 이용)
- state → 'Completed'
- end_time → 현재 시간
- log_desc → 프로그램 수행내역 등을 요약

③ 오류 발생 → UPDATE (log_id를 이용)
- state → 'Error'
- end_time → 현재 시간
- log_desc → 오류 내용을 요약

그럼 CH17_SRC_TEST_PKG.SALES_DETAIL_PRC 프로시저에 로그를 쌓는 루틴을 추가해 보자.

입력

```
CREATE OR REPLACE PACKAGE BODY ch17_src_test_pkg IS

  PROCEDURE sales_detail_prc ( ps_month IN VARCHAR2,
                               pn_amt   IN NUMBER,
                               pn_rate  IN NUMBER   )
IS
  vn_total_time NUMBER := 0;      -- 소요 시간 계산용 변수

  vn_log_id       NUMBER;              -- 로그 아이디
  vs_parameters   VARCHAR2(500);       -- 매개변수
  vs_prg_log      VARCHAR2(2000);      -- 로그내용
BEGIN
  -- 매개변수와 그 값을 가져온다
  vs_parameters := 'ps_month => ' || ps_month || ', pn_amt => ' || pn_amt
                   || ', pn_rate => ' || pn_rate;

BEGIN
  -- 로그 아이디 값 생성
  vn_log_id := prg_log_seq.NEXTVAL;
  -- 로그 테이블에 데이터 생성
  INSERT INTO program_log (
                          log_id,
                          program_name,
                          parameters,
                          state,
                          start_time )
  VALUES ( vn_log_id,
```

```
                'ch17_src_test_pkg.sales_detail_prc',
                vs_parameters,
                'Running',
                SYSTIMESTAMP);

COMMIT;
END;

--1. p_month에 해당하는 월의 CH17_SALES_DETAIL 데이터 삭제
vn_total_time := DBMS_UTILITY.GET_TIME;

DELETE CH17_SALES_DETAIL
WHERE sales_month = ps_month;

-- DELETE 소요 시간 계산(초로 계산하기 위해 100으로 나눈다)
vn_total_time := (DBMS_UTILITY.GET_TIME - vn_total_time) / 100;

-- DELETE 로그 내용 만들기
vs_prg_log := 'DELETE 건수 : ' || SQL%ROWCOUNT || ' , 소요 시간: '
              || vn_total_time || CHR(13);

--2. p_month에 해당하는 월의 CH17_SALES_DETAIL 데이터 생성
vn_total_time := DBMS_UTILITY.GET_TIME;

INSERT INTO CH17_SALES_DETAIL
SELECT b.prod_name,
       d.channel_desc,
       c.cust_name,
       e.emp_name,
       a.sales_date,
       a.sales_month,
       sum(a.quantity_sold),
       sum(a.amount_sold)
  FROM sales a,
       products b,
       customers c,
       channels d,
       employees e
 WHERE a.sales_month = ps_month
   AND a.prod_id     = b.prod_id
   AND a.cust_id     = c.cust_id
   AND a.channel_id  = d.channel_id
   AND a.employee_id = e.employee_id
 GROUP BY b.prod_name,
          d.channel_desc,
          c.cust_name,
          e.emp_name,
          a.sales_date,
          a.sales_month;

-- INSERT 소요 시간 계산(초로 계산하기 위해 100으로 나눈다)
```

```
        vn_total_time := (DBMS_UTILITY.GET_TIME - vn_total_time)  / 100;

     -- INSERT 로그 내용 만들기
     vs_prg_log :=  vs_prg_log || 'INSERT 건수 : ' || SQL%ROWCOUNT || ' , 소요 시간: '
                    || vn_total_time || CHR(13);

     -- 3. 판매금액(sales_amt)이 pn_amt보다 큰 건은 pn_rate 비율만큼 할인
     vn_total_time := DBMS_UTILITY.GET_TIME;

     UPDATE CH17_SALES_DETAIL
        SET sales_amt = sales_amt - ( sales_amt * pn_rate * 0.01)
      WHERE sales_month = ps_month
        AND sales_amt   > pn_amt;

     -- UPDATE 소요 시간 계산(초로 계산하기 위해 100으로 나눈다)
     vn_total_time := (DBMS_UTILITY.GET_TIME - vn_total_time)  / 100;

     -- UPDATE 로그 내용 만들기
     vs_prg_log :=  vs_prg_log || 'UPDATE 건수 : ' || SQL%ROWCOUNT || ' , 소요 시간: '
                    || vn_total_time || CHR(13);

     COMMIT;

     BEGIN
       -- 로그 종료
       UPDATE program_log
          SET state = 'Completed',
              end_time = SYSTIMESTAMP,
              log_desc = vs_prg_log || '작업종료!'
        WHERE log_id = vn_log_id;

       COMMIT;
     END;

     EXCEPTION WHEN OTHERS THEN
       BEGIN
         vs_prg_log := SQLERRM;
         -- 오류 로그
         UPDATE program_log
            SET state = 'Error',
                end_time = SYSTIMESTAMP,
                log_desc = vs_prg_log
          WHERE log_id = vn_log_id;

         COMMIT;
       END;
       ROLLBACK;

  END sales_detail_prc;
END ch17_src_test_pkg;
```

결과
PACKAGE BODY CH17_SRC_TEST_PKG이(가) 컴파일되었습니다.

성공적으로 컴파일되었으니 프로시저를 실행한 다음 로그 테이블에 로그가 쌓였는지 확인해 보자.

입력
```
BEGIN
  ch17_src_test_pkg.sales_detail_prc ( ps_month => '200112',
                                       pn_amt   => 50,
                                       pn_rate  => 32.5 );
END;
```

결과
익명 블록이 완료되었습니다.

입력
```
SELECT *
  FROM program_log;
```

결과

LOG_ID	PROGRAM_NAME	PARAMETERS	STATE	START_TIME	END_TIME	LOG_DESC
1	ch17_src_test_pkg.sales_detail_prc	ps_month => 200112, pn_amt => 50 , pn_rate => 32.5	Completed	2015-04-18 21...	2015-04-18 ...	DELETE 건수 : 22698 , 소요시간: .15INSERT 건수 : 2269

예상했던 대로 정확히 로그가 쌓였다. 이런 식으로 모든 프로시저의 시작 지점과 끝 지점, 그리고 예외 처리부에 로그를 쌓는 루틴을 추가해 놓으면 나중에 로그 테이블만 확인해 봐도 프로시저들이 제대로 실행되었는지, 오류가 발생했다면 무엇 때문에 발생했는지 그 원인을 찾아 빠르게 대응할 수 있을 것이다.

기타

오라클에서 제공하는 DBMS_DEBUG와 DBMS_PROFILER란 시스템 패키지를 사용해서도 디버깅을 할 수가 있지만 이 책에서는 이들에 대해서는 다루지 않겠다. 그 이유는 이 두 패키지의 사용법이 복잡할 뿐만 아니라 지금까지 소개했던 디버깅 기법만으로도 만족할 만한 결과를 얻어 낼 수 있기 때문이다.

03 동적 쿼리 디버깅

프로그램을 작성하다 보면 동적 쿼리를 꼭 사용해야 할 때가 종종 있는데, 이번 절에서는 동적 쿼리에 대한 디버깅 기법을 소개하고자 한다. 동적 쿼리라고 해서 지금까지 소개한 디버깅 기법을 사용할 수 없는 것도 아니고 방법상 차이가 있는 것도 아니다. DBMS_OUTPUT.PUT_LINE 프로시저, 소요 시간 출력, 로그 테이블을 이용하는 방법 모두 적용이 가능하다.

하지만 다른 점이 하나 있다. 동적 쿼리는 DML 문장이 문자열로 되어 있다는 점이다. 문장의 길이가 짧다면 문제가 없겠지만 한 문장의 길이가 수십 줄이 넘어간다면 해당 문장이 정확히 어떤 동작을 하는지 파악하기가 힘들어 진다. 게다가 WHERE절 조건이 입력 매개변수의 값에 따라 변경된다면 프로그램을 실행할 때마다 수행되는 문장이 달라지는데 매번 정확히 어떤 문장이 실행됐는지 찾아내기가 매우 힘들다. 지금 어떤 상황을 설명하고 있는지 간단한 예제를 통해 알아 보자.

입력

```
CREATE OR REPLACE PROCEDURE ch17_dynamic_test ( p_emp_id    NUMBER,
  p_emp_name VARCHAR2,
  p_job_id    VARCHAR2
  )
IS
  vs_query      VARCHAR2(1000);
  vn_cnt        NUMBER := 0;
  vs_empname    employees.emp_name%TYPE := '%' || p_emp_name || '%';

BEGIN
  -- 동적 쿼리 생성, CHR(13)은 줄 바꿈
  vs_query :=              'SELECT COUNT(*) ' || CHR(13);
  vs_query := vs_query || '  FROM employees ' || CHR(13);
  vs_query := vs_query || ' WHERE 1=1 ' || CHR(13);

  -- 사번이 NULL이 아니면 조건 추가
  IF p_emp_id IS NOT NULL THEN
     vs_query := vs_query || ' AND employee_id = ' || p_emp_id || CHR(13);
  END IF;

  -- 사원명이 NULL이 아니면 조건 추가
  IF p_emp_name IS NOT NULL THEN
    vs_query := vs_query || ' AND emp_name like ' || '''' || vs_empname
                || '''' || CHR(13);
  END IF;
  -- JOB_ID가 NULL이 아니면 조건 추가
  IF p_job_id IS NOT NULL THEN
    vs_query := vs_query || ' AND job_id = ' || '''' || p_job_id || '''' || CHR(13);
  END IF;
  -- 동적 쿼리 실행, 건수는 vn_cnt 변수에 담는다
```

```
    EXECUTE IMMEDIATE vs_query INTO vn_cnt;

  DBMS_OUTPUT.PUT_LINE('결과건수 : ' || vn_cnt);
  DBMS_OUTPUT.PUT_LINE(vs_query);

END;
```

결과

PROCEDURE CH17_DYNAMIC_TEST이(가) 컴파일되었습니다.

ch17_dynamic_test 프로시저는 사번, 사원명, JOB_ID를 매개변수로 받는데 각 매개변수 값에 따라 WHERE 절에 조건을 추가하는 SELECT문을 동적으로 생성한 후 실행해 그 결과 건수를 vn_cnt 변수에 넣어 출력하는 프로시저다. IF문으로 각 매개변수 값이 NULL이 아닐 때만 조건을 추가하므로 최소 1개에서 최대 3개의 조건이 만들어 질 수 있다. 어떤 값을 전달하느냐에 따라 매번 실행되는 문장이 달라진다. 일단 매개변수 값을 변경해가며 프로시저를 실행해 결과를 확인해 보자.

입력

```
EXEC ch17_dynamic_test (171, NULL, NULL );
```

결과

```
결과건수 : 1
SELECT COUNT(*)
  FROM employees
 WHERE 1=1
 AND employee_id = 171
```

입력

```
EXEC ch17_dynamic_test (NULL, 'Jon', NULL );
```

결과

```
결과건수 : 2
SELECT COUNT(*)
  FROM employees
 WHERE 1=1
 AND emp_name like '%Jon%'
```

입력

```
EXEC ch17_dynamic_test (NULL, NULL, 'SA_REP' );
```

결과

```
결과건수 : 30
SELECT COUNT(*)
```

```
    FROM employees
 WHERE 1=1
 AND job_id = 'SA_REP'
```

입력

```
EXEC ch17_dynamic_test (NULL, 'Jon', 'SA_REP' );
```

결과

```
결과건수 : 1
SELECT COUNT(*)
  FROM employees
 WHERE 1=1
 AND emp_name like '%Jon%'
 AND job_id = 'SA_REP'
```

전달하는 매개변수의 값에 따라 SELECT 문장이 달라졌으며 반환되는 로우 수도 다르다. 특히 맨 마지막으로 실행했을 때 2개의 값을 전달해 WHERE 조건도 2줄이 만들어졌음을 알 수 있다.

이번 예제는 SELECT문이 간단해 DBMS_OUTPUT.PUT_LINE으로 출력이 가능하지만 정말 복잡하고 내용이 많으면, 즉 문장 길이가 VARCHAR2의 한계인 32KB가 넘어간다면 출력이 불가능하고 실행된 문장을 정확히 알아낼 수가 없다. 32KB를 넘어가는 문장이 과연 있을지 의심이 들겠지만, 실제로 그런 경우가 심심치 않게 존재하는 것이 현실이다. 그럼 이럴 땐 어떻게 하면 좋을까?

VARCHAR2 타입보다 큰 타입인 CLOB 타입을 이용하면 말끔히 해결된다. **CLOB는 LOB**Large Object 타입의 하나인데 LOB 타입이란 텍스트, 이미지, 비디오 등과 같은 **대용량의 비정형 데이터를 저장하기 위한 데이터 타입**으로 BLOB, CLOB, NCLOB, BFILE 타입이 있다. LOB 타입도 하나의 데이터 타입이므로 테이블의 컬럼 타입으로 사용할 수 있고 다른 데이터 타입에 비해 데이터 저장 용량이 크다.

LOB 타입에 대해 간단히 정리해보면 다음과 같다.

- **BLOB:** Binary LOB 타입. 저장 용량은 최대 4G 정도
- **CLOB:** 단일 혹은 다중 바이트 문자형 데이터(Character LOB)로 저장용량은 최대 4G 정도
- **NCLOB:** CLOB와 비슷하나 유니코드 문자형 데이터(National Character LOB) 이며 최대 크기도 CLOB와 같음
- **BFILE:** 데이터베이스 외부, 즉 OS 상에 저장된 이진파일(Binary File LOB)에 접근할 수 있는 데이터 타입

그렇다면 CLOB 타입을 어떤 식으로 이용한다는 것일까? 간단하다. 동적 쿼리 디버깅 전용으로 간단한 테이블을 만드는데 이 테이블의 한 컬럼을 CLOB 타입으로 만들고, 실행되는 동적 쿼리 내용을 CLOB 타입의 컬럼에 넣어두는 것이다. CLOB 타입은 4G 정도의 저장 용량을 갖고 있으므로 VARCHAR2 타입의 한계인 32KB를 넘어서는 쿼리 구문 정도는 거뜬히 제압할 수 있다.

실습을 해 보자. 먼저 동적 쿼리 디버깅용 테이블을 만들어 보자.

입력

```sql
CREATE TABLE ch17_dyquery (
       program_name   VARCHAR2(50),
       query_textCLOB );
```

결과

table CH17_DYQUERY이(가) 생성되었습니다.

ch17_dyquery 테이블의 첫 번째 컬럼에는 프로그램명, 두 번째 컬럼에는 동적 쿼리 본문이 들어갈 것이다. ch17_dynamic_test 프로시저를 수정해 ch17_dyquery 테이블에 쿼리 텍스트를 넣는 루틴을 추가해 보자.

입력

```sql
CREATE OR REPLACE PROCEDURE ch17_dynamic_test ( p_emp_id    NUMBER,
                                                p_emp_name VARCHAR2,
                                                p_job_id    VARCHAR2
                                              )
IS
  vs_query     VARCHAR2(1000);
  vn_cnt       NUMBER := 0;
  vs_empname   employees.emp_name%TYPE := '%' || p_emp_name || '%';

BEGIN
    -- 동적 쿼리 생성
  vs_query :=              'SELECT COUNT(*) ' || CHR(13);
  vs_query := vs_query || '  FROM employees ' || CHR(13);
  vs_query := vs_query || ' WHERE 1=1 ' || CHR(13);

    -- 사번이 NULL이 아니면 조건 추가
    IF p_emp_id IS NOT NULL THEN
    vs_query := vs_query || ' AND employee_id = ' || p_emp_id || CHR(13);
  END IF;

    -- 사원명이 NULL이 아니면 조건 추가
    IF p_emp_name IS NOT NULL THEN
    vs_query := vs_query || ' AND emp_name like ' || '''' || vs_empname
                || '''' || CHR(13);
  END IF;
    -- JOB_ID가 NULL이 아니면 조건 추가
    IF p_job_id IS NOT NULL THEN
    vs_query := vs_query || ' AND job_id = ' || '''' || p_job_id || '''' || CHR(13);
    END IF;
    -- 동적 쿼리 실행, 건수는 vn_cnt 변수에 담는다
```

```
    EXECUTE IMMEDIATE vs_query INTO vn_cnt;

    DBMS_OUTPUT.PUT_LINE('결과건수 : ' || vn_cnt);

    -- 기존 데이터를 모두 삭제한다
    DELETE ch17_dyquery;

    -- 쿼리 구문을 ch17_dyquery에 넣는다.
    INSERT INTO ch17_dyquery (program_name, query_text)
    VALUES ( 'ch17_dynamic_test', vs_query);

    COMMIT;
END;
```

결과

PROCEDURE CH17_DYNAMIC_TEST이(가) 컴파일되었습니다.

프로시저를 실행해 보자.

입력

```
EXEC ch17_dynamic_test (NULL, 'Jon', 'SA_REP' );
```

결과

결과건수 : 1

이제 디버깅 테이블을 조회해 보자.

입력

```
SELECT *
 FROM ch17_dyquery;
```

결과

PROGRAM_NAME	QUERY_TEXT
ch19_dynamic_test	SELECT COUNT(*)　　FROM employees　WHERE 1=1　AND emp_name like '%Jon%' AND...

값 보기

행 터미네이터(T): 플랫폼 기본값

값(V):
```
SELECT COUNT(*)
  FROM employees
 WHERE 1=1
   AND emp_name like '%Jon%'
   AND job_id = 'SA_REP'
```

데이터는 제대로 들어가 있음을 알 수 있다. 하지만 위 결과로는 쿼리 내용을 볼 수 없는데, SQL Developer에서는 파란색으로 표시된 QUERY_TEXT 컬럼을 더블클릭하면 다음과 같이 전체 쿼리를 볼 수 있다.

SQL Developer 뿐만 아니라 다른 툴들도 위와 같은 기능을 모두 제공하고 있으므로 CLOB 타입의 컬럼에 들어가 있는 값을 볼 수 있다. 여기서 예제로 사용한 CH17_DYNAMIC_TEST 프로시저는 단순하고 짧은 동적 쿼리로 DBMS_OUTPUT.PUT_LINE을 사용하는 것과 CLOB 타입의 컬럼을 가진 테이블을 이용하는 방법의 차이를 못 느낄 수도 있다. 하지만 32KB가 넘는 아주 복잡한 동적 쿼리를 디버깅할 경우에는 CLOB 타입의 컬럼을 이용하는 것이 상당히 유용함을 알게 될 것이다.

03 DML문을 실행한 데이터 추적

변경되거나 삭제된 데이터 추적

INSERT, UPDATE, DELETE 문은 데이터를 생성, 수정, 삭제하는 문장인데, 이들 세 문장을 실행하고 나서 어떤 데이터가 생성되었고 수정되었으며 삭제되었는지 알 수 있는 방법이 있을까? 일부는 알 수 있고 일부는 알 수 없다는 것이 정답이다. INSERT 문을 실행하면 새로운 로우가 삽입되므로 CREATION_DATE 같은 날짜 컬럼을 테이블에 추가해 놓는다면 신규로 생성된 로우를 찾을 수 있다. UPDATE문 역시 WHERE 조건과 SET 절에 명시된 컬럼을 참조하면 어떤 로우와 컬럼이 변경됐는지 찾을 수 있다. 하지만 DELETE문이 실행된 다음에는 조건에 맞는 로우 자체가 삭제되므로 WHERE 조건을 보고 간접적으로는 파악할 수는 있겠지만 정확히 어떤 데이터가 삭제됐는지 알아내기가 힘들다. INSERT나 UPDATE문 역시 WHERE 조건과 SET 절 등을 참조해 간접적으로 알 수 있을 뿐이지 어떤 데이터가 삽입되거나 수정됐는지 정확히 찾아내는 것은 그리 쉽지 않다.

예를 들어 다음과 같이 사원의 급여를 갱신하는 CH17_UPD_TEST란 프로시저를 만들어 보자.

입력

```
CREATE OR REPLACE PROCEDURE ch17_upd_test_prc ( pn_emp_id NUMBER,
                                                pn_rate   NUMBER )
IS
BEGIN
  -- 급여 = 급여 * pn_rate * 0.01
  UPDATE employees
     SET salary = salary * pn_rate * 0.01
   WHERE employee_id = pn_emp_id;

  DBMS_OUTPUT.PUT_LINE('사번 : ' || pn_emp_id);
  DBMS_OUTPUT.PUT_LINE('급여는??? : ');
```

```
    COMMIT;
END;
```

결과
PROCEDURE CH17_UPD_TEST_PRC이(가) 컴파일되었습니다.

첫 번째 매개변수로 들어오는 사번에 해당하는 사원의 급여를, 두 번째 매개변수인 pn_rate 비율로 곱한 값을 갱신하는 프로시저다. 만약 pn_rate 값이 10이면 해당 사원의 급여는 기존 급여의 10% 금액으로 갱신된다. 그런데 하단의 DBMS_OUTPUT.PUT_LINE을 사용한 부분을 보면 사번인 employee_id 값은 알 수 있지만 새로 갱신되는 급여 값은 알 수가 없다. 갱신된 급여를 알고 싶다면 다시 사원 테이블에서 해당 사원의 급여를 조회해야 한다.

입력
```
CREATE OR REPLACE PROCEDURE ch17_upd_test_prc ( pn_emp_id NUMBER,
                                                pn_rate   NUMBER )
IS
  vn_salary NUMBER := 0;  -- 갱신된 급여를 받아올 변수
BEGIN
  -- 급여 = 급여 * pn_rate * 0.01
  UPDATE employees
     SET salary = salary * pn_rate * 0.01
   WHERE employee_id = pn_emp_id;

  -- 급여를 조회한다.
  SELECT salary
    INTO vn_salary
    FROM employees
   WHERE employee_id = pn_emp_id;

  DBMS_OUTPUT.PUT_LINE('사번 : ' || pn_emp_id);
  DBMS_OUTPUT.PUT_LINE('급여 : ' || vn_salary);

  COMMIT;
END;
```

결과
PROCEDURE CH17_UPD_TEST_PRC이(가) 컴파일되었습니다.

입력
```
exec ch17_upd_test_prc (171, 10);
```

결과
사번 : 171
급여 : 740

위 결과를 보면 171번 사원의 급여가 10%로 깎여 740으로 갱신된 것을 알 수 있지만, 이를 위해 UPDATE문을 실행한 후 다시 SELECT문을 사용해 해당 사원정보를 읽어와야 했다. UPDATE 문이야 그렇다 해도 DELETE문에서는 삭제된 데이터를 찾아오는 것은 불가능한 일이다. 하지만 INSERT, UPDATE문을 실행한 후 다시 해당 테이블을 조회하지 않아도 새로 입력되거나 갱신된 데이터를 알 수 있으며 게다가 DELETE된 데이터까지 찾아낼 수 있는 방법이 있는데 바로 그 주인공은 RETURNING INTO 절이다.

RETURNING INTO 절을 이용한 디버깅

RETURNING INTO 절은 INSERT, UPDATE, DELETE 문장이 적용된 행의 컬럼 값을 변수에 저장하는 용도로 사용되는데, 값을 저장하는 변수로는 일반 변수나 컬렉션 변수를 사용할 수 있다. RETURNING INTO 절은 일반적(정적)인 DML문 뿐만 아니라 동적 쿼리로 작성된 DML문을 실행하는 EXECUTE IMMEDIATE에서도 사용할 수 있으며 BULK COLLCECT INTO 절과 함께 사용할 수도 있다.

선택한 데이터를 변수에 담는 "SELECT ~ INTO"처럼, RETURNING INTO 절은 INSERT, UPDATE, DELETE문이 실행되면서 삽입, 수정 혹은 삭제된 데이터를 변수에 담는 역할을 수행한다. INSERT, UPDATE, DELETE문이 반환하는, 즉 INSERT문에서는 새로 입력되는 로우, UPDATE는 갱신되는 로우, DELETE는 삭제되는 로우를 반환해 변수에 넣는다는 식으로 이해하면 RETURNING INTO 절의 쓰임새를 쉽게 이해할 수 있을 것이다. 그럼 몇 가지 사례를 통해 RETURNING INTO 절을 사용해서 데이터를 추적해 보자.

① 단일 로우 UPDATE

앞에서 사례로 들었던 171번 사원의 급여를 갱신하는 예제에서 RETURNING INTO 절을 추가해 변경된 급여, 사원명 등의 정보를 추출해 보자.

입력

```
DECLARE
  vn_salary    NUMBER := 0;
  vs_empname   VARCHAR2(30);
BEGIN

  -- 171번 사원의 급여를 10000로 갱신
  UPDATE employees
     SET salary = 10000
   WHERE employee_id = 171
  RETURNING emp_name, salary
  INTO vs_empname, vn_salary;
```

```
    COMMIT;

    DBMS_OUTPUT.PUT_LINE('변경 사원명 : ' || vs_empname);
    DBMS_OUTPUT.PUT_LINE('변경 급여 : ' || vn_salary);
END;
```

결과

```
변경사원명 : William Smith
변경급여 : 10000
```

171번 사원의 급여를 10,000으로 변경하고 있는데 RETURNING INTO 절을 사용해 사원명과 갱신된 급여를 두 변수에 담아왔다. 이전 CH17_UPD_TEST_PRC 프로시저처럼 UPDATE 후 다시 SELECT문을 사용하지 않고도 실제 갱신되는 값을 RETURNING INTO 절을 이용해 가져온 것이다.

② 다중 로우 UPDATE

이번에는 여러 개의 로우를 갱신하는 UPDATE문을 실행해 보자. 이때 갱신되는 로우가 1개 이상이므로 단일 변수에는 담아올 수 없고 컬렉션 변수에 담아야 한다.

입력

```
DECLARE
-- 레코드 타입 선언
  TYPE NT_EMP_REC IS RECORD (
        emp_name        employees.emp_name%type,
        department_id   employees.department_id%type,
        retire_date     employees.retire_date%type);

  -- NT_EMP_REC 레코드를 요소로 하는 중첩 테이블 선언
  TYPE NTT_EMP IS TABLE OF NT_EMP_REC;
  -- NTT_EMP 중첩 테이블 변수 선언
  VR_EMP NTT_EMP;

BEGIN
  -- 100번 부서의 retire_date를 현재일자로 ...
  UPDATE employees
     SET retire_date = SYSDATE
   WHERE department_id = 100
  RETURNING emp_name, department_id, retire_date
  BULK COLLECTINTO VR_EMP;

  COMMIT;
```

```
     FOR i in VR_EMP.FIRST .. VR_EMP.LAST
     LOOP
        DBMS_OUTPUT.PUT_LINE(i || '---------------------------------');
        DBMS_OUTPUT.PUT_LINE('변경 사원명 : ' || VR_EMP(i).emp_name);
        DBMS_OUTPUT.PUT_LINE('변경 부서 : ' || VR_EMP(i).department_id);
        DBMS_OUTPUT.PUT_LINE('retire_date : ' || VR_EMP(i).retire_date);
     END LOOP;
END;
```

결과

```
1---------------------------------
변경사원명 : Nancy Greenberg
변경부서 : 100
retire_date : 2015-04-18 21:57:07
2---------------------------------
변경사원명 : Daniel Faviet
변경부서 : 100
retire_date : 2015-04-18 21:57:07
3---------------------------------
변경사원명 : John Chen
변경부서 : 100
retire_date : 2015-04-18 21:57:07
4---------------------------------
변경사원명 : Ismael Sciarra
변경부서 : 100
retire_date : 2015-04-18 21:57:07
5---------------------------------
변경사원명 : Jose Manuel Urman
변경부서 : 100
retire_date : 2015-04-18 21:57:07
6---------------------------------
변경사원명 : Luis Popp
변경부서 : 100
retire_date : 2015-04-18 21:57:07
```

결과를 보면 총 6개의 로우가 갱신되었음을 알 수 있다. NT_EMP_REC 레코드를 요소로 하는 NTT_EMP 중첩 테이블 변수인 VR_EMP를 선언했고 RETURNING INTO 절을 사용해 VR_EMP 변수에 UPDATE된 로우의 emp_name, department_id, retire_date 컬럼 값을 넣었다. 또한 1개 로우 이상을 갱신해서 반환하므로 그냥 INTO가 아닌 BULK COLLECT INTO 절을 사용했다. 그 다음에는 루프를 돌면서 VR_EMP 변수에 저장된 emp_name, department_id, retire_date 컬럼 값을 DBMS_OUTPUT.PUT_LINE 프로시저를 사용해 출력했다. 변경된 다중 로우가 반환되므로 컬렉션 변수와 BULK COLLECT INTO 절을 혼합해 사용한 점이 단일 로우를 변경할 때와는 다르다는 점을 꼭 기억해 두자.

③ 단일 로우 DELETE

DELETE문 역시 UPDATE문과 동일한 방식으로 RETURNING INTO 절을 사용해 삭제된 로우 정보를 가져올 수 있다. 먼저 단일 로우를 삭제하는 DELETE문을 살펴 보자. 사원 테이블을 복사한 emp_bk 테이블을 만들어 삭제해 보자.

입력
```
CREATE TABLE emp_bk AS
SELECT *
  FROM employees;
```

결과
```
table EMP_BK이(가) 생성되었습니다.
```

입력
```
DECLARE
  vn_salary    NUMBER := 0;
  vs_empname   VARCHAR2(30);
BEGIN
  -- 171번 사원 삭제
  DELETE emp_bk
   WHERE employee_id = 171
  RETURNING emp_name, salary
       INTO vs_empname, vn_salary;

  COMMIT;

  DBMS_OUTPUT.PUT_LINE('삭제 사원명 : ' || vs_empname);
  DBMS_OUTPUT.PUT_LINE('삭제된 급여 : ' || vn_salary);
END;
```

결과
```
삭제사원명 : William Smith
삭제된급여 : 7400
```

171번 사원이 삭제됐지만 RETURNING INTO 절을 사용해 삭제된 사원의 정보를 가져왔다. 위 예제에서는 사원명과 급여만 가져왔지만 삭제된 로우의 어느 컬럼이라도 그 값을 변수에 담아 올 수 있다.

④ 다중 로우 DELETE

한 번에 여러 행을 삭제할 때도 RETURNING INTO 절을 사용해 삭제된 정보를 가져올 수 있다. 다중 로우를 삭제해 반환되는 행이 여러 개이므로 다중 로우를 UPDATE 했을 때처럼 컬렉션 변수와 BULK COLLECT INTO 절을 사용해야 한다.

입력

```
DECLARE
    -- 레코드 타입 선언
    TYPE NT_EMP_REC IS RECORD (
         emp_name         employees.emp_name%type,
         department_id    employees.department_id%type,
         job_id           employees.job_id%type);

    -- NT_EMP_REC 레코드를 요소로 하는 중첩 테이블 선언
    TYPE NTT_EMP IS TABLE OF NT_EMP_REC;
    -- NTT_EMP 중첩 테이블 변수 선언
    VR_EMP NTT_EMP;

BEGIN
    -- 60번 부서에 속한 사원 삭제 ...
    DELETE emp_bk
     WHERE department_id = 60
    RETURNING emp_name, department_id, job_id
    BULK COLLECT   INTO VR_EMP;

    COMMIT;

    FOR i in VR_EMP.FIRST .. VR_EMP.LAST
    LOOP
      DBMS_OUTPUT.PUT_LINE(i || '--------------------------------');
      DBMS_OUTPUT.PUT_LINE('변경 사원명 : ' || VR_EMP(i).emp_name);
      DBMS_OUTPUT.PUT_LINE('변경 부서 : ' || VR_EMP(i).department_id);
      DBMS_OUTPUT.PUT_LINE('retire_date : ' || VR_EMP(i).job_id);
    END LOOP;
END;
```

결과

```
1--------------------------------
변경사원명 : Alexander Hunold
변경부서 : 60
retire_date : IT_PROG
2--------------------------------
변경사원명 : Bruce Ernst
변경부서 : 60
retire_date : IT_PROG
3--------------------------------
변경사원명 : David Austin
변경부서 : 60
retire_date : IT_PROG
4--------------------------------
변경사원명 : Valli Pataballa
변경부서 : 60
retire_date : IT_PROG
5--------------------------------
변경사원명 : Diana Lorentz
```

```
변경부서 : 60
retire_date : IT_PROG
```

이런 식으로 RETURNING INTO 절을 사용하면 별도의 SELECT문을 사용하지 않고서도 UPDATE나 DELETE된 로우의 정보를 추출해 낼 수 있다. 지금까지 함수, 프로시저, 패키지 등의 프로그램을 작성할 때 활용할 수 있는 몇 가지 디버깅 기법에 대해 살펴 보았다. 이 장에서 소개한 방법 외에도 훨씬 더 기발한 방법을 얼마든지 찾을 수 있으므로 독자 여러분도 좋은 아이디어를 내어 더 나은 방법을 스스로 찾아 보자.

핵심정리

1 오라클에서 제공하는 데이터 딕셔너리 뷰는 오라클 DB 내부 정보뿐만 아니라 모든 객체에 대한 정보를 제공한다.

2 데이터 딕셔너리 뷰는 시스템 뷰라고도 하며 이들 뷰 대부분의 명칭은 그 용도에 따라 DBA, ALL_USER 라는 접두사가 붙는다.

3 USER_SOURCE란 데이터 딕셔너리 뷰에는 함수, 프로시저, 패키지 등의 모든 프로그램 정보와 소스가 들어 있다.

4 가장 널리 사용되는 디버깅 기법으로는 DBMS_OUTPUT.PUT_LINE 프로시저를 사용하는 것이다.

5 프로그램의 소요 시간을 계산할 때는 DBMS_UTILITY.GET_TIME 프로시저를 활용하는 것이 좋다.

6 로그 테이블을 만들어 프로그램의 수행 내역에 대한 로그를 남기면 프로그램 관리가 쉽다.

7 동적 쿼리는 디버깅할 문장의 길이가 너무 길면 DBMS_OUTPUT.PUT_LINE 프로시저보다는 CLOB 타입의 컬럼을 가진 테이블을 만들어 해당 문장 구문을 넣어놓으면 실제로 수행된 완전한 문장을 얻을 수 있다.

8 RETURNING INTO 절을 이용하면 INSERT, UPDATE, DELETE가 적용된 로우의 정보를 추출해 낼 수 있다.

1. 사원 테이블(employees)을 참조하고 있는 모든 프로그램을 찾는 2가지 방법을 설명해 보자.

2. "디버깅 기법 – 로그 테이블" 절에서 로그 테이블에 로그를 남기는 루틴을 SALES_DETAIL_PRC 프로시저에 추가했다. 그런데 자세히 보면 로그 테이블에 데이터를 쌓는 부분은 별도의 BEGIN ~ END 절로 묶어놨는데, 그 이유는 무엇인지 설명해 보자.

3. 로그 테이블에 로그를 쌓는 루틴을 하나의 프로시저로 만들어 보자. 단, 독립적 트랜잭션 처리를 하도록 해야 한다.

4. 추가된 로그 루틴을 제거하고 대신 3번에서 만든 만든 프로시저로 대체하도록 SALES_DETAIL_PRC 프로시저를 수정해 보자.

18장

프로시저를 통한 이메일 전송

웹 개발자와는 달리 주로 프로시저나 함수를 작성하는 DB 개발자에게는 이메일을 전송하는 프로그램을 만든다는 것은 낯선 일일 것이다. 하지만 이제 낯설어 할 필요가 없다. 오라클 DB에서도 PL/SQL로 이메일을 보낼 수 있기 때문이다. 과연 어떻게 이메일을 보내는 것일까? 눈치 빠른 독자라면 알아챘을 수도 있는데, 바로 오라클에서 제공하는 시스템 패키지를 이용하면 가능하다. 11g 버전 기준으로 UTL_SMTP와 UTL_MAIL이라는 두 개의 시스템 패키지가 그 주인공인데 이들에 대해 살펴보기 전에 먼저 이메일을 보내기 위해 알아야 할 사전 지식과 이 두 패키지에 대해 자세히 살펴보자.

01 SMTP 메일 전송
02 UTL_SMTP를 이용한 메일 전송
03 UTL_MAIL을 이용한 메일 전송

01 SMTP 메일 전송

SMTP의 개념

SMTP에 관해 설명하기에 앞서 필자 역시 DB 프로그래밍만 주로 해왔기 때문에 인터넷이나 메일과 관련된 내용을 잘 아는 편이 아님을 밝혀 둔다. 따라서 SMTP란 무엇이고 몇 년도에 미국 어디에선가 아무개가 만들었고, 처음에는 이런저런 기능뿐이었지만 시간이 흘러감에 따라 새 기능이 추가되었다는 식의 설명보다는 필자가 학습자 입장에서 질문하고 이에 답하는 형식으로 내용을 서술하겠다. 이런 식의 접근방법이 더 쉽게 내용을 전달할 수도 있고, 학습자 입장에서 필자가 궁금해했던 내용을 독자들도 궁금해 할 것이라는 생각에서 꺼낸 아이디어다. 그럼 SMTP가 무엇인지 파헤쳐 보자.

Q SMTP가 뭐죠?

A 'Simple Mail Transfer Protocol'의 약자로 우리말로 간편메일전송규약이라고 하죠. HTTP가 인터넷 상에서 하이퍼텍스트 문서를 주고받는 규약이듯, SMTP는 인터넷 상에서 메일을 주고받기 위한 규약입니다.

Q 무슨 뜻인지는 대충 알 것 같기도 한데 …잘 모르겠네요ㅠㅠ.

A 음, 가령 편지봉투의 좌측 상단에는 보내는 사람, 우측 하단에는 받는 사람 주소를 쓰는데 이것은 편지를 주고 받는 사람 사이의 약속, 사회적인 규약이라고 할 수 있죠. 마찬가지로 이메일을 주고 받을 때 서로 다른 형식을 사용하면 문제가 발생하니 일종의 규약을 만든 것인데, 편지를 보낼 때 보내는 사람, 받는 사람 주소를 쓰고 편지 내용을 작성하는 규약이 바로 SMTP라고 할 수 있어요.

Q 그렇다면 그 규약이란 것에는 어떤 것들이 있나요?

A 이메일을 보낼 때 필요한 것이 바로 규약의 세부사항에 해당됩니다. 예를 들어, 보내는 사람, 받는 사람, 제목, 본문, 첨부 파일 등이 필요한데 이러한 내용을 명시해 놓은 것이죠.

Q 이메일을 전송하는 것이니 통신과 관련된 내용도 규약에 포함되겠네요?!

A 네, HTTP가 기본 포트를 80번으로 사용하듯 SMTP는 25번을 기본 포트로 사용하며 모든 내용이 7비트 ASCII 문자로 구성됩니다.

Q POP3라고 들어봤는데 이것도 SMTP의 일종인가요?

A 아닙니다. SMTP는 이메일을 보내는 규약이고, POP3는 Post Office Protocol의 약자로 3은 버전을 의미합니다. 즉 최초에는 POP으로 시작해 현재는 POP3까지 나왔으며, 이메일을 받는 규약이에요. 참고로 받는 규약으로는POP3와 더불어 IMAP도 사용됩니다.

Q SMTP에 대해 감이 잡히는가 싶더니 이메일을 받는 규약이라니… 더 헷갈리네요.

A 이메일이 오고가는 전 과정을 설명하는 것이 낫겠네요. 예컨대, hong@daam.net이란 메일 주소를 가진 홍길동이라는 사람이 kim@gmeil.com이란 메일 주소를 가진 김유신에게 메일을 보내는데, 두 사람 모두 자신의 PC에 설치된 Outlook을 사용해 메일을 주고 받는다고 해 봅시다. 홍길동은 받는 사람의 주소에 김유신의 주소를 넣고 메일을 작성해서 〈전송〉 버튼을 누르면, 잠시 후 김유신 역시 Outlook을 열고 홍길동에게서 온 메일을 읽겠죠. 별도의 설명이 없어도 될 만큼 간단한 과정이지만 실제 무대 뒤에서 벌어지는 일은 조금 더 복잡합니다.

〈전송〉 버튼을 클릭하면 SMTP를 이용해 daam.net이란 회사의 SMTP 서버, 즉 보내는 메일 서버로 전송됩니다. 그리고 나서 Daam.net의 SMTP 서버는 김유신의 메일 계정이 있는 gmeil.com의 메일 서버로 메일을 보냅니다. 이때도 역시 SMTP를 사용하죠. 김유신이 Outlook을 열고 로그인 함과 동시에 gmeil.com의 받는 메일 서버에서 김유신의 PC로 메일이 다운로드됩니다. 이때 POP3나 IMAP을 사용합니다.

Q 대충 이해가 갑니다. 그런데 이 장에서는 SMTP에 대해서만 설명하는 건가요? POP3는 알 필요가 없나요?

A 이번 장에서는 UTL_SMTP와 UTL_MAIL 시스템 패키지를 이용해 메일을 보내는 것입니다. 따라서 SMTP에 대해서만 알고 있으면 돼요.

Q SMTP를 이용해 메일을 보낸다는 것은 알겠는데, 도대체 시스템 패키지를 어떤 식으로 사용한다는 건가요?

A 그 방법에 대해서는 다음 절에서 배울 거에요.

SMTP 명령어를 이용한 메일 전송

SMTP와 이메일 전송과 관련된 내용을 간단히 살펴봤고 이제 SMTP를 이용해 실제로 메일을 전송해보자. 하지만 메일을 보내기 위해선 반드시 필요한 것이 있다.

사전 준비 사항

메일을 보내려면 보내는 메일 서버, 즉 SMTP 서버에 접속해 SMTP 명령어를 사용해야 한다. 따라서 실습을 위해서는 SMTP 서버가 준비되어 있어야 한다. 필자의 경우 회사에서는 메일 서버를 이용할 수 있어 메일을 보내는 데 문제가 없었지만, 집에서는 접속할 수 없어 수많은 시행착오와 갖은 우여곡절 끝에 PC에 무료 SMTP 서버 프로그램을 설치했다(참고로 이 장의 예제에서는 필자 PC에 설치한 SMTP에서 만든 하나의 메일 계정으로 메일 전송과 수신에 사용하고 있다). 따라서 독자 여러분도 실습을 위해서는 **이용 가능한 SMTP 서버가 반드시 준비**되어 있어야 한다.

SMTP 명령어

SMTP 서버가 준비되었다고 가정하고 이제 SMTP 명령어에 대해 알아 보자. 이 장에서는 오라클에서 제공하는 시스템 패키지를 사용해 메일을 보내는 것이니 UTL_SMTP와 UTL_MAIL 패키지 사용법만 알면 될 것 같은데 굳이 SMTP 명령어까지 자세히 설명하는 이유는 뭘까? UTL_SMTP 패키지에 내장되어 있는 여러 함수와 프로시저가 SMTP 명령어를 그대로 구현한 것이기 때문이다. 따라서 SMTP 명령어에 대해 이해하고 있으면 UTL_SMTP 패키지도 쉽게 사용할 수 있을 것이다. 기본적인 SMTP 명령어는 다음과 같다.

▼ 표 18-1 기본 SMTP 명령어

명령어	사용 방법	설명
HELO	HELO 도메인명	SMTP 서버와의 대화를 위한 초기화 기능
MAIL (FROM)	MAIL FROM: 〈보내는 주소〉	새로운 메일 트랜잭션이 시작되면서 보내는 메일 주소를 확인시킨다. 편지 봉투에 보내는 사람 주소를 쓰는 것과 같다.
RCPT(TO)	RCPT TO: 〈받는 주소〉	받는 메일 서버에 수신자의 메일 주소를 알리는 명령어로 편지 봉투에 받는 사람 주소를 쓰는 것과 같다. 받는 메일 주소가 정확하지 않으면 오류가 발생한다.
DATA	DATA	클라이언트에서 서버로 메일 내용 전송 시 사용된다. 이 명령어가 성공적으로 이루어지면 서버로부터 354 응답코드가 되돌아온다. 메일 내용은 〈CR〉〈LF〉로 행으로 구분되고 맨 마지막 행에 '.'을 전송하면 서버로의 메시지 전송이 완료된다. DATA에서 '.' 사이가 메일 내용이 되는 것이다.
RSET	RSET	서버 내부 상태를 리셋하고 메일 트랜잭션을 중단시킨다. 트랜잭션 초기화 시 사용한다.
NOOP	NOOP	특정 역할을 하지 않고 이 명령어를 전송하면 서버로부터 250 OK 응답코드가 돌아온다. 서버와의 연결이 끊어지지 않았는지 확인할 때 주로 사용된다.
QUIT	QUIT	서버로 세션 종료를 요청하는 명령어다.

기본 명령어 외에도 인증과 보안에 관련된 EHLO, AUTH, STARTTLS와 같은 추가로 확장된 명령어가 있다.

메일 전송 실습

그럼 기본 SMTP 명령어를 사용해 간단한 메일을 보내 보자. 여기서는 텔넷을 사용해 SMTP 메일 서버에 접속해 메일을 보낼 텐데, 텔넷을 사용해 SMTP 서버와 접속이 가능해야 한다. 필자의 PC에 설치된 SMTP 서버 정보는 다음과 같다.

- SMTP 서버명(주소): **localhost**
- SMTP 서버 도메인명: hong.com
- 기본 포트: **25**
- 이메일계정: charieh@hong.com (보내는 메일과 받는 메일 주소로 사용할 것이다)

telnet 명령어로 SMTP 서버에 접속하려면 명령어창에서 **"telnet smtp서버명 포트번호"**를 입력한다.

▼ 그림 18-1 텔넷을 이용한 SMTP 서버 연결

성공적으로 연결되었다. 메일을 보내기 위해 실행할 명령어는 [표 18-1]에 나와 있듯이 'HELO → MAIL FROM → RCPT TO → DATA → 메일내용 작성 → '.' → QUIT' 순이며, 각 명령어를 실행하면 서버로부터 응답코드와 메시지가 수신된다. SMTP 명령어를 사용해 간단한 메일을 보내는 방식은 다음과 같다.

```
S: 220 Welcome Hong Mail
C: HELO hong.com                        -- "Helo 도메인명"으로 연결 초기화
S: 250 Hello.                           -- 서버 응답
C: MAIL FROM: <charieh@hong.com>        -- MAIL 명령어
S: 250 OK                               -- 서버 응답
C: RCPT TO: <charieh@hong.com>          -- RCPT 명령어
S: 250 OK                               -- 서버 응답
C: DATA                                 -- DATA 명령어로 메일 내용 작성 시작을 알림
S: 354 OK, send.                        -- 서버 응답코드는 354
C: From: sender<charieh@hong.com>       -- 보내는 사람 정보를 작성
```

```
C: To: receiver<charieh@hong.com>      -- 받는 사람 정보를 작성
C: Subject: Mail Sender Test           -- 메일 제목
C:                                     -- 메일 본문 시작
C: Hello.
C: This is the mail test.
C: Thank you very much.
C: Best regards.
C: .                                   -- 본문 내용 입력이 끝나면 "." 입력
S: 250 Queued <66.722 seconds>         -- 서버 응답
C: quit                                -- 메일 세션 종료
S: 221 goodbye                         -- 서버 응답
(S는 서버 메시지, C는 클라이언트에서 실행한 명령임)
```

약간 길긴 하지만 그리 어렵지 않은 내용이다. 실제로 위 내용대로 메일을 보낸 화면은 다음과 같다.

▼ 그림 18-2 SMTP 명령어를 이용한 메일 전송

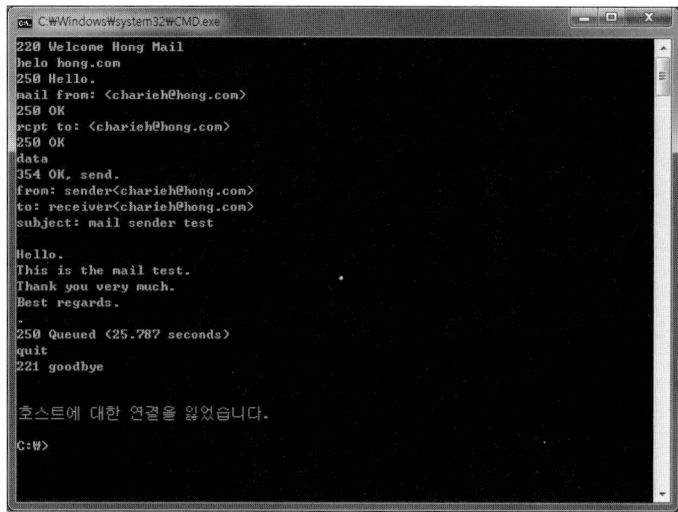

제대로 메일이 전송됐는지 확인해 보자. 위 예제는 보낸 사람과 받는 사람 주소가 동일하고 같은 SMTP 서버를 사용했다. Outlook을 통해 전송된 메일을 열어보면 다음과 같다.

▼ 그림 18-3 Outlook을 통해 본 전송된 메일

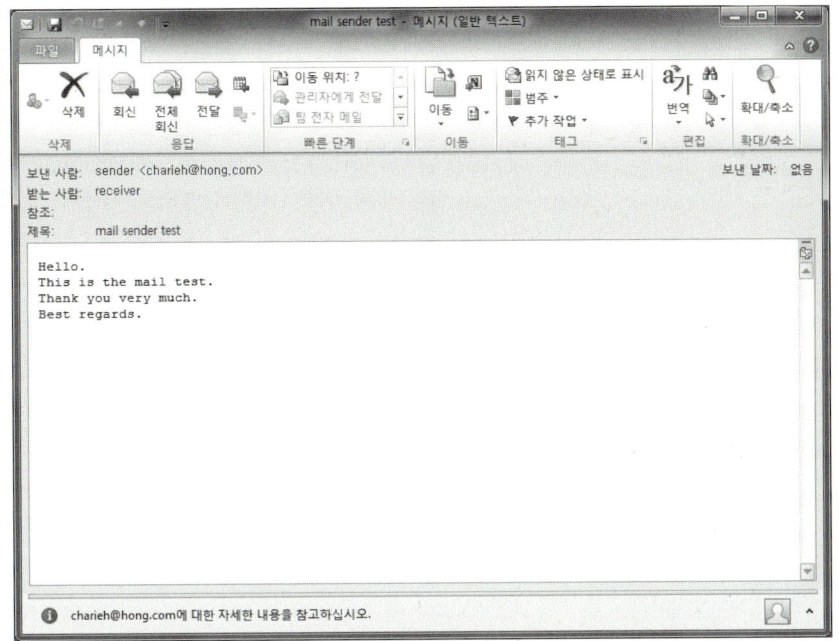

성공적으로 전송되었고 텔넷으로 SMTP 명령어를 직접 사용해 메일을 보낼 수 있음을 확인했다.

02 UTL_SMTP를 이용한 메일 전송

이전 절에서 SMTP의 개념과 SMTP 명령어에 대해 배웠고 이를 사용해 실제로 메일을 전송하는 것까지 해봤으니 이제 본격적으로 UTL_SMTP 패키지를 이용해 메일을 전송해 볼 때가 됐다. UTL_SMTP 패키지의 서브 프로그램, 즉 이 패키지의 함수나 프로시저들은 SMTP 명령어를 그대로 옮겨 놓은 것이 많아 이해하는데 그리 어렵지 않을 것이다. 하지만 그 전에 먼저 UTL_SMTP와 UTL_MAIL 패키지를 사용하려면 준비해야 할 사항이 있는데 이에 대해 살펴 보자.

메일 전송을 위한 사전준비 사항

오라클 11g2 버전 이전에서는 UTL_SMTP, UTL_MAIL 패키지를 사용하는데 있어 아무런 문제가 없었다. 하지만 11g2 버전부터는 보안이 강화돼 UTL_SMTP, UTL_MAIL, UTL_TCP, UTL_HTTP 등 네트워크 통신과 관련된 시스템 패키지를 사용하려면 별도로 ACL(Access Control List)이란 것을 만들어 놔야 한다. ACL을 만드는 이유는 악의적인 해커가 오라클 DB에 침투해 이런 시스템 패키지를 이용해 외부로 이메일 전송, 외부 사이트 접속 및 공격을 할 수 있으므로 사전에 ACL에 등

록된 사용자만 이런 시스템 패키지를 이용할 수 있게 하기 위해서다. 만약 ACL에 등록되지 않은 사용자가 UTL_SMPT 등의 패키지를 이용해 메일 전송을 시도하면 "ORA-24247: 네트워크 액세스가 ACL(액세스 제어 목록)에 의해 거부되었습니다." 오류가 발생한다.

그럼 ACL 등록은 어떻게 하는 것일까? 이 역시 DBMS_NETWORK_ACL_ADMIN이라는 시스템 패키지를 이용해 등록할 수 있다. 먼저 이 패키지의 주요 서브 프로그램에 대해 알아보도록 하자.

① CREATE_ACL 프로시저

ACL을 생성하는 프로시저다.

```
DBMS_NETWORK_ACL_ADMIN.CREATE_ACL (
            acl         IN VARCHAR2,
            description IN VARCHAR2,
            principal   IN VARCHAR2,
            is_grant    IN BOOLEAN,
            privilege   IN VARCHAR2,
            start_date  IN TIMESTAMP WITH TIMEZONE DEFAULT NULL,
            end_date    IN TIMESTAMP WITH TIMEZONE DEFAULT NULL );
```

- acl: 생성할 ACL 명칭, xxxx.xml 형태로 기술
- description: ACL에 대한 설명
- principal: ACL에 추가할 사용자 롤(권한) 명
- is_grant: 권한 부여 여부
- privilege: 'connect'를 명시한다(호스트명을 IP주소로 명시할 때는 'resolve')
- start_date: 시작일자. 디폴트 값은 NULL.
- end_date: 종료일자. 반드시 시작일자보다 크게 명시해야 하며 디폴트 값은 NULL

② ADD_PRIVILEGE 프로시저

특정 사용자에게 네트워크 접근 권한을 부여하는 프로시저다.

```
DBMS_NETWORK_ACL_ADMIN.ADD_PRIVILEGE (
            acl        IN VARCHAR2,
            principal  IN VARCHAR2,
            is_grant   IN BOOLEAN,
            privilege  IN VARCHAR2,
            position   IN PLS_INTEGER DEFAULT NULL,
            start_date IN TIMESTAMP WITH TIMEZONE DEFAULT NULL,
            end_date   IN TIMESTAMP WITH TIMEZONE DEFAULT NULL );
```

- acl: ACL 명칭, xxxx.xml 형태로 기술
- principal: ACL에 추가할 사용자 롤(권한) 명, 대소문자 구분
- is_grant: 권한 부여 여부
- privilege: 'connect'나 'resolve'
- position: ACL의 위치 값으로 생략 가능
- start_date: 시작일자. 디폴트 값은 NULL.
- end_date: 종료일자. 반드시 시작일자보다 크게 명시해야 하며 디폴트 값은 NULL

③ ASSIGN_ACL 프로시저

ACL에 호스트 컴퓨터, 도메인 혹은 IP 등을 할당하는 프로시저다.

```
DBMS_NETWORK_ACL_ADMIN.ASSIGN_ACL (
            acl         IN VARCHAR2,
            host        IN VARCHAR2,
            lower_port  IN PLS_INTEGER  DEFAULT NULL
            upper_port  IN PLS_INTEGER  DEFAULT NULL);
```

- acl: ACL 명칭
- host: 호스트. 호스트 명칭이나 IP 주소가 올 수 있다. 보통 '*'를 명시
- lower_port: TCP 포트 하한값
- upper_port: TCP 포트 상한값

④ ACL 등록 및 권한 할당

최소한 알아야 할 3개의 프로시저에 대해 살펴봤다. 이제 ACL을 등록해 보자. ACL 등록을 위해 CREATE_ACL 프로시저를 호출해 보자.

입력

```
BEGIN

  DBMS_NETWORK_ACL_ADMIN.CREATE_ACL (
      acl => 'my_mail.xml',
      description => '메일전송용 ACL',
      principal => 'ORA_USER',       -- ORA_USER란 사용자에게 권한 할당
      is_grant => true,
      privilege => 'connect');

  COMMIT;
END;
```

결과
익명 블록이 완료되었습니다.

오류 없이 실행되었다. 주의할 점은 principal 매개변수는 대소문자를 구분하니 반드시 사용자나 롤명으로는 대문자를 입력하도록 한다. 이제 ADD_PRIVILEGE 프로시저를 호출해 권한을 등록해 보자.

입력
```
BEGIN

  DBMS_NETWORK_ACL_ADMIN.ADD_PRIVILEGE (
       acl => 'my_mail.xml',
       principal => 'ORA_USER',   -- ORA_USER란 사용자에게 권한 할당
       is_grant => true,
       privilege => 'resolve');

  COMMIT;
END;
```

결과
익명 블록이 완료되었습니다.

마지막으로 ASSIGN_ACL 프로시저를 호출해 ACL과 호스트명을 연결해 보자.

입력
```
BEGIN

  DBMS_NETWORK_ACL_ADMIN.ASSIGN_ACL (
       acl => 'my_mail.xml',
       host =>'localhost',          -- 호스트명
       lower_port =>25 );

  COMMIT;
END;
```

결과
익명 블록이 완료되었습니다.

등록 작업은 모두 끝났다. 제대로 등록됐는지 확인하려면 DBA_NETWORK_ACLS 시스템 뷰를 조회해보면 된다.

입력
```
SELECT *
  FROM DBA_NETWORK_ACLS;
```

결과

HOST	LOWER_PORT	UPPER_PORT	ACL	ACLID
localhost	25	25	/sys/acls/my_mail.xml	5E8A8CD7039A4D5B8CFD9A8993BC9023

결과를 보면 성공적으로 등록됐음을 알 수 있다. 만약 이미 등록된 ACL을 삭제하려면 다음과 같이 DROP_ACL 프로시저를 호출하면 된다.

입력
```
BEGIN
  DBMS_NETWORK_ACL_ADMIN.DROP_ACL(
        acl =>'my_mail.xml');
END;
```

이제 사전준비 작업은 모두 마쳤으니 본격적으로 UTL_SMPT 패키지에 대해 살펴 보자.

UTL_SMTP 패키지의 타입과 서브 프로그램

UTL_SMTP 패키지에 내장된 대표적인 타입, 함수, 프로시저에 대해 살펴 보자.

① CONNECTION 레코드 타입

SMTP 연결 정보가 있는 PL/SQL 레코드 타입이다. 구문과 주요 필드는 다음과 같다.

```
TYPE connection IS RECORD (
    host              VARCHAR2(255),
    port              PLS_INTEGER,
    tx_timeout        PLS_INTEGER,
    private_tcp_con   utl_tcp.connection,
    private_state     PLS_INTEGER);
```

- host: SMTP 서버명
- port: SMTP 포트
- tx_timeout: 연결 타임아웃

② REPLY, REPLIES 레코드 타입

SMTP 명령어를 사용할 때 서버로부터 응답코드를 받는데, 이 정보를 받는 레코드 타입이다.

```
    TYPE reply IS RECORD (
    code    PLS_INTEGER,
    text    VARCHAR2(508));

TYPE replies IS TABLE OF reply INDEX BY BINARY_INTEGER;
```

- code: 3자리 응답코드
- text: 텍스트 메시지

③ OPEN_CONNECTION 함수

SMTP 서버와 연결을 하며 SMTP.connection을 반환하는 함수다.

```
UTL_SMTP.OPEN_CONNECTION (
    host                        IN VARCHAR2,
    port                        IN PLS_INTEGER DEFAULT 25,
    tx_timeout                  IN PLS_INTEGER DEFAULT NULL,
    wallet_path                 IN VARCHAR2    DEFAULT NULL,
    wallet_password             IN VARCHAR2    DEFAULT NULL,
    secure_connection_before_smtp IN BOOLEAN   DEFAULT FALSE)
RETURN  connection;
```

- host: SMTP 호스트명
- port: 포트번호
- tx_timeout: 연결 타임아웃
- wallet_path, wallet_password, secure_connection_before_smtp : SSL/TLS 연결을 위한 매개변수

④ HELO 프로시저

SMTP의 HELO 명령어 역할을 하며 같은 이름의 함수도 존재한다.

```
UTL_SMTP.HELO (
    c      IN OUT NOCOPY connection,
    domain IN VARCHAR2);
```

- c: SMTP connection
- domain: 도메인명

⑤ MAIL 프로시저

SMTP의 MAIL 명령어 역할을 하며 같은 이름의 함수도 존재한다.

```
UTL_SMTP.MAIL (
    c           IN OUT NOCOPY connection,
    sender      IN VARCHAR2,
    parameters IN VARCHAR2 DEFAULT NULL);
```

- c: SMTP connection
- sender: 보내는 메일 주소
- parameter: 추가 매개변수

⑥ RCPT 프로시저

SMTP의 RCPT 명령어 역할을 하며 같은 이름의 함수도 존재한다.

```
UTL_SMTP.RCPT (
    c           IN OUT NOCOPY connection,
    recipient   IN VARCHAR2,
    parameters IN VARCHAR2 DEFAULT NULL);
```

- c: SMTP connection
- recipient: 받는 메일 주소
- parameter: 추가 매개변수

⑦ OPEN_DATA 프로시저

SMTP의 DATA 명령어 역할을 하는데, 뒤이어 설명할 WRITE_DATA, WRITE_RAW_DATA를 호출하기 전에 반드시 호출해야 하는 프로시저이며, 같은 이름의 함수도 존재한다. OPEN_DATA를 호출하기 전에 반드시 OPEN_CONNECTION, HELO, MAIL, RCTP가 먼저 호출되어야 한다.

```
UTL_SMTP.OPEN_DATA (
    c IN OUT NOCOPY connection);
```

- c: SMTP connection

⑧ WRITE_DATA 프로시저

메일 내용을 작성하는 프로시저로, SMTP DATA 명령어로 From, To, Subject 등 메일 본문을 작성한다. 메일 본문의 내용은 〈CR〉〈LF〉(이 두 값 입력은 UTL_TCP.CRLF 함수를 사용한다)로 분리된다.

```
UTL_SMTP.WRITE_DATA (
    c      IN OUT NOCOPY connection,
    data   IN VARCHAR2 CHARACTER SET ANY_CS);
```

- c: SMTP connection
- data: 헤더를 포함한 이메일 메시지의 텍스트 부분. 'From', 'To', 'Subject' 등이 이에 해당됨.

WRITE_DATA 프로시저는 data 매개변수로 들어오는 텍스트를 US7ASCII로 변환한 다음 전송하는데 변환에 실패한 문자는 '?'로 바뀐다. 따라서 영어가 아닌 다중 바이트 문자를 사용하면 글자가 깨져 "???…" 형태로 전송되므로 한글을 사용하려면 바로 다음에 설명할 WRITE_RAW_DATA 프로시저를 사용해야 한다.

⑨ WRITE_RAW_DATA 프로시저

WRITE_DATA와 같은 역할을 하지만 data 매개변수의 형태가 RAW 타입이다. 따라서 한글 같은 다중 바이트 메시지를 전송할 때는 이 프로시저를 사용해야 한다.

```
UTL_SMTP.WRITE_RAW_DATA (
    c     IN OUT NOCOPY connection,
    data IN RAW) ;
```

- c: SMTP connection
- data: 헤더를 포함한 이메일 메시지의 텍스트 부분. 'From', 'To', 'Subject' 등이 이에 해당되며 RAW 타입임.

매개변수가 RAW 타입이므로 이 함수를 사용할 때는 문자를 RAW로 변경해야 하는데, 이는 UTL_RAW.CAST_TO_RAW 함수를 사용하면 된다.

⑩ CLOSE_DATA

WRITE_DATA나 WRITE_RAW_DATA를 이용해 메일 본문 작성을 마친 후 호출하며 본문 작성이 끝났음을 알리는 역할을 한다. SMTP 명령어로 본문 작성 시 "."을 입력하는 것이라고 보면 된다.

```
UTL_SMTP.CLOSE_DATA (
     c IN OUT NOCOPY connection);
```

- c: SMTP connection

⑪ QUIT 함수

SMTP의 QUIT 명령어와 같은 역할을 하며, 메일 세션을 종료하고 SMTP 서버와 연결을 끊는다.

```
UTL_SMTP.QUIT (
    c IN OUT NOCOPY connection);
```

- c: SMTP connection

⑫ NOOP 프로시저

SMTP의 NOOP 명령어와 동일한 역할을 하며 같은 이름의 함수도 존재한다.

```
UTL_SMTP.NOOP (
    c IN OUT NOCOPY connection);
```

- c: SMTP connection

⑬ RSET 프로시저

SMTP의 RSET 명령어처럼 메일의 트랜잭션을 종료시키며 같은 이름의 함수도 존재한다.

```
UTL_SMTP.RSET (
    c IN OUT NOCOPY connection);
```

- c: SMTP connection

⑭ 기타

지금까지 설명한 서브 프로그램 이외에도 EHLO, AUTH, STARTTLS 등의 서브 프로그램이 있는데, 이들은 인증이나 SSL(Secure Socket Layer) / TSL(Transport Layer Security)을 이용해 SMTP와 연결할 때 사용된다. SSL과 TSL은 보안과 인증을 위한 보안 프로토콜로 자세한 내용은 관련 서적을 참조하길 바란다.

UTL_SMTP를 이용한 메일 전송

이제 모든 준비를 마쳤으니 UTL_SMTP 패키지를 사용해 메일을 보내는 방법을 살펴볼텐데, 먼저 텍스트로만 이루어진 간단한 메일 전송부터 시작해서 첨부파일이 포함된 메일까지 전송해 볼 것이다.

간단한 메일 전송

지금까지 배운 내용을 토대로 간단한 메일을 전송해 보자. 아래의 익명 블록을 실행해 보자.

입력

```
DECLARE
   vv_host      VARCHAR2(30) :='localhost';   -- SMTP 서버명
   vn_port      NUMBER :=25;                  -- 포트번호
   vv_domain    VARCHAR2(30) := 'hong.com';

   vv_from      VARCHAR2(50) :='charieh@hong.com';   -- 보내는 주소
   vv_to        VARCHAR2(50) :='charieh@hong.com';   -- 받는 주소

   c utl_smtp.connection;    -- SMTP 서버 연결 객체
BEGIN
   c := UTL_SMTP.OPEN_CONNECTION(vv_host,vn_port);   -- SMPT 서버와 연결

   UTL_SMTP.HELO(c, vv_domain);                      -- HELO
   UTL_SMTP.MAIL(c, vv_from);                        -- 보내는 사람
   UTL_SMTP.RCPT(c, vv_to);                          -- 받는 사람

   UTL_SMTP.OPEN_DATA(c);-- 메일 본문 작성 시작, SMTP의 data 명령어 역할
   -- 각 메시지는 <CR><LF>로 분리한다. 이는 UTL_TCP.CRLF 함수를 이용한다.
   UTL_SMTP.WRITE_DATA(c,'From: ' || '"hong2" <charieh@hong.com>' || UTL_TCP.CRLF );
   -- 보내는 사람
   UTL_SMTP.WRITE_DATA(c,'To: ' || '"hong1" <charieh@hong.com>' || UTL_TCP.CRLF );
   -- 받는 사람
   UTL_SMTP.WRITE_DATA(c,'Subject: Test' || UTL_TCP.CRLF );-- 제목
   UTL_SMTP.WRITE_DATA(c, UTL_TCP.CRLF );-- 한 줄 띄우기
   UTL_SMTP.WRITE_DATA(c,'THIS IS SMTP_TEST1 ' || UTL_TCP.CRLF );-- 본문

   UTL_SMTP.CLOSE_DATA(c);  -- 메일 본문 작성 종료. SMTP 명령어의 ".' 역할

   -- 종료
   UTL_SMTP.QUIT(c);

EXCEPTION
WHEN UTL_SMTP.INVALID_OPERATION THEN
   dbms_output.put_line(' Invalid Operation in Mail attempt using UTL_SMTP.');
   dbms_output.put_line(sqlerrm);
   UTL_SMTP.QUIT(c);
WHEN UTL_SMTP.TRANSIENT_ERROR THEN
   dbms_output.put_line(' Temporary e-mail issue - try again');
   UTL_SMTP.QUIT(c);
WHEN UTL_SMTP.PERMANENT_ERROR THEN
   dbms_output.put_line(' Permanent Error Encountered.');
   dbms_output.put_line(sqlerrm);
   UTL_SMTP.QUIT(c);
WHEN OTHERS THEN
   dbms_output.put_line(sqlerrm);
```

```
    UTL_SMTP.QUIT(c);
END;
```

결과

익명 블록이 완료되었습니다.

위 소스를 보면 SMTP 명령어를 사용해서 직접 메일을 전송했던 것과 별 차이가 없다. SMTP 명령어 자리에 이에 대응되는 UTL_SMTP의 서브 프로그램을 사용했을 뿐이다. 이제 Outlook으로 위 익명 블록을 실행해 전송한 메일을 열어 보자.

▼ 그림 18-4 간편 메일 전송

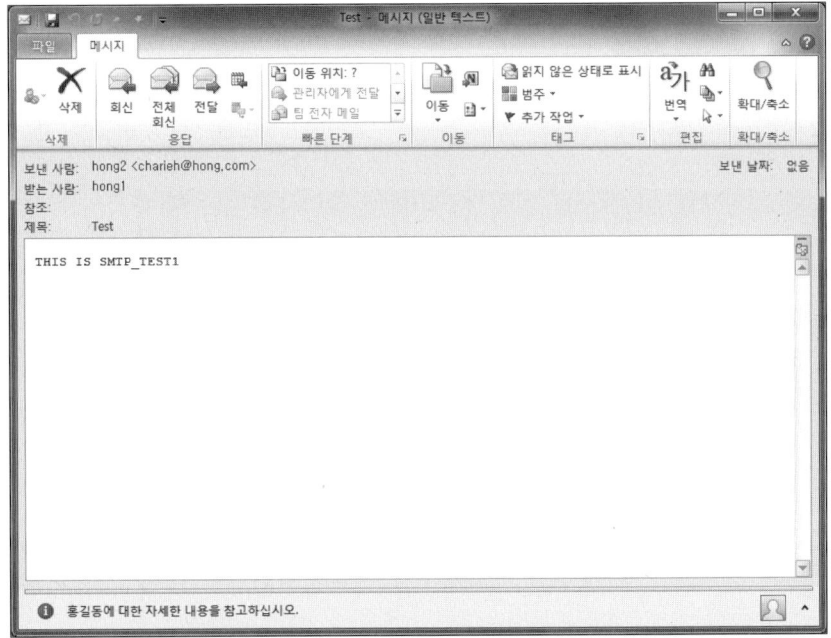

오류 없이 제대로 실행되었고 메일도 제대로 전송되었음을 알 수 있다.

한글 메일 전송

이전 예제에서는 메일 본문 내용을 전송할 때 WRITE_DATA를 사용했는데, 이 프로시저는 내부적으로 본문 내용을 US7ASCII로 변환하고 변환에 실패한 문자는 '?'로 변환한다고 했다. 실제로 그렇게 되는지 이전 예제의 본문 내용을 다음과 같이 한글로 작성 후 익명 블록을 실행해 보자.

입력

...
...

```
    UTL_SMTP.WRITE_DATA(c,'From: ' || '"hong2" <charieh@hong.com>' || UTL_TCP.CRLF );
    -- 보내는 사람
    UTL_SMTP.WRITE_DATA(c,'To: ' || '"hong1" <charieh@hong.com>' || UTL_TCP.CRLF );
    -- 받는 사람
    UTL_SMTP.WRITE_DATA(c,'Subject: Test' || UTL_TCP.CRLF );
    -- 제목
    UTL_SMTP.WRITE_DATA(c, UTL_TCP.CRLF );
    -- 한 줄 띄우기
    UTL_SMTP.WRITE_DATA(c,'한글 메일 테스트' || UTL_TCP.CRLF );-- 본문을 한글로...

    UTL_SMTP.CLOSE_DATA(c); -- 메일 본문 작성 종료
...
...
```

결과

익명 블록이 완료되었습니다.

▼ **그림 18-5** 한글이 깨진 메일

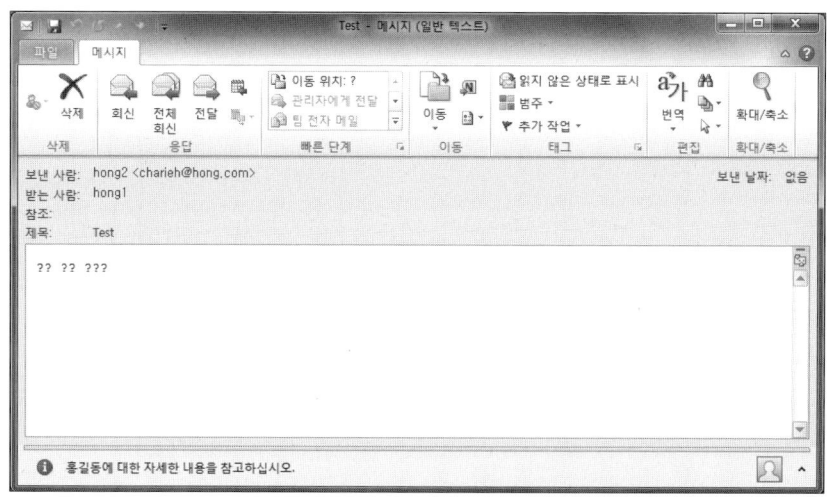

'한글 메일 테스트'라고 작성했던 본문 내용이 깨져 '?'로 표시된 것을 알 수 있다. 따라서 한글과 같은 다중 바이트 문자는 WRITE_RAW_DATA 프로시저를 사용해야 한다. 이때 매개변수로 들어오는 문자는 UTL_RAW.CAST_TO_RAW 함수를 사용해 VARCHAR2 타입을 RAW 타입으로 변환해 줘야 한다.

입력

```
...
...
    UTL_SMTP.WRITE_DATA(c,'From: ' || '"hong2" <charieh@hong.com>' || UTL_TCP.CRLF );
    -- 보내는 사람
    UTL_SMTP.WRITE_DATA(c,'To: ' || '"hong1" <charieh@hong.com>' || UTL_TCP.CRLF );
    -- 받는 사람
```

```
    UTL_SMTP.WRITE_DATA(c,'Subject: Test' || UTL_TCP.CRLF );            -- 제목
    UTL_SMTP.WRITE_DATA(c, UTL_TCP.CRLF );                              -- 한 줄 띄우기
     -- 본문을 한글로 작성하고, 이를 RAW 타입으로 변환한다.
    UTL_SMTP.WRITE_RAW_DATA(c, UTL_RAW.CAST_TO_RAW('한글 메일 테스트' || UTL_TCP.CRLF)  );
    UTL_SMTP.CLOSE_DATA(c);  -- 메일 본문 작성 종료
...
...
...
```

결과

익명 블록이 완료되었습니다.

▼ **그림 18-6** 한글로 작성된 메일

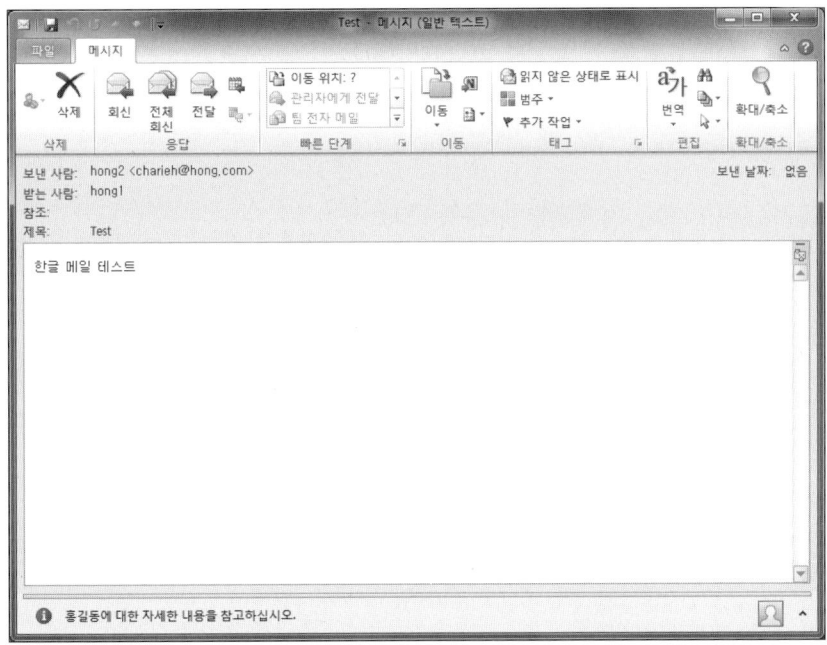

보낸 사람, 받는 사람, 제목도 한글로 작성할 수 있다. 이런 경우 본문 내용 전체를 VARCHAR2 변수에 넣고 UTL_RAW.CAST_TO_RAW로 이 변수를 변환한 다음 WRITE_RAW_DATA 프로시저를 1번만 호출하면 된다.

입력

```
DECLARE
    vv_host     VARCHAR2(30) := 'localhost';   -- SMTP 서버명
    vn_port     NUMBER := 25;                  -- 포트번호
    vv_domain   VARCHAR2(30) := 'hong.com';    -- 도메인 명

    vv_from     VARCHAR2(50) := 'charieh@hong.com';   -- 보내는 주소
    vv_to       VARCHAR2(50) := 'charieh@hong.com';   -- 받는 주소
    vv_text     VARCHAR2(300);  -- 본문내용을 담을 변수
```

```
    c utl_smtp.connection;  -- SMTP 서버 연결 객체
BEGIN
    c := UTL_SMTP.OPEN_CONNECTION(vv_host, vn_port);

    UTL_SMTP.HELO(c, vv_domain);  -- HELO

    UTL_SMTP.MAIL(c, vv_from);     -- 보내는사람
    UTL_SMTP.RCPT(c, vv_to);       -- 받는사람

    UTL_SMTP.OPEN_DATA(c);  -- 메일본문 작성 시작

vv_text := 'From: ' || '"홍길동" <charieh@hong.com>' || UTL_TCP.CRLF;              -- 보내는사람
vv_text := vv_text || 'To: '|| '"홍길동" <charieh@hong.com>' || UTL_TCP.CRLF;-- 받는 사람
vv_text := vv_text || 'Subject: 한글제목' || UTL_TCP.CRLF;    -- 제목
vv_text := vv_text || UTL_TCP.CRLF;                           -- 한 줄 띄우기
vv_text := vv_text || '한글 메일 테스트' || UTL_TCP.CRLF;      -- 메일본문

    -- 본문 전체를 한번에 RAW 타입으로 변환 후 메일 내용 작성
    UTL_SMTP.WRITE_RAW_DATA(c, UTL_RAW.CAST_TO_RAW(vv_text)   );

    UTL_SMTP.CLOSE_DATA(c);   -- 메일 본문 작성 종료
    UTL_SMTP.QUIT(c);         -- 종료

EXCEPTION
WHEN UTL_SMTP.INVALID_OPERATION THEN
    dbms_output.put_line(' Invalid Operation in Mail attempt using UTL_SMTP.');
    dbms_output.put_line(sqlerrm);
    UTL_SMTP.QUIT(c);
WHEN UTL_SMTP.TRANSIENT_ERROR THEN
    dbms_output.put_line(' Temporary e-mail issue - try again');
    UTL_SMTP.QUIT(c);
WHEN UTL_SMTP.PERMANENT_ERROR THEN
    dbms_output.put_line(' Permanent Error Encountered.');
    dbms_output.put_line(sqlerrm);
    UTL_SMTP.QUIT(c);
WHEN OTHERS THEN
    dbms_output.put_line(sqlerrm);
    UTL_SMTP.QUIT(c);
END;
```

결과

익명 블록이 완료되었습니다.

성공적으로 실행되었다. Outlook에서 메일을 열어보면 모두 한글로 정상적으로 전송된 것을 알 수 있다.

▼ 그림 18-7 본문 전체가 한글로 작성된 메일

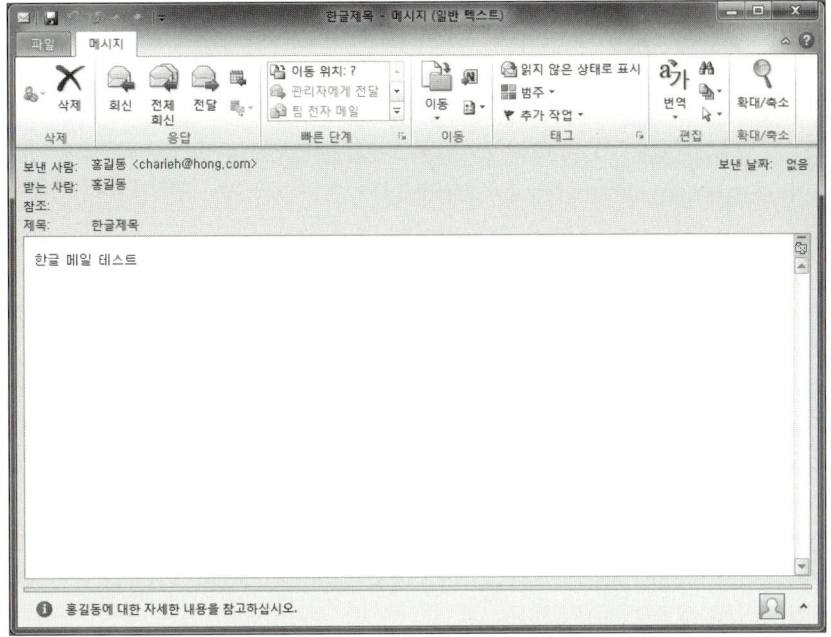

HTML 메일 보내기

지금까지는 간단한 텍스트로 이루어진 메일을 전송했지만 요즘 대부분의 메일은 HTML 형식으로 전송되므로 이번에는 HTML로 작성된 메일을 전송해 보자. HTML 메일이라고 해서 특별히 다른 점이 있는 것이 아니라 메일 본문 내용이 HTML로 작성되어 있다는 것인데 MIME 타입을 HTML 형태로 맞춰주기만 하면 된다.

MIME

HTML 형식의 메일을 보내기 전에 먼저 MIME에 대해 간단히 알아보자. MIME은 'Multipurpose Internet Mail Extensions'의 약자로 직역하면 "다목적 인터넷 메일 확장" 정도로 옮길 수 있다. 이전 절에서 설명했듯이 SMTP로는 7비트 ASCII 문자만 이메일로 보낼 수 있었다. 하지만 시간이 지나면서 이 외에도 그림, 음악 파일 등을 전송할 필요성이 생겼고 이를 위해 만든(확장한) 추가적인 표준이 MIME이다. 물론 기존 7비트 ASCII 문자로 표현할 수 없는 한국어, 중국어 등 7비트가 넘어가는 다른 문자들도 MIME을 사용해 이메일로 전송할 수 있다(이전 절에서 WRITE_RAW_DATA 프로시저를 사용해 한글로 작성된 메일을 보낸 것과 MIME을 혼동해서는 안 된다. WRITE_RAW_DATA 프로시저는 오라클에서 제공하는 UTL_SMTP 패키지 내의 프로시저고 MIME은 표준이다).

한 마디로 말해 MIME이란 인터넷 표준을 통해서 영문자 이외의 문자를 포함해 문자가 아닌 그림, 음악 파일까지도 이메일로 전송할 수 있게 된 것이다. MIME을 구성하는 기본 요소들은 다음과 같다.

MIME-Version
- 해당 메시지가 MIME 형식임을 나타내며 현재 버전은 1.0이다.
- 사용 예: MIME-Version: 1.0

Content-Type
- 해당 메시지가 어떤 형식인지 나타낸다. 기본값은 "text/plain" 이며 이 외에도 "text/html", "img/gif", "multipart/mixed" 등 사용할 수 있는 값의 종류가 매우 많다.
- 사용 예: Content-type: text/html; charset=euc-kr→ HTML을 사용하고 한글을 사용한다는 의미

Content-Disposition
- 메일 메시지의 프리젠테이션 스타일을 규정한다.
- 사용 예: Content-Disposition: attachment; filename=back.jpg;→back.jpg 라는 파일을 첨부한다는 의미

위 3가지 외에도 MIME을 구성하는 요소들과 각 요소에 대한 값의 종류는 매우 많다. MIME에 관해 좀더 자세한 내용은 관련 서적이나 자료를 참조하길 바라며, 이 장에서는 진행해가면서 필요한 내용만 간략히 설명하도록 하겠다.

HTML 메일 보내기

HTML 형식으로 작성된 메일을 전송해 볼 텐데 HTML 메일 본문 내용은 다음과 같다.

```
<HTML>
  <HEAD>
    <TITLE>HTML 테스트</TITLE>
  </HEAD>
  <BDOY>
    <p>이 메일은 <b>HTML</b><i>버전</i>으로</p>
    <p>작성된 <strong>메일</strong>입니다. </p>
  </BODY>
</HTML>
```

이제 위 내용을 전송하는 익명 블록을 만들어 보자.

입력

```sql
DECLARE
    vv_host     VARCHAR2(30) := 'localhost';      -- SMTP 서버명
    vn_port     NUMBER := 25;                      -- 포트번호
    vv_domain   VARCHAR2(30) := 'hong.com';        -- 도메인명
    vv_from     VARCHAR2(50) := 'charieh@hong.com';  -- 보내는 주소
    vv_to       VARCHAR2(50) := 'charieh@hong.com';  -- 받는 주소

    c  utl_smtp.connection;
    vv_html     VARCHAR2(200);  -- HTML 메시지를 담을 변수
BEGIN
    c := UTL_SMTP.OPEN_CONNECTION(vv_host, vn_port);

    UTL_SMTP.HELO(c, vv_domain);  -- HELO
    UTL_SMTP.MAIL(c, vv_from);    -- 보내는사람
    UTL_SMTP.RCPT(c, vv_to);      -- 받는사람

    UTL_SMTP.OPEN_DATA(c);  -- 메일 본문 작성 시작

    UTL_SMTP.WRITE_DATA(c,'MIME-Version: 1.0' || UTL_TCP.CRLF );  -- MIME 버전
    -- Content-Type: HTML 형식, 한글을 사용하므로 문자셋은 euc-kr
    UTL_SMTP.WRITE_DATA(c,'Content-Type: text/html; charset="euc-kr"' || UTL_TCP.CRLF );

    UTL_SMTP.WRITE_RAW_DATA(c, UTL_RAW.CAST_TO_RAW('From: ' || '"홍길동"
                        <charieh@hong.com>' || UTL_TCP.CRLF) );
    UTL_SMTP.WRITE_RAW_DATA(c, UTL_RAW.CAST_TO_RAW('To: ' || '"홍길동"
                        <charieh@hong.com>' || UTL_TCP.CRLF) );
    UTL_SMTP.WRITE_RAW_DATA(c, UTL_RAW.CAST_TO_RAW('Subject: HTML 테스트 메일'
                        || UTL_TCP.CRLF) );
    UTL_SMTP.WRITE_DATA(c, UTL_TCP.CRLF );  -- 한 줄 띄우기

    -- HTML 본문을 작성
    vv_html := '<HEAD>
<TITLE>HTML 테스트</TITLE>
</HEAD>
<BDOY>
<p>이 메일은 <b>HTML</b><i>버전</i>으로</p>
<p>작성된 <strong>메일</strong>입니다. </p>
</BODY>
</HTML>';

    -- 메일 본문
    UTL_SMTP.WRITE_RAW_DATA(c, UTL_RAW.CAST_TO_RAW(vv_html || UTL_TCP.CRLF) );

    UTL_SMTP.CLOSE_DATA(c);  -- 메일 본문 작성 종료
    UTL_SMTP.QUIT(c);        -- 메일 세션 종료

EXCEPTION
WHEN UTL_SMTP.INVALID_OPERATION THEN
```

```
    dbms_output.put_line(' Invalid Operation in Mail attempt using UTL_SMTP.');
    dbms_output.put_line(sqlerrm);
    UTL_SMTP.QUIT(c);
WHEN UTL_SMTP.TRANSIENT_ERROR THEN
    dbms_output.put_line(' Temporary e-mail issue - try again');
    UTL_SMTP.QUIT(c);
WHEN UTL_SMTP.PERMANENT_ERROR THEN
    dbms_output.put_line(' Permanent Error Encountered.');
    dbms_output.put_line(sqlerrm);
    UTL_SMTP.QUIT(c);
WHEN OTHERS THEN
    dbms_output.put_line(sqlerrm);
    UTL_SMTP.QUIT(c);
END;
```

결과
익명 블록이 완료되었습니다.

성공적으로 실행되었다. 코드 중간중간 삽입된 주석을 보면 어렵지 않게 이해할 수 있을 것이다. 간단히 설명하면, 메일 본문을 작성 시작 지점에 MIME 버전과 Content-Type을 text/html, 그리고 문자셋을 euc-kr로 설정해서 HTML과 한글을 사용할 수 있게 했다. 그리고 메일 내용은 HTML로 작성해 vv_html이란 변수에 넣은 다음 WRITE_RAW_DATA 프로시저를 이용해 작성했다. 그림 Outlook으로 발송된 메일을 열어 보자.

▼ 그림 18-8 HTML로 작성된 메일

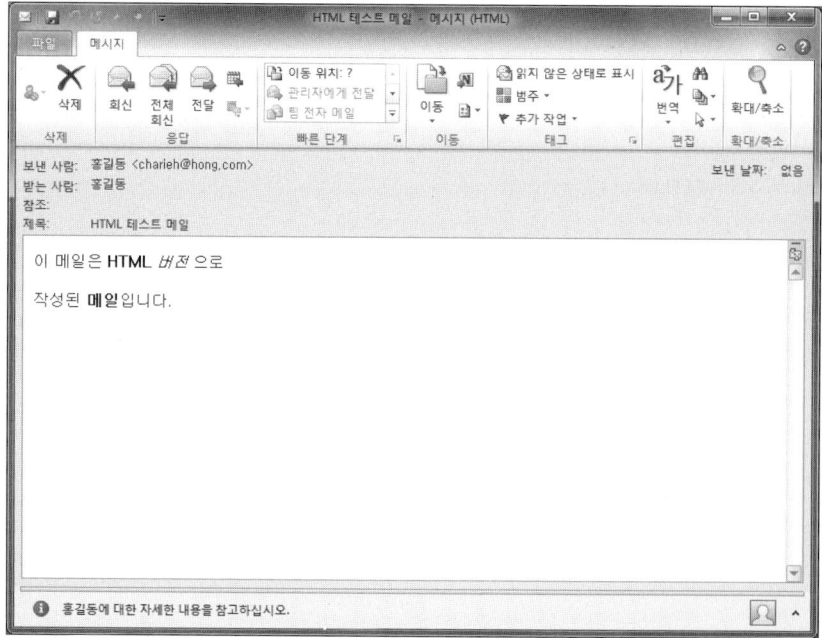

위 그림처럼 MIME 속성을 추가해 적당한 값을 설정하면 HTML로 작성된 메일도 보낼 수 있다.

첨부파일 보내기

마지막으로 메일에 파일을 첨부해서 보내 보자. 텍스트나 HTML로 작성된 메일을 보내는 것과는 달리 파일을 첨부해 보내려면 처리할 내용이 더 있는데, 먼저 이메일에 파일을 첨부하기 위해 필요한 내용에 대해 하나씩 살펴 보자.

① 파일 처리

메일에 파일을 첨부하려면 첨부할 파일이 필요한데 문제는 PL/SQL을 통해 메일을 보낸다는 점이다. 즉 PL/SQL 상에서 어떤 식으로든 파일을 읽어와야 하는데 이것이 그리 간단한 문제가 아니다. PL/SQL은 오라클이라는 DB 상에 존재하는 반면 파일은 윈도우나 유닉스 같은 운영체제 상에 존재한다. 즉 PL/SQL에서 운영체제 관할의 파일을 읽어와야 한다는 말인데, 어떻게 해야 할까?

너무 고민할 필요가 없다. 친절하게도 오라클에는 PL/SQL에서 파일을 처리할 수 있도록 UTL_FILE이란 시스템 패키지를 제공하고 있다. UTL_FILE 패키지에는 운영체제 상에 있는 파일을 열고, 읽고, 쓰는데 필요한 각종 함수와 프로시저가 내장되어 있다. 그런데 이 패키지에 대해 살펴보기 전에 알아야 할 내용이 또 있다. 바로 그 주인공은 디렉토리다.

파일은 디렉토리 상에 존재한다. 따라서 UTL_FILE 패키지를 사용하기 전에 먼저 PL/SQL 상에서 운영체제의 디렉토리에 접근할 수 있어야 한다. 오라클에서는 **디렉토리(DIRECTORY) 객체**를 사용해 운영체제에 있는 실제 디렉토리에 접근할 수 있다. 먼저 C 드라이브 밑에 "ch18_file"이란 폴더(디렉토리)를 만든 다음, 다음과 같이 이 디렉토리를 가리키는 DIRECTORY 객체를 생성해 보자.

입력
```
-- Directory 객체 생성
CREATE OR REPLACE DIRECTORY SMTP_FILE AS 'C:\ch18_file';
```

결과
```
directory SMTP_FILE이(가) 생성되었습니다.
```

이제 간단한 텍스트 파일을 만들어 "ch18_file" 폴더에 저장해 보자.

▼ 그림 18-9 첨부파일로 사용할 텍스트 파일

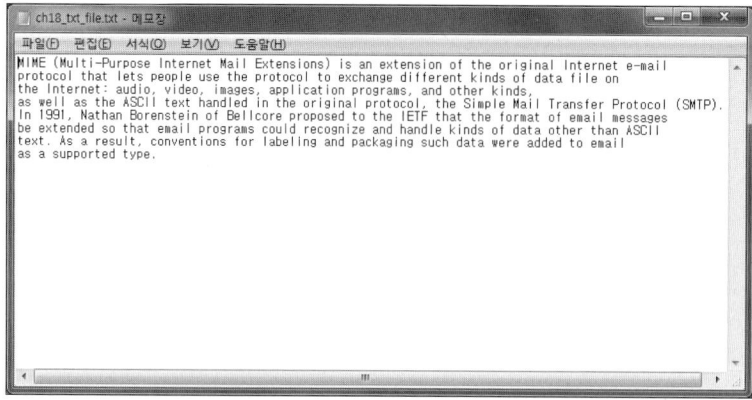

[그림 18-9]의 텍스트 파일은 위키피디아에서 MIME에 대한 내용 일부를 가져온 것이고 이를 'ch18_txt_file' 라는 이름으로 저장했다. 이제 PL/SQL 상에서 'SMTP_FILE' 이라는 디렉토리 객체에 접근해 방금 저장한 파일에 접근할 수 있다.

② UTL_FILE 패키지

UTL_FILE 시스템 패키지에는 파일 입출력을 담당하는 여러 함수와 프로시저가 내장되어 있는데, 여기에서는 파일을 이메일에 첨부해야 하므로 파일 읽기에 관련된 서브 프로그램에 대해서만 살펴볼 것이다.

FILE_TYPE 레코드 타입

```
TYPE file_type IS RECORD (
    id          BINARY_INTEGER,
    datatype    BINARY_INTEGER,
    byte_mode   BOOLEAN);
```

- id: 파일 핸들러를 가리키는 숫자 값
- datatype: CHAR, NCAHR, BINARY 파일인지를 가리키는 숫자 값
- byte_mode: 이진 파일로 열렸으면 TRUE, 그렇지 않으면 FALSE

FOPEN 함수

파일을 여는 함수로 파일 핸들을 가리키는 FILE_TYPE 레코드 타입을 반환한다.

```
UTL_FILE.FOPEN (
    location      IN VARCHAR2,
    filename      IN VARCHAR2,
    open_mode     IN VARCHAR2,
    max_linesize  IN BINARY_INTEGER DEFAULT 1024)
 RETURN FILE_TYPE;
```

- location: 파일이 위치한 디렉토리 객체명
- filename: 확장자를 포함한 파일명 (디렉토리명은 제외)
- open_mode: 오픈 모드 (r: 읽기, w: 쓰기, a: 덧붙이기, rb: 바이트모드로 읽기, wb: 바이트 모드로 쓰기 ab: 바이트 모드로 덧붙이기)
- max_linesize: 한 줄당 최대 문자 수로 디폴트 값은 1024, 최대치는 32767

FOPEN_NCHAR 함수

FOPEN 함수와 같지만 이 함수는 영어 이외의 언어로 작성된 파일을 연다.

```
UTL_FILE.FOPEN_NCHAR (
location       IN VARCHAR2,
filename       IN VARCHAR2,
open_mode      IN VARCHAR2,
max_linesize   IN BINARY_INTEGER DEFAULT 1024)
 RETURN FILE_TYPE;
```

- location: 파일이 위치한 디렉토리 객체명
- filename: 확장자를 포함한 파일명 (디렉토리명은 제외)
- open_mode: 오픈 모드 (r: 읽기, w: 쓰기, a: 덧붙이기, rb: 바이트 모드로 읽기, wb: 바이트 모드로 쓰기 ab: 바이트 모드로 덧붙이기)
- max_linesize: 한 줄당 최대 문자 수로 디폴트 값은 1024, 최대치는 32767

GET_LINE 프로시저

오픈한 파일의 텍스트를 읽어 이를 OUT 매개변수인 buffer 변수에 담는다. GET_LINE 프로시저를 사용하려면 FOPEN 함수에서 파일을 읽기(r) 모드로 열어야 한다.

```
UTL_FILE.GET_LINE (
  file    IN  FILE_TYPE,
  buffer OUT VARCHAR2,
  len     IN  PLS_INTEGER DEFAULT NULL);
```

- file: FOPEN으로 연 파일의 핸들 값
- buffer: 파일을 읽은 내용을 담는 버퍼, 한 줄 단위로 읽는다.
- len: 파일에서 읽을 최대 바이트 수

GET_LINE_NCHAR 프로시저

GET_LINE과 FOPEN이 한 쌍이듯, GET_LINE_NCHAR 프로시저와 FOPEN_NCHAR 함수가 한 쌍이다.

```
UTL_FILE.GET_LINE_NCHAR (
   file   IN  FILE_TYPE,
   buffer OUT VARCHAR2,
   len    IN  PLS_INTEGER DEFAULT NULL);
```

- file: FOPEN으로 연 파일의 핸들 값
- buffer: 파일을 읽은 내용을 담는 버퍼, 한 줄 단위로 읽는다.
- len: 파일에서 읽을 최대 바이트 수

GET_RAW 프로시저

GET_LINE과 같은 기능을 하나 파일에서 읽은 내용을 담는 buffer 변수의 타입이 RAW 타입이다.

```
UTL_FILE.GET_RAW (
   file   IN  FILE_TYPE,
   buffer OUT RAW
   len    IN  PLS_INTEGER DEFAULT NULL);
```

- file: FOPEN으로 연 파일의 핸들 값
- buffer: 파일을 읽은 내용을 담는 버퍼, 한 줄 단위로 읽는다.
- len: 파일에서 읽을 최대 바이트 수

FCLOSE 프로시저

파일 핸들을 이용해 연 파일을 닫는다.

```
UTL_FILE.FCLOSE (
   file IN OUT FILE_TYPE );
```

- file: FOPEN이나 FOPEN_NCHAR로 연 파일 핸들러

그럼 지금까지 배운 내용을 토대로 매개변수로 디렉토리명과 파일명을 받아 이 파일을 읽어 RAW 타입으로 반환하는 함수를 만들어 보자. 굳이 RAW 타입으로 반환하는 이유는, 이메일에 첨부할 파일을 RAW 타입으로 넘겨야 하기 때문이다.

입력

```
CREATE OR REPLACE FUNCTION fn_get_raw_file( p_dir    VARCHAR2,
                                            p_file   VARCHAR2)
  RETURN RAW
IS
  vf_buffer RAW(32767);
  vf_raw    RAW(32767); --반환할 파일
  vf_type UTL_FILE.FILE_TYPE;
BEGIN
  -- 파일을 바이트 모드로 읽기
  -- p_dir :디렉토리명, p_file : 파일명, rb: 바이트모드로 읽기
  vf_type := UTL_FILE.FOPEN ( p_dir, p_file, 'rb');

  -- 파일이 오픈됐는지 IS_OPEN 함수를 이용해 확인
  IF UTL_FILE.IS_OPEN ( vf_type ) THEN
    -- 루프를 돌며 파일을 읽는다.
    LOOP
    BEGIN
      -- GET_RAW 프로시저로 파일을 읽어 vf_buffer 변수에 담기
      UTL_FILE.GET_RAW(vf_type, vf_buffer, 32767);
      -- 반환할 RAW 타입 변수에 vf_buffer를 할당.
      vf_raw := vf_raw || vf_buffer;

    EXCEPTION
      -- 더 이상 가져올 데이터가 없으면 루프를 빠져 나가기
        WHEN NO_DATA_FOUND THEN
        EXIT;
    END;
    END LOOP;
  END IF;

  -- 파일을 닫는다.
  UTL_FILE.FCLOSE(vf_type);
  -- RAW 타입 변수를 반환
  RETURN vf_raw;
END;
```

결과

FUNCTION FN_GET_RAW_FILE이(가) 컴파일되었습니다.

③ 첨부파일 처리를 위한 MIME

파일을 다루는 작업까지 마쳤으니 마지막으로 알아야 할 것은 추가적인 MIME에 대한 내용이다.

Content-Type: multipart/mixed; boundary

- 이전에 배웠던 Content-Type은 text/plain과 text/html이었는데, 이 외에도 사용할 수 있는 값은 매우 많다. 그 중에서 multipart/mixed는 보내는 메일 내용 중에 본문 메시지뿐만 아니라 첨부파일도 포함되어 있는, 즉 여러 종류의 Content-Type이 섞여 있을 때 사용된다. 또한 첨부파일을 메일 본문에 넣을 때도 파일에 대한 Content-Type을 별도로 지정해줘야 하는데, 디폴트 값은 'application/octet'이다.
- boundary: 여러 타입이 섞여 있으면 boundary 값을 통해 타입을 분리해야 한다. boundary의 값으로는 메일 본문의 내용과 겹치지 않는 유일한 문자를 사용해야 하는데, 보통 무작위로 충분히 긴 문자(예를 들어, IDEOWKJ989LWFEW 같은)를 만들어 사용한다. 또한 메일 본문에 boundary를 추가할 때 boundary 값 앞에 '—'를 붙여야 하며, 가장 마지막에 붙이는 boundary의 맨 끝에 '—'를 반드시 붙여야 한다.

Content-Transfer-Encoding: base64

- 파일은 이진 데이터로 구성한다. SMTP에 따르면 메일은 ASCII 문자로 전송되어야 하는데, Content-Transfer-Encoding은 이진 데이터 파일을 ASCII로 변환하는 방법을 정의하는 내용이다. BASE64는 이진 데이터를 알파벳과 숫자, 특수문자로 변환하는 인코딩 방법 중 하나다. 즉 이메일을 보낼 때 첨부파일은 BASE64 방식으로 인코딩되어 전송된다.

Content-Disposition: attachment; filename="파일명"

- 첨부파일 전송 시 해당 파일명을 명시하는 부분이다.

이상이 첨부파일 전송 시 알아야 할 내용이다. 메일을 보내고 파일을 첨부하는데 있어 이 정도 내용만 알고 있으면 사전 준비는 모두 끝난 셈이다.

④ 파일을 첨부해 메일 전송

이제 실제로 파일이 첨부된 이메일을 전송해 보자. 이번에도 익명 블록 형태로 예제를 선보일 텐데, 이 절에서 지금까지 다뤘던 모든 내용이 코드로 집약되어 있고 좀 복잡하므로 차근차근 살펴보자.

입력

```
DECLARE
    vv_host     VARCHAR2(30) := 'localhost';         -- SMTP 서버명
    vn_port     NUMBER := 25;                         -- 포트번호
    vv_domain   VARCHAR2(30) := 'hong.com';
    vv_from     VARCHAR2(50) := 'charieh@hong.com';   -- 보내는 주소
    vv_to       VARCHAR2(50) := 'charieh@hong.com';   -- 받는 주소

    c           utl_smtp.connection;
    vv_html     VARCHAR2(200);   -- HTML 메시지를 담을 변수
```

```
    -- boundary 표시를 위한 변수, unique한 임의의 값을 사용하면 된다
    vv_boundary    VARCHAR2(50) := 'DIFOJSLKDFO.WEFOWJFOWE';

    vv_directory   VARCHAR2(30) := 'SMTP_FILE';        -- 파일이 있는 디렉토리명
    vv_filename    VARCHAR2(30) :='ch18_txt_file.txt'; -- 파일명
    vf_file_buff   RAW(32767);     -- 실제 파일을 담을 RAW타입 변수
    vf_temp_buff   RAW(54);        -- 메일에 파일을 한 줄씩 쓸 때 사용할 RAW타입 변수
    vn_file_len    NUMBER := 0;    -- 파일 길이

    -- 한 줄당 올 수 있는 BASE64 변환된 데이터 최대 길이
    vn_base64_max_len   NUMBER := 54;   --76 * (3/4);
    vn_pos              NUMBER := 1;           --파일 위치를 담는 변수
    -- 파일을 한 줄씩 자를 때 사용할 단위 바이트 수
    vn_divide           NUMBER := 0;
BEGIN
    c := UTL_SMTP.OPEN_CONNECTION(vv_host, vn_port);

    UTL_SMTP.HELO(c, vv_domain);    -- HELO
    UTL_SMTP.MAIL(c, vv_from);      -- 보내는 사람
    UTL_SMTP.RCPT(c, vv_to);        -- 받는 사람

    UTL_SMTP.OPEN_DATA(c);          -- 메일 본문 작성 시작
    UTL_SMTP.WRITE_DATA(c,'MIME-Version: 1.0' || UTL_TCP.CRLF ); -- MIME 버전
    -- Content-Type: multipart/mixed, boundary 입력
    UTL_SMTP.WRITE_DATA(c,'Content-Type: multipart/mixed; boundary="'
                 || vv_boundary || '"' || UTL_TCP.CRLF);

    UTL_SMTP.WRITE_RAW_DATA(c, UTL_RAW.CAST_TO_RAW('From: ' || '"홍길동"
                    <charieh@hong.com>' || UTL_TCP.CRLF) );
    UTL_SMTP.WRITE_RAW_DATA(c, UTL_RAW.CAST_TO_RAW('To: ' || '"홍길동"
                    <charieh@hong.com>' || UTL_TCP.CRLF) );
    UTL_SMTP.WRITE_RAW_DATA(c, UTL_RAW.CAST_TO_RAW('Subject: HTML 첨부파일 테스트'
                    || UTL_TCP.CRLF) );
    UTL_SMTP.WRITE_DATA(c, UTL_TCP.CRLF );

    -- HTML 본문 작성
    vv_html := '<HEAD>
<TITLE>HTML 테스트</TITLE>
</HEAD>
<BDOY>
<p>이 메일은 <b>HTML</b><i>버전</i>으로</p>
<p>첨부파일까지 들어간 <strong>메일</strong>입니다. </p>
</BODY>
</HTML>';

    -- 메일 본문, Content-Type이 바뀌므로 boundary 추가
    UTL_SMTP.WRITE_DATA(c, '--' || vv_boundary || UTL_TCP.CRLF );
    UTL_SMTP.WRITE_DATA(c, 'Content-Type: text/html;' || UTL_TCP.CRLF );
    UTL_SMTP.WRITE_DATA(c, 'charset=euc-kr' || UTL_TCP.CRLF );
    UTL_SMTP.WRITE_DATA( c, UTL_TCP.CRLF );
    UTL_SMTP.WRITE_RAW_DATA(c, UTL_RAW.CAST_TO_RAW(vv_html || UTL_TCP.CRLF)  );
```

```
        UTL_SMTP.WRITE_DATA( c, UTL_TCP.CRLF );

        -- 첨부파일 추가, Content-Type이 바뀌므로 boundary 추가
        UTL_SMTP.WRITE_DATA(c, '--' || vv_boundary || UTL_TCP.CRLF );
        -- 파일의 Content-Type은 application/octet-stream
        UTL_SMTP.WRITE_DATA(c,'Content-Type: application/octet-stream; name="'
                        || vv_filename || '"' || UTL_TCP.CRLF);
        UTL_SMTP.WRITE_DATA(c,'Content-Transfer-Encoding: base64' || UTL_TCP.CRLF);
        UTL_SMTP.WRITE_DATA(c,'Content-Disposition: attachment; filename="'
                        || vv_filename || '"' || UTL_TCP.CRLF);
        UTL_SMTP.WRITE_DATA(c, UTL_TCP.CRLF);

        -- fn_get_raw_file 함수를 사용해 실제 파일을 읽어 온다
        vf_file_buff := fn_get_raw_file(vv_directory, vv_filename);
        -- 파일의 총 크기를 가져온다.
        vn_file_len := DBMS_LOB.GETLENGTH(vf_file_buff);

        -- 파일 전체 크기가 vn_base64_max_len 보다 작다면, 분할 단위 수인 vn_divide 값은 파일 크기로 설정
        IF vn_file_len<= vn_base64_max_len THEN
            vn_divide := vn_file_len;
        ELSE -- 그렇지 않다면 BASE64 분할 단위인 vn_base64_max_len로 설정
            vn_divide := vn_base64_max_len;
        END IF;

        -- 루프를 돌며 파일을 BASE64로 변환해 한 줄씩 찍는다.
        vn_pos := 0;
        WHILE vn_pos<vn_file_len
        LOOP

            -- (파일 전체 크기 - 현재 크기)가 분할 단위보다 크면
            IF (vn_file_len - vn_pos) >= vn_divide then
                vn_divide := vn_divide;
            ELSE -- 그렇지 않으면 분할단위 = (파일 전체 크기 - 현재 크기)
                vn_divide := vn_file_len - vn_pos;
            END IF ;

            -- 파일을 54 단위로 자른다.
            vf_temp_buff := UTL_RAW.SUBSTR ( vf_file_buff, vn_pos, vn_divide);
            -- BASE64 인코딩을 한 후 파일 내용 첨부
            UTL_SMTP.WRITE_RAW_DATA(c, UTL_ENCODE.BASE64_ENCODE ( vf_temp_buff));
            UTL_SMTP.WRITE_DATA(c,  UTL_TCP.CRLF );

            -- vn_pos는 vn_base64_max_len 값 단위로 증가
            vn_pos := vn_pos + vn_divide;
        END LOOP;

        -- 맨 마지막 boundary에는 앞과 뒤에 '--'를 반드시 붙여야 한다.
        UTL_SMTP.WRITE_DATA(c, '--' ||  vv_boundary || '--' || UTL_TCP.CRLF );

        UTL_SMTP.CLOSE_DATA(c); -- 메일 본문 작성 종료
```

```
      UTL_SMTP.QUIT(c);           -- 메일 세션 종료

EXCEPTION
WHEN UTL_SMTP.INVALID_OPERATION THEN
  dbms_output.put_line(' Invalid Operation in Mail attempt using UTL_SMTP.');
  dbms_output.put_line(sqlerrm);
  UTL_SMTP.QUIT(c);
WHEN UTL_SMTP.TRANSIENT_ERROR THEN
  dbms_output.put_line(' Temporary e-mail issue - try again');
  UTL_SMTP.QUIT(c);
WHEN UTL_SMTP.PERMANENT_ERROR THEN
  dbms_output.put_line(' Permanent Error Encountered.');
  dbms_output.put_line(sqlerrm);
  UTL_SMTP.QUIT(c);
WHEN OTHERS THEN
  dbms_output.put_line(sqlerrm);
  UTL_SMTP.QUIT(c);
END;
```

결과

익명 블록이 완료되었습니다.

코드가 좀 복잡하지만 성공적으로 실행되었다. 지금까지 설명한 MIME에 대한 추가된 내용과 파일 처리에 대해 설명한 내용을 이해했다면 이번 예제코드를 이해할 때 큰 무리는 없을 것이다. 따라서 이번 예제코드 중 앞 부분에서 다루지 않은 내용에 대해서만 추가로 알아 보자.

- **vf_file_buff := fn_get_raw_file (vv_directory, vv_filename);**
  UTL_FILE 패키지를 이용한 fn_get_raw_file 함수를 통해 파일 내용을 RAW 타입으로 반환해 vf_file_buff 변수에 넣고 있다.

- **vn_file_len := DBMS_LOB.GETLENGTH(vf_file_buff);**
  DBMS_LOB 시스템 패키지의 GETLENGTH 함수를 사용해 vf_file_buff 변수의 크기를 알아냈다.

- **WHILE vn_pos < vn_file_len LOOP ~ END LOOP;**
  이진 데이터인 파일을 메일로 보내려면 문자형으로 변환해서 보내야 한다. 이를 위해 BASE64 인코딩을 해야 하는데 이는 **UTL_ENCODE.BASE64_ENCODE** 함수를 사용해 처리한다. 문제는 한 줄에 넣을 수 있는 최댓값이 76 바이트다. 따라서 76 바이트씩 끊어 입력하기 위해 WHILE문을 사용한 것이다. 그런데 이를 위해 사용한 vn_base64_max_len 변수 값을 54로 설정한 이유는 뭘까? 실제로 데이터를 끊는 부분의 코드는 **vf_temp_buff := UTL_RAW.SUBSTR (vf_file_buff, vn_pos, vn_divide);** 이다. UTL_RAW 시스템 패키지의 SUBSTR 함수를 사용하고 있는데, vf_file_buff를 vn_pos부터 vn_divide 까지 잘라내 반환하라는 의미다. vn_divide는 vn_base64_max_len 값과 같이 54이며 결국 데이터를 76이 아닌 54 바이트씩 끊고 있다. 이렇게 하는 이유는 보통 BASE64 인코딩을 하면 인코딩된 데이터는 대략 원본 데이터의 (3/4)만큼 커진다. 따라서 76 * (3/4) = 54 바이트씩 끊어 이 결과를 BASE64 인코딩한 뒤 입력한 것이다.

그럼 메일이 제대로 전송되어 왔는지 확인해 보자.

▼ 그림 18-10 첨부파일 메일의 본문

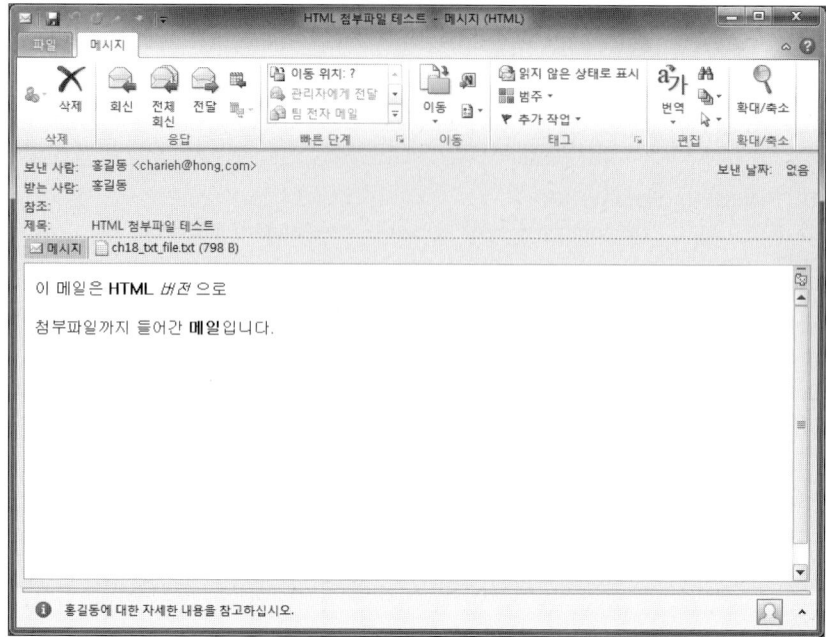

[그림 18-10]을 보니 메일 본문은 HTML이 적용되었고 파일이 첨부됐다는 정보도 보인다. 첨부파일의 내용을 확인해 보자.

▼ 그림 18-11 첨부파일 내용 확인

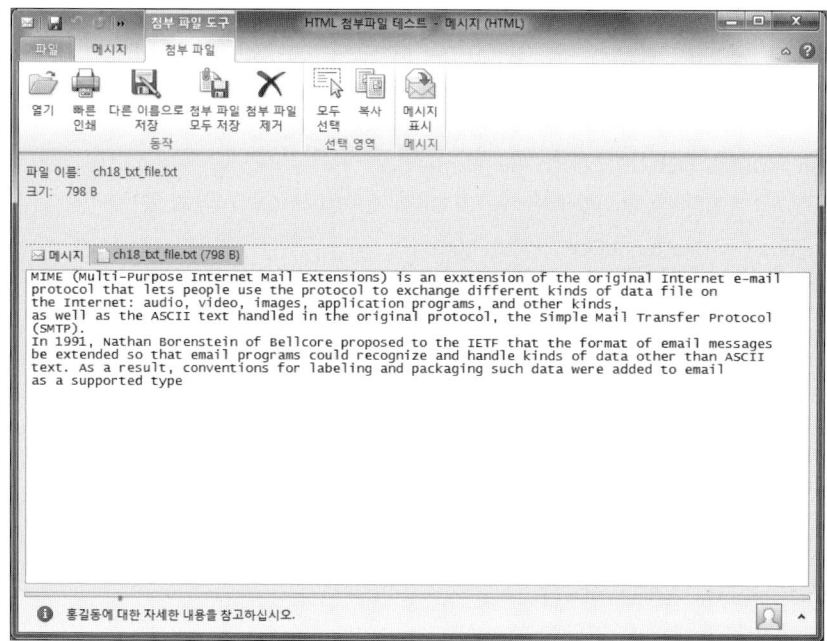

[그림 18-9]에서 봤던 내용과 일치하니 첨부파일 전송도 성공했다.

지금까지 UTL_SMTP 시스템 패키지를 사용해 메일을 전송하는 방법을 살펴봤다. UTL_SMTP 패키지를 사용하는 방법이 그리 쉽지만은 않은데, 익숙하지 않기도 하지만 SMTP와 MIME에 대한 이해가 선행되어야 하기 때문이다. 이 부분에 대해서는 관련 서적이나 자료를 참조해 보길 바란다. 그리고 예제코드가 복잡해 보이긴 하지만 첨부파일을 포함해 UTL_SMTP 패키지로 메일을 보내는 로직을 하나의 패키지로 만들고, MIME 헤더 작성, 첨부파일 작성 등의 각 부분을 함수나 프로시저로 분할해 만들어 놓으면 이후에 유용하게 사용할 수 있을 것이다.

03 UTL_MAIL을 이용한 메일 전송

UTL_SMTP는 메일 전송에 있어 다양한 기능을 지원하지만, 사용하기가 그리 쉽지만은 않다. 그래서 10g 버전부터는 좀더 쉽게 메일을 전송할 수 있도록 UTL_MAIL 패키지를 제공하고 있다. 실제로 UTL_MAIL 패키지에 내장된 서브 프로그램은 3개 뿐이고, UTL_SMTP처럼 복잡하게 MIME을 설정하는 등의 작업을 하지 않고 필요한 정보만 매개변수로 넘기면 된다. 먼저 UTL_MAIL 패키지에 대해 살펴 보자.

UTL_MAIL 패키지의 서브 프로그램

UTL_MAIL 패키지는 총 3개의 프로시저를 제공하고 있다. UTL_SMTP 패키지에 비하면 서브 프로그램 수가 적긴 하지만 적다고 얕볼 필요는 없는 것이, 간단한 메일은 물론이고 첨부파일까지 전송할 수 있으며 UTL_SMTP에 비해 사용하기가 매우 쉽다. 그러 3개의 프로시저에 대해 자세히 살펴보자.

① SEND 프로시저

첨부파일이 없는 메일을 보내는 프로시저다. 구문과 주요 필드는 다음과 같다.

```
UTL_MAIL.SEND (
    sender      IN VARCHAR2 CHARACTER SET ANY_CS,
    recipients  IN VARCHAR2 CHARACTER SET ANY_CS,
    cc          IN VARCHAR2 CHARACTER SET ANY_CS DEFAULT NULL,
    bcc         IN VARCHAR2 CHARACTER SET ANY_CS DEFAULT NULL,
    subject     IN VARCHAR2 CHARACTER SET ANY_CS DEFAULT NULL,
    message     IN VARCHAR2 CHARACTER SET ANY_CS,
    mime_type   IN VARCHAR2 DEFAULT 'text/plain; charset=us-ascii',
    priority    IN PLS_INTEGER DEFAULT 3,
    replyto     IN VARCHAR2 CHARACTER SET ANY_CS DEFAULT NULL);
```

- sender: 보내는 메일 주소
- recipients: 받는 메일 주소
- cc: 참조 메일 주소, 여러 개의 주소 사용가능하며 콤마(,)로 구분된다.
- bcc: 비밀 참조 주소, 역시 콤마로 구분된다.
- subject: 메일 제목
- message: 메일 본문 내용
- mime_type: MIME 타입, 디폴트 값은 'text/plain; charset=us-ascii'
- priority: 메시지 우선순위, 1~5까지 값이 오며 1이 가장 높은 순위.
- replyto: 답장 메일 주소

UTL_SMTP 패키지를 사용할 때는 HELO부터 시작해 WRITE_DATA 등을 사용해 처음부터 끝까지 SMTP와 MIME에 맞게 메일 내용을 작성해야 했지만, UTL_MAIL 패키지에서는 필요한 매개변수만 넘기면 프로시저가 알아서 메일을 전송해 준다. UTL_MAIL의 SEND 프로시저는 첨부파일이 없는 메일을 전송할 때 사용된다.

이 프로시저의 매개변수 중 priority는 해당 메일의 우선순위(긴급성)을 나타내는 지표로 1~5까지 값을 사용할 수 있고 1이 가장 우선순위가 높다. 메일을 사용하다 보면 가끔씩 메일 제목 앞 부분에 중요도를 나타내는 별표가 붙은 것을 볼 수 있는데 이것이 바로 priority를 나타낸다. 그리고 replyto는 답장(답신)메일 주소를 의미한다. priority와 replyto 모두 UTL_SMTP 패키지를 사용해 해당 기능을 구현할 수 있다.

② SEND_ATTACH_RAW 프로시저

파일을 첨부해 보내는 프로시저로 RAW 타입으로 첨부파일을 전달받는다.

```
UTL_MAIL.SEND_ATTACH_RAW (
    sender      IN VARCHAR2 CHARACTER SET ANY_CS,
    recipients  IN VARCHAR2 CHARACTER SET ANY_CS,
    cc          IN VARCHAR2 CHARACTER SET ANY_CS DEFAULT NULL,
    bcc         IN VARCHAR2 CHARACTER SET ANY_CS DEFAULT NULL,
    subject     IN VARCHAR2 CHARACTER SET ANY_CS DEFAULT NULL,
    message     IN VARCHAR2 CHARACTER SET ANY_CS,
    mime_type   IN VARCHAR2 DEFAULT 'text/plain; charset=us-ascii',
    priority    IN PLS_INTEGER DEFAULT 3,
    attachment  IN RAW,
```

```
    att_inline      IN BOOLEAN DEFAULT TRUE,
    att_mime_type   IN VARCHAR2 CHARACTER SET ANY_CS
                                DEFAULT'application/octet'
    att_filename    IN VARCHAR2 CHARACTER SET ANY_CS DEFAULT NULL
    replyto         IN VARCHAR2 CHARACTER SET ANY_CS DEFAULT NULL);
```

- sender: 보내는 메일 주소
- recipients: 받는 메일 주소
- cc: 참조 메일 주소, 여러 개의 주소 사용 가능하며 콤마(,)로 구분된다.
- bcc: 비밀 참조 주소, 역시 콤마로 구분된다.
- subject: 메일 제목
- message: 메일 본문 내용
- mime_type: MIME 타입, 디폴트 값은 'text/plain; charset=us-ascii'
- priority: 메시지 우선순위, 1~5까지 값이 오며 1이 가장 높은 순위.
- attachment: 첨부파일(RAW 타입)
- att_inline: 메일 본문에 한 줄로 첨부파일을 보여줄지 여부. 디폴트 값은 TRUE.
- att_mime_type: 첨부파일의 MIME 타입. 디폴트 값은 'application/octet'.
- att_filename: 첨부할 파일명
- replyto: 답장 메일 주소

③ SEND_ATTACH_VARCHAR2 프로시저

파일을 첨부해 보내는 프로시저로 VARCHAR2 타입으로 첨부파일을 전달받는다.

```
UTL_MAIL.SEND_ATTACH_VARCHAR2 (
    sender          IN VARCHAR2 CHARACTER SET ANY_CS,
    recipients      IN VARCHAR2 CHARACTER SET ANY_CS,
    cc              IN VARCHAR2 CHARACTER SET ANY_CS DEFAULT NULL,
    bcc             IN VARCHAR2 CHARACTER SET ANY_CS DEFAULT NULL,
    subject         IN VARCHAR2 CHARACTER SET ANY_CS DEFAULT NULL,
    message         IN VARCHAR2 CHARACTER SET ANY_CS,
    mime_type       IN VARCHAR2 DEFAULT 'text/plain; charset=us-ascii',
    priority        IN PLS_INTEGER DEFAULT 3,
    attachment      IN VARCHAR2 CHARACTER SET ANY_CS,
    att_inline      IN BOOLEAN DEFAULT TRUE,
    att_mime_type   IN VARCHAR2 CHARACTER SET ANY_CS
                                DEFAULT'text/plain; charset=us-ascii'
    att_filename    IN VARCHAR2 CHARACTER SET ANY_CS DEFAULT NULL
    replyto         IN VARCHAR2 CHARACTER SET ANY_CS DEFAULT NULL);
```

- sender: 보내는 메일 주소
- recipients: 받는 메일 주소
- cc: 참조 메일 주소, 여러 개의 주소 사용 가능하며 콤마(,)로 구분된다.
- bcc: 비밀 참조 주소, 역시 콤마로 구분된다.
- subject: 메일 제목
- message: 메일 본문 내용
- mime_type: MIME 타입, 디폴트 값은 'text/plain; charset=us-ascii'
- priority: 메시지 우선순위, 1~5까지 값이 오며 1이 가장 높은 순위.
- attachment: 첨부파일(VARCHAR2 타입)
- att_inline: 메일 본문에 한 줄로 첨부파일을 보여줄지 여부. 디폴트 값은 TRUE.
- att_mime_type: 첨부파일의 MIME 타입. 디폴트 값은 'text/plain; charset=us-ascii'.
- att_filename: 첨부할 파일명
- replyto: 답장 메일 주소

SEND_ATTACH_RAW나 SEND_ATTACH_VARCHAR2는 첨부파일을 한 번에 1개만 보낼 수 있다. 반면 UTL_SMTP패키지를 이용하면 1개 이상의 파일을 첨부해 보낼 수 있다.

UTL_MAIL 패키지를 사용한 메일 전송

이제 UTL_MAIL 패키지를 사용해 메일을 보내야 하는데, 한 가지 문제가 있다. 보안상의 이유로 오라클 설치 시 UTL_MAIL 패키지는 만들어지지 않아, 수동으로 이 패키지를 생성해야 한다. 이 부분을 포함해 UTL_MAIL 패키지를 사용하기 전 준비해야 할 사항을 정리해 보자.

사전 준비사항

먼저 UTL_MAIL 패키지를 설치해야 하는데 오라클이 설치된 홈 디렉토리에 있는 설치 파일을 이용해야 한다. 설치과정을 순서대로 정리하면 다음과 같다.

- sqlplus를 실행해 **SYS 사용자**로 로그인 한다.
- sqlplus 상에서 오라클 홈 디렉토리 밑의 "RDBMS\ADMIN\utlmail.sql" 파일을 실행시킨다.
- sqlplus 상에서 오라클 홈 디렉토리 밑의 "RDBMS\ADMIN\prvtmail.plb" 파일을 실행시킨다.

▼ 그림 18-12 UTL_MAIL 패키지 설치

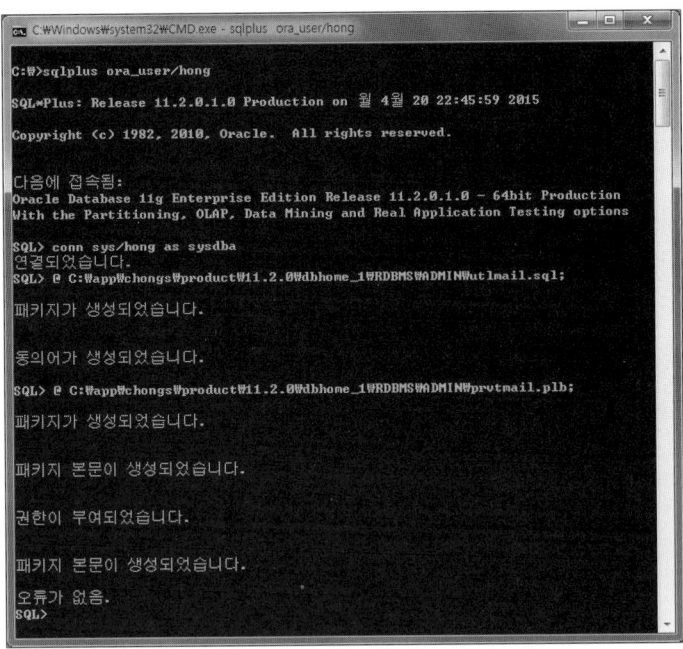

필자의 PC에서 설치한 결과가 [그림 18-12]에 나와 있는데, 설치 파일이 위치한 경로는 오라클 설치 환경에 따라 다르므로 독자 여러분도 자신의 환경에 맞는 디렉토리에서 해당 파일을 찾아 설치하도록 한다. SYS 사용자로 설치했으므로 일반 사용자들이 UTL_MAIL 패키지를 사용할 수 있도록 실행 권한을 부여해야 한다. 사용자에게 직접 부여할 수도 있지만 다음과 같이 PUBLIC에 부여하면 모든 사용자가 이 패키지를 실행할 수 있다.

```
SQL>GRANT EXECUTE ON UTL_MAIL TO PUBLIC;
```
권한이 부여되었습니다.

마지막으로 SMTP_OUT_SERVER라는 시스템 파라미터 값을 설정해야 하는데, 이 매개변수는 UTL_MAIL 패키지가 사용할 SMTP 정보를 담는 역할을 한다. 다음과 같이 ALTER SYSTEM 명령어를 사용해 값을 설정하자. .

```
SQL>ALTER SYSTEM SET SMTP_OUT_SERVER ='localhost:25' scope=both;
```
시스템이 변경되었습니다.

필자는 'localhost'라고 입력했지만 독자 여러분은 자신이 사용하는 SMTP 서버의 서버명과 포트 번호로 설정해야 한다. 메일을 보내기 위한 사전 준비 작업이 모두 끝났다. 이제 메일을 전송해 보자.

간단한 메일 전송

첨부파일이 없는 메일은 UTL_MAIL.SEND 프로시저를 사용해 보낼 수 있다.

입력

```
BEGIN
    UTL_MAIL.SEND (
    sender     => 'charieh@hong.com',
    recipients => 'charieh@hong.com',
    cc         => null,
    bcc        => null,
    subject    => 'UTL_MAIL 전송 테스트',
    message    => 'UTL_MAIL을 이용해 전송하는 메일입니다',
    mime_type  => 'text/plain; charset=euc-kr',
    priority   => 3,
    replyto    => 'charieh@hong.com');

EXCEPTION WHEN OTHERS THEN
  DBMS_OUTPUT.PUT_LINE(sqlerrm);
END;
```

결과

익명 블록이 완료되었습니다.

오류 메시지가 없으니 제대로 전송되었을 것이다. Outlook을 열고 확인해 보자.

▼ 그림 18-13 UTL_MAIL 패키지로 보낸 메일

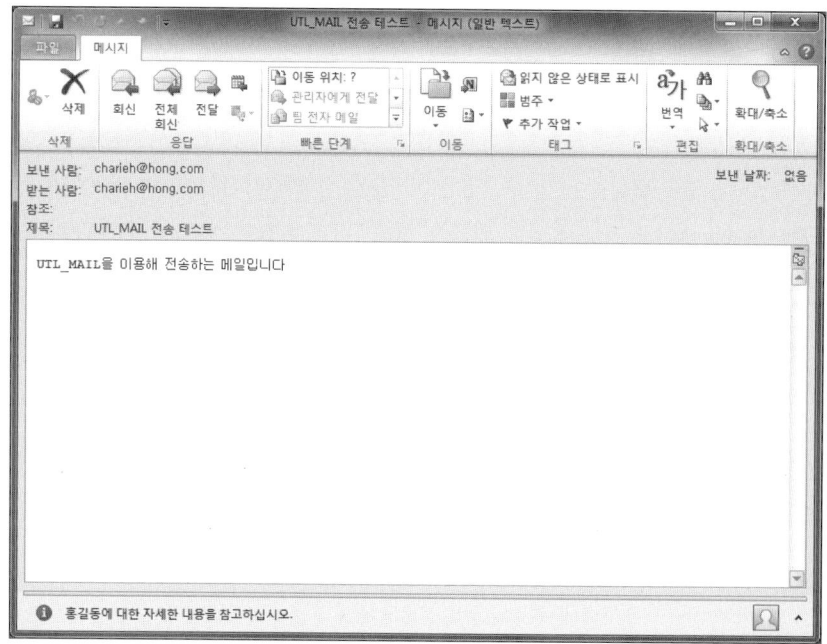

UTL_SMTP와 마찬가지로 일반 텍스트가 아닌 HTML 형식의 메일도 보낼 수 있다.

입력

```
DECLARE
  vv_html   VARCHAR2(300);
BEGIN
  vv_html := '<HEAD>
  <TITLE>HTML 테스트</TITLE>
  </HEAD>
  <BDOY>
  <p>이 메일은 <b>HTML</b><i>버전</i>으로</p>
  <p><strong>UTL_MAIL</strong> 패키지를 사용해 보낸 메일입니다. </p>
  </BODY>
  </HTML>';

  UTL_MAIL.SEND (
      sender     => 'charieh@hong.com',
      recipients => 'charieh@hong.com',
      cc         => null,
      bcc        => null,
      subject    => 'UTL_MAIL 전송 테스트2',
      message    => vv_html,
      mime_type  => 'text/html; charset=euc-kr',
      priority   => 1,
      replyto    => 'charieh@hong.com');

EXCEPTION WHEN OTHERS THEN
  DBMS_OUTPUT.PUT_LINE(sqlerrm);
END;
```

결과

익명 블록이 완료되었습니다.

▼ 그림 18-14 UTL_MAIL 패키지로 보낸 HTML 형식의 메일

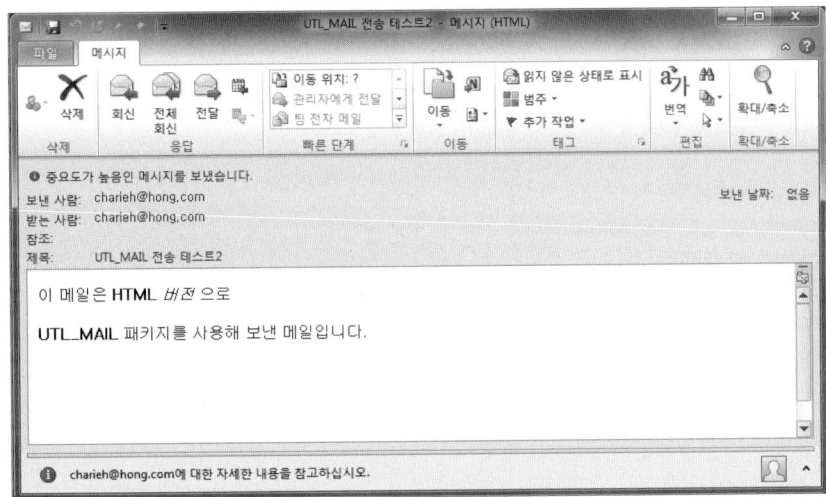

18장 프로시저를 통한 이메일 전송 655

HTML 형식의 메일을 보내므로 MIME 타입을 'text/html'로 바꾸었다. 또한 priority 매개변수 값을 1로 설정했더니 [그림 18-14]에서 볼 수 있듯이 "중요도가 높음인 메시지를 보냈습니다"라는 메시지가 나타났다. 사용 편의성 측면에서 볼 때 UTL_MAIL이 UTL_SMTP 보다는 훨씬 더 사용하기 쉽다는 점을 느낄 수 있을 것이다.

첨부파일 전송

이번에는 파일을 첨부해 메일을 보내 보자. UTL_SMTP 예제에서 사용했던 파일과 파일을 읽어 RAW 타입으로 반환하는 fn_get_raw_file 함수를 재사용할 것이다.

입력

```
DECLARE
  vv_directory   VARCHAR2(30) := 'SMTP_FILE';        -- 디렉토리명
  vv_filename    VARCHAR2(30) :='ch18_txt_file.txt'; -- 파일명
  vf_file_buff   RAW(32767);                         -- 실제 파일을 담을 RAW타입 변수
  vv_html        VARCHAR2(300);

BEGIN
  vv_html := '<HEAD>
<TITLE>HTML 테스트</TITLE>
</HEAD>
<BDOY>
<p>이 메일은 <b>HTML</b><i>버전</i>으로</p>
<p><strong>UTL_MAIL</strong> 패키지를 사용해 보낸 메일입니다. </p>
</BODY>
</HTML>';

  -- 파일 읽어 오기
  vf_file_buff := fn_get_raw_file(vv_directory, vv_filename);

  UTL_MAIL.SEND_ATTACH_RAW (
      sender        => 'charieh@hong.com',
      recipients    => 'charieh@hong.com',
      cc            => null,
      bcc           => null,
      subject       => 'UTL_MAIL 파일전송 테스트',
      message       => vv_html,
      mime_type     => 'text/html; charset=euc-kr',
      priority      => 1,
      attachment    => vf_file_buff,
      att_inline    => TRUE,
      att_mime_type => 'application/octet',
      att_filename  => vv_filename,
      replyto       => 'charieh@hong.com');
```

```
EXCEPTION WHEN OTHERS THEN
  DBMS_OUTPUT.PUT_LINE(sqlerrm);
END;
```

결과

익명 블록이 완료되었습니다.

오류 없이 실행되었다. 메일을 확인해 보자.

▼ 그림 18-15 UTL_MAIL 패키지로 보낸 첨부파일 메일

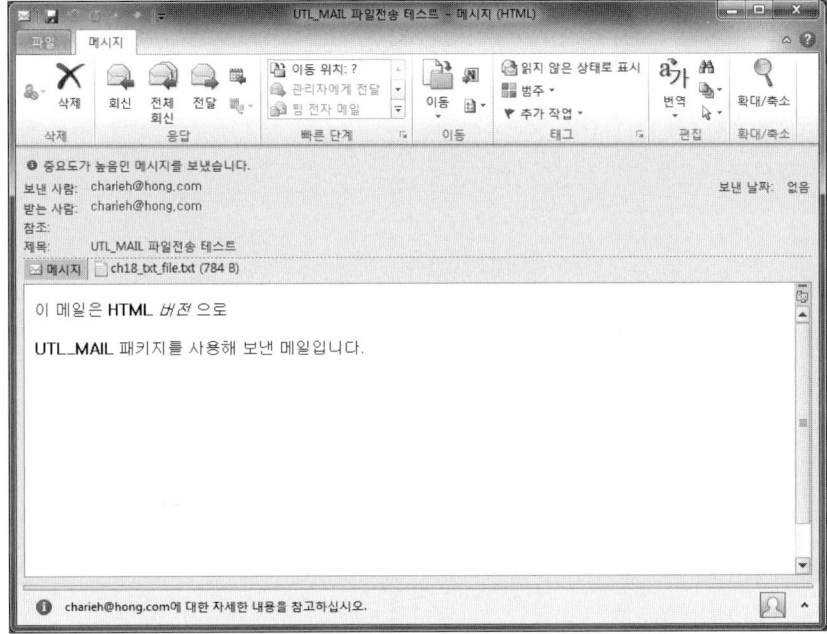

제대로 전송되었다. 첨부파일을 포함한 메일 전송 역시 UTL_MAIL 패키지를 사용하는 것이 훨씬 쉽다는 점을 느낄 수 있을 것이다. 하지만 UTL_MAIL 패키지의 SEND_ATTACH_RAW 프로시저는 하나의 메일에 1개의 파일만 첨부할 수 있다는 단점이 있다. 이에 반해 UTL_SMTP는 MIME 속성을 추가해 하나의 메일에 여러 개의 파일을 첨부해 전송할 수 있다.

UTL_SMTP는 사용법이 복잡하지만 다양한 기능을 구현할 수 있고, UTL_MAIL은 사용법은 간편하지만 첨부파일에 대한 제약이 존재한다. UTL_SMTP를 사용할 것인지 UTL_MAIL을 사용할 것인지에 대한 판단은 각자의 몫이므로, 두 패키지의 장점과 단점을 파악해 자신의 시스템에 적합한 것을 골라 사용하자.

핵심정리

1. UTL_SMTP와 UTL_MAIL 패키지를 사용해 오라클 DB 상에서도 이메일을 보낼 수 있다.

2. UTL_SMTP는 SMTP 명령어와 거의 1 대 1로 대응되는 함수와 프로시저를 제공한다.

3. UTL_SMTP와 UTL_MAIL을 사용하기 전에 SMTP와 MIME에 대한 내용을 먼저 숙지하자.

4. UTL_SMTP를 사용해 일반 텍스트 메일, HTML로 작성된 메일, 파일이 첨부된 메일을 전송할 수 있다.

5. 여러 형식으로 구성된 메일을 보낼 때는 Content-Type을 'multipart/mixed'로 설정하고, 각각의 형식에 대한 내용 작성 시 다시 그 형식에 맞는 Content-Type 값을 설정해 줘야 한다. 또한 각 형식은 boundary 값을 명시해 구분해 줘야 한다.

6. 오라클을 설치할 때 UTL_MAIL은 설치되지 않으므로 별도의 설치 작업이 필요하며, SMTP_OUT_SERVER 시스템 매개변수 값을 사용하려는 SMTP 서버로 설정하고 사용자들에게 UTL_MAIL 패키지의 실행 권한을 줘야 한다.

7. UTL_MAIL 패키지는 사용하기 쉽다는 장점이 있지만 하나의 메일에 첨부할 수 있는 파일의 수가 1개로 제한되어 있다.

1. UTL_SMTP에 비해 UTL_MAIL 패키지의 사용법이 쉽다는 것은 자명한 사실이다. UTL_MAIL.SEND_ATTACH_RAW 프로시저와 동일한 매개변수와 동일한 기능을 하는 익명 블록을 만들어 보자. 단, UTL_SMTP에 내장된 서브 프로그램만을 사용해야 한다.

19장

데이터 암호화와 나만의 유틸리티 프로그램

이 책도 이제 종착역에 다다랐다. 이번 장에서는 데이터 암호화에 대한 내용을 먼저 보고 지금까지 이 책에서 배웠던 내용을 토대로 유용하게 사용할 수 있는 함수와 프로시저, 일명 나만의 유틸리티 프로그램을 만들어 볼 것이다. 먼저 데이터 암호화에 대해 알아 보자.

01 데이터 암호화
02 나만의 유틸리티 프로그램

01 데이터 암호화

오라클 데이터베이스에서 보안 관련 사항을 크게 두 가지로 구분하면, 하나는 데이터베이스 사용자와 관련된 사항이고 다른 하나는 데이터 자체에 대한 보안이다. 데이터베이스 사용자와 관련된 보안 사항은 사용자 계정, 비밀번호 관리와 인증방식, 권한privilege과 롤role 등이 있는데 이들은 DBA가 처리할 범주에 속하며 데이터 보안에 관련된 사항은 개발자가 처리해야 할 일에 속한다고 할 수 있다. 이 장에서는 바로 데이터 보안과 관련되어 데이터를 안전하게 관리할 수 있는 방법 중 하나인 데이터 암호화에 대해 살펴볼 것이다.

어느 경로를 통해서든 자신의 개인정보가 누출되지 않은 사람이 없을 정도로 우리나라는 개인정보 누출 문제가 꽤 심각한 편이다. 이로 인해 관련법 개정도 이루어져 주민번호 같은 민감한 개인정보에 대한 관리를 더욱 엄격히 해야 할 필요가 생겼는데, 데이터베이스 자체에서 중요 데이터에 대한 보안을 강화하는 한 가지 방법이 바로 데이터 암호화다.

데이터 암호화란 민감하고 중요한 데이터를 암호화해서 테이블에 저장하고 이를 조회할 때 다시 복호화를 하는 일련의 과정을 말한다. 암호화된 데이터는 복호화 과정이 없다면 의미 없는 데이터일 뿐이다. 따라서 설사 테이블에 있는 데이터가 통째로 유출되었다 하더라도 암호화 덕분에 1차적인 안전망은 확보되었다고 할 수 있다. 여기서 굳이 1차적이라고 표현한 이유는 암호화했다고 해서 무작정 마음 놓고 있을 수는 없기 때문이다. 데이터 암호화와 관련해 오라클에서는 다음과 같이 얘기한다.

> "데이터를 암호화할 만한 좋은 이유가 많긴 하지만, 데이터를 암호화하지 말아야 할 이유도 많다. 암호화는 모든 보안 문제를 해결해 주지 않으며, 일부는 문제를 더 악화시킬 수 있다."

따라서 데이터 암호화는 여러 보안 단계 중 한 과정이라고 보는 것이 타당하겠지만 데이터가 저장되는 단계에서 암호화한다면 그만큼 보안 수준이 높아진 것이라 볼 수 있다. 그럼 지금부터 데이터를 암호화하고 복호화하는 방법에 대해 알아 보자.

암호화의 개념

이전 장에서는 PL/SQL을 사용해 메일을 보내기 위해 UTL_SMTP나 UTL_MAIL 시스템 패키지를 사용했다. 이번 장에서도 시스템 패키지를 사용해 데이터 암호화를 구현할 텐데 그 주인공은 바로 DBMS_CRYPTO 패키지다. 이 패키지는 암호화 해시 함수부터 DES, AES 등의 암호화 알고리즘을 이용해 데이터를 암호화하고 복호화할 수 있는 일련의 함수와 프로시저를 제공하고 있다. DBMS_CRYPTO 패키지는 10g 버전부터 제공되기 시작했는데 그 이전에는 DBMS_OBFUSCATION_TOOLKIT 패키지를 사용해 암호화 기능을 구현할 수 있었다. 하지만 DBMS_CRYPTO 패키지 자체가 DBMS_OBFUSCATION_TOOLKIT 패키지를 대체할 목적으로 만들어 졌으므로 이 장에서는 DBMS_CRYPTO 패키지 사용법에 대해 설명할 것이다.

이전 장에서 살펴본 UTL_MAIL 패키지처럼 별도의 설치 작업은 필요 없지만 DBMS_CRYPTO 패키지는 개별 사용자에게 권한을 부여해야 사용할 수 있다. 따라서 이 패키지를 사용하기 전에 먼저 다음과 같이 SYS 사용자로 로그인 한 후 권한을 부여해야 한다.

SQL〉conn SYS/hong AS SYSDBA;
연결되었습니다.

SQL〉grant execute on DBMS_CRYPTO to public;
권한이 부여되었습니다.

DBMS_CRYPTO 패키지에 대해 본격적으로 살펴보기 전에 먼저 암호화에 관한 배경지식에 대해 간단하게나마 짚고 넘어가자. 암호화에 대한 자세한 내용은 방대하고 쉽지 않으므로 DBMS_CRYPTO 패키지를 사용하면서 최소한으로 알아야 할 정도의 내용만 소개하겠다.

암호화는 여러 가지 암호화 알고리즘을 이용해 처리하는데 DBMS_CRYPTO에서 구현 가능한 암호화 알고리즘을 정리하면 다음과 같다.

- **DES (Data Encryption Standard):** NIST(미국 국립표준기술연구소, National Institute of Standards and Technology)에서 미국 표준으로 정했던 56비트 대칭키를 사용한 알고리즘인데, 취약점이 발견되어 표준에서 제외되었고 NIST에서는 사용권고를 철회했다.
- **3DES:** DES 알고리즘을 세 번 반복하여 적용한 알고리즘이다.
- **AES (Advanced Encryption Standard):** DES를 대체하기 위해 NIST에서 공모를 실시해 선택한 알고리즘으로 현재 미국 표준으로 확정되었다. 공모로 미국 표준으로 확정된 대칭형 알고리즘이므로 안전성도 어느 정도 입증되었고 많이 사용되는 암호화 알고리즘이다.
- **RC4 (Advanced Encryption Standard):** 가장 널리 사용되는 스트림 암호화 방식으로 무작위 치환에 기반을 두고 있다.
- **MD5 (Message-Digest algorithm5)와 MD4:** 128비트 암호화 해시 함수로 프로그램이나 파일이 원본 그대로인지 확인하는 무결성 검사 등에 사용되는데 결함이 있다고 알려져 있다. 해시 함수는 단방향 암호화 방법으로, 즉 암호화는 가능하지만 복호화가 매우 어려운 것이 특징이다. MD4는 MD5의 초기 버전이다.
- **SHA-1 (Secure Hash Algorithm-1):** 160비트 해시 값을 만들어내는 암호화 해시 함수로 MD5 보다는 한 단계 나은 버전이다.
- **MAC(Message Authentication Code, 메시지인증코드):** MD5, SHA-1 같은 단방향 암호화 해시 함수인데 이들과 다른 점은 비밀키를 입력 받아 사용한다는 점이다.

이번에는 암호화 방식에 대해 알아 보자. 주로 사용되는 암호화 방식은 블록 암호화 방식인데 블록 암호화란 암호화 대상 데이터의 길이가 블록 길이보다 크면 이 데이터를 블록 단위로 잘라 암호화 알고리즘을 적용해 암호화를 하는 방식을 말한다. DES, 3DES, AES 등도 모두 블록 암호화 방식이다.

블록 암호화는 여러 가지 방식으로 처리되는데 이 방식을 **블록 암호화 모드**라 하고 다음과 같이 5가지 모드가 있다.

- **ECB(Electric CodeBook):** 데이터를 여러 블록으로 나누어 각각 암호화하는 방식으로 모든 블록을 같은 키로 암호화하기 때문에 취약한 방식이다. 사용하지 않는 것이 좋다.
- **CBC(Cipher Block Chaining):** 이전 블록의 암호화된 결과와 현재 블록을 XOR 연산을 한 다음 이 결과를 다시 암호화하는 방식으로 사용이 권장되는 방식이다. 이전 블록과 연결해야 하므로 체인(Chaining)이라는 이름이 붙은 것이다. 맨 처음 블록은 암호화된 이전 블록이 없으므로 **초기화 벡터**(Initialization Vector)라는 것을 사용한다. 또한 원본 데이터를 블록으로 자를 때 잘라낸 마지막 블록이 항상 블록 단위 길이와 맞아 떨어지는 것이 아니므로 부족한 길이를 0이나 임의의 비트로 채우는데 이를 **패딩**이라고 한다.
- **CFB(Cipher-FeedBack):** CBC를 변형한 방식으로 암호화된 이전 블록을 키 스트림(key stream) 으로 암호화 한 뒤, 이를 현재 블록과 XOR 연산을 한다.
- **OFB(Output-FeedBack) 모드:** 원본 블록과 암호 알고리즘의 결과를 XOR 연산하는 방식
- **CTR(CounTeR) 모드:** 블록을 암호화할 때 1씩 증가하는 카운터를 암호화 해서 키 스트림을 만들어내는 방식

지금까지 소개한 암호화 알고리즘과 암호화 방식을 결합해 데이터를 암호화 할 수 있다. 암호화 알고리즘이나 암호화 방식에 대해 더 자세히 알고 싶다면 관련 서적과 자료를 참조하길 바란다. 이 정도로 암호화에 대한 이론 학습은 끝내고 DBMS_CRYPTO 패키지에 대해 자세히 파헤쳐 보자

DBMS_CRYPTO 패키지 해부

DBMS_CRYPTO 패키지 역시 다른 시스템 패키지와 마찬가지로 여러 함수와 프로시저로 구성되어 있고 게다가 앞에서 설명한 다양한 암호화 방식과 알고리즘을 사용하기 때문에 이와 관련된 패키지 상수를 정의해 사용하는데 이들 모두 PLS_INTEGER 타입이다. 먼저 패키지 상수에 대해 살펴 보자.

① 암호화 알고리즘 상수

- **ENCRYPT_DES:** DES 암호화 알고리즘. 유효 키 길이는 56비트
- **EMCRYPT_3DES_2KEY:** DES 알고리즘을 2키로 3번 블록을 암호화한다. 유효키 길이는 112비트
- **ENCRYPT_3DES:** DES 알고리즘을 사용해 블록을 3번 암호화
- **ENCRYPT_AES128:** AES 블록 암호화로 128 비트 키를 사용
- **ENCRYPT_AES192:** AES 블록 암호화로 192 비트 키를 사용
- **ENCRYPT_AES256:** AES 블록 암호화로 256 비트 키를 사용
- **ENCRYPT_RC4:** 스트림 암호화 방식. 각 세션에 따라 무작위로 유일한 키를 생성

② 블록 암호화 모드 관련 상수

- **CHAIN_ECB:** ECB 모드
- **CHAIN_CBC:** CBC 모드
- **CHAIN_CFB:** CFB 모드
- **CHAIN_OFB:** OFB 모드

③ 패딩 관련 상수

- **PAD_PKCS5:** PKCS5(비밀번호 기반 암호화 표준, Password-based Encryption Standard)로 이루어진 패딩
- **PAD_NONE:** 패딩이 없음을 의미
- **PAD_ZERO:** 0으로 이루어진 패딩

④ 암호화 슈트 관련 상수

암호화 슈트란 "암호화 알고리즘 + 암호화 모드 + 패딩"이 결합된 것을 의미하며, DBMS_CRYPTO 패키지의 암호화 관련 함수와 프로시저는 이런 암호화 슈트를 매개변수로 받아 데이터를 암호화한다.

- **DES_CBC_PKCS5:** ENCRYPT_DES + CHAIN_CBC + PAD_PKCS5 가 결합된 슈트
- **DES3_CBC_PKCS5:** ENCRYPT_3DES + CHAIN_CBC + PAD_PKCS5 가 결합된 슈트

⑤ 암호화 해시 함수 관련 상수

- **HASH_MD4:** MD4. 128비트 해시
- **HASH_MD5:** MD5. 128비트 해시
- **HASH_SH1:** SH1. 160비트 해시

⑥ MAC 함수 관련 상수

- **HMAC_MD5:** 해시 값을 검증하기 위해 비밀키를 사용하는 점만 제외하면 MD5와 같다.
- **HMAC_SH1:** 해시 값을 검증하기 위해 비밀키를 사용하는 점만 제외하면 SHA1과 같다.

상수에 대해서는 모두 살펴 봤다. 이제 함수와 프로시저에 대해 알아 보자.

⑦ ENCRYPT 함수

암호화를 수행하는 함수로 키와 암호화 대상 데이터를 입력받아 암호화한 결과를 반환한다. 매개변수인 대상 데이터, 암호화 키를 비롯해 반환하는 암호화 데이터까지 모두 RAW 타입이다. 구문과 주요 필드는 다음과 같다.

```
DBMS_CRYPTO.ENCRYPT(
    src IN RAW,
    typ IN PLS_INTEGER,
    key IN RAW,
    iv  IN RAW DEFAULT NULL)
  RETURN RAW;
```

- **src**: 암호화할 대상 데이터
- **typ**: 암호화에 사용될 슈트
- **key**: 암호화 키
- **iv**: 초기화 벡터

ENCRYPT 함수는 key를 입력받아 typ에 입력되는 암호화 슈트 방식으로 src 데이터를 암호화 한 다음 그 결과를 반환한다. 암호화 대상이 VARCHAR2 타입이라면 이를 AL32UTF8 문자셋의 VARCHAR2로 변환해야 한다. 그리고 src 매개변수가 RAW 타입이므로 변환 결과를 다시 RAW 타입으로 변환하는 과정을 거쳐야 하는데, 다음과 같이 UTL_I18N.STRING_TO_RAW 함수를 사용해서 변환할 수 있다.

```
UTL_I18N.STRING_TO_RAW ('입력문자열', 'AL32UTF8');
```

⑧ ENCRYPT 프로시저

ECCRYPT 함수와 같은 기능을 수행하지만 함수가 아닌 프로시저로 암호화 한 결과를 OUT 변수에 담는다. 이 프로시저는 매개변수 타입이 다른 두 가지 형태가 있다.

```
DBMS_CRYPTO.ENCRYPT(
    dst IN OUT NOCOPY BLOB,
    src IN BLOB,
    typ IN PLS_INTEGER,
    key IN RAW,
    iv  IN RAW DEFAULT NULL);
```

- **dst**: 암호화 결과
- **src**: 암호화 대상, BLOB 타입
- **typ**: 암호화 슈트
- **key**: 암호화 키
- **iv**: 초기화 벡터

```
DBMS_CRYPTO.ENCRYPT(
    dst IN OUT NOCOPY BLOB,
    src IN CLOB CHARACTER SET ANY_CS,
    typ IN PLS_INTEGER,
    key IN RAW,
    iv  IN RAW DEFAULT NULL);
```

- **dst:** 암호화 결과
- **src:** 암호화 대상, CLOB 타입
- **typ:** 암호화 슈트
- **key:** 암호화 키
- **iv:** 초기화 벡터

ENCRYPT 함수는 암호화 대상과 결과가 모두 RAW 타입이었지만, ENCRYPT 프로시저는 BLOB 혹은 CLOB 타입이다.

⑨ DECRYPT 함수

암호화된 데이터를 매개변수로 받아 복호화 결과를 반환하는 함수다.

```
DBMS_CRYPTO.DECRYPT(
    src IN RAW,
    typ IN PLS_INTEGER,
    key IN RAW,
    iv  IN RAW DEFAULT NULL)
    RETURN RAW;
```

- **src:** 복호화 대상 데이터
- **typ:** 복호화에 사용될 암호화 슈트
- **key:** 암호화 키
- **iv:** 초기화 벡터

암호화된 RAW 타입을 받아 복호화 한 후, 그 결과를 반환하는데 반환되는 데이터도 RAW 타입이다. 따라서 복호화 결과를 문자형으로 변환하려면 먼저 RAW 타입을 'AL32UTF8' 문자셋의 VARCHAR2로 변환한 다음 다시 변환을 원하는 문자셋의 VARCHAR2 타입으로 변환하는 과정을 거쳐야 하며, 다음과 같이 UTL_I18N.RAW_TO_CHAR 함수를 사용해서 변환한다.

```
UTL_I18N.RAW_TO_CHAR ('입력문자열', 'AL32UTF8');
```

복호화할 때 주의할 점은, DECRYPT 함수를 사용하여 복호화하려면 암호화 할 때 사용했던 키와 암호화 슈트가 일치해야만 제대로 복호화 될 수 있다.

⑩ DECRYPT 프로시저

DECRYPT 함수와 같은 기능을 수행하는 프로시저로 암호화 한 결과를 OUT 변수에 담는다. 이 프로시저도 매개변수 타입이 다른 두 가지 형태가 있다.

```
DBMS_CRYPTO.DECRYPT(
    dst  IN OUT NOCOPY BLOB,
    src  IN BLOB,
    typ  IN PLS_INTEGER,
    key  IN RAW,
    iv   IN RAW DEFAULT NULL);
```

- **dst**: 복호화 결과 데이터, BLOB 타입
- **src**: 복호화 대상 데이터
- **typ**: 복호화에 사용될 암호화 슈트
- **key**: 암호화 키
- **iv**: 초기화 벡터

```
DBMS_CRYPT.DECRYPT(
    dst  IN OUT NOCOPY CLOB CHARACTER SET ANY_CS,
    src  IN BLOB,
    typ  IN PLS_INTEGER,
    key  IN RAW,
    iv   IN RAW DEFAULT NULL);
```

- **dst**: 복호화 결과 데이터, CLOB 타입
- **src**: 복호화 대상 데이터
- **typ**: 복호화에 사용될 암호화 슈트.
- **key**: 암호화 키
- **iv**: 초기화 벡터

DECRYPT 프로시저 역시 복호화 대상 및 결과 데이터의 타입은 BLOB 혹은 CLOB 타입이다.

⑪ HASH 함수

MD4, MD5, SHA-1 을 사용해 해시 값을 생성해 반환하는 함수로 3가지 형태가 있다.

```
DBMS_CRYPTO.HASH(
    src IN RAW,
    typ IN PLS_INTEGER)
    RETURN RAW;

DBMS_CRYPTO.HASH(
    src IN BLOB,
    typ IN PLS_INTEGER)
    RETURN RAW;

DBMS_CRYPTO.HASH(
    src IN CLOB CHARACTER SET ANY_CS,
    typ IN PLS_INTEGER)
    RETURN RAW;
```

- **src**: 해시 값으로 변환할 데이터
- **typ**: HASH_MD4, HASH_MD5, HASH_SH1 중 선택

오라클에서는 MD4나 MD5 보다는 좀더 안전한 방법인 SHA-1, 즉 typ 매개변수로 'HASH_SH1' 을 사용하도록 권고하고 있다. HASH 함수의 매개변수 역시 RAW 타입이므로 VARCHAR2 데이터가 입력됐을 때 RAW로 변환해야 하는데 이 때는 **UTL_RAW.CAST_TO_RAW** 함수를 사용한다. 또한 이 함수가 반환한 RAW 타입을 VARCHAR2로 보려면 **RAWTOHEX** 함수를 사용한다.

⑫ MAC 함수

HASH 함수와 비슷하나 매개변수로 사용할 비밀키를 더 입력받는다. MAC 함수 역시 3가지 형태가 있다.

```
DBMS_CRYPTO.MAC (
    src IN RAW,
    typ IN PLS_INTEGER,
    key IN RAW)
    RETURN RAW;
```

```
DBMS_CRYPTO.MAC (
    src IN BLOB,
    typ IN PLS_INTEGER
    key IN RAW)
    RETURN RAW;

DBMS_CRYPTO.MAC (
    src IN CLOB CHARACTER SET ANY_CS,
    typ IN PLS_INTEGER
    key IN RAW)
    RETURN RAW;
```

- **src**: 해시 값으로 변환할 데이터.
- **typ**: HMAC_MD5, HMAC_SH1 중 선택.
- **key**: 비밀키

⑬ RANDOMBYTES 함수

암호화 요건을 충족시키는 안전한 무작위 난수 바이트(RAW 타입) 값을 반환하는데, 보통 암호화 키를 생성할 때 사용된다.

```
DBMS_CRYPTO.RANDOMBYTES (
    number_bytes IN POSITIVE)
    RETURN RAW;
```

- **number_bytes**: 생성할 무작위 난수 바이트 수

이 외에도 **RANDOMINTEGER**, **RANDOMNUMBER** 함수가 있는데 이들 모두 무작위 값을 생성해 반환한다.

암호화 실습

지금까지 살펴 본 DBMS_CRYPTO 패키지를 사용해 문자열 데이터를 암호화하고 이를 다시 복호화하는 익명 블록을 만들어 보자.

입력

```
DECLARE
  input_string   VARCHAR2 (200) := 'The Oracle';    -- 암호화할 VARCHAR2 데이터
  output_string  VARCHAR2 (200);                    -- 복호화된 VARCHAR2 데이터

  encrypted_raw  RAW (2000);                        -- 암호화된 데이터
```

```
    decrypted_raw RAW (2000);                      -- 복호화할 데이터

    num_key_bytes NUMBER := 256/8;                 -- 암호화 키를 만들 길이 (256 비트, 32 바이트)
    key_bytes_raw RAW (32);                        -- 암호화 키

    -- 암호화 슈트
    encryption_type PLS_INTEGER;

BEGIN
    -- 암호화 슈트 설정
    encryption_type := DBMS_CRYPTO.ENCRYPT_AES256 + -- 256비트 키를 사용한 AES 암호화
                       DBMS_CRYPTO.CHAIN_CBC +      -- CBC 모드
                       DBMS_CRYPTO.PAD_PKCS5;       -- PKCS5로 이루어진 패딩

    DBMS_OUTPUT.PUT_LINE ('원본 문자열: ' || input_string);

    -- RANDOMBYTES 함수를 사용해 암호화 키 생성
    key_bytes_raw := DBMS_CRYPTO.RANDOMBYTES (num_key_bytes);

    -- ENCRYPT 함수로 암호화를 한다. 원본 문자열을 UTL_I18N.STRING_TO_RAW를 사용해 RAW 타입으로 변환한다.
    encrypted_raw := DBMS_CRYPTO.ENCRYPT ( src => UTL_I18N.STRING_TO_RAW (
                                                    input_string, 'AL32UTF8'),
                                           typ => encryption_type,
                                           key => key_bytes_raw
                                         );

    -- 암호화된 RAW 데이터를 한번 출력해보자
    DBMS_OUTPUT.PUT_LINE('암호화된 RAW 데이터: ' || encrypted_raw);

    -- 암호화 한 데이터를 다시 복호화(암호화했던 키와 암호화 슈트는 동일하게 사용해야 한다.)
    decrypted_raw := DBMS_CRYPTO.DECRYPT ( src => encrypted_raw,
                                           typ => encryption_type,
                                           key => key_bytes_raw
                                         );

    -- 복호화된 RAW 타입 데이터를 UTL_I18N.RAW_TO_CHAR를 사용해 다시 VARCHAR2로 변환
    output_string := UTL_I18N.RAW_TO_CHAR (decrypted_raw, 'AL32UTF8');

    -- 복호화된 문자열 출력
    DBMS_OUTPUT.PUT_LINE ('복호화된 문자열: ' || output_string);
END;
```

결과

```
원본 문자열: The Oracle
암호화된 RAW 데이터: 139CA77B810FDCF9AC0B2113D8FCCF67
복호화된 문자열: The Oracle
```

결과를 보면 'The Oracle'이란 문자열을 **ENCRYPT** 함수를 사용해 RAW 타입(139CA77B810FDCF9AC0B2113D8FCCF67)으로 암호화 한 후, 이를 다시 **DECRYPT** 함수를 사용해 복호화했다. 암호화하려면 키가 필요한데 키 값은 **RANDOMBYTES** 함수를 사용해 생성했고 암호화 알고리즘은 AES를 사용했다. 다시 한 번 말하지만 암호화된 데이터를 복호화하려면 암호화 할 때 사용했던 키와 암호화 슈트를 사용해서 복호화해야 한다.

ENCRYPT나 DECRYPT 프로시저는 암호화 대상 데이터, 암호화 및 복호화된 데이터를 BLOB로 변환해야 하는데 보통 암호화 대상 데이터는 문자나 숫자형이 대부분이며 이를 BLOB 타입으로 변환하는 것은 매우 번거롭다. 따라서 보통은 프로시저 대신 **ENCRYPT**와 **DECRYPT** 함수를 사용한다.

이번에는 단방향 암호화 해시 함수인 **HASH**와 **MAC** 함수를 사용해 보자. 이 함수는 단방향이므로 복호화가 매우 어렵고 통상 입력 값에 따라 암호화된 데이터를 비교함으로써 입력 값을 검증하는 데 사용된다.

입력

```
DECLARE
   input_string   VARCHAR2 (200) := 'The Oracle';   -- 입력 VARCHAR2 데이터
   input_raw      RAW(128);                         -- 입력 RAW 데이터

   encrypted_raw RAW (2000);  -- 암호화 데이터

   key_string VARCHAR2(8) := 'secret';   -- MAC 함수에서 사용할 비밀 키
   raw_key RAW(128) := UTL_RAW.CAST_TO_RAW(CONVERT(key_string,'AL32UTF8',
                                          'US7ASCII'));-- 비밀키를 RAW 타입으로 변환

BEGIN
   -- VARCHAR2를 RAW 타입으로 변환
   input_raw := UTL_I18N.STRING_TO_RAW (input_string, 'AL32UTF8');

   DBMS_OUTPUT.PUT_LINE('----------- HASH 함수 -------------');
   encrypted_raw := DBMS_CRYPTO.HASH( src => input_raw,
                                     typ => DBMS_CRYPTO.HASH_SH1);

   DBMS_OUTPUT.PUT_LINE('입력 문자열의 해시값 : ' || RAWTOHEX(encrypted_raw));

   DBMS_OUTPUT.PUT_LINE('----------- MAC 함수 -------------');
   encrypted_raw := DBMS_CRYPTO.MAC( src => input_raw,
                                    typ => DBMS_CRYPTO.HMAC_MD5,
                                    key => raw_key);

   DBMS_OUTPUT.PUT_LINE('MAC 값 : ' || RAWTOHEX(encrypted_raw));
END;
```

결과
```
------------ HASH 함수 --------------
입력 문자열의 해시값 : B095432571F215D1B60DDFCAEA9E483F5E24A084
------------ MAC 함수 --------------
MAC 값 : 10722EA8E9CB57CE953E576D30D87260
```

HASH나 MAC 함수는 보통 비밀번호를 체크하는 데 많이 사용된다. 예를 들어 사용자가 아이디와 비밀번호를 입력하면 이를 체크해 로그인하는 프로그램이 있다고 하자. 대부분은 사용자 테이블에 아이디와 비밀번호를 저장해 둘 텐데 비밀번호 컬럼에 사용자가 입력한 비밀번호를 그대로 저장해 놓는 것이 아니라, 비밀번호로 사용자가 입력한 값이나 이 값과 또 다른 임의의 다른 값을 결합해 이를 HASH나 MAC 함수의 입력 값으로 받아 반환된 결과 값을 비밀번호 컬럼에 저장한다. 이렇게 처리하면 시스템 관리자도 해당 테이블을 조회해 본들 암호화된 값이 들어가 있으므로 사용자의 진짜 비밀번호를 알 수 없고 오직 해당 사용자만이 알 수 있다.

그렇다면 만약 사용자가 비밀번호를 분실했다면 어떻게 해야 할까? 먼저 무작위로 신규 비밀번호를 생성하고 이 번호를 이용해 HASH나 MAC 함수를 태워 변환된 값을 비밀번호 컬럼에 저장해 놓는다. 그리고 나서 사용자에게 신규 비밀번호를 알려준 뒤, 새로운 비밀번호로 변경하게끔 유도해야 한다. 사용자가 비밀번호를 변경하면 변경한 신규 비밀번호를 다시 HASH나 MAC 함수의 매개변수로 받아 그 반환 값을 비밀번호 컬럼에 최종적으로 저장된다. 좀 복잡하긴 하지만 이렇게 처리하면 시스템 관리자조차 사용자의 비밀번호를 알 수 없다.

지금까지 DBMS_CRYPTO 패키지를 사용해 데이터를 암호화하고 복호화 기법을 살펴봤다. 다시 한번 강조하지만 데이터 암호화만으로는 시스템의 안전성을 충분히 보장할 수는 없고 다만 몇 가지 추가적인 안전장치를 부여한다는 차원이라고 생각하는 것이 맞다.

Knowhow | 암호화 키 관리 방법

암호화의 핵심은 암호화 키다. 아무리 안전한 알고리즘을 사용해 암호화했다 하더라도 암호화 키를 분실하거나 악의적 해커가 키를 획득한다면 암호화된 데이터는 언제든지 복호화할 수 있다. 정상적인 복호화를 위해서는 암호화 할 때 사용했던 키와 암호화 슈트를 사용해야 하는데, 암호화 슈트는 조합의 경우의 수가 얼마 되지 않기 때문에 알아내는데 그리 어렵지 않으므로 암호화 키의 관리가 그만큼 중요하다.

그럼 암호화 키는 어떻게 생성하고 관리하는 것이 좋을까? 앞서 본 예제에서는 **RANDOMBYTES** 함수를 사용해 무작위로 생성했는데 이렇게 처리하면 해당 익명 블록 내에서만 사용할 수 있다. 따라서 어딘가에는 암호화 키를 저장해 놓아야 나중에 복호화할 때 꺼내 쓸 수 있다.

암호화 키를 저장하는 몇 가지 방식을 산정하고 악의적인 해커가 임의의 사용자 계정을 탈취하여 DB에 접근이 가능한 경우, 발생 가능한 문제점을 정리해 보자.

① 임의 테이블의 한 컬럼에 저장한다
암호화 키가 저장된 테이블을 해커가 알아낸다면 암호화 데이터를 복호화 할 수 있다.

② 저장된 암호화 키 자체를 또 다시 암호화 해서 저장하고, 사용할 때는 다시 복호화해서 사용한다
암호화 키를 암호화한 두 번째 키도 해커에게 누출될 수 있고, 이 키를 획득한다면 해커가 암호화 키를 알아내는 것은 시간 문제이다.

③ 키를 테이블에 저장하는 것은 문제가 있으므로 패키지 상수로 선언해 사용한다
패키지 소스 역시 DB에 저장되며 DBA_SOURCE 뷰를 이용해 해당 패키지 소스를 볼 수 있으므로 이 역시 안전한 방법은 아니다.

세 가지 방법 모두 그리 안전해 보이지 않은데 도대체 어떻게 관리하면 좋을까? 암호화 키를 저장해 놓은 테이블의 권한(SELECT, INSERT, UPDATE, DELETE 권한)을 엄격히 제한해 놓으면 괜찮지 않을까? 그렇게 하더라도 악의적 해커가 권한이 높은 사용자 계정의 아이디와 비밀번호를 알고 있다면 무용지물이다.

따라서 보다 안전한 암호화 키 관리 방법은 패키지 상수로 관리를 하고 암호화와 복호화를 수행하는 프로그램도 패키지에 담은 다음 이 패키지 소스 자체를 숨기면 된다. 패키지 소스를 숨기는 방법은 DBMS_DDL 시스템 패키지의 CREATE_WRAPPED 프로시저를 이용한다.

DBMS_DDL.CREATE_WRAPPED 프로시저는 패키지 선언부, 패키지 본문, 함수, 프로시저, 타입 등을 정의하는 CREATE OR REPLCE PACKAGE문을 매개변수로 입력받아 소스를 숨기는 기능을 한다. 간단한 패키지를 만들어 테스트해 보자.

입력

```
DECLARE
  vv_ddl VARCHAR2(1000); -- 패키지 소스를 저장하는 변수
BEGIN
  -- 패키지 소스를 vv_ddl에 설정
  vv_ddl := 'CREATE OR REPLACE PACKAGE ch19_wrap_pkg IS
            pv_key_string VARCHAR2(30) := ''OracleKey'';
```

```
    END ch19_wrap_pkg;';

    -- CREATE_WRAPPED 프로시저를 사용하면 패키지 소스를 숨기는 것과 동시에 컴파일도 수행한다.
    DBMS_DDL.CREATE_WRAPPED ( vv_ddl );

EXCEPTION WHEN OTHERS THEN
  DBMS_OUTPUT.PUT_LINE(SQLERRM);
END ;
```

결과

익명 블록이 완료되었습니다.

그럼 이 패키지에 저장된 상수 값을 출력해 보자.

입력
```
BEGIN
  DBMS_OUTPUT.PUT_LINE(ch19_wrap_pkg.pv_key_string);
END;
```

결과
```
OracleKey
```

제대로 컴파일되었고 상수 값도 제대로 가져왔다. 물론 ch19_wrap_pkg 패키지의 pv_key_string 상수에 암호화 키가 저장된 사실을 알고 있다면 CREATE_WRAPPED 프로시저를 사용해 소스를 숨기는 것도 무용지물이다. 하지만 암호화 키를 사용해 데이터를 암호화하고 복호화 하는 프로그램을 또 다른 패키지로 구현하고 이 패키지 전체를 숨기면 이 두 개의 패키지 제작자 이외에는 그 누구도 ch19_wrap_pkg.pv_key_string에 암호화 키가 저장된 사실을 알 수 없을 것이다. 그럼 ch19_wrap_pkg 패키지 소스가 제대로 숨겨져 있는지 확인해 보자. [그림 19-1]은 SQL Developer에서 ch19_wrap_pkg 소스를 본 화면이다.

다른 프로시저, 패키지와는 달리 CREATE_WRAPPED 프로시저를 사용한 ch19_wrap_pkg 패키지는 소스가 이상한 문자로 채워져 있어 이 패키지 개발자조차도 패키지 소스를 볼 수가 없다. 이런 식으로 암호화 프로그램까지 소스를 숨기면 암호화와 관련된 모듈 전체의 소스가 숨겨지므로 좀더 안전한 관리방식이라고 할 수 있다. 물론 악의적 해커가 ch19_wrap_pkg 패키지처럼 소스가 숨겨진 패키지만 골라 삭제하거나 임의로 소스를 변경해 재컴파일을 한다면 어찌할 도리가 없긴 하다.

▼ 그림 19-1 CREATE_WRAPPED 프로시저를 이용해 소스를 숨긴 ch19_wrap_pkg 패키지 소스

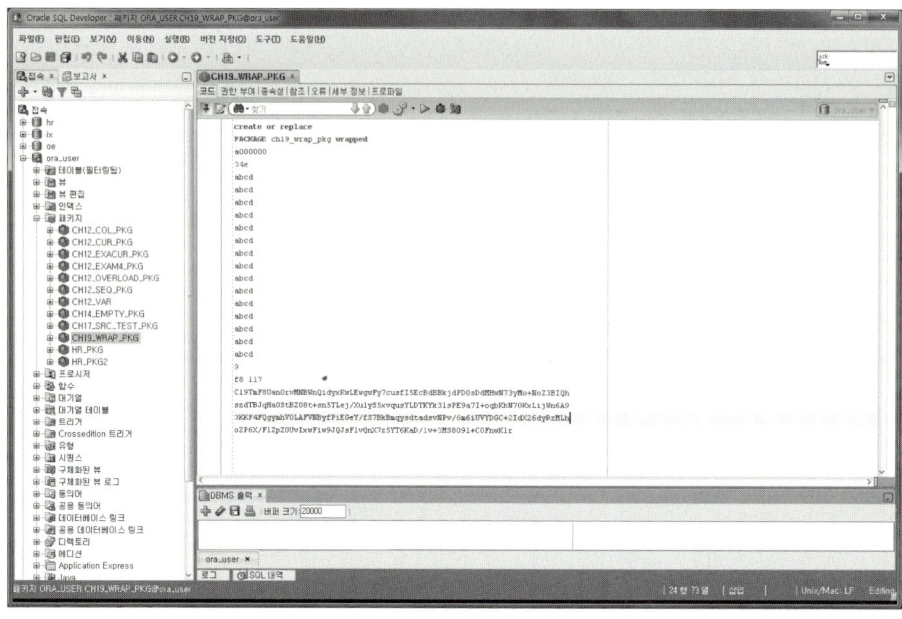

02 나만의 유틸리티 프로그램

지금까지 꽤 오랜 여정을 지나왔고 이제 이 책의 마지막 절에 들어섰다. 이번 절에서는 이 책에서 배운 내용을 토대로 오라클을 사용한 시스템을 개발 혹은 관리하면서 유용하게 사용할 수 있는 내용을 프로그램으로 만들어 볼 것이다. 일명 나만의 유틸리티 프로그램이라고 할 수 있는데 지금까지 이 책에서 한 번쯤은 언급하거나 소개한 내용을 토대로 프로그램을 작성할 것이다.

MY_UTIL_PKG란 이름의 패키지와 이에 속한 여러 함수와 프로시저를 만들어 볼 텐데 그 내용을 정리하면 다음과 같다.

- **소스 검색**: 특정 키워드를 입력하면 이 키워드가 사용된 프로그램 목록을 출력한다.
- **참조 객체 검색**: 객체 이름을 입력하면 해당 객체를 사용하고 있는 또 다른 객체(프로그램) 목록을 출력한다.
- **테이블 레이아웃 출력**: 테이블명을 입력하면 그 테이블의 컬럼과 컬럼 타입 정보 등을 출력한다.
- **컬럼 값을 세로로 출력**: 동적 쿼리로 SELECT 문을 입력 받아 선택된 컬럼 값을 가로가 아닌 세로로 출력한다.
- **이메일 전송**: 보내는 사람, 받는 사람 주소, 제목 등을 입력 받아 이메일을 보낸다.
- **비밀번호 관리**: 암호화 해시 함수로 비밀번호를 체크, 갱신, 신규 생성을 한다.
- **데이터 암호화**: 암호화 키를 이용한 데이터를 암호화하고 복호화한다.

그럼 위에서 열거한 기능을 구현하는 프로그램을 하나씩 만들어 보자.

소스 검색

17장에서 알아봤던 것처럼 함수나 프로시저 등의 프로그램의 소스는 DBMS_SOURCE 뷰를 통해 검색할 수 있다. 따라서 제일 먼저 만들 프로그램은 매개변수로 특정 키워드를 받아 이 키워드가 포함된 소스를 출력하는 program_search_prc라는 프로시저로, USER_SOURCE 뷰의 TEXT 컬럼을 LIKE 연산자를 사용해 조회한 다음 이를 DBMS_OUTPUT.PUT_LINE으로 출력하는 기능을 수행한다.

입력
```
CREATE OR REPLACE PACKAGE my_util_pkg IS
  -- 프로그램 소스 검색 프로시저
  PROCEDURE program_search_prc (ps_src_text IN VARCHAR2);
END my_util_pkg;
```

결과
```
PACKAGE MY_UTIL_PKG이(가) 컴파일되었습니다.
```

이제 program_search_prc 프로시저가 추가된 my_util_pkg 본문을 만들어 보자.

입력
```
CREATE OR REPLACE PACKAGE BODY my_util_pkg IS
  -- 프로그램 소스 검색 프로시저
  PROCEDURE program_search_prc (ps_src_text IN VARCHAR2)
  IS
    vs_search VARCHAR2(100);
    vs_name   VARCHAR2(1000);
BEGIN
    -- 찾을 키워드 앞뒤에 '%'를 붙인다.
    vs_search := '%' || NVL(ps_src_text, '%') || '%';

    -- dba_source에서 입력된 키워드로 소스를 검색한다.
    -- 입력 키워드가 대문자 혹은 소문자가 될 수 있으므로 UPPER, LOWER 함수를 이용해 검색한다.
    FOR C_CUR IN ( SELECT name, type, line, text
                     FROM user_source
                    WHERE text like UPPER(vs_search)
                       OR text like LOWER(vs_search)
                    ORDER BY name, type, line
                 )
    LOOP
      -- 프로그램 이름과 줄번호를 가져와 출력한다.
      vs_name := C_CUR.name || ' - ' || C_CUR.type || ' - ' || C_Cur.line
              || ' : ' || REPLACE(C_CUR.text, CHR(10), '');
      DBMS_OUTPUT.PUT_LINE( vs_name);
    END LOOP;
```

```
    END program_search_prc;
END my_util_pkg;
```

결과

PACKAGE BODY MY_UTIL_PKG이(가) 컴파일되었습니다.

그럼 위 프로시저를 사용해 부서 테이블명인 departments를 검색해 보자.

입력
```
BEGIN
  my_util_pkg.program_search_prc ('departments');
END;
```

결과
```
CH13_COL_PKG - PACKAGE BODY - 9 :      FROM departments
CH13_CUR_PKG - PACKAGE - 3 :           CURSOR pc_empdep_cur ( dep_id IN departments.
                                                              department_id%TYPE ) IS
CH13_CUR_PKG - PACKAGE - 5 :           FROM employees a, departments b
...
...
```

소스를 보면 USER_SOURCE 뷰를 참조하는 커서를 돌리면서 해당 키워드가 들어간 프로그램 이름(name), 프로그램 유형(type), 소스 상의 줄 번호(line)와 프로그램 소스(text)를 DBMS_OUTPUT.PUT_LINE을 이용해 출력하고 있다. 검색할 키워드가 대문자나 소문자로 입력될 수 있으므로 이 두 가지에 대해 UPPER, LOWER 함수를 WHERE 절에 사용한 점에 주목하자.

참조 객체 검색

이번에는 객체명을 입력하면 해당 객체를 참조하고 있는 객체 목록을 출력하는 프로시저를 만들어 보자. 이전 소스검색과 다른 점은 소스 검색의 경우 객체명 뿐만 아니라 변수명, 상수명 등 프로그램 소스에 포함된 모든 문자나 문자열을 검색할 수 있지만 지금 만들 프로그램은 **USER_DEPENDENCIES** 뷰를 참조해 해당 객체를 참조하는 또 다른 객체 목록을 출력하는 object_search_prc라는 프로시저다. 지금부터는 패키지 선언부와 이미 만든 프로그램 소스는 지면 관계상 생략하겠지만, 패키지를 컴파일할 때는 선언부 뿐만 아니라 패키지 본문 전체를 컴파일 해야 한다는 점은 잊지 말자. 그럼 object_search_prc를 만들어 보자.

입력

```
CREATE OR REPLACE PACKAGE BODY my_util_pkg IS
...
...

  -- 객체 검색 프로시저
  PROCEDURE object_search_prc (ps_obj_name IN VARCHAR2)
  IS
    vs_search VARCHAR2(100);
    vs_name   VARCHAR2(1000);
  BEGIN
    -- 찾을 키워드 앞뒤에 '%'를 붙인다.
    vs_search := '%' || NVL(ps_obj_name, '%') || '%';

    -- referenced_name 입력된 키워드로 참조 객체를 검색한다.
    -- user_dependencies에는 모두 대문자로 데이터가 들어가 있으므로 UPPER 함수를 이용해 검색한다.
    FOR C_CUR IN ( SELECT name, type
                     FROM user_dependencies
                    WHERE referenced_name LIKE UPPER(vs_search)
                    ORDER BY name, type
                 )
    LOOP
        -- 프로그램 이름과 줄 번호를 가져와 출력한다.
        vs_name := C_CUR.name || ' - ' || C_CUR.type ;
        DBMS_OUTPUT.PUT_LINE( vs_name);
    END LOOP;
  END object_search_prc;
END my_util_pkg;
```

결과

PACKAGE BODY MY_UTIL_PKG이(가) 컴파일되었습니다.

USER_DEPENDENCIES 뷰의 name은 참조 객체명, type은 참조 객체 타입, referencced_name은 참조당하는 객체명이므로 referencced_name 컬럼을 참조해 검색하고 있다. 그럼 이번에도 부서 테이블을 참조하는 객체명을 출력해 보자.

입력

```
BEGIN
  my_util_pkg.object_search_prc ('departments');
END;
```

결과

```
CH13_COL_PKG - PACKAGE BODY
CH13_CUR_PKG - PACKAGE
CH13_CUR_PKG - PACKAGE BODY
```

```
CH13_EMP_PROC  - PROCEDURE
CH14_COL_PKG   - PACKAGE BODY
...
...
```

테이블 레이아웃 출력

이번에는 테이블명을 입력받아 테이블 레이아웃을 출력하는 프로시저를 만들어 보자. 테이블에 대한 정보는 ALL_TABLES, ALL_TAB_COLS 뷰를 참조해 얻을 수 있는데, 이 정보를 활용해 table_layout_prc라는 프로시저를 만들어 보자.

입력

```sql
CREATE OR REPLACE PACKAGE BODY my_util_pkg IS
...
...
-- 테이블 Layout 출력
  PROCEDURE table_layout_prc ( ps_table_name IN VARCHAR2)
  IS
  vs_table_name VARCHAR2(50) := UPPER(ps_table_name);
  vs_owner      VARCHAR2(50);
  vs_columns    VARCHAR2(300);
BEGIN
  BEGIN
     -- 테이블이 있는지 검색
     SELECT OWNER
       INTO vs_owner
       FROM ALL_TABLES
      WHERE TABLE_NAME = vs_table_name;
  -- 해당 테이블이 없으면 빠져 나간다.
  EXCEPTION WHEN NO_DATA_FOUND THEN
     DBMS_OUTPUT.PUT_LINE(vs_table_name || '라는 테이블이 존재하지 않습니다');
     RETURN;
  END;
  -- 테이블명 출력
  DBMS_OUTPUT.PUT_LINE('--------------------------------------------------');
  DBMS_OUTPUT.PUT_LINE('테이블: ' || vs_table_name || ' , 소유자 : ' || vs_owner);
  DBMS_OUTPUT.PUT_LINE('--------------------------------------------------');

  -- 컬럼 정보 검색 및 출력
  FOR C_CUR IN ( SELECT column_name, data_type, data_length, nullable, data_default
                   FROM ALL_TAB_COLS
                  WHERE table_name = vs_table_name
                  ORDER BY column_id;
               )
  LOOP
     -- 컬럼 정보를 출력한다. 줄을 맞춰 출력되도록 RPAD 함수를 사용한다.
     vs_columns := RPAD(C_CUR.column_name, 20) || RPAD(C_CUR.data_type, 15)
                   || RPAD(C_CUR.data_length, 5)
                   || RPAD(C_CUR.nullable, 2) || RPAD(C_CUR.data_default, 10);
```

```
      DBMS_OUTPUT.PUT_LINE( vs_columns);
    END LOOP;
END table_layout_prc;END my_util_pkg;
```

결과

PACKAGE BODY MY_UTIL_PKG이(가) 컴파일되었습니다.

이 프로시저는 테이블 명을 매개변수로 입력받아 먼저 ALL_TABLES 뷰를 참조해 해당 테이블이 있는지 검색한다. 없으면 오류 메시지를 출력한 후 프로시저를 빠져 나오고, 테이블이 존재하면 다시 ALL_TAB_COLS 뷰를 검색해 해당 테이블의 컬럼 정보(컬럼명, 데이터 타입, 데이터 길이, NULL 허용여부, DEFAULT 값)를 읽어 출력하고 있다. 출력하는 컬럼명의 길이가 제각각이므로 줄을 맞춰 출력하기 위해 RPAD 함수를 사용하고 있다. 그럼 프로시저를 실행해 보자.

입력

```
BEGIN
    -- 부서 테이블명 입력
    my_util_pkg.table_layout_prc ('departments');
END;
```

결과

```
---------------------------------------------------------
테이블: DEPARTMENTS  , 소유자 : ORA_USER
---------------------------------------------------------
DEPARTMENT_ID          NUMBER          22    N
DEPARTMENT_NAME        VARCHAR2        80    N
PARENT_ID              NUMBER          22    Y
MANAGER_ID             NUMBER          22    Y
CREATE_DATE            DATE            7     Y  SYSDATE
UPDATE_DATE            DATE            7     Y  SYSDATE
```

컬럼 외에 인덱스 정보까지 출력하고 싶다면 ALL_INDEXES와 ALL_IND_COLUMNS 뷰를 참조하면 출력할 수 있다. 참고로 만약 테이블 생성 스크립트를 얻고자 한다면 **DBMS_METADATA. GET_DDL** 함수를 사용하면 된다.

컬럼 값을 세로로 출력

SELECT 문을 사용해 테이블을 조회하면 테이블 형태 그대로 조회되는데, 반대로 컬럼명과 컬럼 값을 세로로 쭉 나열된 형태로 볼 수 있다. 13장에서 DBMS_SQL 패키지를 이용해 만들어 봤던 print_table 프로시저가 그 주인공이다. 꽤 흥미롭고 유용한 프로시저이므로 복습하는 차원에서 다시 만들어보는데 이번에는 print_col_value_prc란 이름으로 만들어 보자.

입력

```sql
CREATE OR REPLACE PACKAGE BODY my_util_pkg IS
...
...
PROCEDURE print_col_value_prc ( ps_query IN VARCHAR2 )
IS
    l_theCursor     INTEGER DEFAULT DBMS_SQL.OPEN_CURSOR;
    l_columnValue   VARCHAR2(4000);
    l_status        INTEGER;
    l_descTbl       DBMS_SQL.DESC_TAB;
    l_colCnt        NUMBER;
BEGIN
    -- 쿼리 구문이 p_query 매개변수에 들어오므로 이를 파싱한다.
    DBMS_SQL.PARSE(  l_theCursor,  ps_query, DBMS_SQL.NATIVE );

    -- DESCRIBE_COLUMN 프로시저 : 커서에 대한 컬럼 정보를 DBMS_SQL.DESC_TAB형 변수에 넣는다.
    DBMS_SQL.DESCRIBE_COLUMNS  ( l_theCursor, l_colCnt, l_descTbl );

    -- 선택된 컬럼 개수만큼 루프를 돌며 DEFINE_COLUMN 프로시저를 호출해 컬럼을 정의한다.
    FOR i IN 1..l_colCnt
    LOOP
       DBMS_SQL.DEFINE_COLUMN (l_theCursor, i, l_columnValue, 4000);
    END LOOP;

    -- 실행
    l_status := DBMS_SQL.EXECUTE(l_theCursor);

    WHILE ( DBMS_SQL.FETCH_ROWS ( l_theCursor ) > 0 )
    LOOP
       -- 컬럼 개수만큼 다시 루프를 돌면서 컬럼 값을 l_columnValue 변수에 담는다.
       -- DBMS_SQL.DESC_TAB형 변수인 l_descTbl.COL_NAME은 컬럼 명칭이 있고
       -- l_columnValue에는 컬럼 값이 들어있다.
       FOR i IN 1..l_colCnt
       LOOP
          DBMS_SQL.COLUMN_VALUE ( l_theCursor, i, l_columnValue );
          DBMS_OUTPUT.PUT_LINE   ( rpad( l_descTbl(i).COL_NAME, 30 ) || ': '
                                 || l_columnValue );
       END LOOP;
       DBMS_OUTPUT.PUT_LINE( '-------------------' );
    END LOOP;

    DBMS_SQL.CLOSE_CURSOR (l_theCursor);
END print_col_value_prc;
...
```

결과

PACKAGE BODY MY_UTIL_PKG이(가) 컴파일되었습니다.

그럼 제대로 동작하는지 print_col_value_prc 프로시저를 실행해 보자. 매개변수로는 다음과 같이 부서 테이블을 조회하는 쿼리를 넣어 보자.

입력

```
BEGIN
    -- 부서 테이블 조회
    my_util_pkg.print_col_value_prc ('select * from departments where rownum < 3');
END;
```

결과

```
DEPARTMENT_ID            : 10
DEPARTMENT_NAME          : 총무기획부
PARENT_ID                :
MANAGER_ID               : 200
CREATE_DATE              : 2014-01-08
UPDATE_DATE              : 2014-01-08
-----------------
DEPARTMENT_ID            : 20
DEPARTMENT_NAME          : 마케팅
PARENT_ID                : 10
MANAGER_ID               : 201
CREATE_DATE              : 2014-01-08
UPDATE_DATE              : 2014-01-08
-----------------
```

예상했던 대로 부서 테이블에서 2건의 데이터가 출력되었다. 이 프로시저를 유틸리티 프로그램에 포함시킨 이유는 DBMS_SQL 패키지의 사용법을 이해하고 숙달하는 의미도 있고 위 소스를 응용해서 더 멋진 기능을 수행하는 프로그램도 만들 수 있기 때문이다. 예를 들어, 이 프로시저는 컬럼 값을 DBMS_OUTPUT.PUT_LINE을 이용해 출력하고 있는데, 파이프라인 함수 형태로 만들면 SELECT문을 실행해 실제 테이블처럼 조회할 수 있을 것이다.

이메일 전송

UTL_SMTP와 UTL_MAIL을 이용해 이메일을 보내는 방법을 배웠는데 이전 장에서는 익명 블록으로 메일을 보냈지만, 이번에는 보내는 사람, 받는 사람 주소, 제목, 메일 내용, 첨부파일 등을 매개변수로 입력받아 이메일을 보내는 email_send_prc 라는 프로시저를 만들어 보자. 지금까지 만든 다른 유틸리티 프로그램과는 달리 이 프로시저에서는 패키지 변수를 선언해 사용할 것이다. SMTP 서버 주소명, 포트번호, 도메인, boundary 문자열이 그 대상이다.

먼저 패키지 선언부에서 관련 프로시저와 패키지 상수를 선언해 보자.

입력

```
CREATE OR REPLACE PACKAGE my_util_pkg IS
...
...
    -- 이메일 전송과 관련된 패키지 상수
    pv_host      VARCHAR2(10) := 'localhost';            -- SMTP 서버명
    pn_port      NUMBER       := 25;                     -- 포트번호
    pv_domain    VARCHAR2(30) := 'hong.com';             -- 도메인명

    pv_boundary  VARCHAR2(50) := 'DIFOJSLKDWFEFO.WEFOWJFOWE';  -- boundary text
    pv_directory VARCHAR2(50) := 'SMTP_FILE';  --파일이 있는 디렉토리명

    -- 5. 이메일 전송
    PROCEDURE email_send_prc ( ps_from    IN VARCHAR2,
                               ps_to      IN VARCHAR2,
                               ps_subject IN VARCHAR2,
                               ps_body    IN VARCHAR2,
                               ps_content IN VARCHAR2  DEFAULT 'text/plain;',
                               ps_file_nm IN VARCHAR2
                             );
END my_util_pkg;
```

결과

PACKAGE MY_UTIL_PKG이(가) 컴파일되었습니다.

이제 패키지 본문, 즉 email_send_prc 프로시저의 본문을 작성해야 하는데 기본적인 내용은 이전 장에서 살펴봤던 예제와 크게 다르지 않은데 이 익명 블록 예제는 한 가지 문제점이 있다. 바로 크기가 32kb 이하의 파일만 첨부해 보낼 수 있다는 점이다.

이전 장의 익명 블록을 사용해 32KB 이상 파일을 첨부하면 오류가 발생하는데, 그 원인은 UTL_SMTP 패키지의 문제가 아니라 바로 파일 이름을 입력받아 해당 파일을 RAW 타입으로 반환하는 fn_get_raw_file 함수의 문제다. 이 함수의 소스를 보면 내부적으로 UTL_FILE.GET_RAW 프로시저를 사용해서 해당 파일을 vf_raw라는 변수에 넣어 이를 반환하는데, vf_raw는 RAW 타입으로 최댓값이 32767, 즉 32KB이다. 따라서 32KB 이상의 파일을 읽어 반환할 수 없는 것이다.

따라서 32KB보다 크기가 큰 파일을 처리하려면 RAW 타입이 아닌 LOB 타입을 사용해야 한다. email_send_prc 프로시저에서는 파일 처리를 LOB 타입 중 하나인 BFILE 타입으로 받아 처리할 것이다. 그럼 프로시저를 작성해 보자.

입력

```
CREATE OR REPLACE PACKAGE BODY my_util_pkg IS
...
...
    PROCEDURE email_send_prc ( ps_from    IN VARCHAR2,    -- 보내는 사람
```

```
                              ps_to       IN VARCHAR2,   -- 받는 사람
                              ps_subject  IN VARCHAR2,   -- 제목
                              ps_body     IN VARCHAR2,   -- 본문
                              -- Content-Type
                              ps_content  IN VARCHAR2  DEFAULT 'text/plain;',
                              ps_file_nm  IN VARCHAR2    -- 첨부파일
                             )
IS
  vc_con utl_smtp.connection;

  v_bfile         BFILE;           -- 파일을 담을 변수
  vn_bfile_size   NUMBER := 0;     -- 파일 크기

  v_temp_blob     BLOB := EMPTY_BLOB; -- 파일을 옮겨담을 BLOB 타입 변수
  vn_blob_size    NUMBER := 0;        -- BLOB 변수 크기
  vn_amount       NUMBER := 54;       -- 54 단위로 파일을 잘라 메일에 붙이기 위함
  v_tmp_raw       RAW(54);            -- 54 단위로 자른 파일내용이 담긴 RAW 타입 변수
  vn_pos          NUMBER := 1;        -- 파일 위치를 담는 변수
BEGIN

  vc_con := UTL_SMTP.OPEN_CONNECTION(pv_host, pn_port);
  UTL_SMTP.HELO(vc_con, pv_domain); -- HELO
  UTL_SMTP.MAIL(vc_con, ps_from);   -- 보내는 사람
  UTL_SMTP.RCPT(vc_con, ps_to);     -- 받는 사람


  UTL_SMTP.OPEN_DATA(vc_con);         -- 메일 본문 작성 시작
  UTL_SMTP.WRITE_DATA(vc_con,'MIME-Version: 1.0' || UTL_TCP.CRLF ); -- MIME 버전

  UTL_SMTP.WRITE_DATA(vc_con,'Content-Type: multipart/mixed; boundary="'
                       || pv_boundary || '"' || UTL_TCP.CRLF);
  UTL_SMTP.WRITE_RAW_DATA(vc_con, UTL_RAW.CAST_TO_RAW('From: ' || ps_from
                       || UTL_TCP.CRLF) );
  UTL_SMTP.WRITE_RAW_DATA(vc_con, UTL_RAW.CAST_TO_RAW('To: ' || ps_to
                       || UTL_TCP.CRLF) );
  UTL_SMTP.WRITE_RAW_DATA(vc_con, UTL_RAW.CAST_TO_RAW('Subject: ' || ps_subject
                       || UTL_TCP.CRLF) );
  UTL_SMTP.WRITE_DATA(vc_con, UTL_TCP.CRLF );

  -- 메일 본문
  UTL_SMTP.WRITE_DATA(vc_con, '--' || pv_boundary || UTL_TCP.CRLF );
  UTL_SMTP.WRITE_DATA(vc_con, 'Content-Type: ' || ps_content || UTL_TCP.CRLF );
  UTL_SMTP.WRITE_DATA(vc_con, 'charset=euc-kr' || UTL_TCP.CRLF );
  UTL_SMTP.WRITE_DATA(vc_con, UTL_TCP.CRLF );
  UTL_SMTP.WRITE_RAW_DATA(vc_con, UTL_RAW.CAST_TO_RAW(ps_body || UTL_TCP.CRLF) );
  UTL_SMTP.WRITE_DATA(vc_con, UTL_TCP.CRLF );

  -- 첨부파일이 있다면 ...
  IF ps_file_nm IS NOT NULL THEN

    UTL_SMTP.WRITE_DATA(vc_con, '--' || pv_boundary || UTL_TCP.CRLF );
    -- 파일의 Content-Type은 application/octet-stream
```

```
        UTL_SMTP.WRITE_DATA(vc_con,'Content-Type: application/octet-stream; name="'
                        || ps_file_nm || '"' || UTL_TCP.CRLF);
        UTL_SMTP.WRITE_DATA(vc_con,'Content-Transfer-Encoding: base64' || UTL_TCP.CRLF);
        UTL_SMTP.WRITE_DATA(vc_con,'Content-Disposition: attachment; filename="'
                        || ps_file_nm || '"' || UTL_TCP.CRLF);

        UTL_SMTP.WRITE_DATA(vc_con, UTL_TCP.CRLF);

        -- 파일 처리 시작
        -- 파일을 읽어 BFILE 변수인 v_bfile에 담는다.
        v_bfile := BFILENAME(pv_directory, ps_file_nm);
        -- v_bfile 담은 파일을 읽기 전용으로 연다.
        DBMS_LOB.OPEN(v_bfile, DBMS_LOB.LOB_READONLY);
        -- v_bfile에 담긴 파일의 크기를 가져온다.
        vn_bfile_size := DBMS_LOB.GETLENGTH(v_bfile);

        -- v_bfile를 BLOB 변수인 v_temp_blob에 담기 위해 초기화
        DBMS_LOB.CREATETEMPORARY(v_temp_blob, TRUE);
        -- v_bfile에 담긴 파일을 v_temp_blob로 옮긴다.
        DBMS_LOB.LOADFROMFILE(v_temp_blob, v_bfile, vn_bfile_size);
        -- v_temp_blob의 크기를 구한다.
        vn_blob_size := DBMS_LOB.GETLENGTH(v_temp_blob);

        -- vn_pos 초깃값은 1, v_temp_blob 크기보다 작은 경우 루프
        WHILE vn_pos < vn_blob_size
        LOOP
            -- v_temp_blob에 담긴 파일을 vn_amount(54)씩 잘라 v_tmp_raw에 담는다.
            DBMS_LOB.READ(v_temp_blob, vn_amount, vn_pos, v_tmp_raw);
            -- 잘라낸 v_tmp_raw를 메일에 첨부한다.
            UTL_SMTP.WRITE_RAW_DATA(vc_con, UTL_ENCODE.BASE64_ENCODE ( v_tmp_raw));
            UTL_SMTP.WRITE_DATA(vc_con,  UTL_TCP.CRLF );

            v_tmp_raw := NULL;
            vn_pos := vn_pos + vn_amount;
        END LOOP;

        DBMS_LOB.FREETEMPORARY(v_temp_blob); -- v_temp_blob 메모리 해제
        DBMS_LOB.FILECLOSE(v_bfile); -- v_bfile 닫기

    END IF; -- 첨부파일 처리 종료

    -- 맨 마지막 boundary에는 앞과 뒤에 '--'를 반드시 붙여야 한다.
    UTL_SMTP.WRITE_DATA(vc_con, '--' ||  pv_boundary || '--' || UTL_TCP.CRLF );

    UTL_SMTP.CLOSE_DATA(vc_con); -- 메일 본문 작성 종료
    UTL_SMTP.QUIT(vc_con);        -- 메일 세션 종료


EXCEPTION
WHEN UTL_SMTP.INVALID_OPERATION THEN
```

```
      dbms_output.put_line(' Invalid Operation in Mail attempt using UTL_SMTP.');
      dbms_output.put_line(sqlerrm);
      UTL_SMTP.QUIT(vc_con);
  WHEN UTL_SMTP.TRANSIENT_ERROR THEN
      dbms_output.put_line(' Temporary e-mail issue - try again');
      UTL_SMTP.QUIT(vc_con);
  WHEN UTL_SMTP.PERMANENT_ERROR THEN
      dbms_output.put_line(' Permanent Error Encountered.');
      dbms_output.put_line(sqlerrm);
      UTL_SMTP.QUIT(vc_con);
  WHEN OTHERS THEN
      dbms_output.put_line(sqlerrm);
      UTL_SMTP.QUIT(vc_con);

  END email_send_prc;
  ...
  ...
```

결과

PACKAGE BODY MY_UTIL_PKG이(가) 컴파일되었습니다.

이제 HTML 형태의 첨부파일이 포함된 메일을 보내 보자. 이번에 첨부할 파일은 그 크기가 32kb 이상인 "seoul.xls"파일을 전송해 볼 텐데 그 전에 해당 파일을 "C:\ch18_file" 디렉토리에 넣은 다음 프로시저를 호출해 보자.

입력

```
DECLARE
  vv_html VARCHAR2(1000);
BEGIN
  vv_html := '<HTML><HEAD>
  <TITLE>HTML 테스트</TITLE>
  </HEAD>
  <BDOY>
  <p>이 메일은 <b>HTML</b><i>버전</i> 으로 </p>
  <p><strong>my_util_pkg</strong> 패키지의 email_send_prc 프로시저를 사용해 보낸 메일입니다. </p>
  </BODY>
  </HTML>';

  -- 이메일 전송
  my_util_pkg.email_send_prc ( ps_from => 'charieh@hong.com'
                              ,ps_to => 'charieh@hong.com'
                              ,ps_subject => '테스트 메일'
                              ,ps_body => vv_html
                              ,ps_content => 'text/html;'
                              ,ps_file_nm => 'seoul.xls'
                              );
  END;
```

결과

익명 블록이 완료되었습니다.

제대로 전송됐는지 확인해 보자.

▼ **그림 19-2** my_util_pkg.email_send_prc로 보낸 이메일

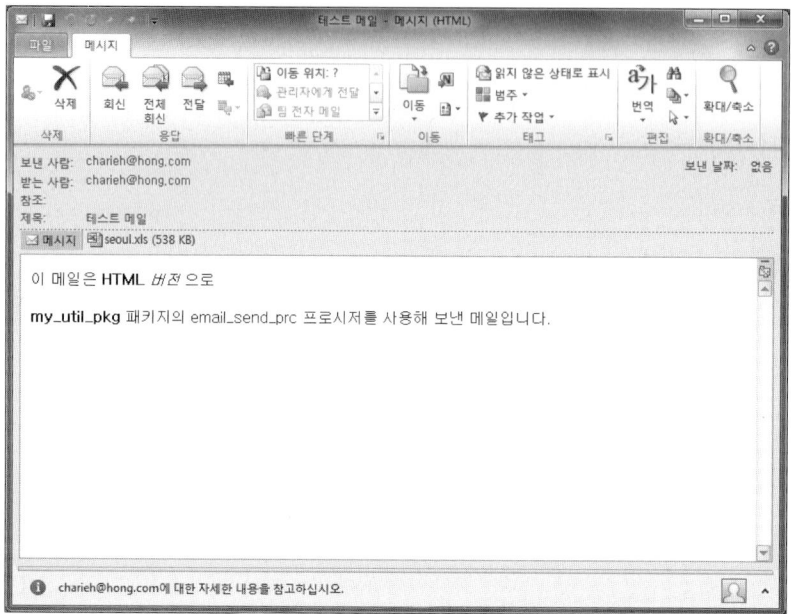

첨부파일을 열어 보자.

▼ **그림 19-3** 32kb 이상의 첨부파일이 전송된 화면

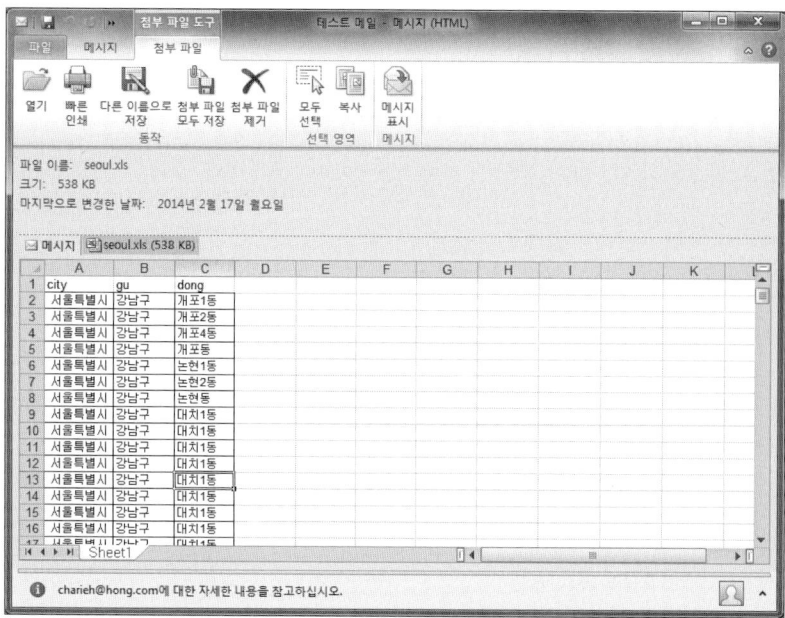

첨부파일까지 제대로 전송된 것을 알 수 있다. 이 프로시저의 소스가 약간 복잡하게 보이지만, 첨부파일을 보내는 루틴을 별도의 프로시저로 분리해 낸다면 훨씬 가독성이 높아질 것이다.

비밀번호 관리

이번에는 이 장 전반부에서 학습했던 데이터 암호화와 DBMS_CRYPTO 패키지의 MAC 함수를 사용해, 앞에서도 언급했던 사용자 비밀번호를 관리할 수 있는 프로시저를 만들어 보자. DBMS_CRYPTO.MAC 함수는 단방향 암호화 해시 함수로 기존의 MD5 보다 더 안전하며 키를 사용한다.

비밀번호 관리를 위해서는 비밀번호를 생성과 비밀번호를 확인하는 두 개의 프로그램이 필요한데 여기서는 모두 함수로 작성할 것이다. 한 가지 염두에 둘 점은 MAC 함수를 사용하려면 키를 사용해야 하고 이로 인해 키를 관리할 필요가 있는데, 이는 [현장의 노하우]에서 언급했던 ch19_wrap_pkg.pv_key_string 변수를 사용할 것이다. 먼저 비밀번호를 생성하는 fn_create_pass 함수를 만들어 보자.

입력

```
CREATE OR REPLACE PACKAGE BODY my_util_pkg IS
...
...
-- 비밀번호 생성
FUNCTION fn_create_pass ( ps_input IN VARCHAR2,
                          ps_add   IN VARCHAR2 )
         RETURN RAW
IS
  v_raw     RAW(32747);
  v_key_raw RAW(32747);
  v_input_string VARCHAR2(100);
BEGIN
  -- 키 값을 가진 ch19_wrap_pkg 패키지의 pv_key_string 상수를 가져와 RAW 타입으로 변환한다.
  v_key_raw := UTL_RAW.CAST_TO_RAW(ch19_wrap_pkg.pv_key_string );

  -- 좀더 보안을 강화하기 위해 두 개의 입력 매개변수와 특수문자인 $%를 조합해
  -- MAC 함수의 첫 번째 매개변수로 넘긴다.
  v_input_string := ps_input || '$%' || ps_add;

  -- MAC 함수를 사용해 입력 문자열을 RAW 타입으로 변환한다.
  v_raw := DBMS_CRYPTO.MAC (src => UTL_RAW.CAST_TO_RAW(v_input_string)
                           ,typ => DBMS_CRYPTO.HMAC_SH1
                           ,key => v_key_raw);

  RETURN v_raw;
END fn_create_pass;
...
```

결과

```
PACKAGE BODY MY_UTIL_PKG이(가) 컴파일되었습니다.
```

두 번째로 비밀번호를 확인하는 함수인 fn_check_pass를 만들어 보자.

입력

```
-- 비밀번호 체크
FUNCTION fn_check_pass ( ps_input IN VARCHAR2,
                         ps_add   IN VARCHAR2,
                         p_raw    IN RAW )
           RETURN VARCHAR2
IS
  v_raw       RAW(32747);
  v_key_raw   RAW(32747);
  v_input_string VARCHAR2(100);

  v_rtn VARCHAR2(10) := 'N';
BEGIN
  -- 키 값을 가진 ch19_wrap_pkg 패키지의 pv_key_string 상수를 가져와 RAW 타입으로 변환한다.
  v_key_raw := UTL_RAW.CAST_TO_RAW(ch19_wrap_pkg.pv_key_string );

  -- 좀 더 보안을 강화하기 위해 두 개의 입력 매개변수와 특수문자인 $%를 조합해
  -- MAC 함수의 첫 번째 매개변수로 넘긴다.
  v_input_string := ps_input || '$%' || ps_add;

  -- MAC 함수를 사용해 입력 문자열을 RAW 타입으로 변환한다.
  v_raw := DBMS_CRYPTO.MAC (src => UTL_RAW.CAST_TO_RAW(v_input_string)
                           ,typ => DBMS_CRYPTO.HMAC_SH1
                           ,key => v_key_raw);

  IF v_raw = p_raw THEN
     v_rtn := 'Y';
  ELSE
     v_rtn := 'N';
  END IF;

  RETURN v_rtn;
END fn_check_pass;
```

결과

PACKAGE BODY MY_UTIL_PKG이(가) 컴파일되었습니다.

성공적으로 만들었으니 테스트해 볼 차례다. 먼저 다음과 같이 비밀번호를 담을 테이블을 만들어 보자.

입력

```
CREATE TABLE ch19_user ( user_id   VARCHAR2(50),    -- 사용자아이디
                         user_name VARCHAR2(100),   -- 사용자명
                         pass      RAW(2000));      -- 비밀번호
```

결과
table CH19_USER이(가) 생성되었습니다.

비밀번호가 들어갈 pass 컬럼을 RAW 타입으로 만들었다는 점에 유의하자. '홍길동'이란 사용자를 입력해 보자.

입력
```
INSERT INTO ch19_user ( user_id, user_name)
VALUES ('gdhong', '홍길동');

COMMIT;
```

결과
1개 행 이(가) 삽입되었습니다.
커밋되었습니다.

이제 홍길동이라는 사용자가 비밀번호를 입력했을 때, 이를 MAC 함수를 통해 RAW 타입으로 변환한 뒤 ch19_user 테이블에 저장해 보자.

입력
```
DECLARE
  vs_pass VARCHAR2(20);
BEGIN
  -- 홍길동이라는 사람이 비밀번호를 HONG 이라고 입력했다고 가정한다.
  vs_pass := 'HONG';

  -- ch19_user 테이블에서 홍길동을 찾아내 입력된 비밀번호와 이 사용자의 아이디를
  -- fn_create_pass 매개변수로 넘겨 결과값을 받아 pass 컬럼에 저장한다.
  UPDATE ch19_user
     SET pass = my_util_pkg.fn_create_pass (vs_pass, user_id)
   WHERE user_id = 'gdhong';

  COMMIT;
END ;
```

결과
익명 블록이 완료되었습니다.

ch19_user 테이블을 조회해 보자.

입력
```
SELECT *
  FROM ch19_user;
```

결과

USER_ID	USER_NAME	PASS
gdhong	홍길동	F6669D40BBFDD34B80DCC1A6C68EE089C8F6B09C

홍길동은 앞으로 계속 로그인을 할 텐데, 이때 아이디와 비밀번호가 맞는지 확인을 해야 한다. 이는 **fn_check_pass** 함수가 담당한다.

입력

```
DECLARE
  vs_pass VARCHAR2(20);
  v_raw raw(32747);

BEGIN
  -- 홍길동이라는 사람이 비밀번호를 HONG 이라고 입력했다고 가정한다.
  vs_pass := 'HONG';
  -- 테이블에서 홍길동의 비밀번호를 가져와 v_raw 변수에 담는다.
  SELECT pass
    INTO v_raw
    FROM ch19_user
   WHERE user_id = 'gdhong';

  -- 입력한 비밀번호와 아이디, 테이블에서 가져온 비밀번호를 넘겨 비밀번호를 체크한다.
  IF my_util_pkg.fn_check_pass(vs_pass, 'gdhong', v_raw) = 'Y' THEN
      DBMS_OUTPUT.PUT_LINE('아이디와 비밀번호가 맞아요');
  ELSE
      DBMS_OUTPUT.PUT_LINE('아이디와 비밀번호가 달라요');
  END IF;
END ;
```

결과

아이디와 비밀번호가 맞아요

제대로 동작하는 것을 확인할 수 있다. 여기에서는 익명 블록 형태로 테스트를 진행했지만 보통은 사용자 비밀번호 생성, 로그인 아이디와 비밀번호 체크, 비밀번호 변경 등의 기능을 별도의 프로그램으로 만들어 사용하는데 **fn_create_pass**와 **fn_check_pass** 함수만으로도 이들을 충분히 구현할 수 있을 것이다.

MAC 함수는 단방향 암호화 해시 함수이므로 시스템 관리자라 할지라도 해당 사용자의 비밀번호를 알아내기가 매우 어렵다. 이런 특성은 사용자로 하여금 시스템 보안에 대해 더욱 신뢰를 줄 수 있을 것이다.

데이터 암호화

마지막으로 만들어볼 프로그램은 이 장 전반부에서 배웠던 데이터를 암호화하는 프로그램이다. 데이터 암호화는 바로 직전에 사용했던 MAC 함수와는 달리 암호화 알고리즘을 사용해 암호화하고 복호화를 수행해야 한다. 따라서 이번에도 암호화와 복호화를 담당하는 2개의 함수를 만들 것이다.

암호화 함수에서 256비트 키를 사용한 AES 암호화 방식을 사용하려고 하는데, 이를 위해서는 암호화 키로 직전에 사용했던 ch19_wrap_pkg.pv_key_string를 사용할 수 없다. 이 패키지 상수 값이 256비트가 아니기 때문이다. 따라서 다음과 같이 새로운 암호화 키를 다시 만들어 보자.

입력

```
DECLARE
  vv_ddl VARCHAR2(1000);  -- 패키지 소스를 저장하는 변수
BEGIN
  -- 패키지 소스를 vv_ddl에 설정
  vv_ddl := 'CREATE OR REPLACE PACKAGE ch19_wrap_pkg IS
            pv_key_string   CONSTANT VARCHAR2(30) := ''OracleKey'';
            key_bytes_raw   CONSTANT RAW(32)
            := ''1181C249F0F9C3343E8FF2BCCF370D3C9F70E973531DEC1C5066B54F27A507DB'';
            END ch19_wrap_pkg;';

  -- CREATE_WRAPPED 프로시저를 사용하면 패키지 소스를 숨기는 것과 동시에 컴파일도 수행한다.
  DBMS_DDL.CREATE_WRAPPED ( vv_ddl );

EXCEPTION WHEN OTHERS THEN
  DBMS_OUTPUT.PUT_LINE(SQLERRM);
END ;
```

결과

익명 블록이 완료되었습니다.

key_bytes_raw 상수 값에 저장된 값은 **DBMS_CRYPTO.RANDOMBYTES** 함수를 사용해 만든 값이다. 이제 암호화 함수를 만들어 보자.

입력

```
CREATE OR REPLACE PACKAGE BODY my_util_pkg IS
...
...

/* 8. 암호화 함수 ***************************************************/
FUNCTION fn_encrypt ( ps_input_string IN VARCHAR2 )
  RETURN RAW
IS
  encrypted_raw RAW(32747);
  v_key_raw RAW(32747);            -- 암호화 키
```

```
    encryption_type PLS_INTEGER;    -- 암호화 슈트
BEGIN
    -- 암호화 키 값을 가져온다.
    v_key_raw := ch19_wrap_pkg.key_bytes_raw;

    -- 암호화 슈트 설정
    encryption_type := DBMS_CRYPTO.ENCRYPT_AES256 + -- 256비트 키를 사용한 AES 암호화
                       DBMS_CRYPTO.CHAIN_CBC +      -- CBC 모드
                       DBMS_CRYPTO.PAD_PKCS5;       -- PKCS5로 이루어진 패딩

    -- ENCRYPT 함수로 암호화를 한다. 매개변수로 들어온 문자열을 UTL_I18N.STRING_TO_RAW를 사용해
       RAW 타입으로 변환한다. encrypted_raw := DBMS_CRYPTO.ENCRYPT
       ( src => UTL_I18N.STRING_TO_RAW (ps_input_string, 'AL32UTF8'),
         typ => encryption_type,
         key => v_key_raw
       );
    RETURN encrypted_raw;
END fn_encrypt;
```

결과

PACKAGE BODY MY_UTIL_PKG이(가) 컴파일되었습니다.

이번에는 복호화 함수를 만들어 보자.

입력

```
/* 9. 복호화 함수 ******************************************************/
FUNCTION fn_decrypt ( prw_encrypt IN RAW )
         RETURN VARCHAR2
IS
    vs_return VARCHAR2(100);
    v_key_raw RAW(32747);           -- 암호화 키
    encryption_type PLS_INTEGER;    -- 암호화 슈트
    decrypted_raw   RAW (2000);     -- 복호화 데이터
BEGIN
    -- 암호화 키 값을 가져온다.
    v_key_raw := ch19_wrap_pkg.key_bytes_raw;

    -- 암호화 슈트 설정
    encryption_type := DBMS_CRYPTO.ENCRYPT_AES256 + -- 256비트 키를 사용한 AES 암호화
                       DBMS_CRYPTO.CHAIN_CBC +      -- CBC 모드
                       DBMS_CRYPTO.PAD_PKCS5;       -- PKCS5로 이루어진 패딩

    -- 매개변수로 들어온 RAW 타입 데이터를 다시 복호화(암호화했던 키와 암호화 슈트는 동일하게 사용해야 한다 )
    decrypted_raw := DBMS_CRYPTO.DECRYPT ( src => prw_encrypt,
                                           typ => encryption_type,
                                           key => v_key_raw
    );
    -- 복호화된 RAW 타입 데이터를 UTL_I18N.RAW_TO_CHAR를 사용해 다시 VARCHAR2로 변환
```

```
    vs_return := UTL_I18N.RAW_TO_CHAR (decrypted_raw, 'AL32UTF8');

    RETURN vs_return;
    END fn_decrypt;
```

결과

PACKAGE BODY MY_UTIL_PKG이(가) 컴파일되었습니다.

성공적으로 컴파일이 되었으니 암호화 함수를 테스트하자. 이전에 사용했던 ch19_user 테이블에 전화번호 컬럼을 추가해 보자.

입력

```
ALTER TABLE ch19_userADD phone_number RAW(2000);
```

결과

table CH19_USER이(가) 변경되었습니다.

전화번호를 `fn_encrypt` 함수의 매개변수로 받아 암호화한 다음 이 결과를 위 테이블의 전화번호 컬럼에 저장해 보자.

입력

```
BEGIN
   -- 홍길동의 전화번호를 암호화한 뒤 저장한다.
   UPDATE ch19_user
      SET phone_number = my_util_pkg.fn_encrypt('010-0000-0001')
    WHERE user_id = 'gdhong';

   COMMIT;
END;
```

결과

익명 블록이 완료되었습니다.

ch19_user 테이블을 조회해 제대로 암호화됐는지 확인해 보자.

입력

```
SELECT *
  FROM ch19_user;
```

결과

USER_ID	USER_NAME	PASS	PHONE_NUMBER
gdhong	홍길동	F6669D40BBFDD34B80DCC1A6C68EE089C8F6B09C	38A50A45614AEFB13EA697CFE2A13B93

전화번호가 암호화되어 저장된 것을 알 수 있다. 이번에는 거꾸로 저장된 전화번호를 복호화해 보자.

입력

```sql
DECLARE
  v_raw RAW(2000);
  vs_phone_number VARCHAR2(50);
BEGIN
  -- 홍길동의 전화번호를 가져온다.
  SELECT phone_number
    INTO v_raw
    FROM ch19_user
   WHERE user_id = 'gdhong';

  -- RAW 타입의 전화번호를 복호화 함수에 넣어 원래 문자형태의 전화번호를 얻는다.
  vs_phone_number := my_util_pkg.fn_decrypt(v_raw);
  DBMS_OUTPUT.PUT_LINE('전화번호 : ' || vs_phone_number);
END;
```

결과

전화번호 : 010-0000-0001

암호화와 복호화를 담당하는 이 두 함수를 이용하면 그 어떤 데이터라도 쉽게 암호화하여 데이터를 저장하고 다시 복호화 할 수 있을 것이다. 또한 함수 형태로 만들었으므로 어떤 테이블에 있는 어느 컬럼이라도 암호화와 복호화를 적용할 수 있다. 지금까지 작성한 MY_UTIL_PKG의 전체 소스를 정리하면 다음과 같다.

입력

```sql
-- 패키지 선언부
CREATE OR REPLACE PACKAGE my_util_pkg IS
  -- 1. 프로그램 소스 검색 프로시저
  PROCEDURE program_search_prc (ps_src_text IN VARCHAR2);

  -- 2. 객체검색 프로시저
  PROCEDURE object_search_prc (ps_obj_name IN VARCHAR2);

  -- 3. 테이블 Layout 출력
  PROCEDURE table_layout_prc ( ps_table_name IN VARCHAR2);

  -- 4. 컬럼 값을 세로로 출력
  PROCEDURE print_col_value_prc ( ps_query IN VARCHAR2 );
```

```
    -- 이메일 전송과 관련된 패키지 상수
    pv_host     VARCHAR2(10)  := 'localhost';    -- SMTP 서버명
    pn_port     NUMBER        := 25;             -- 포트번호
    pv_domain   VARCHAR2(30)  := 'hong.com';     -- 도메인명

    pv_boundary VARCHAR2(50) := 'DIFOJSLKDWFEFO.WEFOWJFOWE';  -- boundary text
    pv_directory VARCHAR2(50) := 'SMTP_FILE';  --파일이 있는 디렉토리명

    -- 5. 이메일 전송
    PROCEDURE email_send_prc ( ps_from    IN VARCHAR2,
                               ps_to      IN VARCHAR2,
                               ps_subject IN VARCHAR2,
                               ps_body    IN VARCHAR2,
                               ps_content IN VARCHAR2  DEFAULT 'text/plain;',
                               ps_file_nm IN VARCHAR2
                             );


    -- 6. 비밀번호 생성
    FUNCTION fn_create_pass ( ps_input IN VARCHAR2,
                              ps_add   IN VARCHAR2 )
        RETURN RAW;

    -- 7. 비밀번호 확인
    FUNCTION fn_check_pass ( ps_input IN VARCHAR2,
                             ps_add   IN VARCHAR2,
                             p_raw    IN RAW )
        RETURN VARCHAR2;

    -- 8. 암호화 함수
    FUNCTION fn_encrypt ( ps_input_string IN VARCHAR2 )
        RETURN RAW;

    -- 9. 복호화 함수
    FUNCTION fn_decrypt ( prw_encrypt IN RAW )
        RETURN VARCHAR2;

END my_util_pkg;

-- 패키지 본문
CREATE OR REPLACE PACKAGE BODY my_util_pkg IS

/* 1. 프로그램 소스 검색 프로시저 ************************************************/
    PROCEDURE program_search_prc (ps_src_text IN VARCHAR2)
IS
    vs_search VARCHAR2(100);
    vs_name   VARCHAR2(1000);
BEGIN
    -- 찾을 키워드 앞뒤에 '%'를 붙인다.
    vs_search := '%' || NVL(ps_src_text, '%') || '%';
```

```
    -- dba_source에서 입력된 키워드로 소스를 검색한다.
    -- 입력 키워드가 대문자 혹은 소문자가 될 수 있으므로 UPPER, LOWER 함수를 이용해 검색한다.
    FOR C_CUR IN ( SELECT name, type, line, text
                     FROM user_source
                    WHERE text like UPPER(vs_search)
                       OR text like LOWER(vs_search)
                    ORDER BY name, type, line
                 )
    LOOP
      -- 프로그램 이름과 줄 번호를 가져와 출력한다.
      vs_name := C_CUR.name || ' - ' || C_CUR.type || ' - ' || C_Cur.line || ' : '
                 || REPLACE(C_CUR.text, CHR(10), '');
      DBMS_OUTPUT.PUT_LINE( vs_name);
    END LOOP;

END program_search_prc;


/* 2. 객체 검색 프로시저 *************************************************/
PROCEDURE object_search_prc (ps_obj_name IN VARCHAR2)
IS
   vs_search VARCHAR2(100);
   vs_name   VARCHAR2(1000);
BEGIN
-- 찾을 키워드 앞뒤에 '%'를 붙인다.
   vs_search := '%' || NVL(ps_obj_name, '%') || '%';

   -- referenced_name 입력된 키워드로 참조객체를 검색한다.
   -- user_dependencies에는 모두 대문자로 데이터가 들어가 있으므로 UPPER 함수를 이용해 검색한다.
   FOR C_CUR IN ( SELECT name, type
                    FROM user_dependencies
                   WHERE referenced_name LIKE UPPER(vs_search)
                   ORDER BY name, type
                )
   LOOP
      -- 프로그램 이름과 줄번호를 가져와 출력한다.
      vs_name := C_CUR.name || ' - ' || C_CUR.type ;
      DBMS_OUTPUT.PUT_LINE( vs_name);
   END LOOP;

END object_search_prc;

/* 3. 테이블 Layout 출력 *************************************************/
PROCEDURE table_layout_prc ( ps_table_name IN VARCHAR2)
IS
   vs_table_name VARCHAR2(50) := UPPER(ps_table_name);
   vs_owner      VARCHAR2(50);
   vs_columns    VARCHAR2(300);
BEGIN
  BEGIN
    -- TABLE이 있는지 검색
```

```
    SELECT OWNER
      INTO vs_owner
      FROM ALL_TABLES
     WHERE TABLE_NAME = vs_table_name;

  EXCEPTION WHEN NO_DATA_FOUND THEN
    DBMS_OUTPUT.PUT_LINE(vs_table_name || '라는 테이블이 존재하지 않습니다');
        RETURN;
    END;

  DBMS_OUTPUT.PUT_LINE('-------------------------------------------------------');
  DBMS_OUTPUT.PUT_LINE('테이블: ' || vs_table_name || ' , 소유자 : ' || vs_owner);
  DBMS_OUTPUT.PUT_LINE('-------------------------------------------------------');

  -- 컬럼 정보 검색 및 출력
  FOR C_CUR IN ( SELECT column_name, data_type, data_length, nullable, data_default
                   FROM ALL_TAB_COLS
                  WHERE table_name = vs_table_name
                  ORDER BY column_id
                )
  LOOP
     -- 컬럼 정보를 출력한다. 줄을 맞춰 출력되도록 RPAD 함수를 사용한다.
     vs_columns := RPAD(C_CUR.column_name, 20) || RPAD(C_CUR.data_type, 15)
                       || RPAD(C_CUR.data_length, 5) || RPAD(C_CUR.nullable, 2)
                       || RPAD(C_CUR.data_default, 10);
    DBMS_OUTPUT.PUT_LINE( vs_columns);
  END LOOP;

END table_layout_prc;


/* 4. 컬럼 값을 세로로 출력 ****************************************************/
PROCEDURE print_col_value_prc ( ps_query IN VARCHAR2 )
IS
      l_theCursor       INTEGER DEFAULT DBMS_SQL.OPEN_CURSOR;
      l_columnValue     VARCHAR2(4000);
      l_status          INTEGER;
      l_descTbl         DBMS_SQL.DESC_TAB;
      l_colCnt          NUMBER;
BEGIN
    -- 쿼리구문이 p_query 매개변수에 들어오므로 이를 파싱한다.
    DBMS_SQL.PARSE( l_theCursor, ps_query, DBMS_SQL.NATIVE );

    -- DESCRIBE_COLUMN 프로시저 : 커서에 대한 컬럼정보를 DBMS_SQL.DESC_TAB 형 변수에 넣는다.
    DBMS_SQL.DESCRIBE_COLUMNS ( l_theCursor, l_colCnt, l_descTbl );

    -- 선택된 컬럼 개수만큼 루프를 돌며 DEFINE_COLUMN 프로시저를 호출해 컬럼을 정의한다.
    FOR i IN 1..l_colCnt
    LOOP
       DBMS_SQL.DEFINE_COLUMN (l_theCursor, i, l_columnValue, 4000);
```

```
      END LOOP;

      -- 실행
      l_status := DBMS_SQL.EXECUTE(l_theCursor);

      WHILE ( DBMS_SQL.FETCH_ROWS (l_theCursor) > 0 )
      LOOP
         -- 컬럼 개수만큼 다시 루프를 돌면서 컬럼 값을 l_columnValue 변수에 담는다.
         -- DBMS_SQL.DESC_TAB 형 변수인 l_descTbl.COL_NAME은 컬럼 명칭이 있고
         -- l_columnValue에는 컬럼 값이 들어있다.
         FOR i IN 1..l_colCnt
         LOOP
            DBMS_SQL.COLUMN_VALUE ( l_theCursor, i, l_columnValue );
            DBMS_OUTPUT.PUT_LINE  ( rpad( l_descTbl(i).COL_NAME, 30 ) || ': '
                                    || l_columnValue );
         END LOOP;
         DBMS_OUTPUT.PUT_LINE( '------------------' );
      END LOOP;

      DBMS_SQL.CLOSE_CURSOR (l_theCursor);

   END print_col_value_prc;

   /* 5. 이메일 전송 *************************************************************/
   PROCEDURE email_send_prc ( ps_from    IN VARCHAR2,   -- 보내는 사람
                              ps_to      IN VARCHAR2,   -- 받는 사람
                              ps_subject IN VARCHAR2,   -- 제목
                              ps_body    IN VARCHAR2,   -- 본문
                              -- Content-Type
                              ps_content IN VARCHAR2  DEFAULT 'text/plain;',
                              ps_file_nm IN VARCHAR2    -- 첨부파일
                            )
   IS
      vc_con utl_smtp.connection;

      v_bfile        BFILE;         -- 파일을 담을 변수
      vn_bfile_size  NUMBER := 0;   -- 파일 크기

      v_temp_blob    BLOB := EMPTY_BLOB;  -- 파일을 옮겨담을 BLOB 타입 변수
      vn_blob_size   NUMBER := 0;         -- BLOB 변수 크기
      vn_amount      NUMBER := 54;        -- 54 단위로 파일을 잘라 메일에 붙이기 위함
      v_tmp_raw      RAW(54);             -- 54 단위로 자른 파일내용이 담긴 RAW 타입변수
      vn_pos         NUMBER := 1;         -- 파일 위치를 담는 변수

   BEGIN

      vc_con := UTL_SMTP.OPEN_CONNECTION(pv_host, pn_port);

      UTL_SMTP.HELO(vc_con, pv_domain);   -- HELO
      UTL_SMTP.MAIL(vc_con, ps_from);     -- 보내는 사람
      UTL_SMTP.RCPT(vc_con, ps_to);       -- 받는 사람
```

```
UTL_SMTP.OPEN_DATA(vc_con);  -- 메일 본문 작성 시작
UTL_SMTP.WRITE_DATA(vc_con,'MIME-Version: 1.0' || UTL_TCP.CRLF );-- MIME 버전

UTL_SMTP.WRITE_DATA(vc_con,'Content-Type: multipart/mixed; boundary="'
                 || pv_boundary || '"' || UTL_TCP.CRLF);
UTL_SMTP.WRITE_RAW_DATA(vc_con, UTL_RAW.CAST_TO_RAW('From: ' || ps_from
                 || UTL_TCP.CRLF) );  -- 보내는사람
UTL_SMTP.WRITE_RAW_DATA(vc_con, UTL_RAW.CAST_TO_RAW('To: ' || ps_to
                 || UTL_TCP.CRLF) );    -- 받는사람
UTL_SMTP.WRITE_RAW_DATA(vc_con, UTL_RAW.CAST_TO_RAW('Subject: '
                 || ps_subject || UTL_TCP.CRLF) ); -- 제목
UTL_SMTP.WRITE_DATA(vc_con, UTL_TCP.CRLF );  -- 한 줄 띄우기

-- 메일 본문
UTL_SMTP.WRITE_DATA(vc_con, '--' || pv_boundary || UTL_TCP.CRLF );
UTL_SMTP.WRITE_DATA(vc_con, 'Content-Type: ' || ps_content || UTL_TCP.CRLF );
UTL_SMTP.WRITE_DATA(vc_con, 'charset=euc-kr' || UTL_TCP.CRLF );
UTL_SMTP.WRITE_DATA(vc_con, UTL_TCP.CRLF );
UTL_SMTP.WRITE_RAW_DATA(vc_con, UTL_RAW.CAST_TO_RAW(ps_body || UTL_TCP.CRLF)  );
UTL_SMTP.WRITE_DATA(vc_con, UTL_TCP.CRLF );

-- 첨부파일이 있다면 ...
IF ps_file_nm IS NOT NULL THEN

    UTL_SMTP.WRITE_DATA(vc_con, '--' || pv_boundary || UTL_TCP.CRLF );
    -- 파일의 Content-Type은 application/octet-stream
    UTL_SMTP.WRITE_DATA(vc_con,'Content-Type: application/octet-stream;
                    name="' || ps_file_nm || '"' || UTL_TCP.CRLF);
    UTL_SMTP.WRITE_DATA(vc_con,'Content-Transfer-Encoding: base64'
                    || UTL_TCP.CRLF);
    UTL_SMTP.WRITE_DATA(vc_con,'Content-Disposition: attachment; filename="'
                    || ps_file_nm || '"' || UTL_TCP.CRLF);

    UTL_SMTP.WRITE_DATA(vc_con, UTL_TCP.CRLF);

    -- 파일처리 시작
    -- 파일을 읽어 BFILE 변수인 v_bfile에 담는다.
    v_bfile := BFILENAME(pv_directory, ps_file_nm);
    -- v_bfile 담은 파일을 읽기전용으로 연다.
    DBMS_LOB.OPEN(v_bfile, DBMS_LOB.LOB_READONLY);
    -- v_bfile에 담긴 파일의 크기를 가져온다.
    vn_bfile_size := DBMS_LOB.GETLENGTH(v_bfile);

    -- v_bfile를 BLOB 변수인 v_temp_blob에 담기 위해 초기화
    DBMS_LOB.CREATETEMPORARY(v_temp_blob, TRUE);
    -- v_bfile에 담긴 파일을 v_temp_blob 로 옮긴다.
    DBMS_LOB.LOADFROMFILE(v_temp_blob, v_bfile, vn_bfile_size);
    -- v_temp_blob의 크기를 구한다.
    vn_blob_size := DBMS_LOB.GETLENGTH(v_temp_blob);

    -- vn_pos 초깃값은 1, v_temp_blob 크기보다 작은 경우 루프
```

```
            WHILE vn_pos < vn_blob_size
            LOOP
         -- v_temp_blob에 담긴 파일을 vn_amount(54)씩 잘라  v_tmp_raw에 담는다.
                DBMS_LOB.READ(v_temp_blob, vn_amount, vn_pos, v_tmp_raw);
         -- 잘라낸 v_tmp_raw를 메일에 첨부한다.
                UTL_SMTP.WRITE_RAW_DATA(vc_con, UTL_ENCODE.BASE64_ENCODE ( v_tmp_raw));
                UTL_SMTP.WRITE_DATA(vc_con,  UTL_TCP.CRLF );

                v_tmp_raw := NULL;
                vn_pos := vn_pos + vn_amount;
            END LOOP;

            DBMS_LOB.FREETEMPORARY(v_temp_blob); -- v_temp_blob 메모리 해제
            DBMS_LOB.FILECLOSE(v_bfile); -- v_bfile 닫기


        END IF; -- 첨부파일 처리 종료

        -- 맨 마지막 boundary에는 앞과 뒤에 '--'를 반드시 붙여야 한다.
        UTL_SMTP.WRITE_DATA(vc_con, '--' ||   pv_boundary || '--' || UTL_TCP.CRLF );

        UTL_SMTP.CLOSE_DATA(vc_con); -- 메일 본문 작성 종료
        UTL_SMTP.QUIT(vc_con);       -- 메일 세션 종료

    EXCEPTION
       WHEN UTL_SMTP.INVALID_OPERATION THEN
            dbms_output.put_line(' Invalid Operation in Mail attempt using UTL_SMTP.');
            dbms_output.put_line(sqlerrm);
            UTL_SMTP.QUIT(vc_con);
       WHEN UTL_SMTP.TRANSIENT_ERROR THEN
            dbms_output.put_line(' Temporary e-mail issue - try again');
            UTL_SMTP.QUIT(vc_con);
       WHEN UTL_SMTP.PERMANENT_ERROR THEN
            dbms_output.put_line(' Permanent Error Encountered.');
            dbms_output.put_line(sqlerrm);
            UTL_SMTP.QUIT(vc_con);
       WHEN OTHERS THEN
          dbms_output.put_line(sqlerrm);
          UTL_SMTP.QUIT(vc_con);

 END email_send_prc;


/* 6. 비밀번호 생성 ***************************************************/
 FUNCTION fn_create_pass ( ps_input IN VARCHAR2,
                           ps_add   IN VARCHAR2 )
            RETURN RAW
   IS
    v_raw      RAW(32747);
    v_key_raw RAW(32747);
    v_input_string VARCHAR2(100);
```

```
    BEGIN
        -- 키 값을 가진 ch19_wrap_pkg 패키지의 pv_key_string 상수를 가져와 RAW 타입으로 변환한다.
        v_key_raw := UTL_RAW.CAST_TO_RAW(ch19_wrap_pkg.pv_key_string );

        -- 좀더 보안을 강화하기 위해 두 개의 입력 매개변수와 특수문자인 $%를 조합해
        -- MAC 함수의 첫 번째 매개변수로 넘긴다.
        v_input_string := ps_input || '$%' || ps_add;

        -- MAC 함수를 사용해 입력 문자열을 RAW 타입으로 변환한다.
        v_raw := DBMS_CRYPTO.MAC (src => UTL_RAW.CAST_TO_RAW(v_input_string)
                                 ,typ => DBMS_CRYPTO.HMAC_SH1
                                 ,key => v_key_raw);

        RETURN v_raw;
    END fn_create_pass;

/* 7. 비밀번호 확인 ***************************************************/
    FUNCTION fn_check_pass ( ps_input IN VARCHAR2,
                             ps_add   IN VARCHAR2,
                             p_raw    IN RAW )
                RETURN VARCHAR2
    IS
        v_raw          RAW(32747);
        v_key_raw      RAW(32747);
        v_input_string VARCHAR2(100);

        v_rtn VARCHAR2(10) := 'N';
    BEGIN
        -- 키 값을 가진 ch19_wrap_pkg 패키지의 pv_key_string 상수를 가져와 RAW 타입으로 변환한다.
        v_key_raw := UTL_RAW.CAST_TO_RAW(ch19_wrap_pkg.pv_key_string );

        -- 좀더 보안을 강화하기 위해 두 개의 입력 매개변수와 특수문자인 $%를 조합해
        -- MAC 함수의 첫 번째 매개변수로 넘긴다.
        v_input_string := ps_input || '$%' || ps_add;

        -- MAC 함수를 사용해 입력 문자열을 RAW 타입으로 변환한다.
        v_raw := DBMS_CRYPTO.MAC (src => UTL_RAW.CAST_TO_RAW(v_input_string)
                                 ,typ => DBMS_CRYPTO.HMAC_SH1
                                 ,key => v_key_raw);

        IF v_raw = p_raw THEN
            v_rtn := 'Y';
        ELSE
            v_rtn := 'N';
        END IF;

        RETURN v_rtn;
    END fn_check_pass;

/* 8. 암호화 함수 ****************************************************/
    FUNCTION fn_encrypt ( ps_input_string IN VARCHAR2 )
```

```
              RETURN RAW
    IS
      encrypted_raw RAW(32747);
      v_key_raw RAW(32747);           -- 암호화 키
      encryption_type PLS_INTEGER;    -- 암호화 슈트
    BEGIN
      -- 암호화 키 값을 가져온다.
      v_key_raw := ch19_wrap_pkg.key_bytes_raw;

      -- 암호화 슈트 설정
      encryption_type := DBMS_CRYPTO.ENCRYPT_AES256 + -- 256비트 키를 사용한 AES 암호화
                         DBMS_CRYPTO.CHAIN_CBC +      -- CBC 모드
                         DBMS_CRYPTO.PAD_PKCS5;       -- PKCS5로 이루어진 패딩

      -- ENCRYPT 함수로 암호화를 한다. 매개변수로 들어온 문자열을 UTL_I18N.STRING_TO_RAW를 사용해
         RAW 타입으로 변환한다.
      encrypted_raw := DBMS_CRYPTO.ENCRYPT ( src => UTL_I18N.STRING_TO_RAW (
                                                     ps_input_string, 'AL32UTF8'),
                                             typ => encryption_type,
                                             key => v_key_raw
                                           );


      RETURN encrypted_raw;
    END fn_encrypt;


/* 9. 복호화 함수 ******************************************************************/
    FUNCTION fn_decrypt ( prw_encrypt IN RAW )
             RETURN VARCHAR2
    IS
      vs_return VARCHAR2(100);
      v_key_raw RAW(32747);            -- 암호화 키
      encryption_type PLS_INTEGER;     -- 암호화 슈트
      decrypted_raw   RAW (2000);      -- 복호화 데이터
    BEGIN
      -- 암호화 키 값을 가져온다.
      v_key_raw := ch19_wrap_pkg.key_bytes_raw;

      -- 암호화 슈트 설정
      encryption_type := DBMS_CRYPTO.ENCRYPT_AES256 + -- 256비트 키를 사용한 AES 암호화
                         DBMS_CRYPTO.CHAIN_CBC +      -- CBC 모드
                         DBMS_CRYPTO.PAD_PKCS5;       -- PKCS5로 이루어진 패딩

      -- 매개변수로 들어온 RAW 타입 데이터를 다시 복호화(암호화했던 키와 암호화 슈트는 동일하게 사용해야 한다)
      decrypted_raw := DBMS_CRYPTO.DECRYPT ( src => prw_encrypt,
                                             typ => encryption_type,
                                             key => v_key_raw
                                           );
      -- 복호화된 RAW 타입 데이터를 UTL_I18N.RAW_TO_CHAR를 사용해 다시 VARCHAR2로 변환
      vs_return := UTL_I18N.RAW_TO_CHAR (decrypted_raw, 'AL32UTF8');
```

```
        RETURN vs_return;
    END fn_decrypt;

END my_util_pkg;
```

지금까지 이 책에서 배운 내용을 토대로 유용하게 쓸 수 있는 몇 가지 프로그램을 만들었다. 독자분들도 평소에 이런 기능을 구현한 프로그램이 있었으면 좋겠다고 생각한 것이 있다면 실제로 구현해서 사용해 보길 바란다. 덧붙여 여기에서 만들었던 프로그램을 약간 수정해 응용하면 훨씬 더 사용하기 쉽고 유용한 프로그램을 만들 수 있을 것이다.

핵심정리

1. 시스템의 보안을 강화하는 한 가지 방법으로 데이터 암호화를 들 수 있는데 이는 DBMS_CRYPTO 패키지를 이용해 구현할 수 있다.

2. DBMS_CRYPTO 패키지의 ENCRYPT와 DECRPT 함수는 각각 암호화와 복호화를 수행하는 함수로, DES, 3DES, AES 같은 다양한 암호와 알고리즘을 사용해 데이터를 암호화하고 복호화한다.

3. 암호화된 데이터를 복호화하려면 암호화할 때 사용했던 것과 동일한 암호화 키와 암호화 슈트를 사용해 복호화해야 한다.

4. 암호화 키를 안전하게 관리할 수 있는 방법의 하나는 키 값을 패키지 변수나 상수로 선언한 뒤 DBMS_DDL.WRAPPED 프로시저를 사용해 패키지 소스를 숨겨 놓는 것이다.

5. DBMS_CRYPTO 패키지에 있는 HASH, MAC 함수는 단방향 암호화 해시 함수로 비밀번호 관리사 유용하게 사용할 수 있다.

6. 평소 자주 사용하는 기능을 나만의 유틸리티 프로그램으로 구현해 두면 유용하게 사용할 수 있다.

기호

^= 112
_ 120
− 112
!= 112
* 112
/ 112
+ 112
〈 112
〈= 112, 116
〈〉 112
= 112
〉 112
〉= 112, 116
|| 112, 131
%FOUND 343
%ISOPEN 343
%NOTFOUND 343
%ROWCOUNT 343
%ROWTYPE 349, 361, 413
%TYPE 267, 358

A

ABS(n) 126
Access Control List 621
ACL 621
ADD_MONTHS 138
ADD_PRIVILEGE 622
alias 095
ALL 115
ALL_IND_COLUMNS 679
ALL_INDEXES 679
ALL_JOBS 508
ALL_OBJECTS 424
ALL_SYNONYMS 082

ALL_TAB_COLS 678
ALL_TABLES 678
ALTER 043
ALTER SESSION 432, 445, 567
ALTER TABLE문 068
Analytic Function 231
anonymous block 261
ANSI 내부 조인 185
ANSI 외부 조인 186
ANSI 조인 184
ANTI-JOIN 179
ANY 114
Associative Array 366
AUTONOMOUS_TRANSACTION 268
AVG 154

B

BETWEEN 116
BFILE 059, 602
BINARY_DOUBLE 054
BINARY_FLOAT 054
BINARY_INTEGER 264
BLOB 059, 602
Block 260
Body 400
BOOLEAN 264
BREADTH FIRST BY 230
BROKEN 512
bucket 237
BULK COLLECT INTO 450, 467
BULK COLLECT절 554

C

CASCADE CONSTRAINTS 068
CASE 277, 495

CASE 표현식 113
CATASIAN PRODUCT 184
CEIL 126
CHANGE 514
CHAR 052
CHECK 066
CLOB 059, 425, 602
CLOSE_CURSOR 456
CLOSE_DATA 628
COALESCE 144
Collection 366
COLUMN_VALUE 388, 456
COMMIT 044, 107, 329
CONCAT 131
Condition 114
CONNECT BY 211
CONNECT_BY_ISCYCLE 110, 218
CONNECT_BY_ISLEAF 110, 216
CONNECT_BY_ROOT 113, 215
CONNECTION 625
CONSTANT 264
CONTINUE문 282
COUNT 152, 375
CREATE 043, 049
CREATE_ACL 622
CREATE ANY TABLE 444
CREATE_CHAIN 545
CREATE_ERROR_LOG 425
CREATE_JOB 524
CREATE_PROGRAM 520
CREATE_SCHEDULE 521
CROSS 조인 188
CUBE 161
CUME_DIST 235
CURRENT ROW 240
CURRVAL 085, 110
CURSOR 표현식 488

D

Data Integrity 063
DATE 058
DBA_JOBS 508
DBA_NETWORK_ACLS 624
DBA_OBJECTS 424
DBMS_APPLICATION_INFO 424
DBMS_CRYPTO 660
DBMS_DDL.CREATE_WRAPPED 672
DBMS_ERRLOG 425
DBMS_JOB 428, 508
DBMS_LOB 427
DBMS_METADATA 425
DBMS_NETWORK_ACL_ADMIN 622
DBMS_OBFUSCATION_TOOLKIT 661
DBMS_OUTPUT 261, 427
DBMS_OUTPUT.PUT_LINE 586
DBMS_OUTPUT.PUT_LINE( ) 423
DBMS_RANDOM 220, 276
DBMS_RANDOM.STRING 428
DBMS_SCHEDULER 428, 518
DBMS_SQL 428, 433, 452
DBMS_STANDARD 320
DBMS_UTILITY 310
DBMS_UTILITY.FORAMT_ERROR_BACKTRACE 310
DBMS_UTILITY.FORMAT_CALL_STACK 311
DBMS_UTILITY.GET_TIME 592
DBMS_UTILLITY.FORMAT_ERROR_STACK 311
DCL 044
DDL 043
DDL문 432
DECODE 147, 495
DECRYPT 666
DEFAULT 067
DEFINE_CHAIN_STEP 545
DEFINE_COLUMN 454
DELETE 044, 371
DELETE 메소드 371

DELETE문 105
DENSE_RANK 233
DEPTH FIRST BY 230
DESC_REC 470
DESCRIBE_COLUMNS 471
DESC_TAB 470
DISABLE 527, 533
DISTINCT 153
DML 043
DROP 043
DROP_PROGRAM 529
DROP_SCHEDULE 529

E

element 367
ENABLE 527, 531
ENCRYPT 663, 664
ERD 041
EXCEPTION 261, 306
EXCEPTION_INIT 268
EXECUTE 455
EXECUTE IMMEDIATE 433
EXISTS 118, 177
EXIT 346
EXP 130
Explicit cursor 342
Expression 113
EXTEND 메소드 374

F

FCLOSE 642
FETCH 344
FETCH_ROWS 455
FETCH 문 350
FILE_TYPE 640
FIRST 375
FIRST_VALUE 242
FISTST 245

FLOAT 054
FLOOR 126
FOPEN 640
FOPEN_NCHAR 641
FORALL 558
FOR문 281, 346
FROM 092
FULL OUTER 조인 189

G

GET_RAW 642
Global Temporary 테이블 479
GOTO문 283
GRANT 044
GREATEST 147
GROUP BY 156
GROUPING SETS 171
GTT 479

H

HASH 667
HAVING 158
HELO 626
Hierarchical Query 208

I

IF문 274
IMAP 616
IMIT 메소드 376
Implicit cursor 342
IN 117, 177, 178, 442
Index-by 테이블 366
INITCAP 130
Inline View 198
INNER JOIN 185
IN OUT 442
IN OUT 매개변수 297
INSERT 044

INSERT ALL 249
INSERT FIRST 252
INSERT문 095
INSTR 137
INTERSECT 112, 166
IN 매개변수 295
IS NOT NULL 116
IS NULL 116

L

LAG 238
Large Object 425
LAST 245
LAST_DAY 139
LAST_VALUE 242
LAST 메소드 375
LEAD 238
LEAST 147
LENGTH 052, 137
LENGTHB 054, 137
LEVEL 110, 212
LIKE 119
LISTAGG 222
LN 130
LOB 059, 425
LOG 130
LONG 052
LOOP문 278, 344
LOWER 131, 582
LPAD 133, 212
LTRIM 132

M

MAC 667
MAIL 626
MAX 155
MERGE문 101, 198
MIME 635

MIN 155
MINUS 112, 167
MOD 129
MONTHS_BETWEEN 138

N

Native Dynamic SQL 433
NCHAR 052
NCLOB 059, 602
Nested Table 370
NEXT_DAY 140
NEXTVAL 085, 110
NEXT 메소드 376
NLS_DATE_FORMAT 432, 445
NLS_LANG 432
NOOP 629
NOT 116
NOT EXISTS 179
NOT IN 179
NOT NULL 060
NTH_VALUE 243
NTILE 237
NULL 059
NULLIF 146
NULL문 284
NULL 조건식 116
NUMBER 054
NVARCARCHAR2 052
NVL 143
NVL2 143

O

OBJECT 378
OPEN_CONNECTION 626
OPEN_CURSOR 452
OPEN_DATA 627
OPEN FOR문 447
OracleJobScheduler서비스명 538

ORDER BY 093, 214
ORDER SIBLINGS BY 215
OTHERS 306, 321
OUT 442
OUTER JOIN 181
OUT 매개변수 295
Overloading 422

P

PARALLEL 568
PARSE 452
partial 160
PARTITION BY 232
PERCENT_RANK 236
Pipelined Table Function 489
PIPE ROW 490
PIVOT 497
PLS_INTEGER 264
PL/SQL 044
PL/SQL Developer 034
PL/SQL 표현식 524
POP3 616
POWER 128
PRAGMA 268
PRAGMA EXCEPTION_INIT 317
predefined exception 311
PRGAMA 420
Primary Key 177
PRIOR 113, 376
Private Item 410
Pseudo-column 110
Public Item 409
PUT_LINE 261, 427

Q

QUIT 629

R

RAISE 315, 319
RAISE_APPLICATION_ERROR 320, 546
RANDOMBYTES 668
RANGE 240
RANK 233
RATIO_TO_REPORT 247
RCPT 627
Recursive Subquery 229
REF CURSOR 449
RELIES_ON 564
REMAINDER 129
REMOVE 516
REPLACE 134, 225
REPLIES 625
REPLY 625
RESTRICT_REFERECES 269
RESULT CACHE 563
RETURN 285
RETURNING INTO 607
RETURN문 298
RETURN절 413
REVOKE 044
Role 028
ROLLBACK 044, 107, 332
ROLLUP 159, 160
ROUND 127, 139
ROW 364
ROWID 110
ROWNUM 110
ROW_NUMBER 232
ROWS 240
RSET 629
RTRIM 132
RUN 516

S

SAVEPOINT 335
SEARCH 230

SELECT 044
SELECT문 092
SELF-JOIN 180
SEMI-JOIN 177
SEND 649
SEND_ATTACH_RAW 650
SEND_ATTACH_VARCHAR2 651
Sequence 083
SERIALLY_RESUABLE 269
SERIALLY_REUSABLE 420
SET_ATTRIBUTE 528
SET_ATTRIBUTE_NULL 528
SET_JOB_ARGUMENT_VALUE 540
SET_MODULE 424
SMTP 616
SMTP_OUT_SERVER 653
SOME 115
Specification 399
SQL 042
SQLCODE 309
SQL Developer 035
SQLERRM 309
sqlplus 026, 032
SQL%ROWCOUNT 343
SQL 커서 343
SQRT 129
START WITH 211
STDDEV 155
Sub-Query 191
SUBSCRIPT_BEYOND_COUNT 373
SUBSTR 131
SUBSTRB 132
SUM 154
SUMMIT 509
Synonym 079
SYS_CONNECT_BY_PATH 217
SYSDATE 058, 138
SYS_REFCURSOR 349, 449
SYSTIMESTAMP 058, 138

T

TABLE( ) 387
Temporary Table 479
TIMESTAMP 058
TO_CHAR 140
TO_CURSOR_NUMBER 468
TO_DATE 142
TO_NUMBER 142
TO_REFCURSOR 465
TO_TIMESTAMP 142
transaction 328
TRANSLATE 135
TRIM 메소드 373
TRUNC 128, 139
TRUNCATE 043, 445
TRUNCATE문 109

U

UGA 419
UNBOUNDED FOLLOWING 240
UNBOUNDED PRECEDING 240
UNION 112, 163
UNION ALL 112, 166
UNIQUE 061
UNPIVOT 500
UPDATE 044
UPDATE문 099
UPPDER 131
UPPER 582
USER_ARGUMENTS 578
USER_COL_COMMENTS 577
USER_CONSTRAINTS 061, 576
USER_DEPENDENCIES 578
user_indexes 075
USER_INDEXES 576
USER_JOBS 508
USER_OBJECTS 577
USER_SCHEDULER_JOB_LOG 532
USER_SCHEDULER_JOB_RUN_DETAILS 532, 540

USER_SCHEDULER_JOBS 530
USER_SCHEDULER_PROGRAMS 521
USER_SCHEDULER_SCHEDULES 524
USER_SOURCE 578
USER_SYNONYMS 082
user_tab_cols 055
USER_TAB_COLS 575
USER_TAB_COMMENTS 577
USER_TABLES 575
USER_TAB_PARTITIONS 106
USING 절 185
UTL_ENCODE.BASE64_ENCODE 647
UTL_FILE 428, 639
UTL_I18N.STRING_TO_RAW 664
UTL_MAIL 428, 649
UTL_RAW.CAST_TO_RAW 628, 667
UTL_SMTP 428, 621
UTL_TCP.CRLF 627

V

V$RESULT_CACHE_STATISTICS 565
V$SESSION, V$SQLAREA 424
VALUE 391
VARCARCHAR2 052
Variable-Size Array 368
VARIANCE 155
VARRAY 368
View 073

W

WHERE절 092
WHILE문 279
WIDTH_BUCKET 244
window 231
window 절 239
window 함수 241
WRITE_DATA 627
WRITE_RAW_DATA 628

ㄱ

강한 커서 타입 349
객체 378
계층형 쿼리 208
공용 항목 409
관계형 데이터베이스 016
기본키 063

ㄴ

내부(전용)항목 410
내부 조인 176

ㄷ

다차원 컬렉션 379
달력 표현식 524
데이터 딕셔너리 574
데이터 딕셔너리 뷰 574
데이터 무결성 063
데이터 블록 026
동등 조인 176
디렉토리 객체 639
디버깅 583

ㄹ

라벨 269
레코드 347, 356
롤 028
룰 541
리스너 026
리프 노드 217

ㅁ

명시적 커서 342, 412
명시적 형변환 099, 140
묵시적 커서 342, 452
묵시적 형변환 140
미리 정의된 예외 311

ㅂ

바인드 변수 436
반복문 278
버킷 237
변수 263
별칭 095
병렬 DML 569
병렬처리 566
병렬 쿼리 567
분석 함수 231
분할 160
뷰 073
블록 260
블록 암호화 661

ㅅ

사용자 정의 데이터 타입 377
사용자 정의 예외 306, 315
사용자 정의 함수 285
사용자 정의형 레코드 357
상수 264
서브 쿼리 191
선언부 260, 399
세그먼트 026
세미 조인 177
세션 GTT 481
셀프 조인 180
순환 서브 쿼리 229
스케줄 객체 519
스케줄러 객체 519
스케줄링 518
스텝 541
시노님 079
시스템 뷰 574
시스템 예외 306
시퀀스 083
실행부 260

ㅇ

안티 조인 179
암호화 슈트 663
암호화 알고리즘 662
약한 커서 타입 349
연관 배열 366
연관성이 없는 서브 쿼리 192
연관성이 있는 서브 쿼리 194
연산자 265
예약어 051
예외 306
예외 처리 260
오렌지 034
오버로딩 422
옵티마이저 558
외래키 065
외부 조인 176, 181
요소 367
원시동적 SQL 433
윈도우 231
의사컬럼 110
익명 블록 261
익스텐트 026
인덱스 075
인라인 뷰 198

ㅈ

잡 객체 519
제약조건 060
제어문 274
조건식 114
주석 266
중첩 레코드 364
중첩 테이블 370

ㅊ

체인 541

ㅋ

카타시안 조인 184
캡슐화 399
커서 342
커서 변수 348
커서 표현식 354
커서형 레코드 363
컬렉션 366
컬렉션 메소드 371
키 177
키워드 051

ㅌ

테이블 048
테이블 함수 484
테이블스페이스 026
테이블형 레코드 361
토드 033
통계 정보 558
트랜잭션 328
트랜잭션 GTT 480

ㅍ

파이프라인 테이블 함수 489
파티션 087
패딩 663
패키지 398
패키지 본문 400
표현식 113
프로그램 객체 519
프로시저 289
필드 357